양심적 병역거부와 대체복무제

공익과인권 23

양심적 병역거부와 대체복무제

한인섭·이재승 편

대한변호사협회 인권위원회
건국대학교 공익인권법센터
서울대학교 공익인권법센터

景仁文化社

서 문

한인섭(서울대학교 법학전문대학원)

우리나라에서 양심적 병역거부로 처벌받는 인사는 지금껏 1만 7000명을 넘어섰다. 최근에도 매년 600명 내외의 인사가 거의 예외 없이 징역 1년 6월의 실형을 선고받고 있다. 양심적 병역거부로 투옥된 인원이 가장 많은 나라가 바로 한국이다. 그럼에도 이 쟁점이 공론화된 것은 겨우 2000년대 초입에 들어와서이다. 그 이래로 이 쟁점은 뜨거운 법적 쟁점의 하나로 부상했다. 지난 10년 동안 한국의 법률기관들은 이 쟁점에 대해 자신의 의견을 한 번 이상 표명한 바 있다.

그동안 이 책의 발간 주체들은 양심적 병역거부에 대해 학술회의를 개최하거나 단행본을 낸 바 있다. 그 중에서 서울대 공익인권법센터가 낸 첫 단행본(안경환·장복희(편), 『양심적 병역거부』, 사람생각, 2002)은 인권관련 저서로는 드물게 중판을 거듭했다. 그만큼 이 주제에 대한 폭넓은 지식과 학술적 논고에 목말라 있었던 것이다. 그 뒤 몇 년간의 진행경과와 논의들을 모아 2005년도에 한권의 책(이석우(편), 『양심적 병역거부:2005년 현실진단과 대안모색』, 사람생각, 2005)이 나왔다. 이어 최근 몇 년동안의 진전상황을 정리하고, 국내외의 자료를 모은 것이 본서이다.

본서는 양심적 병역거부에 대한 논의를 더욱 밀도있게 진행하면서, 대체복무제라는 대안에 특히 초점을 맞추었다. 양심적 병역거부의 개념은 법원과 헌법재판소의 다소 소극적인 결론에도 불구하고, 널리 확산되어가는 중이라 믿는다. 비록 국방의무의 엄격한 준수와 병역기피 등의 사유로 결론에 있어서는 양심적 병역거부의 실정법적 권리로의 진전은 이루어지지 못하고 있는 단계이긴 하다. 하지만 양심적 병역거부를 논할 때 적어도 대체복무의 도입필요성과 가능성에 대한 논의는 빠뜨릴 수 없는 쟁점이 되었다. 대체복무의 필요성, 가능성, 복무기간 등과의 관련성 속에서 논의하지 않으면 안 되게 된 것이다.

본서는 대체복무의 도입을 뚜렷한 추세로 긍인하면서, 그 구체적 대안까지 제안한다. 아울러 논의를 더욱 풍부히 하기 위해, 이제까지의 각종 자료를 정리하여 제공하고자 한다. 유엔, 유럽, 각국의 논의도, 피상적인 언급이 아니라 정확한 지식을 제공하기 위해 본서에 함께 수록하도록 한다. 앞으로 이 주제에 대한 논의는 본서의 정리를 바탕으로 진일보할 수 있을 것으로 기대한다.

양심적 병역거부의 문제를 해결하기 위한 근본처방이 대체복무제의 도입임은 국내외를 막론하고 널리 알려져 있다. 대체복무제를 도입하기 위한 일정한 진전도 있는 듯했으나, 인권의 가치를 천시한 이명박 정권이 들어선 뒤엔 더 이상 진전도 없었고 행정적 차원에서는 본격적인 논의 자체가 진행되지 않았다. 그러나 대체복무제에 대한 공론화가 확산됨에 따라, 모든 법률기관들은 이 문제를 뜨거운 감자처럼 여기게 되었다. 이 문제를 억압할 수도 없고, 봉쇄할 수도 없는 상태에서, 제도의 담지자들은 곤혹스러움과 딜레마를 피해나갈 수 없다. 현행의 제도를 완강히 고수해도, 여러 차원에서의 잽을 계속 얻어맞게 되기에, 곤혹감을 안고 살아가야 하는 상황인 것이다.

법원의 상황을 보자. 양심적 병역거부자를 처벌하는 현행의 병역법이 합헌이고, 정당화된다는 대법원의 입장은 변함없이 유지되고 있다. 그러나 과연 그들을 응당 처벌할 필요가 있는가, 그들이 반도덕적–반사회적 악행을 저지른 자인가 라는 기본질문에 대해 "그렇다"는 답을 자신있게 제시할 판사들은 별로 없다. 판사들은 가급적 이런 사건을 맡으려 하지 않거나, 판결을 내릴 때도 뭔가 찜찜하고 미안한 맘으로 임한다. 양심적 병역거부자들이 도주와 증거인멸의 우려가 전혀 없음은 법원에서도 두루 인정한다. 그래서 실형선고가 예상될 때 이전에 당연시하던 구속영장도 이제는 판사가 발부하는 경우가 없다시피 한다.

양형에 있어서 판사들은 양심적 병역거부자에 대해 일률적으로 징역 1년 6월의 실형을 선고한다. 처벌의 상한선, 적정선이 아니라 하한선에 일치하고 있다. 양형기준이 적용되고 있는 것도 아닌데, 판사들 사이에 이 같은 양형일치는 달리 유례가 없다. 1년 6월 미만의 형선고를 받게 되면 징집영장이 다시 나오게 되니, 판사들은 현실론으로, 곤혹감 속에서 가능한 최저형을 선고하고자 하는 것이다. 판사들은 형을 더 깎아주고 싶어도 깎아줄 수 없는 딜레마에 봉착한다. 그러다보니 형제가, 심지어 3형제가 잇달아 징역 1년 6월의 형을 복역해야 하는 기막힌 경우도 생긴다. 양심적 병역거부자를 처벌하는데 내심 찬성하는 판사들조차, 정상참작하여 감경할 수도 없는 딱한 제도적 한계 속에서는, 실형판결을 내리면서 마음 편할 리가 없을 것이다.

검찰과 법무부는 양심적 병역거부자들을 반사회적 범죄자로 확신하면서, 떳떳하게 수사하고 논고하는가. 과거엔 그러했을지 모르지만, 최근에는 검사의 준엄한 논고를 찾아보기 어렵다. 통상의 죄인과 차원이 다른 이들을 기소하고 논고할 때 맘이 편하기는 쉽지 않을 것이다. 교도소 내에서 일반재소자들에게 맡기지 않는 행정업무나 개방교도소의 일상업무보조를 그들에게 맡긴다. 교도소에 있지만, 재범가능성이나 교정사고의 가능성이 전혀 없는 일종의 모범수로 간주하고 있는 셈이다.

일반재소자들에겐 가석방의 혜택이 드물게 주어지지만, 양심적 병역거부자들에게는 형기의 3/4을 넘어서면 대개 가석방의 혜택을 받게 된다. 교정분야에서, 그들은 교정사고의 위험성이 전혀 없고 일반범죄에 오염될 위험성이 전혀 없는, 특별한 모범적 시민으로서 사실상 인정받고 있는 것이다. 검찰과 법무도 그들을 반사회적 범죄자로 보지 않고 있음은 분명하다.

형사처벌의 목적 중의 하나는 범죄예방을 위한 것이다. 그러나 거듭된 중형과 사회적 불이익에도 불구하고 양심적 병역거부자의 수는 줄지 않으므로 처벌에 따른 예방효과는 없다. 일반적 병역기피와 그 심층적 원인이 근본적으로 다르므로, 그들을 처벌하지 않더라도 일반적 병역기피를 더 조장하는 부작용을 초래할 것이라고 생각할 수 없다.

옥살이를 해도 그들이 반성(?)하거나 전향(?)하거나 할 가능성도 없다. 그렇다면 현재의 형벌은 국방력 강화에 기여하는 것도 아니고, 일반적 병역기피를 억제·예방할 가능성과는 무관하다. 형벌의 위협으로 어떤 변경을 초래하는 것이 아니라면, 현재의 처벌은 오직 응징의 수단밖에 되지 않는다. 예방적 목적이 결여되거나 전적으로 무망한 상태에서, 오직 응징의 수단밖에 되지 못하는, 그런 형벌은 그 존재가치부터 의문시되는 것은 당연하다.

대법원과 헌법재판소도 곤혹스럽긴 마찬가지다. 대법원의 판결문 중에도 논리정연한 반대의견의 설득력이 다수의견에 결코 뒤지지 않는다. 처벌을 정당하다고 하면서도 양심의 자유의 보장과의 관계에서 대법원과 헌법재판소는 대단한 곤혹감을 피력했다. 그 곤혹스러움을 타개하기 위해, 적어도 대체복무제의 도입에 대하여 대법원이 반대할 이유도 없다. 소수자의 인권보호를 으뜸 존재이유로 삼고 있는 헌법재판소 역시 대체복무제의 도입 필요성에 대하여는 다수가 공감하고 있다. 양심적 병역거부자를 처벌하는 병역법 조항에 대해 대법원과 헌법재판소가 합법·합헌이라는 판례를 정립했지만, 그러한 판례는 쟁점을 종결시킨 것이 아니라, 그들의 한계만 드러낸 것으로 연이은 비판을 받고 있다. 그 판례에도 불구하고, 일선의 판사들은 위헌제청을 멈추지 않고 있으며, 시민들은 헌법소원을 계속 제기하고 있다. 한마디로 그들의 판결·결정이 실체적 정의감에도 부합하지 않고, 법리적 설득력에서도 수긍받는지 의문이 든다.

양심적 병역거부자에 대해 가장 완강한 입장을 보여온 국방부에서도 한때는 "사회여론만 호전된다면" 대체복무제의 도입에 반대하지 않는다는 입장을 보이기도 했다. 그러나 최근 몇 년간은 자발적으로 논의를 촉진하는 어떤 움직임도 보이지 않고 있다.

인권을 존재근거로 삼는 국내외의 기구들은 양심적 병역거부자를 처벌하는 실상에 대해 일치하여 반대하고 있다. 국가인권위원회는 상세한 연구를 거쳐 병역의무와 조화될 수 있는 양심적 병역거부권의 인정과 대체복무제의 도입을 촉구하는 권고하고 있다. UN의 자유권규약위원회에서는 양심적 병역거부자에게 병역면제권을 인정하는 모든 필요한 조치를 취하고 관련법의 개정을 권고하고 있다. 한국에 대한 국가별 정례인권검토(UPR)에서도, 처벌금지와 대체복무제도를 위한 적극적 조치를 취할 것을, 단골메뉴로 하고 있다.

이같이 법원, 검찰 및 법무부, 헌재, 행정부, 국내외 인권기구의 권고 등을 종합해 보면, 양심적 병역거부의 권리 인정 및 대체복무제의 도입은 더 이상 미룰 수 없는 과제가 되고 있다. 각 법률기구들이 당면한 곤혹스러움과 전후모순을 타개하기 위해서도 그러하다. 무엇보다 매년 600여 명 이상에 이르는, 전과자가 된, 본인과 가족의 고통과 애로를 덜어주는데 적극 나서야 하는 것이다. 현행법을 지키라고 무조건 압박하고 처벌할 것이 아니라, 국방의무와 양심적 병역거부를 차원 높게 조화시키는 방향으로의 진일보가 반드시 필요한 것이다.

근본적인 해결책은 국회의 대체복무법의 통과이다. 의원들이 법률안을 계속 제출하고 있지만, 상임위에서 그에 대한 본격적 검토가 이루어지지 않고 있다. 소수자의 양심의 자유가 기존의 제도와 근본적으로 타협될 수 없을 경우에는, 일정한 조건하에 국가의 일률적 형벌권을 한 발 양보하여 보다 조화적이고 인권존중적인 방법을 찾아내는 게 우리의 헌법질서에 더욱 부합한다. 그 방법으로 대체복무제는 여러 나라에서 광범위하게 행해지고 있으며, UN에서도 한국정부에 계속 권고하고 있는 바이다. 그러나 아직 제19대 국회에서는 대체복무법안이 상정되지 않고 있다. 거대한 선거의 폭풍이 지나간 이 시점에, 우리는 국회가 주도적으로 대체복무법안을 제출하여, 본격적으로 검토한 뒤, 제도화시키기를 진심으로 바란다.

예민한 병역의무의 형평성 쟁점 때문에, 대체복무법안을 도입할 때는 그에 대한 "국민적 합의"가 필요하고 "사회통합적" 차원의 접근을 해야 한다는 견해는 여전히 완강하다. 여론은 중요하고, 국민합의는 모든 쟁점에 대해 추구되어야 할 과제임은 틀림없다. 그러나 또한 인권의 문제는 그때그때의 여론조사, 국민합의의 차원에서 정리될 쟁점은 분명 아니다. 다수의 횡포를 방지하고, 소수자 및 일개인에게 보장해야 할 규범가치가 인권이다. 소수자의 인권문제의 차원으로 접근할 때, 이 쟁점은 순전히 다수/소수의 투표권의 대결로 결판나는 게 아니다.

이 책은 한편으로는 국내외의 법률자료를 정리하여 논의의 편의에 제공하고, 관련 쟁점에 대하여 밀도 있는 법적 검토를 꾀하면서, 특히 대체복무제의 필요성 정당성을 역설하면서 그 구체적 방안을 추구하는데 직접적인 도움을 제공하고자 하였다. 이런 취지에 함께 한 대한변호사협회 인권위원회, 건국대 공익인권법센터, 서울대 공익인권법센터가 추구한 공감과 연대의 산물이기도 하다. 본서의 자료정리를 위해 남다른 책임의식과 헌신성으로 시종일관한 홍영일 님께는 특별한 감사를 드리고 싶다.

인간의 실존적 고통이 수십 년간 지속되어 오는데도 법체제가 그 고통을 외면하거나 경시하고 있다면, 그건 결코 자랑스런 일이 될 수 없다. 국민의 인권을 진정으로 존중하고, 개개인들의 존엄성을 일상적으로 확인하고 보장하는데 우리의 법과 법률가들이 긍정적 역할을 했으면 하는 바램을 갖고 이 책을 펴낸다.

격려사

김용직(변호사, 전 대한변호사협회 인권위원장)

우리 사회에서 양심적 병역거부가 본격적으로 이슈화된 지 벌써 10년이 넘었습니다. 서울대학교 법대에서는 2001년 12월 처음으로 이 문제를 공식적으로 제기하는 세미나가 열렸었고, 당시 판사로 재직 중이던 저는 병역거부 사건에 대한 재판을 하면서 그들의 양심의 순수성을 고려하여 집행유예를 선고하였으나 오히려 피고인이 항소해서 형을 더 높여 달라는 현실을 보면서 적잖이 놀랐던 기억이 있습니다. 그들에겐 1년 6월 이상의 실형을 사는 것이 거부와 투옥이 반복되는 굴레를 벗어나는 길이었던 것입니다.

2002년에는 대한변호사협회에서 토론회를 개최하여 본격적인 공론화에 시동을 걸었습니다. 그 이후 헌법재판소 결정과 대법원 판결들이 있었지만 일선 법조인들 가운데는 병역거부자에게 실형선고 이외의 대안이 필요하다는 생각을 하는 분들이 여전히 많습니다.

소수자 인권에 관심이 많은 한인섭 선생님이 계신 서울대학교 공익인권법센터, 이재승 선생님이 계신 건국대학교 공익인권법센터 그리고 제가 인권위원장으로 일하던 대한변협 인권위원회가 공동으로 2012년 5월에 학술세미나를 마련하였습니다. 양심적 병역거부 공론화 10년을 돌아보고 그 대안을 심도 깊게 논의하는 그 세미나의 사회를 보면서 이 문제가 이제는 곧 해결되겠다는 확신도 들었습니다. 해외의 다양한 대체복무 사례들과 국내에 축적된 연구 논문들이 그 점을 뒷받침하고 심지어 병무청과 국방부에서 연구한 자료들도 '사회의 여론만 괜찮다면'이라는 단서를 다는 것을 볼 때도 그러했습니다.

그 학술세미나의 발표 자료들과 다른 훌륭한 논문 및 자료들을 정리하여 이렇게 책으로 내게 되었습니다. 이 책은 양심적 병역거부 사건을 다루는 일선 법조인들과 대안 마련을 연구하는 정책 당국자들이 국내외 최신 자료들을 일목요연하게 살피는 데 크게 도움이 될 것입니다. 양심의 자유에 대해서 강의하시는 선생님들과 학생들에게도 참고가 될 것입니다. 아울러 양심적 병역거부와 직접 관련이 없다고 느끼는 분들이 인권에 대한 감수성을 키우고 민주 사회에서의 양심이란 무엇인지에 대한 이해를 높이는 데도 크게 기여할 것이라 믿어 의심치 않습니다.

대한변협 인권위원장을 맡았을 때 우리 사회의 여러 소외계층에 법조인들의 관심을 기울이기 위해 노력했습니다만 단일 형사 사안으로서 가장 많은 수감자들을 양산하고 있는 이 문제는 우리가 반드시 짚고 넘어가야 할 사안임에 틀림없습니다. 이 책이 조금이나마 문제 해결에 도움이 될 수 있다면 더없이 기쁘겠습니다. 이 책에 기고해 주신 모든 필자 분들과 대한민국에서 이 문제에 대해 연구하고 고심하고 계신 모든 분들 역시 마찬가지이리라 확신합니다. 끝으로 이 훌륭한 책을 내자고 함께 의기투합해 주신 한인섭 선생님과 이재승 선생님께 깊이 감사드립니다.

차 례

제3부 유엔인권이사회의 견해 등

제4부 국회 입법안 및 정부 기관 주요 문서

일러두기

편집 기준

이 책 전체에서 날짜, 숫자, 사건번호, 자주 등장하는 표현 등은 독자들의 편의를 위해 일관성 있게 표기를 통일하였다.

반복되는 일부 법 조항, 인용 문구 등도 중복되지 않도록 조정하였다.

그 외에 각각의 논문 및 자료 작성자의 각주 및 인용의 방법에 대해서는 '사용자 편의 및 일관성의 원칙'이 유지되는 한에서, 각 작성자의 인용 방법을 그대로 유지하였다.

자료 게재 허락에 대한 감사

다양한 문건들을 수록함에 있어 편집자는 그 해당문건의 저작권자들로부터 게재에 대한 사전 허락을 받았으며, 이에 대해 진심으로 감사함을 표시하고자 한다. 다만, 자료 게재와 관련, 모든 세심한 주의와 노력을 기울였음에도 불구하고 발생하는 문제점들에 대해서 문의사항이 있으신 분들은 편집자에게 연락주실 것을 당부드린다.

양심적 병역거부의 실태, 법리와 대안

2012년 5월 11일 서울대학교에서 대한변협 인권위원회, 건국대학교 공익인권법센터, 서울대학교 공익인권법센터가 공동 주최한 "한국 병역거부 공론화 10년 학술토론회"의 발제 논문들과 양심적 병역거부 주제의 단행본이 나온 지난 2005년 이후에 집필된 주요 논문들을 수록하였다. 제1부 끝에 당시 학술토론회의 지정 토론문과 토론회 녹취록도 게재하였다.

바람직한 대체복무제

이재승(건국대학교 법학전문대학원 교수)

I. 서론

한국사회에서 '양심적 병역거부'라는 정명(正名)을 세우기 전, 이 문제는 특정종파의 일로만 치부되었다. 입영기피죄로 처벌된 1만 6000여 명의 청년 중에서 99%가 여호와의 증인들이었기 때문에 무리는 아니다. 보수적 기독교회는 이들에게 종교적 이단이라 공세를 퍼부었고, 일반대중들도 편승하여 사회적 이단으로 규정하였다. 그러나 병역거부가 정치적 독립선언으로 각인되면서 대중의 시선도 긍정적으로 변모하기 시작하였다. 처벌에 반대하는 논리도 질적인 변화가 감지되었다. 처음에는 소수자에 대한 관용, 개선불능자에 대한 대안적 접근, 혹은 실용적인 국방개혁 등을 말하다 차츰 자유사회의 대전제로서 양심의 자유권이나 평화적 생활권에까지 이르렀다. 이제 병역거부권에 함축되어 있는 평화주의는 이라크 전쟁 반대 캠페인에서 더욱 큰 울림으로 퍼져갔다.

대체복무제에 대한 시민사회의 반응도 긍정적이다. 그간의 여론조사를 보면 10여 년 전에는 응답자의 80% 이상이 처벌을 요구했으나 4~5년이 흐른 다음 조사에서는 적절한 대체복무제의 도입을 지지하는 의견비율이 의미심장하게 증가했다.[1] 이에 국방부와 정부당국은 국민다

---

1 2008년 9월 12일자 리얼미터 조사에 따르면 대체복무제에 대해 '찬성한다'는 의견

수의 동의를 얻는다면 그때에나 대체복무제를 고려해 보겠다고 수사학적 기교를 부렸다. 여기에는 병역거부가 주로 종교적 문화적 소수자들의 문제라는 점, 그리고 징병제 국가에서 군대는 국민 모두의 일상과 긴밀하게 결부되어 있다는 점에서 병역거부는 결코 국민 다수의 지지를 받지 못할 것이라는 판단이 깔려 있었다. 매카시즘의 광풍에 사로잡힌 미국인들이 당시 국민투표를 통해 헌법의 권리장전(미국 헌법 중 인권조항부분)의 운명을 결정하도록 하였다면 아마도 폐지되었을 것이라고 일갈했던 워렌(Warren) 미국 대법원장의 말이 절실히 다가온다.

헌법재판소는 2011년 병역법 위헌심판 사건 결정에서 사태해결을 국민의식이나 시대상황에 완전히 미루었다.[2] 국방 및 안보와 관련된 문제만 나오면 불온도서 사건[3]에서도 보듯이 사법부와 헌법재판소는 인권보장기관으로서의 임무를 포기하는 것 같다. 더구나 이명박 정부는 남북 관계를 정치적으로 이용하면서 병역거부자에 대한 감정을 은연중에 악화시켜 대체복무제 전망을 더욱 어둡게 하였다. 이러다가 정부가 대체복무제의 도입의 선결조건으로서 통일을 내세우지나 않을까 염려스럽다. 그러나 양심적 병역거부는 안보의 부산물이 아니라 권리의 문제이다.

시민사회는 2001년 이래로 대체복무제를 도입하여 사태를 근본적으

이 44.3%로 반대 여론인 38.7%를 넘어섰다. 2007년 9월 리얼미터 조사당시 반대가 49.7%로 찬성 35.5%보다 14.5%p 많았던 것과 비교할 때, 2008년 조사결과에서는 반대가 11%p 줄어들고, 찬성은 14.2%p 증가해 1년 만에 찬반 여론이 역전됐음을 알 수 있다. 지지정당에 따라 대체복무제에 대한 의견차를 보여 진보신당(84.3%〉4.3%)을 비롯해 민주당(58.6%〉32.4%) 지지층은 대체복무 찬성 의견이 우세한데 반해 자유선진당(36.5%〈50.1%)과 창조한국당(35.4%〈63.0%) 지지층은 반대 의견이 월등히 높게 나타났다. 자세한 것은 이 책 154쪽 이하에 실린 진석용, 「양심적 병역거부'의 현황과 법리」 참조.

2 병역법 제88조 제1항 제1호 위헌제청 등 헌재 2011. 8. 30. 선고 2008헌가22 결정, 『판례집』 23-2 상, 174쪽 이하.

3 군인사법 제47조의2위헌확인 등 헌재 2010. 10. 28. 선고 2008헌마638 결정, 『판례집』 22-2하, 216쪽. 불온도서관련 결정을 통해서 군인은 독자적으로 사유할 권리를 원천적으로 부정당하였다. 제복 입은 시민이라는 민주적 이상과 너무나 동떨어진 것이었다. 이재승, 「불온도서지정의 위헌성」, 『민주법학』 40, 2009, 45쪽 이하.

로 해결하자고 제안하였다. 이미 16대 국회에서 장영달, 천정배 의원이 병역법 개정안을 각기 마련하였다. 이 법안들은 한국사회에서 소수자를 위하여 뜻깊은 법률이 탄생할 수도 있다는 희망을 심어 주었고, 양심적 병역거부의 본질에 대해서도 엄청난 계몽을 가져 왔다.[4] 17대 국회에서는 임종인, 노회찬 의원이 법안을 발의하였고, 18대 국회에서도 김부겸, 이정희 의원이 각기 법안을 마련하였으나 완성시키지 못했다.

19대 국회에서는 시민사회단체 활동가들과 정치인들이 힘을 합쳐 합리적인 대체복무제를 관철시키는 결정적인 계기를 만들어야 한다. 이 글은 그러한 결의를 다지는 차원에서 바람직한 대체복무방안을 제시하려고 한다. 필자는 먼저 병역거부에 대한 국가기관의 입장을 검토하고, 다음 대체복무제의 방향을 제시해 보겠다. 지난 10여 년에 걸쳐 연대회의 활동가, 연구자, 법률가, 국회의원, 병역거부자들이 여러 경로로 펼쳐놓은 생각들을 모아 골격을 잡아보았다. 마지막에는 독일과 대만의 대체복무제에 대한 이해를 돕기 위해 필자의 논문과 연대회의 번역 자료를 추가하였다.

II. 국가기관의 입장

1. 국가인권위원회의 권고결정

국가기관으로서 양심적 병역거부자 문제에 대하여 공식적으로 긍정적인 반응을 보인 곳은 국가인권위원회가 처음이다. 국가인권위원회는 2005년 국회의장과 국방부장관에게 양심적 병역거부자를 위하여 적절한 대체복무제를 도입하라고 권고하였다(2005. 12. 26.).

---

4 이 법안은 안경환·장복희(편), 『양심적 병역거부』, 사람생각, 2002에 수록되어 있다.

2. 정부의 뭉개기

병역거부자 윤여범과 최명진은 2004년 자유권규약위원회에 청원절차를 통해 병역거부자의 인권침해상황을 국제사회에 호소하였다. 자유권규약위원회는 2007년 한국정부에 대해 문제해결을 촉구하고 적절한 대체복무제를 마련하라고 권고하였다.[5] 노무현 대통령은 안팎의 압박 속에서 임기 막바지에 대체복무제의 도입을 추진하도록 하였다. 사회복무제라고 불리던 이 제도는 현역 복무기간의 두 배 가량을 예정한 것으로 전해졌다. 그러한 제도라도 일각에서 수용하겠다는 분위기도 있었으나 임기 말의 약속은 출마 공약보다 더 허망하게 사그라졌다. 정권교체 후 정부관계자는 2008년 5월 유엔인권이사회(Human Rights Council)의 보편적 정례검토(Universal Periodic Review) 때까지만 해도 대체복무제를 도입하겠다고 공언하였다. 그것이 마지막이었다. 그 이후 이명박 정부는 노무현 정부의 약속을 완전히 뭉개버렸다.

3. '세월이 갈수록' 시기상조론에 빠진 헌법재판소

헌법재판소는 본디 국민들의 환상을 관리하는 기구다. 헌법재판소가 자신의 이미지와 대중의 환상조차 제대로 관리하지 못하면서도 권

---

5 양심적 병역거부를 이유로 징역을 살았던 최명진, 윤여범 씨가 2004년 10월 자유권규약위원회(Human Rights Committee)에 제출한 청원에 대하여 위원회는 "두 사람에 대한 한국 정부의 처벌은 자유권규약 제18조(사상 양심 종교의 자유)에 위반된다"고 결론 내렸다. 한국 정부에게 권리침해에 대한 배상과 재발방지책도 마련하라고 통보했다. 자유권규약위원회는 "병역거부권을 인정하면 국가안보, 사회통합, 형평성에 심각한 문제가 발생한다"는 한국 정부의 주장을 반박했다. 자유권규약위원회는 병역거부권의 인정이 국가안보에 위협이 된다는 사실을 정부가 증명하지 못했다고 판단했다. 위원회는 국민개병제 아래서도 대체복무제를 운용할 수 있으며, 군복무와 대체복무의 형평성을 확보할 수 있다는 점, 대체복무제는 사회통합을 해치기보다는 통합적 다원주의를 촉진시킨다는 점을 강조했다. *Yeo-Bum Yoon and Myung-Jin Choi v. Republic of Korea*(CCPR/88/1321-1322/2004 of 23 January 2007).

위를 누리고자 한다면 어불성설이다. 헌법재판소가 최근 5~6년 사이에 인권신장에 기여한 결정을 얼마나 내렸는가! 예닐곱의 보수적인 노정객들이 헌법과 이 나라의 장래를 좌지우지하며 헌법재판소는 기능부전 상태에 빠졌다. 머지않아 헌법재판소에 대한 결정적인 반박이 제기될 것이다. 병역거부 사건의 결정에서 헌법재판소는 구태의연한 정치를 잘 보여주었다.

헌법재판소는 2004년 결정[6]에서는 비록 병역법을 합헌이라고 규정

---

6 병역법 제88조 제1항 제1호 위헌제청(2004. 8. 26. 선고 2002헌가1 전원재판부 결정).
　(1) 양심적 병역거부의 문제는 이제 우리나라에서도 국가공동체의 주요한 현안이 되었다. 이미 오래 전부터 여호와의 증인을 중심으로 종교적 양심을 이유로 병역을 거부하는 현상이 존재하였고, 최근에는 이러한 현상이 불교신자, 평화주의자들에게까지 확산되는 것을 엿볼 수 있다. 병역기피자는 이 사건 법률조항에 의하여 형사처벌을 받는 것은 물론이고, 공무원, 임·직원으로의 취업을 제한받고 각종 관허업의 허가·인가·면허 등을 받을 수 없으며(병역법 제76조), 형사처벌을 받은 후에도 공무원임용자격이 상당한 기간 동안 박탈되는 등(국가공무원법 제33조 등) 사회적으로 막대한 불이익을 받게 된다. 양심적 병역거부자의 수는 비록 아직 소수에 불과하나, 입법자는 이 사건 법률조항의 시행으로 인하여 양심갈등의 상황이 집단적으로 발생한다는 것을 그동안 충분히 인식하고 확인할 수 있었으므로, 이제는 양심적 병역거부자의 고뇌와 갈등상황을 외면하고 그대로 방치할 것이 아니라, 이들을 어떻게 배려할 것인가에 관하여 진지한 사회적 논의를 거쳐 나름대로의 국가적 해결책을 찾아야 할 때가 되었다고 판단된다. 국제적으로도 이미 1967년부터 유럽공동체, 국제연합의 차원에서 양심적 병역거부를 인정하여야 한다는 결의를 반복하기에 이르렀고, 1997년 국제연합의 조사에 의할 때, 징병제를 실시하는 93개국 중 양심적 병역거부를 전혀 인정하고 있지 않는 국가는 약 절반에 불과할 정도로 이미 많은 국가에서 입법을 통하여 이 문제를 해결하고 있다.(2) 입법자는 헌법 제19조의 양심의 자유에 의하여 공익이나 법질서를 저해하지 않는 범위 내에서 법적 의무를 대체하는 다른 가능성이나 법적 의무의 개별적인 면제와 같은 대안을 제시함으로써 양심상의 갈등을 완화해야 할 의무가 있으며, 이러한 가능성을 제공할 수 없다면, 적어도 의무위반 시 가해지는 처벌이나 징계에 있어서 그의 경감이나 면제를 허용함으로써 양심의 자유를 보호할 수 있는 여지가 있는가를 살펴보아야 한다. 그러므로 입법자는 양심의 자유와 국가안보라는 법익의 갈등관계를 해소하고 양 법익을 공존시킬 수 있는 방안이 있는지, 국가안보란 공익의 실현을 확보하면서도 병역거부자의 양심을 보호할 수 있는 대안이 있는지, 우리 사회가 이제는 양심적 병역거부자에 대하여 이해와 관용을 보일 정도로 성숙한 사회가 되었는지에 관하여 진지하게 검토하여야 할 것이며, 설사 대체복무제를 도입하지 않기로 하더라도, 법적용기관이 양심우호적 법적용을

하면서도 제도개혁을 촉구하는 취지의 결정을 내림으로써 인권옹호자
는 아닐지라도 환상관리자의 역할을 일부나마 수행했다. 그런데 2011
년 결정에서는 뚱딴지같이 시기상조론을 들고 나와 병역거부의 처벌
관행을 완전하게 정당화했다.[7] 세월이 갈수록 시기상조론을 주장하니
놀라운 박자감각이라고 해야겠다. 법의 지배와 준법원칙은 입법부와
사법부가 인권을 존중하고 정의로운 법을 제정하고 운용한다는 믿음
에 기반한 국가와 시민의 상호작용이다. 그러나 헌법재판소가 번번이
인권침해 상황을 외면하고 보수적 정견으로 일관한다면 자신의 존재
가치를 스스로 부정하는 것이다. 특히 안보와 군대 문제만 나오면 헌
법재판소는 국방부의 법무참모 수준으로 위축되고 만다.

　국제인권법에 대한 헌법재판소의 논증도 실로 안타깝다. 자유권규
약위원회뿐만 아니라 유엔인권위원회도 자유권규약(ICCPR)상의 양심
의 자유(제18조)는 병역거부권을 포함한다고 밝혔고,[8] 이 문제에 대해
중요한 일반논평과 결의도 내놓았다.[9] '양심적 병역거부자의 마그나
카르타'로 불리는 유엔인권위원회(Commission on Human Rights) 제77호
결의(1998. 4. 22.)는 대체복무제의 골자까지도 밝히고 있다. 하지만 헌
법재판소는 병역거부권 법리의 국제적 발전에도 아랑곳하지 않고 병
역거부권의 권리성을 일관되게 부정하였다. 헌법재판소는 세 가지 이
유를 제시하였다. 첫째로, 양심적 병역거부권에 관한 명문의 조항이
자유권규약에 없다. 둘째로, 양심적 병역거부를 인정한 국제조약은 존
재하지 않는다. 셋째로, 양심적 병역거부와 대체복무제는 국제관습법

　통하여 양심을 보호하는 조치를 취할 수 있도록 하는 방향으로 입법을 보완할 것
　인지에 관하여 숙고하여야 한다.
7 병역법 제88조 제1항 제1호 위헌제청 등 헌재 2011. 8. 30. 선고 2008헌가22 결정,
　『판례집』 23-2 상, 174쪽 이하.
8 윤여범, 최명진 씨의 청원에서도 자유권규약위원회는 규약 제18조가 양심의 자유
　를 포함한다고 밝혔다. *Yeo-Bum Yoon and Myung-Jin Choi v. Republic of Korea*
　(CCPR/88/1321-1322/2004 of 23 January 2007).
9 유엔 자유권규약위원회(Human Rights Committee) 일반논평(General Comments)
　제22호/유엔 인권위원회 결의 1987/제46호, 결의 1998/제77호, 결의 2000/제34호,
　결의 2002/제45호, 결의 2004/제54호.

이 아니다. 이에 대한 비판은 다른 글에 넘기고,[10] 이와 관련하여 한두 가지 문제만 지적하겠다.

우선적으로 한국의 헌법재판소가 자유권규약을 임의대로 해석할 수 있는지 의문이다. 규약당사국으로서 한국정부는 해당규약을 유권적으로 해석하고, 각국의 이행실태를 감시하고, 규약의 발전을 주도하는 자유권규약위원회(Human Rights Committee)의 판단을 무시해서는 안 되기 때문이다. 또한 한국정부는 유엔인권위원회(Commission on Human Rights)의 결의에서 집요한 반대자로서 반대의견을 표명한 적도 없었다.

나아가 헌법재판소가 자유권규약에 양심적 병역거부권이 명문으로 규정되지 않았기 때문에 병역거부권을 인정할 수 없다고 하지만 같은 논법을 헌법재판소에 적용한다면 헌법재판소의 수많은 판결들이 전혀 근거 없는 것이 되겠다. 헌법재판소는 명문의 규정이 없는 사항도 판결해 왔으며, 심지어 수도서울은 '관습헌법'이라며 새로운 헌법까지 개창하였다.

다음으로, 국제관습법의 문제가 남아 있다. 지상에 수많은 국가들이 존재하는데 그중에는 보편적 인권관념에서 볼 때 열악한 처지의 국가들이 적지 않다. 이러한 유형의 국가들을 통계의 기본으로 삼아야 할 것인가? 헌법재판소는 바닥을 향하는 시선으로 이 문제를 답하고 있다. 그러나 유엔헌장이 말하는 인권과 인도주의를 지향하는 관행을 중심으로 전향적으로 생각해야 한다. 그 경우 앞서 언급한 자유권규약과 유럽인권협약, 각국의 병역거부법과 대체복무법, 자유권규약위원회, 인권이사회, 유럽인권위원회와 유럽인권법원의 결정,[11] 각국법원의 결정 등을 국제관습법의 근거로 삼아야 한다.

---

10 이에 대한 논의는 이재승, 양심적 병역거부를 처벌하는 병역법의 위헌심판사건 참고인의견서, 『민주법학』 45, 297쪽 이하(이 책 262쪽 이하에 수록되어 있음. 편집자 주).

11 양심적 병역거부는 유럽인권협약 제9조(사상 양심 종교의 자유)에 포함된다는 유럽인권법원 대법재판부의 결정은 *Bayatan v. Armenia*, application no. 23459/03 (20 July 2011) 참조.

<표 1> EU회원국가의 실태

	해당 국가
징집중단국가	벨기에(1994), 불가리아(2007), 체코공화국(2004), 프랑스(2001), 독일(2011), 헝가리(2004), 이탈리아(2004), 라트비아(2007), 리투아니아(2008), 룩셈부르크(1967), 네덜란드(1996), 폴란드(2009), 포르투갈(2004), 루마니아(2006), 슬로바키아(2005), 슬로베니아(2003), 스페인(2001), 스웨덴(2010), 영국(1960)
대체복무제시행	오스트리아, 키프러스, 덴마크, 에스토니아, 핀란드, 그리스
군대미도입	아일랜드, 몰타

<표 2> 기타 유럽국가의 실태

	기타 유럽국가
징집중단국가	보스니아헤르체고비나(2007), 알바니아(2010), 크로아티아(2008), 몬테니그로(2006), 세르비아(2011), 마케도니아(2006)
대체복무제시행	노르웨이[12], 스위스, 그루지아, 아르메니아, 우크라이나
처벌국가	러시아, 벨라루스, 터키

　　병역거부권의 발전을 고려할 때 지난 세기에 두 차례 세계 대전의 진원지였던 유럽을 주목해야 한다. 양심적 병역거부가 국제적인 인권으로서 발전하는 과정에서 세 차례의 파고가 있었다. 첫 번째 파고는 제1차 세계 대전 후 평화주의 분위기 속에서 북구의 국가들(노르웨이, 스웨덴)이 대체복무제를 도입한 국면이다. 두 번째 파고는 제2차 대전 후 서유럽국가들이 냉전체제의 와중에 징병제를 유지하면서 병역거부권을 인정한 국면이다. 세 번째 파고는 냉전체제의 붕괴 이후 구 동구권 국가들이 서구적인 양심적 병역거부권을 수용하고, 유럽연합(EU)의 출범 분위기 속에서 서유럽국가들은 징병제를 폐지하거나 중단하는 국면이다. 현재 징병제 중단의 흐름에 동유럽 국가들까지도 가세하

---

12 노르웨이는 병역거부자에 대하여 대체복무제를 시행하여 왔으나 2011년부터 면제하기로 결정하였다. Norway: end of substitute service for conscientious objectors (2011. 10. 10), <http://www.wri-irg.org/node/135461>.

고 있다. 앞의 표에서 확인하듯이 유럽연합 회원국 중 병역거부자를
처벌하는 국가는 없다. 21개국은 징집을 중단하고 있으며, 징병제를
시행하는 6개국은 대체복무를 도입하였고 있다.[13] 유럽연합에 속하지
않는 일부 국가만 병역거부자를 처벌하고 있다.

III. 대체복무방안

지난 10여 년 동안 국회에서 대체복무제에 관한 많은 법안들이 발
의되어 상당한 학습이 이루어졌기에 여기서는 구체적인 내용들을 따
지기보다는 바람직한 대체복무제로 직진하겠다. 한국의 현실을 고려
하면서도 국제기준에 입각해서 병역거부자들의 권리를 덜 침해하는
방향으로 구체화할 것이다. 현재 양심적 병역거부권과 관련된 국제기
준은 수백 건에 이르는 한국인의 청원사례들을 통해 발전되고 있다고
할 정도이다. 정부는 병역거부자들이 다시 거부할 정도로 조악하고 처
벌적인 대체복무제를 형성시켜서는 안 될 것이다. 한편 너무 헐렁한
방식의 대체복무제도를 도입하여 너 나 할 것 없이 편승하게 하여서도
안 된다.

이제 형평성과 인도성을 충족시키는 적도를 찾아내야 한다. 제도의
설계란 합리적 타협점을 찾는 과정이라고 본다. 우리 사회에서 병역거
부자의 가혹한 실상이 해결해야 할 진짜 문제라고 생각한다면 진보든
보수든 따를 수밖에 없는 방안을 만들어야 한다. 미리 말하자면 그리
스의 대체복무제[14]는 병역거부자에 대한 가학적 독기가 넘치는 사례로
서 반면교사로 삼아야 한다면, 독일[15]이나 대만[16]의 제도는 형평성과

---

13 보다 상세한 각국의 실태조사는 이 책 154쪽 이하에 실린 진석용, 「양심적 병역
　거부'의 현황과 법리」, 참조.
14 이재승, 「그리스의 병역거부와 대체복무」, 『건국대학교 일감법학』 15, 2009, 217
　쪽 이하.
15 첨부 자료 참조.
16 한홍구, 「대체복무제도 참관보고서」, 안경환·장복희(편), 『양심적 병역거부』, 사

인도성을 조화시킨 모범 사례라고 할 수 있다. 유의해야 할 대목은 독일이 2011년부터 징집을 유예하였기 때문에 아래에 언급하는 대체복무제는 이제 역사적 유물이 되었다는 점이다. 하지만 독일은 장기간 대규모의 대체복무제를 운영해 왔기 때문에 여전히 유익한 참조가 될 것이다.

필자는 대체복무제에 관한 많은 규정을 병역법에 복잡하게 끼워 넣는 것보다는 병역법에는 대체복무 이행자를 병역의무 이행자로 간주한다는 간결한 원칙조항을 하나 두고, 별도로 독립적인 대체복무법을 제정하여 병역거부절차와 대체복무를 동시에 규율하는 것을 지지한다. 독일은 병역법에서 분리된 병역거부법과 대체복무법을 두고 있다. 본질적으로 대체복무는 민간인에 대한 의무부과라는 점에서 이러한 원칙을 주장한다.

1. 병역거부 신청

1) 신청인의 범위

입대예정자, 군인, 예비군은 병역거부를 신청할 수 있다. 통상 입대예정자를 중심으로 병역거부의 문제가 제기되어 왔으나 현역군인들도 병역거부자로 고려해야 한다.[17] 군인은 처음부터 병역거부권을 포기한 자로 간주해야 한다는 견해가 없지 않으나 양심은 그 속성상 언제든지

람생각, 2002, 285쪽.

17 그리스의 직업군인 Giorgios Monastritios는 2003년 양심상의 이유로 이라크 전쟁에 참전을 거부하고, 전역을 요청하였다. 2004년 9월에 그는 탈영죄로 기소되어 피라에우스 해군법원에서 3년 4월의 징역형을 선고받았다. 재판은 변호사와 피고인 측의 증인도 없이 일사천리로 진행되었다. 그는 항소하고 형집행 연기를 신청하였다. 2004년 10월 아테네 항소법원은 연기신청을 승인하였다. 2005년 1월에 피라에우스 해군법원은 5월 징역형을 선고하였다. Marc Stolwijk, The Right to Conscientious Objection in Europe: A Review of the Current Situation, Quaker Council for European Affairs, 2005, 36쪽; 세계 곳곳의 군인의 이라크전 거부사례에 대해서는 이재승, 「군인의 전쟁거부권」, 『민주법학』 43, 2010, 185쪽 이하 참조.

발현될 수 있기 때문에 군인도 병역거부자로 인정해야 한다.[18] 유엔인권위원회(Commission on Human Rights) 제77호 결의(1998. 4. 22.) 제1항도 같은 취지를 밝히고 있다. 의무복무 중인 군인뿐만 아니라 직업군인도 병역을 거부할 수 있다. 직업군인의 병역거부신청은 일종의 전역신청과 예비군거부로 파악해야 한다.

예비군은 군대를 마쳤기 때문에 병역거부권을 원초적으로 포기한 자로 상정하기 쉽다. 그러나 예비군도 병역거부 신청권을 가져야 한다. 올리버 스톤 감독의 영화 〈7월 4일생〉[19]에서 보듯이 인간은 군복무 후에도 다양한 이유로 자신의 세계관을 근본적으로 청산할 수 있다. 미국에서 예비군들이 실제로 전쟁동원을 거부하고 캐나다로 망명한 사례들을 통해 볼 수 있듯이 이는 매우 현실적인 문제이다.[20]

현재 우리나라에서 예비군 거부자들은 향군법 위반으로 처벌되고 있다. 이들의 처벌은 좀 더 특수한 문제를 안고 있다. 군당국은 예비군으로서 훈련을 거부하면 처벌하고(주로 벌금형), 거부한 훈련에 대해 또다시 소집영장을 보내고 또다시 처벌하고 있다. 그리고 이 속절없고 고통스러운 과정은 예비군훈련 6년차까지 반복된다. 독일 헌법재판소에 따르면, 병역거부자들의 거부행위는 죄수론(罪數論)에 따라 동일한 신념에 따른 '하나의 행위'이므로 반복해서 소집의무를 부과하고 또다시 거부행위를 처벌하는 행태는 당연히 이중처벌에 해당한다.[21] 반면

---

18 Human Rights Committee, Concluding Obersvations on Chile, March 2007 (CCPR/C/CHL/CO/5), para. 13.

19 이 영화는 미국독립기념일에 태어난 론 코빅(톰 크루즈 분)이 철모르고 월남전에 참여하여 학살에 연루되고 하반신을 잃고 심각한 좌절을 겪다가 휠체어에 몸을 싣고 반전평화운동의 대의에 동참하게 되는 과정을 그리고 있다.

20 이재승, 「군인의 전쟁거부권」, 216쪽. 놀랍게도 캘리포니아 버클리 시의회는 전쟁의 불법성을 이유로 개인적 양심에 따라 탈영, 무단이탈, 무단결근에 따른 처벌 그리고 전쟁의 불법성과 관련된 표현으로 인한 처벌에 대한 전면적인 사면, 나아가 불명예전역조치의 명예로운 전역조치로 전환, 연금수급자의 지위회복을 촉구하였다. Berkeley City Council Resolution No. 64, 803 (Universal and Unconditional Amnesty for Iraq, Afghanistan, and Pakistan War Military Resisters and Veterans Who Acted In Opposition to the War for Matters of Conscience, 2010. 3. 9.), <http://www.couragetoresist.org/x/content/view/825/1/>, 최종검색일: 2010. 4. 4.

한국 헌법재판소는 2011년 향군법위헌 심판청구사건에서 이러한 논리를 배척하였다.[22] 유엔인권위원회 제77호 결의 제5항도 '반복적인 처벌'을 금지하고 있다. 어쨌든 예비군 거부자들은 이미 기본적인 병역의무를 이행한 자이므로 다른 대안적 조치를 강구할 필요가 더욱 크다고 본다. 병역을 거부하는 예비군에 대해서는 아예 면제를 시키든지 독일이나 스위스의 대체복무자들과 같이 일종의 대체복무를 부과하는 것도 가능하다.

2) 신청사유

병역거부 사유를 개괄적으로 규정하는 것이 바람직하다. 거부자의 권리를 제한하려는 의도에서 등장한 '종교적 양심'이라는 표현은 가급적 사용하지 않는 것이 옳다. 한편 종교적 양심이라는 표현은 우리 사회에서 다원주의와 관용의 맥락보다는 영혼의 정복과 배타성의 불씨처럼 자주 오독되기 때문에 제도를 설계하는 과정에서 종교에 과도한 강세를 두지 않는 것이 좋겠다. 따라서 "윤리적, 종교적, 인도적, 평화주의적, 정치적 동기에 기하여 병역을 거부하는 자"로 포괄적으로 규정하는 것이 좋겠다. 유엔인권위원회(Commission on Human Rights) 제77호 결의(1998. 4. 22.) 제1항은 "양심적 병역거부권은 종교적, 도덕적, 윤리적, 인도주의적 또는 이와 유사한 동기에서 발생하는 심오한 신념 또는 양심에서 유래하는 것"이라고 규정한다.

---

21 독일연방헌법재판소는 대체복무자에 대해 이러한 결정을 내렸다. 헌법소원인은 원래 병역거부자로 인정받은 자였으며, 병역거부자로 인정받는 자들은 법률에 의하여 당연히 대체복무를 이행해야 했다. 그러나 이들은 대체복무 소집요구에 불응한 결과 근무지이탈죄(대체복무법 제53조)로 2월에서 6월까지 자유형을 복역하였다. 이후에도 연방노동부장관은 계속해서 대체복무 소집영장을 보내고, 이들이 불응하자 장관은 또 제53조의 위반으로 고발하였다. 헌법재판소는 "대체복무 소집에 대한 반복적인 불응행위가 지속적인 작용을 하는 확고한 양심적 결정에 근거하고 있다면 헌법 제103조 제3항(일사부재리)이 말하는 동일한 행위"라고 보고 유죄관결의 반복은 위헌이라고 결정하였다. BVerfGE 23, 191쪽.

22 향토예비군설치법 제15조 제8항 위헌제청 등 헌재 2011. 8. 30. 선고 2007헌가12 결정, 『판례집』 23-2 상, 132쪽 이하.

'양심적 병역거부(Conscientious Objection: 약칭 CO)'가 국제적으로 통용되고 있는데 굳이 '신념에 따른 병역거부'라는 용어를 사용하자는 사람들이 있다. 그러나 이 개념은 병역거부자를 도덕적으로 비하하려는 의도를 담고 있다.[23] '종교적 병역거부'라는 말도 조잡한 용어이니 사용하지 않는 것이 좋다. 종교적 병역거부만을 병역거부 사유로 한정하는 나라에서나 쓸 수 있는 표현이다. 동족상쟁과 남북 간 군사대결을 거부하거나 회피하는 청년들은 민족적 동기에 입각한 병역거부자의 범주에 해당할 수 있다. 물론 이러한 동기에서 출발하여 모든 전쟁을 거부하는 데에 이른다면 양심적 병역거부자가 될 수 있다. 이 경우 동기와 신념에 입각한 차별을 허용해서는 안 된다.

병역거부의 대상이 전쟁 및 전쟁과 관련된 업무 일체를 의미하기 때문에 거부대상을 명료하게 하는 것이 필요하다. 이 경우 절대적 병역거부자만 병역거부자로 인정할 것인지, 제한적인 의미에서 병역거부자(정전론자)도 병역거부자로 인정할 것인지 문제된다. 제한적 의미의 병역거부자를 구태여 배제할 이유는 없다고 본다.[24] 병역거부자 문제를 더욱 발전적으로 취급하는 방침으로서 긍정적으로 고려해 볼 만하다.

3) 신청시기

병역거부의 신청시기에는 이론상 제한이 없다. 병역거부의 판정절차에 소요되는 기간을 감안하여 입대를 연기해야 할 것이다. 입대예정일보다 상당기간 앞서서 병역거부를 신청하도록 제도화하는 것이 필요하다. 이 문제는 신체검사 시점에서 적절하게 권리행사방법을 고지해야 한다(일종의 병역거부 미란다원칙).[25] 군인이나 예비군도 어느 때든지

---

23 국립국어연구원이 2007년에 양심적 병역거부권이라는 개념 사용에 이의를 제기하였는데, 이에 대한 필자의 반론은, 「국어원은 양심의 자유를 상상할 수 있을까」, 『한겨레21』, 통권651호(2007. 3. 20.), 82~83쪽 참조.

24 필자는 보편적 병역거부(절대적 거부)는 허용하지만 선택적 거부는 배제해야 한다는 통설적 견해가 별로 타당하지 않다고 본다. 이재승, 「군인의 전쟁거부권」, 『민주법학』 43, 2010, 193쪽 이하.

병역거부를 신청할 수 있다.

입대예정자는 주소지의 병역거부사무를 담당하는 지방위원회에, 군인이나 예비군은 부대소재지나 주소지의 지방위원회에 병역거부신청서를 제출한다. 입대예정자는 신청 후 최종결정이 내려질 때까지 징집이 유예되며, 군인의 경우에는 신청 후 최종결정이 내려질 때까지 부대 내에서 최소한의 집총복무를 면제시키고, 예비군의 경우에는 최종결정이 내려질 때까지 소집훈련을 유예시켜야 한다.

4) 제출서류

독일법상의 심사자료를 참조하여 제출서류는 세 가지 유형으로 정한다. 다음 사항은 법률수준에서 규정하는 것이 합당하다.

① 병역거부 취지를 담은 청구서(표준서식 1)
② 병역거부결정을 소명하는 이유서(표준서식 2)
③ 사회적, 종교적 경력 및 학력 등을 기록한 이력서(표준서식 3)
④ 앞의 서식내용에 기재한 중요사항을 증명하는 서류들

제출서류의 양식에 대해서는 시행령에 그 규정을 마련한다. 병역거부의 취지를 담는 신청서(서식1), 자신의 경력을 중단 없이 기록할 수 있는 이력서(서식3)를 미리 확정하고, 이력서 서식에는 증명해야 할 중요한 사회활동란, 단체경력란, 종교경력란 등을 마련한다. 이 서식은 당시 상황을 소상하게 채우는 것이 아니라, 빠짐없이 연속적으로 기록하게 한다. 이력서식에 기재된 내용은 전체적으로 서류를 통해 증명해야 할 사항이다. 그러나 기본적인 사항을 제외하고는 양심의 변화와 성숙 과정을 실체적으로 증명하는 것은 불가능하므로 외적인 사실증명에 국한하고, 내면의 발전은 이유서에 따라 판정한다. 병역거부결정

---

25 유엔인권위원회 제77호 결의 제8항은 "양심적 병역거부권과 양심적 병역거부자의 지위신청에 대한 정보가 병역에 영향을 받는 모든 사람들에게 제공될 수 있도록 하여야 한다"고 밝히고 있다.

을 설득력 있게, 자세히 소명하고 정당화하는 이유서(서식2)를 제출하게 한다. 이 경우에도 형식은 자유로우나 논문처럼 과도하게 긴 이유서를 제출하게 할 필요는 없다. 불충분한 경우에는 서면 또는 구두 소명기회를 부여한다.[26]

2. 대체복무위원회

1) 관할부서

병역거부 및 대체복무제를 관할하는 부서를 어디로 할 것인지에 대해서는 논란이 많다. 병역거부자의 신분은 군인이 아니기 때문에 국방부나 군대관련부서가 이 문제를 취급하는 것은 합리적이지 않다. 자칫 대체복무가 국방정책의 일환으로 전락할 우려가 높다. 따라서 국방부보다는 보건복지부, 노동부, 행정안전부(대만)[27]를 대체복무시행기관으로 상정하는 것이 바람직하다.[28] 직무 관련성을 감안하면 보건복지부가 대체복무의 이념에 좀 더 부합하지 않을까 판단된다. 대체복무위원회는 독립된 제3의 기관 형태가 바람직하고, 그 기관을 병무청과 병렬적으로 배치하는 것이 적절하다. 어느 경우이든 "양심적 병역거부자를 판정하는 것은 민간 권위 아래에" 두어야 한다.[29] 독일의 대체복무청은 현재에는 연방가족노인여성청소년부 산하에 설치되어 있다.

---

26 이 부분은 Hans-Theo Brecht, Kriegsdienstverweigerung und Zivildienst Kommentar 5. Aufl., C.H.Beck, 2004, 7쪽 이하.

27 대만은 병무청이 관할하나 병무청은 내무부 소속기관이다. 한편 그리스의 대체복무위원회는 국방부 소속 특별위원회로 구성되어 있다.

28 유엔인권위원회 제77호 결의
③ 양심적 병역거부권을 보장하는 제도가 없는 국가는, 양심적 병역거부자의 신념에 차별을 하지 않고, 양심적 병역거부가 특정한 사안에서 타당한지를 결정할 임무를 맡을 독립적이고 공정한 의사결정기관을 마련하여야 한다.

29 Human Rights Committee, Concluding Observations on Greece, March 2005 (CCPR/CO/83GRC), para. 15.

2) 대체복무위원회

대체복무위원회는 중앙위원회와 지방위원회로 둔다. 중앙위원회는 정책개발부서, 병역거부자 심사부서로 나눈다. 지방위원회를 1차 심사기관으로, 중앙위원회를 2차 심사기관으로 구성하는 방안이나 지역위원회를 접수창구로 활용하고 중앙위원회만 심사기관으로 구성하는 방안 중 선택할 수 있을 것이다. 지방위원회를 내실화하여 1차 심사기관으로 하는 것이 병역거부자의 권리보호에 우호적이지만, 도입 초기의 혼란을 감안하면 중앙위원회에 집중시켜 운영한 후 나중에 1차 심사권한을 지방위원회로 이양하는 방법도 나쁘지 않겠다.

(1) 병역거부자판정심사위원회

위원회는 15인 이내의 위원으로 구성하고, 위원장은 국무총리가 임명하는 것이 바람직하다. 위원은 법률가, 관련학문 연구자, 인권문제 전문가, 시민단체로부터 추천받은 사람, 관계행정기관소속 고위공무원 중에서 임명한다. 위원회를 보건복지부에 소속시키는 것이 적절하지만 국방부나 병무청의 산하기구로 설치하는 때에는 기관의 독립성을 엄격하게 확보해 주어야 한다. 국방부장관이나 병무청장의 개인적인 견해에 따라 이 제도가 황폐화될 소지가 많기 때문이다.[30] 이 경우 관계행정기관 소속 고위공무원이 양심적 병역거부의 반대자가 되지 않도록 각별히 유의해야 한다.

우리나라에서는 보수적인 기독교 종단들이 이교심(利敎心)으로 병역거부자들에게 적대적이었던 사정을 감안할 때 목회자들이 종교인이라는 이유만으로 위원회에 참여하는 것은 바람직하지 않다. 종교계 인사가 다수 관여하는 것은 마치 종교재판을 연상시켜 공정성 시비를 야기할 수도 있고 종교인과 비종교인 간의 차별을 유발할 수도 있으므로

---

30 그리스 국방장관은 대체복무제를 마지못해 도입하면서 "병역거부자들에게는 어떤 편의도 제공해서는 안 되며, 일주일에 7일을 근무해야 한다"고 막말을 하였다.

시민적 공공 사안으로서 인권의 대의에 충실한 인물을 관여시켜야 할 것이다.

위원회는 위원장, 상임위원, 비상임위원 전원으로 구성된다. 처음부터 15인의 전원위원회를 구성하고, 재심사 신청에 대한 최종결정은 위원 전원이 참석하는 전원위원회에서 결정하도록 하는 것이 적절하다. 전원위원회는 지속성과 일관성을 갖도록 하고 독립성을 갖게 하는 것이 무엇보다 중요하다.

(2) 소위원회

위원장을 제외한 위원 전원을 2개의 소위원회로 나누어(15인의 위원인 경우 각 7인) 소위원회별로 신청을 분장하여 사전 심사를 정례화하는 것이 합당하다.

소위원회중심으로 결정하고, 소위원회에서 결정한 것은 특별한 문제가 발견되지 않는 한에서 전원위원회에서 원칙적으로 통과시키는 것이 적절하다. 사무처도 소위원회에 맞게 인력보강이 이루어지는 것이 합당하다. 그 경우 상임위원을 2인 두는 것이 적절하다.

이 경우 소위원회에서 인용된 신청과 기각된 신청을 전원위원회에서 다른 방식으로 고려하는 것이 합리적인지는 좀 더 검토해서 대통령령에 반영해야 한다.

1년에 대략 2000여 건의 신청을 예상할 때 전원위원회보다 소위원회 중심으로 운영하는 것이 합리적이다. 소위원회에서 기각결정이 내려진 경우에만 전원위원회를 재심기구처럼 운영하는 것도 바람직하다.

3. 병역거부자 판정절차

1) 심사기준

독일의 병역거부법은 특별한 요건을 정하고 있지 않다.[31] 신청 사유

---

31 첨부자료 참조.

의 타당성을 심사하는 것으로 충분하다고 판단하기 때문이다. 대만은 종교적 병역거부자에 대해서만 '2년 이상의 종교단체 경력'을 증명할 것을 요구하였고, 그리스는 '총기소지자, 사냥허가증, 전과기록' 등이 있는 사람에게는 병역거부 신청을 배제하고 있다.[32] 그러나 이러한 사항들은 심사과정에서 참고자료일 수 있지만 요건이 되어서는 안 된다.

"2년간의 종교생활 경력"과 같은 규정은 불합리하다. 2년간의 경력을 쌓아올리지 못한 종교인과 차별을 함축하고, 종교를 갖지 않는 거부자와도 차별을 의미하기 때문이다. 종교적인 동기에서 병역을 거부한 사람들은 스스로 자신에게 유리한 증빙자료로 제출할 수 있는 것일 뿐, 법정요건이 되어서는 안 된다. 또한 병역거부의 결정이 중요한 것이지 특정교단의 소속은 중요한 것이 아니다. 종교 경력은 종교적 이유로 병역거부를 신청한 자의 결단을 확인하는 자료로서 의미를 지닐 뿐이다.

"총기류소지. 사냥허가증"의 보유는 병역거부의사와 모순되지 않기 때문에 중요한 요건으로 삼을 수 없다. 취미가 사냥이거나 사격인 사람이 병역거부자가 될 수 없다는 판단은 앞뒤가 안 맞는다. 병역거부는 전쟁을 통한 인명살상을 반대하는 것이다. 또한 "전과기록" 때문에 병역거부자 인정여부가 결정될 수 없다. 특히 병역거부 신청인에게만 전과기록이 깨끗해야 한다고 요구하는 것은 부당한 차별이다. 나아가 무기소지와 폭력행사를 이유로 양심적 병역거부자의 신청권을 부인하는 것은 합리적이지 않다. 이는 자유권규약 제14조 제2항의 무죄추정의 원칙과 모순될 수도 있다.[33] 나아가 정치적 집회나 반전 평화집회에

---

32 그리스 병역법 제59조 제3항은 다음의 경우를 병역거부 신청지위를 배제하고 있다.
  ① 이미 그리스나 외국에서 군복무 또는 보안군근무를 이행한 자
  ② 사냥허가증을 소지하거나 사냥허가증을 신청하였던 자, 사격대회에서 개인적 집단적 활동, 사냥 기타 무기사용과 직결되어 있는 유사 행사에 참여한 자
  ③ 무기사용 또는 불법적인 폭력행사의 죄로 유죄 판결을 받았거나 형사재판이 진행 중인 자
33 그리스 대체복무제의 문제점에 대한 철저한 비판은 Amnesty International, Greece: High time to comply fully with European standards on conscientious

참석하여 실정법을 위반하는 사람이 병역거부자로서 부적격인지도 의문이다. 따라서 전과기록은 신청인의 품성을 판단하는데 참고자료가 될 수 있으나 전과기록 유무가 병역거부자 인정에 관건이 되어서는 안 된다. 오히려 신청인에게는 충분한 소명기회를 주고, '그 전과와 관련해서도 또는 그 전과에도 불구하고' 병역을 거부하게 된 이유를 청문해야 한다.

병역거부의 심사기준은 없다는 것이 진실이다. 오히려 양심적 병역거부자의 진실성 또는 진정성을 판별하는 것이 심사과정의 목표지만 특별히 외적인 서류나 위원들의 관심법이 이를 대신할 수도 없다. 제도의 합리적 설계를 통해 양심적 병역거부자를 선별해 내야 한다.

2) 심리, 결정, 불복

위원회의 심리는 서면심리를 원칙으로 하되, 필요한 경우 구술심리를 할 수 있다. 심사절차의 엄격성은 결국 대체복무제의 전체설계에 좌우될 것이다. 따라서 일률적으로 말하기는 어렵다. 독일에서는 막바지에 거의 서면심리로 운영하였다. 그러나 초기에는 대체로 절차를 엄격하게 운영하는 것이 통례이다.

위원회는 증인이나 참고인으로부터 증언 또는 진술을 청취하거나 서류의 제출을 요구할 수 있고, 필요한 경우 직접 조사할 수 있는 권한을 가진다. 그러나 신청인에게 불리한 사항을 들추어 수사하는 방식으로 이러한 권한을 행사해서는 안 된다. 피고인에게 불리한 조치로서는 전과조회만으로 충분하다. 병역거부자로서 진정성을 확인하고 석명하는 방식으로 우호적으로 진행돼야 한다. 위원회는 가톨릭 시성식(canonization)에서의 탄핵관(advocatus diaboli)이 아니기 때문이다.

---

objection, 1 May 2006, EUR 25/003/ 2006, <http://www.unhcr.org/refworld/docid/447b1bfec.html> 그리고 Conscientious objection to military service in Greece: Report for the Human Rights Committee in relation to Article 18 of the International Covenant on Civil and Political Rights. <http://www.wri-irg.org/news/2005/greece05a-en.htm> 최종검색일: 2013. 4. 15.

위원회는 신청서를 받은 날부터 적정기간(60일) 이내에 결정해야 한다. 위원회의 결정에 대해서는 인정처분을 받지 못한 자만이 불복할 수 있다. 기각결정을 받은 자는 중앙위원회(전원위원회)에 재심을 청구할 수도 있고, 중앙위원회로부터도 기각결정을 받은 경우에는 법원에 소송을 제기할 수 있다.

신청인의 사생활에 대한 적절한 보호가 필요하다. 병무당국이나 제3자가 신청인의 진정성을 탄핵하기 위하여 병역거부판정절차에 개입하게 해서는 안 된다. 이른바 '의심스러운 양심'에 대해 국방장관이 직권으로 위원회에 재심사를 요청하게 할 수 있다면, 이는 총체적으로 법의 원칙을 붕괴시키는 파쇼적인 행태라고 봐야 한다. 이러한 무단 침입은 기본적으로 위원회의 독립성을 해치는 것이므로 유엔인권위원회의 제77호 결의 제3항에 반한다.

4. 대체복무

1) 소집과 교육

병역거부자로 인정받은 사람은 대체복무역에 편입한다. 병역거부자로 인정받는 자만이 대체복무를 할 수 있다. 대체복무마저 거부하는 이른바 전면거부자는 실정법의 테두리를 넘어간다. 독일에서는 이런 유형의 거부자를 위하여 자발적 근무제까지 도입하였다.[34] 병역거부자로 판정받고 대체복무에 투입되는 자는 적절한 교육훈련(소양교육, 업무훈련, 체력훈련)을 거친 후 근무처에 배치한다. 어느 경우에도 군사교육을 실시하지 않는다.[35]

대체복무를 마친 자에 대해서는 이후 예비군훈련 등 군사훈련에 소집하지 않는다. 예비군 훈련일수와 년차를 감안하여 대체복무기간을 약간 장기로 하는 것으로 충분하다. 거의 동등한 기간으로 한다면, 독

---

34 자세한 내용은 첨부자료 참조.
35 독일에서는 대체복무자의 교육훈련을 위하여 전국적으로 20여 개의 대체복무학교(Zivildienstschule)를 설치·운영하였다. Hans-Theo Brecht, 앞의 책, 138쪽 이하.

일처럼 유사시에 대체복무에 동원하는 규정을 둘 수도 있고, 스위스처럼 대체복무 예비역 제도를 둘 수 있다.

2) 복무기간

병역을 거부한 자는 현역육군복무자의 입대기간의 1과 1/2을 넘지 않는 것으로 하는 것이 바람직하다. 또한 복무난이도를 감안하여 1~2개월의 범위에서 가감하는 것도 합당하다. 독일은 대체복무 이외에도 다양한 대체수단을 마련하여 업무의 성격에 따라 기간의 장단을 결정하고 있다.[36] 대체복무자가 재난구호 업무에 종사하기를 원하는 경우 심지어 6년까지 요구하고 있다. 의용소방대의 경우처럼 동원이 간헐적이기 때문이다. 표준적인 대체복무 이외에도 다양한 서비스 영역을 개발할 필요가 있다.

대체복무기간은 군복무기간에 비추어 어느 정도 장기인 경우에 사회적 수용성이 높다. 대만도 처음에는 22개월(군인) 대 33개월(대체복무자)로 시작하였으나 나중에 22개월 대 26개월로 단축하였다. 2010년 당시 독일의 군복무기간이나 대체복무기간은 9개월로 동일했다. 그리스는 12개월(군인) 대 23개월(대체복무자)로 시작하였으나 대체복무기간이 과도하게 길어서 국제사회로부터 지탄을 받았다. 장기간의 대체복무는 유엔인권위원회 제77호 결의 제4항이 말하는 처벌적 성격을 갖게 될 뿐만 아니라 부당한 차별로서 제77호 결의 제6항에도 위배된다.

한국은 다른 국가에 비해 군복무기간이 장기이므로 거기에 2배를 일률적으로 요구하는 것은 지나치게 가혹하다. 최근 병역법 개정방향에 따르면 면제의 비율을 줄이기 위하여 낮은 체격 등급자들도 입대를 가능하게 하고, 등급에 따라 복무기간의 차이를 두려고 하는 것 같다. 군복무에서 복무기간의 차이를 반영해 시행한다면, 대체복무에서도 신체등급에 따라 차이를 두는 것도 좋겠다. 그러나 그 경우에도 비례성의 원칙을 위반해서는 안 된다.

---

36 자세한 것은 첨부자료 참조.

3) 복무분야

대체복무는 반드시 군대와 관련이 없는 것이어야 한다.[37] 한국의 병역법은 다양한 변형복무들을 규정하고 있지만 여전히 군사훈련을 받고 수행하는 군복무의 일종일 뿐이다. 병역거부자는 국공립특수병원·노인전문요양시설 등에서 보호·요양·자활 등에서 업무지원을 담당하거나 사회복지시설에서 아동·노인·장애인 등에 대한 보호·수발 등의 업무지원을 담당한다. 대체복무가 비군사적, 민간 업무(civilian service) 분야[38]에서 시행되기 때문에 병원요양시설이나 사회복지시설에 집중되는 것은 당연하다. 그러나 환경보호, 하천감시, 삼림감시, 낙후지역 교육봉사, 공부방봉사, 해외파견봉사, 산림 녹화사업이나 해외개발 프로젝트 등 다양한 업무영역이 존재하므로 포괄적인 연구와 조사를 통해 수요공급을 예측하고 일자리를 확보해야 한다.

해당분야의 전문가의 영역과 대체복무자의 보조적이고 일반적인 업무영역을 합리적으로 구분해야 한다. 아예 중환자를 관리하게 하여 고생을 시켜야 한다는 발상은 바람직하지 않으며 환자를 위해서도 좋지 않다.[39] 나아가 단순히 기존의 업무를 대체복무요원에 떠넘겨 공적인 비용을 절감하겠다는 생각도 잘못된 것이다. 새로운 사회적 서비스를 창출하려는 상상력이 필요하다.

---

37 *Min-Kyu Jeong et al v. Republic of Korea*(CCPR/C/101/D/1642-1741/2007 of 5 April 2011).

38 유엔인권위원회 제77호 결의
④ 징병제를 시행하고 있는 국가는 양심적 병역거부자를 위하여, 양심적 거부의 이유에 부합하면서 공익에 속하지만 형벌적인 성격을 지니지 않고, 비전투적 (non-combatant)이거나 민간적(civilian)인 성격을 가진 다양한 대체복무를 도입해야 한다.

39 그리스 병역법 제61조는 대도시인 아테네와 테살로니키를 대체복무자의 근무지에서 배제하고, 시행령에서 4개의 대도시를 배제하고, 병역거부자가 살고 있는 곳, 태어난 곳을 근무지에서 의도적으로 배제하였다. 양심적 병역거부자에게 가급적 불편과 곤란을 초래하고 가중시키려는 꼼수는 유엔인권위원회결의 제77호 결의 제6항 위반이라고 본다.

병역거부자는 병역거부권을 행사하여 군복무 대신에 대체복무를 수행하는 자이므로 원칙적으로 복무수행과 관련하여 급여, 출퇴근비용, 숙소나 피복비, 식품비 등의 여타 비용은 국가가 부담해야 할 것이다. 대체복무자는 처벌을 받고 있는 사람이 아니다. 본질적으로 민간인이므로 노동시간, 휴식시간, 근무일수, 휴가 등이 적절하게 보장되어야 한다.[40] 군인에 대하여 소요되는 수준 또는 그 이상의 비용을 국가가 이들에게 지출해야 할 것이다.

5. 징계와 처벌

1) 병역을 면탈하는 '사이비 양심'

병역거부가 사회적 쟁점이 된 이래로 이른바 병역을 면하려고 '거짓 양심'으로 병역을 거부하는 자를 어떻게 할 것인지의 문제가 과도하게 부각되었다. 초기 법안들은 대체복무제 도입을 반대하는 대중을 설득할 목적으로 소위 '양심을 사칭한 자'를 처벌하려는 규정을 도입하였다. 그러나 이러한 발상은 양심의 핵심을 공동화하는 것이다.[41] 양심적 결단은 그렇게 살겠다고 결단을 내림으로써 자기 자신이 되며 양심의 본성을 구현하는 것이다. 인간은 병역을 거부하겠다고 결단함으로써 양심적 병역거부자로서 사는 것이다. 진짜 양심과 사이비 양심은 인간의 눈으로는 구별할 수 없다. 관심법(觀心法)에 입각해서 거짓 양심을 이유로 당국자가 병역거부 결정에 대해 이의를 제기하거나 병역거부자 인정결정을 번복할 수 있다면 대체복무제도는 붕괴되고 만다. 우리는 복무기간과 난이도를 조정함으로써 신청자를 합리적으로 통제할

---

40 유엔인권위원회 제77호 결의
⑥ 국가는 양심적 병역거부자를 경제·사회·문화·시민적 또는 정치적 권리 등의 측면에서 차별해서는 안 된다.

41 그리스 징병당국은 재량권을 행사하여 병역거부자로부터 대체복무권을 박탈하고, 양심적 병역거부자 지위를 철회할 수 있다. 하루의 결석 또는 한 시간의 부재인 경우조차 재량권자가 병역거부자의 지위를 박탈할 우려가 있다. 이는 병역거부자의 인권을 광범위하게 침해하는 것이다.

수 있을 뿐이다. 신청인이 증가하더라도 그가 상대적으로 장기적인 대체복무마저 피해갈 수는 없기 때문에 특별히 문제되지도 않을 것 같다. 군복무의 1.5배에 해당하는 대체복무를 이행하려는 사람을 마냥 무임승차자로 부르는 사회가 도리어 이상하다. 양심적 병역거부자에게 아예 군대를 면제하고 대체복무를 부과하지도 않는 노르웨이에 비추면 우리는 6·25 트라우마와 원한, 획일화의 과잉 상태에 있지 않나 생각한다.

2) 불이익처분과 권리보호

종래 병역법 규정은 연장복무를 통해 공익적 복무종사자를 규제하였다. 그러나 징계권자에 의해 남용의 여지도 많고, 연장복무가 갖는 막심한 불이익 때문에 실제로 징계가 필요한 데에도 적절한 징계를 취하지 못하는 경우가 더 많았다. 사실상 유명무실한 규정이 되거나 남용될 위험이 크다. 우리는 대체복무자의 근무이탈이나 근무소홀에 대해 적절한 징계수단을 확보해야 한다. 하지만 대체복무자를 근무처 상관의 포괄적인 재량권 아래 둠으로써 대체복무자에게 일방적인 불이익을 감수하게 해서는 안 된다.

국방부가 대체복무자를 징계하거나 군사재판에 회부해서는 안 된다. 대체복무자는 징계를 받거나 근신 중에 있는 자가 아니라 공익적 활동에 종사하는 민간인이기 때문이다.[42] 대체복무자의 규정위반행위를 이유로 그 지위를 박탈하거나 현역으로 군대에 보낸다는 방침은 허용되지 않는다. 적절한 징계조치는 필수적이지만 병역을 거부한 사람을 군대에 보낸다는 것은 악순환에 지나지 않는다. 나아가 대체복무자들의 권리를 보호하고 대변하기 위하여 독일처럼 옴부즈만제도도 긍

---

[42] 대체복무제를 도입하지 않은 터키는 여호와의 증인이 병역을 거부하자 군사재판에 회부하였다. 유럽인권법원은 어느 경우이든 민간인인 병역거부자를 군사법정에 세우는 것은 유럽인권협약상 재판받을 권리를 침해하는 것이라고 결정하였다. *Ercep v. Turkey*, application no. 43965, 22. Nov. 2011; 이에 대해서는 Rachel Brett, International Standards on Conscientious Objection to Military Service, Quaker United Nations Office, November 2011, 6쪽.

정적으로 고려해 보아야 한다.[43] 심지어 독일은 대체복무자들이 자신의 직무영역에서 적절하게 권리를 행사하고 공적 결정과정에 참여할 수 있도록 대체복무자 대표위원법까지 시행하였다.[44]

6. 경과조치와 향후조치

대체복무법을 도입하면 병역거부자들은 새로운 법에 따라 대체복무를 이행해야 하지만, 이미 유죄판결을 받고 복역 중인 자라도 원한다면 잔형의 비율에 따라 대체복무로 신속하게 전환시켜 주어야 한다. 기타 예비군 복무거부자에 대한 대책도 향군법에 마련해야 한다. 아울러 병역거부를 이유로 유죄판결을 받은 사람들에 대한 신속한 사면, 복권조치가 취해져야 한다. 처벌의 흔적을 공문서상에서 제거해 주어야 한다. 동시에 대체복무 이행자라는 이유로 공적 사회적 영역에서 차별적 처우를 받지 않도록 모니터해야 한다.

IV. 맺음

최근 한국사회에서 개인은 다양한 방식으로 자신의 정체성을 표현

---

43 독일 국방옴부즈만과 대체복무 옴부즈만은 법적 지위와 기능에서 다르다. 국방옴부즈만은 권리보호자로서 역할 이외에 군대에 대한 민주적 의회통제에 기여하는 의회의 고위공직이지만, 대체복무 옴부즈만은 대체복무자의 권리를 옹호하는 대체복무청의 공무원이다. 국방옴부즈만에 대해서는 이계수·오병두, 「군에 대한 의회통제의 가능성과 한계—독일의 '국방감독관' 제도를 중심으로」, 『민주법학』 33, 2006, 387쪽 이하.

44 Gesetz über den Vertrauensmann der Zivildienstleistenden(1991). 이러한 대표위원제도는 공무원, 군대조직에도 있으며 일반기업에서 작업장민주주의와 유사하다. 독일군대에서는 이른바 군인참가법(Gesetz über die Beteiligung der Soldaten 1991)이 도입되었다. 대표위원제도는 독일에서 원래 1918년 바이마르 혁명공간에서 도입되어 사회민주주의의 맥락에서 이해되기도 한다. 이에 대해서는 Ecke Demandt, "Der Vertrauensmann—Zum Problem der Beteiligungsrechte in den Streitkraften," Neue Zeitschrift für Wehrrecht, 1989, 145쪽 이하 참조.

하고 그 인정을 요구하고 있다. 그러한 요구가 정당하게도 인권의 이름으로 수립되고 있다. 민주화는 사회 각 부문에서 다양성을 드러내는 기반이 되었으며, 동시에 다원주의적 특성들을 불가피한 현실로서 수용하도록 요구하였다. 새로운 사회는 획일적인 권위주의 대신에 차이를 보존하고 권장하는 통합주의를 추구하게 될 것이다. 양심적 병역거부자를 위한 대체복무제는 한국의 인권사에서 이정표가 될 것이다. 복잡한 사회에서 근본적인 문제들에 대해 하나의 답변만을 요구하는 방식은 현대의 국가상에 더는 어울리지 않는다. 유엔헌장이나 각종 인권규약을 보면 국가의 사명은 본질적으로 인간의 안보, 달리 말하면 인간적 삶의 질을 보장하는 데에 있다. 양심의 인정과 대체복무제의 도입은 구성원 간의 갈등을 순치하고 상이한 윤리적 세계관들을 포용하면서 공동체의 정신을 일깨우는 시도이다.

이웃 대만의 대체복무제 도입은 인권의식의 발현이라기보다는 군대 정원의 감축과 연결된 실용주의적인 군제개혁의 결과였다. 그렇다고 저평가할 일이 아니다. 문제가 있으면서도 이를 외면하는 사회가 진짜 문제이기 때문이다. 우리는 문제의 해결을 너무 오랫동안 미루어 왔다. 병역거부자의 양심을 국가권력이 아무리 처벌해도 바꾸지 못한다는 점을 1만 6000여 명의 양심들이 확인해 주었다. 이러한 경험으로도 제도를 바꾸지 못하는 것은 심각한 국가적 추문이다. 문제를 인정하면 문제를 해결할 수 있다. 국회에 제출되었던 대안들 중에서 취사선택하는 것으로 충분하다. 대체복무제도와 관련해 더는 국가가 연구경비를 지출하거나 시찰단을 파견할 이유도 없다. 이미 충분히 연구되었기 때문이다.

§첨부 1 §

독일 대체복무제[*][#]

I. 독일군대와 대체복무제의 역사

독일헌법은 현재 양심적 병역거부권(제4조 제3항)과 병역의무, 병역거부자의 대체복무(제12조a)를 규정하고 있다. 독일에서 이러한 제도가 정착되기까지 긴 역사가 있다. 독일군대의 역사는 프랑스 혁명까지 거슬러 올라간다. 1793년 프랑스 혁명 이후에 프랑스는 유럽에서 처음으로 국민개병제(levee en masse)를 실시하였고, 그 군대는 유럽전역에서 위용을 발휘하였다. 당시까지는 유럽에서 직업군인과 급료병만이 존재하였다. 프랑스의 침략에 고통을 겪었던 프로이센은 1813년에 국민개병제를 도입하였다. 프로이센의 제도는 프로이센이 주축을 이룬 북독일연방과 독일 제2제국으로 승계되었다. 수년간 군복무를 의무적으로 해야 했던 이 시절에 병역거부권은 상상할 수 없었다.[1]

독일 제2제국은 무모한 제1차 세계 대전(1914~1918) 때문에 붕괴하였는데 전쟁 기간 동안 독일당국은 병역거부자를 정신병자로 수용하거나 감옥에 수감하거나 탈영병으로 취급하여 사살하였다. 제1차 세계 대전이 종결된 후에 체결된 베르사유 조약(1919)에 따라 독일군은 무장해제되고, 독일군사령부도 해체되고, 징병제는 폐지되었다. 제1차 세계 대전 이후에 수립된 바이마르 공화국 하에서는 군사적 긴장이나 징병제는 존재하지 않았기 때문에 양심적 병역거부권은 문제되지 않았다. 그러나 제3제국의 히틀러는 1935년 다시 국민개병제를 도입하

---

* 이 글은 원래 건국대학교 『공익인권법』 창간호(2007), 43~66쪽 이하에 "독일대체복무제의 최근동향"으로 게재되었다(편집자 주).

2011년 독일은 잠정적으로 징병을 중단함으로써 대체복무제도 역시 시행되지 않는다. 이 글은 2007년을 기준으로 독일의 대체복무제를 설명한 것이다.

1 역사에 대한 전반적인 설명은 Marcus Matthias Keupp, Ratgeber Zivildienst, Rowohlt, 2000, 13쪽 이하.

고, 노골적으로 재무장을 추구하였다. 1938년 전시특별군형법을 제정하고, 제2차 세계 대전을 개시한 히틀러는 수백 명의 병역거부자들을 처형하였다.[2]

제2차 세계 대전 후 독일군대는 폐지되고, 나치당과 친위조직도 해산되었다. 연합군 당국에 의한 과거청산의 시련기를 보낸 독일은 1949년 헌법을 제정하여 절반의 주권국가로 출발하였다. 독일은 헌법 제4조 제3항에서 양심적 병역거부권을 규정하였다. 양심적 병역거부권은 독일의 주헌법에서도 찾아볼 수 있다. 독일헌법은 출범 시에 병역의무 조항이나 군대관련규정을 두지 않았다. 그러나 국제적인 냉전질서는 그리스 내전, 북대서양조약기구(NATO)의 창설, 1950년 한국전쟁으로 인하여 강화되었다. 당시에 미국과 영국은 독일정부에게 방위분담을 요구하였고, 독일 내에서는 재무장정책에 반대하는 여론이 비등하였다. 1955년 파리조약에 의하여 독일은 연합국으로부터 국제법상 주권적인 지위를 회복하기 시작하였다. 독일정부는 같은 해에 나토에 가입하고, 군대를 창설하였다. 독일국방장관 블랑크(Th. Blank)는 101명의 지원병에게 임명장을 부여하였다.[3] 지원병들은 과거 독일군 장군의 지휘를 받았다.

1956년에는 병역제도 전반에 걸쳐 중대한 변화가 생겼다. 제7차 헌법개정을 통해 징병제를 실시할 수 있도록 하고, 양심적 병역거부자들에 대해서는 대체복무를 부과할 것을 규정하였다(제12조). 같은 해에 병역법도 대체복무조항을 도입하였다(제25조). 이어 수천 명의 청년이 징병제에 항의하며 병역을 거부하였다. 1960년에 독일정부는 「대체복무법」을 제정하였다. 이에 따라 1961년에 37·38년생의 병역거부자 340명이 처음으로 기독교 시설에서 12개월간의 대체복무를 이행하였다.[4]

---

2 다수의 병역거부자는 1938년 전시특별형법에 의해 국방력손괴죄로 처형되었다.
3 이에 대해서는 Detlef Bald, Die Bundeswehr: Eine Kritische Geschichte 1955~2005, Beck, 2005, 37쪽 이하.
4 동독정부도 1962년 병역법을 제정하여 18개월의 인민군복무를 규정하였고, 1964년에 양심적 병역거부자를 위하여 '공정부대의 설치에 관한 국방위원회명령'을 제정하고 이들에게 공정부대원으로서 18개월의 복무를 정하였다. 동독은 붕괴직전

당시에 병역거부자에 대하여 면접심사를 시행하였다. 1962년에는 미소 간의 쿠바 미사일 위기로 안보위협이 고조되자 군복무기간이나 대체복무기간은 18개월로 연장되었다. 1969년에는 대체복무제의 역사에서 전무후무하게 전면거부자를 위해 자발적 근무제[5]를 도입하였다. 1970년에는 연방대체복무옴부즈만 제도를 도입하여 대체복무자의 권리를 옹호할 수 있도록 하였다. 1973년에는 대체복무청(Bundesamt für Zivildienst)을 설치하였다. 또한 월남전 반대운동으로 인하여 병역거부자가 급증하여 8만 7000명의 거부자 중에서 1만 1000명만이 대체복무를 하였다. 대체복무기간이 16개월로, 군복무기간은 15개월로 차등적으로 단축되었다.

1977년에 독일정부는 심사절차의 번잡성을 피하고자 일종의 서면심사제를 도입하였으나 1978년 헌법재판소가 위헌으로 결정하였다. 1979년에는 유럽에 나토가 중거리 핵미사일을 설치하기로 결정하자 대규모 평화시위가 발생하였고, 1982년에 정권은 사민당에서 기민당으로 넘어갔다. 1983년에는 독일 내 전술핵무기 설치로 인해 병역거부자가 급증하였다. 1984년에 대체복무자의 복무기간은 20개월로 연장되었다. 1989년에 베를린 장벽이 붕괴되었으며, 1990년에 걸프전쟁이 발발하자 병역거부자는 15만 명으로 급증하였다. 같은 해에 대체복무는 15개월로, 군복무는 12개월로 단축되었다. 1996년 대체복무기간은 13개월로, 군복무기간은 10개월로 단축되었다. 병역거부자가 징집대상자의 34%에 이르렀고, 1997년에는 대체복무자 수가 처음으로 15만 명을 돌파하였다. 1998년에서 사민당과 녹색당이 다시 정권을 장악하고, 이듬해 코소보 전쟁에 독일군대가 제2차 세계 대전 후 처음으로 참전하였다. 당시에 병역거부자는 징집대상자의 37%에 이르렀다. 2000년에는 대체복무기간은 11개월로, 군복무는 10개월로 단축되었다. 2002년에 대체복무기간이 11개월에서 10개월로 단축되었다. 2004년에는 대체복무자와 군

─────────────

에 서구적인 대체복무제도를 도입하였다.

5 대체복무법 제15조a는 승인된 병역거부자가 스스로 정한 병원에서 통상적인 근무 방식으로 대체복무보다 1년 더 하도록 규정하였다.

복무자의 복무기간을 공히 9개월로 단축하였다.

II. 병역거부에 관한 원칙

1. 병역거부권

독일헌법은 양심적 병역거부권(제4조 3항)을 독자적인 기본권으로 규정하고 있다. 양심적 병역거부권은 군복무와 관련하여 양심의 자유의 특수한 발현으로 이해된다. 병역거부권은 침략전쟁을 체험한 헌법제정자들의 근본적 결단으로 이해되고, 헌법에 구체적 권리로 명문화되었기 때문에 권리 자체에 대해서는 논란의 여지가 없다. 그러나 일반적인 병역의무와 병역거부자에 대한 대체복무의무를 헌법에 신설함으로써 양심적 병역거부권을 둘러싸고 격심한 해석논쟁이 야기되었다. 실제로 독일헌법은 반전평화주의를 기조로 출범하였기 때문에 국방에 관련해서는 시시콜콜한 부분까지 헌법에 규정함으로써 정치적 법적 논란을 잠재우려는 측면도 강하다. 어쨌든 독일헌법은 가장 많은 국방 관련규정을 둔 헌법으로 이해된다.

2. 양심적 결정

독일헌법재판소에 의하면, 양심이란 관련된 사람에게 무조건적인 작위 또는 부작위의 명령을 부과하는 옳고 그름에 대한 인식 또는 의식을 의미하고, 헌법 제4조 제3항의 양심적 결정이란 특정한 상황에서 개인이 자신에 대하여 무조건적 의무로 체험하는바, 선·악의 범주를 지향한, 즉 윤리적으로 진지한 결정을 의미한다.[6] 그러나 양심은 오로지 신과의 관계 속에서 또는 신의 명령하에서 또는 특정한 세계관 안에서 상정되는 것은 아니다. 양심적 병역거부권과 종교는 본질적인 관련성이 없다. 따라서 양심적 병역거부가 역사상 메노파, 퀘이커, 여호와의 증인, 형제단 등 평화교회를 중심으로 시작되고 파급되었다고 하더라도 특정교파의 소속여부는 병역거부권을 인정받기 위한 관문이

---

6 BVerfGE 12, 45쪽.

아니다. 특정교파의 소속은 하나의 방증일 뿐이다.[7] 무신론자도 일정한 가치관에 절대적으로 구속될 수 있으며 양심적 병역거부자가 될 수 있다. 인간이면 누구나 양심적 병역거부자가 될 수 있다.

수없이 많은 논란에도 불구하고 양심적 결정 여부를 판별하는 내용적 심사기준은 존재할 수 없다. 이른바 '진짜양심'과 '가짜양심'을 구별할 기준은 존재하지 않는다. 윤리는 남이 판단하고, 양심은 자기가 판단한다. 정확히 말해 개인의 주관이 결정적인 의미를 갖는다. 하지만 법원이 법적 권리로서 양심적 병역거부권을 승인하기 위해서는 양심적 결정에 어느 정도 관여하지 않을 수 없다. 물론 법원은 양심적 결정을 '바른 것과 그릇된 것'으로 분류하거나 평가하지 않는다.[8] 법원은 양심이나 양심적 결정을 실질적으로 심사할 수 없고, 양심적 병역거부 결정의 '진지함과 일관성'을 확인하는 수준에 그친다.[9]

누가 양심적 병역거부권의 주체인가에 대해서 논란이 있을 수 있다.[10] 독일헌법은 남성에게만 병역의무를 부과하고 있다. 그래서 남성만이 양심적 병역거부권의 주체라고 생각하기 쉽다. 그러나 여성도 양심적 병역거부권의 주체가 된다. 헌법은 여성을 권리주체에서 배제하지 않았으며, 방어사태(Verteidigungsfall)하에서 여성에게도 의료기관이나 군의료기관에 복무하도록 규정하고 있다.[11] 이러한 상황에서 여성도 병역을 거부할 수 있어야 한다. 부수적으로 여성이 직업군인이나 예비

---

7 BVerwGE 75, 188쪽.

8 BVerfGE 12, 56쪽.

9 BVerwGE 75, 188쪽.

10 여성들이 양심적 병역거부권을 옹호하자 여성들은 발언할 자격도 없다며 군필자들이 공격을 가했는데 이는 근본적으로 잘못된 이해에 기초한다. 여성은 전쟁과 군대로부터 단 한 번도 자유로운 적이 없었다. 전쟁에 여성을 동원하지 않은 체제는 역사상 하나도 없었다. 그래서 양심적 병역거부권은 모든 인간의 권리라고 보아야 한다.

11 헌법 제12조a ④ 방어상태하에서 민간보건기관과 의료기관 및 특정지역의 군의료기관의 민간복무수요가 지원으로 충족될 수 없는 때에는 만 18세 이상 55세까지의 여자를 법률로써 또는 법률에 근거하여 징집할 수 있다. 여자는 어떠한 경우에도 집총병역에 복무해서는 안 된다.

군이 될 수 있으므로 여성도 병역거부권을 행사할 수 있다. 2003년도 개정된 병역거부법은 병역거부신청인에 남성과 여성을 포함하고 있다.[12] 대체복무법은 "대체복무청으로부터 양심적 병역거부자로 인정받은 자"만이 대체복무를 할 수 있도록 규정하고 있기 때문에 여성도 당연히 양심적 병역거부자로서 인정받는 절차를 진행할 수 있다.

3. 절대적 전쟁거부

헌법은 양심적 병역거부권을 행사하는 데에 특별한 요건을 설정하지 않았다. 그러나 병역거부권을 구체화하는 구 병역법 제25조는 독일과 외국 사이에서 발생하는 '온갖 무력행사'를 거부해야 한다는 높은 관문을 만들어 놓았다. 따라서 구 병역법 제25조(2003년 개정 전의 병역거부법 제1조)가 양심적 병역거부권을 과도하게 제한하는 것이기 때문에 위헌논쟁이 촉발되었다.[13]

판례는 온갖 전쟁을 거부할 것을 요구하고 있다. 인간생명의 말살에 대한 윤리적 거부로부터 출발하여 전쟁에서 무기로 인간을 살해하는 것을 목표로 한 모든 행위를 거부하는 사람만이 병역거부권을 행사할 수 있다고 한다. 따라서 거부는 절대적인 거부이어야 하지 조건부 거부여서는 안 된다는 것이다. 그래서 석유를 얻기 위한 전쟁, 동족간의 전쟁, 침략전쟁, 민병대와의 전쟁, 핵무기나 대량살상무기를 사용하는

---

12 병역거부법 제2조 제2항 Der Antrag ist von der Antragstellerin oder vom Antragsteller schriftlich oder zur Niederschrift beim Kreiswehrersatzamt zu stellen.

13 병역거부법(1983)은 구 병역법의 규정을 그대로 이어받아 '온갖 무력행사'라는 표현을 사용하였으나 2003년 개정법은 이를 삭제하였다.
병역거부법(1983): 제1조(원칙) 양심상의 이유로 국가 간의 온갖 무력행사에 참여하기를 거부하고, 그러한 연유로 헌법 제4조 제3항 제1문을 원용하면서 집총을 거부하는 자는 기본법 제12의a조 제2항에 따라 병역 대신 대체복무로서 연방군 밖에서 시민적 대체복무를 이행해야 한다.
병역거부법(2003): 제1조(원칙) (1) 양심상의 이유로 헌법 제4조 제3항 제1문의 의미에서 병역거부권을 원용하면서 집총병역을 거부하는 자는 이 법에 따라 병역거부자(Kriegsdienstverweigerin/Kriegsdienstverweiger)로 인정받아야 한다. (2) 병역거부자로 인정받은 자는 기본법 제12의a조 제2항에 따라 병역 대신 대체복무로서 연방군 밖에서 시민적 대체복무를 이행해야 한다.

전쟁과 같은 특정한 유형의 전쟁에는 참여하지 않겠다는 태도는 병역거부의 의사로 인정되지 않는다.[14]

부정의한 전쟁뿐만 아니라 소위 '정당한' 전쟁까지도 거부해야 한다는 것이다. 따라서 방어전쟁을 정당하다고 인정하는 자나 방어전쟁에 참여하겠다는 자는 병역거부자로 인정받지 못한다. 또한 일반적으로 공유하는 정도의 의식, 예컨대 국가 간의 분쟁해결수단으로서 전쟁에 대한 일반적인 혐오감만으로는 양심적 병역거부결정으로 인정받을 수 없다. 또한 독일군이 분쟁지역에 투입될 수 있다는 사실을 적시하는 것만으로는 병역거부자로 인정될 수 없다.[15]

연방행정재판소나 연방헌법재판소의 결정에도 불구하고 학자들은 절대적 거부만을 유효하다고 보는 것은 헌법의 취지에 부합하지 않는다고 주장한다.[16] 구 병역법 제25조와 헌법재판소의 입장은 오로지 '독단적 평화주의자'만을 보호한다고 꼬집는다. 기본적으로 양심적 결정은 특정한 상황과 관련해서 이루어지고, 상황의 구체적인 차이를 식별해냄으로써 인간은 자신의 양심을 개별화한다. 그리고 인간생명의 말살을 목표로 하는 전쟁과 병역이라는 심각한 문제영역에서는 그 차별성은 강조될 필요가 있기 때문이다. 2003년 개정된 병역거부법에는 논란이 많은 '온갖 무력행사'라는 문구를 삭제하였다. 장차 해석상의 변화가능성도 기대해볼 수 있는 대목이다.

최근에 독일군 소령이 이라크 전쟁과 관련하여 시뮬레이션 프로그램 개발을 명령받았으나 이라크 전쟁이 불법이라고 판단하고 그 명령 수행을 거부하자 군 당국은 그에게 일계급 강등조치를 취하였는데, 연방행정법원은 해당 장교의 양심의 자유를 들어 강등조치가 부당하다고 판시하였다.[17] 이것은 양심적 병역거부권의 범주에는 속하지 않지만 대

---

14 BVerfGE 12, 45쪽; 48, 127쪽.

15 BverWG, NJW, 94, 603쪽.

16 Otto-Ernst Kempen, "Art. 4 Abs. 3", E. Denninger/H. Ridder/H. Simmon/E. Stein, Kommentar zum Grundgesetz für die Bundesrepublik Deutschland, Bd. I, Luchterhand, 1989, 주18 참조.

17 BverwG 2 WD 12. 4~2005. 6. 21.

단히 주목할 만한 판결이다. 현역군인이 양심적 병역거부자로 인정되는 경우에는 전역을 해야 하는데, 이 사건에서는 전쟁과 관련한 특수한 명령을 거부하였고 그 불복종행위를 법원이 정당화해 준 것이다.

4. 거부대상으로서 병역

헌법 제4조 제3항이나 병역거부법 제1조는 거부대상인 병역을 '무기를 휴대한 병역(Kriegsdienst mit der Waffe)'으로 규정하고 있다. 그러나 이 표현의 의미는 직접 살상무기를 휴대하는 것에 국한되지 않으며, 상명하복의 군대조직과 복잡한 현대무기체계의 특징을 감안하여 전체적으로 이해되어야 한다. 직접 살상무기를 휴대하지 않고, 직접 살상행위를 목표로 하지는 않지만 기술적 상태에 따라 살상을 야기하는 무기의 투입에 연결되어 있는 활동도 당연히 병역에 해당한다. 후방의 레이더 부대에서의 복무가 여기에 해당한다. 나아가 통상적으로 무기를 사용하지 않는 부대, 즉 후송부대나 위생부대가 있다. 이들도 살상행위를 목표로 하는 군대조직 전체의 일부분에 해당하므로 그러한 부대에 근무하는 것도 당연히 병역에 해당한다. 헌법이나 병역거부법도 대체복무는 연방군대 바깥에서 이루어져야 한다고 규정함으로써 군대조직과 연결된 근무는 병역으로 파악하고 있다.[18] 그러므로 직접 총기를 휴대하는 병역은 거부하지만 여타 군복무는 이행하겠다는 의사는 병역거부의사로서 완전하지 못하다.

5. 완전거부자

독일헌법은 병역의무자에게 요건에 따라 군복무나 민간구조업무를 부과하고, 병역거부자로 인정된 때에는 대체복무를 이행하도록 요구하고 있다. 그러나 무정부평화주의자나 철저한 병역거부자들은 군복무이든 대체복무이든 대안적 대체복무이든 다 군대와 연관된 국가강

---

18 헌법 제12조a ② (……). 이 대체복무는 군대 및 국경수비대소속의 기관과 관련이 없어야 한다.

제라고 규정하기 때문에 모조리 거부하려고 한다. 이들을 완전거부자 (Totalverweigerer) 또는 이중거부자(Doppelverweigerer)라고 한다.

법원은 앞서 지적했듯이 독일헌법 제4조 제3항과 병역거부법 제1조의 양심적 병역거부권은 대체복무의 거부권까지 포함하지 않는다고 한다. 한편 법원의 입장을 비판하는 학자들이 적지 않다. 이들은 대체복무를 거부하는 데에도 양심의 자유를 원용할 수 있다고 주장한다. 헌법재판소는 병역거부자에게 대체복무를 부과하는 것은 헌법 제4조 제1항의 양심의 자유를 침해하지 않는다고 보고 있다.[19] 어쨌든 판례는 완전거부권을 인정하지 않고 있다.[20]

독일정부는 이례적으로 완전거부자를 위한 자발적 근무제(대체복무법 제15조a)를 도입하였다. 이는 병역거부자로 인정된 자가 스스로 병원 등에서 환자간호업무에 종사하고, 대체복무보다 1년을 더하도록 하는 제도이다.

완전거부자들은 때로는 처음부터 징병과정에 불응하여 군복무를 거부하거나 병역거부자로 인정받고서 대체복무의 이행을 거부하기도 한다. 그들은 각기 병역법이나 대체복무법에 따라 처벌받을 수 있다. 이들이 무죄로 석방되기도 하지만 대체로 2개월에서 6개월 사이의 실형이 선고되기도 한다.

III. 병역거부자의 판정

병역거부자의 판정은 연방대체복무청(Bundesamt für den Zivildienst, BaZ)이 담당한다. 연방대체복무청은 1973년에 병역거부자문제를 처리하기 위하여 발족한 연방행정청으로서 연방가족노인여성청소년부 산하기구이다. 대체복무업무는 처음에는 사회노동부에 속하였다. 연방대체복무청은 현재 쾰른에 소재한다. 연방대체복무청이 출범한 이래 2006년 10월 여성이 처음으로 청장에 임명되었다.

종전에는 병역거부 신청인이 소집 이전의 미필자 신분인 때에는 연

---

19 BVerfGE 19, 135쪽.
20 NJW 63, 777; 66, 1473쪽.

방대체복무청이 관할하고, 소집절차가 진행 중인 자, 군인 또는 예비군은 국방부 산하의 병역거부사건심사위원회와 심판소가 관할하였다. 즉 병역거부문제의 처리절차가 이중적으로 진행되었다. 그러나 2003년 병역거부법의 개정을 통해 연방대체복무청이 모든 병역거부신청사건을 통일적으로 처리하게 되었다.[21]

1. 신청서류

연방대체복무청은 병역거부자의 판정절차를 서면심사 위주로 진행한다. 연방대체복무청은 완비된 신청에 대해서만 결정한다. 신청인은 연방대체복무청에 병역거부신청서, 이유서, 이력서를 제출해야 한다. 신청서류와 서식내용에 대한 요구사항들은 2003년 법개정을 통해 완화되었다.

병역거부자로 판정받기 위해서는 신청서를 우선 지방병무청에 제출해야 한다. 지방병무청은 접수창구역할을 하며, 신청서를 연방대체복무청에 송부한다. 신청서는 헌법의 양심적 병역거부권을 원용하는 문구를 담고 있어야 한다. 그 형식은 확정되어 있지 않으며 전체적으로 그러한 취지를 담고 있으면 족하다. 그러나 실무에서는 문제가 없다. 지방병무청에는 "나는 헌법 제4조 제3항에 따라 병역을 거부하고자 합니다."라는 문구를 담은 신청서가 비치되어 있으므로 신청인은 거기에 이름과 생년월일을 기재하고, 서명하면 충분하다.

양심적 결정의 동기에 대한 해명은 인격적이고 상세한 것이어야 한다. 이유서의 어휘선택, 제목, 형식 등은 정해져 있지 않다. 신청인은 당연히 양심적 결정을 이미 내리고 있어야 한다. '인격적'이라는 표현을 통해서 법률은 불변적인 인격체로서 신청인을 염두에 두고 해명을 요구하고 있으므로 신청인은 스스로 양심적 결정과정을 분명하게 밝혀야 한다. 단순히 귀동냥한 것을 반복하거나 일반적인 해명에 그치는

---

21 Hans-Theo Brecht, Kriegsdienstverweigerung und Zivildienst, Kommentar 5. Aufl., Beck, 2004, 6쪽.

것은 인격적 해명이 아니다. '상세한'이라는 표현도 사실 불확정적이다. 헌법재판소는 상세함을 평가하는 데에 신청인의 교육수준을 고려하고 있다.[22] 그래서 대입자격시험을 마친 사람에게는 그 이하의 교육을 받은 사람보다 더 요구할 수 있다. 정상적인 사람이 보기에 이유서가 너무나 짧은 경우라면 상세한 이유서라고 할 수 없다. '상세한' 그리고 '인격적인'이라는 용어가 너무 막연하고 불확정적이어서 문제되었으나 헌법재판소는 이러한 표현이 법치국가적 명확성의 원칙이나 행정의 합법률성, 권력분립의 원리, 실효적인 권리보장원칙을 침해하지 않는다고 한다. 헌법이 정하고 있지 않은 상세한 이력서와 상세하고 인격적인 이유서를 제출하도록 요구하는 것이 헌법적으로 문제가 없다고 판시하였다.[23]

개별신청인들의 동기는 종교적·윤리적·정치적·평화주의적·인도적 이유들로 다양하다. 양심적 결정의 이유들을 별도로 심사하지는 않는다. 병역거부사유로서 학교교육, 가정교육, 폭력체험, 친척이나 친구의 사망, 전쟁체험에 대한 가족사, 유태인강제수용소방문, 영화도 자주 원용된다.[24]

신청인은 완전한 이력서를 제출해야 한다. 이력서를 표로 만들어 제출할 것을 요구하고 있다. 그러나 매우 상세하게 작성할 필요는 이제 없다. 대신 공백이 없도록 기재해야 한다. 병역거부와 관련 있는 사항들을 반드시 이력서에 포함해야 한다.[25] 나아가 신청인은 자신에 대한 제3자의 평가서를 첨부할 수 있으며, 신청인에 대하여 정보를 제공할 수 있는 제3자도 지정할 수 있다.

종전에는 신청서에 신원조회서(Führungszeugnis)를 첨부하도록 요구하였으나 2003년 개정법은 삭제하였다. 필요에 따라 연방대체복무청이

---

22 BVerfGE 69, 44쪽.
23 BVerfGE 69, 42쪽.
24 상세한 것은 Harald Elbert/Klaus Frobe, Kriegsdienstverweigerung und Zivildienst, 7. Aufl., Beck, 1995, 10쪽 이하.
25 Hans-Theo Brecht, 앞의 책, 7쪽.

연방전과기록소(Bundeszentralregister)에 신원조회서를 요구할 수 있기 때문이다(병역거부법 제6조 제3항).

2. 판정절차

병역거부 신청은 신청인이 만 18세 되기 6개월 전부터 할 수 있다. 신청은 징병검사의무를 면제시키지 않는다. 그러나 신청일부터 신청이 기각되거나 철회될 때까지 기본군복무의 소집은 유예된다(병역거부법 제3조). 한편 군복무소집통지를 받은 다음에 병역거부 신청을 한 때에는 신청은 군복무개시를 저지하지 않는다.

현역군인이 신청하는 경우에는 보다 신속하게 결정해야 한다. 군복무 소집영장을 받은 입영대기자나 결원보충을 지원하여 입영대기 중인 자, 군사훈련의 소집을 통보받는 예비군의 경우도 신속하게 결정해야 한다(동 법 제4조).

병역거부 신청에 대해서는 연방대체복무청이 결정한다. 연방대체복무청은 서면절차에서 신청서가 완비되고, 제시된 동기가 병역거부권의 근거로 합당하고, 신청인의 전체상황이나 연방청에 알려진 여타사실을 고려할 때 신청인의 기재사항의 진실성에 의문이 없는 경우 또는 청문을 거친 결과 의문이 존재하지 않는 경우에는 신청인을 병역거부자로 인정한다(동 법 제5조). 따라서 서면심사만으로 병역거부자로 인정할 수 있다.

신청서의 사실에 대한 기재사항에 의문이 있는 경우에는 연방대체복무청은 1개월 이내에 신청인에게 이를 보완하게 하거나 자료제출의 기회를 부여한다. 이른바 서면청문이다. 서면청문을 거친 후에도 의문이 남아 있는 때에는 구두청문의 기회를 부여할 수 있다. 구두청문은 비공개로 하며, 연방대체복무청은 구두청문의 조서를 작성해야 한다. 신청서의 기재사항에 의문이 있는 때에는 연방대체복무청은 연방전과기록소에 신원조회서를 요구할 수 있고, 신청인은 신원조회서에 대하여 의견을 진술할 수 있다(동 법 제6조). 청문절차에서 교회나 종교공동체로부터 위임받은 자는 신청인을 무료로 대리할 수 있다(동 법 제8조).

대체복무청은 신청인이 신청서를 완비하지 못하고, 1개월 이내에도 신청인이 보완하지 않는 경우, 청문을 거친 후에도 신청서에 제시된 동기가 병역거부를 뒷받침하지 못하는 경우나 기재사항의 진실성에 대한 의문이 해소되지 않는 경우에는 신청을 기각한다. 신청인이 구두 청문소환에 응하지 않는 때에도 연방대체복무청은 제출서류에 따라 결정한다(동 법 제7조). 연방대체복무청의 기각결정에 대해서는 행정소송을 제기할 수 있다.

3. 비상사태

헌법 제80조a의 긴장사태(Spannungsfall)와 헌법 제115조a의 방어사태(Verteidigungsfall)에서는 신청의 효과로서 군복무소집유예가 적용되지 않고, 신청의 보정기간이 1개월에서 2주로 단축되고, 결정에 대한 불복절차도 통보받은 후 1주 이내에 하도록 재촉하고 있다. 비상사태라고 해서 양심적 병역거부권이 부정되거나 인정절차가 중단되지는 않는다(동 법 제11조 제1항).

IV. 대체복무의 현황

1. 인정 현황

독일은 창군 이후 60년대부터 90년대까지 40만 명에서 49만 명에 이르는 대규모 군대를 유지하였다. 그러나 통일과 동구권붕괴 이후 안보환경의 급격한 변화로 현재 군대를 감축하였다. 나아가 통일 이후 구동독지역의 징집대상자의 산입에 따라 입대자원의 확보와 운용에 융통성을 갖게 되었다.

독일의 역사를 보면 전쟁과 국제적인 위기 등 안보환경과 그에 대한 반응 정도에 따라 병역거부자도 증감하였다. 그러나 90년대 이후 안보환경이 전반적으로 안정되었고, 병역거부권의 행사도 일상화됨으로써 병역거부의 신청비율과 인정비율이 매우 높아졌다. 90년대 후반에는 병역거부자의 인정비율이 거의 90%에 이르렀고, 군복무자 대 대체복무자 비율이 1대 1에 이를 정도였다. 또한 2000년 이후 독일은 군

〈표 3〉 가동인력의 배치현황

출생 연도	인력총수	군의무복무자	%	기타복무자*	%	복무면제자	%
1979	416,034	132,889	31.94	139,883	33.62	143,262	34.44
1980	440,158	127,821	29.04	145,053	32.95	167,284	38.01
1981	439,725	114,866	26.12	137,887	31.36	186,972	42.52
1982	444,468	94,047	21.16	125,455	28.23	224,966	50.61
1983	434,181	66,798	15.38	101,326	23.34	266,057	61.28

Peter Tobiassen, Wehrgerechtigkeit 2005, Tabelle 15

〈표 4〉 가동인력의 배치계획

계획 연도	인력총수	군의무복무자	%	기타복무자*	%	복무면제자	%
2005	447,325	69,500	15.54	140,305	31.37	237,520	53.10
2006	455,358	59,300	13.02	142,403	31.27	253,655	55.70
2007	440,753	56,400	12.80	138,589	31.44	245,764	55.76
2008	447,690	56,400	12.60	140,401	31.36	250,890	56.04
2009	402,902	56,400	14.00	128,705	31.94	217,797	54.06
2010	384,811	56,400	14.66	123,982	32.22	204,429	53.12

Peter Tobiassen, Wehrgerechtigkeit 2005, Tabelle 22

* 기타복무자는 대체복무, 재해복무, 개발봉사, 경찰, 장기지원군복무자**, 여타 대안
적 대체복무 등을 포함한다.

** 장기지원군복무자(준직업군인)는 지원병제도이기 때문에 유사대체복무라고 보기
어렵다.

대정원을 40만 명에서 20만 명 규모로 감축하였다. 따라서 대체복무제
나 병역거부권의 운용현실이 크게 변하였다.[26]

  2000년 이후 군대정원의 대폭감축에 따라 독일은 새로운 조치를 취
했다. 우선 신체검사단계에서 군복무적합자의 신체조건을 상향조정하
고, 동시에 입대상한연령을 25세에서 23세로 낮추어 입대예정자 수를
줄였다. 동시에 병역거부자 인정비율은 높은 수준으로 유지하였다. 이
러한 정원정책에 따라 군면제자(대체복무면제자) 비율도 대폭 증가하였
다. 2005년 현재 대략 입대 연령대 남성 중에서 13% 정도가 군복무를

---

26 이러한 상황에서 징병제의 위헌성 논란이 촉발되었으나 헌법재판소는 2002년 합
  헌으로 결정하였다.

이행하고, 32% 정도는 대체복무와 기타 대안적 대체복무를 하고, 55% 정도는 면제되는 것으로 나타난다. 현재 독일군 정원은 5만 6400명 규모의 의무복무자에 더하여 15만 명 정도의 장기지원자와 직업군인으로 구성되었다. 전체 독일군 규모는 20만 명 정도이다. '가동인력의 배치계획'에서 보는 바와 같이 인력배치비율은 앞으로도 계속될 것이다.

2. 복무 영역

헌법 제12조는 병역의무자에게 군복무, 대체복무, 재난구호 업무 중 하나를 이행하도록 규정하고 있다. 병역법은 군복무 이외에도 재난구호(「병역법」 제13조의a), 개발봉사(제13조의b), 경찰근무(제42조, 제42조의a)를 군복무의 대체수단으로 인정하고 있다. 물론 노동 강도나 구속성에서 차이가 나기 때문에 복무형태별로 복무기간이 상이하다. 따라서 군복무는 9개월이지만, 군복무의무자가 재난구호 업무로 군복무를 대신하려는 경우에는 무보수 명예직으로 관청과 협력관계를 6년 이상 유지해야 하고, 개발봉사는 2년 이상을 근무해야 한다. 경찰이나 국경수비대원으로 복무하는 자는 복무기간 동안에 군복무에 소집되지 않는다.

「대체복무법」은 병역거부자를 위해 이른바 대체복무(Zivildienst)를 규율한다. 병역거부자로 인정된 남성만 대체복무를 할 수 있기 때문에 여성에게는 대체복무를 부과할 수 없다.[27] 「대체복무법」 제1조는 "대체복무에 있어서 인정된 병역거부자는 우선적으로 사회적 영역에서 공익에 기여하는 업무를 이행한다."고 규정한다. 대체복무 영역은 포괄적으로 공익관련 분야이다. 사회적 영역은 도움이 필요한 사람에게 도움, 돌봄, 보호, 간호 그리고 위급상황의 배제 또는 예방을 내용으로 하는 인간의 활동영역을 의미한다. 우선적으로 사회적인 영역에서 봉사한다는 규정 때문에 전통적으로 병원이나 요양원에서의 대체복무비율이 압도적으로 높았다.[28] 따라서 대체복무자고용시설(Zivildienststelle)로 인정받기 위해서는 사회적이고 공익적 성격을 가져야 한다. 주목적

---

27 Hans-Theo Brecht, 앞의 책, 37쪽.
28 Hans-Theo Brecht, 앞의 책, 38쪽.

〈표 5〉 병역거부자들의 복무실태

출생 연도	대체복무	재난구호 (제14조)	개발봉사 (제14조a)	해외봉사 (제14조b)	자원봉사 (제14조c)	경찰 (제15조)	자발근무 (제15조a)	계
1979	113,138	1,530	–	680	13	100	13	115,474
1980	118,053	1,452	–	824	66	113	4	120,512
1981	112,757	1,235	–	852	225	134	–	114,203
1982	100,384	979	–	873	713	128	5	103,082
1983	76,932	713	–	809	1,708	142	3	80,307
1984	47,285	355		646	2,278	83	–	50,647

Peter Tobiassen, Wehrgerechtigkeit 2005, Tabelle 13

〈표 6〉 복무기간

유형	군/대체복무	재난구호	개발봉사	해외봉사	자원봉사	경찰집행공무원	자발근무
기간	9개월	6년	2년	9+2개월	12개월	소집면제	9개월+1년

이 정치적 의견형성에 관여하는 시설(예컨대 정당의 시설)이거나 주로 노조나 노동단체가 그 회원에게 봉사하려는 의도에서 운영하는 시설, 종교적 또는 세계관적 사고를 공고히 하려는 목적의 시설은 대체복무고용시설로 인정받지 못한다.[29]

「대체복무법」은 대체복무 이외에 제3의 복무형태도 규정하고 있다. 제3의 복무형태는 대체로 병역법과 동일하지만 특수한 규정도 존재한다. 민방위/재난구호(제14조), 개발봉사(14조의a), 해외봉사(제14조의b), 자원봉사(제14조의c), 경찰근무(제15조), 자발근무제(제15조의a) 등이 대안적 대체복무다. 현재 대체복무와 군복무가 똑같이 9개월인데 비하여 제3의 복무는 군복무나 대체복무기간보다 비교적 길다.

대체복무가 병역거부자의 의무라는 점 그리고 병역거부자로 인정된 자는 국가가 지정한 곳에서 근무해야 한다는 점에서 대체복무제의 강제적 성격은 피할 수 없다. 그래서 드물지만 병역거부자로 인정된 자 중에서 대체복무를 거부하는 경우가 있다. 「대체복무법」은 이러한 완

---

29 대체복무법 제4조 시행지침 제3항.

제1부: 양심적 병역거부의 실태, 법리와 대안

전거부자를 위하여 1969년에 '자발적 근무제'를 도입하여 스스로 적절한 봉사활동을 선택하여 수행하도록 하였다. 이 경우 자발적 근무제는 병원이나 요양원 같은 곳에서 대체복무보다 최소한 1년 이상 추가로 근무할 것을 요구한다.

1990년대 들어와 매년 15만 명 정도가 대체복무를 이행하였고, 18만 개 정도의 대체복무 일자리가 제공되고 있다. 최근에도 10만 명 이상이 매년 대체복무를 수행하고 있다. 대체복무는 사회적 영역에서 상대적으로 저임금의 노동력을 제공하고 있다. 또한 사회적 협력, 봉사, 연대에 매우 긍정적인 역할을 하고 있다. 아울러 대체복무 효율성을 제고하고자 전국 각지에 대체복무학교(Zivildienstschule)도 설치·운영되고 있다.

대체복무제의 도입초기에는 군복무와 대체복무의 기간을 동일하게 하였다.[30] 그러나 점차 대체복무기간을 장기간으로 설정하였다가 위헌소송에 휘말리기도 하였다. 헌법재판소는 군복무기간보다 대체복무기간을 길게 한 것은 헌법위반이 아니라고 결정하였다. 그러나 최근 법 개정을 통해 군복무와 동일하게 9개월로 단축하였다. 대체복무를 대체하는 다른 대안적 복무의 기간은 복무형태에 따라 표와 같이 차이가 난다. 재해구호는 우리나라의 의용소방대원과 유사한 것이어서 복무기간이 매우 길다. 병역거부자가 경찰인 경우에는 만 25세까지 경찰근무를 계속함으로써 대체복무에 소집되지 않는다.

지금도 대체복무자의 추가복무를 예비군훈련기간과 관련지어 자주 거론하고 있다. 그러나 독일에서는 원칙적으로 예비군제도는 있지만 대체복무자를 예비군에 준하여 (대체복무에) 소집하거나 훈련을 부과하고 있지는 않다. 다만 전시나 방어사태(Verteidigungsfall)에서는 일정연령대의 예비군이 무제한의 방어의무를 지듯이 대체복무자들도 무제한의 대체복무의무를 진다(「병역법」 제4조/「대체복무법」 제79조).[31] 이를 고려해서 방어사태에서 대체복무자의 의무를 미리 규정하는 것도 나쁘지 않

---

30 헌법 제12조a ② (……). 대체복무기간은 군복무기간을 초과할 수 없다.
31 Hans-Theo Brecht, 앞의 책, 230쪽 이하.

다고 생각한다.

3. 대체복무자의 처우

「대체복무법」제35조 제1항은 별도의 규정이 없는 한 군복무자에 대한 규정을 대체복무자에게 준용하도록 하고 있다. 급여를 제공하고 건강보호를 제공하며, 재해 사망규정에 있어서 공무원과 동일하게 취급한다. 기타 각종 권리보호, 직업보호, 생활보호 장치를 두고 있다.

가. 대체복무에 대한 급여제공

대체복무자에 대한 급료, 비용, 비품은 대체복무자고용기관이 직접 지급한다. 대체복무자고용기관은 지출액 중에서 상당부분을 국가로부터 환급받는다(「대체복무법」제35조). 대체복무자에게 지급되는 급료, 수당, 실비는 다음과 같다. 군인은 병영생활을 하기 때문에 당연히 대체복무자보다 실제 지급받는 액수는 적다.[32]

    (1) 급료
        1단계 급료(1~3월차): 일급 7.41 EUR 월합계 222.30 EUR
        2단계 급료(4~6월차): 일급 8.18 EUR 월합계 245.40 EUR
        3단계 급료(7~9월차): 일급 8.95 EUR 월합계 268.50 EUR
    (2) 식비
        일당 7.20 EUR 월합계 216.00 EUR
    (3) 피복비
        일당 1.18 EUR 월합계 35.40 EUR
    (4) 원격지수당(거주지에서 근무처까지의 거리에 비례)
        30km 이상인 경우에 1km당 0.51 EUR 한도 내에서 최고
        204.00 EUR지급(월)

---

32 이하의 표는 Bundesamt für Zivildienst, Zivildienst in Deutschland, Köln, 2005, 16쪽 참조.

(5) 특별수당과 퇴직금

특별수당(성탄절수당) 172.56 EUR(12월 15일 지급)

퇴직금 690.24 EUR(제대일지급)

(6) 교통비(출근비용)

(7) 집세(부모로부터 독립하여 생활하는 자)

(8) 기타 공무상여비: 실비지급

나. 인권옹호장치

「대체복무법」은 군인법의 규정과 동일하게 대체복무자의 권리를 시민과 동일하다고 선언하고 있다. 따라서 대체복무자의 자유와 권리는 법률에 의해서만 제한된다(「대체복무법」 제25조의c).[33] 이른바 군인에 대하여 특별권력관계를 부인하듯이 대체복무자에 대해서도 특별권력관계를 부인하고 있다.

(1) 연방대체복무옴부즈만

연방대체복무옴부즈만(Bundesbeauftragter für den Zivildienst)은 1970년에 내각결의에 의해 탄생했으며, 1973년 대체복무청이 발족하면서 정착되었다(「대체복무법」 제2조 2항). 연방대체복무옴부즈만은 연방가족노인여성청소년부장관(BMFSFJ)의 감독을 받는 정치적 공무원이다. 이는 국방옴부즈만(Wehrbeauftragter)과 같은 취지로 이해할 수 있지만, 국방옴부즈만은 국회의 독립적인 고위공직으로서 군인인권보호에 막강한 영향력을 행사하는 데에 비하여, 연방대체복무옴부즈만은 연방대체복무청과 협력관계를 이루며 대체복무자의 인권을 보호한다.

(2) 공동결정제도

1991년에 「군인참가법」[34]과 「대체복무자대표위원법」이 제정 시행되었다. 「대체복무자대표위원법」은 5인 이상의 대체복무자를 고용하는

---

33 "대체복무자는 여느 시민과 동일한 시민적 권리를 보유한다. 그의 권리는 대체복무의 필요 범위 내에서 법률에 근거한 의무를 통해서 제한된다."

34 군인참가법에 대한 자세한 해설은 Andreas Gronimus, Die Beteiligungsrechte der Vertrauenspersonen in der Bundeswehr, 5. Aufl., Walhalla, 2005, 참조.

대체복무시설(Dienststelle)에서 근무하는 대체복무자들은 1인의 대표위원(Vertrauensmann)을 선출할 수 있도록 규정하였다. 대표위원의 역할이나 활동은 「군인참가법」과 동일하다. 이들은 직무활동에서 여러 가지 보호와 특권을 누린다. 또한 대체복무자의 징계절차에 참가할 권리가 있고, 직무영역에서 광범위하게 관여할 수 있다. 대표위원은 청문권, 제안권, 공동결정권을 보유한다. 노동자의 경영참가제도에 미치지 못하지만, 공무원, 군인의 참가제도와 대체로 유사하다. 사회민주주의 체제의 단면을 엿볼 수 있다.[35]

(3) 부양료수당제도

「부양료보장법」(Unterhaltssicherungsgesetz)에 따라 대체복무자와 그의 가족에게 부양료, 임대료, 기타 수당을 지급한다. 현역군인에게도 동일하게 적용된다. 우리나라에서 병역의무로 인하여 생계에 지장이 있는 경우에는 아예 병역을 면제하여 사회적 불명예를 유발하는 측면이 강하다. 그러나 사회적 빈곤층이나 하층은 대체로 병역의무를 통해서 평균치 삶과 융합하게 된다. 그래서 이들에 대한 복무면제는 사회적 배제에 가까울 수 있다. 그러나 독일은 가족의 부양을 책임지는 군인뿐만 아니라 대체복무자에 대해서 군복무나 대체복무를 하도록 하고, 오히려 그 가족의 부양을 국가가 전체적으로 책임을 지고 있다.

(4) 일자리보호 기타 사회적 보호

대체복무를 하기 위해 휴직하였을 경우 해고사유를 제한하고 제대 후 복직을 보장하는 제도이다. 나아가 의료보험 및 치료(제35조/제48조), 실업보험,[36] 재해보험(제47조의b), 비용상환(제50조), 원호연금(제47조), 유

---

35 사회복무제의 도입발표과정에서 국방부는 대체복무자를 충분히 혹독하게 다룰 수 있다는 듯이 중환자 곁에 종일 근무하는 자리를 대체복무 일자리로 발표하였다. 그러나 대체복무자는 사회복무를 하는 자이지 징계나 처벌을 받는 자가 아니다. 참고로 독일대체복무법에서는 공무원과 동일한 근무시간(주당 38.5시간)을 근무하고 매일 2시간을 초과할 수 없게 하고, 초과근무에 대해서는 다른 근무시간을 단축하도록 정하고 있다(대체복무법 제32조).

36 Bundesamt für Zivildienst, Zivildienst in Deutschland, Köln, 2005, 17쪽 참조. 연방정부가 대체복무자 전원을 위하여 실업보험을 가입하여 기여금을 납입하고 연

족연금(제35조/제47조의a) 등 다양한 제도를 통하여 대체복무자를 보호하고 있다.

V. 맺음

전후독일은 나치즘을 청산하는 데에 주력하였다. 그러한 연유로 헌법은 평화주의를 선언하고 침략전쟁을 부인하고, 개인의 양심적 병역거부권을 인정하였다. 그러나 냉전질서의 강화과정에서 독일은 동구권에 대한 방파제 역할을 부여받아 재무장의 길로 접어들었다. 한국전쟁과 나토가입이 중요한 사건이었다. 이 과정에서 양심적 병역거부권도 상당한 파행과 변질을 겪게 되었다. 양심적 병역거부권 이외에 병역의무를 규정하게 되었으며, 이로 인하여 병역거부권과 병역의무를 조정하는 묘책을 만들어야 했다. 그것이 대체복무제였다.

독일은 정치적 대립 속에서도 민주적이고 개혁된 군대를 출범시켜야 한다는 데에 원칙적 합의를 이루었다. 군대는 원래 독일헌법의 예정된 사항이 아니었기 때문에 군관련사항이 정치적 쟁점이 될 때마다 군대, 병역복무, 비상사태, 군사옴부즈만 등에 관한 규정들이 헌법에 추가되었다. 군관련 독일헌법규정은 문민우위, 민주주의와 공화국에 대한 군대의 충성, 군인의 인권존중, 국제법의 준수 등을 목표로 한 법치국가의 국방헌법이다.

독일은 양심적 병역거부권을 확대 적용하는 쪽으로 방향을 잡았다. 최근 군축상황에서 군복무자, 기타복무자(대체복무자 포함), 복무면제자 간의 비율이 13:32:55에 이를 정도로 군복무자 비율이 감소하였다. 이러한 상황에서 대체복무자의 복무기간과 군복무자의 복무기간을 동일하게 9개월로 단축하였다.

국방부는 2007년 군복무의 형평성을 제고하기 위하여 '사회복무제' 도입을 발표하였으며, 9월 18일에 '양심적 병역거부자'를 위하여 대체

방사회법전 제37조의b의 요건에 맞게 신청하면 대체복무 종료 후 수당을 받을 수 있다.

복무제를 사회복무제에 반영하여 2009년부터 시행하겠다고 발표하였다. 처벌의 긴 역사를 끝내는 조치로서 환영하지만, 대체복무자에게 가혹한 형태의 제도를 형성해서는 안 된다. 독일의 대체복무제도의 도입배경, 역사, 제도의 변천, 현재의 실태, 안보환경 등의 여러 측면에서 참조할 만하다. 우리에게 적합하게 어떻게 변형할 것인지는 국방당국자에게 달려 있다. 어느 경우이든 대체복무자의 인권을 존중하는 방향에서 공정하게 제도를 구축해야 한다.

§첨부 2 §

중화민국 대체복무 제도[*]

첫째. 중화민국(대만) 대체복무제도 수립 이유

최근 들어 과학의 급속한 발전과 최첨단의 정밀한 무기들이 끊임없이 개량되고 생산됨에 따라 국가방위를 위해 필요한 병력이 대폭 감소하였다. 그리하여 국군의 정예화를 실시하여 필요한 병력 인원의 수가 감소하게 되자 군인의 공급이 수요를 능가하게 되어 1998년부터는 병역 대상자들이 날짜에 맞추어 입대할 수 없는 상황이 점점 심각해짐에 따라 신속한 해결책을 필요로 하게 되었다. 이에 행정원(行政院)은 세밀하고 신중한 연구를 거쳐 의무병역과 지원병역제를 병행 유지함과 더불어 유럽이 채용하고 있는 대체복무제도를 참고하여 국가 안전을 확보하고 군복무의 공평성을 유지하며 인력을 효율적으로 운용하는 것을 바탕으로 하는 동시에 병력 인원 문제를 효율적으로 해결할 수 있고 국가이익에도 부합되는 방안을 결정하였다. 입법원(立法院)이 2000년 초「대체복무실시조례」를 통과시킴에 따라 행정원은 2000년 5월 1일부터 대체복무제도를 실시하기로 결정하였다. 대체복무제도의 정책배경, 계획과 제정과정의 개요는 다음과 같다.

---

[*] 이 자료는 대만의 병무청에서 발간한『中華民國替代役制度簡介』(2004. 5. 27.)의 번역본으로서,「양심에 따른 병역거부권 실현과 대체복무제도 개선을 위한 연대회의」로부터 제공받은 것이다. 이 자료는 2004년을 기준으로 대만의 제도적 현황을 해설한 것이다. 그러나 이후 대만의 군복무제도는 변화 중이다. 2007년에 군복무기간이 14개월로 단축되었고, 2009년에는 다시 12개월로 단축되어 현재에 이르고 있다. 국방부는 2014년말까지 징병제를 기본적으로 모병제로 전환하겠다고 결정하였다. 군인에 지원하지 않는 기타 젊은이들에게는 3~4개월의 군사훈련을 시행한다는 계획도 포함되어 있다. 그에 따라 대체복무제도 크게 변화될 것으로 예상된다(편집자 주).

1. 정책 배경

(1) 우리나라 국군 정병(精兵)정책은 '정예화(精), 소수화(小), 강력화(强)'를 특징으로 한 현대적 부대를 구축하는 것을 건군(建軍)의 목표로 삼고 있다. 병력 인원의 초과 문제를 해결하고 청년 인력의 효과적인 운용을 위해 이들을 사회봉사 활동에 투입하여 정부 공공 서비스의 수준을 향상시킴과 동시에 군복무의 공평성을 유지할 수 있다. 그리하여 행정원과 내정부 그리고 국방부 등 관련 부서들과의 여러 번에 걸친 회의를 통하여 이 사실을 깊이 검토하여 대체복무제도를 실시하는 것이 국가의 당면 이익에 가장 부합되는 방안임을 인정하고 적극적으로 대체복무제도를 실시할 계획의 초안을 세웠다.

(2) 여호와를 숭배하는 종파 등 일부 교파에 속한 병역 대상자들을 살펴보면 종교 신앙으로 인한 평화와 반전을 주장하는 그들의 강력한 의지가 병역 제도와 크게 모순되는바 그들은 계속 병역을 거부하여 형벌을 반복적으로 받게 되어 우리 사회의 자원을 낭비시키고 국내의 인권이 제대로 보호되지 않는다는 인상을 심어주므로 대외적인 국제 이미지에 심각한 훼손을 가져오게 된다. 만일 종교 신앙 때문에 병역을 거부하는 병역 대상자를 징집하여 사회봉사 활동에 배치한다면 앞서 언급한 대외적인 이미지 문제가 해결될 뿐 아니라 사회 복지 서비스에도 크게 기여함으로 유럽의 징병제 국가에서 실시하고 있는 사회역 제도를 참고하여 국가, 사회 그리고 종교인 모두에게 도움이 되는 대체복무제도를 제의하게 되었다.

(3) 우리나라의 병역제도에서는 신체검사 3급판정을 받았거나 특정한 사유로 인하여 지정된 기간 내에 징집되지 못하여 입대하지 못한, 연령이 초과된 병역 대상자들은 6일간의 훈련을 받기만 하면 공익근무역(國民兵役)으로 제대한 것으로 간주된다. 이 점은 '의무공평'의 원칙과 관련하여 대중의 비난을 받아왔는데 특히 의술을 배운 학생들이 자신이 배운 의학 전문 지식을 사용하여 자신의 신체검사 등급을 조정하여 병역의 의무를 회피하는 것은 가장 비난받는 일이었다. 그러므로 시급한 개혁이 필요하였으며 대체복무제도를 연구하여 이들을 채용하

므로 병역의 공평을 유지할 수 있게 되었다.

(4) 1999년 7월 6일 행정원(行政院)이 '초당파적 사회역 추진위원회'와 '사회역 민간 추진연맹'을 소집하였을 때 「대체복무제도」를 계획함에 있어 의당 국가안전을 우선적인 기초 과제로 정함과 동시에 아래에 열거한 세 항목을 지키도록 지시했다.

　　1. 병력 인원의 보충에 영향을 주지 않는다.

　　2. 병력 인원의 자질을 낮추지 않는다.

　　3. 병역의 공평성을 위반하지 않는다.

또한 1999년 5월 21일에 입법원은 대체복무제도를 2000년 7월 1일 이전에 실시할 것을 확정하여 통과시켰다.

(5) 입법원은 2000년 1월 15일에 「대체복무제도실시조례」를 통과시켰고 행정원은 2000년 5월 1일에 이를 실시할 것을 결정하였다.

2. 계획 구상

대체복무제도는 우리나라의 병역 정책 역사상 새로운 시책일 뿐 아니라 더 나아가 정부를 위한 중대한 정책 실행 항목 중 하나이다. 국가 안전과 병역 공평성에 대한 고려를 바탕으로 "병력 인원의 보충에 영향을 주지 않는다", "병력 인원의 자질을 낮추지 않는다", "병역의 공평성을 위반하지 않는다"는 원칙하에 계획을 실시하여 과잉 병력 인원과 현역 상비군 복무에는 적합하지 않으나 면제 표준에 달하지 않은 병역 대상자들을 공평하고 합리적으로 분배하고 운용하여 정부의 공공 서비스 능력을 높인다. 인원과 관련하여서는 각 기관의 실제 필요한 인원에 맞춰 각 대체복무자의 전문 분야에 따라 사회 치안, 사회 서비스 등 각종 업무에 투입한다.

운용과 관련하여서는 각 대체복무자가 전문 분야를 전문적으로 활용하며 적합한 복무자를 적합한 곳에 배치할 수 있도록 매 기수 군사 기초 훈련 기간 중 기관의 필요와 복무자의 희망, 학력, 전문 분야를 결합하여 공개적이고 공평하며 공정한 방식으로 복무자를 선별 배치하는 작업을 한다.

둘째. 실행과 운영 현황

1. 대체복무 분야의 구분

(1) 사회 치안 분야

1) 경찰역(役): 기동 보안, 마을 순찰, 교통 보조, 수용소 경비, 교정 기관 경비와 기타 안전 유지 등의 관련 보조 업무 담당.

2) 소방역(役): 재난 시 구조와 환자 처리 등의 관련 보조 업무 담당.

(2) 사회 서비스 분야

1) 사회역(役): 혼자 사는 노인들, 병들거나 장애가 있는 국가 유공자들 그리고 심신 장애가 있는 사람들을 돌보고 사회 안전을 도모하며 구조 사업, 복지 업무, 국민 취업, 국민 보건, 매장 관리와 기타 사회 복지 등의 관련 보조 업무 담당.

2) 환경 보호역(役): 환경 조사와 검사, 자원 회수, 환경 청결 유지, 복사(輻射) 건축물 조사, 건축 관리, 하천 관리, 수자원(水資源) 관리, 상습 침수 구역 보강, 산비탈 보강, 지질 조사와 동식물 보호, 기상 관측 협조 등의 관련 보조 업무 담당.

3) 의료역(役): 산, 섬, 외진 지역 등 자원이 부족한 곳에서의 의료 보건 업무, 방역, 공공 위생 관리 등의 관련 보조 업무 담당.

4) 교육 서비스역(役): 산, 섬, 외진 지역 등 교사 자원이 부족한 곳에서 중학교, 초등학교, 특수교육보조 교육과 학교 내의 안전 협조, 중퇴생 지도 등 교육 관련 보조 성질의 업무 담당.

(3) 기타 행정원(行政院)이 지정한 분야

1) 문화 서비스역(役): 지역 사회의 건설적인 분위기를 조성하고 문화 자원 보존 관련 업무 등의 보조 업무 담당.

2) 사법행정역(役): 국선(公設) 변호, 사법 행정 등의 보조 업무 담당.

3) 외교역(役): 외교, 해외기술단(駐外技術團) 각종 작업 보조 업무 담당.

4) 토지측량역(役): 토지 측량 작업 보조 업무 담당.

5) 경제안전역(役): 무역 구조 보호 제도, 각종 산업 보호 제도 등의 보조 업무 담당

6) 체육역(役): 운동 경기 실력을 끌어 올리고 전 국민 대상 운동을 널리 보급하는 등의 보조 업무 담당.

7) 공공행정역(役): 정부와 협조하여 정보, 공문서, 병역, 대체복무 등에 관련된 공공 행정 사무를 보조하는 업무 담당.

8) 관광 서비스역(役): 관광 홍보, 관광 환경 미화, 국가 공원 경관 유지, 여행자 자문 서비스 등의 보조 업무 담당.

2. 자격 조건

대체복무자의 공급원은 두 가지가 있는데, 첫 번째는 현역 상비군 대상자 수가 실제 수요를 초과할 경우 자원 신청을 통해서 대체복무역 으로 전환하는 것이다. 두 번째는 대체복무 자격을 갖춘 자들인데 이 들은 일률적으로 대체복무역으로 징집된다. 대체복무 전환을 신청하 는 자의 조건은 전문 기술 자격, 자원 봉사 자격, 가정 사유, 종교 사유 와 일반 자격 등 5종이다.

(1) 종교 사유: 종교에 2년 이상 속해 있었고 심리적으로 현역 상비 군의 역할을 수행할 수 없는 병역 대상자는 대체복무를 신청할 수 있다.

(2) 가정 사유: 병역 대상자의 가정 상황이 아래에 열거된 조건에 하나 이상 부합되는 자는 대체복무를 신청할 수 있다.

1) 병역 대상자의 가족이 모두 65세 이상 15세 이하이거나 혹은 심신장 애나 중대한 상해, 질병이 있는 자.

2) 병역 대상자가 이미 결혼을 하였고 15세 이하의 자녀를 양육하고 있 으며 병역 대상자의 배우자를 제외하고는 가족이 아무도 없거나 있 어도 1)의 조건에 해당되는 자.

3) 병역 대상자의 가정에 중급 이상의 심신 장애자가 있는데 병역 대상 자와 환자를 돌볼 능력이 있는 한 사람을 제외하고는 가족이 아무도 없거나 있어도 1)의 조건에 해당되는 자. 단, 중급 이상의 심신 장애

가족이 1명 이상일 경우 심신 장애 가족이 매 한 명씩 증가함에 따라 그를 돌볼 능력이 있는 사람의 수도 하나씩 증가한다.

(3) 전문 기술 자격: 병역 대상자가 대체복무가 필요한 각종 기관에서 지정한 국가고시 합격 증명, 중앙 주관 기관에서 발행한 전문 기술 증명과 그와 관련된 학력, 경력이 있거나 혹은 전공 훈련을 받은 자는 우선적으로 선발을 고려한다.

(4) 자원 봉사 자격: 자원 봉사나 그와 관련된 일을 한 지 만 1년이 되었으며 그 봉사한 시간이 150시간 이상이며 자원 봉사 실적 증명서를 보유한 병역 대상자는 우선적으로 관련 기관에서 대체복무를 할 수 있다.

(5) 일반 자격: 병역 대상자가 앞서 언급한 네 개의 항목의 자격 혹은 사유에 해당되지 않지만 대체복무를 신청한 자.

3. 복무규정

(1) 복무 기간: 현역 상비군 대상자 중 대체복무를 하는 자는 현역 상비군의 복무 기간보다 2개월이 연장되어 2년, 종교 사유 대체복무자의 복무 기간은 2년 2개월로서 현역 상비군의 복무기간보다 4개월이 연장되며 대체복무 대상자 혹은 가정 사유로 인한 대체복무자의 복무 기간은 1년 10개월로 현역 상비군과 병역 기간이 동일하다.

(2) 징집 연기: 대체복무에 징집된 자가 병 혹은 기타 중대한 사고로 인해 반드시 본인이 처리해야 하는 상황에 놓인 경우 징집이 연기된다. 단, 연기 사유가 소멸될 시 응당 징집되어야 한다.

(3) 복무 중단: 대체복무자가 복무 중단 사유를 갖춘 경우 복무가 중단되며 복무 중단 기간은 대체복무 기간으로 계산하지 않는다.

(4) 조기 퇴역: 대체복무자의 과잉으로 행정원에서는 2004년 1월 1일부터 2개월 조기 퇴역을 할 수 있도록 결정하였으며 가정에 중대한 변화가 발생했거나 가정 생계의 주요 책임을 져야 할 필요가 있을 경우, 혹은 신청 조건에 부합되는 자는 주관 기관의

결정을 거쳐 조기 퇴역할 수 있다.

4. 권리와 의무

대체복무도 병역의 일종으로 대체복무자의 권리와 의무는 현역 상
비군과 대체적으로 일치한다. 차이점은 두 가지로 첫째는 식비 공급
마련이다. 근무 지역과 실제 물가 그리고 관련 기관이 공공 식사를 마
련하는 비용을 고려하여 근무처에서 식사가 제공되는 자는 한 사람당
매일의 식대 90원을, 식사가 제공되지 않는 자는 한 사람당 매일 120
원을 받는다. 이것은 현역 상비군보다 조금 높은 수준이다(현역 상비군
한 사람당 매일 77.8원). 두 번째는 공무 시 여가를 활용할 수 있는 마련이
다. 대체복무자가 공무 시 여가를 활용하여 현재 복무하고 있는 분야
의 능력을 강화하고 업무 효율을 높이기 위해 업무에 영향을 미치지
않는 범위 내에서 그리고 현역 상비군의 사기를 떨어뜨리지 않으며 효
율적으로 관리한다는 원칙하에 복무 기간 6개월 이상인 대체복무자가
복무 단체의 승인하에 야간의 공무 여가 시간에 외출하여 연수 혹은
보충 학습을 받을 수 있도록 개방되었다. 그러나 이것은 제한이 있는
마련으로 매주 2번을 한계로 매번 3시간을 넘을 수 없으며, 밤 10시
전에는 반드시 숙소에 돌아오도록 규정한다.

5. 징집 훈련

대체복무역 훈련은 군사 기초 훈련과 전문 훈련으로 나눈다. 전자는
내정부가 주관하는 32일간의 군사 기초 훈련으로 훈련 과정에는 병역
자의 복무 특성을 고려하여 정치교육, 장비정비, 전투훈련, 사격훈련
등의 과정을 삭제하고 복무자의 학습 흥미를 고취하며 실용적인 훈련
과정이 되게 하기 위해 실제적이고 활발하며 생동감 있는 다양한 과정
을 설계하였다. 내용은 적응 교육, 전문 과정, 긴급 구조, 일반 교육 과
정과 체력 활동 등의 항목으로 나누어진다.

(1) 적응 교육 (20시간) 9.95%: 훈련 내용과 환경 소개, 훈련소 입소
　　식, 남녀 관계, 생활 교육, 내무 교칙 등의 과정으로 대체복무자

가 훈련소의 환경과 생활 규범을 이해하도록 도움으로 신속히 훈련 환경에 적응하도록 한다.

(2) 전문 과정 (26시간) 12.9%: 대체복무의 관련 법령과 복무에 관한 간략한 소개, 심리 지도 자문 그리고 기율 교육 등의 과정으로 대체복무자들이 관련 법령과 근무 상황에 익숙해지도록 하여 그들의 권익을 보호할 뿐 아니라 자신의 정서 관리 방법, 자기 계발 방법 그리고 시사(時事) 등의 과제를 전문 연설로 마련하여 복무자의 정서 관리 능력을 강화하고 사회에 관심을 가질 수 있는 도량을 키운다.

(3) 긴급 구조 과정 (20시간) 9.95%: 매 기수마다 소방서에서 파견하여 마련하는 강좌를 통하여 복무자들이 심폐 소생술 등 응급 구조 및 처치 기술을 배우도록 한다.

(4) 일반 교육 과정 (69시간) 39.32%: 경비 업무, 신체 예절, 민간 전문 분야 선발, 복무 분야 추첨, 기말 고사 등의 항목이 있으나 그 중 신체 예절 교육이 가장 주된 과정(36시간)으로 이 과정을 통해 복무자의 몸가짐과 국민 생활 예절을 교육한다.

(5) 체력 활동 (56시간) 27.9%: 새벽에 실시하는 팔굽혀펴기, 윗몸일으키기, 3000미터 달리기, 철봉 등 체력 훈련 활동뿐 아니라 역정서에서 특별 초대한 대중(臺中)건강관리학원의 임순옥 부교수의 협조하의 신체 단련, 근지구력과 순발력, 민첩성, 심폐 지구력 등 체력 훈련 과정이 있으며, 그에 더하여 영동기술학원의 강사 내혜방 선생 등 전문가의 강의가 있고 그 밖에도 대북시태극도인(臺北市太極導引)문화연구회의 이사장 장양유 선생이 계획 강의하는 기기도인(氣機導引) 과정이 있는데 이러한 과정들을 통해 복무자들의 체력을 강화하므로 복무자들의 대단한 호감을 사고 있다.

(6) 야간에는 사기를 북돋는 노래를 가르치고 문화 오락 활동, 좌담회, 영화 감상, 편지 쓰기 등을 위주로 복무자의 심신을 조절하도록 한다.

전문 훈련은 군사 기초 훈련을 마친 후 대체복무를 필요로 하는 각

기관에서 계속하는데 근무에 필요한 전문 지식과 기능 등에 따라서 각 2주에서 12주의 훈련 과정을 계획한다.

6. 선발 배치

각 대체복무자가 자신의 전문 분야를 전문적으로 활용할 수 있도록 복무자를 적합한 곳에 배치하기 위해 '전문자격'을 갖춘 병역 대상자가 신청할 시 그의 전문분야에 의거하여 복무할 대체복무 분야를 정하는 경우를 제외하고는 매 기수의 군사 기초 훈련 기간에 주관 기관은 '일반자격'의 복무자에게 공개, 공평, 공정한 방식으로 각 기관에서 필요에 따라 정한 복무자에게 요구되는 학력, 민간 전문 분야 항목과 복무자의 지원 희망, 학력, 전문 분야를 결합시켜 복무자의 선발 배치 작업을 처리한다.

7. 복무와 생활 관리

(1) 대체복무제도 성패의 관건은 먼저 복무자들의 규율을 중시하는 것인데, 「대체복무제도실시조례」가 규정한 바에 의하면 내정부는 대체복무 주관 기관으로서 대체복무자의 전반적인 복무 관리 작업의 계획과 지휘의 책임을 맡는다. 복무 분야의 각 주관 기관은 대체복무를 필요로 하는 기관으로서 응당 업무 필요에 의거하여 대체복무자의 복무와 생활 관리 규정을 정해야 하며 복무처에서 관리 작업을 수행하도록 한다. 가정 사유로 인해 집에서 숙박하는 경우를 제외하고는 단체 숙박 생활을 원칙으로 하며 복무인원이 과소(過少)하거나, 복무 지점이 멀거나 또는 복무처가 분산되어 있을 경우에만 예외적으로 개별 숙박 생활을 허용한다.

(2) 내정부역정서가 2002년 3월 1일 성립된 후 바로 관리조 감찰구조의 계획을 완성하고 지역 감찰 책임제를 만들고 역정(役政) 단위와 복무 단위 간의 연락 통로를 설립하였으며 정기, 부정기적인 감독으로 각 복무 단위의 인력 운용, 업무 계획 및 관리 상황을 이해하며 중대사고 발생 시 처리와 통보에 협조하고 복

무자에게 기율을 엄격히 준수할 것을 재촉하며 문제를 발견하고 해결에 협조하고 사고나 재해를 미연에 방지하여 효과적으로 복무자의 작업 능률을 향상시킨다.

8. 대체복무 인력 운영

대체복무제도를 실시한 후 지금까지 모두 25기에 걸쳐 총 4만 3712명이 입대하여 이미 각 복무 단위로 배치되었다. 각각의 구성을 보면 경찰역 사회 보안(1만 325명), 경찰역 사회 순찰(1360명), 경찰역 안전 보호 유지(198명), 경찰역 수용소 경비(226명), 경찰역 교통 보조(1462명), 경찰역 교정 기관 경비(5086명), 소방역(5116명), 사회역(3376명), 환경 보호역 환경 보육(1508명), 환경 보호역 수리 보호 유지(904명), 의료역(965명), 교육 서비스역(7528명), 문화 서비스역(1216명), 사법 행정역(2603명), 외교역(113명), 토지 측량역(144명), 경제 안전역(84명), 공공 행정역(1765명), 체육역(238명), 관광 서비스역(428명) 등 각종 업무에 종사하고 있으며, 그 중 1600여 명은 이미 9.21대지진 재해 구역에 투입되어 소방, 교육, 의료, 심리지도, 수자원 관리, 환경 보호, 토지 측량, 건설 등 재해 후 재건 작업에 공헌을 하였다.

9. 지도 교육

내정부는 적응을 하지 못하는 대체복무자를 지도하고 그들의 심리와 행위의 혼란 등의 문제를 해결하기 위해 대체복무자의 심신 상황 및 관리 기율 요구에 의거하여 체력훈련, 기본훈련, 심리자문, 생활교육, 덕성, 법률과 기율교육 등을 포함하는 일련의 지도 교육반을 개설하여 심리자문 및 단체지도를 실시하여 복무자의 빗나간 마음가짐과 행동을 바로잡도록 한다. 이 과정은 범죄 방지 연구 실무 경험이 있는 몇 명의 교수가 담당하도록 하는데 이 지도 교육을 받은 복무자는 복무 위치로 돌아간 후에도 계속적으로 추적 지도를 받게 되어 많은 복무자의 생활과 복무 상황이 눈에 띄게 개선되었다. 내정부역정서는 추적 지도와 지도 교육반을 계속 마련하고 있다.

10. 심리 자문

근년에 들어 사회의 진보와 개방, 사회 구조의 다양화, 사회 환경의 급속한 변화로 사람과 사람 사이의 왕래와 서로 간의 관심, 신뢰가 줄어들고 인간관계의 시야도 좁아졌으며, 청소년의 가치관, 판단력, 옳고 그름의 관념에 심각한 영향이 있을 뿐 아니라 동시에 그들의 마음에 불안, 두려움, 비관, 염려, 압박 등의 심리 증상이 생겨났다. 현재 대체복무자들의 수가 4만 명에 달하기 때문에 소수의 복무자들에게 가정, 학교, 사회에서 누적되어 온 심리 문제가 있는 것은 피할 수 없는 일이다. 그러므로 내정부역정서는 지도와 '선도교육', '지도교육', '의료처리' 등의 대책을 신중히 계획하여 심리자문제도를 설립하였다.

셋째. 종교적 사유로 인한 대체복무 신청의 개황

유럽 각국에서 대체복무제도를 실시하는 주된 이유 중 하나는 병역제도와 종교적 신앙에 근거한 양심적 결정의 상호 충돌로 인한 양심수의 발생을 피하고자 하는 것이다. 그러므로 많은 국가에서는 헌법 혹은 병역법상에 특별규정으로 종교적 양심상의 사유로 인해 현역 상비군으로 병역의 의무를 이행하는 것이 적합하지 않은 자는 대체복무를 수행하게 하거나 병역의 의무를 면제해 줄 것이 명시되어 있다. 이전에 우리나라에도 비슷한 양심수들이 있었는데 병역 대상자가 재차 복무를 거절하여 반복적으로 형벌을 받았고 심지어 그 형기가 군 복무기간의 여러 배에 달하였다. 우리나라는 종교인의 인권을 보장하기 위하여 대체복무제도를 실시하여 「대체복무제도실시조례」 제5조에 '…병역 대상자는 종교 사유로 인해 대체복무를 신청할 수 있다'고 규정되어 있다. 그에 더해 지난번 병역법 수정 당시 입법원에서 부대 결의문이 통과되었는데 그 개요는 종교 사유로 인해 발생된 당해 병역 안건의 양심수는 내정부와 국방부의 특별 안건으로 처리한다는 것으로서, 그 후로 우리나라에는 종교 사유로 인해 병역을 거부한 양심수 문제가 다시는 발생하지 않았다.

1. 신청자격

해당 종교에 2년 이상 속해 있었던 자로서 이미 본인의 심리적 상태가 현역 상비군의 역할을 수행하기에 합당하지 않은 자로 고려될 경우 대체복무를 신청할 수 있는데 신청할 시에는 이유서, 자서전, 서약서 그리고 종교 단체에서 발행한 증명서를 첨부해야 한다.

앞에 언급한 신청자의 신앙은 정부에 합법적으로 정식 등록되어 있는 종교 단체여야만 한다.

2. 심사규정

내정부는 직할시, 시, 도 당국의 신청 안건을 접수할 때 아래의 열거된 규정에 의거하여 처리한다.

(1) 3개월 내에 심의위원회를 소집하여 심의를 마친다.

(2) 심의 시 복무자의 신앙, 동기, 심리 등의 이유가 진실인지를 이해하기 위하여 면담을 실시해야 하며 그에 더해 소속 종교의 책임자 혹은 증인을 출석시켜야 한다.

(3) 심의 안건에 이의가 있거나 비준 혹은 기각을 결정할 수 없을 경우 일정한 기간을 정하여 잠시 징집하지 않는 관찰 기간을 가질 수 있는데 그 기간은 1년을 넘을 수 없다.

3. 문제 방지 대책

병역 대상자들이 종교 사유를 가장하고 대체복무를 신청하여 그들이 응당 이행해야 하는 현역 상비 병역을 회피하는 것을 방지하기 위해 「대체복무실시조례」 제54조에는 현역 상비군 이행 대상자가 종교 사유를 가장하여 대체복무를 신청할 시 2년 이하의 유기징역에 처한다고 규정되어 있다.

4. 실시상황

(1) 종교적 사유로 군 복무를 거부하는 양심수가 다시 발생하지 않도록 하기 위해 대체복무제도 실시 전인 1999년 6월 15일부터

각 직할시, 시, 도 당국에 종교 사유로 인해 심리적 상태가 현역 상비군의 역할을 수행하기 적합하지 않은 병역 대상자를 징집 특별 연기 처리하도록 지시하였다. 대체복무제도를 실시하기 전에 13명이 이에 따라 징집 연기를 신청하였고 그들은 2000년 5월에 대체복무를 신청하였다.

(2) 9명의 종교적 사유로 양심적 거부를 한 양심수 일동은 현역 상 비군의 복무 기간에 1:1.5 비율로 대체복무 기간을 계산하는 것에 동의하였다.

(3) 2000년 12월 10일, 교도소에서 복역하고 있던 19명의 종교적 이유로 양심적 병역거부를 한 양심수들이 대통령 특사를 받았 는데, 그중 3명은 이미 대체복무로 전환되었고 다른 16명은 실 제 입소 복역 기간이 이미 3년 이상이거나 이전에 5년 이상의 징역을 선고받았으므로 이미 병역법 금역(禁役) 표준에 부합되 어 병역의 의무가 없어졌다.

(4) 현재 총 94명의 대체복무자(기독교 여호와의 증인 78명 (그중 9명은 종 교 양심수), 불교 15명(그중 14명은 이미 출가한 승려) 그리고 일관도(一貫 道) 1명)가 종교적인 사유로 대체복무를 신청하였고 중앙대체복 무심의위원회의 심의를 거쳐 대체복무를 하도록 마련하였다. 이들은 사회 서비스 분야의 대체복무를 하는 것을 원칙으로 하 여 전부 사회 복지 기관으로 배치하여 사회 서비스 관련 업무에 종사하게 하였다. 이들은 장기적으로 종교의 영향을 받아 왔으 므로 마음이 온유하고 깊은 사랑과 인내심을 가지고 있으며, 마 치 외관은 길이 잘든 양과 같지만 내심은 용감한 사자와 같은 굳은 의지를 소유한 자들로서 사회 복지 업무를 담당하여 훌륭 하게 업무를 수행함으로 대단한 호평을 얻고 있으며, 사회 복지 업무 수준을 높일 뿐 아니라 우리나라 인권 보호에 대한 국제적 이미지 향상에도 큰 몫을 하고 있다.

(5) 대체복무제도를 실시한 후 지금에 이르기까지 종교적 사유를 가장하여 대체복무를 신청하고 응당 이행해야 하는 현역 상비

병역 회피를 시도한 병역 대상자가 발생하지 않았으므로, 중앙 대체복무심의위원회가 엄격한 심사 기준을 계속적으로 유지한 다는 전제하에 종교인의 인권을 보장한다는 측면에서 이들의 복무 기간을 본래의 2년 9개월에서 현역 상비군보다 4개월 연장된 2년 2개월로 단축 수정하였다.

넷째. 미래의 발전 방향

1. 사회서비스 분야의 복무범위와 인원을 증가시키고 사회서비스 기층(基層)을 넓힌다.

사회 각종 서비스 업무에 투입을 증가시킴으로 사회 복지와 공익을 높인다. 우리나라는 의료역, 환경보호역, 교육 서비스역, 문화 서비스역 및 사회역 등의 대체복무를 실시하는데 본질상으로는 모두 사회 서비스의 복무 분야이다. 미래에는 사회 서비스의 특성을 강화할 뿐 아니라 각 대체복무 필요 기관의 전체 계획에 협조하여 상술한 사회 서비스 각 부문의 대체복무 인원을 증가시키고 관련 복무 분야 간에 상호 인력 유통이 되도록 운용한다.

2. 역정훈련센터를 설립하고 교정제도를 설립한다.

역정훈련센터를 설립하여 대체복무자의 군사 기초 훈련, 전문 훈련, 관리 간부 정통 훈련, 대체복무 및 역정 업무 인력의 기능 훈련 등을 실행한다. 그에 더해 대체복무자 교정 제도를 실시하려 불량한 대체복무자에 대한 재지도 교육 및 훈련을 실시하고 그들의 편차 행위를 바로잡음으로 대체복무자에 대한 훈련과 사용이 일치되게 한다는 목표를 실현한다.

3. 대체복무자들이 전문 자격증 획득이나 국가고시에 참여하도록 지도한다.

전문 자격증이나 국가고시에 참여할 의향이 있는 복무자들을 전문 자격증 시험을 통해 복무자들의 업무지식, 능력을 결합하여 계속 사회

서비스에 투입될 수 있도록 지도한다.

4. 대체복무자들이 퇴역한 후
공익서비스 조직으로 받아들여지도록 한다(단체).

퇴역한 대체복무자들이 각자의 적합한 전문 분야와 성향의 공익 서비스 조직(단체)에 받아들여지도록 한다. 이전에 소방역에 복무했던 복무자라면 내정부 소방서의 계획에 의해 퇴역 후 각 지구 의무 소방 업무 조직에 투입되며 이를 통해 인력 자원을 충분히 활용하고 사회 서비스 기능을 넓히게 된다.

다섯째. 맺음말

정부의 대체복무 실시는 "병력 인원 보충에 영향을 주지 않는다", "병력 인원의 자질을 낮추지 않는다", "병역의 공평성을 위반하지 않는다"는 원칙하에 과잉 병력 인원과 현역 상비군 복무에는 적합하지 않으나 면제 표준에 달하지 않는 병역 대상자들을 공평하고 합리적으로 분배하고 운용하여 병역 대상 인력 자원을 그의 전문 분야에 결합시켜 대체복무 필요 기관에 배치하여 보조성 업무를 담당하게 하고 정부 공공 사무 혹은 기타 사회 서비스를 수행하게 한다. 사회 각계에서도 이에 대한 높은 기대가 있고 사실이 증명한 바에 따르면 2000년 대체복무 실시 이래로 이미 대체복무 필요 기관과 사회 대중에게 큰 호평을 받았으며 국외 평화 단체들에서도 대만을 방문하여 우리나라에서 실시하고 있는 대체복무의 개황을 살펴보고 높은 평가를 하였다. 그러므로 앞으로 국군이 실시하고 있는 정예화 군대 방안으로 인해 필요 병력 인원이 줄어듦에 따라 대체복무 층면을 넓히는 방안을 재검토하여 대체복무가 더욱더 각계의 실제 필요에 부합되고 병역 대상 인력 자원을 충분히 운용하여 진(陳) 대통령의 바람대로 '정부 공공서비스의 대군'이 되도록 한다.

병역거부권과 헌법

오동석(아주대 법학전문대학원 교수)

Ⅰ. 들어가며

2012년 4월 30일 또 한 사람의 젊은이가 감옥을 택했다. 청소년인권 활동가 공현이었다. 그의 선택은 강요된 선택이었다. 그는 단지 집총 병역을 거부했을 뿐이다. 국가는 그에게 다른 선택의 기회를 주지 않았다.

2005년 12월 국가인권위원회는 '양심적 병역거부권이 헌법과 국제 규약상 양심의 자유와 자유의 보호 범위 안에 있다'며 국방부 장관 등에게 대체복무제 도입을 권고했다. 2008년 1월 유엔인권이사회는 총회에 낸 한국인권 정례검토 보고서에서, 양심적 거부권을 법적으로 인정하고 병역거부자를 형사처벌하지 말 것이며, 그들의 공직 취임을 금지하는 규정들을 폐지할 것을 권고했다.

노무현 정부 아래에서 대체복무제는 가시권에 들어선 듯 했다. 2007년 9월에는 국방부도 '종교적 사유 등에 의한 병역거부자'의 대체복무 추진 방침을 밝혔기 때문이다. 그런데 국방부는 정권이 바뀌자 태도를 바꾸었다. 2008년 12월 24일 국방부 대변인은 "대체복무는 국민적 합의를 전제로 한다는 원칙에는 변함없지만, 종교적 신념에 따른 병역거부자의 대체복무는 시기상조이며, 현재로선 수용 불가능하다"고 말했다.[1]

---

1 『한겨레』, 2008. 12. 25.

그런데 이보다 더 큰 문제는 병역거부권을 이해하는 사법부와 입법부의 태도이다. 대법원은 2004년 7월 15일 판결에서[2] 그리고 헌법재판소는 2004년 8월 26일 결정에서[3] 각각 양심적 병역거부권을 인정하지 않았다. 헌재는 2011년 8월 30일 이러한 입장을 다시 확인하였다.[4] 헌법재판소는 헌법에 명문의 규정이 없으므로 양심적 병역거부권을 인정할 수 없다는 입장이다. 그렇다면 국회가 대체복무제를 도입하는 법률을 제정하면 될 터인데, 국회는 그 일을 하지 못하고 있다.

어느 국가기관도 제대로 헌법을 이해하고 해석하지 못함으로써 헌법적 책무를 다하고 있지 못하다. 과연 한국에 규범적 헌법이 존재하는가에 대한 의문이 드는 까닭이다.

II. 병역거부권에 대한 기본권적 접근

기본권에 대한 판례의 오류 중 가장 중요한 것은 헌법 제37조 제2항에 대한 해석과 그로부터 이끌어 내는 상대적 자유 개념이다. 국회가 법률로써 기본권을 제한할 수 있다는 국회 입법권의 수권(授權)은 헌법 제40조에 근거를 두고 있다. 국민의 권리를 제한하고 국민에게 의무를 부과하며 국가생활의 중요한 내용을 정하는 것은 국회만이 제정할 수 있는 법률의 몫이다.

그러므로 헌법 제37조 제2항은 '기본권을 제한할 수 있다'는 데 방점이 찍힌, 기본권 제한에 대한 입법권의 수권조항이 아니다. 그것은 기본권 보장의 알파로서 그 향도 역할을 하는 인간의 존엄과 가치 조항과 쌍을 이루어 기본권 보장의 오메가로서 가능한 한 기본권을 제한해서는 안 된다는 입법권에 대한 헌법제정권자의 명령을 담은 조항이

---

2 대법원 2004. 7. 15. 선고 2004도2965 전원합의체 판결.
3 헌재 2004. 8. 26. 선고 2002헌가1 결정.
4 헌재 2011. 8. 30. 선고 2008헌가22, 2009헌가7·24, 2010헌가16·37, 2008헌바103, 2009헌바3, 2011헌바16(병합) 결정.

다. 기본권을 제한하는 경우 국가안전보장, 질서유지, 공공복리를 위한 목적인지, 필요한 경우인지, 법률에 의한 것인지, 비례원칙에 의한 판단기준을 충족하는지 깊이깊이 고민하라는 입법자에 대한 명령이다.

그러나 대법원은 헌법 제37조 제2항의 의미를 뒤바꿔 버렸다.

그러나 양심형성의 자유와 양심상 결정의 자유는 <u>내심에 머무르는 한 이를 제한할 수도 그리고 제한할 필요성도 없다</u>는 점에서 절대적 자유라고 할 것이지만 이와 달리 피고인이 주장하는 소극적 부작위에 의한 양심실현의 자유는 그 양심의 실현과정에서 다른 법익과 충돌할 수 있게 되고 이때에는 필연적으로 제한이 수반될 수도 있으므로, 이러한 경우라면 소극적 부작위에 의한 양심 실현의 자유가 제한받는다고 하여 곧바로 양심의 자유의 본질적인 내용에 대한 침해가 있다고 말할 것은 아니다. 헌법상 기본권의 행사가 국가공동체 내에서 타인과의 공동생활을 가능하게 하고 다른 헌법적 가치 및 국가의 법질서를 위태롭게 하지 않는 범위 내에서 이루어져야 한다는 것은 양심의 자유를 포함한 모든 기본권 행사의 원칙적인 한계이므로, 양심 실현의 자유도 결국 그 제한을 정당화할 헌법적 법익이 존재하는 경우에는 <u>헌법 제37조 제2항에 따라 법률에 의하여 제한될 수 있는 상대적 자유</u>라고 하여야 할 것이기 때문이다(대법원 1982. 7. 13. 선고 82도1219 판결 등 참조).[5]

그런데 법원이 흔히 헌법 제37조 제2항으로부터 법률에 의하여 기본권을 제한할 수 있다는 상대적 기본권 개념을 이끌어 내는 것은 헌법적 의미가 없다. 이재승은 "어떠한 자유가 상대적 자유인가 절대적 자유인가라는 판단을 통해서 해결할 수 있는 헌법문제는 없다."고 말한다. 사실 "인간의 삶이 사회적 차원을 갖고 있는 한에서 자유는 언제나 상대적 자유이다."[6]

---

5 대법원 2004. 7. 15. 선고 2004도2965 전원합의체 판결.
6 이재승, 「불온서적 지정의 위헌성」, 『민주법학』 40, 2009. 7, 67쪽.

이러한 구분법은 오히려 헌법을 왜곡하는 착시효과를 일으킬 뿐이다. 왜냐하면 흔히 절대적 기본권이라 부르는 내심(內心)의 결정권은 국가권력의 침해불가능의 영역일 뿐이기 때문이다. 만약 인간의 내면을 들여다볼 수 있는 기술이 개발된다면, 국가는 내심의 결정권 또한 상대화할 것이기 때문이다.

그렇기 때문에 헌법 제37조 제2항은 "제한할 수 있으며"에 방점이 찍히는 것이 아니라 "국가안전보장·질서유지 또는 공공복리를 위하여" 그리고 "필요한 경우에 한하여" 그리고 "법률로써" 과잉 제한을 금지하고 비례관계에 적합한 수단으로써 최소한의 제한 방법으로 구체적 상황에서 법익이 균형을 유지하는 경우에 "만" 기본권을 제한할 수 있다는 국가권력 기속규범이다. 그래야만 "자유와 권리의 본질적인 내용을 침해할 수 없다"는 명령이 지켜질 수 있다.

물론 여기에는 기본권마다 차이가 없지 않다. 예를 들면 재산권은 그 내용과 한계를 법률로 정하며, 공공복리에 적합하게 행사해야 할 의무 조건을 지고 있다. 또한 경제적 기본권에 대하여 사상·이념·양심 및 표현의 자유와 같은 정신적 기본권은 더 강한 정도로 보장되어야 하고, 이러한 기본권을 제한하는 법률에 대하여는 엄격한 잣대로 그 위헌성을 심사하여야 한다.

한편 기본권 제한의 목적인 국가안전보장·질서유지 또는 공공복리는 단순히 명분 또는 명목이 아니라 그 진정성 여부를 판단해야 한다. 이때 분단 상황은 그 자체로서 국가안전보장과 연동되지 않으며, 별도의 판단이 필요하다. 그런 점에서 헌법재판소의 판단은 중대하고 현저한 판단착오이다.

… 국가의 존립과 모든 자유의 전제조건인 '국가안보'라는 대단히 중요한 공익으로서, 이러한 중대한 법익이 문제되는 경우에는 개인의 자유를 최대한으로 보장하기 위하여 국가안보를 저해할 수 있는 무리한 입법적 실험을 할 것을 요구할 수 없다. 한국의 안보상황, 징병의 형평성에 대한 사회적 요구, 대체복무제를 채택하는 데 수반될 수 있는 여러 가지 제약적 요소

등을 감안할 때, 대체복무제를 도입하더라도 <u>국가안보라는 중대한 헌법적 법익에 손상이 없으리라고 단정할 수 없는 것이 현재의 상황이라 할 것인바</u>, …[7]

헌법은 전시와 그에 준하는 상황을 염두에 두고 일정한 규정들을 두면서 평시와 다른 기본권 제한의 가능성을 명시적으로 허용하고 있다.[8] 그런데도 판례는 분단체제에서 북한의 존재 자체로부터 전시 상황에 준하는 정도로 강한 기본권 제한을 용납하면서 군의 특수성을 강조하고 있다. 이와 비교해 볼 것은 "전쟁이 바로 국가와 공동체에 대한 위험한 상황을 의미하는 것이라고 보지 않았"기 때문에 "법의 기준 그 자체는 평상시나 전쟁 시나 동일하다"고 보았던 홈즈 판사의 견해이다. 그는 "다만 전쟁 시에는 특유한 혼란상황이 있기 때문에, 그 결과로서 나타난 행위와 그 행위가 나타난 상황과의 관계에서 위험한 해악의 발생가능성이 높은데 지나지 않는다고 판단"[9]하였던 것이다.

헌재는 양심적 집총거부권 사건, 불온서적 사건에서는 물론 열손가락 지문 채취에 대한 사건에서도 분단국가임을 원용하고 있다.[10] 분단 상황과 국가안보의 결합은 한국의 헌법체제를 비정상적인 준전시체제 헌법으로 개악하는 결과를 낳는다.

입법부나 사법부가 헌법 제37조 제2항을 그저 수사적 표현으로 여겨 기본권을 제한할 수 있다는 수권규범으로 여긴다면, 헌법 제37조 제2항은 불법국가로 가는 대문으로 전락한다. 즉 지배자가 그것을 '법

---

7 헌재 2004. 8. 26. 선고 2002헌가1 결정, 『판례집』 16-2 상, 141[142]쪽.
8 예를 들면, 헌법 제27조 제2항 비상계엄 시 군사재판을 받는 경우, 제77조 제2항 비상계엄 시 영장제도, 언론·출판·집회·결사의 자유에 대한 특별한 조치, 비상계엄하 군사재판에서 단심의 경우 등이다.
9 김민배, 「표현의 자유와 사상의 자유시장」, 『토지공법연구』 33, 2006, 318쪽.
10 "우리나라는 분단국가로서 아직도 체제대립이 상존하고 있는 실정이므로, 그러한 사정에 있지 아니한 다른 나라들에 비하여 국가안보차원에서 국민의 정확한 신원확인의 필요성이 크다는 점도 법익의 균형성 판단과 관련하여 고려하지 않을 수 없을 것이다." 헌재 2005. 5. 26. 선고 99헌마513 결정.

률에 의하기만 한다면 무엇이라도 할 수 있다'는 의미로 이용한다면, 나치스의 법치국가에서 볼 수 있듯이 입헌국가는 곧바로 불법국가로 전화하기 때문이다.[11] 그렇게 되면 바야흐로 기본권에 대한 학살이 시작되는 것이다.

III. 헌재 2008헌가22 결정의 과잉금지원칙 비판

헌재도 헌법 제37조 제2항의 비례원칙에서 "단순히 기본권제한의 일반원칙에 그치지 않고, 모든 국가작용은 정당한 목적을 달성하기 위하여 필요한 범위 내에서만 행사되어야 한다는 국가작용의 한계를 선언"한 것임을 인정하고는 있다. 그러나 헌재는 양심의 자유와 국방의 의무 사이에서 무미건조하게 중립적이다.

> 헌법상 보장되는 양심의 자유는 우리 헌법이 실현하고자 하는 가치의 핵이라고 할 '인간의 존엄과 가치'와 직결되는 기본권인 반면, 이 사건 법률조항은 헌법상 기본의무인 국방의 의무를 형성하기 위한 법률인데, 국방의 의무는 국가의 존립과 안전을 위한 불가결한 헌법적 가치를 담고 있으므로 헌법적으로 양심의 자유와 국방의 의무 중 어느 것이 더 가치 있는 것이라 말하기는 곤란하다.

실제로 양심의 자유에 대한 침해 여부를 가려야 할 심판대상은 국방의 의무 그 자체가 아니라 형벌을 동원하여 강제적으로 부과되는 병역의무이다. 그런데도 헌재는 비례성 심사에서 병역거부자에 대한 형벌 부과를 정당한 입법목적 및 적절한 수단이라고 판단하였다. 헌재는 "병역법 규정에 따른 징병검사 결과 현역 판정을 받은 현역 입영대상

---

11 Neumann, Franz, The Democratic and the Authoritarian State, Free Press, 1957, pp. 168~169.

자에게 입영의무를 부과함으로써 국민의 의무인 국방의 의무의 이행을 관철하고 강제하고자 하는 것으로, 국민개병 제도와 징병제를 근간으로 하는 병역제도하에서 병역자원의 확보와 병역부담의 형평을 기하고 궁극적으로 국가의 안전보장이라는 헌법적 법익을 실현하고자 함에 그 입법목적이 있다."고 판단하였다.

그러나 국민개병제도와 징병제가 헌법이 명령하는 병역제도는 아니며, 그러한 제도의 채택 및 운용에는 그로 인해 침해될 수 있는 기본권을 고려해야 한다. 그런 점에서 입법목적의 정당성을 배척할 수는 없지만, 형벌에 의한 강제가 가지는 입법목적의 중요성은 국가안전보장이라는 목적만으로 정당화되기 어렵다.

헌법재판소는 양심에 대하여 "어떤 일의 옳고 그름을 판단함에 있어서 그렇게 행동하지 아니하고는 자신의 인격적인 존재가치가 허물어지고 말 것이라는 강력하고 진지한 마음의 소리로서 절박하고 구체적인 양심"이라고 정의한다.[12] 그런데 헌재는 양심과 법질서 등을 대립시킨다.

> '양심의 자유'가 보장하고자 하는 '양심'은 민주적 다수의 사고나 가치관과 일치하는 것이 아니라, 개인적 현상으로서 지극히 주관적인 것이다. 양심은 그 대상이나 내용 또는 동기에 의하여 판단될 수 없고, 양심상의 결정이 이성적·합리적인지, 타당한지 또는 법질서나 사회규범, 도덕률과 일치하는지 여부는 양심의 존재를 판단하는 기준이 될 수 없다. 일반적으로 민주적 다수는 법과 사회의 질서를 그들의 정치적 의사와 도덕적 기준에 따라 형성하기 때문에, 국가의 법질서나 사회의 도덕률과 갈등을 일으키는 양심은 현실적으로 이러한 법질서나 도덕률에서 벗어나려는 소수의 양심이다.

헌법이 양심의 자유를 보장하는 이상 민주적 다수에 의한 법질서

---

12 헌재 2002. 4. 25. 선고 98헌마425 결정 등, 『판례집』 14-1, 351[363]쪽; 2004. 8. 26. 선고 2002헌가1 결정, 『판례집』 16-2 상, 141[151]쪽.

대 소수의 양심의 대립구도는 정당하지 않다. 헌법질서는 소수의 양심을 포함하고 있기 때문이다. 오히려 문제는 다수의 이름으로 강요되는 법질서이다.

수단의 적절성은 "병역자원의 확보와 병역부담의 형평"이 구체적 입법목적이라면, 그에 대하여 대체복무제도 여하에 따라 수단의 적절성을 판단했어야 한다. 그것이 양심·종교의 자유를 확인하고 보호해야 할 국가의 헌법적 의무(헌법 제10조 제2문)를 준수하는 일이다.

헌재는 결국 대체복무제 허용 여부를 국가안보라는 중대한 공익의 달성에 아무런 지장이 없는지 여부에 대한 판단의 문제로 귀결시켰다. 결국 최소침해의 원칙은 대체복무제 없는 형사처벌적 강제입영이 과연 적절한지를 심사한 것이 아니라 병역거부권과 대체복무제를 심판대에 올려놓는 잘못을 저질렀다. 설령 그렇다고 한다면 엄격한 잣대로써 대체복무제 하나하나의 문제점에 대하여 입증을 해야 함에도 불구하고, 모호하고 의심스러운 사유로 대체복무제 그 자체에 대하여 '유죄' 판단을 내렸다.

> 남북이 대치하고 있는 우리나라의 특유한 안보상황, 대체복무제 도입 시 발생할 병력자원의 손실 문제, 병역거부가 진정한 양심에 의한 것인지 여부에 대한 심사의 곤란성, 사회적 여론이 비판적인 상태에서 대체복무제를 도입하는 경우 사회 통합을 저해하여 국가 전체의 역량에 심각한 손상을 가할 우려가 있는 점 및 종전 헌법재판소의 결정에서 제시한 선행조건들이 아직도 충족되지 않고 있는 점 등을 고려할 때 대체복무제를 허용하더라도 국가안보와 병역의무의 형평성이라는 중대한 공익의 달성에 아무런 지장이 없다는 판단을 쉽사리 내릴 수 없으므로, 양심적 병역거부자에 대하여 대체복무제를 도입하지 않은 채 형사처벌 규정만을 두고 있다고 하더라도 이 사건 법률조항이 최소침해의 원칙에 반한다고 할 수 없다.

더욱이 형사처벌을 동원하는 근거는 국가가 군복무여건을 열악하게 만든 데 있다.

우리나라의 경우 병역의무를 이행하는 자들은 대부분 20대 초반의 나이에 약 2년간의 의무복무기간 동안 학업을 중단하거나 안정적 직업 및 직업 훈련의 기회를 포기한 채, 아무런 대가 없이 병역에 복무하여야 하고, 그것도 열악한 복무여건 속에서 훈련에 수반되는 각종의 총기사고나 폭발물사고와 같은 위험에 노출되어 생활하여야 한다. 따라서 병역의무를 지게 되는 당사자들은 누구나 그러한 의무의 부담으로부터 벗어나기를 원하고, 그 부담을 회피하기 위해 병역이 면제될 수 있는 외국국적을 취득하거나 또는 각종 불법행위를 자행하기도 한다.

법익균형성 심사에서도 강제입영은 국가의 존립과 모든 자유의 전제조건인 '국가안보' 및 '병역의무의 공평한 부담'이라는 대단히 중요한 공익이라고 판단한 반면, 병역거부는 "누구에게나 부과되는 병역의무에 대한 예외를 요구하는" "공평한 부담"을 벗어나 "타인과 사회공동체 전반에 미치는 파급효과가 대단히 큰 점"(부정적인 의미에서)을 비교하였다.

IV. 병역거부권의 평화주의 헌법원리적 접근

병역의무에 대한 헌법규범구조는 평화주의 헌법원리에 터 잡고 있다. 헌법 전문(前文)에 따라 "대한국민은 … 항구적인 세계평화와 인류공영에 이바지함으로써 우리들과 우리들의 자손의 안전과 자유와 행복을 영원히 확보할 것을 다짐"하고 있기 때문이다. 그에 따라 "대한민국은 국제평화의 유지에 노력하고 침략적 전쟁을 부인한다."(헌법 제5조 제1항).

따라서 군의 헌법상 임무는 필요최소한의 범위에서 요청된다. 즉 "국군은 국가의 안전보장과 국토방위의 신성한 의무를 수행함을 사명으로"하며, "그 정치적 중립성은 준수된다"(헌법 제5조 제2항). 대통령의 군 '통수'는 법치주의에 의거하여 이루어져야 한다(헌법 제74조). 또한 군인은 현역을 면한 후가 아니면 국무총리 또는 국무위원에 임명될 수 없다고 규정(헌법 제86조, 제87조)함으로써 군에 대한 문민통제원칙을 천명하였다. 이것은 단지 국무총리 또는 국무위원의 문제가 아니라 군과 정치 및 시민사회의 관계 전반에 걸친 헌법규범으로 해석하여야 한다. 그에 따라 '군[병역의무] – 법치 – 민주주의[정치 및 시민사회] – 헌법[주권] – 인권'의 규범적 정당성의 위계구조가 성립한다.

국가에 의해 강요된 징병제에서 벗어나 시민적 기본권을 보호하는 것은 군국주의의 부활을 막는 하나의 보호책이었고 이는 자연스럽게 병역거부 인정으로 이어지게 된다.[13] 한국사회는 분단 상황 아래에서 두 번의 군사쿠데타와 군부독재 정권의 장기간의 집권을 겪었다. 한국에서 평화주의 헌법원리는 양심적 병역거부권을 요청한다. 그것은 평화주의적 국방제도를 구성하는 핵심요소로서 대체복무제도를 통하여 구현되어야 한다.

헌재와 법원은 양심·종교의 자유가 가지는 주관적 권리로서의 성격을 사익화(私益化)하여 국가안보 또는 국방의무의 공익과 대비시키며 공익 우선성을 강조한다. 그러나 기본권은 인간의 존엄과 가치로부터 유래하는 것으로서 주관적 권리이기는 하지만, 그것은 공권으로서 사적인 이익으로 치환될 수 없는 헌법적 가치이다. 병역거부권은 평화주의적 헌법원리를 실현하는 공적 가치를 지닌다. 따라서 오히려 군대 유지와 국방의무 그리고 병역의무는 모두 기본권 존중의 범위 안에서 그리고 평화주의 헌법원리의 범위 안에서 실현해야 할 헌법적 가치라는 점이 강조되어야 한다.

헌법은 국제평화주의 관점에서 국제법 존중주의를 취하고 있다(헌법 제6조 제1항). 우리나라는 1990년 4월 10일(효력발생 시기는 1990년 7월 10일) 시민적·정치적 권리에 관한 국제규약(International Covenant on Civil and Political Rights)에 가입하였다. 그런데 헌재는 "규약의 다른 어느 조문에

---

13 정용욱, 「양심에 따른 병역거부운동의 현황과 전망」, 윤수종 외, 『우리 시대의 소수자운동』, 이학사, 2005. 4, 254쪽.

서도 양심적 병역거부권(right of conscientious objection)을 기본적인 인권의 하나로 명시하고 있지 않고, 규약의 제정 과정에서 규약 제18조에 양심적 병역거부권을 포함시키자는 논의가 있었던 것은 사실이나, 제정에 관여한 국가들의 의사는 부정적이었으며, 위 국제인권기구의 해석은 각국에 권고적 효력만 있을 뿐 법적인 구속력을 갖는 것은 아니고, 양심적 병역거부권의 인정 문제와 대체복무제의 도입문제는 어디까지나 규약 가입국의 역사와 안보환경, 사회적 계층 구조, 정치적, 문화적, 종교적 또는 철학적 가치 등 국가별로 상이하고도 다양한 여러 요소에 기반한 정책적인 선택이 존중되어야 할 분야로 가입국의 입법자에게 형성권이 인정되는 분야인 점 등을 고려"하여 규약에 따라 바로 양심적 병역거부권이 인정되거나, 양심적 병역거부에 관한 법적인 구속력이 발생한다고 보기 곤란하다고 판단하였다.

국가안전보장 법익에는 온갖 헌법 조문을 끌어대더니 양심의 자유에 대하여는 국제인권규약, 평등권, 평화주의 등의 헌법상 법인은 분리되어 '각개격파'된다. 헌법 제10조 후문의 "국가는 개인이 가지는 불가침의 기본적 인권을 확인하고 이를 보장할 의무를 진다."는 규정도 최소화하고 있다. 즉 "여기에서 기본권 보호의무란 기본권적 법익을 기본권 주체인 사인에 의한 위법한 침해 또는 침해의 위험으로부터 보호하여야 하는 국가의 의무를 말하며, 주로 사인인 제3자에 의한 개인의 생명이나 신체의 훼손에서 문제되는바(헌재 2009. 2. 26. 선고 2005헌마764 결정, 『판례집』 21-1 상, 156~177쪽 참조), 이 사건은 제3자에 의한 개인의 생명이나 신체의 훼손이 문제되는 사안도 아닐 뿐만 아니라, 앞서 본 바와 같이 양심의 자유라는 기본권 침해 여부를 판단하였으므로, 기본권 보호의무 위반 여부에 대해서는 따로 판단하지 않는다." 그러나 헌법이 국가에 부과하는 기본적 인권 보장 의무는 국제인권법상의 존중·보호·실현·증진의무를 의미하는 것으로 해석해야 한다.

국가의 기본권 보장 의무는 첫째, 국가가 개인의 자유를 존중하고 그것에 간섭하지 말아야 할 의무이다. 국가가 원칙적으로 개인의 자유 영역에 간섭하지 않음으로써 기본권을 보장해야 할 소극적 의무이다.

이것은 국제인권법상 '인권존중(respect)의무' 또는 회피할 의무이다.

둘째, 국가는 제3자가 어떤 개인의 권리를 침해하지 못하도록 국가가 조치를 취할 의무를 가진다. 즉 개인의 기본권이 제3자로부터 침해당하는 것을 방지해야 할 적극적 의무이다. 이것은 국제인권법상 '인권보호(protect)의무'에 대응한다.

셋째, 국가는 기본권을 실현하기 위하여 제도적 절차를 확보하는 의무와 재화 및 용역을 제공하는 의무를 진다. 전자는 자유권, 후자는 사회권에서 전형적으로 나타나며, 이것은 국제인권법상 '인권실현(fulfill, 충족, 지원)의무'에 대응한다.

넷째, 국가는 국제인권법계와의 교류와 국민들의 인권의식 함양을 위한 홍보 및 교육 등을 장려함으로써 기본권을 확인하고 보장하기 위한 사회적 토대를 구축하기 위하여 계속적으로 노력하여야 한다. 이것은 국제인권법상 '인권증진(promote)의무'에 대응한다.

국가의 존중 및 보호 의무는 규범(rules, 규정)을 발생시킨다. 규범은 국가가 개인의 자율성을 존중해 주어야 할 절대적 의무이다. 규범은 준수하거나 위배하거나 둘 중 하나이다. 따라서 규범의 힘은 '실질적 강제력'을 특징으로 한다. 규범을 위배하면 법원의 결정에 따라 처벌을 받는다.[14]

반면 국가의 인권 실현 및 증진 의무는 '원칙(principles)'의 문제이다. 예를 들어 사회권 문제는 준수냐 위배냐 하는 식의 이분법으로 보기 어렵다. 가용 자원의 배분이 달린 문제이며 흔히 정치적 의사 결정 과정과 이해관계에 따른 협상이 개재되기 때문이다. 사회권을 이분법으로만 접근하면, 옹호자들은 사회권이 문자 그대로 100% 충족되지 않을 경우 실망하기 쉽고, 반대론자들은 사회권이 제대로 준수되기 어려운 현실을 역이용하여 바로 그 현실 때문에 사회권은 인권이 될 수 없다고 강변하곤 한다.[15]

---

14 Fredman, Sandra, 조효제 옮김, 『인권의 대전환: 인권 공화국을 위한 법과 국가의 역할』, 교양인, 2009, 32쪽.
15 Fredman, Sandra, 위의 책, 32쪽.

병역거부권의 부정은 국가의 기본권 존중 의무 위반이다. 또한 다른 한편 병역거부권이 가지는 평화주의의 헌법적 기능을 부정하는 것이다. 헌재는 집회의 자유에 대하여 "개인의 인격발현의 요소이자 민주주의를 구성하는 요소라는 이중적 헌법적 기능"을 인정하였다.

인간의 존엄성과 자유로운 인격발현을 최고의 가치로 삼는 우리 헌법질서 내에서 집회의 자유도 다른 모든 기본권과 마찬가지로 일차적으로는 개인의 자기결정과 인격발현에 기여하는 기본권이다. 뿐만 아니라, 집회를 통하여 국민들이 자신의 의견과 주장을 집단적으로 표명함으로써 여론의 형성에 영향을 미친다는 점에서, 집회의 자유는 표현의 자유와 더불어 민주적 공동체가 기능하기 위하여 불가결한 근본요소에 속한다."[16]

병역거부권에 대해서도 같은 얘기를 할 수 있다. 병역거부권은 개인의 인격발현의 요소이자 평화주의를 구성하는 요소라는 이중적 헌법적 기능을 가지고 있다. 인간의 존엄성과 자유로운 인격발현을 최고의 가치로 삼는 우리 헌법질서 내에서 병역거부권도 다른 모든 기본권과 마찬가지로 일차적으로는 개인의 자기결정과 인격발현에 기여하는 기본권이다. 뿐만 아니라, 병역거부를 통하여 양심적·종교적 등의 이유로 국민들이 자신의 평화주의적 의견과 주장을 집단적으로 표명함으로써 여론의 형성에 영향을 미친다는 점에서, 병역거부의 자유는 국제평화주의 및 침략적 전쟁 부인의 원칙과 더불어 민주적 공동체가 기능하기 위한 불가결한 근본요소에 속한다. 다만 이러한 병역거부권은 국방의 의무 중 하나인 병역의무 부과의 형평성의 관점에서 민간대체복무제를 수반하는 것이 요청된다.

---

16 헌재 2002. 10. 30. 선고 2000헌바67등(병합) 결정.

V. 국방의 의무와 병역거부권

헌재는 헌법이 제5조 제2항에서 '국가의 안전보장'과 '국토방위'를 국군의 신성한 의무라고 규정하면서 제39조 제1항에서 국가안전보장을 실현하기 위한 중요한 수단으로서 '국방의 의무'를 명문으로 인정하고 있다고 한다. 또한 헌법 제37조 제2항은 국민의 모든 자유는 국가안전보장을 위하여 제한될 수 있다는 것을 밝히면서 제76조 제1항에서 국가의 안전보장을 위하여 대통령에게 국가긴급권을 부여하고 있고, 제91조에서 대통령의 자문기관으로서 국가안전보장회의를 두도록 규정하는 등 '국가의 안전보장'을 중대한 헌법적 법익으로 규정하고 있다.

그러나 국군의 의무로서의 국가의 안전보장은 기본권 제한 사유와 연관성이 없으며, 국방의 의무는 넓은 범위의 개념이므로 기본권제한 사유로서의 국가안전보장에 대응하는 국방의 의무는 제한적으로 해석해야 한다. 기본권제한사유로서의 국가안전보장은 기본권의 중대성 및 구체적인 상황에 따라 판단되는 법익이다.

헌법은 제2장에서 '국민의 권리와 의무' 제목 아래 납세의무(제38조), 국방의무(제39조), 교육을 받게 할 의무(제31조 제2항), 근로의 의무(제32조 제2항), 환경보전의 의무(제35조 제1항 후단), 공공복리에 적합하게 재산권을 행사할 의무(제23조 제2항) 등을 규정하고 있다.[17]

헌법이 기본의무를 명시한 것은 국민이 가지는 의무적 성격을 근거 지우기보다는 오히려 국가가 국민에게 의무를 자의적으로 부과하고 그와 관련하여 국가권력을 남용하는 것을 방지하기 위함이다. 즉 국가의 의무부과권이 헌법적 한계 내에 있음을 천명한 것으로 보아야 한다. 헌법은 '자유의 기술' 및 '권력통제의 법'임을 스스로 확인하고 있

---

17 권영성, 『헌법학원론』, 법문사, 2008, 709~720쪽. 재산권 행사 관련 의무에 대해서는 재산권행사의무설이 아닌 재산권제한설이나 헌법원리설이 있기도 하다.

는 것이다.

사실 국가는 헌법의 명시적인 근거 없이도 헌법이 정한 권한의 범위 안에서 적법절차에 따라 국민에게 일정한 의무를 부과할 수 있다. 즉 국가가 국민에게 의무를 부과하는 경우 그것은 반드시 법률에 근거를 두고 있어야 하며 그 내용 또한 헌법이 보장하는 기본권을 침해하는 것이어서는 아니 된다.

따라서 기본권을 제한하기 위해서 법률유보가 필요한 것처럼 기본권을 제한하는 내용을 가진 국민의 의무 역시 법률유보가 필요하다. 헌법은 "법률이 정하는 바에 의하여"(예컨대 헌법 제38조·제39조)라고 규정하고 있다. 그중 중요한 의무를 헌법에 기본의무로서 예시한 것은 역사적으로 폐해를 야기한 전통적 의무를 헌법적 틀 안으로 편입시키고,[18] 재산·교육·환경·근로의무 등의 현대적 의무를 헌법정책적으로 강조하기 위함이다. 전통적 의무는 주로 사인과 국가의 관계를 규율하며, 현대적 의무는 사회적 의무관계를 규율한다.

국방의무의 헌법적 내용은 평화주의 헌법원리에 따라 자위적 관점의 국방의무이다. 그것은 한편으로는 국가작용에 대한 헌법적 한계이면서, 다른 한편으로는 국민의 기본권 내용을 구성한다. 자위적 관점에서의 국방의무는 직접적 군사력의 구성요소만을 의미하지 않으며, 평화주의적 헌법가치의 실현과 양립할 것을 요청한다. 그런 점에서 헌법재판소가 헌법에 명문의 규정이 없다는 이유로 양심적 병역거부권을 인정하지 않은 것은 재판관들의 헌법규범의식의 현주소를 보여준다.

헌법재판소는 "국방의 의무라 함은 북한을 포함한 외부의 적대세력의 직접적 간접적인 침략행위로부터 국가의 독립을 유지하고 영토를 보전하기 위한 의무로서 현대전이 고도의 과학기술과 정보를 요구하고 국민전체의 협력을 필요로 하는 이른바 총력전인 점에 비추어 단지 병역법 등에 의하여 군복무에 임하는 등의 직접적인 병력형성의무만

---

18 영국에서 볼 수 있듯이 근대국가에서 국민의무가 입법사항이 된 유래는 국왕의 자의적인 조세징수나 강제적인 징병을 통제하기 위해 의회 승인에 의한 과세·징병 원칙을 확립한 데서 찾을 수 있다(권영성, 『헌법학원론』, 법문사, 2005, 698쪽).

을 가리키는 것으로 좁게 볼 것이 아니라, 향토예비군설치법, 민방위기본법, 비상대비자원관리법, 병역법 등에 의한 간접적인 병력형성의무 및 병력형성이후 군작전 명령에 복종하고 협력하여야 할 의무도 포함하는 넓은 의미의 것으로 보아야 할 것"이라고 판시하였다.[19]

헌법재판소는 국방의 의무를 설시하면서 몇 가지 문제점을 드러냈다. 첫째, 국방의무를 좁은 의미에서 직접적인 병력형성의무로 이해한 것은 수긍할 수 있으나, 넓은 의미의 그것을 "간접적인 병력형성의무"로 규정한 것은 문제가 있다. 그것은 병력형성의 의무가 아니라 국방협력의무로 제한되어야 한다.

둘째, 헌법재판소의 관점은 국방의 의무를 이해함에 있어 현행 법제를 전제로 하여 헌법상 국방의 의무로 바꿔 말한 것에 불과하다. 이런 경우 헌법은 법률의 알리바이 구실을 할 뿐이다. 헌법이 제자리를 찾으려면 전투경찰 및 의무경찰제도, 향토예비군제도, 민방위제도 등의 설립과 그 운용이 헌법적 한계를 준수하고 있는지 또한 별도로 구체적으로 판단되어야 한다.

셋째, 국방의 의무에 직접적으로 북한의 존재를 포함시킬 수 있는지는 의문이다. 평화주의 헌법원리 아래에서 침략적 전쟁을 부인하는 헌법규범에서 '외부의 적대세력'은 특정되어 고정될 수 없다. 더욱이 헌법 제4조는 남북관계에서 평화적 통일정책 수립의무를 부과하고 있기 때문에 대법원과 헌재의 북한관은 헌법과도 맞지 않는다.

VI. 양심 · 사상의 자유와 종교의 자유

헌법재판소는 헌법 제20조 제1항이 양심의 자유와 별개로 종교의 자유를 따로 보장하고 있고, 당해 사건 피고인들은 모두 '여호와의 증인' 신도들로서 자신들의 종교적 신앙에 따라 현역복무라는 병역의무

---

19 헌재 1995. 12. 28. 선고 91헌마80 결정.

를 거부하고 있으므로, 이 사건 법률조항에 의하여 이들의 종교의 자유도 함께 제한된다고 본다. 그러나 종교적 신앙에 의한 행위라도 개인의 주관적·윤리적 판단을 동반하는 것인 한 양심의 자유에 포함시켜 고찰할 수 있으므로, 양심의 자유를 중심으로 기본권 침해 여부를 판단하면 족하다고 판단하였다. 〈표 1〉은 사상·양심의 자유와 종교의 자유의 내용을 비교한 것이다.[20]

그런데 학설은 사상과 양심의 자유에 대하여 종교의 자유와 비교할 때 과도하게 내심작용의 절대적 기본권으로서의 성질을 강조하고 있다. 종교의 자유와 관련하여 "종교의 본질적 부분은 신앙이지만, 신앙

〈표 1〉 기존 학설의 사상·양심의 자유와 종교의 자유의 내용 비교[21]

	양심[사상]의 자유	종교의 자유
내심의 자유	- 양심결정(양심형성)의 자유	- 신앙의 자유
내심 유지의 자유	- 양심적 침묵의 자유 1) 양심추지의 금지 2) 정부에 대한 충성선서 3) 반양심적 행위의 강제금지: 사죄광고	- 종교적 침묵의 자유 1) 신앙추지의 금지 2) 정부에 대한 충성선서 3) 반종교적 행위의 강제금지: 사죄광고
내심 실현의 자유	(언론·출판·집회·결사)	1) 종교적 행사의 자유 2) 종교적 집회·결사의 자유 3) 선교와 종교교육의 자유 4) <u>종교이념 지향의 정당활동</u>
보호범위 밖	- 양심[사상]의 결정을 [<u>평화적으로</u>] 표명하거나 실현할 자유(예컨대 양심적 집총거부, 준법서약 거부, 특<u>정 사상정당의 결성·유지·활동·참가</u>) - 사상의 폭력적 실현의 자유	- 종교적 집총거부, 준법서약 거부 - 종교조직에 의한 정치활동[<u>정교분리</u>] - <u>종교의 폭력적 실현의 자유</u>

---

20 밑줄 친 부분은 그 맥락상 인정될 수 있다고 생각하여 필자가 보충한 것이다.
21 오동석, 「사상·양심의 자유와 국가 안보」, 『헌법학연구』 제15권 제13호, 한국헌법학회, 2009, 18쪽; 권영성, 『헌법학원론』, 법문사, 2009, 479~484쪽, 486~8쪽; 김철수, 『헌법학개론』, 박영사, 2007, 792~8쪽, 802~4쪽; 허영, 『헌법이론과 헌법』, 박영사, 2007, 577~582쪽, 592~595쪽; 성낙인, 『헌법학』, 법문사, 2008, 476~480쪽, 484쪽; 정종섭, 『헌법학원론』, 박영사, 2009, 539~542쪽, 552~557쪽 등에 근거하여 작성한 것임.

은 단지 내심의 작용으로 머무는 것이 아니고 외부적 행위로 표현되기 마련이다. 외부적 표현행위의 자유까지 보장될 때에 비로소 종교의 자유는 완전한 것이 될 수 있다."[22] 다만 종교적 자유도 병역거부권에 있어서는 국가안보론에 밀려 양심의 자유처럼 주관화·내면화하고 있다. 양심의 자유 역시 "양심형성과정·양심유지과정·양심실현과정"[23]의 삼위일체적 과정으로 이루어짐을 확인해야 하며, 종교·사상·양심 등에 의한 병역거부권을 보장하기 위해서 대체복무제를 통하여 종교·사상·양심 등이 유지될 수 있도록 보호해야 할 것이다.

VII. 나오며

병역거부권은 종교의 자유 또는 양심의 자유를 실현하는 내용으로서의 기본권을 구성한다. 현행 법제는 이러한 기본권을 부인하고 있으며, 법원과 헌법재판소는 이에 대하여 나 몰라라 하고 있다. 사정이 이러함에도 국회는 기본권 실현을 위한 입법 개선의 의지를 보이고 있지 않다. 헌법이 보장하는 기본권은 국가권력의 손아귀에 놓여 있다. 헌법은 국가권력의 통제규범으로서의 구실을 하고 있지 못하고 있다.

대법원과 헌법재판소의 태도는 기본권 보장 법리에 대한 오해에 그치지 않고 결과적으로 병역거부권의 문제를 단순히 군대 가기 싫은 일부 사람들의 주장으로 폄하하고 있다. 추상적인 국가안보와 국방의무 개념 그리고 분단 상황에 대한 과잉의 가치부여를 통하여 헌법에 병역거부권에 대한 명문의 규정이 없다는 군색한 근거를 대고 있기 때문이다. 더욱이 병역거부에 대하여 형벌을 과하는 과잉조치에 대하여도 애써 무시한다.

그러나 병역거부권 인정의 문제는 평화주의 헌법원리 측면에서도

---

22 권영성, 『헌법학원론』, 법문사, 2009, 487쪽.
23 홍윤기, 「양심과 사상의 자유와 국가보안법」, 『민주법학』 26, 민주주의법학연구회, 2004, 52쪽.

중요하다. 침략적 전쟁 부인이 헌법제정자의 정치현실적인 판단이었다면, 헌법규범적인 판단에서는 병역거부권을 보장하는 제도 또는 최소한 그것을 침해하지 않기 위한 대체복무제도가 평화주의 헌법원리를 실현하는 객관적 제도로서의 의미를 가지고 있기 때문이다. 분단 상황에서의 국가안보 과잉의 시대일수록 병역거부권의 보장과 대체복무제 도입은 오히려 권력안보가 아닌 인민안보로서의 진정한 국가안보를 위해서도 시급한 과제이다. 다만 '소통'과 '국격'과 '선진화'의 남발이 결국 불통과 천박함과 후진성을 반증하듯이 '국가안보'가 권력안보로 희화화되어 인민안보에 위협이 되지 않을까 우려한다.

참고문헌

권영성, 『헌법학원론』, 법문사, 2005; 2008; 2009.

김민배, 「표현의 자유와 사상의 자유시장」, 『토지공법연구』 33, 2006.

김철수, 『헌법학개론』, 박영사, 2007.

성낙인, 『헌법학』, 법문사, 2008.

오동석, 「사상·양심의 자유와 국가안보: '불온할 수 있는 자유'를 옹호
　　함」, 『헌법학연구』 제15권 제3호, 한국헌법학회, 2009.

＿＿＿, 「헌법으로 본 군 인권현실」, 군인권센터 외 3개 단체 주최, 올
　　바른 군인권법 제정을 위한 토론회, 국회의원회관, 2012. 1. 16.

이재승, 「불온서적 지정의 위헌성」, 『민주법학』 40, 2009.

정용욱, 「양심에 따른 병역거부운동의 현황과 전망」, 윤수종 외, 『우리
　　시대의 소수자운동』, 이학사, 2005.

정종섭, 『헌법학원론』, 박영사, 2009.

허영, 『헌법이론과 헌법』, 박영사, 2007.

홍윤기, 「양심과 사상의 자유와 국가보안법」, 『민주법학』 26, 민주주의
　　법학연구회, 2004.

Neumann, Franz, The Democratic and the Authoritarian State, Free
　　Press, 1957.

양심적 부작위권의 제한의 한계
: 그 온전한 보장을 향한 탐색

오승철(변호사)

Ⅰ. 머리말

내가 자주 그리고 계속해서 생각하면 할수록 나의 마음을 더욱 새롭고 더욱 커다란 놀라움과 경외감으로 가득 채우는 것이 두 가지 있다. '내 머리 위의 별이 총총한 하늘'과 '내 안의 도덕법칙'이 그것이다.

– 칸트, 『실천이성비판』

자기 자신에 대한 의무가 가장 낮은 단계의 의무라는 주장은 완전히 틀린 주장이다. 이것은 오히려 가장 높은 위치에 있는 매우 중요한 의무이다.

– 칸트, 『도덕철학 강의』

철학자의 말로 법적 추론의 서두를 여는 것이 적절하지 않다면 나는 위 말들을 뺄 수 있다. 하지만, 만일 국가가 위 말들 대신 나의 양심에 반하는 내용의 다른 문구를 쓰라고 요구한다면 설령 그 문구가 "공익"을 위해 꼭 필요하고 또 형벌로써 그것을 강제한다 하더라도 나는 그 요구를 따르지 않을 것이다.

근래 양심적 병역거부 문제로 인해 양심적 부작위권이 부쩍 주목을 받게 되었다. 하지만 다른 모습의 양심적 부작위에 대한 처벌(예를 들어 국가보안법상 불고지죄)도 많은 사람들의 인권을 침해해 오고 있다. 양심적 병역거부 문제가 해결되면 다른 양심적 부작위 문제도 모두 해결될 거라고 보는 것은 성급한 생각이다. 양심적 병역거부의 핵심 논점은 대체복무 인정 여부인데, 다른 양심적 부작위에 관하여는 대체적 의무를 거의 생각하기 어렵기 때문이다(불고지죄를 생각해 보라).

아직 양심적 병역거부 문제도 해결되지 않은 마당에 양심적 부작위를 더욱 폭넓게 허용하자고 주장하면, 사회 일각의 우려를 증폭시켜 상황을 더 악화시킬 수도 있음을 모르는 바 아니다. 하지만, 그런 부작용을 우려해 계속 침묵하고 있기에는 이 문제가 가지는 독자적인 무게가 너무 무겁다고 생각한다. 또한 이 글의 많은 부분은 양심적 병역거부의 보충적 논변으로서도 가치가 있다고 믿는다.

이 글에서 나는 양심적 부작위권이 특별히 강력하게, 거의 절대적으로, 보장되어야 한다고 주장한다. 그 근거로 양심적 부작위가 '양심의 자유' 및 '인간의 존엄과 가치'의 본질적 내용과 필연적으로 그리고 절박하게 연결되어 있다는 점과, 양심적 부작위권이 정신적 자위권의 하나로 인정되어야 한다는 점을 논증한다. 또한 양심적 부작위권의 제한에 대한 구체적인 위헌심사기준을 제시하고, 헌법재판소가 합헌결정을 했을 경우 법원이 양심적 부작위에 대해 무죄판결을 선고할 수 있는 근거를 제시해 본다. 그리고 양심적 부작위권에 대하여 제기되는 주요 반론들에 대해 반박한다.

II. 좁은 의미의 양심적 부작위

'양심적 부작위권'이란 양심에 반하는 적극적 행위를 강제당하지 않을 자유를 말한다. '부작위에 의한 양심실현의 자유' 또는 '소극적 양심실현의 자유'라고도 한다. 다만 이 글에서 말하는 "양심적 부작위"는 일반적으로 거론되는 '양심적 부작위' 또는 '양심적 거부'의 일부만을 포함한다. 이것을 '좁은 의미의 양심적 부작위'라 부르기로 한다. 여기에 해당되기 위해서는 아래 요건들을 모두 갖추어야 한다.

1. 부작위의 대상이 '하는 급부'일 것

좁은 의미의 양심적 부작위의 대상은 '하는 급부'에 한한다.[1] '주는 급부', 즉 물건의 인도에서는 물건이 인도된 '결과'가 중요하지 채무자 자신의 '인도행위 자체'는 그다지 중요하지 않은 것이 일반적이다.[2] 그 래서 물건의 인도를 목적으로 하는 작위의무가 양심과 관계되는 것은 '이행행위 자체'가 아니라 '그 이행행위가 가져올 것으로 예상하는 결과'인 경우가 대부분이다.

예를 들어, 납세거부는 그 납세행위 자체가 양심에 반하기 때문이 아니고, 세금을 가지고 정부가 하는 일(예컨대 특정 정책이나 사업, 외국에 대한 침략행위 등)에 반대하거나 또는 정부에 대한 일반적 저항의 한 방법으로 하는 경우가 대부분이다. 이 중 전자(특정 정책의 반대 등)의 경우는 양심과의 관련성이 '하는 급부'만큼 직접적이지 않으며, 후자의 경우는 이미 '부작위'의 범위를 넘어선 경우가 대부분이다.

요컨대, '주는 급부'의 이행은 '하는 급부'의 이행만큼 양심의 결정과 절박하게 연결되어 있다고 보기 어렵다. 따라서 '주는 급부'의 불이행은 '하는 급부'의 불이행과 같은 정도로 보장될 수 없다고 보는 것이 합리적이다.

2. 자발적으로 형성한 법률관계에서 나오는 작위의무가 아닐 것

작위의무가 그 사람이 자발적으로 형성한 법률관계에서 나오는 직무상 또는 계약상 의무인 경우에는 좁은 의미의 양심적 부작위의 대상

---

1 급부(給付, Leistung)는 작위급부와 부작위급부로 나누어지고, 작위급부는 다시 그 내용에 따라 '주는 급부'와 '하는 급부'로 나누어진다. '주는 급부'는 작위의 내용이 물건의 인도인 작위의무를 말하고, 그 외의 작위를 내용으로 하는 것을 '하는 급부'라고 한다. '하는 급부'를 '좁은 의미의 작위급부'라고 한다(곽윤직, 『채권총론』, 박영사, 1993, 44쪽).

2 곽윤직, 위의 책, 44쪽.

이 되지 않는다.

　개인이 어떤 법률관계를 형성하는 행위는 앞으로 그 법률관계로부터 발생하는 의무에 자신을 구속시키겠다는 의사표시를 포함한다. 또 그런 법률관계는 본인의 자유로운 선택에 의해 다른 헌법상의 권리(예를 들어 공무담임권, 계약의 자유, 직업선택의 자유 등)를 행사한 결과로 형성되는 경우가 대부분이다. 그러므로 그 법률관계로부터 정당하게 요구되는 직무상/계약상 의무는 원칙적으로 그 사람의 양심의 자유에 우선한다고 보는 것이 타당하다(여기서 직무상/계약상 의무는 그 법률관계로부터 정당하게 요구되는 것임을 전제로 한다. 정당하지 않은 명령이나 요구에 불응하는 것은 전혀 별개 문제이다).

　따라서 국회의원 또는 법관이 직무와 관련해 직업적 양심과 개인적 양심이 충돌하는 경우 그는 직업적 양심을 따라야 한다(헌법 제46조 제2항, 제103조).[3] 마찬가지로, 공무원이 직무상 작위의무의 이행을 거부하는 것(직무유기, 형법 제122조), 직업 부사관(副士官)이 집총을 거부하는 것 등은 '좁은 의미의 양심적 부작위'에 해당하지 않는다. 전쟁 또는 사변에 있어서 정부에 대한 군수품 또는 군용공작물에 관한 계약을 이행하지 않는 것(전시군수계약불이행, 형법 제103조 제1항), 전쟁·천재 기타 사변에 있어서 국가 또는 공공단체와 체결한 식량 기타 생활필수품의 공급계약을 이행하지 않는 것(전시공수계약불이행, 형법 제117조 제1항) 등도 이와 같다.

　한편, 그 법률관계로부터 나오는 직무상/계약상 의무가 자신의 양심에 반하는 경우 그는 그 법률관계를 종료시킴으로써 자신의 양심을 지킬 수 있다. 그 법률관계를 유지시켜 그로부터 나오는 이익은 계속 누리면서, 그 반대급부로 요구되는 의무가 양심에 반한다는 이유로 그

---

3 '직업적 양심이 개인적 양심에 우선한다'는 말은 '객관적 양심이 주관적 양심에 우선한다'는 말과 같지 않다. 법관의 직업적 양심이 무엇인지를 두고 우리 헌법학계에서 '객관적 양심설'과 '주관적 양심설'이 대립한다. 객관적 양심설에 따르면 양자가 같은 말이 되지만, 주관적 양심설을 따르면 그렇지 않다. 이에 관한 자세한 내용은 오승철, 『헌법이야기』, 태윤당, 2011, 787~789쪽을 참고하시기 바란다.

이행을 거부하는 것은 모순이다. 그런 자기모순적 양심에 대해서까지 법이 '특별한 보호'를 해야 할 이유는 없다. 다만 그 법률관계를 종료시키는 데 필요한 최소한의 기간 동안은(예컨대 공무원의 사직서 수리 기간, 계약 해지기간) 예외로 볼 여지가 있을 것이다.

3. 국가와 사인 간의 관계일 것

헌법상의 권리는 기본적으로 모두 대국가적 공권이므로 이 요건은 당연한 것일 수 있다. 하지만 양심의 자유가 사인(私人) 간에 간접적 효력을 가지는 경우가 있을 수 있는바, 그런 경우에도 개인 간에 행하여지는 양심적 부작위는 국가에 대한 것과 똑같은 정도로 보장받기 어렵다는 점에서 이것을 하나의 요건으로 포함시킬 필요가 있다.

사인 간의 법률관계에서 양심적 부작위가 문제되는 것은 계약관계 또는 불법행위로 인한 경우가 대부분이다. 피고용자가 양심상의 이유로 고용주의 직무상 지시를 이행하지 않는 것은 전자의 예이고, 타인의 명예를 훼손한 자에 대하여 법원이 '명예회복에 적당한 처분'(민법 제764조)을 명하는 것은 후자의 예이다. 계약은 자신이 자유롭게 형성한 법률관계이므로 위 Ⅱ-2에서 본 내용이 그대로 적용될 수 있다. 한편 불법행위는 자신이 고의 또는 과실로 자초한 위법행위이며, '명예회복에 적당한 처분'은 그런 불법행위로 야기된 피해(명예훼손)를 회복시키기 위해 부과되는 의무이다. 여기에는 위법행위에 대한 제재적·징벌적 측면도 없지 않다. 그러므로 불법행위로 인해 부과되는 작위의무의 경우는 그것을 정당화할 만한 사유가 더 많이 존재한다. 또한 사인 간에는 권리의 충돌 문제도 존재한다(사죄광고 제도에 대한 위헌결정에 관하여는 뒤에서 자세히 본다).

4. 현행법상 좁은 의미의 양심적 부작위에 대한 처벌례

현행법상 좁은 의미의 양심적 부작위에 해당하는 것으로 전투경찰순경의 시위진압명령 불복종(전투경찰대설치법 제10조 제1항), 보안관찰처분을 받은 사람의 교우관계 등 미신고(보안관찰법 제6조), 양심적 병역거부(병역법 제88조), 양심적 집총거부 기타 항명(군형법 제44조), 국가보안법 위반 혐의자 불고지(不告知, 국가보안법 제10조) 등을 들 수 있다. 그 밖에 다음과 같은 것들이 문제될 수 있다.

1) 재판절차, 국회 등에서 선서·증언의 거부가 문제된다. 양심상의 이유로 선서를 거부하는 것은 여기에 해당될 수 있다. 그러나 증언은 단순히 사실관계에 대한 증인의 기억을 진술하는 것이므로 여기에 해당되기 어렵다(가치관련성 결여).[4] 하지만 기자가 취재원을 보호하기 위해 증언을 거부하는 경우와 같이 양심적 판단에 의해 증언을 거부하는 경우에는 좁은 의미의 양심적 부작위에 해당될 수 있다.[5]

2) 국회의 인사청문회에서 공직후보자가 양심상의 이유로 진술을 거부하는 것도 여기에 해당할 수 있다. 다만 공직후보자가 '자기에게 불리한 진술'을 거부할 수 있는 것은 진술거부권(헌법 제12조 제2항 후단)의 문제이며, 이는 양심적 부작위와는 다른 문제이다. 한편, 공직후보자에게 양심과 관련된 민감한 법적 문제들, 예컨대 사형제도·낙태·안락사 등에 대한 입장을 표명할 것을 요구받고 답변을 거부하는 것은 양심적 부작위보다는 '침묵의 자유' 문제로 보아야 한다.

3) 국기에 대한 경례의 거부, 국가와 법질서에 대한 충성선서의 거부 등도 공직취임 때 하는 것이 아니면 좁은 의미의 양심적 부작위가 될 수 있다(공직취임 시는 앞서 본 Ⅱ-2의 요건을 충족할 수 없음).

4) 부작위에 의한 범인은닉행위가 문제될 수 있다. 그러나 대법원 판례는 소극적 행위에 의한 범인은닉죄의 성립을 부정하므로,

---

4 양심의 개념에 관한 자세한 내용은 Ⅲ-1-1) 참고.
5 같은 취지: 양건, 『헌법강의』Ⅰ, 법문사, 2007, 404쪽. 그러나 다수설은 기자의 취재원묵비권을 인정하지 않는다.

실제로 부작위에 의한 범인은닉행위는 특별히 문제가 되지 않는다. 예를 들어, 피의자가 조사를 받는 과정에서 공범자의 이름을 묵비한 경우 또는 참고인이 범인에 관하여 알고 있는 사실을 묵비한 경우에는 범인은닉죄의 구성요건 자체에 해당하지 않는다.[6] 한편 범죄로 수배 중인 자임을 알고도 그자를 자신의 집에 투숙시켜 체포를 면하게 한 경우에 범인은닉죄의 성립을 인정한 판례가 있으나,[7] 그런 행위는 이미 '부작위'의 범위를 넘어섰으므로 양심적 부작위가 될 수 없다(다만, 이 판례에서 범죄로 수배 중인 사실을 알고 투숙시킨 행위가 곧바로 범인은닉죄를 구성한다고 본 것은 문제가 있다).

Ⅲ. 양심적 부작위권이 특별히 강력하게 보장되어야 하는 이유

양심형성의 자유는 어떤 경우에도 제한할 수 없는 절대적 자유이지만 양심실현의 자유는 헌법 제37조 제2항에 의하여 제한될 수 있다고 보는 것이 통설·판례이다. 또 그 제한의 한계와 관련해서는, '작위에 의한 양심실현의 자유'와 '부작위에 의한 양심실현의 자유'를 특별히 달리 취급하지 않는 것이 일반적이다.[8] 그러나 이는 타당하지 않다. 양심적 부작위권, 곧 부작위에 양심실현의 자유는 특별히 강력한, 거의 절대적인, 보장을 받아야 한다. 그 이유를 헌법 제37조 제2항 후단의 본질적 내용 침해 금지 조항과 자연권의 하나로서 인정되는 자위권에 근거해 제시해 본다.

---

6 대법원 1984. 4. 10. 선고 83도3288 판결; 1997. 9. 9. 선고 97도1596 판결.

7 대법원 1983. 8. 23. 선고 83도1486 판결.

8 이상 계희열, 『헌법학』(중), 박영사, 2005, 337쪽; 성낙인, 앞의 책, 479[481]쪽; 양건, 앞의 책, 390쪽; 정종섭, 앞의 책, 471쪽; 허영, 앞의 책, 396쪽; 대법원 2004. 7. 15. 선고 2004도2965 전원합의체 판결; 헌재 2004. 8. 26. 선고 2002헌가1 결정.

1. 양심의 자유의 본질적 내용

헌법상 권리의 본질적 내용 침해 금지를 규정한 헌법 제37조 제2항 후단이 무엇을 의미하는지를 두고 절대설(헌법상의 권리에는 그 본질을 이루는 불변의 핵심영역이 있으며 그것이 본질적 내용이라고 보는 견해)과 상대설(비례원칙을 위반한 제한이 곧 본질적 내용을 침해한 것이라고 보는 견해)이 갈린다. 그러나 이런 학설의 대립과는 무관하게, 양심의 자유의 본질적 내용이 무엇인지를 생각해 보는 것은 양심적 부작위권에 대한 제한의 한계를 논하기 위한 전제로서 의미 있는 일이라 생각한다.

1) 양심의 개념에 근거한 논변

권리의 본질적 내용이란 그 침해로 말미암아 그것이 유명무실한 것이 되어 버릴 만큼 중요한 내용을 말한다.[9] 그러므로 양심의 자유의 본질적 내용이 무엇인지를 논하기 위해서는 먼저 "양심"의 개념에 대해 생각해 보아야 한다.

헌법 제19조에 의하여 보장되는 "양심"이 윤리적·도덕적 가치판단만을 의미하는지(협의설), 그 밖의 사상·의견도 포함하는지(광의설)를 두고 학설이 갈린다.[10] 협의설에 의하면 윤리적·도덕적 가치판단만이 양심의 자유의 보호영역에 속하는 것으로 보나, 광의설에 따르면 그 밖의 일반적인 사상·의견의 자유도 양심의 자유의 보호영역에 속한다(협의설에 의하면 일반적인 사상·의견의 자유는 헌법 제37조 제1항 소정의 '헌법에 열거되지 아니한 자유'에 해당하는 것으로 본다).

그러나 어느 설을 취하든, 양심의 자유로 보장되는 양심은 인간의 행위의 옳고 그름에 관한 가치판단을 어느 정도는 포함하고 있어야 한다

---

9 권영성, 앞의 책, 354쪽.
10 협의설: 정종섭, 『헌법학원론』, 박영사, 2008, 464[467]쪽; 허영, 『한국헌법론』, 박영사, 2008, 391쪽; 광의설 권영성, 『헌법학원론』, 법문사, 2008, 477쪽; 김철수, 『헌법학개론』, 박영사, 2008, 791쪽; 성낙인, 『헌법학』, 법문사, 2008, 474쪽; 양건, 앞의 책, 402쪽.

고 보는 것이 일반적이다. 판례도 같은 입장이다.[11] 따라서 가치판단과 전혀 무관한 단순한 사실관계의 확인은 양심의 자유의 보호영역에 속하지 않는다. 이는 "양심"의 사전적 정의를 통해서도 알 수 있다. 『표준국어대사전』은 "양심"을 "사물의 가치를 변별하고 자기의 행위에 대하여 옳고 그름의 판단을 내리는 도덕적 의식"이라고 정의한다.[12]

요컨대 양심이 인간의 행위규범 내지 실천규범이라는 것은 양심의 개념으로부터 도출되는 결론이다. 그러므로 '양심형성의 자유'만이 아니라 '양심실현의 자유' 영역에서도 양심의 자유의 본질적 내용에 해당하는, 따라서 법률로써도 제한할 수 없는 부분이 있다고 보는 것이 합리적이다. 이런 점에서, 그 동안 헌법학계에서 양심의 자유의 본질적 내용을 양심형성의 측면에서만 찾아온 것은 재검토를 요한다.

더욱이 최근 들어 헌법재판소는 양심의 개념에 관하여 다음과 같은 내용을 부쩍 강조하고 있다: "헌법이 보호하려는 양심은 어떤 일의 옳고 그름을 판단함에 있어서 그렇게 행동하지 아니하고는 자신의 인격적인 존재가치가 허물어지고 말 것이라는 강력하고 진지한 마음의 소리로서 절박하고 구체적인 양심을 말한다. 즉, '양심상의 결정'이란 선과 악의 기준에 따른 모든 진지한 윤리적 결정으로서 구체적인 상황에서 개인이 이러한 결정을 자신을 구속하고 무조건적으로 따라야 하는 것으로 받아들이기 때문에 양심상의 심각한 갈등이 없이는 그에 반하여 행동할 수 없는 것을 말한다."[13]

이 판례가 정의하는 양심은 '구체적 행동과 필연적으로 그리고 절박하게 연결되어 있는' 내면의 소리이다. 이런 정의에 따른다면, 양심형

---

11 "단순한 사실관계의 확인과 같이 가치적·윤리적 판단이 개입될 여지가 없는 경우는 물론, 법률해석에 관하여 여러 견해가 갈리는 경우처럼 다소의 가치관련성을 가진다고 하더라도 개인의 인격형성과는 관계가 없는 사사로운 사유나 의견 등은 그 보호대상이 아니라고 할 것이다."(헌재 2002. 1. 31. 선고 2001헌바43 결정, 『판례집』 14-1, 49[56]쪽).

12 국립국어원, 『표준국어대사전』, <http://stdweb2.korean.go.kr/search/List_dic.jsp> 최종검색일: 2012. 9. 3.

13 각주 54, 55 참조.

성의 자유뿐 아니라 양심실현의 자유 중에도 일정 범위 안에서 양심의 자유의 본질적 내용에 해당하는 부분이 있다고 보는 것이 논리적이다.[14]

2) 철학적 성찰

여기서 잠시 철학으로 눈을 돌려 보자. 양심은 고대 이래 많은 철학자들의 연구 주제였다. 그런 만큼 양심의 본질에 관한 철학적 성찰들에 주목하는 것은 양심의 자유를 바로 이해하기 위하여 매우 의미 있고 필요한 일이라고 본다.

먼저 근대적 의미의 양심 개념을 확립한 철학자라고 평가되는 칸트가[15] 양심의 본질을 어떻게 이해하였는지를 보자. 그에 의하면, 양심은 사람이 '자의적'(自意的, willkürlich)으로 형성하는 것이 아니고[16] 처음부터 각자의 마음속에 내재되어 있는 것이다.[17] 그래서 '비양심적'이라는 것은 양심이 결여되어 있다는 것이 아니라, 양심의 판단에 전혀 신경을 쓰지 않는 경향이 있음을 뜻한다.[18] 마찬가지로 어떤 사람이 '양심이 없다'고 말할 때에도, 그것은 그 사람이 정말로 '양심을 가지고 있지 않다'는 뜻이 아니라 '양심의 결정에 신경을 쓰지 않는다'는 것을 의미한다.[19]

동양의 경우는 어떤가? 동양에서 양심에 관하여 가장 깊은 성찰을 남긴 이는 맹자라고 할 수 있다. 그런데 맹자의 양심관도 칸트와 크게 다르지 않다. 맹자에게 양심은 곧 사단(四端)과 인의예지(仁義禮智)를 의

---

14 허영 교수는 "양심실현의 자유를 빼버린 양심의 자유는 그다지 큰 의미가 없다"고 하는 등 양심의 자유에서 양심실현의 자유의 중요성을 강조한다(허영, 앞의 책, 396쪽). 하지만 그는 양심적 집총거부권을 인정하지 않는다(같은 책, 398쪽).

15 이인숙, 「칸트에 있어서 '양심'의 의미 '양심의 자유'와 관련하여」, 『철학연구』 28, 고려대학교 철학연구소, 2004, 17쪽.

16 Immanuel Kant, Trans. and Ed. Mary Gregor, The Metaphysics of Morals, Cambridge University Press, 1996, p. 160; 이인숙, 앞의 글, 19쪽.

17 Immanuel Kant, 앞의 책, p. 160.

18 위의 책, p. 161.

19 위와 같음.

미한다고 볼 수 있는데,[20] 그는 이것이 "밖으로부터 나를 녹이는 것이 아니고, 내가 본디부터 가지고 있는 것인데 단지 생각을 못하고 있을 뿐"이라고 말했다.[21] 그래서 사람이면 누구나 사단을 가지고 있다고 했다.[22] 그리하여 사람은 누구나 선한 양심을 가지고 있으며, 사람이 선과 악으로 갈리는 것은 각자의 양심을 '밖으로 어떻게 드러내는가'에 달려있다고 보았다.[23]

요약하건대, 동양과 서양에서 양심에 관하여 각각 깊은 철학적 성찰을 남긴 맹자와 칸트에 의하면, 양심은 인간이 자신의 의지에 의하여 형성하는 것이 아니고 처음부터 각자의 마음속에 내재되어 있는 것이다. 또한 인간의 선악은 양심의 내용 또는 양심의 결정 여하에 달려있는 것이 아니라, 그 사람이 '양심의 결정에 귀를 기울이고 실제로 양심의 명령에 따라 행동하는지' 여부에 달려 있다. 이러한 견해에 따른다면, 양심의 자유의 본질적 내용은 '양심의 형성 또는 결정'의 측면보다는 오히려 '그 실현'의 측면에서 찾아야 한다.

3) 양심적 부작위는 양심실현의 가장 작은 방법

양심의 실현은 소극적인 방법으로 시작하는 것이 일반적이다. 즉 양심에 반하는 말이나 행동을 하지 않는 것이 양심실현의 첫 단계이다. 따라서 양심의 '적극적 실현을 방해하는 것'과 '소극적 실현을 방해하는 것'은 양심에 갈등을 일으키는 정도가 같지 않다(소극적 실현을 방해하는 편이 훨씬 더 큰 양심의 갈등을 일으킨다).

---

20 사단은 측은지심·수오지심·사양지심·시비지심을 말하며, 맹자는 그 근원이 각각 인·의·예·지에 있다고 하였다(孟子, 公孫丑上). 그러면서 맹자는 사단과 인의예지가 같은 것이라고 하였다(惻隱之心, 仁也; 羞惡之心, 義也; 恭敬之心, 禮也; 是非之心, 智也. 孟子, 告子上).

21 仁義禮智, 非由外鑠我也, 我固有之也, 弗思耳矣.(孟子, 告子上).

22 惻隱之心, 人皆有之; 羞惡之心, 人皆有之; 恭敬之心, 人皆有之; 是非之心, 人皆有之.(孟子, 告子上).

23 장승희, 「맹자의 양심론─양심과 관련된 세 가지 문제(원천, 형성, 저항권)를 중심으로」, 『유교사상연구』 32, 한국유교학회, 2008, 237쪽.

양심의 소극적 실현을 방해하는 것도 그 내용이 무엇인지에 따라 심적 고통을 일으키는 정도가 다르다. 예를 들어 '양심에 반하는 행동을 적극적으로 하도록 강제하는 것'은 단지 '양심을 외부에 적극적으로 표명하도록 강제하는 것'보다 마음속에 훨씬 더 큰 고통을 가져온다. 그러니 양심에 반하는 행동을 적극적으로 하도록 강제하는 것이 양심의 자유에 대한 가장 중대한 제한이라고 할 수 있다.

요컨대, 양심적 부작위, 곧 양심에 반하는 적극적 행위를 단지 소극적인 방법으로 거부하고 그냥 가만히 있는 것은 양심실현의 가장 기본적인 형태이며, 인간이 양심을 지킬 수 있는 가장 작은 행위이다. 따라서 양심적 부작위권 중 어느 부분은 양심의 자유의 본질적 내용에 해당한다고 보는 것이 논리적이다. 양심실현을 위한 가장 작은 방법조차 보장해 주지 않고 '양심형성의 자유를 절대적으로 보장한다'는 것은 공염불에 지나지 않는다.

4) 양심은 인간성의 본질적 요소

양심적 부작위권은 인간의 존엄과 가치의 본질적 내용과도 관계된다. 헌법에서 말하는 '인간'은 "자신이 스스로 선택한 인생관·사회관을 바탕으로 사회공동체 안에서 각자의 생활을 자신의 책임 아래 스스로 결정하고 형성하는 성숙한 민주시민"을 말한다.[24]

이러한 인간관에 의하면, 인간성의 본질은 '자신의 인생관·사회관을 스스로 결정하고 그에 따라 살아가며 그 결과에 대해 책임을 지는 것'에 있다고 할 수 있다. 그것은 곧 자율성을 의미한다. 헌법재판소가 우리 헌법의 인간상을 '자기결정권을 지닌 창의적이고 성숙한 개체'[25]라고 본 것도 인간의 자율성을 강조한 것이다. 자율의 근원은 각자의 양심이다. 그렇다면 양심의 자유의 본질적 내용은 동시에 인간성의 본질적 내용이라고 보는 것이 논리적이다.[26]

---

24 헌재 2003. 10. 30. 선고 2002헌마518 결정, 『판례집』15-2 하, 185[201]쪽.
25 헌재 1998. 5. 28. 선고 96헌가5 결정.
26 한인섭 교수는 "개인의 양심은 그의 절대주권의 세계에 속한다"고 하여 인간의

한편 양심적 부작위권은 행복추구권의 본질적 내용과도 관계된다. 행복의 의미는 사람마다 다르며, 그것은 궁극적으로 그 사람의 양심에 의하여 결정된다. 따라서 양심의 자유는 행복추구권의 가장 기본적이고 불가결한 요소이다. 요컨대 양심적 부작위권은 인간의 존엄과 가치 및 행복추구권의 본질적 내용과 필연적으로 그리고 절박하게 연결되어 있다고 보아야 한다.

2. 정신적 자위권

생명·신체·재산에 대한 자위권(self-defense)을 자연권으로 인정하는 데는 별 이의가 없어 보인다. 형법의 정당방위 조항(형법 제21조)과 민법의 자력구제 조항(민법 제209조)은 이를 실정법상의 권리로 인정한 규정들이다. 국가권력의 절대성을 강조하고 인민의 저항권을 부정한 것으로 잘 알려진 홉스도, 권력이 인민의 자위권에 반하는 내용을 명할 때에는 복종을 거부할 수 있다고 하였다.[27]

양심에 반하는 행동을 거부하는 것은 자신의 인격을 지키기 위한 최소한의 행위이다. "그렇게 행동하지 아니하고는 자신의 인격적인 존재가치가 허물어지고 말 것이라는 강력하고 진지한 마음의 소리"에 반

존엄성에서 양심의 중요성을 강조한다. 한인섭, 「양심적 병역거부: 헌법적·형사법적 검토」, 『인권과 정의』 309, 대한변호사협회, 2002, 22쪽.

27 홉스는 다음과 같이 말한다: "외부의 힘으로부터 나 자신을 힘으로 방어하지 못하도록 하는 협약은 언제나 무효이다. 왜냐하면 (앞에서 증명하였듯이) 누구도 그 자신을 죽음·상해·투옥으로부터 자신을 구할 권리를 양도하거나 포기할 수 없기 때문이다. 그러한 것들을 피하는 것이 권리를 포기(하고 협약을 체결)한 유일한 목적이다. 그러므로 힘에 대하여 저항하지 않는다는 약속은 어떤 협약에서도 권리 양도의 효력도, 구속력도 갖지 않는다."(Thomas Hobbes, Leviathan (1651), Penguin Books, 1980, Chapter XIV, p. 199); "만일 절대권력이 사람에게, 비록 그가 정당하게 유죄판결을 받았다고 할지라도, 자기 자신을 죽이거나, 다치게 하거나, 불구로 만들라고 명령하거나, 자신에게 폭력을 행사하는 자에 대하여 저항하지 말라고 명령하거나, 음식·공기·의약품·기타 생존에 없어서는 안 될 어떤 것을 섭취하지 말라고 명령한다면, 그 사람은 불복종할 자유를 가진다."(Thomas Hobbes, Leviathan (1651), Penguin Books, 1980, Chapter XXI, pp. 268, 269.)

하여 어떤 행위를 하도록 강요받을 때 느끼는 정신적 고통은 물리적 폭력을 받을 때에 못지않은 것이다. 미국의 작가 쏘로우(Henry D. Thoreau)는 양심이 상처받는 것을 피를 흘리는 것에 비유했다.[28] 그러므로 인간의 정신적 고통도 자연권으로서 자위권의 대상에 포함시키는 것이 타당하다.

혹자는 '정신적 고통'은 '육체적 고통'과 동등한 보호를 받을 수 없다고 주장할지 모른다. 그러나 그것은 인간의 존엄과 가치에 반하는 주장이다. 인간으로서의 존엄과 가치는 인간이 단순히 '육체적 존재'가 아니라 '이성적 존재'라는 점에 있다. 그러므로 인간이 양심에 반하는 행동을 강요받을 때 겪는 정신적 고통은 '규범적 가치의 면에서' 육체적 고통보다 결코 작다고 할 수 없다. 양심적 부작위는 사람이 정신적 고통으로부터 자신을 지키기 위하여 할 수 있는 가장 작은 행위이다.

IV. 양심적 부작위권의 제한에 대한 위헌심사

양심적 부작위권이 양심의 자유와 인간의 존엄과 가치의 본질적 내용과 절박하게 연결되어 있는 만큼 이를 제한하는 입법에 대한 위헌심사는 매우 엄격하게 이루어져야 한다.

1. 위헌심사의 기준

양심적 부작위를 제한하는 입법에 대하여는 단순히 과잉금지원칙에 의한 심사를 하는 것만으로는 부족하며(양심의 자유는 인간의 핵심적 자유에 해당하므로 과잉금지원칙에 의한 심사를 하는 것은 당연하다), 가장 엄격한 의미의 과잉금지원칙을 매우 엄격하게 적용하여야 한다.[29] 양심적 부작위

---

28 Henry Thoreau, Civil Disobedience (1849), Atkinson, Brooks 엮음, in Walden and Other Writings, The Modern Library, 2000, p. 680.

29 '과잉금지(Übermaßverbot) 원칙'은 독일 공법학계에서 미국연방최고법원의 엄격

권의 제한 입법에 대한 위헌심사의 구체적 기준을 과잉금지원칙의 4원칙에 근거해 제시해 본다.[30]

1) 목적의 정당성

일반적으로 목적의 정당성은 그 입법의 목적이 국가안전보장·질서유지·공공복리 중 어느 하나에 해당하기만 하면 충족된다. 그러나 양심적 부작위권을 제한하는 입법에서는 단지 그러한 제한이 국가안전보장·질서유지 또는 공공복리를 위하여 필요하다는 사정만으로는 목적의 정당성이 충족되지 않으며, 그것이 매우 중대하고(vital) 절박한(compelling) 국가목적의 달성을 위해 필요하다는 것이 증명되어야 한다고 본다. 매우 '중대하고 절박한 국가목적'이란 국가의 존립 혹은 그것을 위해 필요한 국가의 정상적인 기능수행을 말한다.[31]

2) 수단의 적합성

일반적으로 수단의 적합성은 그러한 제한이 입법목적의 달성을 위

한 심사(strict scrutiny) 기준과 비례원칙을 결합해 4가지 소원칙으로 세분화한 심사척도이다. 그런데 그 내용이 서로 중복되고 도식적인 성격이 강해 엄밀한 법적 추론의 법칙으로서는 적절하지 못한 측면이 있다. 실제로 헌법재판소 판례들을 보면, 과잉금지원칙의 4원칙을 억지로 맞추기 위해 서로 중복되고 형식적인 추론을 하는 경우를 적지 않게 볼 수 있다. 그러나 우리나라의 통설과 판례는 헌법 제37조 제2항이 곧 과잉금지원칙을 선언한 것이라 해석하고, 헌법재판소는 한걸음 더 나아가 과잉금지원칙이 모든 국가작용의 한계를 선언한 것이라 보고 있으므로(헌재 2011. 8. 30. 선고 2007헌가12 결정), 여기서도 과잉금지원칙의 4원칙에 따른 위헌심사기준을 제시하기로 한다.

30 여기서 볼 내용들은 한인섭 교수가 앞의 글에서 제시한 양심적 부작위권의 제한 요건을 과잉금지원칙의 4원칙에 맞추어 구체화한 것이라고 할 수 있다. 그 글에서 한인섭 교수는, 양심에 반하는 작위의무를 국가가 법률로써 강제하기 위해서는 '양심의 자유를 훼손하면서까지 오직 그 작위의무만을 강제해야 할 국가의 급박한 필요와 대체의무를 부과할 수 없는 특별한 사정이 존재하여야 한다'고 주장하였다. 한인섭, 앞의 글, 24[26]쪽.

31 이것은 미국연방최고법원의 엄격한 심사에 근거한 주장이다(미국의 엄격한 심사에 관하여는 Erwin Chemerinsky, Constitutional Law: Principles and Policies, Aspen Publishers, 2006, pp. 540~543을 참고함).

해 효과적이고 적절한 것이면 충족되며, 그것이 목적달성을 위한 유일무이한 것일 필요는 없다.[32] 그러나 양심적 부작위권의 제한입법에 대한 위헌심사에서는, 그러한 제한이 목적달성을 위한 유일무이한 수단일 필요는 없더라도, 그러한 작위의무의 부과가 입법목적의 달성을 위한 효과적이고 적절한 방법 중 하나라는 것만으로는 충분치 않으며, 그러한 작위의무의 강제가 입법목적의 달성을 위해 필요한 경우에 한하여 수단적합성이 충족된다고 보아야 한다. 요컨대 그러한 작위의무를 강제하지 않으면 국가의 존립 또는 그에 필요한 정상적 기능의 수행이 어렵다는 것이 증명되는 경우에 한하여 수단의 적합성은 충족된다.

3) 피해의 최소성

'피해의 최소성' 원칙은 입법목적을 달성하기 위한 여러 가지 적절한 수단들 중에서 개인의 권리를 가장 적게 제한하는 수단을 사용해야 함을 말한다. 개인의 권리를 보다 적게 제한하고도 입법목적을 달성할 수 있는 다른 방법이 있는 경우 피해의 최소성은 충족되지 않는다.

양심적 부작위권의 제한 입법에 대하여는 이 원칙이 매우 엄격하게 적용되어야 한다. 따라서 양심적 부작위권을 제한하는 입법이 피해의 최소성을 충족하기 위해서는, 그 작위의무를 강제하지 않고는 입법목적을 달성할 수 있는 다른 방법이 전혀 없다는 것, 즉 다른 방법 또는 대체의무를 통해서는 그 입법목적을 달성할 수 없다는 것이 증명되어야 한다.

피해의 최소성은 법익의 균형성과 함께 과잉금지 원칙의 핵심적 내용을 구성한다. 그런데 뒤에서 보는 것처럼 법익균형성에 관한 심사가 형식적인 것으로 끝나는 경우가 많아, 실제 사례들에서는 피해의 최소성에 관한 심사가 위헌심사의 가장 핵심적인 부분이 된다. 피해의 최소성에 관한 판단이 법익의 균형성과 달리 (가치판단보다는) 주로 사실판단으로 이루어진다는 점에서도 그 중요성이 더욱 강조된다.[33]

---

32 헌재 1989. 12. 22. 선고 88헌가13 결정.
33 같은 취지: 양건, 앞의 책, 251쪽.

그런데 헌법재판소 판례들을 보면, '피해의 최소성'을 심사하는 단계에서 재판관 개인의 가치관을 개입시켜 사실판단을 왜곡하는 경우를 드물지 않게 볼 수 있다. 이는 매우 잘못된 태도이며 반드시 시정되어야 한다.[34]

4) 법익의 균형성

법익의 균형성은, 그 권리의 제한을 통해 달성하려는 공익과 그로 인해 침해되는 사익을 서로 비교·형량하여 전자가 후자보다 크거나 엄격한 균형(비례관계)을 이루어야 한다는 원칙을 말한다. 법익의 균형성을 판단함에는 작위의무의 불이행에 대해 부과되는 제재의 정도도 함께 고려하여야 한다.

법익의 균형성은 피해의 최소성과 함께 과잉금지원칙의 핵심요소임에도 불구하고 그 심사가 형식적인 것으로 끝나는 경우가 많다. 앞의 3원칙을 충족했다면 그로 인해 달성되는 공익이 그로 인해 침해되는 사익보다 작을 리 없고, 그 반대의 경우도 마찬가지로 볼 수 있다는 것이 그 주된 이유라고 본다. 특히 법익의 균형성에 대한 판단은 많은 경우에 가치판단을 수반하여 그 심사결과가 재판관 개인의 가치관에 좌우될 수 있으므로 그런 경향이 더욱 두드러진다. 피해의 최소성에 관한 심사가 객관적이고 엄격하게 이루어져야 함을 여기서 다시 한 번 확인할 수 있다.

5) 입증책임

엄격한 심사에서 그 입증책임은 국가에 있다. 헌법재판소 판례 중에도 개인의 핵심적 자유영역의 입법에 대한 위헌심사에서는 입법자에

---

34 다른 이유로 피해의 최소성을 완화해서 적용하면 모르되(예: 이중기준의 원칙. IV-4-1) 참고), 엄격한 심사를 하면서 다른 덜 제한적인 방법이 분명히 존재함에도 불구하고 피해의 최소성을 충족했다고 판단하는 것은 옳지 않다. 그것은 순수 논리추론의 단계에서 재판관의 가치관이 개입된 하나의 사례이다. 헌법재판에서 재판관의 개인적 가치관이 개입할 수 있는 경우와 개입해서는 안 되는 경우에 관하여는 오승철, 『헌법이야기』, 태윤당, 73~74쪽을 참고하시기 바란다.

게 그 입증책임이 있다고 한 것이 있다.[35] 그러므로 양심적 부작위권을 제한하는 입법이 위 4요소를 모두 충족하였다는 점을 국가가 입증하지 못하면, 그 조항은 헌법을 위반한 것이다. 한편 위 사유들에 대한 증명은 일반적인 '엄격한 증명'의 정도를 넘어 '분명하고 확실한 증거'(clear and convincing evidence)에 의하여야 한다고 본다.[36]

2. 현행 법률 규정들의 위헌 여부

위와 같은 엄격한 심사를 통과하기는 매우 어렵다. 앞서 본 전투경찰순경의 시위진압명령 불복종, 보안관찰처분을 받은 사람의 교우관계 등 미신고, 양심적 병역거부, 양심적 집총거부 기타 항명, 국가보안법 위반 혐의자 불고지 등에 대한 형사처벌 규정들(전투경찰대설치법 제10조 제1항; 보안관찰법 제27조 제2항; 병역법 제88조; 군형법 제44조; 국가보안법 제10조)은 모두 양심적 부작위권을 침해하여 위헌이라고 본다.[37]

양심적 부작위권을 제한하는 법률규정에 대해 법원이 위헌제청을 하거나 헌법소원심판이 청구된 경우, 헌법재판소는 위헌결정을 하거나, 당해 법률조항이 처벌예외사유로 규정한 '정당한 이유'에 양심상의 이유를 포함하지 않는 것으로 해석하는 한 헌법에 위반된다는 취지의 한정위헌결정을 해야 한다(다만, 국가보안법의 불고지죄 조항은 '정당한 이

---

35 헌재 2002. 10. 31. 선고 99헌바76 결정.
36 일반적으로 법원이 사실인정을 하는 데는 '고도의 개연성에 대한 증명', 즉 '합리적인 의심이 없는 정도의 증명'으로 족하다. 형사재판에서 범죄사실을 인정하는 경우도 예외가 아니다(형사소송법 제307조 제2항). '분명하고 확실한 증거'에 의한 증명은 이보다 더 높은 정도의 증명을 요구하는 것이다. 이것은 미국연방최고법원이 매우 엄격한 위헌심사를 할 때 사용하는 증거법칙이다. 예: *Cruzan v. Director*, Missouri Department of Health, 497 U.S. 261 (1990) (적극적 안락사 불허에 대한 합헌판결); *New York Times v. Sullivan*, 376 U.S. 254, 271~272 (1964) (정부 및 정부관료 비판의 제한에 대한 위헌판결).
37 보다 근본적인 문제로서, 전투경찰순경에 대한 시위진압명령은 법률유보를 위반한 것이며(각주 42 참고), 국가보안법은 법률 전체가 평화통일조항 및 헌법 제5조(국제평화주의), 제6조(국제법의 존중)를 위반한 것이다(이에 관한 자세한 내용은 오승철, 앞의 책, 152~154쪽을 참고하시기 바란다).

유'를 규정하고 있지 않으므로 단순위헌결정을 해야 한다).[38]

불고지죄 조항은 양심추지의 금지를 위반한 것으로 볼 여지도 있다. 사실상 이 규정은 '반국가적 활동에 적극적으로 가담하지는 않았지만 마음속에서 동조하는 사람'들을 색출하여 처벌하기 위한 규정이다. 반국가적인 생각을 말이나 행동으로 표현하는 사람은 찬양·고무죄 등 형이 더 무거운 범죄의 구성요건에 해당하므로, 불고지 혐의로 기소되지 않는다. 즉 불고지죄는 특정 사상을 마음속에 품고 있으면서 그것을 외부에 말이나 행동으로 표현하지 않고 있는 사람들을 색출해 처벌하기 위한 규정이다. 한편 그 위반자가 '고소·고발하지 말라'는 종교적 가르침을 따르는 사람일 경우 이 조항은 그의 '종교적 양심'도 침해한다.

국회 또는 법정에서 선서 및 증언을 강제하고 이를 제재하는 것(「국회에서의증언·감정등에관한법률」 제12조 제1항; 민사소송법 제318·326조 및 제311조 제1항; 형사소송법 제161조 제1항)도 양심적 부작위권을 침해한다고 본다. 다만, 증언강제 규정은 그의 진술이 중요한 진실을 밝히기 위해 꼭 필요한 경우로 한정하고 증언거부에 대해 과태료의 제재만을 부과하는 것으로 개정하면 헌법에 위반되지 않는다고 본다(증언거부에 대한 제재로 민사소송법과 형사소송법은 과태료를 규정하나, 「국회에서의증언·감정등에관한법률」 제12조 제1항은 징역형과 벌금형을 규정하고 있다).

3. 주요 판례

1) 대법원 판례

대법원에서 양심적 부작위권의 침해 여부가 문제된 것은 오래 전 일이다. 하지만 대법원 판례에서 이에 관한 의미 있는 이유설시를 한 것은 2004년 양심적 병역거부 사건이 처음이다. 이 사건에서 대법원은 '부작위에 의한 양심실현의 자유가 양심의 자유의 내용에 포함되며,

---

[38] 양심적 예비군훈련거부 사건에서 재판관 2인이 위와 같은 취지의 반대의견을 냈다(헌재 2011. 8. 30. 선고 2007헌가12 결정, 『판례집』 23-2 상, 132쪽, 163~170쪽).

그것은 상대적 자유로서 헌법 제37조 제2항에 의하여 제한될 수 있다'는 취지로 판시하였다. 또 양심적 병역거부가 병역법 제88조 소정의 처벌 예외사유인 '정당한 사유'에 해당하지 않는다고 하였다.[39] 그 전까지 대법원은 아무런 이유도 대지 않고, 종교의 교리를 내세워 병역의무를 거부하는 것과 같은 이른바 '양심상의 결정'은 종교와 양심의 자유에 속하는 것이 아니라는 등[40] 자못 독단적인 판시를 하고 있었다. 한편 국기에 대한 경례가 우상숭배라는 이유로 이를 거부한 여고생을 퇴학시킨 것이 '종교의 자유'를 침해하지 않는다고 판시한 바 있다.[41]

2) 헌법재판소 판례

다음과 같은 사례들이 있다.

1) 전투경찰에 대한 시위진압명령 사건: 군현역병으로 입영한 자 중 국방부장관의 강제전임명령에 의해 전투경찰순경으로 임용된 자에게 그의 의사에 반하여 시위진압에 나서도록 한 서울특별시 경찰국 제1기동대장의 진압명령이 전투경찰순경의 양심의 자유를 침해하는지가 문제된 사건에서, 헌법재판소는 과잉금지원칙에 의한 심사도 하지 않고 헌법 제39조(국방의무 조항)에 근거하여 간단하게 기각결정을 하였다.[42]

---

39 이상 대법원 2004. 7. 15. 선고 2004도2965 전원합의체 판결. 이 판결에는 대법관 1인의 반대의견이 있었다.
40 대법원 1969. 7. 22. 선고 69도934 판결; 1969. 7. 22. 선고 65도894 판결; 1985. 7. 23. 선고 85도1094 판결; 1992. 9. 14. 선고 92도1534 판결.
41 대법원 1976. 4. 27. 선고 75누249 판결.
42 헌재 1995. 12. 28. 선고 91헌마80 결정. 전투경찰순경에 대한 시위진압명령은 법률유보를 위반한 것이다. 위 헌법소원의 청구인은 국방의무를 이행하기 위하여 입영했다가 본인의 의사와 무관하게 강제로 전투경찰순경으로 전임되었으며,「전투경찰대설치법」은 강제 전임된 전투경찰순경의 임무가 '대간첩작전의 수행'이라고 명시하고 있다(전투경찰대설치법 제2조의3 제1항). 따라서 이들은 '치안업무의 보조'를 임무로 하는 전투경찰과는 근본적으로 다르다(후자는 자발적 지원과 관계기관의 추천에 의하여 선발된다). 그러므로 경찰기동대장이 강제로 전임된 전투경찰순경에게 시위진압과 시위참가자의 체포를 명하는 것은「전투경찰대설치법」에 위배되는 것이다. 결국 전투경찰순경에 대한 경찰기동대장의 시위진압명

2) 보안관찰법 사건: 국가보안법 등 위반 전과자 중 보안관찰 처분을 받은 자에게 가족 및 동거인 상황과 교우관계 등의 신고의무를 부과한 것(보안관찰법 제6조)이 양심의 자유를 침해하지 않는다고 하였다.[43]

3) 불고지죄 사건: 국가보안법 위반자를 수사기관 등에 고지(신고)하지 않은 행위를 형사처벌 하는 것(국가보안법 제10조)은 양심의 자유를 침해하지 않는다고 하였다.[44]

4) 준법서약서 사건: 과거에 국가보안법 또는 「집회 및 시위에 관한 법률」(이하 '집시법') 위반 수형자에게 가석방 심사 개시의 조건으로 준법서약서를 제출하도록 한 것(「구 가석방심사 등에 관한 규칙」 제14조 제2항)이 많이 문제되었다. 헌법재판소는 다수의견에서, 헌법과 법률을 준수할 의무는 국민의 당연한 의무이고 준법서약서는 그 의무를 확인하는 것에 불과하므로 준법서약서 제도는 양심의 영역을 건드리는 것이 아니라고 판시해 양심의 자유와의 관련성 자체를 부인하였다.[45]

5) 양심적 병역거부 사건: 양심적 병역거부 및 집총거부와 양심적 예비군훈련거부를 형사처벌 하는 것(병역법 제88조, 군형법 제44조; 향토예비군설치법 제15조 제8항)은 양심의 자유를 침해하지 않는다고 하였다.[46]

6) 법원의 사죄광고명령 사건: 타인의 명예를 훼손한 자에 대하여 법원이 명할 수 있는 '명예회복에 적당한 처분'(민법 제764조)에

령은 법률상 근거 없는 공권력행사이다(법률유보위반).이 결정에는 재판관 4인의 반대의견이 있었으나, 반대의견도 행복추구권 침해를 이유로 하였으며 법률유보위반이나 양심의 자유 침해를 이유로 하지 않았다.

43 헌재 1997. 11. 27. 선고 92헌바28 결정.
44 헌재 1998. 7. 16. 선고 96헌바35 결정.
45 헌재 2002. 4. 25. 선고 98헌마425 결정. 이 결정에는 재판관 2인의 반대의견이 있었다. 준법서약제도는 2003년에 폐지되었다.
46 양심적 병역거부 및 집총거부 사건: 헌재 2004. 8. 26. 선고 2002헌가1(재판관 2인의 위헌의견 있음) 결정. 양심적 예비군훈련거부 사건: 헌재 2011. 8. 30. 선고 2007헌가12(재판관 2인의 한정위헌의견 있음) 결정.

사죄광고를 포함시키는 것은 양심의 자유를 침해한다고 하였다 (한정위헌).[47] 이는 헌법재판소가 양심의 자유 침해를 이유로 위헌 결정을 한 유일한 사례이다.

7) 연말정산 간소화를 위한 의료비내역 제출 사건: 연말정산 간소화를 위하여 의료기관에게 환자들의 의료비 내역에 관한 정보(환자의 성명·주민등록번호, 치료비 납부일자·납부금액 등)를 국세청에 제출하도록 한 것(소득세법 제165조)은 의사의 양심의 자유를 침해하지 않는다고 하였다.[48]

4. 판례의 문제점

2004년 이전의 대법원 판례들은 한마디로 '무개념'이라고 할 수 있다. 2004년의 판결(병역거부 사건)도 기존 헌법재판소 판례를 그대로 원용했을 뿐 특별한 내용이 없다.

국기에 대한 경례를 거부한 여고생을 퇴학시킨 것을 양심의 자유 문제로 보지 않고 '종교의 자유' 문제로 본 것도 적절하지 않다. 종교의 자유는 종교행위(종교행위의 핵심은 숭배행위에 있다) 자체를 보호하기 위한 것이므로, 이른바 '종교윤리'(religious ethic: 신자나 성직자가 종교적 규율에 따라 사회생활에서 지켜야 할 구체적 행위규범)에 근거하여 일상생활에서 행하여지는 구체적 행위들은 종교의 자유가 아니라 양심의 자유(양심적 부작위) 문제로 보는 것이 적절하다. 집총금지, 수혈금지, 고기 등 특정 음식의 금지, 고소·고발 금지, 국기에 대한 경례 금지, 혼전성행위 금지 등이 그 예이다.

헌법재판소 판례들은 양심의 자유에 관하여 매우 상세한 이유설시를 하고 있으나, 그 내용을 면밀히 분석해보면 일관성을 현저히 결하고 있음을 발견할 수 있다. 이 문제를 자세히 살펴본다.

---

47 헌재 1991. 4. 1. 선고 89헌마160 결정.
48 헌재 2008. 10. 30. 선고 2006헌마1401·1409 결정.

1) 이중기준의 원칙 문제

양심의 자유에 관한 헌법재판소 판례들이 안고 있는 가장 큰 문제점은 위헌법률심사의 기본원칙인 '이중기준 원칙'을 거스르고 있다는 것이다. 인권을 '핵심적 자유영역'과 '사회·경제적 영역'으로 나누어, 전자에 관하여 엄격한 심사를 하고 후자에 관하여 완화된 심사를 한다는 것은 헌법재판에서 일반적으로 받아들여지는 원칙이다. 헌법재판소도 판례를 통해 이를 여러 차례 확인한 바 있다.[49] 이중기준의 원칙은 하나의 권리 안에서도 적용된다.[50]

그런데 위 판례들을 보면, 그동안 헌법재판소가 이중기준 원칙을 오히려 역으로 적용해 오지 않았나 하는 의문을 갖기에 충분하다. 아래 내용들은 대부분 이중기준원칙과 관련된 문제들이다.

2) 양심의 개념 내지 보호영역 문제

헌법재판소는 양심의 개념에 관하여 도무지 종잡을 수 없는 판시를 해오고 있다.[51] 예를 들어, 광의설의 취지를 판시하면서, ① "양심이란 세계관·인생관·주의·신조 등은 물론, 이에 이르지 아니하여도 보다 널리 개인의 인격형성에 관계되는 내심에 있어서의 가치적·윤리적 판

---

49 이중기준 원칙: 헌법상의 권리를 제한하는 입법에 대한 위헌심사에서 이중의 잣대(double standard)를 사용하는 것을 말한다. 즉, '핵심적 자유영역'(신체의 자유, 정신적 자유 등)에 대하여는 엄격한 심사기준을, '사회·경제적 영역'(특히 경제적 자유)에서는 완화된 심사기준을 사용하는 것을 말한다(헌재 2002. 10. 31. 선고 99헌바76 결정, 『판례집』 14-2, 410[433]쪽; 2005. 2. 24. 선고 2001헌바71 결정, 『판례집』 17-1, 196[208]쪽). 전자의 영역에서는 입법재량이 축소되고, 후자의 영역에서는 보다 넓은 입법재량이 인정될 수 있음을 의미한다.

50 예를 들어 헌법재판소는 직업의 자유가 '직업선택의 자유'와 '직업수행의 자유'로 구성된다고 보는데, 후자는 전자에 비하여 인격발현에 미치는 효과가 적기 때문에 그 제한이 보다 넓게 허용된다(헌재 2002. 10. 31. 선고 99헌바76 결정, 『판례집』 14-2, 410[430]쪽). 또한 표현의 자유 중에서도 '상업적 표현행위' 즉 상업광고 규제에 대하여는 '정신적 표현행위'에 비하여 위헌심사기준이 완화된다(헌재 2005. 10. 27. 선고 2003헌가3 결정, 『판례집』 17-2, 189[198]쪽).

51 양심의 개념을 둘러싼 광의설과 협의설의 대립에 관하여는 Ⅲ-1-1) 참고.

단도 포함된다"고 판시해 양심의 개념을 둘러싼 논의의 초점을 모호하게 만드는가 하면,[52] ② "헌법상 보호되는 양심은, 어떤 일의 옳고 그름을 판단함에 있어서 그렇게 행동하지 아니하고는 자신의 인격적인 존재가치가 허물어지고 말 것이라는 강력하고 진지한 마음의 소리로서, 절박하고 구체적인 양심을 말한다"고 판시해 오히려 협의설보다도 훨씬 더 엄격한 요건을 요구한 사례들이 있다.[53]

더욱 문제는 헌법재판소가 양심의 자유의 보호영역을 설정함에도 이중기준의 정신에 반하는 판단을 해왔다는 것이다. 양심의 자유의 핵심 영역이라고 할 수 있는 '양심적 병역거부 사건'과 '준법서약서 사건'에서 헌법재판소는 광의설 취지의 판시를 전혀 하지 않은 채 위 ②의 내용만을 판시함으로써 양심의 개념을 협의설보다도 더 좁게 정의하였다(이런 입장을 '최협의설'이라고 부르기로 한다). 이런 개념정의에 근거하여 헌법재판소는 국가보안법·집시법 위반자에 대한 가석방심사의 조건으로 준법서약서의 제출을 요구한 것이 '양심의 영역을 건드리지 않는다'고 하였다.[54] 그러나 사회경제적 활동과 관계가 깊은 의료비내역 제출 사건에서는 의료기관에게 환자들의 의료비 내역에 관한 정보(성명·주민등록번호·치료비 납부일자·납부금액 등)를 국세청에 제출하도록 한 것이 의사의 양심의 자유를 제한한다고 하였다.[55]

---

52 헌재 1991. 4. 1. 선고 89헌마160 결정; 1998. 7. 16. 선고 96헌바35 결정; 2002. 1. 31. 선고 2001헌바43 결정; 2005. 5. 26. 선고 99헌마513 결정; 헌재 2008. 10. 30. 선고 2006헌마1401 결정.

53 헌재 1997. 3. 27. 선고 96헌가11 결정; 2001. 8. 30. 선고 99헌바92 결정; 2003. 10. 30. 선고 2002헌마518 결정.

54 준법서약서 작성을 요구받는 사람들은 대한민국 국법질서의 정당성을 전부 부인하거나, 또는 일부 법률이 자신의 신념에 반한다는 이유로 그 준수를 거부하여 형벌을 받고 있는 경우가 대부분이다. 이런 사람들에게 가석방심사의 조건으로 '대한민국의 국법질서를 준수하겠다'는 내용의 서약서를 요구하는 것이 양심의 자유 침해여부는 별론으로 하고 어떻게 양심의 영역을 건드리지 않을 수 있겠는가. 준법서약서는 단순히 국민의 일반적인 법률준수의무를 확인하는 문서가 아니다.

55 헌재 2008. 10. 30. 선고 2006헌마1401·1409 결정.

3) '제한 가능성' 판단 문제

헌법재판소는 양심의 자유의 '제한 가능성'을 판단함에서도 이중기준의 정신에 반하는 판시를 해 왔다. 준법서약서 사건에서는 가석방 심사의 대상에서 제외되는 것이 '단순히 사실상의 불이익에 불과하고 다른 법적 강제수단이 없다는 이유로' 양심의 자유의 제한 가능성 자체를 부인한 반면, 의료비내역 제출 사건에서는 '직접적인 법적 강제수단은 없지만 국세청의 행정지도와 세무조사라는 간접적이고 사실적인 강제수단이 존재하므로' 양심의 자유를 제한한다고 하였다. 이것은 전혀 균형이 맞지 않는다. 전자에서 문제된 사실상 불이익(가석방 심사제외)은 핵심적 자유영역에 속하는 반면, 후자에서 문제된 사실상 불이익(세무조사의 가능성)은 사회·경제적 자유에 관계된 것이다.

4) 심사척도 문제

헌법재판소는 전투경찰에 대한 시위진압명령·보안관찰제도·불고지죄·양심적 병역거부 등 개인의 핵심적 자유 영역에 관계되는 주요 쟁점 사안들에서 과잉금지원칙에 의한 엄격한 심사를 하지 않았다(준법서약서 사건에서는 양심과의 관련성 및 양심의 자유 제한 자체를 부인하였으므로 위헌심사가 더 이상 진행되지 않았다). 불고지죄 사건에서는 '과잉금지의 원칙'이라는 단어를 쓰기는 했지만, 실제로 과잉금지원칙에 따른 심사를 전혀 하지 않았다. 또 2004년 양심적 병역거부 사건에서는 "양심의 자유의 경우 비례의 원칙을 통하여 양심의 자유를 공익과 교량하고 공익을 실현하기 위하여 양심을 상대화하는 것은 양심의 자유의 본질과 부합될 수 없다"는 독특한 이론을 주장하며 과잉금지원칙에 의한 심사를 하지 않았다. 다만, 2011년 양심적 예비군훈련거부 사건에서는 과잉금지원칙(비례원칙)에 의한 엄격한 심사를 한다는 뜻을 분명하게 판시하고 이유설시도 분명하게 함으로써 태도의 변화를 보였다(헌재 2011. 8. 30. 선고 2007헌가12 결정). 그러나 헌법재판소는 위 사건들에서 모두 합헌결정을 함으로써 양심적 부작위권이 공익을 이유로 폭넓게 제한될 수 있다는 입장을 보여 주었다.

반면, 사회·경제적 영역과 깊이 관련된 사안들에서 헌법재판소는 오래전부터 과잉금지원칙에 의한 엄격한 심사를 해 왔다. 법인의 영업 활동과 관련된 사죄광고 사건에서는 위헌결정까지 하였다(이 사건은 표현의 자유와도 관계되지만, 그 내용을 자세히 보면 표현의 자유의 핵심영역과는 거리가 멀다).[56] 더군다나 사죄광고는 자신이 스스로 행한 불법행위로 빚어진 피해(명예훼손)의 회복을 위해 부과되는 의무이다(위 Ⅱ-2. 참고).

5. 헌법재판소가 합헌결정을 할 경우 무죄판결의 가능성

양심적 부작위권을 제한하는 형벌규정이 재판의 전제가 되었을 때 헌법재판소가 그에 대해 합헌결정을 했다면 법원은 유죄판결을 해야 하는가?

1) 당해 조항의 합헌적 해석을 통한 무죄판결의 가능성

재판의 전제가 된 법률조항에 대해 합헌결정이 선고될 경우 대다수의 법관들은 그 규정을 종래의 관행에 따라 해석하고 적용하는 데 익숙해 있다. 그러나 이런 태도는 재고되어야 한다.

구체적 사건에서 당해 법률조항의 의미·내용과 적용범위를 결정하는 것은 '법원의 고유권한'이다.[57] 다만 법원은 헌법 제107조 제1항과

---

56 이 사건에서 문제가 되었던 불법행위는 동아일보사에서 발간하는 여성잡지 '여성동아'에 미스코리아 출신 유명연예인의 명예를 훼손하는 내용의 허위 기사를 게재하면서 미스코리아 홍보사진 중 비교적 선정적인 사진 2매를 함께 게재한 행위이다.

57 대법원 1996. 4. 9. 선고 95누11405 판결: "구체적 사건에 있어서 당해 법률 또는 법률조항의 의미·내용과 적용범위가 어떠한 것인지를 정하는 권한 곧 법령의 해석·적용 권한은 바로 사법권의 본질적 내용을 이루는 것으로서, 전적으로 대법원을 최고법원으로 하는 법원에 전속하는 것이다. 이러한 법리는 우리 헌법에 규정된 국가권력분립구조의 기본원리와 대법원을 최고법원으로 규정한 헌법의 정신으로부터 당연히 도출되는 이치로서, 만일 법원의 이러한 권한이 훼손된다면 이는 위에서 본 헌법 제101조는 물론이요, 어떤 국가기관으로부터도 간섭받지 않고 오

헌법재판소법 제47조 제1항에 의하여 헌법재판소의 위헌결정에 기속될 뿐이다. 합헌결정은 위헌결정과 달리 기속력을 갖지 않는다. 한편 법관은 모든 법률을 합헌적으로 해석하고 적용해야 할 의무가 있다. 이는 '헌법과 법률에 의한 심판'과 '그 양심에 따른 심판'을 규정한 헌법 제103조로부터 직접 도출되는 모든 법관의 직무이고 권한이다.[58]

그러므로 법원은, 비록 헌법재판소가 양심적 부작위 처벌조항에 대해 합헌결정을 했더라도, 그 처벌 예외사유인 '정당한 이유'에 양심상의 이유가 포함된다고 합헌적 해석을 해 무죄판결을 선고할 수 있으며, 그것은 헌법 제107조 제1항("… 법원은 헌법재판소에 제청하여 그 심판에 의하여 재판한다")에 위반되지 않는다.

한편 헌법재판소가 당해 법률조항이 양심의 자유를 침해함을 인정하고 헌법불합치결정을 하면서 잠정적용을 명한 경우에는, 법원이 잠정적용 명령의 기속력의 범위를 합헌인 부분으로 한정함으로써 (입법개선시한까지 재판을 정지할 필요 없이) 바로 무죄판결을 선고할 수 있다.[59]

대법원이 위와 같은 법리에 따라 무죄를 선고한 판례는 아직 없지만, 범인은닉죄에 대한 유죄판결의 부수적 방론에서 "사제가 죄지은 자를 능동적으로 고발하지 않는 것은 종교적 계율에 따라 그 정당성이 용인되어야 한다"고 판시한 것이 있다.[60] 이것이 성직자의 불고지 행위가 국가보안법상 불고지죄를 구성하지 않는다는 취지인지는 확실치

직 헌법과 법률에 의하여 그 양심에 따라 독립하여 심판하도록 사법권 독립을 보장한 헌법 제103조에도 위반되는 결과를 초래하는 것이다." 비록 이 판결은 한정위헌결정의 기속력을 위반했다는 이유로 헌법소원심판을 통해 취소되었지만(헌재 1997. 12. 24. 선고 96헌마172 결정), 이 판시 내용은 여전히 유효하다.

58 대법원 1992. 5. 8. 선고 91부8 판결.

59 이는 헌법불합치결정에서 잠정적용 명령의 기속력이 위헌인 부분에까지 미치는가 하는 문제이다. 이에 관한 자세한 내용은 오승철, 『헌법소송이야기』, 태윤당, 2011, 225~226쪽, 233~235쪽을 참고하기 바란다.

60 대법원 1983. 3. 8. 선고 82도3248 판결: 사제가 죄지은 자를 능동적으로 고발하지 않는 것은 종교적 계율에 따라 그 정당성이 용인되어야 한다고 할 수 있을 것이나 그에 그치지 아니하고 적극적으로 은닉 도피케 하는 행위는 어느 모로 보나 이를 사제의 정당한 직무에 속하는 것이라고 할 수 없다(부산미국문화원 사건).

않으나, 이 판례는 법원이 위와 같이 합헌적 법률해석에 근거해 무죄판결을 선고하는 데 좋은 선례가 될 수 있다고 본다.

만일 법관이 위와 같은 해석이 옳다고 생각함에도 불구하고 상급심에서 파기될 것을 우려해 자신의 소신을 뒤로 한 채 종래의 해석 관행에 따라 유죄판결을 선고했다면, 이는 헌법 제103조를 위반한 것이다.

2) 형법 제20조에 근거한 무죄판결의 가능성

형법 제20조에 의하여 무죄판결을 선고하는 것도 가능하다.[61] 형법 제20조가 규정하는 '사회상규에 위배되지 아니하는 행위'는 '법질서 전체의 정신이나 그 배후에 놓여 있는 사회윤리 내지 사회통념에 비추어 용인될 수 있는 행위'를 말한다.[62] 좀 더 구체적으로 대법원은 형법 제20조에 의해 위법성을 조각하기 위한 요건으로 다음 다섯 가지를 요구하였다: ① 그 행위의 동기나 목적의 정당성, ② 행위의 수단이나 방법의 상당성, ③ 법익균형성(그 행위에 의하여 보호하려는 이익과 그 행위에 의하여 침해되는 법익이 서로 균형을 이루어야 함), ④ 긴급성(그 행위 당시의 정황에 비추어 그 행위가 긴급을 요하고 부득이한 것이어야 함), ⑤ 보충성(그 행위 이외에 다른 수단이나 방법이 없거나 또는 현저하게 곤란하여야 함) 등.[63]

'법질서 전체의 정신'을 고려함에 있어 최우선적으로 생각해야 할 것은 헌법정신이다. 양심의 자유는 헌법이 보장하는 핵심적 자유이며, 양심적 부작위권은 그것의 가장 기본적인 내용이다. 따라서 양심적 부작위를 '법질서 전체의 정신에 비추어 용인될 수 있는 행위'로 인정하는 데는 무리가 없다. 또 양심적 부작위가 위 다섯 가지 요건을 갖추었다고 보는 데도 어려움이 없다고 본다.

또한 형법 제20조는 사회상규에 위배되지 아니하는 행위의 한 예시로 '업무로 인한 행위'를 규정한다. 사회경제적 활동인 '업무로 인한

---

61 형법 제20조: 법령에 의한 행위 또는 업무로 인한 행위 기타 사회상규에 위배되지 아니하는 행위는 벌하지 아니한다.
62 대법원 2001. 2. 23. 선고 2000도4415 판결.
63 대법원 1983. 3. 8. 선고 82도3248 판결; 2010. 5. 27. 선고 2010도2680 판결.

행위'를 정당행위로 보면서, 인간의 모든 정신활동의 기초가 되는 양심을 지키기 위한 최소한의 행위가 정당행위가 될 수 없다고 하는 것은 이중기준의 정신에 반한다.

한편, 신체방어를 위한 소극적 방어행위는 비록 정당방위에 해당하지 않더라도 '정당행위'에 해당하여 위법성을 조각한다는 것이 대법원의 일관된 판례이다.[64] 여기의 '소극적 방어행위'에는 부작위에 의한 것만이 아니라 '소극적인 방법의 작위'에 의한 방어행위도 포함된다. 예들 들어, 타인의 행패에서 벗어나기 위하여 그자를 뿌리치거나 밀어붙이는 과정에서 다치게 한 경우에는 정당행위에 해당해 상해죄가 성립하지 않는다. 피해자가 사망한 경우에도 정당행위를 인정한 사례가 있다.[65]

양심적 부작위는 가장 소극적 방법인 단순 부작위에 의해 정신적 자위권을 행사하는 것이다. 그렇다면 양심적 부작위도 정당행위로 보는 것이 합당하지 않겠는가?

V. 반론에 대한 반박

양심적 부작위권에 대해 제기되는 주요 반론들을 소개하고 반박한다.

1. "법치주의가 후퇴한다"

양심적 부작위권을 강화하면 법치주의가 크게 후퇴할 것이라는 주장이 있다. 그러나 이 주장은 '법치주의' 개념에 대한 잘못된 이해에서 비롯된 것이다. '법치주의'란 국가가 공권력을 행사하기 위해서는 반드시 의회가 제정한 법률에 근거가 있어야 한다는 통치원리를 말한다. 즉 법치주의는 국민의 대표기관인 의회가 제정한 법률에 국가권력을

64 대법원 1982. 2. 23. 선고 81도2958 판결; 1995. 2. 28. 선고 94도2746 판결.
65 대법원 1992. 3. 10. 선고 92도37 판결.

구속시킴으로써 국민의 자유와 권리를 보장하기 위한 통치원리이다. 따라서 법치주의의 요체는 '국민의 구속' 아니라 '권력의 통제'에 있으며, 인권의 강화는 법치주의를 약화시키는 것이 아니고 오히려 발전시키는 것이다. 법치주의가 후퇴하는 것은 국민이 자유로워질 때가 아니고 권력에 대한 통제의 끈이 풀릴 때이다.

그런데 일부 국가에서 권위주의적 통치자들이 법치주의의 의미를 '국가가 제정한 법률에 국민이 절대 복종해야 한다'는 것으로 왜곡하게 되었다. 법치주의의 명령자와 수범자(守範者)를 뒤바꿔 버린 것이다. 그래서 민주주의가 발전한 나라일수록 '국가권력의 법준수 의무'를 강조하고, 그렇지 못한 나라일수록 '국민의 법준수 의무'를 강조하는 것이다. 양심적 부작위권의 강화가 법치주의의 후퇴를 가져올 것이라는 반론은 이와 같이 왜곡된 법치주의 개념에 근거한 것이다.[66]

2. "악법도 법이다"

'악법도 법이다'라는 말에 대하여는 적지 않은 오해가 있다. 소크라

---

66 이런 사실은 왜곡된 법치주의 개념이 우리나라에 광범위하게 퍼져 있음을 보여주는 것이며, 이는 매우 중대한 문제가 아닐 수 없다. 우리나라 권력자들 중 대다수가 변질된 법치주의 개념에 깊이 젖어 있음은 거의 확실한 사실이다. 대통령이나 법무부장관이 공정한 법집행과 법질서 확립을 주장할 때마다 그 대상이 '국민'이었는지 아니면 '권력자'였는지를 생각해 보라. 반면, 재야 법률가(변호사와 법학교수)들 사이에서는 법치주의의 개념이 대체로 올바르게 인식되고 있음이 얼마 전 여론조사에서 확인된 바 있다. 2009년 법률신문사가 전국의 재야법률가들을 대상으로 실시한 설문조사에서, 전체 응답자의 58.5%가 '참여정부에 비교해 이명박 정부 출범 이후 1년간 우리 사회의 법치주의가 퇴보했다'고 평가했는데, 이런 부정적인 평가를 내린 근거로 응답자들은 '새 정부 출범 이후 대통령의 지나친 독단과 독주'(35.6%)를 가장 큰 요인으로 꼽았다. 또한 우리 사회에서 법치주의 확립을 위협하는 요인으로 '사회지도층의 반법치적 행태'(60.4%)를 지적한 답변이 '국민들의 법 경시 풍조'(20.7%)를 지적한 것보다 3배나 많았다. 한편 응답자들은 '국민을 상대로 한 법질서 바로 세우기 운동'에 대한 평가에서도 5점 만점에 1.84점의 낮은 점수를 주었다. 이 설문조사에는 변호사 145명과 법학교수 125명이 응답했다. 이상 『법률신문』 2009. 4. 27.

테스는 '악법도 법이다'라는 말을 하지 않았다. 이 말은 후세의 사람들이 그의 행적으로부터 유추해 낸 속설에 불과하다.[67] 소크라테스가 아테네의 악법에 저항한 것이냐 복종한 것이냐는 지금도 논란거리가 되고 있다.[68] 앞의 입장은 소크라테스가 아테네의 법을 위반하면서 자신의 철학적 행보를 계속한 측면을 강조한 것이고, 뒤의 입장은 그가 친구 크리톤의 탈출 제의를 거절하고 아테네 정부의 사형집행을 받아들였다는 점을 강조한 것이다.

그러나 소크라테스의 죽음을 전후한 그의 행보를 깊이 들여다보면, 앞의 입장이 타당함을 알 수 있다. 소크라테스는 철학적 행보를 중지하고 처벌을 면할 수 있는 기회를 아테네 당국으로부터 제공받았었다. 하지만 그는 아고라 광장에 나가 젊은이들과 기존 관념들을 의심하고 비판하는 철학적 대화를 계속하였고, 그 결과 아테네 법정에서 사형선고를 받게 된 것이다.[69] 이런 사정들에 비추어 볼 때, 소크라테스는 자신의 철학적 양심을 지키기 위하여 아테네의 법을 적극적으로 위반하였으며, 다만 그 법을 어긴 결과로 받게 된 형벌을 피하지 않았다고 보는 것이 더 설득력 있다.

양심적 부작위자들은 양심의 명령에 따라 자발적으로 실정법을 위반하지만, 그 결과로 받게 되는 처벌은 피하지 않는다. 즉 양심적 부작위자들의 논리는 소크라테스의 그것과 다르지 않다. 더군다나 소크라테스가 '적극적인 방법'으로 법을 위반했던 반면, 양심적 부작위자들은 '가장 소극적인 방법'으로 법을 위반할 뿐이다. 그러므로 소크라테스의 예를 들어 양심적 부작위자들을 비판하거나 비난하는 것은 옳다고 보기 어렵다.

---

67 이미순, 「법철학적 관점에서 본 시민불복종」, 이화여자대학교석사학위논문, 2006, 20.
68 Hannah Arendt, Crises of the Republic, Harcourt Brace & Company, 1972, p. 58; 이미순, 위의 글, 20쪽.
69 Plato, Trans. G. M. A. Grube, "Crito," Complete Works, Hacket Publishing Company, 1997; Plato, Trans. G. M. A. Grube, "Apology," Complete Works, Hacket Publishing Company, 1997.

3. "국가공동체가 존립할 수 없다"

양심을 이유로 공동체적 의무를 회피하면 국가가 존립할 수 없다는 반론이 있다.[70] 양심적 병역거부의 본질을 '국가의 법질서는 개인의 양심에 반하지 않는 한 유효하다는 사고'로 보고, '그러한 사고는 법질서의 해체, 나아가 국가공동체의 해체를 의미한다'고 한 헌법재판소의 판시[71]도 그런 반론과 맥을 같이 하는 것이라 볼 수 있다.

이러한 반론은 기우이거나 지나치게 과장된 것이라고 본다. 국가공동체는 모든 개인의 존재, 활동 및 기여의 총화에 의해 존립·유지되며, 각 개인이 공동체에 기여할 수 있는 방법은 수없이 많다. 법률이 규정하는 '그 하나의 작위의무'를 이행함으로써만 개인이 국가공동체에 기여할 수 있다고 보는 것은 매우 편협한 사고이다. 양심적 집총거부도 그렇다. 국방은 병역을 통해서만 할 수 있는 것이 아니다(헌법 제39조는 '국방의 의무'와 '병역의무'를 분명하게 구분해서 규정한다). 또 병역도 집총으로만 할 수 있는 게 아니다. 오로지 집총을 통해서만 국방의무를 이행할 수 있다고 보는 것은 헌법 제39조의 해석으로서 정당하다고 보기 어렵다.[72]

한편 사람은 사회적 존재이다. 양심 때문에 법을 위반하는 것은 그 자체로 적지 않은 심적 갈등을 가져온다. 또한 사회생활에서 여러 경로를 통해 다양한 모습으로 쏟아지는 비난이나 조롱, 압력, 불이익 등도 무시하기 어렵다.[73] 이 모든 심적 부담과 불이익을 감수하고 양심적 부작위로 나아가는 사람은 정말로 절박한 양심을 가진 소수의 사람

---

70 한수웅, 앞의 글, 411~412쪽은 (양심적 부작위에 한정하지 않고) '양심실현의 자유를 무제한으로 인정하면 국가의 존립과 법질서가 존립할 수 없다'는 취지로 반론한다.

71 헌재 2004. 10. 28. 선고 2004헌바61, 2004헌바62, 2004헌바75(병합) 결정.

72 양심적 병역거부자의 대체복무 가능성에 관한 더 깊은 연구를 한인섭, 앞의 글, 23~25쪽에서 볼 수 있다.

73 Ronald Dworkin, Taking Rights Seriously (1977), Harvard University Press, 1978, p. 219.

에 한정될 거라고 보는 것이 합리적이다.

또한 이들은 다른 방법으로 또는 다른 대체의무의 이행을 통해 공동체의 발전에 기꺼이 기여할 준비가 되어 있는 경우가 대부분이다. 이런 사람들에게 다른 방법으로 공동체에 기여할 수 있는 길을 열어주고 포용하지는 못할망정, 단 하나의 작위의무만을 고집하며 그것을 형벌로써 강제하고, 또 이를 이행하지 않았다고 해서 그들을 모두 범죄자로 만들어 감옥에 가두고 조국에 등을 돌리게 하는 것은, 공동체 통합의 임무를 띤 국가권력의 정당한 행사라고 보기 어렵다. 그것은 '오기'에 가깝다.

젊은이 몇 사람이 집총을 거부하고 시위진압명령에 따르지 않았다고 해서, 보안관찰처분을 받은 사람이 교우관계를 신고하지 않았다고 해서, "반국가단체"에 가입한 사람을 일반시민이 수사기관에 밀고하지 않았다고 해서, 법정에 출석해 증언하는 사람이 종교적인 이유로 선서를 하지 않았다고 해서, 법질서가 해체되고 국가공동체가 해체된다고 주장하는 것은 지나친 과장이다. 그런 주장은 논리적이지도 못하다. 이런 양심적 부작위가 동시다발적으로 발생한다 해도 국가공동체가 해체되지는 않는다.

4. "평등원칙에 반한다"

양심적 부작위권을 광범위하게 인정하면 일반적 다수를 오히려 불리하게 취급하여 평등원칙에 반한다는 반론이 있다. 이 문제도 양심적 병역거부를 중심으로 살펴본다. 양심적 병역거부를 인정함으로써 발생할 수 있는 차별 문제는 아래의 두 가지이다.

1) '일반 병역기피자'와 '양심적 병역거부자' 사이의 차별 문제

일반적 병역기피자를 병역법 제88조에 의해 처벌하면서 양심적 병역거부자를 처벌하지 않는 것이 평등위반이 아닌지 문제될 수 있다. 평등원칙은 '법의 내용과 적용'이 모든 사람에게 평등해야 한다는 원칙을 말한다. 양심적 병역거부자들에 대하여 처음부터 수사를 개시하지 않거나 병역법 제88조를 적용하지 않는다면 평등위반이 문제될 수 있다. 그러나 양심적 병역거부자를 처벌하지 않는 것은 그런 것이 아니고, 병역법 제88조가 처벌예외사유로 명시한 '정당한 사유'에 해당하는 것으로 보아 무혐의 처분을 하거나 무죄판결을 선고하는 것이다. 그것은 병역법 제88조의 '정당한 사유'에 양심상의 사유를 포함시킬 것인지에 관한 법해석의 문제일 뿐이다. 반론자들도 '정당한 사유'가 있는 경우를 처벌 예외사유로 규정한 것 자체가 평등위반이라고 주장하지는 않는다.

한편, 일반 병역기피자와 양심적 병역거부자 사이의 차별 문제를 지적하는 주장은 형사처벌이 재량행위임을 간과한 것이다. 형사처벌은 기본적으로 재량행위이다. 수사기관은 재량에 의해 수사개시 여부를 결정하고, 검사는 기소편의주의에 입각해 기소 여부를 결정하며, 법관은 각자의 직업적 양심에 따라 독립하여 유·무죄를 결정하고 형량을 정한다. 소송법은 이것을 '자유심증주의'로 구체화하여 규정한다(민사소송법 제202조; 형사소송법 제308조).

따라서 수사기관이나 법원의 재량에 의해 처벌 여부가 결정되는 것 자체는 문제가 되지 않으며, 다만 그 재량이 합리적인 범위를 벗어났는지 여부만 문제될 뿐이다.[74] 헌법상의 권리를 충실히 보장하기 위해 양심적 병역거부자를 일반적인 병역기피자와 달리 취급하는 것이 합리적 이유를 결한 것이라고 보기는 어렵다.

2) 현역복무자와 대체복무자 사이의 차별 문제

양심적 병역거부자에게 대체복무를 인정하면 현역복무자와의 관계에서 차별이 발생한다. 그러나 이것은 합리적 이유에 의해 정당화될 수 있다고 본다. 양심적 병역거부자들은 어떤 상황에서도 집총을 하지

---

74 드워킨도 위 반론에 대하여 이와 비슷한 취지의 반박을 한 바 있다. Ronald Dworkin, A Matter of Principle, Harvard University Press, 1985, p. 114; Dworkin, Taking Rights Seriously, pp. 206~207.

않는 사람들이다. 그들 중 상당수는 자신의 생명이 위협받는 상황에서도 집총을 거부할 것이다. 그러므로 이들이 현역병의 역할을 제대로 수행할 수 없다는 것은 거의 분명하다. 이런 사람들에게 현역병 징집을 면제하고 대체복무의무를 부과하는 것이 입법재량의 한계를 일탈한 자의적 차별이라고 할 수 없다.[75]

오히려 대체복무를 허용하지 않고 있는 현행 병역법 규정이 양심적 병역거부자들의 평등권을 침해하는 것일 가능성이 크다. 병역법은 질병·체중·신장 등 '신체적 사유'만을 현역병징집 면제사유로 인정하고,[76] '양심적 사유'로 인한 집총거부자에 대하여는 그런 예외를 인정하지 않는다. 그런데 전투병의 역할수행이라는 관점에서 볼 때 양심적 집총거부자는 신체상의 문제를 가진 사람들에 비하여 조금도 나을 것이 없으므로,[77] 이것은 합리적 차별이라고 보기 어렵다.[78]

3) "반사회적 양심을 보호해서는 안 된다"

"반사회적"이라는 말은 말하는 사람의 언어습관이나 가치관에 따라 그 의미가 달라질 수 있다. 그러므로 "반사회적 양심"이 무엇인지부터 생각해 보아야 한다. 단지 다수의 의사나 이익에 반한다는 이유로 "반사회적"이라고 부르는 것은 아닌가? 또 일각에는 개인적 사정을 이유

---

75 평등위반에 대한 위헌심사의 기준은 원칙적으로 '합리성 심사'이다. 합리성 심사에서는 차별이 합리적인지 여부(=자의적인지 여부)만을 심사한다(헌재 1997. 1. 16. 선고 90헌마110 결정). 다만, 다음 두 가지 중 하나에 해당하는 경우에는 엄격한 심사를 한다: (1) 헌법에서 특별히 평등을 요구하고 있는 경우, (2) 헌법상의 권리에 중대한 제한을 가져오는 경우. 양심적 병역거부자에게 대체복무를 인정하는 것은 이 둘 중 어디에도 해당한다고 보기 어렵다.

76 병역법 제12조, 제14조; 「징병 신체검사 등 검사규칙」 제10조 및 별표 1.

77 같은 취지: 한인섭, 앞의 글, 25쪽.

78 헌법재판소는 양심적 병역거부자에게 병역의무의 예외를 인정하지 않는 것이 평등원칙에 위반되지 않는다고 판시한 바 있다. 그러나 헌법재판소는 '양심적 병역거부자'와 '일반 병역기피자'를 비교집단으로 해서만 판단했으며, '양심적 병역거부자'와 '신체상의 이유로 현역병징집을 면제받은 자'를 비교집단으로 한 판단은 하지 않았다. 헌재 2004. 8. 26. 선고 2002헌가1 결정, 『판례집』 16-2 상, 141 [160]쪽.

로 사회규범을 위반하는 행위 자체를 "반사회적"이라고 하는 사람들도 있으며, 실정법을 위반하는 것 자체를 "반사회적"이라고 말하는 사람들도 있다. 가끔 반대자에 대한 혐오의 감정을 위장하기 위한 고상한 표현으로 "반사회적"이라는 말을 사용하기도 한다. 양심적 병역거부자들을 반사회적이라고 비난하는 것은 위 경우들 중 하나에 해당할 가능성이 크다고 본다.

한편, 양심의 명령을 따르기 위하여 형벌을 감수하면서까지 법을 위반하는 사람은 용기 있고 정직한 사람일 가능성이 높다고 보는 것이 합리적이다. 또 이런 사람은 규범에 대한 준수의지가 매우 강한 사람이라고 볼 수 있다.[79] 설사 그렇지 않더라도, 최소한 그들이 '양심적인' 사람들임은 틀림없다. 그런 사람들을 모두 범죄자로 만들어 감옥에 가두고 "반사회적"이라고 비난하는 것이 오히려 반사회적이지 않은가?[80]

'다를 수 있는 자유'(freedom to differ)는 사소한 사안에 제한되지 않으며, 그것은 오히려 "기존 질서의 심장을 건드리는 사안에 대하여 다를 수 있는 권리가 있는가 여부로 검증되는 것"이라는 미국연방최고법원의 판시를 귀담아들을 필요가 있다".[81]

6. "'양심에 근거한 행위'와 '양심을 빙자한 행위'를 판별할 수 없다"

이 반론도 타당하지 않다. 양심적 부작위자에 대하여 진정한 양심상

---

79 실정법을 위반한 사람이 규범에 대한 준수의지가 강하다는 말은 모순적으로 들릴 수 있다. 그러나 양심은 각자의 마음속에 있는 규범으로서 모든 행위규범의 기초이다. 양심적 부작위자들은 그 양심을 지키기 위하여 고민과 갈등 끝에 실정법을 위반하는 것이다.

80 드워킨도 비슷한 취지의 말을 했다(Ronald Dworkin, Taking Rights Seriously, p. 207).

81 이 말은 미국연방최고법원이 여호와의 증인의 국기경례 거부 사건에 대한 위헌판결(6:3)의 다수의견에서 판시한 내용이다. *West Virginia State Board of Education v. Barnette*, 319 U. S. p. 624, pp. 641~642(1943). 조국, 앞의 글, 137쪽에서 재인용.

의 결정이 존재하는지 여부를 밝히기 위한 절차에 관하여는 이미 충분한 연구가 이루어져 있다.[82] 양심적 병역거부를 인정하는 나라에서는 그에 관한 상세한 규정들도 두고 있다. 이들 연구와 규정에 공통되는 내용은, 양심을 이유로 자신의 행위를 정당화하려는 사람은 제3자가 납득할 수 있도록 자신의 양심에 관하여 설명하여야 하며 이때는 침묵의 자유를 원용할 수 없다는 것이다.[83]

한편, 오늘날 법체계는 내심의 상태를 유효하게 판단하기 위하여 필요하고도 충분한 법리와 판단기준을 갖추고 있다. 형법은 행위자의 심적 상태를 기준으로 고의범과 과실범을 구별하고, 민법은 행위자의 내심의 상태(예: 선의인지 악의인지, 소유의사를 가졌는지 여부)에 따라 재산에 관한 수많은 권리의무관계를 결정한다. '고의와 과실', 그리고 '선의와 악의'에 관한 판단이 가져오는 법률효과는 '양심과 비양심'에 관한 판단이 가져오는 그것보다 작다고 할 수 없다. 그렇지만 '고의와 과실' 또는 '선의와 악의' 등과 관련해서는 그러한 반론이 유효하게 제기된 바 없다. '양심과 비양심'의 판별 문제가 '고의와 과실' 또는 '선의와 악의'의 판별 문제와 같은 것은 아니지만, 그 기준과 방법은 서로 유추될 수 있다.

7. "법과 도덕을 혼동한 것이다"

개인의 양심을 이유로 법의 효력에 예외를 인정하는 것은 법과 도덕을 혼동한 것이라는 반론이 있다.[84] 그러나 양심의 자유는 헌법이 구체적 권리로 보장하는 기본적 인권의 하나이므로, 양심적 부작위를 보호

---

82 조국, 「양심적 집총거부권 병역기피의 빌미인가 양심의 자유의 구성요소인가?」, 『민주법학』 20, 민주주의법학연구회, 2001, 149[151]쪽; 한수웅, 앞의 글, 400~403쪽 등.

83 계희열, 앞의 책, 342쪽.

84 이런 반론은 1970년대 미국에서 베트남전쟁 반대를 위한 징병거부와 관련하여 뉴욕타임즈 및 타임즈 지에 의해 제기되었었다. Ronald Dworkin, Taking Rights Seriously, p. 206.

하는 것은 그 자체로 법의 문제이다. 또 양심의 내용이 옳고 그른지를 보고 그 보호여부를 결정한다면 도덕의 문제라고 할 수 있지만, 양심의 자유는 양심의 내용과 무관하게, 즉 그 양심이 옳고 그른지를 묻지 않고 각자의 마음속에 있는 양심 그 자체를 보호하기 위한 것이다.

8. "법이 예정하는 인간은 평균인이다"

법이 예정하는 인간은 사회적 평균인이라는 반론이 있다. 실제로 대법원이 양심적 병역거부 사건에서 그런 취지의 판시를 한 바 있다.[85]

그러나 이 말은 양심의 자유에 관한 한 타당하지 않다. 양심은 각자의 마음속에 있는 규범이므로 본질적으로 지극히 주관적이며, 그것은 양심의 개념적 징표라고 할 수 있다. 또 양심의 자유는 그 내용을 묻지 않고 각자의 양심 그 자체를 보장하는 것이다. 그래서 양심의 자유를 헌법상의 권리로 보장하는 의미는 소수의 특별한 양심을 보호하는 데에 있다.[86] 소수자의 양심적 부작위를 허용하는 것은 일반적 다수의 양심을 무시하는 것이 아니고, (일반적 다수의 양심을 보장함은 물론) 특별한 소수의 양심까지도 보장하는 것이다.

VI. 맺음말

양심적 부작위는 인간이 자기의 양심을 지키기 위해 할 수 있는 가장 원초적인 방법이다. 따라서 양심적 부작위권은 양심의 자유와 인간의 존엄과 가치 및 행복추구권의 본질적 내용과 필연적으로 그리고 절

---

85 대법원 2004. 7. 15. 선고 2004도2965 판결: "양심적 병역거부자에게 그의 양심상의 결정에 반한 행위를 기대할 가능성이 있는지 여부를 판단하기 위해서는, 행위 당시의 구체적 상황하에 행위자 대신에 사회적 평균인을 두고 이 평균인의 관점에서 그 기대가능성 유무를 판단하여야 할 것인바……"

86 헌재 2004. 8. 26. 선고 2002헌가1 결정, 『판례집』 16-2 상, 141[151]쪽.

박하게 연결되어 있다. 그것은 인간의 정신적 자위권이기도 하다. 그러므로 양심적 부작위권은 거의 절대적으로 보장되어야 한다. 그것은 사회 일각에서 우려하는 것과 달리 사회통합을 증진시키고 법치주의를 발전시킬 것이다.

통치자에게는 '정치적 문제'(혹은 통치행위)라는 이름으로 법의 효력 범위 밖으로 피할 수 있는 길이 열려 있다. 그렇다면, 주권자인 국민이 개인의 모든 정신작용의 출발점인 '양심적 문제'를 이유로 법의 특별한 배려를 받는 것이 부당하다고 할 수 없다. 더구나 양심적 부작위자가 처벌을 받지 않는 것은 법의 효력 범위 밖으로 피하는 것이 아니고, 국회의 입법 또는 법원의 합헌적 법률해석에 의하여 헌법상의 권리를 구체적으로 보장받는 것이다. 이런 점에서 양심적 부작위권의 강화는 통치행위 이론에 대한 균형추로서의 의미도 갖는다고 본다.

한편 법학은 실정법이 계속 발전해야 할 불완전한 규범임을 전제로 한다. 양심적 부작위권을 특별히 강력히 보장하는 것은 실정법이 좀 더 정의의 원리에 근접한 법으로 발전해 나가도록 하는 원동력이 될 수 있다. 법의 발전은 곧 국가의 발전이다.

참고문헌

계희열, 『헌법학』(중), 박영사, 2005.

곽윤직, 『채권총론』, 박영사, 1993.

국립국어원, 『표준국어대사전』, <http://www.korean.go.kr>.

권영성, 『헌법학원론』, 법문사, 2008.

김철수, 『헌법학개론』, 박영사, 2008.

『법률신문』, 2009. 4. 27.

성낙인, 『헌법학』, 법문사, 2008.

양건, 『헌법강의』 I, 법문사, 2007.

오승철, 『헌법소송이야기』, 태윤당, 2011.

_____, 『헌법이야기』, 태윤당, 2011.

이미순, 「법철학적 관점에서 본 시민불복종」, 이화여자대학교석사학위
      논문, 2006.

이인숙, 「칸트에 있어서 '양심'의 의미 '양심의 자유'와 관련하여」, 『철
      학연구』 28, 고려대학교 철학연구소, 2004.

장승희, 「맹자의 양심론양심과 관련된 세 가지 문제(원천, 형성, 저항
      권)를 중심으로」, 『유교사상연구』 32, 한국유교학회, 2008.

정종섭, 『헌법학원론』, 박영사, 2008.

조국, 「양심적 집총거부권 병역기피의 빌미인가 양심의 자유의 구성요
      소인가?」, 『민주법학』 20, 민주주의법학연구회, 2001.

한수웅, 「헌법 제19조의 양심의 자유」, 『헌법논총』 12, 헌법재판소,
      2001.

한인섭, 「양심적 병역거부: 헌법적·형사법적 검토」, 『인권과 정의』 309,
      대한변호사협회, 2002.

허영, 『한국헌법론』, 박영사, 2008.

孟子

Hannah Arendt, Crises of the Republic, Harcourt Brace & Company,
      1972.

Erwin Chemerinsky, Constitutional Law: Principles and Policies, Aspen

Publishers, 2006.

Ronald Dworkin, A Matter of Principle, Harvard University Press, 1985.

_____, Taking Rights Seriously (1977), Harvard University Press, 1978.

Thomas Hobbes, Leviathan (1651), Penguin Books, 1980.

Immanuel Kant, Trans. and Ed.Mary Gregor, The Metaphysics of Morals, Cambridge University Press, 1996.

Plato, Trans. G. M. A. Grube, "Crito," Complete Works, Hacket Publishing Company, 1997.

Plato, Trans. G. M. A. Grube, "Apology," Complete Works, Hacket Publishing Company, 1997.

Henry Thoreau, Civil Disobedience (1849), Atkinson, Brooks 엮음, in Walden and Other Writings, The Modern Library, 2000.

양심에 따른 병역거부의 실태와 현황
- 지난 10년을 중심으로 -

김수정(법무법인 지향 변호사, 민변)

I. 들어가며

2001년 초 한 시사 주간지에 양심에 따른 병역거부자[1]의 존재와 그에 대한 처벌의 역사가 보도되었고, 이후 양심에 따른 병역거부는 한국에서 가장 중요한 소수자 인권 문제로 부각되어 사회 각계각층의 큰 호응을 얻게 되었다. 이후 10년 동안 우리사회는 양심에 따른 병역거부자를 무조건 병역기피자로 몰아세우던 관행에서 벗어나, 양심의 자유와 병역의 의무 모두를 조화롭게 보호할 수 있는 합리적인 방안을 모색해 보자는 논의를 활발히 진행하였다. 비록 헌법재판소가 두 차례에 걸쳐 양심에 따른 병역거부를 인정하지 않고 있는 현행 병역법이 합헌이라는 결정을 하여 그 논의가 주춤하고 있기는 하지만 결코 과거로의 회귀라고는 할 수 없을 것이다.

양심에 따른 병역거부권이 공론화된 지난 10년 동안 양심에 따른

---

1 양심을 이유로 병역을 거부하는 자들(Conscientious Objectors)에 대하여 '양심적 병역거부자'라는 용어를 일반적으로 더 많이 사용하나, '양심적'이라는 뜻을 오해하여 군에 입대하는 사람들은 '비양심적'이라는 뜻이냐는 비판이 있기도 하였는 바, 이에 일부에서는 이러한 비판에 수긍하여 '자신의 양심에 따라 병역을 거부한다는 뜻'으로 이들을 '양심에 따른 병역거부자'로 부르기로 하였다. 이러한 취지에 공감하여 이 글에서는 '양심에 따른 병역거부자'로 통일하여 서술한다.

병역거부자를 바로 보는 시각에 많은 변화가 있었다. 종래 병역거부가 종교적 양심에 의한 병역거부자에 한정되어 있었으나 평화와 전쟁반대의 신념에 의한 병역거부자가 등장하면서 양심에 따른 병역거부가 특정 종교에 대한 특혜의 문제가 아니라 양심과 신념의 문제라는 인식이 확산되었고, 나아가 양심에 따른 병역거부는 평화운동이라는 영역으로까지 확대되었다. 특히 사법부에서 많은 변화가 있었다. 비록 헌법재판소에서 두 번의 합헌결정을 하면서 과거와 크게 다르지 않은 태도를 유지하였지만, 일선 법원에서 이어진 수차례의 위헌 제청 등은 양심에 따른 병역거부에 대한 전향적 판단이 머지않았음을 보여 준다.

이하에서는 향후 병역거부권이 나아갈 바를 논의하는 데 도움이 되고자 지난 10년 동안의 양심에 따른 병역거부의 실태와 현황을 살펴보고자 한다.

II. 대한민국의 병역제도

우리나라는 국민개병제에 입각한 징병제를 실시하고 있으며, 그 근거는 헌법 제39조 제1항의 "모든 국민은 법률이 정하는 바에 의하여 국방의 의무를 진다"는 조항과 병역법 제3조 제1항의 "대한민국 국민인 모든 남자는 헌법과 이 법이 정하는 바에 따라 병역의무를 성실히 수행하여야 한다"는 규정이다. 병역은 현역, 보충역, 예비역[2] 등으로 구분된다. 현역은 5주의 기본군사훈련을 포함하여 24~28개월을 복무하며,[3] 대체복무역인 보충역은 병역법이 정하는 신체 결함자, 학력 미달자, 가사사정상 현역 부적합자로 분류되어 편성되거나, 또는 특수한 기능이나 자격을 가진 자들이 지원할 수 있다. 보충역의 복무 기간은 4주의 기본 군사훈련을 포함하여 26~34개월[4]이다. 예비역은 사병의

---

2 병역법 제5조, 제14조.
3 병역법 제18조 제1항.
4 병역법 제30조 제1항.

경우 제대 후 8년간 약 160시간의 군사훈련을 받아야 한다.[5] 병역의 면제는 병역법이 정하는 신체 결함, 학력 미달이나 가사사정에 국한되며 양심에 따른 병역거부자에 대한 면제 조항이나 이들을 위한 대체복무역은 존재하지 아니한다.

대체역의 성격을 지닌 보충역을 이행하는 경우에도 예외 없이 4주 간의 기본군사훈련을 받아야 하므로,[6] 양심에 따른 병역거부자들은 보충역 판정을 받았거나 보충역을 신청할 수 있는 자격을 갖추고 있다고 하더라도 이를 받아들이지 않고 처벌[7]을 감수하고 있다. 또한 예비역의 경우에도 양심상의 이유로 예비군 소집에 불응하면, 예비군 소집에 불응할 때마다 반복 처벌되기 때문에 이들은 가혹한 처벌[8]을 감수하고 있다. 따라서 사실상 양심에 따른 병역거부자는 예외 없이 처벌되고 있는 상황이다.

III. 양심에 따른 병역거부의 역사와 현황 및 병역거부자들에 대한 처우

1. 양심에 따른 병역거부의 역사와 현황

우리나라의 양심에 따른 병역거부자는 일제 식민지 시절이던 1939년 최초의 처벌 기록[9]이 보고된 이래 지금까지 처벌된 누적 숫자가 1

---

5 병무청 홈페이지 <http://www.mma.go.kr/www_mma3/main_exe_6.html>.

6 병역법 제55조.

7 병역법 제88조는 현역입영을 거부할 경우 3년 이하의 징역에 처할 수 있도록 규정하고 있고, 군형법 제44조는 집총거부자의 경우 항명죄로서 3년 이하의 징역에 처할 수 있도록 규정하고 있다.

8 예비군 소집에 불응할 경우 병역법 제90조에 의해 6개월 이하의 징역 또는 200만 원 이하의 벌금형에 처해지며 동원훈련에 불응하는 경우 향토예비군설치법 제15조 제4항에 의해 3년 이하의 징역이나 500만 원 이하의 벌금형에 처해진다.

9 일본 내무성 내부문서인 『사상월보』(1941년 1월호)와 『특고월보』(1939년 6월호)에 따르면 일본 115명, 한국 30명, 타이완 9명의 체포자명단이 게재되어 있고, 조

만 6천여 명에 달한다.[10] 2011년 12월 1일 현재 761명의 병역거부자가 1년 6개월 이상의 형을 선고받고 전국 교도소에 수감 중이다.[11] 지난 10년간 연도별 병역거부자 현황을 살펴보면 아래와 같다.

〈표 1〉 연도별 병역거부자 발생현황[12]

연도	2001	2002	2003	2004	2005	2006	2007	2008	2009	2010	2011
인원	379	825	561	755	828	781	571	375	728	721	584

통계상 2001년부터 2011년 12월까지 병역법 제88조 제1항으로 실형선고를 받아 확정된 사람은 6428명이고, 그중 99.65%인 6405명이 1년 6개월의 실형을 선고받은 것으로 나타났다.[13] 이들은 종교적 신념 또는 양심의 자유를 이유로 병역을 거부했다.

한편, 2004년 10월경 여호와의 증인 신자인 김 모씨는 병역을 거부하다가 캐나다에서 종교 난민으로 인정받기도 하였고,[14] 2009년에는 평화적 신념과 동성애자로서의 인권침해를 피하기 위해 병역거부를 택한 김경환 씨가 캐나다에서 난민지위를 획득했다.[15]

2. 과거 양심에 따른 병역거부자에 대한 처우

양심에 따른 병역거부자는 본질적으로 자신의 신념이 유일한 증거일 수밖에 없고 도주와 증거 인멸의 우려가 없는 데도 불구하고 거의 예외 없이 구속 상태에서 재판을 받았으며,[16] 재판을 받고 있거나 교

선총독부 고등법원검사국 사상부 비밀문서인 『사상휘보』속간은 한국에서 총33명을 기소하였다고 밝히고 있다.

10 대한변협인권보고서 특집 「양심적 병역거부와 인권」, 2011.
11 <http://www.jw-media.org/kor/20111201rpt.htm>.
12 『연합뉴스』 2011. 12. 15.
13 병무청의 정보공개자료 「연도별 병역거부자 현황 및 형사처벌 통계」, 2012. 1. 12.
14 국민일보, 2004. 11. 13. 문화면.
15 <http://www.hani.co.kr/arti/society/society_general/510429.html>.
16 2002년 1월 29일 서울지방법원 남부지원이 병역법이 양심에 따른 병역거부자의

도소에 수감되어 있는 이들 중 80%가 양심에 따른 병역거부자의 문제가 공론화되기 시작한 2001년 중반 이전에 군사 재판을 통해 군형법 44조에 근거한 항명죄로 법정 최고형인 3년형을 기계적으로 선고받았고, 아버지나 형이 같은 이유로 투옥되거나, 형제가 동시에 투옥된 경우에도 양형에 있어 거의 참작이 되지 않았다.[17] 또한 이들 가운데는 특수 전공자로서 4주의 기본군사훈련만 이수하면 보충역의 한 형태인 전문연구요원 제도나 산업특례요원 제도를 이용할 수 있는 기회가 있었지만 기본 군사훈련을 면제받을 수 없어 군형법, 병역법에 의거 실형을 선고받고 복역한 경우[18]도 있다. 2001년 중반 이후로는 양심에 따른 병역거부자 대부분이 군 입대 자체를 거부하여 군형법 대신 병역법이 적용되었으며, 이에 따라 이들은 민간법정을 통해 재판을 받아 대부분 징역 18개월을 선고받고 복역 중이다.

한때 양심에 따른 병역거부자들은 투옥되어, 전례 없는 국가주의와 강화된 병역법으로 인해 매우 가혹한 고문, 구타, 가혹한 처벌을 경험하기도 하였다. 1975년 당시 군사정권의 대통령 박정희가 입영률 100%를 달성하라는 지시를 내림에 따라 병무청 직원들은 징집영장도 없이 여호와의 증인들의 집회 장소를 에워싸고 있다가 징집 연령에 해당된다고 판단되는 젊은이들을 군부대에 강제로 입소시킨 뒤 그곳에서 징집영장을 발부하는 일이 있었고, 이들이 재판을 받기까지 투옥되었던 군 영창에서 대부분의 고문과 가혹 행위가 자행되기도 하였으며,[19] 1976년 강제 입영된 여호와의 증인 이춘길은 창원 제39사단 헌

인권을 침해하고 있다는 이유로 관련 병역법 조항에 대하여 위헌심판제청을 한 이후 양심에 따른 병역거부자의 경우도 불구속 상태에서 재판을 받을 수 있게 되었고, 현재는 거의 대부분 1심 판결 전에는 불구속 수사와 재판을 받고 있다.

17 '양심에따른병역거부권실현과대체복무제도개선을위한연대회의', 민주사회를 위한 변호사모임 작성 제58차 유엔인권위원회 공동보고서.

18 한국과학기술연구원(KAIST)의 박사이자 교수 내정자였던 정성욱은 자신의 전공으로 인하여 보충역인 전문연구요원으로 징집되었지만 4주의 기본군사훈련을 거부하여 2001년 6월 입영거부로 입건되었고, 불구속 상태에서 재판을 받았으나, 2004년 1년 6월의 실형을 선고받았다.

19 안경환·장복희(편), 『양심적 병역거부』, 사람생각, 2002, 홍영일 연구논문 중 부록.

병대 영창에서 구타로 인해 사망하기도 하였다.[20] 또한 이 무렵에는 양심에 따른 병역거부자가 형기를 마치고 출소하는 날 교도소 정문에서 병무청 직원들이 대기하고 있다가 그에게 징집 혹은 예비군 소집 영장을 제시하고 다시 재판과 투옥을 하는 과정을 여러 번 반복시킨 사례도 있었다.[21·22]

또한, 이들은 1991년경까지 가석방 대상 자체에서 제외되었으며, 이후에도 일반 재소자들과 달리 여호와의 증인인 병역거부자들은 가석방 심사기준에서 특별한 유형으로 분류되어 심사되었다.[23] 이들은 교도소 내에서 대표적인 1급 모범수로 평가받고 있음에도 통상의 경우

---

20 Eileen Cahill, "Conscientious objectors fight war against war," The Korean Herald (January 11, 2002), p. v9 <http://www.koreaherald.com/SITE/data/html_dir/2002/01/11/200201110011.asp>.

21 대법원 1992. 9. 14. 선고 92도1534 판결.

22 양심에 따른 병역거부자였던 여호와의 증인 정춘국은 의예과 재학 중이던 1969년(당시 21세) '병역기피죄'로 10개월의 징역형을 살았다. 26세인 1974년 '병역기피죄'로 재차 기소되어 3년형을 받았다. 1심에서 3년 구형에 1년 6개월을 선고받고 항소를 하자 고등법원은 원심을 파기하고 3년을 선고하였다. 만 3년간의 실형을 살고 대전교도소에서 출소를 하는 날 병무청 직원이 다시 징집 영장을 들고서 교도소 입구에서 그를 기다리고 있었다. 1977년이던 당시 29세의 정춘국은 제32사단 군부대로 강제로 끌려가면서 병무청 직원들로부터 "병역법상의 전과는 전과로 인정하지 않으므로 또 징집할 수 있다"는 말을 들었다. 당시 병역법에는 '고졸은 만 28세, 대졸은 만 30세가 되는 해 12월 31일까지 징집할 수 있다'는 규정이 있었지만 의예과 1년 중퇴인 정춘국이 의대4년을 졸업한 것으로 기록하여 징역을 살고 나온 정춘국을 재징집한 것이었다. 그리고 제32사단에서는 병역법 전과가 있다고 누범 가산을 하였다. 징집할 때는 전과로 인정하지 않는다고 징집하더니, 형을 선고할 때는 전과로 인정한 것이었다! 1977년, 그리하여 항명죄로 최고형 2년의 두 배인 4년을 선고했으며, 이 재판을 받기까지 그가 구금되어 있는 군부대 내에서 무릎을 꿇리고 가슴을 군화발로 걷어차서 뒤통수를 시멘트 바닥에 메치고 주전자로 얼굴에 물을 붓는 가혹 행위가 자행되었다. 결국 정춘국은 '병역기피죄'로 3년 10개월, 항명죄로 4년 등 도합 7년 10개월의 실형을 가석방 없이 살았다 (정춘국 「잊혀질 수 없는 기억에 대한 조사」, 『민주사회를위한변론』 41, 2001. 7·8쪽.).

23 교정국 (Correction Bureau in Ministry of Justice), <http://www.moj.go.kr/corrections/english/treat/intro_parole.html>, 안경환·장복희(편), 『양심적 병역거부』, 사람생각, 2002, 266쪽.

50% 이상 형기를 복역하면 가석방의 혜택이 주어지는데 반하여, 형기의 75% 이상을 복역해야 가석방을 신청할 수 있도록 하였으며, 경축일을 비롯하여 매년 몇 차례씩 정부가 전체 수감자들을 대상으로 하는 사면·복권 대상에도 전혀 포함되지 않았다. 또 다른 종교를 가지고 있는 수감자들은 외부로부터 정기적으로 교직자의 방문을 받는 등 종교활동이 허용되고 있었으나, 2003년 중반 이전까지는 여호와의 증인 수감자들은 '특수한 종교교리를 이유로 병역의무를 기피하는 등 실정법을 위반하고, 이로 인하여 형집행 중인 상태에 있으므로 이들의 잘못된 신념을 굳건히 할 수 있는 종교집회 허용은 교정 교화의 목적과 배치된다'[24]는 이유로 일체의 종교활동을 허용받지 못하였다. 이와 관련하여 2002년 10월 29일 국가인권위원회는 구금시설 내 '여호와의 증인' 수용자들에게 종교집회를 허가하지 않는 것은 평등권 및 종교의 자유를 침해한 행위라고 결정하고, 여호와의 증인 수용자들의 교도소안 종교집회 개최를 허용할 것을 법무부에 권고[25]하였으며, 법무부는 2003년 중반에 이르러서야 국가인원위원회의 권고를 받아들여, 수감 중인 여호와의 증인 병역거부자들을 비롯해 소수 종교 신봉 수용자들의 종교집회를 허용함으로써 현재 이러한 차별은 시정되었다.[26]

한편, 양심에 따른 병역거부자들은 석방된 후에도 전과로 인해 공무원 임용자격이 없으며, 민간 기업에 취업하고자 하는 경우에도 신원조회에서 탈락하는 등의 사회적 차별을 경험하고, 병역법 제76조에 따라 관청허가업종 등에 종사하는 데 있어서도 제한을 받고 있다.

---

24 법무부 차별행위 권고에 대한 회신(교화61490-24).
25 국가인권위원회 2002. 10. 29. 결정, 2001진차2 「양심적 병역거부 수용자에 대한 차별행위 개선」.
26 국가인권위원회 2003. 7. 18. 보도자료, 「법무부, 구금시설 내 소수종교 집회허용」.

Ⅲ. 양심에 따른 병역거부권의 공론화 과정과
10년 동안의 변화

1. 공론화의 시작

대한민국에서 양심에 따른 병역거부권이 공론화되기 시작한 지 이제 막 10년이 지났다. 2001년 2월 초 한 시사주간지의 지면[27]을 통해, 일제강점기인 1939년 최초의 양심에 따른 병역거부자가 존재한 이래 그 이후 60여 년간 1만 여명의 양심에 따른 병역거부자들이 존재해 왔다는 사실, 그리고 그들이 지금까지 모두 단 한 번의 예외도 없이 짧게는 1년 6월 길게는 3년형을 선고받아 감옥에 수감되어 왔다는 사실이 알려지게 되었고, 이후 양심에 따른 병역거부는 한국에서 가장 중요한 소수자 인권 문제로 부각되어 사회 각계각층의 큰 호응을 얻게 되면서부터 공론화되기 시작하였다.

사회 일각에서는 대부분의 양심에 따른 병역거부자들이 여호와의 증인 신도들인 점에 착안하여 이 문제를 소수 특정종교의 문제에 대한 특혜의 문제로 인식하거나(도시빈민사회복지선교회 회장이었던 개신교인 김홍술 목사, 불교 승려 효림, 안식교인들이 군대 내에서 비무장 근무를 요구한 경우 등 여호와의 증인이 아닌 경우로 몇 건의 사례가 존재하였다), 양심에 따른 병역거부자들을 병역기피자들과 동일시하기도 하고, 남북분단의 상황상 인권의 문제로 취급하는 데는 시기상조라는 반대의견이 팽배하기도 하였다.

---

27 시사주간지『한겨레21』은「차마 총을 들 수가 없어요」(2001. 2. 16)라는 제목으로 '양심에 따른 병역거부자'에 대한 기사를 다루었고, 이는 이후 한국에서 '양심에 따른 병역거부자' 문제를 공론화시키는 계기가 되었다.

2. 반전·평화의 신념에 따른 병역거부자의 등장

2001년 말 여호와의 증인 신도가 아닌 자로서는 거의 최초로 오태양 씨가 병역거부를 하였는데, 오태양 씨 사례는 불교 신자로서 불살생계율과 반전 평화의 양심에 따라 병역을 거부한 최초의 사례가 되었다. 오태양 씨의 등장으로 병역거부는 더 이상 특정종교의 문제가 아니라, 세계관과 철학의 문제라는 인식이 확산되었다. 오태양 씨의 병역거부 이후 천주교 신자로서, 불교 신자로서, 또는 반전 평화의 양심에 따라 병역을 거부하는 사례가 지속적으로 나타나고 있고, 2011년 12월 31일 현재 징역형이 확정된 사람은 모두 52명이다.[28] 2001년 여호와의 증인 병역거부자들의 실상이 알려지면서 공론화되기 시작한 양심에 따른 병역거부는 평화주의자들의 등장으로 이제 인권에 대한 존중과 보호의 문제인 동시에 평화운동으로 새롭게 인식되었다.

3. 공적 영역에서 진행 경과

한편, 2004년 5월 21일 서울남부지방법원 이정렬 판사의 병역거부자 3명에 대한 무죄판결[29]은 양심에 따른 병역거부를 공론화 시키는 기폭제가 되었고, 사회적 논의 과정 또한 무조건적인 반대의견이 많았던 과거와는 달리 '양심'에 대한 진지한 논의와 대안 등에 대한 깊이 있는 논의가 이루어지기도 하였다. 2004년 7월 15일 대법원의 병역거부자에 대한 유죄선고,[30] 2004년 8월 26일 병역법 제88조 제1항에 대한 헌법재판소의 합헌결정[31]이 있었으나, 다수의 대법관과 헌법재판관이 대체복무제도입을 권고한 이래, 2004년 9월 정기국회에서 사상 최초로 대체복무제 도입을 위한 입법안 발의(임종인, 노회찬 의원)가 이루어

---

28 \<http://www.withoutwar.org\>.
29 서울남부지방법원 2004. 5. 21. 선고 2002고단3949 병역법위반 판결.
30 대법원 2004. 7. 15. 선고 2004도2965 병역법위반 판결.
31 헌법재판소 2004. 8. 26. 선고 2002헌가1 결정.

졌다. 2005년 3월 17일에는 국회 국방위원회에서 위 법안에 대한 공청회가 이루어지기도 하였으며, 2005년 12월 26일 국가인권위원회(위원장 조영황)는 제26차 전원위원회에서 양심적 병역거부권은 헌법 제19조와 시민적·정치적 권리에 관한 국제규약 제18조의 양심의 자유의 보호 범위 내에 있음과 병역의 의무가 국가의 안전보장을 위한 국민의 필요적 의무임을 확인하면서 국회의장과 국방부 장관에게 양심에 따른 병역거부권과 병역의무가 조화롭게 공존하게 할 수 있는 대체복무제도를 도입하도록 권고하였다.

2006년 4월 5일 국방부는 이상돈 중앙대 교수를 위원장으로 학계, 법조·언론·종교계, 시민단체, 체육·예술계 등 분야별 전문가와 국방부, 병무청 관계국장 등 17명으로 구성한 민간 중심의 정책공동체로서 「대체복무제도 연구위원회」를 발족하고, 위 위원회는 종교적 병역거부자의 대체복무 도입 여부를 비롯한 대체복무제도 전반에 걸친 원칙과 기준을 설정하고 국민여론조사, 파급효과 등을 연구하였고, 이를 바탕으로 2007년 9월 정부는 대체복무제도를 도입할 것을 발표하였다.

2008년 7월 21일 국가인권위원회는 양심적 병역거부자의 대체복무 이행을 촉구하는 의견을 표명하기도 하였고, 하급심 법원에서 병역거부자에 대한 무죄 선고, 병역법조항에 대한 위헌제청 결정이 잇달았으며(아래 사법부의 소극적 변화 참조), 2008년 5월 29일 유엔인권이사회가 한국정부에 유엔자유권규약 위원회의 권고 이행(양심에 따른 병역거부 인정하고 대체복무제 도입을 권고)을 촉구하는 등 대내외적인 노력이 있었음에도, 이명박 정권은 2008년 12월 24일 대체복무제 도입은 시기상조라고 하면서 노무현 정부가 2007년 9월 발표한 대체복무제도 도입계획을 무산시켰다.

그러나 이후에도 종교적, 평화적 신념과 양심에 따른 병역거부는 계속되었고, 하급심 법원에서는 지속적으로 병역법조항에 대하여 직권으로 위헌제청결정을 하였으며, 병역거부자들의 유엔 자유권규약위원회의 개인청원, 김부겸, 이정희 의원의 대체복무제 도입을 위한 병역법 일부 개정안 발의[32] 등 대체복무제 도입을 위한 노력은 계속되고 있다(별첨 2001년 이후 양심에 따른 병역거부 주요사건 일지[33] 참조).

Ⅳ. 사법부의 소극적 변화

1. 과거 대법원의 태도

2001년 이후 10년 동안 양심에 따른 병역거부와 관련하여 가장 많은 변화가 있었던 부분이 법조계라고 하여도 과언이 아니다.

과거 양심에 따른 병역거부자들은 1969년, 1985년, 1992년 각각 대법원 상고심에서 양심에 따른 병역거부가 종교와 양심의 자유에서 비롯된 행위이므로 양심에 따른 병역거부는 병역의무 위반이 아니라는 점을 주장하였다. 이에 대하여 대법원은 "종교의 교리를 내세워 법률이 규정한 병역의무를 거부하는 것과 같은 이른바 양심상의 결정은 헌법에서 보장한 종교와 양심의 자유에 속하는 것이 아니다"(대법원 1992. 9. 24. 선고 92도1534 항명 판결)라고 판시하는 등 일관되게 부인하여 왔다. 이러한 대법원의 입장은 양심상 결정의 실현을 이유로 형벌을 과하는 것은 양심의 자유 또는 종교의 자유에 대한 극단적 침해라는 주장에 대하여 사실상 판단을 회피하였거나, 양심의 자유의 범위에 대하여 한마디의 언급도 없이 논리의 비약을 거쳐 단순히 양심에 따른 병역거부는 양심의 자유에 해당되지 않는다고 하는 등 판단유탈의 오류를 범하고 있다는 이유로 비판을 받아 왔다. 그러나 이러한 비판에도 불구하고 법원은 단 한 번의 예외도 없이 위와 같은 대법원 판례에 따라 양심에 따른 병역거부자들에 대하여 유죄 판결을 선고하여 왔다.

---

32 2011년 7월 1일 김부겸 의원 대표발의, 같은 해 9월 14일 이정희 의원 대표발의.
33 2011년 대한변협 인권보고서 특집 「양심적 병역거부와 인권」에 첨부된 부록.

2. 법원의 변화의 시작

그러나 2002년 1월 29일 서울남부지방법원의 병역법 제88조 제1항에 대한 위헌여부심판 제청 결정[34] 이후 법원의 태도에도 변화가 시작되었다. 위 결정 이후인 2002년 2월 8일 서울동부지원은 평화운동가이자 불교신자로서 병역을 거부한 오태양에 대하여 '도주 및 증거인멸의 우려가 없다'는 이유로 사전구속영장을 기각하는 결정을 하였고, 양심에 따른 병역거부자에 대한 구속영장이 기각된 첫 사례가 되었다.[35] 이후 법원은 구속 상태로 재판이 진행 중인 병역거부자에 대하여 병역법 조항에 대한 헌법재판소의 결정에 따라 유무죄 여부가 달라질 것이라거나, '도주 및 증거의 우려가 없다는 이유'로 보석결정을 하거나, 구속영장이 청구된 병역거부자에 대하여는 영장을 기각하는 다수의 사례가 발생하였다. 이는 그동안 '양심에 따른 병역거부자'를 단순한 병역기피자로 보아 예외 없이 구속하고, 중형을 내리던 사법부의 큰 변화라 하지 않을 수 없다. 현재는 거의 대부분의 경우 불구속 상태에서 병역거부자에 대한 재판이 진행되고 있다.

2004년 5월 21일 서울남부지방법원 이정렬 판사는 양심에 따른 병역거부자 3명에 대하여 헌법 및 유엔인권위원회 결의안, 세계 각국의 상황 등을 근거로 "양심적 병역거부로 인해 국가 방위력의 손상이 있을 것을 우려하지 않을 수 없지만, 국가의 형벌권과 개인 양심의 자유권이 충돌하는 경우에는 형벌권을 한발 양보하는 것이 정당하다"는 취지의 무죄판결[36]을 선고하였다. 이 판결에 대하여 "국가안보를 위태롭

---

34 서울남부지방법원은 사상 최초로 2002년 1월 29일 양심에 따라 병역을 거부하고 있는 경우까지 예외 없이 처벌하고 있는 병역법 제88조 제1항 제1호에 대하여 위헌의 의심이 있다며 헌법재판소에 위헌여부심판을 제청하였다.

35 서울동부지검은 오태양에 대하여 재차 영장청구를 하였으나, 2002년 2월 16일 서울동부지방법원은 '개인적 양심에 따라 병역을 거부했을 뿐 고의적인 병역기피 의도가 없고 도주 우려도 없다'는 이유로 다시 영장청구를 기각하였다(『한겨레』, 2002. 2. 18. 사회면).

36 이 판결은 참여연대 사법감시 센터가 선정한 '소수자 권익보호와 정의실현'을 위

게 하는 판결이다", "국가가 침해할 수 없는 양심의 자유가 인정된 역사적 판결이다"는 등 찬반양론의 팽팽한 의견이 대립되었으나, 양심에 따른 병역거부 문제가 사회적으로 공론화되도록 하여, 적어도 양심의 문제를 진지하게 고민할 수 있는 계기를 제공하였다.

3. 대법원과 헌법재판소의 소극적 판단과 그 성과 및 한계

위와 같은 사법부의 괄목할 만한 변화에도 불구하고, 헌법재판소와 대법원은 하급심 법원 판사들의 적극적인 고민을 따라가지 못하고 있다.[37] 많은 논란 속에서 13명의 대법관 중 12명이 "양심의 자유가 국방의 의무보다 우월적 가치라고 할 수 없다"라는 취지의 다수의견을 밝히고 양심에 따른 병역거부자에게 유죄를 선고하였으며, 이강국 대법관 1인만이 "피고인과 같은 경우에는 국가의 형벌권이 한 발 양보함으로써 개인의 양심의 자유가 보다 더 존중되고 보장되도록 하는 것이 상당하다"는 취지로 양심에 따른 병역거부자들에게 무죄를 선고하여야 한다는 반대의견을 피력하였다. 다만 양심에 따른 병역거부자들에게 유죄를 선고한 13인의 대법관 중 4인은 유죄의 의견을 유지하면서도 반대의견과 같이 대체복무제도의 도입을 촉구하는 보충의견을 피

한 2004년 5대 '디딤돌 판결'에 선정되었다(『시민의 신문』, 2005. 1. 14.). 당시 강금실 법무부장관은 인권위원회 강연에서 양심에 따른 병역거부 문제에 대해 '인간의 존엄과 가치를 상징하는 인권에 대한 문제제기는 의식적으로라도 이뤄져야한다'고 하여 사실상 양심에 따른 병역거부 문제가 공론화된 데 대해서 지지입장을 표명하였다(『경향신문』, 2004. 6. 2. 종합). 한편 이 판결의 경향에 대해 사법부와 법조계의 평가는 엇갈리는 것이었다. 서울중앙지법의 한 부장판사는 "입법으로 해결할 사안에 대해 사법부가 나서는 것은 3권 분립 취지에 반한다"고 지적했고, 다른 중견 판사도 "소수의 양심을 인정하면 다수에 대한 불균형이 발생할 수 있다"며 "사회의 다양한 이해관계의 충돌 속에서 사법부는 소수보다 다수를 위한 입장을 견지해야 한다"고 하였으나, 반면 일부 소장 판사들 가운데서는 "시대 변화에 부응하는 것"이라는 긍정적 평가가 있었다. 서울중앙지법의 한 소장 판사는 "앞으로 다양한 가치관과 철학을 가진 젊은 판사들이 배출되면서 유사한 판결들이 이어질 것"이라고 전망하기도 했다(『한국일보』, 2004. 5. 24. 사회면).

37 대법원 2004. 7. 15. 선고 2004도2964·2965 병역법위반 판결.

력하기도 하여 주목을 받았다. 헌법재판소 역시 2004년 8월 26일 9인의 재판관 중 중 합헌 7명, 위헌 2명[38]의 의견으로 합헌결정[39]을 내렸다. 그러나 7인 중 5인의 재판관은 양심에 따른 병역거부자의 고뇌와 갈등상황을 외면하고 그대로 방치할 것이 아니라, 이들을 어떻게 배려할 것인가에 관하여 진지한 사회적 논의를 거쳐 나름대로의 국가적 해결책을 찾아야 할 때가 되었다고 판단하면서 입법자에게 대체복무제 마련 등 대안마련에 숙고해야 한다는 취지의 보충의견을 피력하였다.

대법원과 헌법재판소의 위 판결은 양심의 자유에 대하여 한마디 언급도 없이 무조건 처벌을 당연시하였던 과거 대법원 판결에 비추어 보면 분명 진일보한 판결이라 할 수 있겠으나, 국방의 의무를 양심의 자유보다 더 높이 평가하여 양심실현의 자유를 극단적으로 침해하는 것을 합헌이라고 한 것은 우리 헌법과 국제 인권법의 기준에 비추어 볼 때 한계를 드러낸 판결이라 하지 않을 수 없으며, "양심의 자유와 국방의 의무가 충돌할 때 양심의 자유가 좀 더 존중되고 보장되어야 한다"는 반대의견이 대법관 1인, 헌법재판소 재판관 2인 등 극소수에 불과하였다는 점 또한 아쉬운 점이라 할 수 있겠다. 다만 대법원과 헌법재판소 모두 양심에 따른 병역거부자에 대한 문제를 사회적 관용의 문제로 바라보면서, 대체복무제 도입의 필요성을 언급함으로써 향후 입법을 통하여 양심에 따른 병역거부자 문제가 해결될 수 있을 것이라는 단초를 제공하였다는 점에서 그 의미를 찾을 수 있을 것이다.

4. 하급심 법원의 계속되는 위헌 제청 결정과 헌법재판소의 합헌 결정

위 대법원과 헌법재판소 결정 이후에도 하급심 법원의 병역법 조항에 대한 위헌제청은 계속되었다.[40] 2007년 10월 26일 청주지방법원 영

---

38 헌법재판관 김경일, 전효숙.

39 헌법재판소 2004. 8. 26. 선고 2002헌가1 결정.

40 춘천지방법원(2008헌가22), 대전지방법원 천안지원(2009헌가7), 전주지방법원

동지원 판사는 병역거부자에게 무죄판결을 하기도 하였다.[41] 또한 병역법 조항뿐만 아니라 예비군훈련 거부자에 대한 처벌 조항인 향토예비군 설치법 조항에 대한 법원의 위헌제청[42]도 있었다. 같은 조항에 대한 위헌제청이 하급심 법원에서 반복되는 것은 매우 이례적인 일이다.

헌법재판소는 위 1차 결정 이후 7년이 경과한 2011년 8월 30일 하급심 법원의 위헌제청에 대해 결정[43]을 하였는데, 2차 결정 역시 합헌이었다. 1차 헌재 결정이 국방의 영역에서는 입법부의 광범위한 입법재량권이 인정되어야 한다면서 양심의 자유에 대해서도 과잉금지원칙을 인정하지 않은 반면, 2차 결정은 국방의 의무 영역이라 할지라도 헌법 제37조 제2항이 제시하는 과잉금지 원칙이 적용되어야 한다는 진일보한 내용을 담고 있기는 하나, 전체적으로 1차 결정에 비해 후퇴한 측면이 있다. 특히 1차 결정에서는 다수의 헌법재판관들이 비록 합헌 결정을 하면서도 대체복무제도의 도입을 권고하였는데, 2차 결정에서는 이에 대한 언급이 전혀 없다. 1차 헌재 결정과 위 대법원 판결 이후 양심에 따른 병역거부에 대한 많은 논의가 있었고, 정부에서 대체복무제 도입을 위한 법안을 낼 정도로 사회적 합의도 많이 이루어졌다. 1차 결정시 '사회적 합의가 아직 부족하다'는 당시 헌법재판소의 우려가 많이 해소된 상태였음에도, 여전히 안보 논리에 갇혀 1차 결정보다 후퇴하는 결정을 내린 헌법재판소의 소극적 태도는 매우 유감이라 할 수 있다. 또한 헌법재판소는 2차 결정에서 국제인권규범 측면에서 자유권규약의 내용은 우리 헌법과 동일하므로 특별한 의미가 없다

(2009헌가24). 대구지방법원 김천지원(2010헌가16), 수원지방법원(2010헌가37).

41 2007년 10월 26일 청주지방법원 영동지원 이형걸 판사는 위 대법원 판결과 헌재 결정 이후 처음으로 양심에 따른 병역거부자에 대하여 '병역거부자들에 대해 아무런 대안이 제시되고 있지 않은 상황에서 이들에게 병역법 제88조를 적용, 오로지 형사처벌로만 일관한다면 헌법 제37조 제2항 과잉금지원칙에 반하여 양심의 자유를 부당하게 침해하는 결과가 되어 위헌적 상황이 된다. 이러한 상황을 배제하고 법률의 합헌적 해석을 위해서는 2004년 7월 15일 대법원의 판결을 따를 수 없다'는 이유로 무죄를 선고하였다.

42 울산지방법원(2007헌가12).

43 헌법재판소 2011. 8. 30. 선고 2008헌가22호, 2007헌가12호 결정.

면서 국제인권기구의 규범에 대한 해석의 구속력을 인정하지 않으므로 양심의 자유와 관련한 중대한 인권의 문제에서 국내법 체계가 한 단계 크게 진일보할 수 있는 기회를 놓치는 크나큰 과오를 범하였다 할 것이다.

5. 평가

2차 헌법재판소의 결정으로 사법부의 판단에 기대어 병역거부가 인정되기를 바라는 것은 더 이상 기대할 수 없는 일임이 분명해졌다. 양심에 따른 병역거부는 사법부의 소극적인 판단에 기대어 얻어질 수 있는 것이 아님이 분명하다. 보다 폭넓은 국민적인 공감대를 얻기 위한 노력과 적극적인 입법활동을 통해 병역거부의 정당성에 대한 논의가 더욱 확산되도록 다양한 방안을 모색해야 한다.

사법부는 더 이상 국가안보 논리에 갇혀 양심의 자유를 소홀히 하는 판결을 하여서는 안 된다. 사법부가 앞장서서, 국가안보와의 관계에서 양심의 자유를 옹호할 수 있는 기준을 마련하여 더 이상 양심을 이유로 감옥에 가는 일은 없도록 해야 한다. 비록 헌법재판소가 또다시 병역법에 대한 합헌 결정을 하였지만, 하급심 법원의 반복되는 위헌 제청, 병역거부에 대한 변화된 시각, 국제사회의 관심 등 여러 가지 여건에 비추어 볼 때 사법부의 전향적 판단 또한 머지않았음을 알 수 있다.

V. 국제인권법에 비추어본 우리나라의 현황 및 평가

국제인권법은 양심에 따른 병역거부권을 보편적 인권으로 인정하는 추세이며, 각 지역 국제법도 이를 기본적 인권으로 받아들이고 있는 것으로 볼 수 있다. 우리나라 역시 1966년 유엔에서 채택되고 1990년 대한민국이 가입 비준한 시민적·정치적 권리에 관한 국제규약(B규약)[44]

에 가입하였고, B규약상 양심의 자유 조항에 관하여 아무런 유보도 하지 않았으며, 헌법재판소는 사죄광고위헌결정사건[45]에서 위 규약을 논거로 인용하기까지 하였다. 국제인권상황을 전반적으로 총괄하는 유엔인권위원회 및 B규약의 이행상황을 점검하고 그 이행을 촉진하는 유엔자유권규약위원회는 세계인권규약과 B규약에 정한 양심의 자유로부터 양심에 따른 병역거부권이 도출되는 것임을 분명히 하였고, 우리나라는 유엔인권위원회의 여러 결의에 찬성함으로써 대외적으로 그 결의를 받아들일 의사를 표명하여 왔다. 우리나라가 찬성한 위 2000년 4월 30일 유엔인권위원회 결의 제34호[46]에 따르면, 우리나라는 양심에 따른 병역거부권에 관한 우리나라의 현행 법령과 관행을 검토하여 이를 위원회에 보고하여야 하고, 양심에 따른 병역거부자를 위한 비전투적이고 공익적인 대체복무를 보장하여야 하며, 양심에 따른 병역거부자에 대한 형벌부과와 집행을 중지하고 병역법과 군형법의 관련조항을 개정하여야 한다. 그러나 우리나라는 실제로 B규약의 내용과 그에 관한 국제사회의 해석에 부합하도록 양심에 따른 병역거부권을 인정하는 방향으로 병역법과 군형법 관련 조항을 개정하지 아니하여, 1997년의 유엔사무총장 보고서에서도 양심에 따른 병역거부를 인정하지 않는 나라로 지목되기도 하였다.[47]

한편, 2002년 11월 8일 국제사면위원회[48]는 우리나라의 양심에 따른 병역거부 상황이 매우 심각한 점을 우려하면서 당시 대선후보들에게

---

44 International Covenant on Civil and Political Rights, 1996. 12. 16. 채택, 1976. 3. 23. 발효, 대한민국 가입일 1990. 4. 10, 대한민국 적용일 1990. 7. 10.

45 헌법재판소 1991. 4. 1. 선고 89헌마160 결정.

46 Commission on Human Rights Resolution 2000/34(E/CN4/RES/2000/34). "유엔 회원국에 대하여 1998년 제77호 결의에 비추어 양심에 따른 병역거부와 관련한 현재의 법과 관행을 재검토할 것을 요청한다"고 결정.

47 The Question of Conscientious Objection to Military Service : Report of the Secretary General prepared pursuant the Commission resolution 1995/83, U.N. ESCOR, 53rd Sess. Provisional Agenda Item 23, U.N. Doc. E/CN.4/1997/99.

48 국제사면위원회 권고문, "Summary of Concerns and Recommendations to Candidates for the PresidentialElections in December 2002" 중 일부.

대통령에 당선될 경우 양심에 따른 병역거부권을 인정하고 양심에 따른 병역거부자들에게 대체복무를 허용할 것을 권고하였고,[49] 2008년 3월 6일에는 이명박 대통령에게 양심에 따른 병역거부 인정을 촉구하였다. 2008년 5월 29일 유엔인권이사회(Human Rights Council)는 한국정부에게 대체복무제를 도입하라는 권고를 이행할 것을 촉구했다. 또한 여호와의 증인으로서 종교적 양심에 따라 병역을 거부하고 실형을 선고받아 수감 중이었던 최명진,[50] 윤여범[51]은 권리구제를 위하여 유엔자유권규약위원회(Human Rights Committee)에 개인청원(Individual Communication)[52]을 제출하였고, 이에 대하여 대한민국에 2006년 11월 3일 규약 위반 및 배상을 권고하였다. 이후 2010년 3월 23일 오태양을 비롯한 정치적 병역거부자 11명에 대해서도, 2011년 3월 24일 여호와의 증인 병역거부자 100명에 대해서도 대한민국의 규약위반 확인과 전과말소, 배상 및 대체복무제도 도입을 권고하였다. 그러나 헌법재판소의 2차 결정에서 보듯이 국제인권법에 비추어 대한민국에서의 양심에 따른 병역거부자들의 인권은 전혀 보호받지 못하고 있는 상황이다.

VI. 결론에 갈음하여

지난 10년 동안 양심에 따른 병역거부자 문제가 사회적으로 공론화되어, 시민 사회, 정부, 사법부 모든 분야에서 진지한 고민이 이루어졌다는 점은 매우 고무적이라 할 수 있을 것이다. 또한 양심에 따른 병

---

49 이석우(편), 『양심적 병역거부-2005년 현실진단과 대안 모색』, 사람생각, 2005, 137쪽.

50 대법원 2004도2965 병역법위반 판결.

51 대법원 2004도2964 병역법위반 판결.

52 개인청원(Individual Communication)은 153개국이 가입한 국제인권규약인 '시민적·정치적 권리에 관한 국제규약'상 권리를 침해당한 피해자가 규약의 이행상황을 감시하는 기구인 유엔인권이사회에 직접 권리구제를 요청하고 당사국의 책임을 묻는 일종의 '준소송제도'이다(장복희, 앞의 책, 94쪽).

역거부자들과 병역기피자를 동일시하던 시선도 많이 바뀌었고, 2001년 이전 무조건 구속되어 3년형을 선고받던 병역거부자들의 처우를 생각해보면 많은 발전이 있었던 것도 사실이다. 그러나 지난 10년 동안 양심에 따른 병역거부권을 인정함으로써 우리의 인권의 수준을 한 단계 발전시킬 수 있는 여러 차례의 기회가 있었지만, 그러한 기회가 마지막 보류였던 사법부에 의해 좌절되고 말았다. 성과와 좌절이 겹쳐져 있는 10년이라 할 수 있겠다.

지난 10년의 성과와 좌절, 그리고 계속되는 병역거부자들의 결단과 희생이 바탕이 되어 앞으로 다가올 10년은 양심에 따른 병역거부권이 인정되고, 눈에 보이지 않는 양심까지도 넉넉히 인정되는 인권이 꽃피는 10년이 되리라 기대해 본다. 병역거부권은 양심의 자유라는 고귀한 인권의 발현일 뿐 아니라, 전쟁의 교훈 속에 평화를 갈망하던 사람들에 의해 꽃피우기 시작한 권리라는 것을 상기하며, 향후 10년은 병역거부권이 인정되어 분단의 땅에도 평화가 널리 퍼지는 10년이 되기를 기대해 본다.

§별첨 §

2001년 이후 양심에 따른 병역거부 주요사건 일지

2001년

2월 7일	『한겨레21』, 「차마 총을 들 수가 없었어요」 최초로 사회의 관심 촉발
4월 16일	병역거부 관련 재판 군사 재판에서 민간 재판으로 진행
10월 26일	국방부, 대체복무 수용 불가 입장 표명
12월 10일	서울대학교 공익인권법센터 토론회 '양심적 병역 거부'
12월 17일	오태양, 병역거부 선언 -여호와의 증인 이외의 양심적 병역거부 시작

2002년

1월 29일	서울지방법원 남부지원, 헌법재판소에 병역법 제88조 위헌법률심판 제청
2월 4일	36개 시민단체, 양심에 따른 병역거부권 확보를 위한 연대회의 발족
2월 28일	서울대학교 공익인권법센터, 『양심적 병역거부』 출간
3월 23일	기독교인 법학자 김두식 교수, 『칼을 쳐서 보습을』 출간
3월 25일	대한변호사협회 주최 토론회 '양심적 병역거부와 인권'
4월 6일	민변, 58차 유엔 인권위원회 회기에 한국의 양심적 병역거부 상황 보고
5월 8일	뉴욕 타임즈

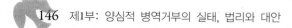

"South Korea Faces a Test of Conscience Over the Draft"

10월 19일	국가인권위원회, 여호와의 증인 양심적 병역거부자 종교집회 허용 권고
11월 5일	국제사면위원회, 양대 대통령 선거 후보에 대체복무 도입 권고

2003년

1월 20일	법무부, 인권위의 구금시설 내 여호와의 증인 종교집회 권고거부 결정
3월 11일	신기남, 김홍신 의원 등 국회의원 30여 명, 양심수 사면 촉구 결의안 제출
3월 20일	국방부 고등군사법원, 양심적 병역거부자 형량 완화 1년 6개월 선고
4월 3일	법무부, 양심수 사면 검토 표명
4월 22일	국방부, 양심적 병역거부자 사면 반대 입장 표명
6월 15일	KBS, 100인 토론 「병역—의무인가, 선택인가?」
12월 8일	민변, 2003년 한국인권보고대회 및 토론회

2004년

5월 21일	서울남부지방법원, 병역법 위반자 2명, 향군법 위반자 1명 무죄 선고
7월 15일	대법원, 병역법 및 향군법 위반자들 유죄 판결 —대체복무의 필요성은 인정
8월 23일	국가인권위원회, 병역법 제76조 '취업제한' 조치 과잉금지원칙 위반 결정

8월 26일	헌법재판소, 병역법 제88조 합헌 결정
	−2인 위헌 의견, 5인 입법 권고
9월 22일	임종인 의원 외 21명, 병역법중개정법률안 발의
10월 18일	윤여범, 최명진, 유엔자유권규약위원회에 개인청원
	제출
11월 19일	노회찬 의원 외 9명, 병역법중개정법률안 발의

2005년

1월 30일	이석우 교수, 『양심적 병역거부』 출간
3월 17일	국회 국방위원회, 병역법개정안 공청회 개최
4월 19일	국회 법안심사소위, 병역법개정안 관련 논의 시작
10월 19일	국가인권위원회,
	양심적 병역거부권 및 대체복무제도에 관한 청문회
	개최
12월 26일	국가인권위원회, 대체복무도입 권고결정
	−국가기관 최초 양심적 병역거부 인정
12월 26일	국방부, 양심적 병역거부 인정은 시기상조라고 입
	장 표명

2006년

1월 6일	국방부,
	대체복무제도 민관군 전문가들 참여로 정책 연구
	진행 발표
1월 9일	국가인권위원회, 국가인권정책기본계획 정부에 제시
	−대체복무제도 포함
9월 5일	병무청, 국제 세미나 개최
	−선진국의 대체복무 사례 소개
10월 11일	국방부, 국정감사 자료 2001년~2005년 6월까지
	양심적 병역거부자 3654명

11월 3일	유엔자유권규약위원회, 윤여범, 최명진 개인청원에 대한 결정
	-규약 위반 확인 및 배상 권고
11월 28일	유엔자유권규약위원회, 정부보고서에 대한 최종견해
	-양심적 병역거부 인정 권고

2007년

2월 5일	한명숙 국무총리, 비전 2030 인적자원 전략 발표
	-사회복무제 도입 시사
4월 2일	국경없는 인권,
	양심적 병역거부 관련 간담회 개최 및 특별 보고서 발행
4월 18일	울산지방법원,
	향토예비군법설치법 제15조 제8항 위헌법률심판 제청 결정
5월 15일	오태양 외 10인 양심적 병역거부자,
	유엔자유권규약위원회에 개인청원 제출
5월 22일	법무부, 국가인권정책기본계획 발표,
	대체복무제도연구위원회 결과반영 시사
6월 5일	대체복무제도연구위원회,
	대체복무 도입은 시기상조라는 결론 발표
6월 10일	기독교인 법학자 김두식 교수, 『평화의 얼굴』 출간
9월 18일	국방부,
	종교적 병역거부자에 대한 대체복무허용방안 추진 계획 발표
10월 26일	청주지방법원 영동지원,
	입영거부 양심적 병역거부자에게 무죄 판결
11월 5일	『한겨레』, 「양심적 병역거부 재판 연기 잇따라」
	-대체복무허용 발표 후 19건 연기

12월 27일	대법원, 양심적 병역거부자의 상고 기각
	-자유권규약 위반 부정, 입법적 해결 촉구

2008년

1월 7일	국가인권위원회, 헌재에 의견서 제출
	-양심적 예비군훈련 거부자 처벌중지 및 대체복무 제도입 필요
1월 25일	국가인권위원회, 보편적 정례 검토(UPR) 위해 유엔인권이사회에 보고서 제출 대체복무제 도입필요성 강조
3월 6일	국제사면위원회, 이명박 대통령에게 의견 표명 양심적 병역거부 인정 촉구
4월 29일	정민규 외 488명, 유엔자유권규약위원회에 개인청원접수완료
5월 29일	유엔인권이사회, UPR 한국 정부에 유엔자유권규약위원회 권고 이행 촉구
6월 10일	한홍구, 박노자 교수, 『총을 들지 않는 사람들』 출간
7월 4일	국방부, 대체복무제도 원점에서 재검토 의사 표명
7월 21일	국가인권위원회, 양심적 병역거부자 대체복무 이행 촉구 의견 표명
9월 5일	춘천지방법원 항소부, 병역법 제88조 제1항 위헌법률심판 제청 결정
9월 19일	미 국무부, 2008년 국제종교자유보고서 -대체복무제도 도입 촉구
10월 28일	서울대학교 사회과학연구원, 기획공청회 -"양심적 병역거부자 어떻게 할 것인가?"
10월 29일	대통령 직속 군의문사진상규명위원회, 결정 5인의 양심적 병역거부자 군의문사 관련 국가의 가혹행위 및 사망과의 인과관계 인정

12월	진석용 교수, 병무청에 대체복무 연구 용역 결과 제출
	-대체복무 가능
12월 24일	국방부, 대체복무 연구 용역 결과 발표
	-여론조사 근거로 대체복무 도입은 시기상조 결정

2009년

3월 10일	민변, 유엔인권이사회 의견서 제출
	-대체복무 도입취소 지적
7월 31일	대전지방법원 천안지원,
	병역법 제88조 제1항 위헌법률심판 제청 결정
10월 27일	미 국무부, 2009년 국제종교자유보고서
	정부 대체복무제 철회와 위헌제청 보고
11월 5일	전주지방법원, 병역법 제88조 제1항 위헌법률심판
	제청 결정
12월 1일	EU, 리스본 조약 발효
	-양심적 병역거부권의 EU 각국 구속력 인정
12월 30일	수원지방법원 항소부,
	병역법 제88조 제1항 위헌법률심판 제청 결정

2010년

1월 5일	대구지방법원 김천지원,
	병역법 제88조 제1항 위헌법률심판 제청 결정
3월 23일	유엔자유권규약위원회, 여호와의 증인 아닌 양심적
	병역거부자 11인 개인청원 결정
	-규약 위반 확인 및 보상 권고
7월 7일	대화문화아카데미, 새헌법안 발표
	-양심적 병역거부권 포함
7월 29일	서울고등법원, 양심적 병역거부자 군의문사 항소
	인용-국가배상책임 인정

9월	국회미래한국헌법연구회, 『국민과 함께 하는 개헌이야기』 출간-양심적 병역거부 및 대체복무 논의 (진석용 교수)
10월 17일	미 국무부, 2010 국제종교자유보고서 -병역거부자 처벌은 종교의 자유 침해
11월 11일	헌법재판소, 공개 변론-병역법과 향토예비군설치법에 대한 6건의 위헌제청사건과 3건의 위헌소원사건
12월 9일	대법원, 양심적 병역거부자 군의문사 국가 상고 기각 -국가배상책임 확정

2011년

3월 24일	유엔자유권규약위원회, 병역거부자 100명 개인청원에 대한 결정-규약위반 확인, 전과 말소, 배상 및 대체복무제도 도입권고
4월 8일	미 국무부 2011년 인권보고서-병역거부자 처벌 현황 보고
6월 2일	서울중앙지방법원, 양심적 병역거부자 변호사 백종건에 대하여-유죄 판결 및 위헌법률심판제청신청 기각 결정
6월 3일	개인청원 결정을 받은 100인 -입법부작위 헌법소원 청구
6월 3일	개인청원 결정을 받은 100인 -이명박 대통령에 복권 청원
6월 8일	변호사 백종건 헌법재판소에 위헌소원 청구
7월 1일	김부겸 의원, 대체복무제도 도입 병역법 일부개정안 대표발의
7월 7일	유럽인권재판소, Bayatyan 대 아르메니아 사건에서 양심적 병역거부에 대한 판례 변경 -양심의 자유 침해확인 및 배상명령, 2006년 유엔

	자유권규약위원회의 윤여범, 최명진 개인청원에 대한 결정 인용
8월 30일	헌법재판소, 향토예비군설치법 및 병역법 합헌 결정 −재판관 2명 한정위헌
9월 14일	이정희 의원, 대체복무제도 도입 병역법 일부개정안 대표발의
12월 19일	대한변호사협회, 유엔인권권고 분야별 이행사항 점검 심포지엄, 2011년 3월 유엔자유권규약위원회 개인청원에 대한 결정 이행사항 검토

'양심적 병역거부'의 현황과 법리[*]

진석용(대전대학교 정치언론홍보학과 교수)

Ⅰ. 머리말

'양심적 병역거부자' 문제는 소수자의 인권과 관련하여 우리사회가 시급히 풀어야 할 숙제 가운데 하나이다. 본 연구는 이 문제와 관련된 주요한 사실들과 국내외 상황을 항목별로 정리하였다.

Ⅱ에서는 현행병역제도를 개관하였다. 이 분야에 종사하거나 이해 당사자는 누구나 알고 있는 내용이지만, 보충역의 '사회복무제도' 도입과 관련된 내용은 앞으로 병역제도가 어떻게 바뀔 것인지 그 변화의 방향을 가늠하는 데 도움이 될 것이다.

Ⅲ에서는 '양심적 병역거부'의 현황을 소개하였다. '양심적 병역거부'의 개념, '거부자' 발생현황 및 처벌현황에 이어, 이 문제가 사회적으로 공론화되는 과정, 수차례에 걸친 유엔의 권고, 국가인권위원회의 권고 등을 살핀 다음, 이 문제에 대해 국회와 정부가 어떤 입장을 취해 왔는지 살폈다.

Ⅳ에서는 이 문제와 관련이 있는 주요한 판결들의 내용을 분석하였다. 서울남부지방법원의 무죄선고(2004. 5)로부터, 대법원 판결 2004도

---

[*] 본 논문은 『한국사회과학』 제30권 제1호(서울대학교 사회과학연구원, 2008)에 발표한 동일 제목의 논문을 일부 수정한 것이다. Ⅱ~Ⅵ장은 병무청의 용역연구과제로 수행한 종교적 사유 등에 의한 병역거부자 사회복무체계 편입방안 연구 결과 보고서(2008. 12. 20.)에 포함되어 있다.

2965(2004. 7), 헌법재판소의 합헌결정(2004. 8), 울산지방법원의 예비군설치법 위헌심판 제청결정문(2007. 4), 청주지방법원의 무죄선고(2007. 10), 대법원 판결 2007도7941(2007. 12), 춘천지방법원의 병역법 위헌심판 제청결정문(2008. 9) 등의 판결 요지를 살펴보고, 유죄/합헌 법리와 무죄/위헌 법리를 9개의 쟁점으로 나누어 대조하였다.

Ⅴ에서는 국제사회의 권고 내용들을 정리하였다. 우리나라는 유엔의 회원국이므로, 유엔헌장을 비롯한 각종 국제규범을 따를 의무가 있고, 「시민적·정치적 권리에 관한 국제규약」(일명 자유권규약)의 체약국이므로, 이 조약을 준수할 의무가 있다. 유엔의 인권위원회(2006년 이후 인권이사회)는 유엔회원국이 지켜야 할 규범에 관해 결정 및 권고를 하는 전문기구이고, 자유권규약위원회는 체약국에 대해 동 규약의 이행여부를 감시하는 조약기구이다. 유럽평의회와 유럽연합의회의 결정 및 권고들은 우리나라에 대해 구속력은 없지만, 이 문제에 대한 국제사회의 동향을 보여준다.

Ⅵ에서는 '양심적 병역거부'를 법적으로 또는 제도적으로 인정하는 국가들의 현황을 주제별로 비교하여 제시하였다. 2010년 현재 '양심적 병역거부권'을 법적으로 인정하고 있는 나라는 31개국이지만, 권리행사가 실질적으로 가능한 나라는 약 20개국으로, 대부분 유럽 국가들이며, 아시아에서는 대만이 유일하다.

Ⅶ에서는 대체복무제도의 도입에 반대하는 의견들을 비판적으로 검토하였다.

Ⅱ. 현행 병역제도 개관

1. 병역의 종류 및 의무 부과 기준

우리 헌법(제39조 제1항)은 "모든 국민은 법률이 정하는 바에 의하여 국방의 의무를 진다"고 규정하고 있으며, 병역법(제8조 제1항)은 "대한민국 국민인 남자는 18세부터 제1국민역에 편입된다"고 규정하고 있다.

병역의 종류는 현역·예비역·보충역·제1국민역 및 제2국민역으로 구분되어 있으며, 각각의 정의는 다음과 같다.

현역	징집 또는 지원에 의하여 입영한 병과 병역법 또는 군인사법에 의하여 현역으로 임용된 장교·준사관·부사관 및 무관후보생
예비역	현역을 마친 사람 기타 「병역법」에 의하여 예비역에 편입된 사람
보충역	징병검사를 받아 현역 복무를 할 수 있다고 판정된 사람 중에서 병력수급사정에 의하여 현역병 입영대상자로 결정되지 아니한 사람과 공익근무요원·공중보건의사·징병전담의사·국제협력의사·공익법무관·공익수의사·전문연구요원·산업기능요원으로 복무 또는 의무종사하고 있거나 그 복무 또는 의무종사를 마친 사람 기타 「병역법」에 의하여 보충역에 편입된 사람
제1국민역	병역의무자로서 현역·예비역·보충역 또는 제2국민역이 아닌 사람
제2국민역	징병검사 또는 신체검사 결과 현역 또는 보충역복무는 할 수 없으나 전시근로소집에 의한 군사지원업무는 감당할 수 있다고 결정된 사람 기타 「병역법」에 의하여 제2국민역에 편입된 사람

병역법이 정한 병역의무자(제1국민역)는 위 다섯 가지 종류의 병역 중 어느 한 가지만 이행하는 것이 아니다. 현역·보충역·제2국민역(또는 병역면제) 중 어느 하나에 반드시 속하게 되고, 현역(또는 보충역)에 속했던 사람은 현역복무가 끝난 다음에 예비역에 속하게 된다. 따라서 개개인의 병역 의무의 이행형태는 다음 네 가지 중 하나로 나타난다.

1. 제1국민역 → 현역 → 예비역 → 면역(또는 퇴역)
2. 제1국민역 → 보충역(→ 예비역) → 면역
3. 제1국민역 → 제2국민역 → 면역
4. 제1국민역 → 병역면제

병역의무자는 18세 되는 해에 제1국민역에 편입된 후 19세 되는 해에 징병검사(신체검사 및 인성검사)를 받게 된다. 징병검사 결과 신체조건에 따라 1~7급으로 신체등위가 판정되고, 이 등위에 따라 현역·보충역·제2국민역·병역면제 등으로 처분된다. 신체등위의 판정기준은 다음과 같다.[1]

〈표 1〉 신체등위의 판정기준

신체 등위	체격과 건강의 정도	병역 처분
1~3급	신체가 건강한 사람	현역
4급		보충역
5급	현역 또는 보충역복무는 할 수 없으나 제2국민역 복무는 할 수 있는 사람	제2국민역
6급	질병 또는 심신장애로 병역을 감당할 수 없는 사람	병역면제
7급	질병 또는 심신장애로 제1급 내지 제6급의 판정이 어려운 사람	재신체검사(재검 결과 7급으로 판정된 경우 제2국민역으로 처분)

신체등위가 1~4급으로 판정된 사람이라 하더라도 (i) '6월 이상 1년 6월 미만의 징역 또는 금고의 실형을 선고받은 사람'과 '1년 이상의 징역 또는 금고의 형의 집행유예를 선고 받은 사람'은 보충역에 처분하고, (ii) '1년 6월 이상의 징역 또는 금고의 실형을 선고받은 사람'은 제2국민역에 처분하도록 되어 있다.[2]

2. 연령 및 역종별 병역의무 이행과정 및 형태

대한민국 남자는 18세에 병역의무자(제1국민역)로 편입되어 대체로 20~30세부터 실역(實役)에 종사, 30~40세 사이에 병역의무를 마치게 된다. 이 중 현역 또는 이에 갈음하는 복무에 종사하는 기간은 최소 2

---

1 병무청, 2008, 「2008년도 병역처분기준」. 신체등위의 구체적인 판정기준은 국방부령으로 정해져 있다.
2 병역법 제65조 및 병역법시행령 제136조.

년(육군 병)[3]에서 최장 3년(전문연구요원)에 달하며, 실역을 마친 후에는 8년간 예비군으로 편성되어 연 20일의 한도 내에서 동원훈련을 받아야 한다(향토예비군설치법 제3조, 제6조). 실역 또는 예비역에 속하지 않은 20~40세 사이의 남자는 민방위대에 편성되어 연 10일, 총 50시간의 범위에서 교육훈련을 받는다(민방위기본법 제18조 및 제23조). 징집 및 소집에 응할 의무는 31세부터 면제되며, 면제된 사람은 제2국민역에 편입된다. 다만, 병역기피자 등은 36세부터 면제된다. 연령 및 역종별 병역의무 이행과정 및 형태는 다음과 같다.

〈표 2〉 연령 및 역종별 병역의무 이행과정 및 형태

18	19/20		20/30		22/32	41
제1국민역편입징병	검사및병역처분	1-3급	현역 (24~27월) 상근예비역(30개월 이내) 전환복무(교도·경찰·소방)(24개월)		예비역 병력동원훈련소집 (연간 20일 이내 x 8년)	병역의무종료
		4급	보충역 교육소집 (60일 이내)	공익근무요원(행정지원/26개월, 예술체육/34개월, 국제지원/30개월) 공중보건의사·징병검사전담의사·공익법무관(36개월) 전문연구요원(36개월) 산업기능요원(현역 34개월, 보충역 26개월)		
		5급	제2국민역(전시 근로소집)			
		6급	병역면제			
		7급	재신체검사			

3 이 복무기간은 2014년까지 육군 18개월, 해군 20개월, 공군 21개월로 단축된다. 2008년 1월 전역자부터 복무기간이 4주~3주 단위로 1일씩 단축되기 시작되어 2014년 7월 이후 입대자에 이르러 단축이 완료된다.

3. 사회복무제도 시행계획

1) 2007년 2월 5일 정부는 「비전 2030 인적자원 활용 전략」을 발표했다.[4] 이 중 병역제도와 관련된 내용은 다음과 같다.

○ 병력감축에 따른 잉여자원 해소와 국민부담 경감을 위하여 2014년 (입대일 기준)까지 단계적으로 현역병 복무기간을 6개월 단축한다.
○ 첨단전력 분야 등 숙련병의 확보가 필요한 분야에 대하여는 '유급지원병제'를 도입한다.
○ 현행 대체복무제도를 단계적으로 폐지하고 '사회복무제도'를 도입하여 정상적인 사회활동이 가능한 모든 대상자들에게 병역의무를 부과한다.

2) 2007년 7월 10일 병무청은 '2+5 전략'의 하나로 「사회복무제도」추진계획을 밝혔다. 그 주요내용은 다음과 같다.

(1) 현행 면제자(신체등위 5급) 중에서 사회활동이 가능한 사람에게는 사회복무 의무를 부과한다.
(2) 전·의경과 산업기능요원 등 현행 대체복무 인력은 단계적으로 감축하여 2012년 이후에는 배정을 종료한다.
(3) 사회복무 인력은 사회복지, 보건의료, 환경안전 등 사회서비스 분야에 집중 투입한다.
(4) 사회복무자의 복무기간은 현행 공익근무요원과 같이 26개월로 하되, 현역병 복무기간 6개월 단축과 연계하여 4개월 단축한다.

위 각항의 세부내용은 아래 〈표 3〉, 〈표 4〉, 〈표 5〉, 〈표 6〉과 같다.

---

4 국무조정실, 2007. 2. 5. 보도자료. 정부, 비전 2030 인적자원활용 2+5 전략 발표.

<표 3> 신체등위 판정기준 및 병역처분기준 조정안

신체등위	현 행	조정 기준	복무 내용
1~3급	현역		현행과 동일
4급	보충역	(현행 대체복무 단계적 감축 후 폐지)	⇒ 사회복무
5급	제2국민역	사회활동가능자 자질사유 면제자 중 외관상 명백한 혼혈인	
6급	병역면제		현행과 동일
7급	재신체검사		현행과 동일

<표 4> 대체복무 정비로드맵

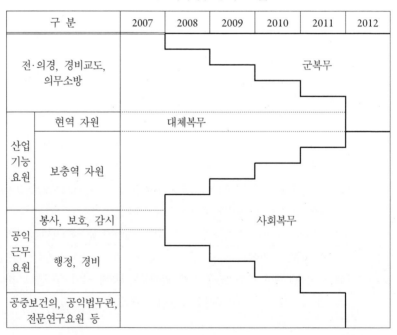

구 분		2007	2008	2009	2010	2011	2012
전·의경, 경비교도, 의무소방					군복무		
산업 기능 요원	현역 자원	대체복무					
	보충역 자원						
공익 근무 요원	봉사, 보호, 감시		사회복무				
	행정, 경비						
공중보건의, 공익법무관, 전문연구요원 등							

<表 5> 대체복무인력 활용분야

구 분	복무 분야	주요 임무
사회복무요원	사회복지	중증장애인·노인수발·장애아동·학생지원 가출청소년 자활 후견 등
	보건의료	보건의료, 환자지원, 응급환자 구급이송 등
	교육문화	농산어촌학생 학습활동지원, 문화재 보호
	환경안전	산불·하천·환경 감시, 저소득층 주거안전점검, 철도·지하철 사고예방, 해양투기 방지 등
	기타 공공서비스	기타 공공서비스
국제협력봉사요원	개발도상국가	개발도상국가 경제·문화발전 지원 등
예술체육요원	해당분야	문화창달 및 국위선양 등
공중보건의사	보건(지)소	취약지역 의료서비스
국제협력의사	개발도상국가	개발도상국 의료서비스 지원
징병전담의사	병무청 징병검사장	공정, 정확한 징병검사
공익수의사	검역·방역기관	가축방역, 축산물 위생관리
공익법무관	법률구조공단	취약지역 법률서비스 등
전문연구요원	연구기관	국가산업 육성·발전 등

<표 6> 보충역 복무기간

적용 대상		현 행	단 축
사회복무요원		26개월	22개월
공중보건의, 전문연구요원 등		36개월	현행 유지 (2012년 이후 사회복무체계 편입)
국제협력봉사요원		30개월	
예술체육요원		34개월	
산업기능요원	현 역	34개월	현행 유지 (2012년 이후 폐지)
	보충역	26개월	

3) 요컨대, 병무청의 계획에 따르면, 2012년에 이르러 다음과 같은
변화가 생긴다.

(1) 전·의경 등 현역의 '전환복무'는 없어진다.
(2) 산업기능요원, 행정지원 공익근무요원은 없어진다.
(3) 보충역 처분을 받은 자는 '사회복무요원'이 되어 사회복지·보건의
료·환경 등의 분야에서 사회봉사를 하게 된다.
(4) 기타 국제협력·예술체육·공중보건의·전문연구요원 등은 그대로 존
속하되, 하는 일만 조금 달라진다.

III. '병역거부'의 현황

1. '양심적 병역거부'의 개념

'양심적 병역거부'(conscientious objection to military service)란 종교적 신앙
또는 개인적인 신념으로 인해 군복무 또는 군인으로서의 역할을 거부
하는 것을 말한다. 이들을 일반적으로 '양심적 병역거부자'(Cconscientious
Objector, 약칭 CO)라고 부른다. 우리나라에서는 주로 '여호와의 증인' 신
자들이 여기에 해당된다.[5]

'양심적 병역거부'라는 용어의 적절성에 대해 논란이 있을 수 있다.
양심이란 "사물의 가치를 변별하고 자기의 행위에 대하여 옳고 그름과
선과 악의 판단을 내리는 도덕적 의식"을 뜻하는 말이고, 정상적인 인
간이라면 누구에게나 있는 것으로 간주된다. 이런 이유로 "양심에 따
른 행동"은 도덕적 정당성을 지니는 것으로 받아들여지기 때문에 "양

---

5 2007년 병무청 자료에 의하면, 2000년 이후 2007년 8월 말까지 종교적 신념 등에
의해 입영을 거부한 사람 4524명 중 4492명(99.3%)이 '여호와의 증인' 신자였고,
나머지 32명은 불교(3), 제7일안식일(2), 가톨릭(1) 기타(26) 전쟁반대·평화주의
등이었다.

심적 병역거부"란 말은 거부행위가 정당한 것처럼 보일 소지가 있는 것은 사실이다. 이로 인해 정상적으로 병역의무를 이행하는 사람들이 '우리는 양심이 없어서 병역의무를 이행하느냐'고 반문하기도 한다.

그러나 유엔을 비롯한 국제단체에서 사용하고 있는 용어인 'conscientious objection'을 우리나라 학계에서 일반적으로 '양심적 (병역)거부'로 번역하고 있다는 점, 일선 법원과 대법원, 헌법재판소에서도 판결문에서 이 용어를 사용하고 있고, 사건 심리의 쟁점을 '양심의 자유' 문제로 보고 있다는 점, 법무부의 「국가인권정책 기본계획」및 유엔자유권규약위원회에 제출한 국가보고서 등에서 이 용어를 사용하고 있다는 점, 국가인권위원회에서도 결정문 등에 이 용어를 사용하고 있다는 점 등에 비추어 현저히 불합리한 용어라고 할 수는 없다.

헌법재판소 판결문에서 김경일 재판관과 전효숙 재판관은 다음과 같이 밝힌 바 있다.

> 여기서 양심적이란 도덕적으로 정당하다는 평가를 포함하는 것이 아니라 단지 개인이 그 자신의 거역할 수 없는 마음의 명령으로 인해 병역거부에 이르렀다는 것을 의미할 뿐인 것이므로 국방의 의무의 신성함과, 나라와 가족을 지키기 위하여 기꺼이 병역의무를 이행하는 대다수 국민들의 정신과 노고를 평가절하하는 의미로 받아들일 것이 아니다.[6]

국가인권위원회는 '양심적 병역거부'와 '양심적 병역거부권'을 다음과 같이 정의하고 있다.

> 일반적으로 병역의무가 인정되고 있는 국가에서 자기의 신앙이나 도덕

---

6 헌법재판소, 2002헌가1 전원재판부 결정.
2004년 7월 15일자 대법원 판결에서 이강국 대법관은 반대의견을 통하여 이들의 병역거부가 "절박하고도 강력한 양심상 결정임"을 인정하고 있으며, "우리 헌법 제19조에 의하여 보호되어야 하는 양심의 전형적인 특성을 그대로 나타내고 있다"고 밝혔다.

률 및 철학적·정치적 이유에 따른 양심상의 결정으로 전쟁에 참가하여 인명을 살상하는 병역의무의 일부 또는 전부를 거부하는 행위를 양심적 병역거부라 하고, 이와 같은 양심상의 결정을 실현하는 행위를 국민의 기본권의 범주에 포함하는 것으로 보고 헌법이나 법률에 의하여 법적 권리로서 보호해 주는 것을 양심적 반전권 또는 양심적 병역거부권이라 한다.[7]

그러나 이 용어를 사용한다고 해서 '병역거부자들의 양심'을 '보편적인 인간의 양심'으로 인정한다는 의미는 아니며, 그들의 양심상 명령의 내용이 정당하기 때문에 이를 수용해야 한다는 의미도 아니다. 그들이 '병역거부'를 하는 이유가 '그들의 양심'에 따른 것이라는 뜻일 뿐이다.

지금까지 우리나라에서 발생한 '양심적 병역거부자'의 거의 대부분이 '여호와의 증인' 신자였다는 사실로 인해, 이 문제가 종교의 자유에 관한 문제처럼 보이기도 한다. 그러므로 이들을 위한 대체복무제도 도입논의가 있을 때마다 반대론자들은 '특정 종교에 대한 특혜'라고 비판해 왔다. 그러나 '양심상의 결정'은 종교적 신념에 의한 것일 수도 있고, 개인의 정치적·윤리적·철학적 신념에 의한 것일 수도 있다.

이러한 이유 때문에 일선 법원을 비롯하여, 대법원, 헌법재판소 등에서 이 문제를 판단할 때, '양심의 자유'를 규정한 헌법 제19조에 근거하여 심리하고 있으며, '종교의 자유'를 규정한 헌법 제20조 제1항은 근거로 삼지 않거나, 혹은 보충적인 근거로만 사용하고 있다. 예컨대, 2004년 5월 '양심적 병역거부자'에게 무죄를 선고한 서울남부지방법원은 판결문에서 "이 법원은 위 정당한 사유를 해석하기 위하여 양심의 자유를 규정한 헌법 제19조만을 근거로 하였을 뿐, 종교의 자유를 규정한 같은 법 제20조 제1항을 근거로 하지는 않는다"고 밝히기도 하였다.[8]

---

7 국가인권위원회. 2006. 2. 양심적 병역거부 관련 결정문.
8 서울남부지방법원, 2002고단3940 병역법위반.

2. '병역거부자' 현황

1992년 이후 2008년 7월 31일 현재까지 종교적 신념에 의해 병역(군 복무 및 예비군 훈련)을 거부한 사람은 8815명에 달한다. 이 중 집총거부 자는 3964명이며, 입영거부자는 4851명이다. 연도별 발생 현황은 〈표 7〉과 같다.[9]

〈표 7〉 병역거부자 현황(1992~2008)

연 도	집총거부	입영거부	계	여호와의 증인 신자수[10]	신자수 증가율
1992	220		220	71,428	
1993	277		277	74,597	4.4%
1994	233		233	77,542	3.9%
1995	471		471	80,523	3.8%
1996	342		342	82,959	3.0%
1997	439		439	84,543	1.9%
1998	503		503	85,983	1.7%
1999	546		546	87,179	1.4%
2000	655	1	656	87,377	0.2%
2001	267	379	646	88,239	1.0%
2002	1	825	826	89,006	0.9%
2003	4	561	565	89,784	0.9%
2004	1	755	756	90,936	1.3%
2005	3	828	831	91,996	1.2%
2006	2	781	783	93,230	1.3%
2007		571	571	94,862	1.8%
2008 (7. 31. 현재)		150	150		
합 계	3,964	4,851	8,815		

---

9 국가인권위 자료(1992~1996) 및 2008년 병무청 자료(1997~2008).

10 '양심적 병역거부 수형자 가족모임' 제공. 워치타워, 『여호와의 증인의 연감』 2001~2007.

병역거부자들은 2000년까지는 강제입영된 후 군부대 내에서 집총을 거부하여 군형법 제44조(항명)에 의해 대체로 징역 3년의 선고를 받았으나, 2001년부터는 강제입영이 사라져 병역법 제88조(입영의 기피) 위반사범으로 처벌되고 있다. 1997년 이후 병역거부자에 대한 형사처벌 현황은 〈표 8〉과 같다.

〈표 8〉 형사처벌 현황(1997 ~ 2007. 7. 31.)

형사처벌 유형	형사처벌 받은 수
징역 3년	2,363
징역 2년~3년	50
징역 1년 6월~2년	3,963
징역 1년 6월 미만	1
집행유예	23
기타	85
재판계류 중	460

미 국무부는 2008년 9월 19일에 발표한 「한국의 종교자유 보고서」에서, 여호와의 증인들이 제공한 자료를 인용하여 "2008년 5월 현재 489명의 양심적 병역거부자가 수감되어 있으며, 군 복무를 마친 후 여호와의 증인이 된 60여 명은 매년 실시되는 예비군 훈련을 거부한다는 이유로 반복적으로 벌금형을 선고받고 있다"고 밝혔다.[11]

3. 사회적 공론화 과정 및 경과[12]

1) [한겨레21 마이너리티 리포트] 우리사회에서 이 문제가 공론화되기 시작한 것은 2001년 2월 7일 『한겨레21』 제345호에 1000

---

11 US Department of State, International Religious Freedom Report 2008 - epublic of Korea (2008. 9. 19) <http://www.state.gov/g/drl/rls/irf/2008/108411.htm>.
12 본 절의 논의는 한홍구, 「한국의 징병제와 병역거부의 역사」, 전쟁없는세상 외, 『총을 들지 않는 사람들』, 철수와영희, 2008, 291~342쪽을 참고하였다.

명 이상의 '양심적 병역거부자'가 수감되어 있다는 기사가 실린 후부터였다. 이 기사는 '양심적 병역거부자'를 '소수자의 인권' 문제로 바라볼 것을 촉구하였으며, 병역부담의 형평성을 유지하는 방안으로 '대체봉사제도'를 제안하고, 대만과 독일 등 외국의 '대체복무' 사례를 간략히 소개하였다.

2) [집총거부에서 입영거부로] 그동안 '양심적 병역거부자들'은 강제 입영된 후 집총거부로 군사법정에서 항명죄로 대체로 3년형을 선고받았으나, 2001년부터 강제 입영이 사라져 민간법정에서 병역기피의 죄로 징역 2년 또는 1년 6월의 형을 선고받고 있다. '양심적 병역거부자'가 거부하고자 하는 행위는 '집총행위'이다. 그러나 현역 또는 보충역으로 입영을 하면 반드시 집총의 명령을 받게 된다. 그러므로 거부자의 입장에서 보면, 집총명령을 받은 후 거부하는 것과, 예상되는 집총명령을 거부하기 위해 입영을 거부하는 것은 구체적 행위는 다르지만, 목적은 동일한 행위이다.

3) [한기총 반대성명] 공영방송에서 이 문제가 보도되고, 민주당의 장영달 의원과 천정배 의원에 의해 의원입법형식으로 이들을 위한 '대체복무제'가 추진되고 있다는 사실이 알려지자, 가장 먼저 공식적인 반대 입장을 표명한 단체는 한국기독교총연합회(대표 오성환)였다. 한기총은 2001년 6월 1일 발표한 성명서에서 "여호와의 증인은 기독교의 탈을 쓴 이단으로서 '집총거부(병역기피)', '수혈거부', '국기배례거부' 등으로 사회적 문제를 야기해 왔으며," 이 제도가 도입될 경우 "병역기피자의 도피처로 악용될 것"이라고 주장했다.[13]

4) [서울법대 토론회] 2001년 12월 10일 서울대학교 법과대학 BK21 공익인권법 연구센터에서 '소수자의 인권-양심적 병역거

---

13 이러한 주장은 2008년 10월 28일 서울대학교 사회과학연구원이 주최한 '양심적 병역거부자, 어떻게 할 것인가' 공청회에서도 반복되었으나, '대체복무제도' 자체에 대해서는 반대하지 않는다는 신축적인 입장을 보였다.

부'라는 주제로 대규모 토론회가 개최되었다.[14] 이 토론회를 계기로 학계에서 이 문제가 본격적으로 논의되기 시작하여, 최근 7년 동안 30여 편의 학술논문이 발표되었으며, 40여 편의 석·박사 학위논문이 발표되었다.

5) **[평화주의자의 병역거부]** 2001년 12월 17일 평화주의자 오 모 씨(27)의 병역거부 선언이 있었다. 그동안 '양심적 병역거부자' 대부분이 '여호와의 증인' 신자였으나, 오 씨의 병역거부 선언은 다른 종교 혹은 개인적·철학적 신념에 의한 병역거부자도 있다는 사실을 보여주었다.

6) **[서울지법, 위헌심판 제청]** 2002년 1월 29일 서울지방법원 남부지원은 '양심적 병역거부자'이 모씨(21)의 "대체복무를 통한 양심 실현의 기회를 주지 않는 병역법 규정이 헌법에 위배된다"는 신청을 받아들여, 병역법 제88조 제1항 제1호에 대해 헌법재판소에 위헌심판을 제청하였다.

7) **[연대회의]** 2002년 2월 4일 30여 개 단체[15]로 구성된 '양심에 따른 병역거부권 실현과 대체복무제도 개선을 위한 연대회의'(이하 연대회의)가 출범하면서, 「양심에 따른 병역거부권 인정 및 대체복무제도 도입을 촉구하는 1000인 선언」을 발표하였다. 연대회의는 수차례에 걸쳐 대체복무제도 도입을 촉구하는 성명서

---

14 이 토론회의 내용은 단행본으로 간행되었다. 서울대학교 법학연구단 안경환·장복희(편), 『양심적 병역거부』, 사람생각, 2002.

15 국제민주연대, 군의문사 진상규명과 군폭력 근절을 위한 가족협의회, 기독사회시민연대, 녹색연합, 동성애자인권연대, 문화연대, 민주노동당, 민주사회를 위한 변호사모임, 민주화를 위한 전국교수협의회, 민주화실천가족운동협의회, 불교인권위원회, 사회당, 성공회대학교 인권평화센터, 실천불교전국승가회, 양심에 따른 병역거부자 오태양 지지모임, 양심에 따른 병역거부자 유호근 지지모임 평화사랑, 여성해방연대, 원불교사회개벽교무단, 인권운동사랑방, 장애인 인권운동을 위한 열린네트워크, 장애우권익문제연구소, 전국목회자정의평화실천협의회, 전국불교운동연합, 전쟁없는세상, 좋은벗들, 참여불교재가연대, 참여연대, 천주교정의구현전국연합, 평화네트워크, 평화를만드는여성회, 평화인권연대, 학술단체협의회, 한국대학생불교연합회, 함께가는사람들, 환경운동연합 등.

를 발표하였고, 공청회, 토론회 등을 개최하였다. 2002년 7월 4일 연대회의가 개최한 '대체복무제도 입법을 위한 공청회'에서는 박서진 변호사가 「병역법개정안」을, 이재승 교수가 「대체복무요원판정절차법안」을 각각 제안하기도 하였다.

8) [사회각계의 토론회] 이후 사회각계의 토론회가 이어졌다. 주요 내용들은 다음과 같다.

○ 2002년 2월 18일 한국기독교교회협의회 인권위원회, 전국목회자 정의평화실천협의회 등, '종교·양심적 병역거부와 대체복무 관련 토론회' 개최.

○ 2002년 3월 4일 경제정의실천불교시민연합, 실천불교전국승가회, 인드라망생명공동체, 좋은벗들 등, '불교의 평화사상과 양심에 따른 병역거부권 실현 및 대체복무제 개선을 위한 토론회' 개최.

○ 2002년 3월 25일 대한변호사협회, '양심적 병역거부와 인권' 토론회 개최.

○ 2003년 3월 11일~13일 성공회대 주최로 '양심적 병역거부' 관련 국제회의 개최.

9) [병역거부선언 확산] 오태양 씨의 뒤를 이어 유 모(2002. 7. 9), 임 모(2002. 7. 30), 나 모(2002. 9. 12)씨 등의 입영거부 선언이 잇따랐고, 일부 대학생들이 예비병역거부를 선언하면서, 병역거부 문제는 전 사회적 논쟁으로 번져갔다.

10) [다큐멘터리 '총을 들지 않는 사람들'] 2003년 4월 국가인권위원회의 인권시민단체 협력사업으로 김태환 감독의 병역거부 다큐멘터리 〈총을 들지 않는 사람들〉이 선정되었다. 이 다큐멘터리는 9월에 제작되어 주로 대학가를 중심으로 전국적으로 상영되기 시작했다.

11) [현역병의 입영거부] 2003년 11월 21일 강모(22) 이병이 이라크 파병결정 철회를 요구하며 1주일간 군대 복귀를 거부하다 11월

28일 군 당국에 연행된 후, 광주 육군 제31사단 보통군사법원에서 군무이탈죄로 징역 2년의 실형을 선고받았다. 이 사건 역시 '병역거부'의 동기가 종교적 신념 이외에도 다양하게 있을 수 있다는 사실을 보여주었다.

12) [최초의 무죄판결] 2004년 5월 21일 서울남부지방법원 이정렬 판사는 '여호와의 증인' 신자로서 입영을 거부한 혐의(병역법 위반)로 기소된 오 모씨(22), 정 모씨(23)에 대해 "병역법상 입영 또는 소집을 거부하는 행위가 오직 양심상의 결정에 따른 것으로서 양심의 자유라는 헌법적 보호 대상이 충분한 경우에는 정당한 사유에 해당한다"며 무죄를 선고했다.[16] 또한 예비군 소집 훈련을 거부한 황 모씨(32)에 대해서도 같은 이유로 무죄를 선고했다.[17]

13) [대법원, 유죄 판결] 2004년 7월 15일 대법원은 2004도2965 사건에서, 양심의 자유는 법률에 의하여 제한될 수 있는 상대적 자유로서, 국방의 의무보다 우월한 가치로 볼 수 없고, 양심적 병역거부자를 위한 대체복무제도를 두지 않고 형벌을 부과하는 것은 과잉금지원칙을 위반한 것이 아니라고 판시하였다.

14) [헌법재판소, 합헌판정] 2004년 8월 26일 2002년 1월 서울지방법원 남부지원이 제기한 위헌제청신청에 대해 헌법재판소는 "병역법 제88조 제1항 제1호는 헌법에 위반되지 아니 한다"고 판시하였지만, 동시에 국회에 양심적 병역거부자들의 양심을 보호하는 조처를 취할 것을 권고했다.[18] 이 판결 이후 그동안 연기되었던 재판이 속개되었고, 수감자가 급증하기 시작했다.

15) [유엔에 개인통보 제출] 2004년 10월 18일 최 모, 윤 모씨는 '여호와의 증인' 신자로서 양심적 병역거부 사건 중 처음으로 유엔 자유권규약위원회에 개인통보[19]를 제출하였다.[20]

---

16 서울남부지방법원, 2002고단3940 병역법위반. 2002고단3941 병역법위반.
17 서울남부지방법원, 2003고단1783 향토예비군설치법위반.
18 헌법재판소, 2002헌가1 전원재판부 결정.

16) [종교단체 토론회] 2005년 12월 12일 한국기독교학생회총연맹, 한국대학생불교연합회, 천주교정의구현사제단 등 주요 종교단체들이 「한국종교와 양심적 병역거부」에 관한 토론회를 개최하고, 대체복무제도의 도입을 촉구하였다.

17) [울산지법, 향토예비군설치법 위헌심판 제청] 2007년 4월 30일 울산지방법원은 향토예비군설치법 중 일부에 대하여 헌법재판소에 위헌심판을 제청하였다. 향토예비군설치법 제15조 제8항 중 "예비군 훈련을 정당한 사유 없이 받지 아니한 자는 1년 이하의 징역, 200만 원 이하의 벌금, 구류 또는 과료에 처한다"는 부분이 위헌 소지가 있다는 것이다. 법원은 예비역의 경우, 현역병 입영대상자의 양심적 병역거부에 비해 대체복무제도를 채택하는 데 수반되는 제약적 요소가 적고, 국가안보라는 중대한 공익의 달성에 미치는 영향도 더 가벼운 만큼, 헌법재판소가 막연히 입법부의 노력을 권고하거나 이를 기대하는 수준에 그치는 것이 아니라 과감하게 위헌선언을 하여야 할 것이라고 위헌을 제청하였다.[21]

18) [11명, 개인통보 제출] 2007년 5월 '여호와의 증인'이 아니면서 양심적 병역거부를 하여 대법원에서 유죄확정을 받은 고 모씨 등 11명은, 각 사건에 대한 법원의 판결문, 한국정부의 양심적 병역거부권 침해에 관한 자료 등을 첨부하여 유엔자유권규약위원회에 개인통보를 제출하였다.

---

19 개인통보(individual communications)는 유엔자유권규약에 가입한 국가의 국민이, 규약에 규정된 권리가 침해되었다고 생각하여 유엔자유권규약위원회에 개인 자격으로 진정서를 제출하는 것을 말한다. 진정인은 모든 이용 가능한 국내적 구제조치를 완료한 후에 진정서를 제출해야 한다. 진정서가 제출되면, 규약위원회가 이를 심리한 후, 규약 규정 위반이 있을 경우 해당국에게 주의를 환기하는 의견서를 송부한다. 단 이러한 절차들은 자유권규약 선택의정서 제1조에 규정된 '위원회의 심리권한'을 인정한 국가에만 해당된다. 우리나라는 이 규약에 가입하면서 위원회의 심리권한을 인정하였다.

20 이 통보에 대한 자유권규약위원회의 결정은 V-3 참조.

21 울산지방법원, 향토예비군설치법 위헌제청 결정문.

19) **[청주지법, 무죄판결]** 2007년 10월 26일 청주지방법원 영동지원 이형걸 판사는 '여호와의 증인' 신자로서 입영을 거부한 혐의로 기소된 오 모씨에 대해 "양심적 병역거부자에 대하여 아무런 대안이 제시되지 아니한 상황"에서 이들을 처벌하는 것은 "헌법 제37조 제2항의 과잉금지 원칙에 반하여 양심의 자유를 부당하게 침해하는 결과가 되어 위헌적 상황이 된다. 이러한 상황을 배제하고 법률의 합헌적 해석을 위해서는 2004년 7월 15일 대법원의 판결을 따를 수 없다"고 판단하고 무죄를 선고하였다.[22]

20) **[대법원, 유죄판결]** 2007년 12월 27일 대법원은 '양심적 병역거부권'을 주장하는 상고를 기각하면서, 기각이유로 2004년 7월 15일 대법원 판결을 인용하였다. 특히 이 판결에서는 '병역거부권'이 「자유권규약」 제18조로부터 도출될 수 없다는 점을 상세히 설명하였다. 그러나 대법원은 형사처벌 이외의 대안 마련을 촉구한 2004년 헌법재판소의 권고를 인용하면서, "규약 제18조에 관한 당원의 해석은 입법적 해결의 필요성과 논의의 시급함을 부인하는 의미로는 결코 받아들여져서는 아니 될 것이다"라고 덧붙였다.[23]

21) **[춘천지법, 위헌심판 제청]** 2008년 9월 5일 춘천지방법원은 '여호와의 증인' 신자 4명이 입영을 거부하다 병역법 위반 혐의로 1심에서 각각 1년 6월의 실형을 선고받고 항소하자, 병역법 제88조에 대해 위헌제청을 결정하였다.[24] 이 결정문에서는 '양심의 자유'를 보장한 헌법 제19조 외에, '인간의 존엄과 가치'를 보장한 제10조, '비례의 원칙'을 규정하고 있는 제37조 제2항이 논거로 제시되었다. 이로써 2004년 합헌결정을 내렸던 헌법재판소는 또다시 병역법 제88조의 위헌 여부를 심판하게 됐다.

---

22 청주지방법원 영동지원, 2007고단151 병역법위반.
23 대법원, 선고 2007도7941 병역법위반.
24 춘천지방법원, 위헌제청결정문. 2008. 9. 5.

4. 유엔의 권고

「세계인권선언」제18조 및 「시민적·정치적 권리에 관한 국제규약」
제18조는 사상·양심 및 종교의 자유를 규정하고 있다.

유엔경제사회이사회 산하 인권위원회(UN Commission on Human Right
s)[25]는 위 조항에 근거하여 1987년, 1989년, 1993년, 1995년, 1998년,
2000년, 2002년, 2004년 등 여러 차례의 결의를 통하여, 양심적 병역
거부권을 인정하지 않는 국가에 대하여 양심적 병역거부자의 신념의
성질을 차별하지 말고, 징벌적 성격을 띠지 않는 대체복무제를 실시하
라고 권고하면서, 특히 양심적 병역거부자를 투옥하지 않도록 하는 조
치를 취할 것을 권고하였다.

「자유권규약」체약국의 규약 이행을 감독하는 자유권규약위원회
(Human Rights Committee)는 (1) 1991년 이래 양심적 병역거부권은 동 규
약이 규정하는 기본적 인권의 하나로서 보장되어야 한다는 입장을 견
지해 왔다. (2) 1993년에 채택한 「일반논평 제22호」[26]에서는 양심적 병
역거부권이 사상과 양심 및 종교의 자유를 규정한 동 규약 제18조로부
터 도출될 수 있다는 유권해석을 내렸다. (3) 2006년 11월에는 「자유권
규약 제40조에 따라 대한민국이 제출한 보고서에 대한 검토 및 최종견
해」[27]에서 양심적 병역거부자의 권리를 인정하여 병역을 면제하는 입
법 등의 조치를 취할 것을 권고하였다. (4) 2007년 1월에는 병역거부로
처벌받은 우리나라 진정인 2명이 2004년 제기한 개인통보에 대하여,
이들의 처벌은 「자유권규약」제18조 제1항(사상·양심·종교의 자유)을 위반
한 것이라고 결정하고, "통보인들에게 보상을 포함하여 유효한 구제조

---

25 2006년 3월 총회 결의에 의해 총회산하 인권이사회(Human Rights Council)로
개편됨.

26 UN document. CCPR/C/21/Rev.1/Add.4. UN Human Rights Committee,
General Comment 22, Article 18 (Forty-eighth session, 1993).

27 UN document.CCPR/C/KOR/CO/3.UN Human Rights Committee, 2006. 11.
28. §17. "Consideration of Reports submitted by State Parties under Article 40
of The Covenant: Concluding Observations - Republic of Korea."

치를 취할 것"과 재발방지를 우리 정부에 요청하였다.[28]

5. 국가인권위원회의 권고

1) 2005년 12월 26일 국가인권위원회는 양심적 병역거부권은 헌법 제19조와 「시민적·정치적 권리에 관한 국제규약」제18조(양심의 자유)의 보호 범위 내에 있음을 확인하고, 국회의장과 국방부장관 에게 양심적 병역거부권과 병역의무가 조화롭게 공존하게 할 수 있는 대체복무제도를 도입하도록 권고하였다.[29]

2) 2007년 12월 6일 국가인권위원회는 울산지방법원에서 2007년 4월 헌법재판소에 위헌 제청한 「향토예비군설치법」제15조 제8항 사건에 대하여 양심적 병역거부권 인정과 대체복무제도의 도입 을 재확인하고 양심적 예비군 거부자를 거듭 처벌하지 말라는 의견을 헌법재판소에 제출하기로 결정하였다.[30]

3) 2008년 1월 25일 국가인권위원회는 유엔인권이사회의 '보편적 정례검토(Universal Periodic Review)' 대상국가에 대한민국이 포함됨 에 따라, 지난 4년간(2004~2007)의 대한민국 인권상황에 대해 평 가한 보고서를 유엔인권이사회에 제출했다.[31] 국가인권위는 이 보고서에서 지난 4년간 '시민적·정치적 권리'가 많이 개선됐지 만, 여전히 유엔 등에서 권고한 대체복무제도 도입 등이 이루어 지지 않았다고 밝혔다.

---

28 UN document.CCPR/C/88/D/1321-1322/2004. "Views of the Human Rights Committee under article 5, paragraph 4, of the Optional Protocol to the International Covenant on Civil and Political rights, concerning Communications Nos. 1321/2004 and 1322/2004." §9-10

29 국가인권위원회, 2006. 2. 양심적 병역거부 관련 결정문.

30 국가인권위원회, 2007. 12 6. 보도자료 「향토예비군법 위헌여부에 대해 헌재에 의견 제출」.

31 국가인권위원회, 2008. 1. 31. 보도자료 「유엔에 한국 인권상황에 대한 평가보고 서 제출」.

4) 2008년 7월 21일 국가인권위원회는 양심적 병역거부자에 대한 대체복무제도를 빨리 도입할 것을 촉구하는 의견서를 국방부에 전달했다.[32] 인권위는 의견서에서 "국제사회뿐만 아니라 헌법재판소도 양심적 병역거부자의 양심을 보호하는 조치를 취할 수 있도록 입법을 보완하라는 권고를 냈는데, 대체복무제도의 이행이 이뤄지지 않는다면 인권국가로서의 평가를 후퇴시키는 결과를 초래할 것"이라고 밝혔다. 인권위는 또 "대체복무제도는 대만·덴마크·독일 등 징병제 국가 대다수가 도입했다"며 "한국 정부가 이 같은 국제사회의 요청에 응하지 않아 그동안 유엔자유권규약위원회와 유엔 국가별 인권상황 정례검토(UPR) 심의에서 양심적 병역거부를 인정하라는 권고를 받아왔다"고 지적했다.

6. 국회의 대응

1) 2001년 5월 병역거부자들의 문제가 사회적으로 여론화되자 민주당의 천정배, 장영달 의원이 각각 별도의 대체복무제도 도입을 위한 법안을 마련하고 공청회 개최 등을 추진하였으나 보수 기독교계의 강한 반발로 입법안 제출을 유보하였다.
2) 2004년 8월 19일 임종인 의원 주도로 양심적 병역거부자 대체무제 입법을 위한 〈병역법 개정안〉 공청회가 국회 의원회관 소회의실에서 열렸다.
3) 2004년 11월 23일 제250회 정기국회에 임종인 의원 외 22명이 발의한 병역법개정안(2004. 9. 22.)이 상정되었고, 2004년 12월 28일 제251회 임시국회에 노회찬 의원 외 10명이 발의한 병역법개정안(2004. 11. 19.)이 상정되었다. 2005년 3월 17일 두 의원이 발의한 병역법 개정안에 관한 공청회가 열렸다. 그러나 이 개정안은 한

---

32 국가인권위원회, 2008. 7. 21. 보도자료 「양심적 병역거부자 대체복무 이행 촉구 의견 표명」.

나라당의 반대로 폐기되었다.

7. 정부의 대응

1) 2001년 10월 23일 국방부는 「병역거부자 대체복무에 대한 국방부 입장」을 발표하여 병역의 의무가 민주국가 수호를 위한 기본적 합의임을 강조하고, 병역거부자에 대한 대체복무제도를 마련하는 것은 특정 종교에 대한 특혜가 될 수 있으므로 대체복무제도는 불가하다는 입장을 밝혔다. 국방부는 또 병역거부자들에 대한 대체복무가 시행되었을 때 국방에 대한 형평성 차원에서 심각한 문제가 발생할 수 있으며, 병역기피의 확산으로 국가안보에 심각한 타격을 줄 수 있다는 점을 반대이유로 덧붙였다.

2) 2003년 12월 법무부가 유엔자유권규약위원회에 제출한 「자유권규약에 따른 제3차 보고서」의 '양심적 병역거부자' 관련 내용은 다음과 같다.

   § 271. 대한민국은 1950년 6월 북한의 기습적인 전쟁도발에 의하여 3년 동안 전쟁을 겪었으며, 지금까지 북한은 무력으로 대한민국을 공산화하겠다는 방침을 변경하지 않고 있고, 북한의 핵무기개발은 여전히 대한민국의 존립과 안전보장에 큰 위협이 되고 있으므로 국방력의 급격한 약화를 가져올 수 있는 양심적 병역거부자에 대한 대체복무제도를 인정하지 않고 있다.

   § 272. 양심적 병역거부 및 대체복무제도를 검토함에 있어, ① 종교 및 개인적 신념이 추상적이고 자의적이어서 이를 악용하는 병역거부자를 양산할 우려가 있고, 그렇게 되면 국가안전 보장을 위한 현재의 징병제도를 유지하기가 곤란하게 된다는 점, ② 국민 개병제하에서 기초군사훈련, 예비군훈련, 전시동원 등이 면제되므로 병역의무를 수행하는 국민과 병역의무부과의 형평성을 상실하게 된다는 점, ③ 현재 낮은 출산율 등으로 인하여 국가적으로 병역자원이 감소하고 있어 양심적 병역거부자에 대한 대체복무제

도를 허용할 경우 국가안보의 위기를 초래할 수 있다는 점이 문제가 되고 있다.[33]

이 보고서에 대해 '민주사회를 위한 변호사 모임'은 2006년 10월 「자유권규약 제40조에 따라 대한민국이 제출한 제3차 정기보고서에 대한 반박보고서」를 유엔자유권규약위원회에 제출했다. 이 보고서는 §98~§112에서 '양심에 따른 병역거부' 상황을 자세히 소개하고, 법무부의 보고내용을 낱낱이 반박하였다.

3) 2006년 4월 국방부 산하에 종교적 병역거부자 문제를 포함한 대체복무제도를 연구할 「대체복무제도연구위원회」가 발족했다. 위원회는 이상돈 중앙대 법대 교수를 위원장으로 학계와 법조, 언론, 종교계, 시민 단체 등 분야별 전문가와 국방부, 병무청 관계국장 등 17명으로 구성됐다. 국방부는 이 위원회가 "올해 말까지 종교적 병역거부자의 대체복무 도입 여부를 비롯한 대체복무제도 전반에 걸친 원칙과 기준을 설정하고 국민여론조사, 파급효과 등을 연구할 예정"이라고 발표했다.

4) 2006년 12월 22일 임종인 의원실에서 대체복무제 도입 촉구 토론회가 열렸는데 이 자리에 법무부 인권정책과장이 참석하여 법무부의 입장을 다음과 같이 밝혔다.

○ 2006년 11월 자유권규약위원회의 최종견해에 대하여 정부 관련부처에 후속 이행조치에 대한 의견 요청 및 관계부처 정책 수립에 최종견해 적극 참조 요청.

○ 2007년 중 자유권규약위원회 최종견해 이행 관련 관계부처 회의 개최 검토.

– 이행여부에 대하여 차기 보고서에 최종견해 이행 여부 반영 예정.

○ 현재 국방부에서 2006년 4월 민·관 공동연구위원회(대체복무제도연구

---

33 대한민국(법무부), 2003. 12. 시민적·정치적 권리에 관한 국제규약에 따른 제3차 보고서. § 271~272.

위원회)를 구성하여 양심적 병역거부 및 사회 내의 대체복무도입 가능 여부를 포함한 정책을 검토하고 있으며 내년 6월경 결론을 도출하는 것으로 알고 있음.

○ 법무부는 자유권규약의 주무부처로서 국제적 기준에 지속적으로 관심을 기울이고, 현재 수립을 추진 중인 국가인권정책기본계획에 양심적 병역거부 문제를 어떤 방식으로든 포함시킬 계획임.

○ 유엔 개인진정 사건과 관련하여서도, 법무부는 최종의견을 번역·공표하고, 국방부 등 관련 부처와의 협의를 통하여 최종의견에 대한 정부의 후속 조치사항을 90일 이내에 유엔시민적·정치적 권리위원회(자유권규약위원회, 편집자 주)에 통보할 예정임.

※ 개인진정 인용결정에 대한 국내 구제방안 마련을 위하여 법무부는 법원행정처, 외교통상부, 국가인권위 등과 태스크포스팀을 구성, 연구 중.

5) 2007년 5월 법무부는 「2007~2011 국가인권정책 기본계획(NAP)」을 작성하면서 '양심적 병역거부 및 대체복무제도의 도입'문제를 주요 쟁점 중 하나로 보고, 대법원과 헌법재판소의 판결, 국가인권위원회의 권고 등 국내 현황을 간략히 언급하고, 「유엔자유권규약위원회 2006년 최종견해」가 '양심적 병역거부자의 병역면제권을 인정하는 모든 필요한 조치의 채택 및 「자유권규약」 제18조와 일치하는 법 제정을 권고(제17항)'한 사실도 적시하였다. 그러나 "남북분단 및 군사적 대치의 특수한 안보환경과 병역의무 거부에 대한 부정적 국민정서로 인하여 양심적 병역거부 및 대체복무제도의 인정에 반대하는 입장이 상존하고 있다"는 의견을 덧붙인 후, 2006년 4월부터 「대체복무제도연구위원회」가 구성되어 활동 중에 있으므로, 이 위원회의 검토결과를 기초로 후속조치를 취할 것이라고 밝혔다.

6) 2007년 4월 국방부 내 '대체복무제도 연구위원회'가 1년간의 연구 끝에 "대체복무제 도입 필요성에는 공감하나 현시점에서 도입여부에 대해서는 본 연구위원회의 찬반 입장이 대립되어 추가

적인 연구검토가 필요하다"는 결론을 내리자,[34] 2007년 6월 5일 국방부는 이를 토대로 종교적 병역거부자에 대한 대체복무 허용이 시기상조라고 발표했다.[35]

7) 2007년 9월 18일 국방부는「병역이행 관련 소수자의 사회복무제 편입 추진 방안」을 발표했다. '병역이행 관련 소수자'란 '양심적 병역거부자'를 지칭한다. 발표내용은 다음과 같다.

국방부는 9월 18일, 종교적 사유 등에 의한 병역거부자에 대해 대체복무를 허용하는 방안을 추진하기로 하였다. 종교적 사유 등에 의한 병역거부자가 매년 750여 명이 발생하여, 이들 대부분이 징역 등 형사처벌을 받고 있는 실정이다. 이와 관련하여 사회 각계에서는 '이들의 인권보호를 위해 합리적인 대체복무 방안이 마련되어야 한다'는 의견이 꾸준히 제기되어 왔다. 이에, 국방부는 '전과자를 양산하는 현 제도는 어떠한 방법으로든 개선되어야 한다'는 현실적 필요성을 감안하고, 병역제도 개선에 따른「사회복무제도 도입」과 연계하여 대체복무 허용방안을 전향적으로 검토하게 되었다. 이는, 병역의무를 거부할 수 있는 권리를 인정하는 것이 아니라, 국민적 합의를 전제로 '사회복무제도 내 하나의 복무 분야'로서 대체복무를 허용하는 것이다.

국방부가 추진하고자 하는 기본 방안은 종교적 사유 등에 의한 병역거부자의 대체복무를「사회복무제도」범주에 포함하여 추진하되, 복무분야는 24시간 근접보호가 필요한 치매노인이나 중증 장애인 수발과 같이 사회복무자 배치분야 중에서 난이도가 가장 높은 분야로 하고, 복무방법 및 기간은 출·퇴근 없이 해당복무시설에서 합숙하면서, 현역병의 2배 수준을 복무토록 할 계획이다. 또한, 객관적이고 엄격한 심사제도를 운영하고, 철저한 복무관리를 통해 제도의 악용소지를 근원적으로 제거할 계획이다.

국방부는 상기 추진방안을 기초로, 공론화 과정을 거쳐 온 국민이

---

34 국방부, 2007. 4. 종교적(양심적) 병역거부자에 대한 대체복무제도 연구결과.
35 조선일보 2007. 6. 5.

공감하고 지지할 수 있는 대체복무제도를 마련하여 시행함으로써, 소수자의 인권보호는 물론, 신성한 병역의무이행 풍토를 조성하는데 최선의 노력을 경주할 것이다.

발표 문안에 "본 자료는 확정된 정책안(案)이 아니라, 향후, 다양한 공론화 과정을 거쳐 국민적 합의를 도출하기 위한 기초 자료임"이라고 단서가 붙어있었지만, 국민들은 사실상 국방부가 대체복무제도를 도입하기로 한 것으로 받아들였다.

8) 2008년 7월 4일 국방부는 "종교적인 신념을 이유로 병역을 기피하는 사람들에게 대체복무를 허용하는 문제는 아직 국민적 공감대를 얻지 못하고 있다"면서 "앞으로 국민적 여론을 수렴하기 위한 절차가 필요하다"고 밝혔다. 국방부 관계자는 "국방부가 작년 9월 대체복무 허용 방침을 발표했을 때도 사실상 국민적 합의가 전제되어야 한다는 점을 분명히 했다"면서 "국민 여론이 수렴되지 않으면 대체복무 자체를 시행하지 못할 수도 있다"고 말했다. 이 발표에 대해 언론에서는 "정부가 종교적 병역거부자들의 대체복무 허용 결정을 사실상 뒤집고 원점에서 재검토 중"이라고 논평했다.

IV. '병역거부'에 대한 국내 법규범

1. '병역기피'에 대한 처벌

우리나라 병역법에는 '병역거부'의 개념은 존재하지 않는다. 따라서 '입영거부'는 '병역기피'와 동일한 행위로 간주되어 병역기피의 죄로 처벌되고, '집총거부'는 '항명죄'로 처벌된다. 처벌 규정은 다음과 같다.

병역법 제88조(이하 생략, 편집자 주)[*]

군형법 제44조(항명)

상관의 정당한 명령에 반항하거나 복종하지 아니한 자는 다음의 구별에 의하여 처벌한다.<개정 1994. 1. 5.>

1. 적전인 경우에는 사형·무기 또는 10년 이상의 징역에 처한다.
2. 전시·사변 또는 계엄지역인 경우에는 1년 이상 7년 이하의 징역에 처한다.
3. 기타의 경우에는 3년 이하의 징역에 처한다.

2. 서울남부지원 위헌심판 제청

2002년 1월 29일 서울남부지원 박시환 판사는 "병역법 제88조 제1항 제1호가 양심적, 종교적 병역거부자 등 일정한 자에 대하여는 그에 상응하는 적절한 예외를 인정하는 규정을 두지 아니한 채, 아무런 제한 없이 모든 현역입영거부자를 처벌하도록 규정한 것은 각 기본권의 보장을 규정한 헌법규정에 위반될 가능성이 있다"고 판단하여 동 규정의 위헌여부에 관한 심판을 헌법재판소에 제청했다. 박 판사는 결정문에서 위헌가능성을 다음과 같이 제시했다.

(1) 병역의 의무(국방의 의무)는 우리 헌법상 국민의 기본의무로 규정되어 있고, 대한민국의 기본체제인 자유민주적 기본질서를 지키기 위하여 필요한 신성하고도 중요한 의무이다. 한편으로 사상과 양심의 자유 역시 자유민주적 기본질서의 근간을 이루는 핵심적 기본권으로 인정되고 있고 종교의 자유 또한 자유민주국가에서는 빠짐없이 인정되고 있는 중요한 기본권의 하나이다.

(2) 그런데 자기의 사상이나 양심 또는 종교적 교리를 이유로 병역의무

---

[*] 병역법 제88조 제1항이 이 책에서 많이 인용되고 있어 반복을 피하기 위해 이 법률조항에 대한 헌법재판소의 결정문에 포함된 부분(이 책 471~472쪽)에만 남기고 다른 논문이나 자료에서는 생략하였다(편집자 주).

의 이행을 거부하는 이른바 양심적, 종교적 병역거부자들의 경우에는 헌법상 기본적 의무로 되어 있는 병역의 의무와 자유민주적 기본질서의 핵심적 기본권인 사상, 양심의 자유 및 종교의 자유 사이에 충돌이 일어나게 되어, 그 양자의 본질적 내용을 훼손하지 않는 범위 내에서 양자를 적절히 조화, 병존시킬 필요가 있다.

(3) 그러나 우리나라의 현행 병역법은 이와 같은 양심적, 종교적 병역거부자에 대하여 아무런 언급이 없이 이를 일반국민과 동일하게 취급하고 있으며, 병역법 제88조 제1항 제1호에서는 현역입영을 거부하는 자를 처벌하는 규정을 두면서도 양심적, 종교적 병역거부자에 대한 아무런 예외적 조치를 규정하고 있지 않다. 이와 같은 현역입영 거부자 처벌규정이 양심적, 종교적 병역거부자에게 아무런 제한 없이 그대로 적용된다면 결국에는 병역의 의무와 사상, 양심, 종교의 기본권이 상호 적절히 조화, 병존되어 그 어느 쪽도 본질적인 내용까지는 침해되지 않아야 할 양심적, 종교적 병역거부자들에 대하여 병역의 의무만을 완전히 이행시키는 대신 사상과 양심의 자유 및 종교의 자유 외에도 인간의 존엄과 가치, 행복추구권, 각자의 사상, 양심, 종교에 따른 실질적 평등을 보장받을 평등권 등 헌법상 기본권이 침해받게 될 가능성이 크다.

(4) 양심적, 종교적 병역거부의 문제는 수 세기 전부터 대두되어 온 문제로서, 미국의 여러 주 헌법에서 일찍이 1700년대 중반에 이를 인정해 온 이래 서독기본법, 포르투갈, 스페인, 브라질, 우루과이 등 상당수 국가에서는 헌법에 이를 규정하여 인정하고 있는 것을 비롯하여, 대부분의 선진국을 포함한 전 세계 수십 개의 국가에서 이를 헌법 또는 법률에서 명문으로 인정하고 있으며, 사회주의 체제인 러시아, 체코, 크로아티아, 슬로바키아, 에스토니아 등 동유럽의 국가들에서도 헌법으로 이를 인정하고 있다. 그리고 우리와 마찬가지로 분단국가인 대만에서도 최근에 이를 인정하는 입법을 하였다.

(5) 또한 국제법적으로도 유엔의 인권위원회에서 1987년에 최초의 결의를 한 이래 수차례의 결의를 통하여 양심적 병역거부권을 법규화

할 것을 권고 또는 의무화하였고, 유럽회의의 자문회의에서도 1967
년에 유럽인권규약에 근거하여 양심적 병역거부권을 인정한 이래
몇 차례 결의를 통하여 이를 재확인하고 있다.

(6) 우리나라의 양심적, 종교적 병역거부자들은 징역 1년 6월 이상의
실형을 자청하면서까지 종교적 신념을 지키려고 애를 쓰고 있는 실
정임에도 위 병역법상의 처벌규정에는 이들에 대한 아무런 예외조
치가 규정되어 있지 아니하여 법원에서는 이들에 대하여 대부분 실
형을 선고하고 있다. 그러므로 이제는 우리나라에서도 이와 같은
양심적, 종교적 병역거부자들에 대하여 헌법적으로 검토해 보아야
할 단계에 왔다고 생각된다.

3. 서울남부지방법원 무죄선고

1) 2004년 5월 21일 서울남부지방법원 이정렬 판사는 '여호와의 증
인' 신자로서 입영을 거부한 혐의(병역법 위반)로 기소된 오 모(22)
씨, 정 모(23)씨에 대해 "병역법상 입영 또는 소집을 거부하는 행
위가 오직 양심상의 결정에 따른 것으로서 양심의 자유라는 헌
법적 보호 대상이 충분한 경우에는 정당한 사유에 해당한다"며
무죄를 선고했다.[36] 또한 예비군 소집 훈련을 거부한 황 모(32)씨
에 대해서도 무죄를 선고했다.[37] 무죄선고의 이유는 다음과 같다.

(1) 우리 헌법은 양심의 자유를 기본권의 하나로 보장하고 있는바, 여기
의 양심이란 세계관, 인생관, 주의, 신조 등은 물론, 이에 이르지 아
니하여도 보다 널리 개인의 인격형성에 관계되는 내심에 있어서의

---

36 서울남부지방법원, 2002고단3940 병역법위반. 2002고단3941 병역법위반. 그러나
법원은 같은 종교 신자로 '양심적 병역거부'를 주장, 병역법 위반으로 오 씨 등과
함께 기소된 조 모(23)씨에 대해서는 "소명이 충분하지 못하다"며 법정 최고형인
징역 3년을 선고하고 법정 구속했다. 2002고단4812 병역법위반.
37 서울남부지방법원, 2003고단1783 향토예비군설치법위반.

가치적, 윤리적 판단도 포함된다.

(2) 우리나라가 1990년에 가입한 「시민적·정치적 권리에 관한 국제규약」(이른바 국제인권규약 B규약) 제18조 제2항에서도 스스로 선택하는 신념을 가질 자유를 침해하게 될 어떠한 강제도 받지 않는다고 규정하고 있고, 우리나라가 1993년 이래 위원국으로 5번째 연임된 유엔경제사회이사회 산하 인권위원회에서도 계속적으로 양심에 따른 병역거부권을 인정하여야 한다고 하면서 특히 최근에는 2004년 4월 19일 제60차 인권위원회에서 양심에 따른 병역거부권을 인정하여야 한다는 결의안을 채택하기도 하였다.

(3) 양심의 자유는 양심 형성 및 결정의 자유, 양심을 지키는 자유, 양심 실현의 자유를 그 내용으로 하는바, "양심형성 및 결정의 자유"는 구체적인 사항에 관한 양심의 형성 내지 결정과정에서 어떠한 외부적인 간섭이나 압력 강제도 받지 아니하고 오로지 자기의 내면적인 소리만 따를 수 있는 자유로서, 이것이 실질적으로 보장되기 위하여서는 다수의 양심이 소수의 양심을 무시해서도 안 되고, 소수의 양심이 다수에게 강요되어서도 안 된다. "양심을 지키는 자유"는 양심의 표명을 직접 간접으로 강요당하지 않는 자유로서 이는 양심을 언어나 행동으로 표현하도록 강제당하지 않는 이른바 침묵의 자유 및 양심 추지(推知) 금지와 양심에 어긋나는 행동을 강제당하지 않는 자유인 이른바 작위 의무로부터의 해방을 내용으로 한다. "양심실현의 자유"는 양심의 결정을 행동으로 옮겨서 실현시킬 수 있는 자유이다. 결국 양심상의 결정을 이유로 한 병역의무 거부는 양심을 지키는 자유의 내용을 이루는 작위 의무로부터의 해방과 양심실현의 자유에 그 근거를 두고 있다.

(4) 그러므로 병역법 제88조 제1항은 헌법에 규정된 양심의 자유를 침해할 소지가 있는 위헌적인 요소를 포함하고 있지만, 이 조항은 양심의 자유를 침해하는 때에 한하여 위헌으로 해석될 뿐 일반적인 경우 모두 위헌으로 해석되지는 아니하므로, 해당 조항의 합헌적 해석을 위해서, 양심의 결정에 따른 병역거부를 '정당한 사유'로 인정

할 수밖에 없다.

2) 법원의 판결문에는 이후 이 문제를 둘러싸고 전개될 논쟁의 주요한 주제들이 포괄적으로 담겨있다. 병역거부자에 대한 처벌의 당위성과 필요성을 주장하는 근거들을 나열한 후 이에 대한 반론을 제시하고 있다.

처벌의 필요성을 주장하는 근거	재판부의 반론
우리의 안보현실에서 개인적인 신념에 따라 군복무 여부를 결정하도록 할 경우 국방의 안전 보장을 위한 병력의 유지가 곤란하다.	연간 징병인원 약 30만 명에 비하여 0.2%에 불과하여 국가방위력에 미치는 정도가 미미하다.
양심적 병역거부권을 인정하면 국민의 평등한 공적부담원칙이 와해된다.	서구 국가들처럼 대체복무제를 도입하여 병역의무를 이행하는 것과 동일하거나 그보다 좀 더 중한 내용의 복무를 하도록 한다면 공적부담이나 병무행정에 있어서의 평등의 원칙을 훼손하지 않을 수 있다.
양심적 병역거부를 빙자한 병역기피자가 증가할 것이다.	양심적 병역거부자로 인정될 수 있는 기준을 명확히 마련한다면 고의적인 병역기피자를 충분히 가려낼 수 있다.
특정 종교 신자에게 특혜를 주는 결과가 되어 다른 종교와의 갈등관계가 초래하고, 국민통합을 해치게 된다.	양심적 병역거부에 관한 권리를 인정하는 것은 특정 종교상의 교리를 인정하는 것이 아니라 일반적인 양심에 따른 신념을 인정하는 것이다.
병역을 거부하는 특정 종교의 교리가 국가 체제를 사탄으로 간주, 국가의 존재 자체를 부인하고 있다.	위 종교를 신봉하는 사람들이 병역의무만을 거부할 뿐 납세의 의무나 교육의 의무를 거부하고 있지는 아니하여 국가의 존재 자체를 부인하고 있지는 않다.

3) 또한 재판부는 양심적 병역거부자와 양심을 빙자하여 병역을 기피하는 자를 가려내기 위한 기준을 다음과 같이 제시했다.

(1) 양심적 병역거부자가 인격적인 양심적 결정과정을 분명하게 밝혀야 하고, 특히 병역을 거부하기로 하는 결정을 하게 된 특별한 사정(예컨대, 종

교적, 윤리적 또는 인도적 근거들로서 학교교육, 가정교육, 폭력체험, 친척이나 친구의 사망, 전쟁체험에 대한 가족의 이야기, 영화 등)을 설득력 있게 설명하여야 하며, (2) 병역을 거부하기로 하는 결정을 한 이후 또는 그로부터 멀지 아니한 시간 전에 병역거부와 관련된 사회 활동을 하였을 것 등을 그 기준으로 삼을 수 있다.

4. 대법원 2004도2965 전원합의체 판결

1) '양심적 병역거부'를 유죄로 선고한 2004년 7월 15일 대법원 2004도2965 전원합의체 판결의 요지는 다음과 같다.

  (1) [정당한 사유의 의미] 병역법 제88조 제1항에서 '정당한 사유'는 질병 등 병역의무 불이행자의 책임으로 돌릴 수 없는 사유에 한한다.

  (2) [양심의 정의] 헌법 제19조가 보호하고자 하는 양심은 '어떤 일의 옳고 그름을 판단함에 있어서 그렇게 행동하지 않고는 자신의 인격적 존재가치가 파멸되고 말 것이라는 강력하고 진지한 마음의 소리로서 절박하고 구체적인 양심'을 말한다.

  (3) [양심 자유의 내용] 양심의 자유에는 양심 형성의 자유와 양심상 결정의 자유를 포함하는 내심적 자유뿐만 아니라 소극적인 부작위에 의하여 양심상 결정을 외부로 표현하고 실현할 수 있는 자유, 즉 양심상 결정에 반하는 행위를 강제받지 아니할 자유도 함께 포함되어 있다.

  (4) [양심형성 자유의 절대성] 양심형성의 자유와 양심상 결정의 자유는 내심에 머무르는 한 이를 제한할 수도 그리고 제한할 필요성도 없다는 점에서 절대적 자유라고 할 수 있다.

  (5) [양심실현 자유의 상대성] 그러나 양심실현의 자유는 그 양심의 실현과정에서 다른 법익과 충돌할 수 있게 되고 이때에는 필연적으로 제한이 수반될 수도 있다. 헌법상 기본권의 행사가 국가공동체 내에서 타인과의 공동생활을 가능하게 하고 다른 헌법적 가치 및

국가의 법질서를 위태롭게 하지 않는 범위 내에서 이루어져야 한다
는 것은 양심의 자유를 포함한 모든 기본권 행사의 원칙적인 한계
이므로, 양심 실현의 자유도 결국 그 제한을 정당화할 헌법적 법익
이 존재하는 경우에는 헌법 제37조 제2항에 따라 법률에 의하여 제
한될 수 있는 상대적 자유라고 하여야 할 것이기 때문이다(대법원
1982. 7. 13. 선고 82도1219 판결 등 참조). 특히 남북이 분단되어 여
전히 서로 군사적으로 대치되고 있어 불안정성과 불가예측성이 상
존하는 우리나라의 특수한 현실적 안보상황을 고려하면 국방의 의
무는 보다 강조되어도 지나치다고 할 수는 없을 것이다.

(6) [**국제규약**] 우리나라가 가입한 '시민적·정치적 권리에 관한 국제
규약(이른바 B규약)' 제18조의 규정은, 우리 헌법 제19조의 양심의
자유, 제20조의 종교의 자유의 해석상 보장되는 기본권의 보호 범
위와 동일한 내용을 규정하고 있다고 보이므로 위 규약의 조항으로
부터 예외적으로 이 사건 법률조항의 적용을 면제받을 수 있는 권
리가 도출된다고도 볼 수 없다.

(7) [**비례의 원칙**] 병역의무의 이행을 확보하기 위하여 현역입영을 거
부하는 자에 대하여 형벌을 부과할 것인지 대체복무를 인정할 것인
지 여부에 관하여는 입법자에게 광범위한 입법재량이 유보되어 있
다고 보아야 하므로, 양심 및 종교의 자유를 이유로 현역입영을 거
부하는 자에 대하여는 현역입영을 대체할 수 있는 특례를 두지 아
니하고 형벌을 부과하는 규정만을 두고 있다고 하더라도 과잉금지
또는 비례의 원칙에 위반된다거나 종교에 의한 차별금지 원칙에 위
반된다고 볼 수 없다.

(8) [**적법행위의 기대가능성**] 적법행위의 기대가능성은 사회적 평균
인을 두고 이 평균인의 관점에서 판단하여야 할 것인바, 피고인의
양심상의 결정이 적법행위로 나아갈 동기의 형성을 강하게 압박할
것이라고 보이기는 하지만 그렇다고 하여 피고인이 적법행위로 나
아가는 것이 실제로 전혀 불가능하다고 할 수는 없다고 할 것이다.
법규범은 개인으로 하여금 자기의 양심의 실현이 헌법에 합치하는

법률에 반하는 매우 드문 경우에는 뒤로 물러나야 한다는 것을 원칙적으로 요구하기 때문이다.

2) 여기에서 주목할 내용들은 다음과 같다.

   (1) 양심 실현의 자유는 그 제한을 정당화할 헌법적 법익이 존재하는 경우에는 제한할 수 있는데, 우리나라의 특수한 현실적 안보상황을 고려하면 국방의 의무가 우선이다.

   (2) 「자유권규약」 제18조의 '양심의 자유'는 우리 헌법 제19조의 양심의 자유와 동일한 것이다. (이러한 해석에 따르면, '양심적 병역거부자'의 처벌은 자유권규약에 위배되는 것이 아니다. 그러나 이 해석은 유엔자유권규약위원회 및 인권위원회의 해석과 다른 것이다.)

   (3) 병역의무 이행의 구체적인 형태, 즉 대체복무제의 도입여부는 입법자의 재량에 유보되어 있다. (이 해석에 따르면, 입법자는 그런 제도를 도입할 수도 있고, 도입하지 않을 수도 있다.)

3) 대법관 이강국의 <반대의견>은 다음과 같다.

   (1) 절대적이고도 진지한 종교적 양심의 결정에 따라 병역의무를 거부한 피고인에게 국가의 가장 강력한 제재 수단인 형벌을 가하게 된다면 그것은, 피고인의 인간으로서의 존엄성을 심각하게 침해하는 결과가 될 것이고 형벌 부과의 주요 근거인 행위자의 책임과의 균형적인 비례관계를 과도하게 일탈한 과잉조치가 될 것이다.

   (2) 피고인에 대한 형벌은 그 정도에 상관없이 범죄에 대한 응징과 예방, 피고인의 교육 등 그 어떠한 관점에서도 형벌의 본래적 목적을 충족할 수 없음이 명백해 보이고, 피고인에게 실정 병역법에 합치하는 적법한 행위를 할 가능성을 기대하기가 매우 어렵다.

   (3) 피고인과 같은 경우에는 국가의 형벌권이 한 발 양보함으로써 개인의 양심의 자유가 보다 더 존중되고 보장되도록 하는 것이 상당하

다 할 것이어서 피고인에게는 범죄의 성립요건인 책임성을 인정할 수 없다고 보아야 하고, 이러한 점에서 피고인에게는 병역법 제88조 제1항의 적용을 배제할 '정당한 사유'가 존재한다.

4) 대법관 다수의견(11:1)으로 유죄판결을 내렸지만, 대체복무제도의 도입필요성에 대해서는 5명(이강국, 유지담, 윤재식, 배기원, 김용담)이 찬성의견을 보였다.
5) 조무제 재판관은 <다수의견에 대한 보충의견>에서 '집총거부'와 '입영거부' 행위의 구체적 성질이 다르다는 점을 들어, 처벌을 통해 '병역의무행위인 입영행위의 이행으로 나아갈 기대가능성'이 있다고 주장하였다.

　　그 병역의무의 내용을 이루는 … 각 구체적 행위는 내용과 성격이 다양하여 인명을 살상하거나 행위상대방에게 고통을 주기 위한 집총훈련과 같이 피고인 주장의 양심상 명령에 배치되는 행위들이기만 한 것은 아니다. 이 사건에서 문제된 것은 지정된 시간에 지정된 장소에 집결하여야 하는 입영행위로서 군인신분을 취득하기 전까지 이행해야 할 병역법상 벌칙규정으로 강제되는 의무행위 중의 하나이며, 그 법에 규정된 다른 의무행위 예컨대 거주지 이동 시 전입신고의무(제84조), 출국·귀국 시 신고의무(제94조), 신체손상이나 사위행위를 하지 않을 의무(제86조), 징병·신체검사를 받을 의무(제87조) 등과 크게 다르지 아니한 성질의 행위[이다.] … 그러하니 가령, 병역의무행위 중 집총행위는 피고인의 종교적 양심상의 신조에 어긋나는 것이라고 전제하더라도, 이 사건 피고인이 이행하여야 할 '입영'이라는 구체적 의무행위는 인명을 살상하거나 사람에게 고통을 주기 위한 집총훈련행위(그의 거부행위는 병역법이 아닌 군형법에 의해 규율된다)의 앞선 단계의 행위이기는 하지만 집총훈련행위 그 자체는 물론 그와 유사한 성질의 행위라 할 수도 없어서 입영행위를 피고인의 종교적 양심상의 신조에 어긋나는 행위라고 하여 [형벌을 통해 의무의 이행을] 기대할 수 없다고 단정할 것은 아니다. 그렇지 않다고 한다면 피고인의 경우 양심상의 그 신조를 내세워 추상적 병역의무에 속하는 행위인 전입신고, 추국신고의무, 신체손상이나 사위행위를 하지 않을 의무, 징병검사 수검의무 또한 거부할 수 있다는 논리가 성립되어 부당한 결론에 이를 수 있기 때문이다.

그러나 형벌을 통해 입영의무의 이행은 기대할 수 있다 하더라도, 다음 단계인 집총훈련의 이행은 기대하기 어려운 것이 사실이라면, 이 강국 대법관이 <반대의견>에서 밝힌 바와 같이, "실정 병역법에 합치하는 적법한 행위를 할 가능성은 기대하기 매우 어렵다"고 판단하는 것이 상식에 부합할 것이다.

5. 헌법재판소의 합헌판정

1) 헌법재판소 전원재판부(주심 金榮― 재판관)는 2004년 8월 26일 재판관 7 : 2의 의견으로, "현역입영대상자들이 정당한 사유 없이 입영기일로부터 5일이 경과하여도 입영하지 아니하는 경우 이들을 처벌하도록 규정하는 병역법 제88조 제1항 제1호는 헌법에 위반되지 않는다"고 결정하였다.[38] 결정의 요지는 다음과 같다.

(1) 양심상의 결정이 어떠한 종교관·세계관 또는 그 외의 가치체계에 기초하고 있는가와 관계없이, 모든 내용의 양심상의 결정이 양심의 자유에 의하여 보장된다.

(2) 양심의 자유는 단지 국가에 대하여 가능하면 개인의 양심을 고려하고 보호할 것을 요구하는 권리일 뿐, 양심상의 이유로 법적 의무의 이행을 거부하거나 법적 의무를 대신하는 대체의무의 제공을 요구할 수 있는 권리가 아니다. 따라서 양심의 자유로부터 대체복무를 요구할 권리도 도출되지 않는다. 양심상의 이유로 병역의무의 이행을 거부할 권리는 단지 헌법 스스로 이에 관하여 명문으로 규정하

---

38 2002헌가1 전원재판부 결정.

는 경우에 한하여 인정될 수 있다.

(3) 공익을 실현하기 위하여 양심을 상대화하는 것은 양심의 자유의 본질과 부합될 수 없다. 따라서 양심의 자유와 공익을 조화와 균형의 상태로 이루어 양 법익을 함께 실현하는 것이 아니라, 단지 '양심의 자유'와 '공익' 중 양자택일 즉, 양심에 반하는 작위나 부작위를 법질서에 의하여 '강요받는가 아니면 강요받지 않는가'의 문제가 있을 뿐이다.

(4) 개인의 자유를 최대한으로 보장하기 위하여 국가안보를 저해할 수 있는 무리한 입법적 실험을 할 것을 요구할 수 없다. 한국의 안보상황, 징병의 형평성에 대한 사회적 요구, 대체복무제를 채택하는 데 수반될 수 있는 여러 가지 제약적 요소 등을 감안할 때, 대체복무제를 도입하더라도 국가안보라는 중대한 헌법적 법익에 손상이 없으리라고 단정할 수 없는 것이 현재의 상황이라 할 것인바, 대체복무제를 도입하기 위해서는 남북한 사이에 평화공존관계가 정착되어야 하고, 군복무여건의 개선 등을 통하여 병역기피의 요인이 제거되어야 하며, 나아가 우리 사회에 양심적 병역거부자에 대한 이해와 관용이 자리잡음으로써 그들에게 대체복무를 허용하더라도 병역의무의 이행에 있어서 부담의 평등이 실현되며 사회통합이 저해되지 않는다는 사회공동체 구성원의 공감대가 형성되어야 하는데, 이러한 선행조건들이 충족되지 않은 현 단계에서 대체복무제를 도입하기는 어렵다고 본 입법자의 판단이 현저히 불합리하다거나 명백히 잘못되었다고 볼 수 없다.

그러나 재판부는 다음과 같은 '권고'를 판결문에 덧붙였다.

(5) 입법자는 헌법 제19조의 양심의 자유에 의하여 공익이나 법질서를 저해하지 않는 범위 내에서 법적 의무를 대체하는 다른 가능성이나 법적 의무의 개별적인 면제와 같은 대안을 제시함으로써 양심상의 갈등을 완화해야 할 의무가 있으며, 이러한 가능성을 제공할 수 없

다면, 적어도 의무위반 시 가해지는 처벌이나 징계에 있어서 그의 경감이나 면제를 허용함으로써 양심의 자유를 보호할 수 있는 여지가 있는가를 살펴보아야 한다. 그러므로 입법자는 양심의 자유와 국가안보라는 법익의 갈등관계를 해소하고 양 법익을 공존시킬 수 있는 방안이 있는지, 국가안보란 공익의 실현을 확보하면서도 병역거부자의 양심을 보호할 수 있는 대안이 있는지, 우리 사회가 이제는 양심적 병역거부자에 대하여 이해와 관용을 보일 정도로 성숙한 사회가 되었는지에 관하여 진지하게 검토하여야 할 것이며, 설사 대체복무제를 도입하지 않기로 하더라도, 법적용기관이 양심우호적 법적용을 통하여 양심을 보호하는 조치를 취할 수 있도록 하는 방향으로 입법을 보완할 것인지에 관하여 숙고하여야 한다.

2) 재판관 김경일, 재판관 전효숙의 <반대의견>은 다음과 같다.

(1) 다수가 공유하는 생각과 다르다는 이유만으로 소수가 선택한 가치가 이상하거나 열등한 것이라고 전제할 수는 없다.

(2) 양심적 병역거부가 인류의 평화적 공존에 대한 간절한 희망과 결단을 기반으로 하고 있음을 부인할 수는 없다. 그런 의미에서 양심적 병역거부자들의 병역거부를 군복무의 고역을 피하기 위한 것이거나 국가공동체에 대한 기본의무는 이행하지 않으면서 무임승차 식으로 보호만 바라는 것으로 볼 수는 없다.

(3) 우리 군의 전체 병력수에 비추어 양심적 병역거부자들이 현역집총병역에 종사하는지 여부가 국방력에 미치는 영향은 전투력의 감소를 논할 정도라고 볼 수 없고, 이들이 반세기 동안 형사처벌 및 유·무형의 막대한 불이익을 겪으면서도 꾸준히 입영이나 집총을 거부하여 온 점에 의하면 형사처벌이 이들 또는 잠재적인 양심적 병역거부자들의 의무이행을 확보하기 위해 필요한 수단이라고 보기는 어렵다.

(4) 국방의 의무는 단지 병역법에 의하여 군복무에 임하는 등의 직접적

인 집총병력형성의무에 한정되는 것이 아니므로 양심적 병역거부자들에게 현역복무의 기간과 부담 등을 고려하여 이와 유사하거나 보다 높은 정도의 의무를 부과한다면 국방의무이행의 형평성회복이 가능하다. 또한 많은 다른 나라들의 경험에서 보듯이 엄격한 사전심사절차와 사후관리를 통하여 진정한 양심적 병역거부자와 그렇지 않은 자를 가려내는 것이 가능하다. 그럼에도 불구하고 우리 병역제도와 이 사건 법률조항을 살펴보면, 입법자가 이러한 사정을 감안하여 양심적 병역거부자들에 대하여 어떠한 최소한의 고려라도 한 흔적을 찾아볼 수 없다.

3) 재판관 권성은 <별개의견>에서, 집총거부자의 양심은 인(仁), 의(義), 예(禮), 지(智)가 의심스러운 행위로서 보편타당성을 결여하고 있으므로, 이들을 처벌한다 하더라도 종교의 자유 및 양심의 자유를 침해한 것이 아니라고 밝혔다.

4) 재판관 이상경은 <별개의견>에서, 양심을 이유로 한 병역거부자의 양심이라는 것 자체가 일관성 및 보편성을 결한 이율배반적인 희망사항에 불과한 것이어서 헌법의 보호대상인 양심에 포함될 수 없다고 밝히고, 정당한 입법의 방향에 관하여 확신을 가질 수 없는 상황에서 이 사건 심판대상과 관련이 없는 대체복무제에 대하여 입법자에게 입법에 관한 사항에 대하여 권고하는 것은 사법적 판단의 한계를 넘어서는 것으로서 바람직하지 않다는 의견을 제시했다.

6. 울산지방법원 예비군설치법 위헌심판 제청

울산지방법원은 2007년 4월 30일 예비군훈련을 받지 않은 자를 처벌하는 향토예비군설치법 제15조 제8항에 대해 헌법재판소에 위헌심판을 제청하면서, 현역 복무 이후 종교 또는 양심상의 이유로 예비군훈련을 거부하는 양심적 병역거부자도 양심상의 이유로 현역병 입영을 거부하는 현역병 입영대상자의 경우와 그 본질에 있어서 동일한 것이라고 밝히고, 제청이유로서 헌법재판소 2004년 8월 26일 2002헌가1 결정의 김경일 재판관, 전효숙 재판관의 반대의견 및 대법원 2004년 7월 15일 선고 2004도2965 전원합의체 판결의 이강국 대법관의 반대의견을 제시하였다.[39]

7. 청주지방법원 무죄선고

2007년 10월 26일 청주지법 영동지원 이형걸 판사는 또다시 병역거부에 대해 무죄선고를 하였다.[40] 무죄선고의 취지는 대략 다음과 같다.

(1) 오희성 씨가 병역거부를 하면서 내세운 사유가 헌법에 보장된 권리라면 병역법 제88조 제1항 '정당한 사유'에 대한 해석을 사유로 처벌하게 될 경우 그의 헌법상 권리를 침해하는 것이기 때문에 이러한 위헌적 상황을 배제하기 위해 '정당한 사유'가 존재하는 것으로 보아야 한다.

(2) 오희성 씨의 법정 및 수사기관에서의 진술, 다른 증인의 진술을 종합해 볼 때 양심이 헌법에 보장하고 있는 양심의 개념에 부합하는 정도의 진실성이 있다고 판단된다. 따라서 헌법 제19조 '모든 국민은 양심의 자유를 가진다'는 조항에 포함되는 양심이다.

(3) 양심적 병역거부는 국제연합에서 채택한 '시민적·정치적 권리에 관한 국제규약' 제18조에 의하여 보장되고 있다. 국제연합인권위원회는 여러 차례에 걸쳐 위 제18조에서 양심적 병역거부권이 인정된다는 것과 양심적 병역거부자들에 대한 구금 및 반복적 형벌부과 금지를 결의하였고, 우리나라는 위 규약에 아무런 유보 없이 가입한 후 위와 같은 인권위원회의 결의에 동참하기도 하였다.

(4) 병역거부자들에 대해 아무런 대안이 제시되고 있지 않은 상황에서

39 울산지방법원, 2007. 4. 30. 향토예비군설치법 위헌제청 결정문.
40 청주지방법원 영동지원, 2007고단151 병역법위반.

이들에게 병역법 제88조를 적용 오로지 형사처벌로만 일관한다면 헌법 제37조 제2항 과잉금지원칙에 반하여 양심의 자유를 부당하게 침해하는 결과가 되어 위헌적 상황이 된다. 이러한 상황을 배제하고 법률의 합헌적 해석을 위해서는 2004년 7월 15일 대법원의 판결을 따를 수 없다. 따라서 오희성 씨에게 무죄를 선고한다.

8. 대법원 판결 2007도7941

2007년 12월 27일 대법원은 '양심적 병역거부권'을 주장하는 상고를 기각하면서, 기각이유로 2004년 7월 15일 대법원 판결을 인용하였다. 특히 이 판결에서는 '병역거부권'이 유엔자유권규약 제18조로부터 도출될 수 없다는 점을 상세히 설명하였다.[41] 그 요지는 다음과 같다.

(1) 규약 제18조는 물론, 규약의 다른 어느 조문에서도 양심적 병역거부권(right of conscientious objection)을 기본적 인권의 하나로 명시하고 있지 않으며, 규약의 제정 과정에서 규약 제18조에 양심적 병역거부권을 포함시키자는 논의가 있었던 것은 사실이나, 제정에 관여한 국가들의 의사는 부정적이었던 것으로 보인다.

(2) 한편, 규약이 양심적 병역거부권이나 대체복무제도 자체를 전혀 인식치 못하고 있는 것도 아니다. 강제노역금지에 관한 규약 제8조 제3항 (C) 제(ⅱ)호에서 "군사적 성격의 역무 및 양심적 병역거부가 인정되고 있는 국가에 있어서는 양심적 병역거부자에게 법률에 의하여 요구되는 국민적 역무(any service of a military character and, in countries where conscientious objection is recognized, any national service required by law of conscientious objectors)"를 규약상 금지되는 강제노역의 범주에서 제외되는 것 중 하나로 규정하고 있다. 여기서 "양심적 병역거부가 인정되고 있는 국가에 있어서는(where conscientious

---

41 대법원, 선고 2007도7941 병역법위반.

objection is recognized.)"이라는 표현은, 개개의 가입국이 양심적 병역거부권 및 대체복무제도를 인정할 것인지 여부를 결정할 수 있다는 것을 전제로 한 것이라 할 수 있다. 즉, 제8조의 문언에 비추어 볼 때, 규약은 가입국으로 하여금 양심적 병역거부를 반드시 인정할 것을 요구하고 있지 않다.

(3) 병역법 제88조 제1항은 규약 제18조 제3항에서 말하는 양심표명의 자유에 대한 제한 법률에 해당하는 것은 분명하지만, 첫째 대체복무제도를 두지 아니한 것 그 자체가 규약 위반으로 평가될 수는 없고, 둘째 단지 상당수의 가입국들이 징병제도를 폐지하거나 순수 민간적 성격의 대체복무제도를 두고 있다는 현실에 기반하여 그러한 가입국들과 문제가 되는 가입국이 처한 현실과 병력 유지의 필요성만을 비교하여 규약 위반 여부를 가리는 것은 적절치 못하며, 어디까지나 해당 가입국의 역사와 안보환경, 사회적 계층 구조, 정치적, 문화적, 종교적 또는 철학적 가치 등 국가별로 상이하고도 다양한 여러 요소에 기반한 정책적 선택이 존중되어야 한다.

그러나 대법원은 형사처벌 이외의 대안 마련을 촉구한 2004년 헌법재판소의 권고를 인용하면서, "규약 제18조에 관한 당원의 해석은 입법적 해결의 필요성과 논의의 시급함을 부인하는 의미로는 결코 받아들여져서는 아니 될 것이다"고 덧붙였다.

9. 춘천지방법원 위헌심판 제청결정문

춘천지방법원 제1형사부(재판장 정성태)는 병역법 제88조에 대해 위헌제청을 결정하면서, 헌법 제19조(양심의 자유) 외에, 제10조(인간의 존엄과 가치), 제37조 제2항(비례의 원칙)을 논거로 제시했다.[42]

---

42 춘천지방법원 위헌제청결정문. 2008. 9. 5.

국가가 양심적 병역거부자들로 하여금 … 국방 의무의 이행을 가능케 하는 어떠한 입법도 하지 아니한 채 이들에게 집총을 강요하고 그 위반 시 형사처벌을 가하는 것은 … 다수자(강자)의 가치에 의하여 소수자(약자)의 존엄과 가치를 일방적으로 희생시키는 것이 되어, 이는 헌법 제10조에 위반된다고 할 것이다.

국민의 기본권을 법률로써 제한하는 것이 가능하다고 하더라도 그 본질적 내용은 침해할 수 없고 또 과잉금지원칙에 위배되어서도 아니 된다고 할 것이다. … 충돌이나 갈등 상황을 피할 수 있는 대안을 모색하여야 하며 대안 마련이 불가능하여 기본권을 제한할 수밖에 없는 경우에도 그 목적에 비례하는 범위 내의 제한에 그치지 않으면 안 된다. … 이는 앞서 살핀 기본권 제한원리를 일탈한 과잉조치라 할 것이므로 이 사건 법률조항은 헌법 제37조 제2항에도 위반된다고 판단된다.

또한 헌법재판소가 2004년 합헌 결정을 하면서도 대체복무제도의 도입을 권고한 바 있다는 사실을 상기시키고, 이 문제를 정치적·종교적 관점에서 보는 것을 경계하였다.

헌법재판소는 종전 이 사건 법률조항에 대하여 합헌 결정을 하면서도 입법자에 대하여 대체복무제도의 도입 등을 입법으로 보완하도록 권고하였는데, 이는 우리 사회가 양심적 병역거부자에 대하여 이해와 관용을 보일 정도로 성숙하였고, 국방의 의무와 조화를 이룰 수 있는 대체복무제도를 마련할 수 있을 정도의 여건이 갖추어졌다고 본 것으로 판단된다. … 이와 아울러 양심적 병역거부를 헌법적 이념을 넘어서 정치적 내지 종교적 문제로 비틀고 재단하려는 사고를 경계한다.

헌법재판소가 2004년에 이미 합헌 결정을 내렸음에도 불구하고, 춘천지법이 또다시 위헌심판을 청구한 이유는 우리 사회가 소수자를 이해하고 포용할 수 있을 정도로 충분히 성숙한 것으로 재판부가 판단했기 때문이다. 즉 헌법재판소의 권고가 있은 지 4년이 지났음에도 불구

하고, 여전히 대체복무제도를 도입하지 않고 있기 때문에 병역법 제88
조가 비록 4년 전에는 합헌이었다 할지라도 지금의 시점에서 보면 위
헌일 수 있다고 해석한 것으로 보인다.

10. 유죄와 무죄의 법리 비교

지금까지 헌법과 병역법에 대한 법원의 판단을 살펴보았는데, 유죄
판결과 무죄판결의 이유를 대비하면 다음과 같다.

〈표 9〉 유죄와 무죄의 법리 비교 - 9개의 쟁점

판단 기관 / 쟁점	유죄 법리	무죄 법리
판단 기관 / 쟁점	대법원 다수의견 헌법재판소 다수의견 대다수의 일선 법원 법무부	A. 서울지법남부지원, 헌재 소수의견, 울산지법, 춘천지법 B. 서울남부지법, 이강국대법관, 청주지법영동지원
헌법적 근거	제39조 제1항 국방의 의무 제37조 제2항 공익을 위한 제한	제19조 양심의 자유 제10조 인간으로서의 존엄과 가치, 행복추구권 제37조 제2항 과잉금지 및 비례의 원칙
양심 자유	국가안보의 공익보다 우위에 있는 절대적 자유가 아니다.	A. 양심의 자유는 절대적 자유이므로, 이 자유를 침해하는 병역법은 위헌이다. B. '양심적 병역거부'는 입영을 하지 않을 '정당한 사유'에 해당한다. 이렇게 해석하면, 병역법은 위헌이 아니다.
국제법규범	자유권규약의 양심 자유는 우리헌법이 보장하는 양심 자유와 동일 범위에 있다.	자유권규약에서 '병역거부권'이 도출될 수 있고, 우리정부는 자유권규약 준수의무가 있다.
대체복무제	대체복무제의 도입여부는 입법자의 재량사항이다.	대체복무제를 도입하지 않은 것은 과잉금지원칙을 위반한 것이다.
공평부담	공평부담의 원칙에 위배된다.	대체복무제를 통해 부담의 형평성을 확보할 수 있다. 외국의 성공적 사례도 많다.
예방효과	개인의 양심과 공익이 충돌할 경우, 개인이 물러서야 한다.	적법행위의 기대가능성이 없다.

	유죄 법리	무죄 법리
국가안보	국가방위력이 약화된다.	전투력의 감소를 논할 정도가 아니다.
기피수단	병역기피의 수단으로 악용될 수 있다.	인정기준을 명확히 하면 병역기피를 막을 수 있다.
종교 특혜	특정종교에 대한 특혜가 될 수 있다.	특정종교의 교리를 인정하는 것이 아니라, 양심에 따른 신념을 인정하는 것이다.
사회성숙도	성실한 병역이행자들의 정서를 고려할 때 아직은 시기상조다.	우리 사회가 소수자를 이해하고 포용할 수 있을 정도로 충분히 성숙하였다.
결론	처벌이 불가피하다.	(1) 대체복무제를 시급히 도입해야 하고 (2) 그 때까지는 '정당한 사유'로 보아 무죄선고를 하거나 (3) 병역법에 대한 위헌심판을 계속 제청할 수밖에 없다.

V. 국제인권규범

1. 국제법규범

세계인권선언

세계인권선언(Universal Declaration of Human Rights)은 1948년 12월 10일 제3차 유엔총회에서 채택된 인권에 관한 세계선언으로서, 모든 인민과 모든 국가가 달성해야 할 공통의 기준이 되어 있다. 그런 점에서 도의적 의의는 크지만, 가입국을 법적으로 구속하는 것은 아니다. 이 선언은 제1조에서 제20조까지 시민적 자유권의 권리, 제21조에서 정치적 권리, 제22~27조까지는 경제적·사회적·문화적 권리 등을 각각 규정하고 있다. 양심의 자유와 관련된 규정은 다음과 같다.

제 3조 모든 사람은 생명·자유 및 신체의 안전에 대한 권리를 가진다.
제14조 ① 사람은 누구를 막론하고 박해를 피하여 타국에 피난 거주할 권리를 가진다.

제18조 사람은 누구를 막론하고 사상·양심 및 종교의 자유를 향유할 권리를 가진다. 이 권리는 종교 혹은 신앙을 바꿀 자유와, 단독으로나 혹은 다른 사람과 공동으로나, 또는 공적으로나 혹은 사적으로나 자기가 믿는 종교나 신앙을 전도하고 실천하며 예배하고 신봉할 자유를 포함한다.

국제인권규약

국제인권규약(International Covenant on Human Rights)은 1966년 12월 16일 제21차 유엔총회에서 채택된 인권의 국제적 보호를 정한 국제조약으로서, A. 「경제적·사회적 및 문화적 권리에 관한 국제규약」,[43] B. 「시민적·정치적 권리에 관한 국제규약」,[44] C. 「시민적·정치적 권리에 관한 국제규약 선택의정서」[45]의 셋으로 되어 있다. 선택의정서는 「B규약」이 정하는 권리침해에 관해 인권위원회에 제출된 개인의 구제신청(개인통보)제도를 규정하고 있다. 「A규약」은 1976년 1월 3일에, 「B규약」과 「선택의정서」는 같은 해 3월 23일에 발효했다.

이 규약은 선언과는 달리 체약국에 대해 법적 구속력을 가지며, 체약국은 유엔자유권규약위원회에 동 규약의 실시상황을 보고할 의무가 있다. 또 「B규약 선택의정서」 비준국에 대해서는 피해를 받은 개인으로부터 구제신청(개인통보)을 위원회가 수리하여 사건을 심사할 수 있다.

우리나라는 1990년 세 규약에 모두 가입하여 규약 준수의무가 있다. 가입 당시 "B규약의 제14조 제5항, 제14조 제7항, 제22조 및 제23조 제4항의 규정이 대한민국 헌법을 포함한 관련 국내법 규정에 일치되도록 적용한다"는 유보선언을 하였으나, 제14조 제5항(2007. 4. 2.), 제14조 제7항(1993. 1. 21.), 제23조 제4항(1991. 3. 15.)에 대해 유보를 철회하여, 현재 제22조에 대해서만 유보선언을 하고 있다.

---

43 International Covenant on Economic, Social and Cultural Rights. 약칭 A규약.
44 International Covenant on Civil and Political Rights. 약칭 B규약 또는 자유권규약.
45 Optional Protocol to the International Covenant on Civil and Political Rights. 약칭 B규약 선택의정서.

'양심의 자유'와 관련이 있는 규정은 「시민적·정치적 권리에 관한 국제규약」 제18조이다.[46]

제18조

1. 모든 사람은 사상, 양심 및 종교의 자유에 대한 권리를 가진다. 이러한 권리는 스스로 선택하는 종교나 신념을 가지거나 받아들일 자유와 단독으로 또는 다른 사람과 공동으로, 공적 또는 사적으로 예배, 의식, 행사 및 선교에 의하여 그의 종교나 신념을 표명하는 자유를 포함한다.
2. 어느 누구도 스스로 선택하는 종교나 신념을 가지거나 받아들일 자유를 침해하게 될 강제를 받지 아니한다.
3. 자신의 종교나 신념을 표명하는 자유는, 법률에 규정되고 공공의 안전, 질서, 공중보건, 도덕 또는 타인의 기본적 권리 및 자유를 보호하기 위하여 필요한 경우에만 제한받을 수 있다.
4. 이 규약의 당사국은 부모 또는 경우에 따라 법정 후견인이 그들의 신념에 따라 자녀의 종교적, 도덕적 교육을 확보할 자유를 존중할 것을 약속한다.

「규약」에 '양심적 병역거부권'을 명시적으로 인정하는 조항은 없다. 「규약」제8조 제3항의 강제노동 금지조항에서 '강제노동'에 포함되지 않는 것 중 하나로 "군사적 성격의 역무 및 양심적 병역거부가 인정되고 있는 국가에 있어서는 양심적 병역거부자에게 법률에 의하여 요구되는 국민적 역무"를 들고 있을 뿐이다.

우리나라 대법원은 "위 규약 제18조 제1항에는 종교나 신념에 기한 결정을 외부로 표현하고 실현할 수 있는 자유도 함께 포함되어 있음이 문면상 명백하지만, 이로부터 '양심적 병역거부권'이 도출되는 것은

---

46 2008년 9월 현재 가입국 162개국 중에서 제18조에 대해 유보선언을 한 나라는 몰디브, 모리타니, 멕시코의 셋이다. 몰디브와 모리타니의 유보선언에 대해서는 수십 개 가입국들이 "규약의 본질적인 목적에 위배된다"고 비판하는 반대의견 (Objections)을 밝힌 바 있다.

아니다"고 판결하였다.[47] 판결문에 따르면, "규약 제8조 제3항의 '양심적 병역거부가 인정되고 있는 국가에 있어서는(where conscientious objection is recognized)'이라는 표현은, 개개의 가입국이 양심적 병역거부권 및 대체복무제도를 인정할 것인지 여부를 결정할 수 있다는 것을 전제로 한 것이라 할 수 있다. 즉, 제8조의 문언에 비추어 볼 때, 규약은 가입국으로 하여금 양심적 병역거부를 반드시 인정할 것을 요구하고 있지 않다"는 것이다.

그러나 자유권규약위원회는 최소한 1991년부터 「규약」 제18조로부터 '양심적 병역거부권'이 도출될 수 있다는 입장을 취해 왔으며, 1993년에 채택한 「일반논평 제22호」에서 「규약」 제18조에 '양심적 병역거부권'이 포함되어 있다는 유권해석을 내렸다.

2. 유엔인권위원회의 결의 및 권고

유엔인권위원회

유엔인권위원회(Commission on Human Rights)는 1946년 인권의 보호와 신장을 위해 유엔경제사회이사회 산하에 설치된 기구로서 국제인권협약 이행, 여성 및 아동 권리 보호, 표현의 자유, 소수민족 보호, 종교적 차별금지 등 인권에 관한 사항을 경제사회이사회에 연구·보고하거나 권고하는 활동을 하였다. 53개 위원국은 경제사회이사회에 의해 선출되었다. 우리나라는 1993~2006년까지 위원국으로 활동했다. 2006년 3월 유엔총회 산하에 인권이사회(Human Rights Council)가 설치됨에 따라 인권위원회는 2006년 3월 27일 제62차 회기를 마지막으로 활동을 마감했다.

결의 및 권고

(1) 유엔인권위원회는 1985년(제41차)부터 "양심적 병역거부" 문제

---

47 대법원 2007. 12. 27. 선고 2007도7941 판결.

를 논의하기 시작하여,[48] 1987년(제43차) 채택한 결의 제46호
(Resolution 1987/46)에서 "양심적 병역거부를 사상·양심·종교의
자유에 대한 권리의 합법적 행사로 인정할 것을 당사국들에게
촉구한다"고 밝혔다.

(2) 1989년(제45차) 결의 제59호(Resolution 1989/59)에서, 「세계인권선
언」 제3조와 제18조 및 「자유권규약」 제18조에 따라 '양심적 병
역거부권'을 유엔헌장 및 「자유권규약」이 규정하는 인권으로
공식 인정하였다. 이후 2004년 제60차 회의에서 결의 제35호
(Resolution 2004/35)를 채택할 때까지 동일한 입장을 견지하였다.

(3) 1993년(제49차) 결의 제84호(Resolution 1993/84)에서, 이전의 결의
내용을 재확인하면서, 양심적 병역거부권을 인정하지 않는 국
가에 대하여 구체적 사안에서 병역거부가 양심에 따라 이루어
진 것인지 여부를 심사하기 위하여 국내법 체계 속에 "독립적
이고 공정한 의사결정기관"을 만들 것을 요청하고, 양심적 거부
의 이유에 부합하는 다양한 형태의 대체복무를 도입하되, 그 대
체복무는 비전투적 또는 민간적 성격을 띤 공익복무여야 하고,
징벌적 성격을 띤 것이 아니어야 한다고 결의하였다.[49]

(4) 1995년(제51차) 결의 제83호(Resolution 1995/83)에서, 양심적 병역
거부가 세계인권선언 제18조와 자유권규약 제18조에 명시된 사
상·양심·종교의 자유에 대한 권리의 합법적 행사라는 점을 확
인하였다.[50]

(5) 1997년(제53차) 위원회는 결의 1995/제83호를 상기하면서, 이
문제를 제54차(1998) 회의에서 논의하기로 결정하였다.[51]

---

48 Decision 1985/114. E/CN.4/1985/L.33, E/CN.4/1985/L.33/Rev.1, E/CN.4/
1985/SR. 55, para. 28. Dr. Miko Lempinen, 2008. "The Activity, Progressiveness
and Consistency of the Human Rights Policy of Finland: Conscientious Objection
to Military Service," Abo Akademi University, Institute for Human Rights. p.1.
49 UN document.CHR 49th. 1993.3.10. E/CN.4/RES/1993/84.
50 UN document.CHR 51st. 1995.3.8. E/CN.4/RES/1995/83.
51 UN document.CHR 53rd. 1997.4.16. E/CN.4/DEC/1997/117.

(6) 1998년(제54차) 위원회는 결의 제77호(Resolution 1998/77)를 채택하였는데, 이 결의안은 '양심적 병역거부'에 관한 구체적인 원칙들을 포괄적으로 담고 있다. 그 주요 내용은 다음과 같다.[52]

① 양심적 병역거부권은 종교적, 도덕적, 윤리적, 인도주의적 또는 이와 유사한 동기에서 발생하는 심오한 신념을 포함한 양심에서 유래하는 것으로서, 이미 군복무를 하고 있는 사람도 양심적 병역거부를 할 수 있다.

② 일부 당사국들이 양심적 병역거부자의 주장을 심리 없이 인정하고 있다는 사실을 환영한다.

③ 이러한 제도가 없는 당사국은 양심적 병역거부의 개별 사안에 대해 그 진정성을 판단하는 임무를 담당할 독립적이고 공정한 의사결정기관을 설립해야 하며, 병역거부자의 신념의 성질에 따라 그들을 차별해서는 안 된다.

④ 징병제를 채택하고 있는 당사국의 경우, 양심적 병역거부의 이유에 부합하는 다양한 형태의 대체복무를 도입하되, 그 대체복무는 비전투적 또는 민간적 성격을 띤 공익복무여야 하고, 징벌적 성격이 있어서는 안 된다.

⑤ 당사국은 양심적 거부자가 병역을 이행하지 않는다는 이유로 투옥되거나 반복적인 형벌을 받지 않도록 필요한 조치를 취해야 한다.

⑥ 당사국은 법률과 관행에서 양심적 병역거부자의 복무조건 및 여건과 관련하여, 혹은 경제적·사회적·문화적·시민적 또는 정치적 권리 등의 측면에서 그들을 차별해서는 안 된다.

⑦ 양심적 병역거부로 인하여 박해를 피해 자국을 떠난 사람들은 난민으로서 보호하여야 한다.

⑧ 양심적 병역거부권에 대한 정보와, 양심적 병역거부자의 지위를 획득하는 데 필요한 정보는 병역문제와 관련이 있는 모든 사람들에게 제

---

52 UN document.CHR 54th. 1998.4.22. E/CN.4/RES/1998/77.

공되어야 한다.

⑨ 사무총장은 본 결의를 각국 정부, 전문기구, 관련 정부 간 기구 및 비정부기구에 전달하고, 양심적 병역거부권을 유엔의 공식적인 정보 제공 활동에 포함시켜야 한다.

⑩ 사무총장은 각국 정부, 전문기구, 관련 정부 간 기구 및 비정부기구 로부터 이 문제와 관련된 최근 정보를 수집하여 제56차 인권위원회 에 보고서를 제출해 줄 것을 요청한다.

(7) 2000년(제56차) 결의 제34호(Resolution 2000/34)에서, 유엔회원국 에 대하여 양심적 병역거부에 관한 결의 1998/제77호의 관점에 서 자국의 현행법과 관행을 검토하도록 촉구하고, 유엔인권고 등판무관실에 각국 정부, 전문기구, 정부 간 기구 및 비정부기 구로부터 정보를 수집하여 양심적 병역거부권에 관한 모범적 실천사례를 분석한 보고서를 작성하여 2002년의 제58차 인권 위원회에 제출하도록 요청하였다.[53]

(8) 2002년(제58차) 결의 제45호(Resolution 2002/45)에서, 결의 1998/ 제77호가 양심적 병역거부권을 인정하고 있음을 상기시키고, 각국이 시행하고 있는 법과 관행을 재검토할 것을 촉구하였 다.[54]

(9) 2004년(제60차) 결의 제35호(Resolution 2004/35)에서, 1998/제77호 결의를 상기시키면서, 양심적 병역거부에 관한 인권위원회의 종래 결의 내용, 즉 모든 사람은 양심에 따른 병역거부를 할 권 리를 가지고 있으며, 이는 「세계인권선언」 제18조, 「자유권규 약」 제18조, 자유권규약위원회의 「일반논평 제22호」에 규정된 사상·양심·종교의 자유에 대한 정당한 권리 행사라는 점을 재 확인하였다.[55] 이 결의는 유엔인권위원회가 양심적 병역거부와 관련하여 채택한 마지막 결의이다.

---

53 UN document.CHR 56th. 2000.4.20. E/CN.4/RES/2000/34.
54 UN document.CHR 58th. 2002.4.23. E/CN.4/RES/2002/45.
55 UN document.CHR 60th. 2004.4.19. E/CN.4/RES/2004/35.

1989년 이래의 모든 결의안은 투표 없이 만장일치로 채택되었다. 결의 1987/46은 찬성 26, 반대 2, 기권 14표로 통과되었다.

3. 유엔자유권규약위원회의 결정 및 검토의견

유엔자유권규약위원회

유엔자유권규약위원회(Human Rights Committee)는 1966년의 「시민적·정치적 권리에 관한 국제규약」의 효과적 실시를 위해 설치된 위원회로서 체약국 회의가 개인적 자격으로 선출한 18명의 위원으로 구성된다. 가입국은 자기나라의 인권 상황에 대해 정기적으로 보고할 의무가 있으며, 위원회가 이를 심의한다(보고제도). 또한 제41조에 규정된 위원회의 심사권한을 인정한 체약국은 타 당사국의 규약상 인권침해를 위원회에 통보할 수 있다(국가통보제도). 선택의정서를 수락한 체약국의 경우, 피해를 입은 개인도 구제요청을 할 수 있다(개인통보제도).

결정 및 검토의견

(1) 자유권규약위원회는 최소한 1991년부터 양심적 병역거부권은 동 규약이 규정하는 기본적 인권의 하나로서 보장된다는 입장을 견지해 왔다. 한 캐나다 여성(퀘이커교도)이 자신이 낸 세금이 군비로 사용되는 것은 자유권규약 제18조(양심과 종교의 자유)를 위반한 것이라는 취지의 개인통보(Communication No. 446/1991)를 제출한 것에 대해 각하(却下) 결정을 내리면서 그 이유를 다음과 같이 밝혔다.

진정인은 국가가 국민으로부터 거둔 세금을 처분하는 것에 대해 양심적 병역거부의 개념을 적용하고 있다. 규약 제18조는 확실히 자신의 의견과 신념을 유지·표현·전파할 권리를 보장하고 있으며, 여기에는 군사활동과 군비에 대한 양심적 거부가 포함된다. 그러나 양심적 거부를 근거로 납세를 거부하는 것은 이 조항의 보호범위를 벗어난다.[56]

(2) 1993년에 채택한 「일반논평 제22호」[57]에서 양심적 병역거부권
   이 사상과 양심 및 종교의 자유를 규정한 동 규약 제18조로부
   터 도출될 수 있다고 밝혔다. 관련 내용은 다음과 같다.

11. 많은 사람들이, 병역 수행을 거부할 권리가 규약 제18조에 규정된
   자유로부터 도출될 수 있다는 것을 근거로, 양심적 병역거부권을 요
   구해 왔다. 이러한 요구에 대하여, 병역의 수행을 금지하는 종교나
   신념을 가진 시민들에게는 병역을 면제해 주고, 그 대신 대체복무를
   하게 하는 국가들이 점점 늘어나고 있다. 규약은 양심적 병역거부권
   을 명시적으로 언급하고 있지는 않지만, 본 위원회는 그러한 권리가
   제18조로부터 도출될 수 있다고 믿고 있다. 왜냐하면, 살상무기의
   의무적인 사용은 양심의 자유와, 자신의 종교 또는 신념을 표현하는
   자유와 심각하게 충돌할 수 있기 때문이다. 이러한 권리를 법 또는
   관행에 의해 인정하고 있는 나라의 경우, 양심적 병역거부자들을 신
   앙의 성질에 따라 차별하는 일이 있어서는 안 된다. 마찬가지로 양
   심적 병역거부자들이 병역을 필하지 않았다는 이유로 그들을 차별
   하는 일이 있어서도 안 된다. 본 위원회는 규약 제18조에 명시한 권
   리들에 의해 병역을 면제받을 수 있는 사람들의 상황 및 대체복무의

---

56 UN document.CCPR/C/43/D/446/1991. "Decision of the Human Rights
   Committee under the Optional Protocol to the International Covenant on Civil
   and Political Rights (Forty-third session) concerning Communication No. 446/
   1991" (8 November 1991) §4.2. 이 문건의 관련구절은 우리나라 병역거부자 2명
   이 동 위원회에 제출한 개인통보사건(Communication No. 1321/2004, 1322/
   2004) 심리에서도 인용되었다. "사건번호 446/1991(J.P. v. Canada)에서, 본 위원
   회는 더 이상의 설명 없이, 제18조가 '자신의 의견과 신념을 유지·표현·전파할 권
   리를 보장하고 있으며, 여기에는 군사활동과 군비에 대한 양심적 거부가 포함된
   다'고 규정하였다." Human Rights Committee, "Views of the Human Rights
   Committee under article 5, paragraph 4, of the Optional Protocol to the
   International Covenant on Civil and Political rights." (2007. 1. 23.) CCPR/C/
   88/D/1321-1322/2004. §8.3, note 3).
57 UN document. CCPR/C/21/Rev.1/Add.4. UN Human Rights Committee,
   General Comment 22, Article 18 (Forty-eighth session, 1993).

성질과 기간에 대한 보고를 듣기 위해 당사국을 회의에 초청한다.

(3) 2006년 11월 자유권규약위원회는, 「자유권규약」에 관한 우리나라 제3차 정부보고서에 대한 검토 및 최종견해[58]에서 양심적 병역거부자의 권리를 인정하여 병역을 면제하는 입법 등의 조치를 취할 것을 권고하였다. 관련 내용은 다음과 같다.

17. 위원회는 (a) 2003년 병역법에 따르면 현역복무 거부에 대한 형벌로 최대 징역 3년의 실형을 선고하고, 거부자들을 재소집하여 새로운 형벌을 부과하는 횟수에 대한 입법상의 제한이 없으며 (b) 병역을 필하지 못할 경우, 정부 또는 공공기관 고용 대상에서 배제되며 (c) 양심적 병역거부자가 처벌을 받고 전과자가 되는 것을 우려한다 (제18조).
당사국은 양심적 병역거부자의 권리를 인정하여 군복무에서 면제되도록 모든 필요한 조치를 취해야 한다. 규약 제18조와 일치하는 입법 조치를 촉구한다. 이와 관련하여 위원회는 「일반논평」 제22호의 제11항(General Comments 22, para. 11)에 당사국의 주의를 요청한다.

(4) 2006년 12월 자유권규약위원회는 병역거부로 처벌받은 우리나라 진정인 2명이 2004년 제기한 개인통보에 대하여, 이들의 처벌은 「자유권규약」 제18조 제1항(사상·양심·종교의 자유)을 위반한 것이라고 결정하고, "통보인들에게 보상을 포함하여 유효한 구제조치를 취할 것"과 재발방지를 우리 정부에 요청하였다.[59] 위

---

58 UN, Human Rights Committee, 2006. 11. 28. "Consideration of Reports submitted by State Parties under Article 40 of The Covenant: Concluding Observations - Republic of Korea," CCPR/C/KOR/CO/3.

59 UN document, CCPR/C/88/D/1321-1322/2004. "Views of the Human Rights Committee under article 5, paragraph 4, of the Optional Protocol to the International Covenant on Civil and Political rights, concerning Communications Nos. 1321/2004 and 1322/2004." §9-10

원회는 이러한 결론에 도달하게 된 배경을 다음을 같이 설명하고 있다.

> 당사국은 [양심의 자유에 대한] 제한이 국가방위역량을 유지하고 사회통합을 보존하기 위한 공공의 안전에 필요하다고 주장한다. 그러나 우리 위원회는 징병제를 유지해 온 위 규약의 당사국들 중에서 대체복무를 도입하는 국가들이 증가하고 있다는 사실을 지적하고자 하며, 위 규약 제18조에 따라 통보인들의 권리가 충분히 존중될 때 당사국이 어떠한 특별한 불이익이 있을 것인지 제시하지 못했다고 생각한다. 사회 통합과 형평성의 문제에 관하여, 우리 위원회는 사회 구성원의 일부가 가지고 있는 양심상의 신념과 그 실현을 존중하는 것 자체가 사회 통합과 안정적인 다원주의를 보장하는 데 중요한 요인이 된다고 본다. 또한 우리 위원회는 군 복무자와 대체복무자 간에 형평에 어긋나는 점들을 제거하면, 개개인에게 동등한 부담을 부과할 수 있고, 개병주의 원칙의 근간을 훼손하지 않으면서 공공선을 균등하게 제고할 수 있다고 생각한다. 이러한 대체복무제를 마련하는 것은 원칙적으로 가능하고, 구체적인 사례도 많다.[60]

4. 유엔인권이사회의 의견 및 권고

유엔인권이사회

유엔인권이사회(Human Rights Council)는 2006년 3월 15일 유엔총회 결의에 의해 총회 산하에 설치된 정부 간 기구로서, 과거 경제사회이사회 산하에 있던 인권위원회의 업무를 계승하였다. 이사회는 47개 이사국으로 구성되는데, 우리나라는 창립 때 3년 임기의 이사국에 선출되었고, 2008년 5월 선거에서 재선되어 2011년까지 이사국 지위를 지니게 된다. '보편적 정례검토'(Universal Periodic Review) 방식에 따라, 1년에 48개국씩 모든 회원국의 인권상황을 4년마다 한 번씩 평가한다. 우리

---

60 Ibid., §8.4

나라의 인권상황은 2008년 5월 제2차 회기 정례검토에서 심의되었다.

의견 및 권고

유엔인권이사회는 우리나라 국가인권위원회가 2008년 1월 제출한 인권상황보고서와, 민변 등이 제출한 인권상황보고서를 토대로 한국의 인권상황에 대한 평가서를 작성했는데, '양심적 거부'와 관련된 내용은 다음과 같다.[61]

> 6. 대한민국 국가인권위원회가 알려온 바에 따르면, 2007년 5월, 정부가 국가인권계획(NAP)을 수립하였으나 … 양심적 병역거부자의 인정 … 과 같은 시민적·정치적 권리와 관련된 중요한 문제들에 대해서는 언급하지 않았다. 민변/참여연대/한국여성연합/한국진보네트워크 등을 비롯한 비정부기구들은 NAP가 … 양심적 병역거부권과 같은 절박한 인권문제에 대해 명확한 입장을 밝히지 않았다고 지적했다.

> 23. 대한민국 국가인권위원회는 양심적 병역거부자를 위한 대체복무제도가 고려되기 시작했다고 밝혔다. 이 문제에 대해 민변은, 양심적 병역거부자는 여전히 형사처벌을 받고 있으며, 양심적 병역거부는 아직도 중죄로 간주되고 있다고 우려를 제기했다. 예비군 훈련을 거부하는 양심적 병역거부자도 반복적으로 처벌되고 있으며, 벌금형에 처해지고 있다. 대한민국 국가인권위원회는, 유엔 인권기구들이 권고한 바와 같이 양심적 병역거부자를 위한 정책을 조속히 도입하도록 정부에 권고했다.

한국정부는 인권이사회 결의 5/1의 부속문서 15(A)[보편적 정례검토를 위한 국가보고서 제출의무]에 따라 인권이사회에 제출한 국가보

---

61 UN document. A/HRC/WG.6/2/KOR/3. "Summary Prepared by the Office of The High Commissioner For Human Rights, In Accordance With Paragraph 15 (C) of The Annex To Human Rights Council Resolution 5/1 – Republic of Korea." §6, §23. (인용문 안의 근거제시 각주 생략)

고서(2008)에서 '양심적 병역거부' 문제에 대해 다음과 같이 언급하고 있다.

양심적 병역거부에 대해서 정부는 사회복무체계의 도입을 통하여 그와 관련된 문제를 해결할 계획으로 있는바, 이 제도가 시행되면 양심적 병역거부자들도 사회복무체계 안에 통합될 것이다. 이와 관련하여 정부는 여론조사를 실시하고 있다. 공론화 과정을 거친 후에, 정부는 대한민국의 정치적·사회적 여건에 맞는 정책을 수립할 것이다.[62]

한국정부가 제출한 보고서 등을 검토한 인권이사회는 총회에 제출한 「대한민국에 대한 정례검토 보고서」에서 "자유권규약위원회의 권고에 따라, 양심적 병역거부권을 법적으로 인정할 것과, 병역거부자를 형사처벌하지 말 것과, 그들의 공직 취임 및 공공기관 취직을 금지하는 규정들을 폐지할 것"을 권고하였다.[63]

5. 유럽인권협약과 유럽기본권헌장

유럽인권협약

유럽의 경우, 이미 1967년부터 '양심적 병역거부권'을 인권의 하나로 인정하기 시작하여, 2010년 현재 유럽평의회(Council of Europe)[64] 47

---

62 UN document. A/HRC/WG.6/2/KOR/1. "National Report Submitted in Accordance With Paragraph 15 (A) of The Annex to Human Rights Council Resolution 5/1 – Republic of Korea," §89.

63 UN document A/HRC/8/40."UNIVERSAL PERIODIC REVIEW – Report of the Working Group on the Universal Periodic Review – Republic of Korea," § 64(17).

64 유럽평의회는 1949년 서유럽 5개국동맹(벨기에, 프랑스, 네덜란드, 룩셈부르크, 영국)에 덴마크, 아일랜드, 이탈리아, 노르웨이, 스웨덴을 추가한 10개국에 의하여 설립된 국제협의기구. 2008년 현재 가입국은 47개국이다. 이들 47개 회원국 중 22개국은 동구 국가이며, 현재 2개국(벨로루시, 카자흐스탄)이 가입신청을 한 상태이고, 5개국(바티칸, 미국, 캐나다, 일본, 멕시코)에 옵서버 지위가 주어져 있

개 회원국(징병제 국가 21개국) 중 2개국(아제르바이잔,[65] 터키)만이 아직 인정하지 않고 있다.

(1) 유럽평의회는 1950년 「유럽인권협약」(European Convention on Human Rights)을 채택하였는데, 그 중 양심과 종교의 자유를 규정한 제9조의 내용은 다음과 같다.

① 모든 사람은 사상·양심·종교의 자유에 대한 권리를 가진다. 이 권리는 자신의 종교 또는 신념을 변경하는 자유와, 그리고 단독 또는 다른 사람과 공동으로, 공적 또는 사적으로 예배·설교·행사·의식에 의하여 자신의 종교 또는 신념을 표현할 자유를 포함한다.

② 자신의 종교 또는 신념을 표명하는 자유는 법률에 규정된 경우에 한하여, 그리고 공공의 안전을 위하여, 공공질서·보건·도덕의 보호를 위하여, 또는 다른 사람의 권리와 자유의 보호를 위하여 민주사회에 있어서 필요한 경우에만 제한될 수 있다.

(2) 유럽평의회 의원회의(Parliamentary Assembly)는 1967년 채택한 「결의 제337호」에서 다음과 같이 선언하였다.

1. 병역의무자 중 종교적·윤리적·도덕적·인도적·철학적 및 기타 유사한 동기에서 비롯되는 양심이나 신념 때문에 군복무의 이행을 거부하는 자는 그러한 복무로부터 면제되는 개인적 권리를 향수한다.

다. 평의회의 목적은 인권을 옹호하고 실현하며, 또한 가입국의 경제적·사회적 발전을 실현하기 위한 가입국 간의 유대강화에 있다. EU와는 달리 가입국 가입에 제한을 두거나 각국 주권의 포기를 요구하지 않는다. 주요기관으로 각료위원회(Committee of Ministers)와 의원회의(Parliamentary Assembly)가 있고, 사무국은 프랑스의 스트라스부르에 있다. 각료위원회는 원칙적으로 각국 외무장관들로 구성되며, 목적 달성에 필요한 사항에 관하여 심의하고 내용에 따라서 가입국에 권고한다. 의원회의의 의원은 가입국의회가 정하는 방법에 따라 선출하고 그 수는 각국 인구에 비례한다. 의원회의는 심의기관이며, 각료위원회에 권고하는 권한이 있다.

65 헌법에 명문규정은 있으나, 사실상 시행되지 않고 있다.

2. 이러한 권리는 「유럽인권협약」 제9조가 보장하고 있는, 민주적 법치 국가에서의 개인의 기본권으로부터 논리적으로 도출되는 것으로 간주 된다.[66]

(3) 유럽평의회 의원회의는 「권고 제478호(1967)」[67] 및 「권고 제816 호(1977)」[68]에서, "각료위원회는 아직도 양심적 병역거부권을 인 정하지 않는 국가들에게 의원회의가 채택한 원칙에 일치하는 입법조치를 취하도록 촉구할 것"을 권고하였다.

(4) 유럽평의회 각료위원회(Committee of Ministers)는 1987년 채택한 권고 R(87)제8호[69]에서, 양심적 병역거부권을 인정하지 않는 각 국에 대하여 국내법과 관행을 변경하도록 요청하였다.

(5) 유럽평의회 상임위원회는 의원회의를 대신하여 2001년에 채택 한 「결의 제1518호」에서, '양심적 병역거부권'이 개인의 기본권 임을 재확인하고, 이 문제가 지난 30년간 유럽평의회의 주요관 심사였다는 사실에 주의를 환기하고, 아직도 회원국 중 5개국[70] 이 이 권리를 인정하지 않고 있다는 사실을 지적하고, 각료위원 회가 회원국들에게 다음과 같은 권리를 도입하도록 촉구할 것 을 권고하였다.[71]

---

66 Parliamentary Assembly of Council of Europe, Resolution 337 (1967) on the right of conscientious objection.

67 Parliamentary Assembly of Council of Europe, Recommendation 478 (1967) on the right of conscientious objection.

68 Parliamentary Assembly of Council of Europe, Recommendation 816 (1977) on the right of conscientious objection to military service.

69 Committee of Ministers of Council of Europe, Recommendation No.R(87)8 regarding conscientious objection to compulsory military service.

70 2001년 당시 43개 회원국 중 '양심적 거부권'을 인정하지 않고 있던 나라는 라트 비아, 마케도니아, 아르메니아, 아제르바이잔, 터키의 5개국이었다. 마케도니아는 2001년 도입 후 2006년 징병을 중지했으며, 라트비아는 2002년 도입 후 2007년 징병을 중지하였고, 아르메니아는 2003년 도입하였다.

71 Parliamentary Assembly of the Council of Europe, Recommendation 1518 (2001) "Exercise of the right of conscientious objection to military service in Council of

① 징병 혹은 병역의 이행 이전이나 이후 어느 때이든 양심적 병역거부
　　자로서 등록할 권리

② 직업군인도 양심적 병역거부자 지위를 신청할 수 있는 권리

③ 징병대상자가 양심적 병역거부자 지위에 관한 정보를 얻을 권리

④ 억제적 혹은 징벌적 성격이 없는, 명백히 민간적 성격을 갖는 진정한
　　대체복무를 할 권리

유럽기본권헌장과 유럽연합 개정조약

유럽연합(EU) 의회는 모든 회원국들이 '양심적 병역거부권'을 자국
의 법체계 내에서 기본적 인권으로 인정할 것을 촉구하는 결의안을 수
차례에 걸쳐 채택하였으며, 2000년 12월에는 유럽연합 기본권헌장
(Charter of Fundamental Rights of the European Union)을 채택하면서, 제10조
제2항에서 "양심적 병역거부권은 인정된다. 각 국내법은 그 권리의 실
행을 가능하게 해야 한다"고 규정하였다.[72]

2007년 10월에는 유럽연합 27개 회원국 정상들이 포르투갈의 수도
리스본에서 정상회담을 열고, 같은 해 12월 유럽연합 개정조약(EU
Reform Treaty)[73]에 공식 서명했는데, 이 조약 제1조 8)의 "제6조의 수
정"항은 다음과 같이 규정하고 있다. "연합은 2000년 12월의 … 유럽연
합 기본권헌장에 규정된 권리와 자유 및 원칙들이 본 조약과 동일한
법적 가치를 가진다는 것을 인정한다."[74] 이 개정조약은 26개 회원국

Europe member states."

72 유럽연합 27개국 중 17개국(네덜란드, 라트비아, 루마니아, 룩셈부르크, 몰타, 벨
　기에, 불가리아, 스페인, 슬로바키아, 슬로베니아, 아일랜드, 영국, 이탈리아, 체코,
　포르투갈, 프랑스, 헝가리)은 징병제가 없으며, 징병제 국가는 10개국(그리스, 덴
　마크, 독일, 리투아니아, 스웨덴, 에스토니아, 오스트리아, 키프로스, 폴란드, 핀란
　드)인데, 모두 '양심적 병역거부권'을 인정하고 있다. 마케도니아, 크로아티아, 터
　키가 가입신청을 한 상태인데, 터키의 경우 '양심적 병역거부권'을 인정하지 않고
　있는 것이 문제시되고 있다.
73 회담개최장소의 이름을 따서 흔히 리스본조약(Treaty of Lisbon)이라고 한다.
74 영국, 폴란드, 체코는 이 조항에 대한 '선택적 이탈(opt-out)'을 택하여 "유럽연합
　기본권헌장에 대한 유럽재판소의 유권해석"이 이들 나라에는 적용되지 않는다.

의 의회 비준(2008)과 아일랜드의 국민투표(2009)를 통해 27개국 전체의 찬성을 얻어 2009년 12월 1일 발효되었다. 이처럼 유럽연합 기본권헌장은 유럽연합의 '헌법'이 됨으로써 '양심적 병역거부권'을 명시적으로 인정하는 최초의 구속력 있는 국제법이 되었다.

6. 한국정부의 국제법 준수 의무

유엔회원국으로서의 국제법 준수 의무

우리 헌법은 제6조 제1항에서 "헌법에 의하여 체결·공포된 조약과 일반적으로 승인된 국제법규는 국내법과 같은 효력을 가진다"고 규정함으로써 국제법 질서의 준수 의무를 부과하고 있다. 또한 우리나라는 1991년 9월 유엔회원국이 되었으므로, 유엔헌장 및 자유권규약 등에서 규정하고 있는 인권보호에 관한 각종 책임을 이행할 의무가 있고, 세계인권선언과 국제관습법의 확인적 성격을 갖는 인권관련 결의를 존중하여야 한다.

자유권규약 체약국으로서의 조약 준수 의무

한국은 1990년 4월 자유권규약에 가입하였으므로 자유권규약은 국내법과 동일한 효력을 가진다. 따라서 자유권규약에 따라 조약이행기구로 만들어진 유엔자유권규약위원회(Human Rights Committee)의 유권해석과 권고를 따라야 할 의무가 있다.

한국은 가입 당시 규약의 일부 조항에 관해 '유보선언'을 하였으나, 양심의 자유를 규정한 제18조에 관한 유보선언은 없었다. 유엔인권위원회에서 제18조의 '양심의 자유'에 '병역거부권'이 포함된다는 견해를 공식적으로 밝힌 것이 1989년이므로, 가입 당시 이러한 사정을 알고 있었다고 보아야 한다.

VI. 외국의 사례 — 주제별 비교[75]

1. '병역거부권'의 법적 인정

2010년 현재 세계에는 대만을 포함, 193개 주권국이 있다. 이 중 병역제도가 확인된 170여 개국 중 83개국이 징병제도를 유지하고 있다. 〈표 10〉에서 보는 바와 같이, 이 중 31개국에서 '양심적 병역거부권' (이하 '거부권')을 법적 또는 제도적으로 인정하고 있다. 지금은 징병제가 폐지 또는 중지되었으나, 과거 징병제 시절 '거부권'을 인정했던 나라는 1903년 이래 지금까지 24개국에 달한다. 따라서 '거부권'을 인정한 경험이 있거나, 현재 인정하고 있는 나라는 55개국이다.

'거부권'을 세계 최초로 인정한 나라는 호주이다. 호주는 1903년 「방위법」에서 "무기소지에 대한 양심적 거부를 선언하는 자"는 병역을 면제한다고 규정하였다. 제1차 세계 대전 이후 캐나다, 뉴질랜드, 영국, 미국이 이 제도를 도입했으나, 캐나다는 1945년에, 영국은 1960년에, 뉴질랜드는 1973년에 징병제를 폐지하였고, 미국은 1973년에 징병을 중지했다.

1903년 이래 지금까지 '거부권'을 헌법 또는 법률에 명문규정으로 둔 국가들의 역사는 〈표 11〉과 같다. '거부권'을 인정하는 나라의 경우, 관련규정을 (i) 헌법에 두는 경우, (ii) 법률에 두는 경우, (iii) 헌법과 법률 모두에 두는 경우, (iv) 헌법과 법률에 명문 규정은 없으나 행정조치를 통해 인정하는 경우 (v) 법원의 판결에 의해 사실상 인정되는 경우 등이 있다. 〈표 12〉는 현재 징병제가 유지되고 있는 국가들

---

75 본 장의 논의는 주로 다음 문헌에 의존하였다. Marc Stolwijk, 2008. The Right to Conscientious Objection in Europe: A Review of the Current Situation. Quaker Council for European Affairs; Derek Brett, 2005. Military Recruitment and Conscientious Objection: A Thematic Global Survey. Conscience and Peace Tax International.

의 법적 근거를 보인 것이다.

헌법에 '거부권'에 대한 명문규정을 둔 최초의 국가는 독일이다. 독일기본법(1949) 제4조 제3항은 "어느 누구도 자신의 양심에 반하여 무장전투근무를 강요당하지 아니 한다"고 규정하고 있다. 그 후 헌법에 규정을 두는 나라들이 늘어났다. 1970년대에 포르투갈, 스페인 등이, 1980년대에 브라질, 파라과이, 에콰도르 등이 헌법에 규정을 두었고, 1989년 소련이 해체된 후 동구국가들과 구 소련국가들이 이들의 뒤를 이었다.

〈표 10〉 징병제 국가 중 '거부권' 인정 현황

		'거부권'을 인정하지 않는 국가		'거부권'을 인정하는 국가	
아시아	16	대한민국, 베트남, 부탄*, 북한, 싱가포르*, 인도네시아, 중국*, 카자흐스탄, 캄보디아, 타이, 투르크메니스탄, 필리핀	12	대만, 몽골, 우즈베키스탄, 키르기스스탄	4
중동	7	레바논, 시리아, 예멘, 이라크, 이란, 쿠웨이트	6	이스라엘	1
유럽	22	벨로루시, 터키	2	그루지야, 그리스, 노르웨이, 덴마크, 독일, 러시아, 리투아니아, 몰도바, 세르비아, 스웨덴, 스위스, 아르메니아, 아제르바이잔, 알바니아, 에스토니아, 오스트리아, 우크라이나, 키프로스, 폴란드(2010 징병 폐지예정), 핀란드	20
아프리카	26	기니, 기니비사우*, 나미비아, 니제르, 리비아, 마다가스카르, 말리, 모로코, 베냉, 세네갈, 세이셜, 소말리아, 수단, 알제리, 에티오피아, 이집트, 적도기니, 중앙아프리카공화국, 차드, 콩고민주공화국, 탄자니아, 토고, 튀니지	23	모잠비크, 앙골라, 카보베르데	3
중미	4	과테말라, 도미니카공화국, 멕시코, 쿠바*	4		

남미	8	베네수엘라, 볼리비아, 칠레, 콜롬비아, 페루	5	브라질, 에콰도르, 파라과이	3
	83		52		31

* 자유권규약 미가입국

〈표 11〉 병역거부권의 법적 인정(1903-2008)

④ 당해연도 징병제 국가 중 병역거부 인정 국가 수

③ 당해연도에 징병제를 폐지/중지한 국가 수

② 당해연도까지 병역거부를 인정한 누적 국가 수

① 당해연도 병역거부를 인정한 국가 수

연 도	국가명(괄호 안은 징병폐지연도)	①	②	③	징병폐지국가	④
1903	호주	1	1			1
1912	뉴질랜드(1973)	1	2			2
1916	영국(1960)	1	3			3
1917	캐나다(1945), 덴마크, 미국(1973)	3	6			6
1920	스웨덴	1	7			7
1922	노르웨이, 네덜란드(1997)	2	9			9
1931	핀란드	1	10			10
1945				1	캐나다	9
1949	독일	1	11			10
1960				1	영국	9
1963	프랑스(2001)	1	12			10
1972	이탈리아(2004)	1	13			11
1973				2	뉴질랜드, 미국	9
1974	오스트리아	1	14			10
1976	포르투갈(2004)	1	15			11
1978	스페인(2001)	1	16			12
1980	벨기에(1995)	1	17			13
1988	마셜제도, 브라질, 폴란드	3	20			16
1989	헝가리(2004)	1	21			17
1990	크로아티아(2008)	1	22			18

연도						
1991	몰도바, 불가리아(2008), 에스토니아, 체코슬로바키아(2004)	4	26			22
1992	몬테네그로(2006), 세르비아, 슬로바키아(2005), 슬로베니아(2004), 우즈베키스탄, 카보베르데, 키프로스, 파라과이	8	34			30
1993	러시아, 앙골라	2	36			32
1995	아르헨티나(2001), 아제르바이잔, 이스라엘	3	39	1	벨기에	34
1996	루마니아(2007), 리투아니아, 보스니아헤르체고비나(2006), 스위스, 우크라이나	5	44			39
1997	그루지야, 그리스, 모잠비크	3	47	1	네덜란드	41
1998	알바니아, 에콰도르	2	49			43
2000	대만	1	50			44
2001	마케도니아(2006)	1	51	3	프랑스, 스페인, 아르헨티나	42
2002	라트비아(2007), 몽골, 키르기스스탄	3	54			45
2003	아르메니아	1	55			46
2004				5	이탈리아, 포르투갈, 헝가리, 체코, 슬로베니아	41
2005				1	슬로바키아	40
2006				3	몬테네그로, 보스니아헤르체고비나, 마케도니아	37
2007				2	루마니아, 라트비아	35
2008				2	크로아티아, 불가리아	33
미상				2	호주, 마셜제도	31
계		55		24		31

<표 12> 병역거부권의 법적 근거(현재 징병제 국가)

국 명	연 도	법적 근거
그루지야*	1997	대체복무법
그리스	1997	양심적 거부에 관한 법(2510/97)
노르웨이	1922	수정군형법 제35조, 개인적 신념에 따른 병역면제에 관한 법 (7/99)
대만	2000	병역법 제26조, 대체복무법
덴마크	1917	대체복무법, 민간복무법 588/87(1987)
독일	1949	헌법 제4조, 양심적 거부에 관한 법(2003)
러시아	1993	헌법 제59조, 대체민간복무법(2003)
리투아니아*	1996	국가징병법
모잠비크	1997	의무병역법
몰도바	1991	대체복무법 633/91(개정법률 534/99)
몽골	2002	시민의 병역의무와 군인의 법적 지위에 관한 법
브라질*	1988	헌법, 대체복무법 8231/91
세르비아	1992	헌법(당시 유고슬라비아), 병역법 제26조
스웨덴	1920	통합방위복무법 1809/94
스위스	1996	민간복무법
아르메니아	2003	대체복무법
아제르바이잔*	1995	헌법 제76조(2002년 개정)
알바니아	1998	헌법 제166조, 병역법 9047/2003
앙골라	1993	병역법 제10조
에스토니아	1991	헌법 제124조, 방위군복무법(2000)
에콰도르*	1998	헌법
오스트리아	1974	헌법 제9조, 병역법(1990), 민간복무법(1974, 1996) 제2조
우즈베키스탄*	1992	일반병역법 제52조, 군인의 의무와 병역에 관한 법(2002)
우크라이나*	1996	헌법 제35조, 대체민간복무법(1999)
이스라엘	1995	(법적 근거는 없음. 행정조치에 의해 인정)
카보베르데	1992	헌법 제271조
키르기스스탄	2002	대체(비군사)복무법(2002)
키프로스	1992	국가방위법 2/1992
파라과이*	1992	헌법 제37조, 제129조
폴란드	1988	헌법 제85조, 대체복무법(2003)(2010년 징병제 폐지예정)
핀란드	1931	민간복무법 1723/1991(개정법률 745/2002)

* 법적 근거는 있으나, 이행입법이 없어 권리행사가 불가능한 국가

이스라엘의 경우, 헌법이나 법률에 명문 규정은 없다. 그러나 국가방위복무법 제36조에 "교육, 안보, 국가경제의 필요상, 가정 사유 또는 기타의 이유"로 군 당국은 병역면제처분을 내릴 수 있도록 되어 있고, 이에 따라 1995년 이스라엘 방위군(Israeli Defence Force) 산하에 "양심사유 병역면제 인정위원회(Committee for Granting Exemptions from Defence Service for Reasons of Conscience)"가 설치되었다. 신청절차는 공표된 바가 없고, 재심절차도 없다. 양심사유로 면제판정을 받는 경우에도 "병역부적합(unsuitable)" 판정을 내린다. 이 위원회에 병역면제를 신청하는 사람들의 대부분은 '점령지구(Occupied Territories) 근무'를 거부하는 이른바 '선택적 거부자들'인데, 거의 대부분이 기각(棄却) 판정을 받는 것으로 알려지고 있다.[76]

헌법에 규정이 있다 하더라도, 이를 구현하는 이행입법이 없어 사실상 권리행사가 불가능한 국가들이 몇몇 있다.

우즈베키스탄헌법 제52조, 리투아니아헌법 제139조는 '양심적 거부권'을 규정하고 있는 것이 아니라, '대체복무의 권리'를 언급하고 있으나, 사실상 대체복무제도는 시행되고 있지 않다.

벨로루시의 경우, 헌법(1994) 제57조에 '대체복무'가 규정되어 있으나, 이를 시행하는 입법조치가 없어서, 2000년 헌법재판소가 입법조치를 마련하도록 권고한 바 있다.

아제르바이잔대법원은 2005년, '헌법에 규정된 병역거부권은 이를 시행하는 입법조치가 마련되었을 때 비로소 인정되는 권리로서, 그 때까지는 그 조항을 근거로 병역이행을 거부할 수 없다'고 판시하였다.

터키의 경우, 헌법 제72조에 "국가역무는 모든 터키인의 권리이자 의무이다. 이 역무는 법률이 정하는 바에 따라 병역 또는 공공복무의 형태로 이루어진다"고 규정하고 있으나, 현재까지 '병역'을 대신하는 '공공복무'는 존재하지 않는다.

---

76 War Resisters International, Conscientious Objection in Israel: an unrecognized human right. 2003. 2.

브라질헌법(1988) 제143조는 "병적에 편입된 후, 종교적 신념 또는 철학적·정치적 신념에 기초를 둔 것으로 이해되는 양심을 근거로 군사활동의 면제를 받고자 하는 자에게는 법률이 정한 바에 따라 군 당국은 대체복무를 제공할 수 있다"고 규정하고 있다. 그러나 이행입법은 없다.

에콰도르헌법(1998) 제188조는 "병역은 의무적으로 이행해야 한다. 그러나 도덕적·종교적·철학적 근거에서 양심적 병역거부를 하는 자는 법률이 정하는 바에 의해 민간복무(civil service)를 부과한다"고 규정하고 있다. 그러나 현재까지 '민간복무'는 없다.

파라과이헌법(1992) 제37조는 "윤리적·종교적 이유로 한 양심적 병역거부권은 이 헌법과 법률이 허락하는 경우에 인정된다"고 규정하고 있으며, 제129조에서 "양심적 병역거부를 선언한 자는 법률에 의해 지정된, 민간이 통제하는 구조기관에서 공익복무를 해야 한다"고 규정하고, "양심적 병역거부권의 실행을 위한 입법조치는 징벌적 성격을 띠거나 군복무보다 더 무거운 부담을 부과해서는 안 된다"고 규정하고 있으나, 아직까지 구체적인 입법조치가 없다.

일부 국가에서는 법률에 의해 '병역거부권'을 평화시에만 인정한다. 예를 들면 그리스, 키프로스, 핀란드의 경우 전시에는 대체복무가 정지된다. 그러나 전시 소집된 후에 부과되는 의무는 비무장분야의 군복무이다.

2. 인정범위

유엔인권위원회(현재 유엔인권이사회), 유엔자유권규약위원회, 유럽평의회, 유럽연합의회 등의 해석에 따르면, 양심형성의 동기는 "종교적·윤리적·인도적, 혹은 이와 유사한 동기"를 모두 포함한다. 또한 "거부자의 신념의 성질에 따른 차별을 하지 말 것"을 강조한다. 즉 '양심적 거부자'의 지위를 종교적 신념에 한정하지도 말고, 또한 특정 종교에 한정하지도 말라는 것이다.

<표 13> '병역거부자' 인정범위

		국 명	국가수
종교적·비종교적 자유 모두 인정하는 국가	차별이 없는 국가	그루지야, 노르웨이, 덴마크, 독일, 러시아, 세르비아, 스웨덴, 스위스, 아제르바이잔, 알바니아, 에스토니아, 오스트리아, 우크라이나, 폴란드, 핀란드	15
	비종교적 사유를 차별하는 국가	그리스, 리투아니아, 몰도바, 아르메니아, 키프로스	5
종교적 사유만 인정하는 국가		우크라이나, 대만, 이스라엘(여자에 한함)	3

〈표 13〉에서 보는 바와 같이, 거부권을 인정하고 있는 유럽 21개 국가 중 20개국에서 종교적·비종교적 신념을 모두 양심의 근거로 인정하고 있으며, 우크라이나만 종교적 신앙에 의한 거부만 인정하고 있다. 그리스·리투아니아·몰도바·아르메니아·키프로스에서는 비종교적 사유에 의한 거부가 법적으로는 인정되어 있지만 사실상 인정받기 매우 어려운 것으로 알려져 있다. 대만에서도 '종교적 사유'에 한해 대체복무를 인정하고 있다.

우크라이나는 법적으로 종교적 사유만 인정한다. 우크라이나의 「양심적 거부에 관한 법률」에 따르면, 집총을 금지하는 종파의 신자일 경우에만 '양심적 병역거부권'을 주장할 수 있다.

그리스에서는 비종교적 사유로 거부자 인정을 받기는 매우 어려운 것으로 알려져 있다. 종교적 사유에 의한 거부자 신청은 대부분 수락되고 있다. 특히 '여호와의 증인' 신자들은 거의 모두 수락된다.

리투아니아와 키프로스의 경우, 법적으로는 비종교적 사유도 인정하지만, 현재까지 거부자 인정을 받은 사람들은 모두 종교적 사유에 의한 것으로 알려지고 있다.

몰도바 역시 법적으로는 종교적·비종교적 사유를 모두 인정하지만, 사실상 집총을 금지하는 종교단체의 신자임을 증명할 것을 요구하고 있다.

아르메니아는 2004년 「양심적 병역거부에 관한 법률」을 제정하였는데, 비종교적 사유에 대한 인정여부가 불확실하다. 현재까지는 신청자들이 모두 종교적 사유에 의한 거부자들이다.

이스라엘의 경우, 여자에 한해 '양심적 병역거부'가 법적으로 인정되고 있으나, 현실적으로는 정통 유태교 신앙을 가진 경우에만 면제처분을 받고 있다.

3. 신청시한

1998년(제54차) 유엔인권위원회는 결의 제77호(Resolution 1998/77)에서 "이미 군복무를 하고 있는 사람도 양심적 병역거부를 할 수 있다"고 결의한 바 있다.[77]

유럽평의회는 2001년에 채택한 「결의 제1518호」에서, "징병 혹은 병역의 이행 이전이나 이후 어느 때이든 양심적 병역거부자로서 등록할 권리"와 "직업군인에게도 양심적 병역거부자 지위를 신청할 수 있는 권리"를 인정할 것을 촉구하였다.[78]

〈표 14〉에서 보는 바와 같이, 다수 국가들이 입영 전 거부자에 한해 '병역거부자' 지위를 인정하고 있다.

입영 전, 현역복무 중, 예비군복무 중 병역거부를 모두 인정하는 국가는 6개국(노르웨이, 덴마크, 독일, 스웨덴, 스위스, 핀란드)이다.

세르비아와 오스트리아는 복무 중 군인과 예비군에 대해 '양심적 병역거부자' 지위 신청을 제한적으로 인정하고 있다.

---

77 UN document.CHR 54th. 1998. 4. 22. E/CN.4/RES/1998/77.
78 Parliamentary Assembly of the Council of Europe, Recommendation 1518 (2001) "Exercise of the right of conscientious objection to military service in Council of Europe member states."

<표 14> '병역거부자' 지위 신청시한

국 명	병역거부자 신청 시한	입영전	복무중	예비군
그리스	징집통지를 받은 날로부터 입영 전까지(1개월)	O	X	X
노르웨이	제한 없음	O	O	O
대만	신체검사 후 소집일까지	O	X	X
덴마크	제한 없음	O	O	O
독일	제한 없음	O	O	O
러시아	입영 전 6개월	O	X	X
리투아니아	입영 전까지	O	X	X
몰도바	입영 전 2개월	O	X	X
세르비아	입영 전, 또는 복무기간의 1/3이 경과하기 전까지 (즉 복무시작 후 3개월 안에)	O	O	X
스웨덴	제한 없음(징집 전 6개월 안에, 또는 입영 전에 신청한 경우 자동 승인)	O	O	O
스위스	병역처분 후 아무 때나 가능	O	O	O
아르메니아	입영 전 1개월	O	X	X
알바니아		O	X	X
에스토니아	입영 전까지	O	X	X
오스트리아	병역 처분 후 6월 이내, 또는 소집 전 2일 예비군의 경우, 소집 후 3년 이내	O	X	X
우크라이나	소집통지를 받은 날로부터 6개월 내	O	X	X
이스라엘		O	X	X
키프로스	입영 전까지	O	X	X
폴란드	징집 전까지	O	X	X
핀란드	제한 없음	O	O	O

4. 인정절차

1) 국제적 기준

유럽평의회 각료위원회(Committee of Ministers)는 1987년 채택한 권고 R(87)제8호에서 다음과 같이 권고하였다. "신청에 대한 심사는 공정한 절차가 보장되어야 한다. 신청이 기각된 경우 신청자가 상소할 수 있어야 한다. 상소 담당기관은 군 당국으로부터 독립되어 있어야 한다."[79]

<표 15> '병역거부자' 판정 심사기구

	관 할	명칭/담당부서	위원구성
그리스	국방부	자문위원회	국가평의회 배석판사, 대학교수(정치학, 사회학, 법학), 충원국 관리, 군 정신과의사
노르웨이	법무부		
대만	내무부	대체복무심의위원회	내무부, 국방부, 종교관계자
덴마크	내무부	양심적 거부 관리국	
독일	가족청소년여성노인부	연방민간복무청	
러시아	국방부	징병위원회	지역 부기관장(위원장), 징병신검담당 의사, 정부부처관계자
리투아니아	미상	"위원회"	정부관계자, 종교지도자, 교육관계자
몰도바	국방부	관구충원위원회	
세르비아	국방부		변호사, 심리학자, 종교관계자, 법률고문, 국방전문가
스웨덴	국방부	국가복무청	
스위스	경제부	"위원회"	경제부가 임명한 민간인
아르메니아	국방부	지방징병위원회	
알바니아	국방부	"위원회"	국방부관계자, 기타 정부부처관계자, 종교조직관계자
에스토니아	국방부		
오스트리아	내무부	징병위원회	
우크라이나	노동사회정책부	대체복무위원회	군관계자 및 정부종교위원회 관계자
이스라엘	국방부	양심사유 병역면제 인정위원회	랍비, 정신과의사, 군관계자(여군장교포함)
키프로스	국방부		
폴란드	지방정부	지방징병위원회	5명(윤리전문가 1명, 종교관계자 1명 포함)
핀란드	국방부	징병위원회 관할군사령부 민간복무 센터	

---

79 "Recommendation No. R(87)8 of the Committee of Ministers to member states regarding conscientious objection to compulsory military service."

유엔인권위원회는 1998년 결의 제77호(Resolution 1998/77)에서 "일부 당사국들이 양심적 병역거부자의 주장을 심리 없이 인정하고 있다는 사실을 환영한다"고 밝히고, "양심적 병역거부의 개별 사안에 대해 그 진정성을 판단하는 임무를 담당할 독립적이고 공정한 의사결정기관을 설립해야 한다"고 결의하였다.[80]

2) 심사기구

〈표 15〉에서 보는 바와 같이, 7개국에서 국방부 이외의 정부부처 산하에 심사위원회가 있다. 12개 국가에서는 심사위원회가 국방부 산하에 있다. 이러한 나라들에서는 비종교적 사유를 인정하지 않으려는 경향이 강하다.

3) 심사방법

〈표 16〉에서 보는 바와 같이, 많은 나라에서 개인면담(출석심사)이 있고, 이때 '양심적 병역거부'의 동기를 "증명"해야 한다. 그러나 7개국에서는 개인면담이 없다. 또한 '동기'에 대한 증명을 요구하지 않는다. 이런 나라에서는 신청만 하면 거의 자동적으로 양심적 병역거부가 인정된다. 유엔인권위원회에서는 이 방식을 권장하고 있다.

〈표 16〉 제출서류 및 심사방법

국 명	제출 서류	출석 심사	상소 담당기관
그리스	무기소지허가를 신청한 적이 없다는 사실을 증명하는 서류(경찰서) 수렵허가를 신청한 적이 없다는 사실을 증명하는 서류(산림청) 전과기록 사본.	O	민간법원(5일 내)
노르웨이		X	
대만	이유서	O	내무부

---

80 UN document.CHR 54th. 1998. 4. 22. E/CN.4/RES/1998/77.

국 명	제출 서류	출석 심사	상소 담당기관
	이력서 국가에 '등록된 종교단체'의 회원임을 입증하는 증명서 출석심사 때 소속종교 책임자 또는 증인 출석		
덴마크	사유서(군복무 중 신청할 경우)	X	
독일	신청서 이유서 이력서 지방병무청을 거쳐 연방민간복무청에 신청	X	행정법원
러시아	사유서(자유서식) 보증인 목록	O	법원
리투아니아	사유서 이력서 지역징병센터에 신청		
몰도바	종교단체 또는 평화단체 가입증명서 관구대체복무관리관에게 신청	O	공화국충원위원회(7일내), 그 다음에 법원 (판결 시까지 입영 연기)
세르비아		O	
스웨덴		X	
스위스	이력서 민간복무 신청사유서 중앙민간복무청에 신청	O	경제부
아르메니아		O	공화국징병위원회(기각판정을 받은 지 10일 내), 그 다음에 법원(1개월 내)
알바니아		O	
에스토니아	사유서	필요시	방위복무위원회, 그 다음에 행정법원
오스트리아	신청양식(웹에서 다운로드) 외 없음 내무부 징병위원회 또는 관구사령부에 신청	X	민간법원
우크라이나	면제가 인정된 종파의 목사가 발행하는 증명서	X	
이스라엘	국방부징병관리국에 서면으로 신청	O	항소절차 없음

국 명	제출 서류	출석 심사	상소 담당기관
폴란드		O	재신청 가능, 그 다음에 지역위원회, 그 다음에 행정법원
핀란드	신청양식 외 없음 입영 전까지는 국방부에, 복무 중에는 소속부대 연대장에게, 예비군은 군구(軍 區)사령관에게 신청	X	민간법원

4) 거부자 발생건수

〈표 17〉에서 보는 바와 같이, '거부자' 발생건수는 10명 이하(리투아니아)에서부터 17만 명에 이르기까지 나라마다 차이가 크다. 이것은 대체복무의 기간이나 여건 등과 관련이 있을 수도 있고, '정보제공'과 관련이 있을 수도 있다. 발생자수가 적은 나라의 경우, 대체로 징병대상자에게 '병역거부권'이 있다는 사실을 잘 알리지 않는다.

유엔인권위원회는 1998년「결의 제77호」제8항에서 "양심적 병역거부권에 대한 정보와, 양심적 병역거부자의 지위를 획득하는 데 필요한 정보는 병역문제와 관련이 있는 모든 사람들에게 제공되어야 한다"는 점을 강조한 바 있으며,[81] 유럽평의회도「결의 제1518호/2001」에서 "징집대상자는 양심적 병역거부에 관한 정보를 제공받을 권리가 있다"고 선언한 바 있다.[82]

5) 주요 기각 이유

주요 기각 이유는 다음과 같다.
(1) 집총을 금지하는 교리를 가진 인정된 종파의 신도가 아닌 경우
　　 - 대만, 몰도바, 우크라이나

---

81 UN document.CHR 54th. 1998. 4. 22. E/CN.4/RES/1998/77.
82 Parliamentary Assembly of the Council of Europe, Recommendation 1518 (2001) "Exercise of the right of conscientious objection to military service in Council of Europe member states."

국 명	발생 건수 (2005)	여호와의 증인 신자 수(2007)	징집연령이 된 사람 수 (2004)	징집병 (2004)	전체 병력 (2004)	총 인구 (2004)
그루지야		16,686	39,570	10,400	17,770	4,693,892
그리스	150	28,243	63,496	98,321	170,800	10,647,529
노르웨이	2,000~2,500	10,363	27,252	15,200	26,600	4,574,560
대만		6,223	182,677	200,000	290,000	22,749,838
덴마크	600~900	14,368	30,333	5,800	21,180	5,413,392
독일	170,000	165,348	484,837	94,500	284,500	82,424,609
러시아	1,500	150,056	1,262,339	210,000	1,212,700	143,782,338
리투아니아	10명 이하	3,060	28,300	3,950	13,510	3,607,899
몰도바	3,000	19,596	44,466	4,089	6,809	4,446,455
몽고		152	33,718	3,300	8,600	2,751,314
세르비아/몬테니그로	9,000	3,838 /205	81,245	39600	65300	10,825,900
스웨덴	1,500~2,000	22,585	56,859	12,300	27,600	8,986,400
스위스	2,400	18,088	45,654	23,000	27,400	7,450,867
아르메니아	20	9,618	31,926	30,075	44,874	2,991,360
알바니아	4	3,875	36,340			3,544,808
에스토니아	50 이하	4,248	10,884	2,410	4,980	1,341,664
오스트리아	6,000~10,000	20,679	48,981	10,200	35,000	8,174,762
우즈베키스탄			321,886	40,000	52,500	26,410,416
우크라이나	1,500	140,197	386,945			47,732,079
이스라엘		1,296	(남)51,054 (여)53,515	107,500	168,000	6,199,008
키프로스	10	2,131	6,614	8,700	10,000	775,927
폴란드	4,000	128,235	329,743	67,500	141,500	38,626,349
핀란드	2,000~2,500	19,164	32,058	18,500	27,000	5,214,512

** The official Web Site of Jehovah's Witnesses, "2007 Report of Jehovah's Witnesses Worldwide," <http://www.watchtower.org/e/statistics/worldwide_report.htm>

(2) 전과기록 - 그리스(형사범으로 기소 전력이 있는 자), 노르웨이·몰도바(중범죄로 처벌받은 전과가 있는 자), 오스트리아(폭력, 무기, 폭약 등을 사용한 범죄로 징역 6월 이상의 선고를 받은 자)

(3) 무기소지 허가 - 그리스, 오스트리아

(4) 어느 나라에서건 군복무 경력이 있는 자 - 그리스

(5) 기한 안에 서류를 제출하지 않은 자 - 그리스

(6) 출석심사에 불응한 자 - 아르메니아

(7) 신청서 허위기재 - 아르메니아

5. 대체복무의 개념

대체복무(alternative service)는 국가가 병역거부자에게 병역 대신 부과하는 국가복무(national service)를 말한다. 즉 대체복무는 병역과 같은 일종의 의무이기 때문에, '대체복무권'이라는 말은 성립하지 않는다. 병역의무가 없거나, 병역을 면제받거나, 병역을 마친 사람은 대체복무의 의무가 없다. 영어로는 'alternative service'라고 하기도 하고, 'substitute service'라고 하기도 한다. 'alternative service'는 '병역 이외의 다른 복무'라는 뜻이고, 'substitute service'는 '병역을 대체하는 복무', '병역에 갈음하는 복무'라는 뜻이다.

대체복무에는 '비무장 군복무(unarmed military service)'도 있고, 군사와 관계없는 분야에서 이루어지는 '민간복무(civilian service)'도 있다. '비무장 군복무'의 경우, 병역의 일종이기는 하지만 일반적으로 '대체복무'의 일종으로 간주되고 있다.

병역 대신 비군사적·민간적 성격의 국가복무가 존재한다고 해서, '양심적 병역거부권'이 인정되고 있다고 말할 수는 없다. 우리나라의 경우, 현역의 일부와 보충역은 현재 산업기능요원, 공익요원 등으로 비군사적·민간적 성격의 국가복무를 하고 있다.

싱가포르의 '민방위대(Civil Defense Force)'는 화재, 홍수, 지진 등의 재난이 있을 때 구조활동을 하는 부대로서 국방부가 아니라 내무부의 지

휘를 받는다. 1987년 민방위법(Civil Defense Act)이 통과되었을 때, 싱가포르의 '양심적 병역거부자들'은 병역 대신 민방위 복무를 요청하였고, 일부 허락을 얻기도 하였다. 그러나 군 당국은 "민간복무로의 편입은 군 당국이 결정할 사항이며, 개인의 신청에 의해 이루어지는 것이 아니다"는 입장을 고수하고 있다. 2005년 초 20명의 '여호와의 증인' 신자들이 민간복무를 요청했으나 거절되고, 병역거부 혐의로 형사처벌을 받았다.

스웨덴의 경우, '민간복무'는 '국가복무'의 일종으로서, 반드시 '양심적 병역거부자'에게만 부과되는 것은 아니다.

키르기스스탄의 「대체복무에 관한 법률」은 "종교적 이유로 병역을 거부하거나, 가정 사정 또는 건강 사정으로 인하여 군복무를 할 수 없는 병역의무자에게는 대체복무를 부과한다"고 명시하고 있다. '양심적 병역거부'에 관한 언급은 전혀 없다.

우즈베키스탄의 1992년 「병역법」은 "병역이 면제된 자들은 대체복무를 한다"고 규정하고 있으나, 이것이 '양심적 병역거부자'를 위한 것은 아니다. 이 규정에 의한 대체복무는 2개월간의 군사훈련(무기사용법 포함)으로부터 시작된다. 2003년 개정법에서 "집총을 포함하지 않는 군사기술" 훈련으로 바뀌었지만, 이 역시 '양심적 병역거부자들'에게 제공되는 것은 아니다.

러시아의 경우 비무장복무와 민간복무를 함께 제공한다. 그러나 복무자에게 선택권이 있는 것은 아니다. 대체복무제도를 도입할 당시 비무장복무는 현역의 1.5배, 민간복무는 현역의 1.75배였다. 2008년 현역 복무기간이 단축(12개월)되어 민간복무(24개월)는 현역의 2배가 되었다. 비무장복무는 주로 의료 및 군종 분야에서 이루어진다.

'병역거부자'에게 부과되는 대체복무의 분야는 다음 〈표 18〉과 같다.

<표 18> 대체복무 분야

보건	병원	알바니아
	요양소	아르메니아
	정신병원	아르메니아
	너싱홈	대만, 아르메니아
사회복지/지역사회봉사		대만, 러시아, 알바니아, 오스트리아, 폴란드
정부기관	산업자원부 노동부 국방부	러시아
인도적 사업 기관		알바니아, 몽골
환경보호		그루지야, 몰도바, 스위스, 알바니아, 오스트리아, 폴란드
기상예보		러시아
건설		러시아, 몰도바
구조 업무	화재	몰도바, 알바니아
	재해	키르기스스탄
	지진	대만
도로 안전		오스트리아
사법기관, 난민신청자 지원		오스트리아
교도소		러시아
양심적 병역거부자 관리부서		노르웨이

6. 대체복무 기간

유엔인권위원회는 1998년 결의 제77호(Resolution 1998/77)에서 "징병 제를 채택하고 있는 당사국의 경우, 양심적 병역거부의 이유에 부합하는 다양한 형태의 대체복무를 도입하되, 그 대체복무는 비전투적 또는 민간적 성격을 띤 공익복무여야 하고, 징벌적 성격이 있어서는 안 된다"고 결정한 바 있다.

유엔자유권규약위원회는 1999년 프랑스인 프레데릭 포앵(Frederic Foin) 씨가 1995년에 제출한 개인통보(Communication No. 666/1995)에 대한 결정 문에서 다음과 같은 의견을 밝혔다.

§ 10.3 … 위원회는 현역과 대체복무 기간에 차이가 있을 수 있다고 생각한다. 대체복무 기간이 더 긴 경우에는 그러한 차이를 설명할 수 있는 합

리적이고 객관적인 근거가 있어야 한다. 예를 들면 복무내용의 성격이나, 그러한 복무를 수행하기 위한 특별한 교육훈련의 필요성 등의 근거가 있어야 한다. 그러나 현재 당사국[프랑스]이 제시한 이유를 보면, 대체복무 기간을 두 배로 정한 이유가 거부자의 양심의 진실성을 시험하기 위해서이다. 그러나 위원회의 의견으로는 그런 이유는 합리적이고 객관적인 기준에 근거한 것이 아니다.[83]

유럽평의회는 「결의 제1518호/2001」에서 "억제적 혹은 징벌적 성격이 없는, 명백히 민간적 성격을 갖는 진정한 대체복무를 할 권리"를 인정할 것을 촉구한 바 있다.

유럽평의회는 여러 차례의 결의안을 통해 대체복무기간이 현역복무의 1.5배 이상일 경우에는 '징벌적' 성격을 가진 것으로 본다는 의견을 표명했다.[84] 또한 유럽사회권위원회는 2002년, 1.5배 이상의 대체복무기간은 유럽사회권헌장(European Social Charter) 제1조 제2항에서 규정한 "생계유지를 위해 자유롭게 선택한 직업을 가질 권리"를 침해하는 것으로 보았다.[85] 현역복무보다 지나치게 긴 대체복무기간은 대체복무자로 하여금 노동시장에 진입하는 시기를 지연시킨다는 이유에서였다.[86]

〈표 19〉에서 보는 바와 같이, 대부분의 국가에서 대체복무기간은 현역복무보다 길다. 현역과 동일한 나라는 4개국(덴마크, 독일, 스웨덴, 알바

---

83 View on Foin v. France (Communication No. 666/1995)." 같은 내용을 다음 결정에서도 볼 수 있다. UN Document. CCPR/C/69/D/689/1996 (31 July 2000). "Human Rights Committee View on *Maille v. France* (Communication No. 689/1996)."

84 Marc Stolwijk, 2008. The Right to Conscientious Objection in Europe: A Review of the Current Situation. Quker Council for European Affairs. pp. 7-8.

85 유럽사회권헌장은 유럽평의회 회원국들이 1961년(1996년 개정) 채택한 문서이다. 유럽인권협약이 주로 시민적·정치적 자유를 규정하고 있는 데 비해, 사회권헌장은 '일할 권리' 등 사회적 권리를 보장하는 내용을 담고 있다. 법적 구속력은 없다.

86 Council of Europe, Committee of Social Rights Conclusions XVI-Vol.1, November 2002. European Committee of Social Rights, Decision on the merits, Complaint 8/2000.

〈표 19〉 현역복무와 대체복무 기간의 차이

비 율	국 명	국가수
동일	덴마크, 독일, 스웨덴, 알바니아	4
1~1.5배	노르웨이, 대만, 스페인, 키프로스	4
1.5배	리투아니아, 세르비아, 스위스, 오스트리아, 우크라이나	5
1.5~2배	그리스, 아르메니아	2
2배	그루지야, 러시아, 몰도바, 몽골, 에스토니아, 우즈베키스탄, 키르기스스탄, 폴란드	8
2배 이상	핀란드[87]	1

니아)이다.

이탈리아(2004년 징병중지)의 경우, 대체복무기간이 더 긴 것에 대해 1989년 헌법재판소가 위헌판결을 내린 후,[88] 복무기간이 같아졌다.

그리스의 경우, 제도 도입 당시 대체복무는 현역보다 18개월을 더 복무하도록 되어 있었다. 당시 현역은 18개월이었으므로 대체복무는 36개월이었다. 2003년 현역복무기간이 12개월로 단축되자, 대체복무는 30개월이 되어 비율로는 2.5배가 되었다. 2005년 법 개정을 통해 "현역의 2배보다 1개월 적게" 복무하도록 규정하여, 현역 12개월, 대체복무 23개월이 되었다.

노르웨이는 현역의 최장복무기간(12개월)보다 1개월 더 길게 정하고 있다.

복무기간에 차이를 두는 이유는 보통 복무내용의 차이로 설명한다. 2003년 독일정부는 대체복무기간이 더 긴 이유에 대해, 제복근무를 하지 않는다는 점, "직접적인 명령관계"에 놓이지 않는다는 점, 근무시간이 정해져 있다는 점, 병영에서 합숙하지 않는다는 점 등을 들었다. 러시아정부는 현역의 경우 24시간 병영생활을 하는데, 대체복무는 하루 8시간, 주 5일 근무한다는 점을 이유로 들었다. 이유는 비슷하지만, 독

---

87 핀란드민간복무법(Civilian Service Act, 1723/91) 제3조에는 대체복무기간이 395일, 즉 13개월로 규정되어 있으나, 실제로는 12개월을 복무하는 것으로 보도되고 있다. <http://www.yle.fi/news/left/id105479.html>.

88 Horeman, B. & Stolwijk, M. 1998. Refusing to Bear Arms, War Resisters International, London.

일의 경우 1개월을 더 근무하고, 러시아의 경우 12개월을 더 근무한다.

슬로바키아(2005년 징병중지)와 헝가리(2005년 징병중지)의 경우, 예비군 복무기간을 포함하여 더 길게 정했다고 설명했다.[89]

마케도니아(2006년 징병중지)의 경우, 현역은 병영생활을 하면서 기본권을 제약받는데 반해 대체복무자는 그렇지 않는 점을 이유로 들어 대체복무기간을 더 길게 정했다고 설명했으나, 당시 대체복무자도 주거보호시설 등에서 합숙형태로 하루 24시간 대체복무를 수행하고 있었다.

대만은 2000년 대체복무(替代役) 제도를 도입하면서, '종교적 사유(宗教因素)'를 가진 자에게도 신청자격을 주었다.[90] 도입 당시 '종교적 사유'에 의한 대체복무자의 복무기간은 현역복무기간(22개월)에 1/2(11개월)을 가산하였으나, 2003년에 가산기간이 4개월로, 2007년에 2개월로 단축되었다. 이들의 실제 복무기간은 "주관기관(內政部)의 보고에 의해 행정원이 심사 결정"하도록 되어 있는데,[91] 2007년 7월 모든 병역의무자들의 8개월 조기퇴역이 결정되었고, 2008년부터 10개월 조기퇴역하고 있어서[92] 현재 '종교적 사유에 의한 거부자'의 실제 복무기간은 현역(12개월)보다 2개월이 긴 14개월이다.

각국의 대체복무기간은 다음과 같다.

---

89 UN Document. CCPR.SR.2108, Para 29. Summary Record of the 82th Session of the Human Rights Committee, 18th July 2003.

90 「替代役實施條例」 제5조 (2007년 개정). 일반대체복무는 '기초군사훈련'과 '전문직업훈련'을 받아야 하지만 '종교적 사유에 의한 대체복무자'는 '기초훈련'과 '전문직업훈련'을 병합하여 받도록 되어 있다(제13조).

91 「替代役實施條例」 제7조 제1항.

92 「行政院96年12月19日院臺防字第0960055510號函」.

<표 20> 각국의 대체복무기간

국 명	대체복무도입	복무기간변경	현역복무(월)	대체복무(월)	대체복무 현역복무
그루지야	1998		18	36	2
그리스	1997		18	36	2
		2003	12	30	2.5
		2005	12	23	1.9
노르웨이	1990 이전		12	16	1.33
		현재	6~12	13	1.1
대만	2000		22	33	1.5
		2003	22	26	1.18
		2004	20	24	1.2
		2005	18	22	1.22
		2006	16	20	1.25
		2007	14	16	1.14
		2008	12	14	1.16
덴마크	1990 이전		9	9	1
		현재	4	4	1
독일	1990 이전	1995	10	13	1.3
		2003	9	10	1.11
		2004	9	9	1
라트비아	2002		12	24	1.33
		2007	징병중지		
러시아	2004		24	42	1.75
		현재	12	24	2
루마니아	1996		12	24	2
		2003	8	12	1.5
		2007	징병중지		
리투아니아	1996		12	18	1.5
마케도니아	2001		9	14	1.56
		2003	6	10	1.67
		2006	징병중지		
몰도바	1991		18	24	1.33
		2002	12	24	2
몽골	2002		12	24	2
보스니아- 헤르체고비나	1996		12	?	
		2002	6	?	
		2004	4	6	1.5
		2006	징병중지		

국 명	대체복무도입	복무기간변경	현역복무(월)	대체복무(월)	대체복무/현역복무
불가리아	1998		9	13.5	1.5
		2008	징병중지		
세르비아	2003		9	13	1.5
스웨덴	1990 이전		7.5	7.5	1
스위스	1996		260일	390일	1.5
스페인	1984	1991	9	13	1.44
		2002	징병중지		
슬로바키아	1993		12	18	1.5
		1995	12	24	2
		2000	9	18	2
		2004	6	9	1.5
		2005	징병중지		
아르메니아	2004		24	42	1.75
알바니아	2003		12	12	1
에스토니아	1994		8	16	2
오스트리아	1990 이전		8	8	1
		1991	8	10	1.25
		1994	8	11	1.38
		1996	8	12	1.5
		현재	6	9	1.5
우즈베키스탄	1992 대학졸업자		18	24	1.33
			12	18	
	대학졸업자	2002	12	24	2
			9	18	
우크라이나	1999		18	27	1.5
이탈리아	1990 이전		12	18	1.5
		1997	10	10	1
		2005	징병중지		
체코슬로바키아 체코	1990		18	27	1.5
		1993	12	18	1.5
		2004	징병중지		
크로아티아	1992		10	15	1.5
		2001	6	8	1.33
		2008	징병중지		
키르기스스탄	2002		18	24	1.33
		현재	12	24	2
키프로스	1992		26	42	1.6
		현재	25	34	1.36

국 명	대체복무도입	복무기간변경	현역복무(월)	대체복무(월)	대체복무/현역복무
포르투갈	1990 이전	1994	4	7	1.75
		2005	징병중지		
폴란드	1988		24	36	1.4
		1990	18	36	2
		1991	18	24	1.33
		1999	12	18	1.5
		2004	10	18	1.8
		2005	9	18	2
	대학졸업자		3	6	
프랑스	1990 이전		12	24	2
		1992	10	20	2
		2002	징병중지		
핀란드	1990 이전		8	16	2
		1993	6	13*	2.17
헝가리	1989		18	28	1.56
		1990	12	22	1.83
		1997	9	18	2
		2002	6	11	1.83
		2005	징병중지		

* 주 89 참조

VII. 대체복무제 도입 반대론의 논리적 타당성

사회 일각에는 대체복무제도의 도입을 반대하는 의견이 강력하게 존재하고 있고, 이 때문에 지난 7년간 대체복무제도에 대한 논의는 제도의 내용에 대한 논의가 아니라 도입여부에 대한 찬반의 형태로 반복되어 왔다. 그동안 개최된 토론회, 공청회, 국제회의 등은 모두 도입을 찬성하는 단체에서 주최한 것이었으며, 반대론자들이 토론회나 공청회를 개최한 경우는 없다. 또한 반대주장이 학술논문의 형태로 발표된 것도 없다. 반대론자들의 반대의견은 주로 찬성론자의 주장에 대한 반박, 또는 논평의 형식으로 개진되었다. 다음에서 지금까지 제기된 주요한 반대론들[93]과 이에 대한 논리적 타당성을 검토하기로 한다.

1. 국제규범의 효력에 대하여

반대론은 유엔인권위원회 등의 결의가 권고에 불과한 것이므로 반드시 따라야 할 필요는 없으며, 이를 강요하는 것은 "국가주권에 관한 문제"라고 주장하고 있다.

그러나 이 주장은 사실과 다르다. 유엔인권위원회의 결의는 권고에 불과하기 때문에 반드시 따라야 하는 것은 아니다. 그러나 우리나라는 1993~2006년까지 이 위원회의 위원국으로 활동하였으며, 유엔인권위원회의 업무를 이어받은 유엔인권이사회에서도 현재 이사국으로 활동하고 있고, 유엔사무총장도 우리나라 사람이다. 이러한 상황에서 유엔인권위원회(또는 인권이사회)를 '정치성이 강한 기구'라고 폄하하는 것은 유엔에서의 우리나라의 활동을 스스로 부정하고, 타국에 대해서는 결의와 권고를 하면서 정작 자국에 대해서는 적용하지 않는 이중기준을 가진 국가라는 비난을 받을 수 있다. 위원국의 지위에 있으면서 자국은 존중하지 않을 '인권'을 논의하고 결의하는 것은 명백히 모순된 태도이기 때문이다.

유엔인권위원회(또는 인권이사회)의 결의와는 달리, 유엔자유권규약위원회의 결의와 검토의견은 구속력이 있는 규범이다. 「자유권규약」은 우리나라가 자발적으로 가입한 국제조약이기 때문이다. 개인통보(진정)제도 역시, 규약위원회의 심리권한을 자발적으로 인정한 국가에 대해서만 적용하고 있다(V-3, V-6 참조). 국제조약은 국내법과 동일한 효력을 지니며, 우리나라 법원에서 이 효력을 부정하는 판례는 전혀 없다(IV-2~9 참조).

---

93 김병렬(국방대학교 안전보장대학원 교수), 정창인(재향군인회 안보연구소 연구위원), 제성호(중앙대학교 법과대학 교수)는 2005년 3월 17일 '양심적 병역거부자에 대한 대체복무제도 도입 관련' 국회국방위원회 공청회에서 임종인 의원과 노회찬의원이 각각 발의한 병역법중개정법률안에 대한 '검토의견'의 형태로 반대론을 제시한 바 있고, 최삼경(한국기독교총연합회 목사), 김명세(육군발전협회 사무총장)는 2008년 10월 28일 서울대학교 사회과학연구원에서 개최한 공청회에서 반대론을 발표한 바 있다.

자유권규약을 지키지 않으려면, 조약에서 탈퇴하거나, 혹은 「자유권규약」 제18조에 대해 '유보선언'을 하는 것이 일관성 있는 태도이다. 예컨대, "규약 제18조가 보장하는 양심의 자유는 대한민국 헌법 제19조가 보장하는 양심의 자유와 동일범위에 있는 것으로 본다"고 선언하는 것이다. 그러나 규약 제18조는 「자유권규약」의 핵심에 해당하기 때문에, 이에 대해 유보선언을 할 경우 국제적 비난을 받을 가능성이 있다(V-1 참조).

그러므로 유엔인권위원회와 자유권규약위원회의 권고와 결의, 또는 결정을 '외세의 간섭'으로 여기는 주장은 사실의 왜곡이다.

2. 양심의 자유의 한계에 대하여

반대론은 양심의 자유가 국가안보에 우선할 수는 없다고 주장한다. 이 문제에 대해서는 찬반의 대립이 팽팽하게 전개될 수 있으며, 국내 법규범(헌법재판소, 대법원)과 국제법규범, 해외 각국의 판례 등을 통해 양쪽 다 근거를 제시할 수 있다. 그러나 이 문제를 다른 시각에서 바라볼 경우, 불필요한 논쟁으로 변한다.

양심의 자유와 국가안보가 과연 양자택일적 상황에 놓여 있는지, 반드시 어느 하나를 희생해야 다른 하나를 보호할 수 있는지에 대한 판단이 다를 수 있다. 다시 말해서 국가안보를 해치지 않으면서 양심의 자유를 보호하는 방법이 있다면 마땅히 그 길을 선택해야 하며, 양자 중 어느 것이 우선인지 논쟁할 필요가 없어진다. 따라서 이 문제는 대체복무제도의 도입이 과연 국가안보에 해로운 결과를 가져오는지에 대한 논쟁과 관련이 있다. 이 문제는 다음 절에서 상론한다.

"학설과 판례에 의해" 헌법의 양심의 자유 조항에 병역거부권이 포함될 수 없다는 주장을 받아들인다고 하더라도, 이 주장이 '대체복무제도'를 도입하면 왜 안 되는지에 대한 설명이 될 수는 없다. 대법원은 병역거부에 대해 유죄판결을 내려왔고, 헌법재판소도 병역법이 합헌이라고 판시했다. 그러나 이러한 유죄법리와 합헌을 인정한다 하더라도 '제도개선이 불필요하다'는 주장으로 이어질 수는 없다. 헌재는 합헌 판시를 하면서도 대체복무제도의 도입을 권고한 바 있으며, 대법원도 입법자가 헌법재판소의 권고에 주목하도록 요청한 바 있다(IV-8 참조). 제도의 개선은 위헌심판이 있을 때에만 이루어지는 것이 아니다. 합헌적 질서 가운데서도 더 좋은 제도를 찾아 개선해가는 것이 사회의 발전이다. 요컨대, 위의 학설과 판례는 대체복무제도 도입 불가의 근거로 사용될 수는 없다.

3. 국가안보에 미치는 영향에 대하여

반대론은 대체복무제도를 도입할 경우 국방력이 약화된다고 주장하고 있다.

그러나 이 주장은 대체복무제도를 도입할 경우, 국방력이 구체적으로 어떻게 약화되는지, 혹은 지금처럼 형사처벌을 지속할 경우 국방력이 어떻게 강화될 수 있는지를 입증하지 못하는 한, 합리적인 주장으로 볼 수는 없다. 이 문제와 관련하여 우리의 안보환경에서 어느 정도의 군사력이 적정한지에 관해 논쟁할 필요는 없다. 이 논쟁은 과학적으로 결론이 날 수 있는 사안이 아니다. 문제는 대체복무제를 도입할 경우와 하지 않을 경우를 비교하여 어느 쪽이 국가안보에 도움이 되는가 하는 것이다.

국가안보를 이유로 대체복무제도의 도입에 반대하는 것은 1000명의 병력 결손이 국방력의 약화를 가져온다고 주장하는 셈이다. 그러나 문제는 우리가 68만 1000명의 군사를 유지할 것인가, 1000명의 병역을 면제하여 68만 명을 유지할 것인가가 아니라, 1000명을 감옥에 둘 것인가 대체복무를 시킬 것인가 하는 것이다. 대체복무제를 도입하든, 도입하지 않든 군사는 여전히 68만 명으로 동일하기 때문이다.

국가안보상 1000명이 아니라 10명이라도 아쉬운 상황이라고 주장하는 사람들은 현재 수감을 자청하고 있는 1000명에게 집총훈련을 받게할 현실적인 방법을 찾아서 제시해야 한다. 그래야 '국방력의 약화'가

생기지 않는다. 현재 복무 중인 1000명의 병사를 제대(除隊)하게 하여 병사 수가 1000명이 줄어든다면 국방력이 약화된다고 말할 수 있다. 그러나 현재 감옥에 있는 사람들에게 대체복무를 하게 한다고 '국방력이 약화된다'고 주장할 수는 없다. 1000명이 병역 대신 대체복무를 하고 있는 경우와 1000명이 수감생활을 하고 있는 경우, 후자가 과연 더 나은 방위태세라고 할 수는 없지 않겠는가? 따라서 이런 논리에 의해 대체복무제 도입에 반대할 경우, 병역거부자들을 감옥에 보낼 것이 아니라 어떤 수단을 써서라도 집총훈련 등 군복무를 하도록 만들어야 한다. 어떤 방법으로 이것이 가능할까? 이들에게 군복무를 강제할 수 있는 방법을 제시하지 않는 한, 국방력의 약화, 또는 징병자원의 부족을 반대의 이유로 드는 것은 비논리적이다.

국가안보를 이유로 대체복무제 도입에 반대하는 사람들은 '병역거부자에 대한 처벌의 수위를 높여 거부자가 발생하지 않도록 해야 한다'고 주장해야 논리적으로 일관성이 있다.[94] 병역거부자들에게 최고 징역 3년에 처하는 형벌이 있음에도 불구하고 '병역거부' 현상이 계속 발생한다면, 이를 막기 위해 형벌을 높이자고 제안해야 한다. 5년 이상의 징역에 처하도록 병역법을 개정하면, 병역거부자들이 적법행위를 할 가능성이 더 커질지도 모른다. 그러나 형벌은 지은 죄에 비례하도록 부과해야 한다. 즉 다른 종류의 사회적 범죄에 대한 처벌과 비교하여 처벌의 수위를 정해야 하기 때문에 무작정 형량을 높일 수는 없다.

지금까지 그래왔던 것처럼, 계속 처벌하다 보면 언젠가는 병역거부

---

94 대법원은 2004년 7월 '적법행위의 기대가능성'에 대해 다음과 같이 판시했다. "적법행위의 기대가능성은 사회적 평균인을 두고 이 평균인의 관점에서 판단하여야 할 것인바, 피고인의 양심상의 결정이 적법행위로 나아갈 동기의 형성을 강하게 압박할 것이라고 보이기는 하지만 그렇다고 하여 피고인이 적법행위로 나아가는 것이 실제로 전혀 불가능하다고 할 수는 없다고 할 것이다. 법규범은 개인으로 하여금 자기의 양심의 실현이 헌법에 합치하는 법률에 반하는 매우 드문 경우에는 뒤로 물러나야 한다는 것을 원칙적으로 요구하기 때문이다." 그러나 지금까지의 경험은 '전혀 불가능'까지는 아니라 하더라도, '거의 불가능'한 수준에 이르러 있음을 보여주고 있다.

자들이 집총을 받아들일 것이라고 주장할 수도 있다. 그러나 현재 징역 3년에 처할 수 있는 법규정이 있음에도 불구하고 일선 법원에서는 징역 1년 6월이라는 '최저형'을 선고하고 있는 상황에서 이러한 기대는 비현실적인 주장이며, 설령 징역 3년을 선고한다고 해도 병역거부자들이 '3년의 징역'을 선택할 것이라는 사실은 그간의 경험을 통해 쉽게 알 수 있는 일이다.

법을 준수하지 않는 사람들에게 형벌을 가하는 이유가 응징과 보복에 있다면, 대체복무제 도입에 반대할 수 있다. '국민의 의무를 이행하지 않으려는 자에게는 마땅히 벌을 주어야지 다른 종류의 근로를 부과하고 이로써 벌을 면제해 줘서는 안 된다'고 주장할 수 있기 때문이다. 그러나 이러한 논리는 국가안보와는 관계가 없는, '국가형벌권의 정당한 행사'에 관한 주장이다.

현대 형벌이론에 따르면, 형벌의 목적은 응징과 보복에 있는 것이 아니라, 보호와 교정 및 예방효과에 있다. ① 사회에 해악을 끼치는 사람을 일시적 또는 영구적으로 격리하거나 억제함으로써 사회를 보호하거나, ② 범죄자를 도덕적·사회적으로 갱생시키거나, ③ 다른 사람이 동일한 범죄를 짓지 못하도록 하는 것이 목적이다. 현재의 병역거부자 처벌은 위 세 가지 목적 중 어느 하나도 달성하지 못하는 상태에 있다.

그러므로 현재 '국가안보'를 이유로 대체복무제도의 도입에 반대하는 사람들은 속으로는 '응징과 보복이 필요하다'는 논리를 가지고 있으면서, 표면적으로는 '국가안보'를 내세우는 이중 논리를 가지고 있다는 결론을 내릴 수밖에 없다. 이러한 논리적 결함을 극복하지 않는 한 '국가안보'에 의한 반대는 안보개념을 '남용'하고 있다는 비난을 받을 가능성이 있다.

4. 병역기피수단으로 악용될 가능성에 대하여

반대론은 대체복무제도를 도입하면 병역기피수단으로 악용될 수 있으며, 병역거부자가 양산될 것이라고 주장한다.

이러한 주장은 다음의 두 가지 이유에서 타당하지 못하다.

첫째, 대체복무제 도입에 반대하는 이유가 병역 기피 수단으로의 악용 가능성에 대한 우려라면, 이 문제는 절충이 가능하다. 찬성론자들은, 대체복무제도를 도입하더라도 '대체복무'가 군 복무보다 더 힘들도록 만들면 된다고 주장한다. 이것은 이론적으로도 가능하고, 외국의 성공적인 실천사례도 많다. 예를 들어 대체복무 기간을 10년으로 정하면, 이것이 기피수단이 될 가능성은 전혀 없다고 할 수 있을 것이다. 또한 대체복무제도를 도입한 외국의 사례를 보건대, '병역기피의 수단'으로 악용되는 것은 제도가 부실하거나, 혹은 복무기간이나 조건에서 고역의 정도가 '병역'보다 나은 경우에 일시적으로 발생하는 현상일 뿐, 대부분의 국가에서 일정한 수의 병역거부자들만이 대체복무를 하고 있다. 그러므로 '기피수단으로의 악용 가능성'에 대한 염려는 타협 지점을 찾을 수 있는 우려이며, '기피수단으로 악용될 수 없는' 내용의 대체복무 방안을 함께 논의할 수 있다. 그러나 반대론자들은 이 이유를 들어 도입 자체를 반대할 뿐, 대안에 대한 논의를 하려 하지 않는다. 그러므로 반대론자들이 도입 논의 자체를 거부할 경우, 거부의 진정한 이유는 다른 데 있는 것으로 보아야 할 것이다.

둘째, 병역거부자를 처벌한다고 해서 병역기피가 방지되지는 않는다. '병역기피' 풍조는 '병역거부자들'이 만들어낸 풍조가 아니다. '병역거부'와 '병역기피'는 별개의 사회적 현상이다. 병역기피자는 병역거부자와는 달리, '군사적' 복무를 거부하는 것이 아니라 국가가 부과하는 '복무'를 회피하려는 사람들이다. 이들은 다른 종류의 복무를 원하는 것이 아니라 '복무' 자체를 면제받으려는 사람들이다. '병역기피'라는 사회적 병리 현상을 막기 위해 '병역거부자'를 처벌하는 것은 근대 형법상의 기본원칙인 '책임주의'에 어긋나는 일이다. '병역기피' 풍조에 대한 책임은 '병역기피자'에게 물어야 한다. '병역거부자'를 처벌하여 '병역기피'를 막겠다는 것은 '직무유기'를 처벌하여 '횡령'을 막겠다는 것과 마찬가지로 불합리한 발상이다. '기피자'의 처벌은 '병역기피'

를 막는 일반예방효과가 있으나, 현재의 병역거부자 처벌 제도는 '병역거부'에 대한 어떠한 예방효과도 없다는 것을 경험적으로 입증하고 있다.

5. 병역의무의 형평성에 대하여

반대론은 병역을 대신할 수 있는 다른 복무는 있을 수 없으므로 대체복무제도는 의무부담의 형평성을 침해한다고 주장하고 있다.

이 주장은 '병역'의 성격에 대한 가치판단이므로, 이 주장 자체에 대한 반론은 불가능하다. 그러나 '병역'은 「헌법」이 부과하고 있는 의무가 아니라, 「병역법」이 부과한 의무이다. 「헌법」 제39조는 '국방의 의무'를 부과하고 있으며, '병역'은 이를 이행하는 주요한 수단 가운데 하나이다. 다른 방법으로 국방의 의무를 이행할 수 있는 여지가 있다는 사실은 헌법재판소의 판례에서 확인할 수 있다.

국방의 의무는 외부 적대세력의 직·간접적인 침략행위로부터 국가의 독립을 유지하고 영토를 보전하기 위한 의무로서, 현대전이 고도의 과학기술과 정보를 요구하고 국민전체의 협력을 필요로 하는 이른바 총력전인 점에 비추어 ① 단지 병역법에 의하여 군복무에 임하는 등의 직접적인 병력형성의무만을 가리키는 것이 아니라, ② 병역법·향토예비군설치법·민방위기본법·비상대비자원관리법 등에 의한 간접적인 병력형성의무 및 ③ 병력형성이후 군작전명령에 복종하고 협력하여야 할 의무도 포함하는 개념이다(헌재 2002. 11. 28. 선고 2002헌바45 결정).

일반적으로 국방의무를 부담하는 국민들 중에서 구체적으로 어떤 사람을 국군의 구성원으로 할 것인지 여부를 결정하는 문제는 이른바 '직접적인 병력형성의무'에 관련된 것으로서, 원칙적으로 국방의무의 내용을 법률로써 구체적으로 형성할 수 있는 입법자가 국가의 안보상황·재정능력 등의 여러 가지 사정을 고려하여 국가의 독립을 유지하고 영토를 보전함에 필요한 범위 내에서 결정할 사항이고, 예외적으로 국가의 안위에 관계되는 중대한 교전상태 등의 경우에는 대통령이 헌법 제76조 제2항에 근거하여 법률의 효력을 가지는 긴급명령을 통하여 결정할 수도 있는 사항이라고 보아야 한다. 한편, 징집대상자의 범위를 결정하는 문제는 그 목적이 국가안보와 직결되어 있고, 그 성질상 급변하는 국내외 정세 등에 탄력적으로 대응하면서 '최적의 전투력'을 유지할 수 있도록 합목적적으로 정해야 하는 사항이기 때문에, 본질적으로 입법자 등의 입법형성권이 매우 광범위하게 인정되어야 하는 영역이다.(헌재 2002. 11. 28. 선고 2002헌바45 결정)

요컨대, '국방의 의무'를 어떤 방식으로 이행하게 할 것인가 하는 문제는 입법자(국회)가 재량권을 가지고 정할 수 있다. 즉 '병역'을 본질적으로 대신할 수 있는 활동은 있을 수 없다 하더라도, 헌법상의 의무인 '국방의 의무'를 '병역' 이외의 활동으로 대신할 수 있다는 것이 헌법재판소의 판단이며, 그동안 우리는 '공익근무' 등 여러 가지 형태의 '대체복무' 제도를 운영해왔다.

6. 양심의 진정성 판단 가능성에 대하여

반대론은 진정한 양심에 의한 거부와 양심을 위장한 거부를 판별하기 어렵다고 주장하고 있다.

양심의 진정성을 판단하기가 어려운 것은 사실이다. 양심의 문제는 과학적으로 접근할 수 있는 대상이 아니다. 그러나 양심상의 신념이 진지성과 일관성을 가지고 있는지에 대해서는 본인의 진술과 사회적 활동 등 정황증거를 통해 개연적인 추론과 재구성이 가능하다(IV-3. 서울남부지방법원 무죄선고 참조). 실제로 외국의 많은 사례들은 이에 대한 판단기준을 마련하고 있고, 이 기준에 따라 큰 부작용 없이 시행되고 있다. 문제는 양심 판단의 어려움이 아니라, 우리 사회가 개인의 양심상의 결정을 사회정의에 어긋나지 않는 형태로 존중해 줄 의사가 있는가 하는 것이다.

7. 종교특혜 시비와 종파 간 갈등 우려에 대하여

반대론은 대체복무제도를 도입할 경우, 특정 종교에 대한 특혜시비가 일어날 것이며, 종파 간 갈등이 발생할 것이라고 주장하고 있다.

그러나 대체복무제도는 특정 종교(여호와의 증인)의 교리를 인정하는 것이 아니라, '양심'에 의한 병역거부를 인정하는 것이다. 국가는 그가 어떤 종교의 신자인지에는 관심이 없다. 그의 결정이 '자신의 양심'에 따른 것인지의 여부일 뿐이다. 양심상의 동기는 '여호와의 증인' 신앙일 수도 있고, 혹은 여타 다른 종교적 신앙일 수도 있다. '여호와의 증인'에 한정하여 허용여부를 논하는 것이 아니다. 문제의 본질이 '종교'가 아니라 '양심'이라는 점은 Ⅳ에서 살펴본 모든 판결에 명백히 나타나 있다. 특히 춘천지방법원 제1형사부(재판장 정성태)는 「병역법」 제88조에 대해 위헌제청을 결정하면서, "양심적 병역거부를 헌법적 이념을 넘어서 정치적 내지 종교적 문제로 비틀고 재단하려는 사고를 경계한다"(Ⅳ-9. 춘천지방법원 위헌심판 제청결정문)고 판시한 바 있다.

과거의 네덜란드와 현재 스웨덴, 핀란드에서는 '여호와의 증인'에게는 병역은 물론 대체복무조차 면제하고 있다. 그럼에도 불구하고 '여호와의 증인' 신자수의 증가세는 여타 국가들과 다를 바가 없다.

또한 '여호와의 증인'에 대해 병역거부를 인정했다고 해서, 다른 종교들이 기존의 교리를 바꾸어 '병역거부'를 요구할 가능성은 현실적으로 매우 희박하며, 대체복무제도를 운영하고 있는 선진국에서 이러한 사례가 보고된 바 없다. 종교인들이 '병역기피'를 위해 종교적 신앙의 내용을 개변하리라는 예측은 종교인들의 신앙이 세속적 이익을 따라 움직인다는 가정 위에서만 성립할 수 있다.

8. 국민정서상 시기상조라는 주장에 대하여

반대론은 사회구성원의 공감대가 아직 형성되지 않았기 때문에 국민정서상 시기상조라고 주장하고 있다.

이 문제는 사실상 국민투표를 해 보기 전에는 어느 누구도 가부를 논하기 어렵다. 여론조사를 통해 이 문제에 대한 어느 정도의 경향성을 살펴볼 수는 있다. 그러나 거의 모든 여론조사가 어느 한 쪽으로 치우쳐 나오는 경우에는 가부를 가늠할 수 있으나, 현재와 같이 찬반의 비율이 여론조사기관에 따라 큰 차이가 있는 경우, 어느 쪽으로 공감대가 형성되어 있는지 말하기 어렵다.

2002년 이후 지금까지 실시된 약 20건의 여론조사 결과들을 종합해 보면, 반대론이 다소 우세한 것으로 보인다. 그러나 우리 사회에 '소수자에 대한 관용'이 전반적으로 부족하다는 점을 고려할 때, 이 문제를 '다수결'에 의지하여 해결하려는 것은 결코 바람직한 해법은 아니다.

9. 국가가 부과하는 다른 의무들에 대한 거부 명분을 제공한다는 주장에 대하여

반대론은 병역거부를 인정하여 대체복무제도를 도입할 경우 납세의 의무 등 국가가 부과하는 다른 의무들에 대한 거부 명분을 제공한다고 주장하고 있다.

그러나 이러한 주장은 현실적으로 가능성이 매우 희박한 가정일 뿐이다. 병역거부자의 경우, 지난 수십 년 동안 병역거부를 '실천'에 옮겨 옥살이를 마다하지 않았다. 현재 우리나라의 어느 종교단체나 사회단체도 조세를 '거부'하여 옥살이를 하고 있지는 않다.

10. 병사들의 사기에 악영향을 미친다는 주장에 대하여

반대론은 대체복무제도의 도입이 병사들의 사기에 악영향을 미친다고 주장하고 있다.

이 주장은 반대론 중 가장 설득력 있는 주장이다. 그러나 대체복무가 복무 여건이나 기간 등의 측면에서 병역보다 더 힘든 역무라는 점, 병역을 성실하게 이행한 사람들이 명예롭게 사회활동을 할 수 있으며,

공동체의 장래를 위해 떳떳한 발언권을 행사할 수 있다는 점 등을 이해시키면, 상대적 박탈감의 문제는 어느 정도 해소될 수 있을 것이다. 또한 우리나라가, 특히 국방부가 '소수자'의 인권도 고려하고 있다는 점은, 병영생활을 하고 있는 장병들의 인권도 그들과 마찬가지로 존중되고 고려될 것이라는 간접적인 메시지로 들릴 수도 있다.

11. 대체복무제도는 헌법개정을 통해 도입해야 한다는 주장에 대하여

반대론은 대체복무제도는 위헌 소지가 있으므로 헌법개정을 통해 도입해야 한다고 주장하고 있다.

헌법재판소의 판시와 대법원의 판결은 대체복무제도가 헌법상의 문제가 아니라 입법자의 재량행위에 속하는 것이라는 점을 분명히 밝히고 있다. 따라서 헌법 개정 없이, 병역법 개정만으로 대체복무제도의 도입이 가능하다.

'헌법 제39조가 국방의 의무를 규정하고 있는 이상, 이에 대한 예외를 법률로써 인정하는 것은 위헌의 소지가 있으므로 법리상 헌법에 규정을 두어야 한다'고 주장할 수는 있다. 그러나 앞에서 주장한 여러 가지 이유들로 인해 대체복무제도의 도입에 반대하는 사람들은, 대체복무제를 허용하는 헌법개정에도 반대하는 것이 논리적으로 일관성 있는 태도이다. 그러므로 '헌법개정을 통해 도입하라'는 주장은 '도입해서는 안 된다'는 주장의 다른 표현일 뿐이다.

12. 입영 후 부대장의 '지휘조치'에 의해 문제를 해결할 수 있다는 주장에 대하여

반대론은 대체복무제를 도입하지 않더라도 '비집총업무' 또는 부대장의 '지휘조치'에 의해 문제를 해결할 수 있다고 주장하고 있다.

"집행유예 상태에서 군의 비집총업무에 종사케 하는 방안"은 하나의 대안이 될 수 있다. 예컨대 러시아, 리투아니아 등에서는 '양심적 병역거부자'에게 군부대 내의 비집총복무를 부과하기도 한다. 그러나 지금까지 입영 후 집총거부를 했던 사람들이 군에서 어떤 상황에 처했는지를 생각해보면, 과연 대안이 될 수 있을지 의문이다. 군 지휘관들이 이들을 차별대우하지 않을 정도로 관용적이라는 전제가 있을 때 가능한 대안이다.

러시아의 경우에는 병역거부자에게 대체복무의 형태에 대한 선택권이 없다. 그러나 그리스의 경우 병역거부자들에게 23개월(현역은 12개월)의 민간복무와 18개월의 군부대 내 비무장복무 중 하나를 선택하도록 하고 있는데, 모든 거부자들이 민간복무를 선택한다. 군부대에 들어가면 차별적 대우를 받기 때문이다. 또한 리투아니아의 경우 대체복무가 군부대 내의 비무장복무 형태로만 허락되고 있는데, 대부분의 병역거부자들이 이를 거부하고 징역을 살고 있어서 대체복무제도가 유명무실한 상태에 있다. 유엔은 리투아니아에 대해 "병역 밖에서의 대체복무를 허락하라"고 지속적으로 권고하고 있다. 스위스에서도 병역거부자가 군부대 내 비무장복무를 선택할 경우 현역(260일)과 동일한 기간을 복무하도록 하고 있으나, 대부분의 병역거부자들이 390일의 민간복무를 선택하고 있다. 요컨대 군부대 내의 비무장복무는 이론상 가능하지만 현실적인 대안이 되기는 어렵다.

13. 병역거부집단의 반국가적 가치관과 행동양식에 대하여

반대론은 '병역거부'는 기독교의 교리와는 관계가 없는 이단 교리이며, 병역거부집단이 반국가적 가치관과 행동양식을 가지고 있다고 주장하고 있다.

어떤 것이 기독교의 진정한 신앙인지를 국가가 판단할 수는 없다. 우리 헌법(제20조)은 국교를 인정하지 않으며, 종교의 자유를 인정하고 있을 뿐이다. 그들의 교리가 정통인지 이단인지는 종교인들 간의 논쟁거리일 뿐 국가가 간여할 일은 아니다.

'여호와의 증인' 신자들이 세금 납부를 거부할 경우, 이는 조세법 위반으로 처벌할 일이며, 자녀들을 학교에 보내지 않을 경우, 이 역시 해당 법조항에 의해 처벌할 일이지, 이를 '병역거부'의 문제와 연결시키는 것은 합당한 접근방법이 아니다.

대체복무제도를 도입한다고 해서 국가가 '여호와의 증인'의 교리를 인정하는 것으로 받아들여서는 안 된다. 국가가 기독교의 크리스마스 행사나 불교의 사월초파일 행사를 승인했다고 해서 그들의 교리를 인정한 것은 아니며, 무속인들의 계룡산 출입을 허용했다고 해서 그들의 신앙을 승인한 것도 아니다. 대체복무제 도입 이후에도 기독교는 '여호와의 증인'을 여전히 이단으로 간주할 수 있다. 어느 종파의 어떤 교리를 이단으로 여길 것인가는 전적으로 자신들에게 달린 문제다. '이단적 교리' 중에서 국법에 위반되는 행위에 대한 처벌은 여전히 국가의 몫이지 특정 종파가 왈가왈부할 일이 아니다.

14. '양심적'이라는 용어가 부적당하다는 주장에 대하여

반대론은 종교적 신념을 내세워 병역을 거부하는 자를 '양심적'이라고 한다면, 성실한 병역이행자들은 '비양심적'인 사람들이냐고 반문하고 있다.

그러나 이것은 용어에 대한 오해일 뿐이다. 그들의 병역거부가 '양심적인 행위'라는 뜻이 결코 아니다. 병역거부자는 '자신의 양심'에 따라 병역을 거부하는 것이지, 타인에게 '병역거부'를 선동하는 것도 아니요, 자신의 양심이 타인의 양심보다 우월하다고 주장하고 있는 것도 아니다. 또한, 타인의 병역이행을 방해하는 것도 아니요, 병역이행자들을 '비양심적'이라고 비난하지도 않는다. 자신의 양심에 따라 병역을 이행하는 사람들은 '양심적 병역이행자'이다. 그러나 병역을 이행하는 동기가 '양심상의 결정'인지, 아니면 처벌을 피하기 위한 '합리적 계산행위'인지를 구태여 구별할 필요가 없기 때문에 그런 말을 쓰고 있지 않을 뿐이다.

참고문헌

A. 국내법(법원판결문)

2002. 2. 19.	서울지방법원남부지원, 병역법 위헌제청 결정문.
2004. 5. 21.	서울남부지방법원, 2002고단3940 병역법위반.
2004. 5. 21.	서울남부지방법원, 2002고단3941 병역법위반.
2004. 5. 21.	서울남부지방법원, 2002고단4812 병역법위반.
2004. 5. 21.	서울남부지방법원, 2003고단1783 향토예비군설치법 위반.
2004. 7. 15.	대법원, 2004도2965 전원합의체 판결 병역법위반.
2004. 8. 26.	헌법재판소, 2002헌가1 전원재판부 결정.
2007. 4. 30.	울산지방법원, 향토예비군설치법 위헌제청 결정문.
2007. 10. 26.	청주지방법원 영동지원, 2007고단151 병역법위반.
2007. 12. 27.	대법원, 선고 2007도7941 병역법위반.

B. 국가인권위원회 관련 자료

2006. 2.	양심적 병역거부 관련 결정문.
2007. 12. 6.	보도자료 「향토예비군법 위헌 여부에 대해 헌재에 의견 제출」.
2008. 1. 31.	보도자료 「유엔에 한국 인권상황에 대한 평가보고서 제출」.
2008. 7. 21.	보도자료 「양심적 병역거부자 대체복무 이행 촉구 의견표명」.

김선택, 2002, 「한국 내 양심적 병역거부자에 대한 대체복무 인정여부에 관한 이론적·실증적 연구」, 국가인권위원회에 제출한 보고서.
백제법무법인, 2004, 「양심·종교의 자유를 침해하는 법령과 관행의 개선에 관한 용역보고서」, 국가인권위원회에 제출한 보고서.

C. 국회 관련 자료

2005. 3. 17.   국회 국방위원회, 「양심적 병역거부자에 대한 대체
복무제도 도입 관련 공청회 자료집」

D. 정부 관련 자료

2001. 10. 23.   국방부, 「병역거부자 대체복무에 대한 국방부 입장」.
2003. 12.   대한민국정부(법무부), 「시민적·정치적 권리에 관
한 국제규약」에 따른 제3차 보고서.
2004.   병무청. 「신성한 병역의무와 병역거부」.
2007. 2. 5.   국무조정실, 보도자료. 「정부, '비전 2030 인적자원
활용 2+5 전략' 발표」.
2007. 9. 18.   국방부 대국민발표문 「병역이행 관련 소수자의 사
회복무제 편입 추진 방안」.
2008. 4.   대한민국정부(법무부), 「보편적 정례검토를 위해 유
엔인권이사회에 제출한 국가보고서」(A/HRC/WG.
6/2/KOR/1).
2008.   병무청, 「2008년도 병역처분기준」.

E. 사회단체 관련자료

2001. 6. 1.   한국기독교총연합회 성명서.
2002. 2. 4.   양심에 따른 병역거부권 인정 및 대체복무제도 도
입을 촉구하는 1000인 선언.
2002. 7. 4.   박서진, 「병역법개정안」(대체복무제도 입법을 위한
공청회).
2002. 7. 4.   이재승, 「대체복무요원판정절차법안」(대체복무제도
입법을 위한 공청회).
2004. 5. 21.   한국기독교교회협의회 인권위원회 성명서.
2004. 5. 22.   불교인권위원회 성명서.

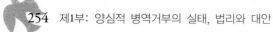

| 2004. 5. 24. | 각계단체 성명서. |
| 2006. 10. | 민주사회를 위한 변호사 모임, 「대한민국의 인권상황 : 시민적·정치적 권리에 관한 국제규약 제40조에 따라 대한민국이 제출한 제3차 정기보고서에 대한 반박보고서」. |

F. 국제규범 관련 자료

국제법

1948.	세계인권선언.
1966/1990.	시민적·정치적 권리에 관한 국제규약(B규약).
1966/1990.	시민적·정치적 권리에 관한 국제규약 선택의정서.

유엔인권위원회

1987. 3. 10.	Commission on Human Rights Resolution 1987/46.
1989. 3. 8.	Commission on Human Rights Resolution 1989/59.
1993. 3. 10	Commission on Human Rights Resolution 1993/84.
1995. 3. 8.	Commission on Human Rights Resolution 1995/83.
1997. 4. 16.	Commission on Human Rights Decision 1997/117.
1998. 4. 22.	Commission on Human Rights Resolution 1998/77.
2000. 4. 20.	Commission on Human Rights Resolution 2000/34.
2002. 4. 23.	Commission on Human Rights Resolution 2002/45.
2004. 4. 19.	Commission on Human Rights Resolution 2004/35.

유엔자유권규약위원회

| 1991. 11. 8. | UN Document. CCPR/C/43/D/446/1991. "Decision of the Human Rights Committee under the Optional Protocol to the International Covenant on Civil and Political Rights (Forty-third session) concerning Communication No. 446/1991." |
| 1993. 7. 30. | UN Document. CCPR/C/21/Rev.1/Add.4. "General |

	Comment No. 22: The right to freedom of thought, conscience and religion (Art. 18)."
1999. 11. 3.	UN Document. CCPR/C/67/D/666/1995. "Human Rights Committee View on Foin v. France (Communication 666/1995)."
2000. 7. 31.	UN Document. CCPR/C/69/D/689/1996. "Human Rights Committee View on Maille v. France (Communication No. 689/1996).
2004. 10. 18.	유엔자유권규약위원회에 제출한 최명진/윤여범의 개인통보.
2006. 11. 28.	UN Document. CCPR/C/KOR/CO/3. "Consideration of Reports submitted by State Parties Under Article 40 of The Covenant—Concluding Observations of the Human Rights Committee : REPUBLIC OF KOREA."
2007. 1.	UN Document. CCPR/C/88/D/1321-1322/2004. "Views of the Human Rights Committee under article 5, paragraph 4, of the Optional Protocol to the International Covenant on Civil and Political rights concerning Communications Nos. 1321/2004 and 1322/2004."
2007. 5. 29.	유엔자유권규약위원회에 제출한 고동주 외 10명의 개인통보.

유엔인권이사회

| 2008. 4. 2. | 유엔인권이사회, 대한민국 인권상황 평가서 (A/HRC/WG.6/2/KOR/3). |
| 2008. 5. 29. | 유엔인권이사회, 대한민국 인권상황 정례검토보고서 (A/HRC/8/40). |

유럽평의회

| 1967. | Parliamentary Assembly of Council of Europe, |

Recommendation 478 (1967) on the right of conscientious objection.

1967. Parliamentary Assembly of Council of Europe, Resolution 337 (1967) on the right of conscientious objection.

1977. Parliamentary Assembly of Council of Europe, Recommendation 816 (1977) on the right of conscientious objection to military service.

1987. Committee of Ministers of Council of Europe, Recommendation No. R(87)8 regarding conscientious objection to compulsory military service.

2001. Parliamentary Assembly of the Council of Europe, Recommendation 1518 (2001) "Exercise of the right of conscientious objection to military service in Council of Europe member states."

2002. 11. Council of Europe, Committee of Social Rights Conclusions XVI-Vol.1. European Committee of Social Rights, Decision on the merits, Complaint 8/2000.

유럽연합

2000. Charter of Fundamental Rights of the European Union.
2007. Treaty of Lisbon.

G. 기타 자료

공청회 및 토론회 자료집

2002. 12. 양심에 따른 병역거부권 실현과 대체복무제도 개선을 위한 연대회의, 「전 세계 병역거부 운동의 동향과 전망」.

2002. 7. 나라와 문화를 생각하는 모임(국회의원 연구단체),

	양심에 따른 병역거부권 실현과 대체복무제도 개선을 위한 연대회의,「대체복무제도 입법을 위한 공청회」.
2003. 3.	성공회대 인권평화센터, 양심에 따른 병역거부권 실현과 대체복무제도 개선을 위한 연대회의, 미국친우봉사회(AFSC),「양심에 따른 병역거부권과 대체복무제」
2004. 7.	대한예수교장로회 총회 인권위원회,「양심적 병역거부 문제에 대한 공청회」
2005. 12.	평화박물관 추진위원회, 한국기독학생회총연맹(KSCF), (사)실천불교, (사)작은손길, 한국대학생불교연합회, 천주교 정의구현 전국사제단, 한국남자수도회?사도생활단장상협의회 정의평화환경위원회, 천주교 정의구현 전국연합, 고동주 후원모임 고동울림,「한국 종교와 양심적 병역거부」
2006. 12.	양심에 따른 병역거부권 실현과 대체복무제도 개선을 위한 연대회의,「대체복무제 도입 촉구 토론회」.
2007. 10.	양심에 따른 병역거부권 실현과 대체복무제도 개선을 위한 연대회의,「양심에 따른 병역거부 – 사회복무제 도입 정부 발표에 대한 공청회」.

단행본

김두식,『평화의 얼굴 : 총을 들지 않을 자유와 양심의 명령』, 서울: 교양인, 2007.

안경환·장복희(편),『양심적 병역거부』, 사람생각, 2002.

워치타워,『여호와의 증인의 연감』2001~2007.

이남석,『차이의 정치 – 이제 소수를 위하여』, 서울: 책세상, 2001.

＿＿＿,『양심에 따른 병역거부와 시민불복종』, 서울: 그린비, 2004.

이석우(편),『양심적 병역거부 – 2005년 현실진단과 대안모색』, 사람생각, 2005.

전쟁없는세상 외,『총을 들지 않는 사람들』, 철수와영희, 2008.

조국,『양심과 사상의 자유를 위하여』, 책세상, 2001.

논문

김명재, 「양심의 자유와 병역의무 2004. 8. 26. 2002헌가1 결정에 대한
    평석」, 『공법학연구』 제8권 제3호, 한국비교공법학회, 2007.
김병록, 「양심적 병역거부의 헌법이론적 검토」, 『헌법학연구』 제9권 제
    1호, 한국헌법학회, 2003.
나달숙, 「양심적 병역거부 해결방향」, 『법학연구』 24, 한국법학회,
    2006.
노혁준, 「양심적 병역거부에 관한 병역법상 처벌조항의 위헌성 검토」,
    『민주법학』, 민주주의법학연구회, 2003.
박현조, 「국방의 의무에 관한 소고」, 『경성법학』, 경성대학교 법학연구
    소, 2005.
윤영철, 「병역법 제88조 제1항과 양심적 병역거부」, 『비교형사법연구』,
    한국비교형사법학회, 2004.
_____, 「양심적 병역거부에 대한 형사처벌의 형법적 문제점」, 『형사정
    책』 제16권 제2호, 한국형사정책학회, 2004.
이기철·노희범, 「양심의 자유와 국방의 의무가 충돌하는 경우 국가는
    Leviathan 이어야 하는가? - 양심적 병역거부에 관한 결정과 관련
    하여(헌법재판소 2004. 8. 26. 선고 2002헌가1 결정; 대법원 2004.
    7. 15. 선고 2004도2965 판결)」, 『한양법학』, 한양법학회, 2005.
이상명, 「양심적 병역거부와 양심의 자유」, 『고려법학』, 고려대학교 법
    학연구원, 2007.
이재승, 「독일에서 병역거부와 민간봉사」, 『민주법학』 20, 민주주의법
    학연구회, 2001.
_____, 「양심적 병역거부와 대체복무제에 관한 이해」, 『사목』 290,
    2003.
_____, 「병역거부에 대한 반응양상」, 『법과 사회』, 법과사회이론학회,
    2007.
임지봉, 「한국사회와 국가인권위원회」, 『공법연구』 제35집 제2호 제2
    권, 한국공법학회, 2006.
장복희, 「양심적 병역거부에 관한 국제사례와 양심의 자유」, 『헌법학연
    구』 제12권 제5호. 한국헌법학회, 2006.

_____, 「양심적 병역거부자의 인권 보호」, 『공법연구』 제35집 제2호, 한국공법학회, 2006.

정종훈, 「기독교윤리적 논점에서 본 양심적 병역거부의 논쟁과 대안 모색」, 『한국기독교신학논총』, 한국기독교학회, 2002.

진상범, 「한국사회 양심적 병역거부에 대한 국가와 종교의 대응」, 『종교문화연구』, 한신인문학연구소, 2006.

최정민, 「병역 거부 운동과 여성의 연대」, 『정치비평』 한국정치연구회, 2005.

한홍구, 「타이완 대체복무제도 참관보고서」, 2002.

_____, 「한국의 징병제와 병역거부의 역사」, 전쟁없는세상 외, 『총을 들지 않는 사람들』, 철수와영희, 2008.

황환교, 「양심적 병역거부권(독일의 경우를 중심으로)」, 『법학연구』 제5호, 한국해사법학회, 1993.

외국문헌

Brett, Derek, 2005. Military Recruitment and Conscientious Objection: A Thematic Global Survey. Conscience and Peace Tax International.

Horeman, B. & Stolwijk, M. 1998. Refusing to Bear Arms, War Resisters International, London.

Jehovah's Witnesses Official Web Site, "2007 Report of Jehovah's Witnesses Worldwide." <http://www.watchtower.org/e/statistics/worldwide_report.htm>.

Lempinen, Miko, 2008. "The Activity, Progressiveness and Consistency of the Human Rights Policy of Finland: Conscientious Objection to Military Service," Abo Akademi University, Institute for Human Rights.

Miles, Emily, 2000. A Conscientious Objector's Guide to the UN Human Rights System. Quaker United Nations Office. <http://www.wri-irg.org/pdf/co-guide-un.pdf>.

Stolwijk, Marc, 2008. The Right to Conscientious Objection in Europe: A Review of the Current Situation. Quaker Council for European Affairs.

US Department of State, "International Religious Freedom Report 2008 – Republic of Korea" (2008. 9. 19) <http://www.state.gov/g/drl/rls/irf/2008/108411.htm>.

병역법위헌 의견서^{*#}

이재승(건국대학교 법학전문대학원 교수)

I. 사건의 개요와 쟁점

1. 사건의 개요

피고인 안영호 외 10인은 여호와의 증인으로서 입영통지를 받고서 3일 이내에 입영하지 않아 병역법 제88조 제1항의 위반으로 기소되었다. 이에 춘천지방법원 등은 피고인들의 병역거부행위를 처벌하도록 규정한 병역법 제88조가 헌법 제10조(인간으로서 존엄과 가치), 헌법 제11조(평등원칙),[1] 헌법 제19조(양심의 자유), 헌법 제20조 제1항(종교의 자유), 헌법 제37조 제2항(기본권의 제한)에 위반된다고 판단하여 위헌법률심판을 제청하였다.

---

* 이 글은 원래 「양심적 병역거부를 처벌하는 병역법의 위헌심판사건 참고인 의견서」라는 제목으로 『민주법학』 45, 2011, 297~332쪽에 게재되었다(편집자 주).

\# 이 의견서는 춘천지방법원 등이 제청한 2008헌가22 병역법 제88조 제1항 제1호 위헌제청 등 사건과 관련하여 2010년 11월 11일 헌법재판소에서 열린 변론절차에서 참고인으로 진술한 이재승 교수가 작성하여 헌법재판소에 제출한 것이다. 이 사건의 변론절차는 헌법재판소 홈페이지("최근선고·변론사건"→"변론사건"→"변론동영상")에서 동영상으로 확인할 수 있다. <http://www.ccourt.go.kr/home/iframe/story bookinfo_view02.jsp?board_id=301&comm_id=M0004&media_id=45216999&pg=1&list_type=02&gubun=2> 최종검색일: 2013. 5. 15.

1 평등원칙위반은 대구지방법원 김천지원 2009고단882 병역법위반 사건 판결에서 제시된 위헌논거임.

2. 대상법률

제88조(이하 생략, 이 책 471~472쪽 참고, 편집자 주)

3. 사건의 쟁점

해당 병역법조항이 양심적 병역거부자를 처벌하는 근거가 되는 때에는 해당규정이 헌법 제10조(인간으로서 존엄과 가치, 행복추구권), 헌법 제11조(평등원칙), 헌법 제19조(양심의 자유), 헌법 제20조 제1항(종교의 자유) 또는 헌법 제37조 제2항(본질적 내용의 침해금지)을 위반하는지 여부이다.

II. 대상법률에 대한 위헌성 판단

가. 양심상의 이유로 병역을 거부하는 자를 처벌하는 법률은 대한민국 헌법상의 인간으로서 존엄과 가치(인격권) 또는 행복추구권(헌법 제10조), 양심의 자유(제19조), 종교의 자유(제20조 제1항)를 침해한다.

나. 위의 규정들이 구체적으로 양심적 병역거부권을 언급하고 있지 않더라도 양심적 병역거부권은 위의 권리들로부터 도출된다.

다. 헌법제정자가 양심적 병역거부권을 고려하지 않았다고 하더라도 인권의 발전상황을 반영하는 헌법의 개방적 성격을 고려할 때 양심적 병역거부권은 '열거되지 않은 이유로 경시될 수 없는 권리(제37조 제1항)'에 해당한다.

라. 병역법 해당규정들은 헌법 제37조 기본권의 제한원칙인 과잉처벌금지, 본질침해금지, 수단의 합목적성원칙 등을 위반한 것이다.

마. 양심적 병역거부권과 국가안보는 비교형량의 관계에 있지 않다. 국가안보는 양심적 병역거부권에 대한 제한사유가 아니다.[2]

바. 양심의 자유를 행사한 행위에 대하여 징역형을 가하는 것은 시

민적·정치적 권리에 관한 국제규약 제7조 잔인하고 굴욕적인 취급에 해당하고, 제18조 사상 양심 종교의 자유에 대한 위반이다. 양심의 자유를 행사한 자를 처벌하는 것은 자의적 처벌(구금)이며, 헌법과 국제법상 죄형법정주의 원칙에도 반한다.

III. 양심적 병역거부권에 대한 검토

1. 양심적 병역거부의 역사

1) 초기의 역사

양심적 병역거부는 서구헌법사, 서구인권사에서 시작되었습니다. 고금동서를 막론하고 전쟁에 반대하다 순교한 사례들은 있지만, 병역거부행위를 하나의 권리로서 선언한 그룹은 1640년대 영국의 수평파(퀘이커 교도)[3]입니다. 이들은 양심에 반해서 군복무를 강요당하지 않는다는 것을 입법권의 한계로 파악하고 〈인민협정(Agreement of People)〉에 새겨 넣었습니다.[4] 이러한 선언이 어엿한 법적인 권리로 제도화되는

---

2 시민적·정치적 권리에 관한 국제규약 제18조의 연혁을 통해 알 수 있다. 시민적·정치적 권리에 관한 국제규약 제18조 제3항은 국가안보를 사상 양심 종교의 자유의 제한사유로 인정하고 있지 않다. 여기에서 제시된 제한 사유는 '공공의 안전(public safety), 질서, 공중보건, 도덕 또는 타인의 기본적 권리와 자유' 등이다. 시민적·정치적 권리에 관한 국제규약 제4조는 비상사태(public emergency)에서 규약상의 권리를 제한할 수 있다고 규정하고 있다. 그러나 제한불가능한 권리(non-abrogable rights)로서 생명권의 보호(제6조), 고문 등의 금지(제7조), 노예 등의 금지(제8조 제1항, 제2항), 행위시법주의(제16조), 법 앞에서 인간으로서 인정(제17조), 사상 양심 종교의 자유(제18조)를 예시하고 있다.

3 퀘이커(quaker)라는 말은 '부들부들 떠는 자'를 의미하는데 이 단어가 종교적 독실함을 연상시킬 수 있지만, 원래 좋은 뜻이 아니었다. 주류종교가 이들에게 비합리적이고 광적인 이미지를 심기 위해 사용했던 것이다. 지배체제와 타협하지 않는 집단에 대해서는 이렇듯 이름부터 뒤틀어 놓은 것이 인류의 개념사이다.

4 수평파들은 청교도 혁명기에 세 차례에 걸쳐 그들의 정치강령인 〈인민협정〉을 채택하였다. 직접민주주의, 정치적·경제적 평등사회, 종교적 자유주의를 추구하였다. 이하의 내용은 1647년에 채택한 강령의 일부이다.
제4조.

데에는 세기적인 희생과 노력이 필요했습니다. 이들은 신앙의 자유를 찾아 아메리카 신대륙으로 떠났고, 가톨릭이나 주류 프로테스탄트와는 다른 제3의 평화교회를 형성하였습니다. 그 대표적인 인물이 펜실베이니아 주 명칭에 이름을 남긴 윌리암 펜(William Penn 1644~1718)입니다. 많은 평화교회들이 이들의 전례에 따라 병역을 거부하고 전쟁을 반대하는 것을 교리의 일부로 삼았습니다. 그들은 징병제가 없거나 국가권력이 느슨한 식민지에서 어느 정도 평화를 누릴 수 있었습니다.

한편 국가는 병역거부자들을 용납하지 않았습니다. 국가는 교양과 관용을 갖춘 신사들의 클럽이 아니라 대체로 지배적인 관념에 따라 국민을 통치했기 때문에 법의 이름으로 소수자들을 억압하였습니다. 국가는 종교적으로는 주류종교를 등에 업거나 이를 대변하였고, 세속적으로는 애국심이라는 시민종교[5]에 기대어 병역거부자를 배척하였습니다. 국가권력과 국민대중은 이들을 이단이라고 부르고, '비애국적'이라고 비난했습니다.[6] 양심적 병역거부의 중심이 종교적 차원에서 윤리

이 의회의 권력, 그리고 향후 영국민의 대표기관의 권력은 그들을 선출한 인민의 권력을 능가하지 못하며, 또한 인민의 동의 없이는 법을 제정하거나 변경하거나 철회하지 못하며, 공직이나 법원을 설치하거나 폐지하지 못하며, 온갖 유형의 치안판사나 공무원을 임명하거나 해임하거나 책임을 추궁할 수 없으며, 외국과 교섭할 수도 없으며, 인민이 대표에게 명시적으로 묵시적으로 유보하지 않는 사항에 대해서는 대표기관의 권한은 일반적으로 없다. 그것들은 다음과 같다.

① 종교의 문제, 신을 숭배하는 방식에 관해서라면 우리들은 이를 인간의 권력에 위임하지 않는다. 왜냐하면 우리의 양심상 신의 마음이라고 판단되는 것의 권위를 감축시키거나 능가하려는 시도는 죄를 짓는 것이기 때문이다. 그럼에도 불구하고 국민을 교육하는 공적인 방법은 국민의 재량에 맡겨지지만 강제적이어서는 안 된다.

② 우리 중 누구에 대해서도 전쟁에 복무하라고 강요하는 것은 우리의 자유에 반하는 것이다. 따라서 우리는 대표자들이 전쟁복무를 강요하는 것을 용납하지 않는다. … (이하 생략)

5 시민종교에 대한 언급은, 루소, 『사회계약론』, 제4부 제8장 참조.

6 유감스럽게도 지난 10여 년간 병역거부자에 대한 유죄관결에서 일부 법관들은 병역거부자를 도덕적 파탄자, 무임승차자, 윤리적으로 모순에 빠진 자로 규정하기도 하였다. 병역거부자에 대한 재판이 법적인 것이 아니라 '도덕적 심판'이나 '세속적 종교재판'의 양상을 띠었다. 그러나 자유국가에서 법관의 도덕적 발언과 암시에는

적, 정치적, 평화주의적, 세속적 차원으로 이동한 후에도 거부자들에 대한 비난과 박해는 계속되었습니다.

국가가 주류종파적 인식에서 벗어나는 것뿐만 아니라 종교적, 윤리적 세계관의 문제에서 진리를 독점할 수 없다는 이성필연적 사실을 인정하는 때에만 국가의 종교적 윤리적 세속화가 가능하게 되었습니다. 초기단계의 타협형식(modus vivendi)으로서 관용은 주류집단이 베푸는 은혜나 아량에 가까운 것이었습니다. 우리가 옳지만 저들의 확신이 치유불가능하기 때문에 사회의 평화를 위하여 용인하겠다는 의식이 관용의 본질이었습니다. 그것조차도 아쉽습니다. 사람들은 병역거부자들이 악마도 아니고, 적국의 첩자도 아니며, 오로지 양심이나 교리상의 이유로 집총을 할 수 없고, 형벌을 가해도 입장을 바꿀 수 없다는 점을 인정하게 되었습니다. 현실을 깨닫자 대안이 모색되었습니다. 일종의 은전(恩典)으로서 대체복무제도가 등장했습니다. 처음에는 군대 안에서 전투와 직접 관련 없는 업무분야에 종사하는 방식이었습니다. 또는 다른 사람을 대신 군대에 보내는 방식도 있었습니다. 이러한 제도는 그 불편함 때문에 군복무비용을 납부하는 형태로 변화하였습니다. 아메리카 식민지에서 1650년대에 처음 도입되어 오늘에 이르렀습니다. 대략 350년의 역사를 거쳐서 대체복무제는 문명국가의 합리적 관행으로 자리잡게 되었습니다.

2) 권리로서 양심적 병역거부

병역거부자는 평화주의 원칙에 따라 평화로운 생존을 택하는 사람들입니다. 신을 믿든 믿지 않든 인류의 일원으로서 사람들은 다양하게 평화를 추구합니다. 소극적인 방식으로 개인적 평화를 추구하기도 하고, 인류의 미래를 위하여 사적인 삶을 포기하고 **평화를 적극적으로** 추구하기도 합니다. 평화주의자들을 통상 국제법상 부정의한 전쟁을

일정한 한계가 있어야 하지 않을까 생각한다. 이는 종교적·도덕적 중립성이라는 헌법적 문제로 보인다.

거부하는 선별적 양심적 거부자(selective conscientious objector)와 온갖 전쟁과 국가적인 무력행사에 참여하는 것을 거부하는 보편적 양심적 거부자(universal conscientious objector)로 나눕니다.[7] 현실세계에서는 전자가 수용되는 경우는 드물고,[8] 양심적 병역거부자로 부르는 후자는 대체적으로 수용되고 있습니다. 그러나 우리나라에서는 어느 경우도 수용되고 있지 않습니다.

양심적 병역거부가 양심의 자유로서, 인권으로서 부각되어 왔지만 국제인도법의 관점에서도 대단히 중요한 의미를 지니고 있습니다. 양심적 병역거부가 권리로 강화된 배경도 바로 전쟁의 참상과 야만성입니다. 침략전쟁과 홀로코스트를 자행한 나치제국은 양심적 병역거부자들도 가혹하게 탄압하였습니다. 이때 여호와의 증인을 포함하여 수많은 평화주의자들을 처형하였습니다. 처벌근거는 전시특별법상 〈국방력파괴죄〉[9]라는 해괴한 죄목이었습니다. 따라서 전후 나치청산과정

---

7 이라크 전쟁과 관련한 선별적 양심적 거부자에 대한 논의는 이재승, 「군인의 전쟁 거부권」, 『민주법학』, 43, 2010, 185~224쪽.

8 독일군 파프 소령은 2003년 4월에 군사용 소프트웨어의 개발명령을 불법적인 이라크 전쟁과의 관련성을 이유로 거부하였다. 이에 군당국이 강등조치를 취하자 항소하였다. 파프는 연방군이 쿠웨이트에 주둔하는 점, 독일군이 공중경계관제체계(AWACS) 비행에 관여하는 점, 독일 내 미군기지를 보호감시하는 점, 이라크에서 전투 중인 미군의 영공 통과와 착륙을 지원한다는 점을 아울러 비판하였다. 소령은 이러한 행위들도 헌법과 국제법에 위반하는 것으로 간주하였다. 또한 나토협정이나 독일과 미국 간의 군사협정이 유엔헌장에 반하는 전쟁을 수행할 권한을 부여하지 않는다고 주장하였다. 연방행정법원은 소령의 직무위반행위를 증명할 수 없고, 복종의무 위반행위가 존재하지 않는다고 결정하였다. BVerwG 2 WD 12.04-Urteil vom 21. Juni 2005.

9 전시특별형사법(1938/8/17) 제5조 국방력파괴죄
① 다음 각 호에 해당하는 자는 국방력파괴죄로 사형에 처한다.
1. 독일군대 또는 동맹국군대에서 군복무이행을 거부하도록 공개적으로 촉구하거나 선동하거나 여타 독일민족 또는 동맹민족의 자주적 방위의지를 공개적으로 해치거나 파괴하려고 시도하는 자
2. 휴가 중인 병사 또는 복무의무자로 하여금 상급자에 대하여 불복종, 항명, 저항 또는 탈영 또는 무단이탈을 하도록 시도하거나 독일군대 또는 동맹국군대의 군기를 여타의 방법으로 해치려 시도하는 자
3. 자기 또는 타인에게 자상행위, 사기적 방법 여타 방법으로 병역의무의 이행을

에서 인도주의적 최저기준을 보장하는 장치로서 독일기본법에 〈인간의 존엄과 가치〉와 〈양심적 병역거부권〉과 같은 윤리적으로 비장한 원칙규범들이 도입되었습니다.

독일연방공화국(서독)이 출범하기 이전에 주 차원의 헌법에서도 당연히 양심적 병역거부권을 규정하였습니다.[10] 독일은 인류의 헌법사에서 처음으로 헌법(제4조 제3항)에 양심적 병역거부권을 규정하였습니다. 당시 의회의 회의록을 살피면, 평화주의자들에 대한 학살이 양심적 병역거부권의 도입근거임을 알 수 있습니다.[11] 양심적 병역거부권의 헌법적 인정은 전쟁과 학살에 대한 평화의 보증입니다. 양심적 병역거부권의 제도화 여부는 국가의 성격을 판단하는 중요한 근거가 되며, 그 국가의 인권수준을 가늠하는 지표라고 할 수 있습니다. 제2차 세계 대전

전부, 일부, 일시 면탈하려는 자

② 경미한 경우에는 징역형 또는 금고형에 처한다.

③ 사형 및 징역형 이외에 재산의 몰수도 허용된다.

10 헤센주헌법(1946) 제69조 ① 헤센 주 시민은 평화, 자유, 국제이해증진에 헌신한다. 전쟁을 경멸한다. 전쟁을 준비할 의도에서 취해진 모든 행위는 위헌적이다. 헤센 주 병역거부법(사민당초안 1948)

제1조: 공민은 군복무 또는 전쟁참여를 강요받지 않으며, 오히려 군복무와 전쟁참가를 거부할 권리를 보유한다.

제2조: 이러한 권리를 행사함으로써 그에게 어떠한 불이익도 가해져서는 안 된다.

바덴주헌법(1947) 제3조: 어느 누구도 병역의무를 강요받지 않는다. 바덴주의 시민은 군복무의 이행을 강요받지 않는다.

바덴/뷔르템베르크의 병역거부법(1948): 어느 누구도 병역을 강요받지 않는다.

바이에른 병역거부자처벌금지법(1947) 제1조: 국민은 군복무 또는 전쟁참여를 강요받지 않는다. 이러한 권리를 행사함으로 인하여 그에게 불이익이 가해져서는 안 된다.

베를린헌법(1950) 제21조 ② 누구나 불이익을 당함이 없이 병역거부의 권리를 보유한다.

인용은 Albert Krölls, Kriegsdienstverweigerung: Das unbequeme Grundrecht (Europäische Verlaganstalt, 1983), 20쪽 이하.

11 사회민주당 의원은 양심적 병역거부권 규정이 메노파, 여호와의 증인, 여타 종파의 병역거부자들을 염두에 두었다는 점을 밝히고 있다. 17. Sitzung des Hauptausschusses vom 3. Dezember 1948, Protokoll S. 209, abgedrückt in Lutz, Krieg und Frieden als Rechtsfrage im Parlamentarischen Rat 1948/49, 1982, 82쪽.

에서 연합국 진영을 이끌며 독일에 맞섰던 미국은 민간공공근무(civilian public service)를 시행하였습니다.[12] 민간공공근무 때문에 미국이 승리했다고 주장하면 논리적 비약이라고 하겠지만 미국이 최종적으로 승리한 원인 중의 하나는 바로 이와 같은 도덕적 우위였다고 생각합니다.

3) 국제인권으로서의 양심적 병역거부

국제법적 논의는 헌법 해석과 관련해서 중요한 의미를 갖고 있습니다. 한국이 국제사회의 책임 있는 일원이라는 점이 중요합니다. 한국인이 강대국이나 외세 등 국제사회에 대하여 불신과 적대감을 가질 이유가 참으로 많습니다. 한국 현대사는 일제 강점기, 해방, 민족분단, 동족상쟁을 겪었습니다. 그러나 이러한 악조건하에서도 정치, 경제, 사회, 문화적으로 눈부시게 성장하였습니다. 졸렬한 표현이지만, 해방 직후 볼품없는 국가군에 속했다가 현재는 잘나가는 국가군에 속합니다. 현재 진행 중인 G20 정상회의도 하나의 방증입니다.[13] 국제연합의 사무총장과 국제형사재판소(ICC)의 소장을 한국인이 맡게 된 것도 국제사회에서 한국의 성장을 의미합니다. 그러나 양심적 병역거부 문제와 관련해 우리는 국제연합의 회원국으로서, 국제사회의 구성원으로서 책임을 다하고 있는지 진지하게 자문해야 합니다.

국제사회에서 양심적 병역거부가 본격적으로 논의된 것은 1980년대입니다. 물론 시민적·정치적 권리에 관한 국제규약(이하 자유권규약)은 양심적 병역거부권을 규정하고 있지 않습니다. 초안 작성 과정에서 논

---

12 미국에서 병역거부자들은 1941년부터 1947년까지 대략 1만 2000명 정도가 152개의 민간공공근무 캠프에서 국가적으로 중요한 업무에 관여하였다.

13 터키의 EU가입과 관련한 협상조건 중 양심적 병역거부권에 관한 부분이 흥미롭다. EU측은 양심적 병역거부권은 EU헌장상의 기본권이므로, 터키는 병역거부권을 인정하고, 대체복무제를 도입하라는 것이다. 또한 터키 군사법원이 양심적 병역거부에 관한 유럽인권법원의 관련결정을 명백히 따르지 않는 것에 대해 우려를 표하고, 양심적 병역거부자를 지지했던 언론인에 소송을 제기하는 것에 대해 우려를 표명하고 있다(Democracy and rule of law. para 37). <http://www.europarl. europa.eu/sides/getDoc.do?language=EN&reference=A6-2006-0269&type=REPORT>, 최종검색일: 2010. 10. 21.

의는 있었지만 최종적으로 상정되기 전에 삭제되었습니다.[14] 이러한 정황을 양심적 병역거부권에 대한 불리한 논거로 제시하는 경우가 있습니다. 이를 원의주의(originalism)이라고 할 수 있는데, 이에 대해 세 가지 반론을 펼칩니다.

첫째로, 규약에서 삭제했다는 사실로부터 초안자들이 양심적 병역거부를 배제하였다는 해석을 확정적으로 끌어낼 수 없습니다. 그것은 논란의 여지를 최소화하기 위한 포석으로 해석할 수 있습니다. 따라서 그 문구가 들어가지 않았다는 점만 확인할 수 있습니다.

둘째로, 설혹 초안 작성자들이 양심적 병역거부권을 배제하려고 했다고 할지라도 현재 우리가 그러한 입장에 구속되어야 할 이유가 없습니다. 국제인권법은 제2차 세계 대전 이후에 본격적으로 발전하였습니다. 지금도 국제인권법은 급속도로 발전하는 중입니다. 1966년의 의사는 낡은 것이라고 해도 좋습니다. 또한 당시 배제하려고 했다 할지라도 인권규약은 의미상 최저기준(minimum standard)인 것입니다. 규약당사국들은 규약이 정한 규범보다 더 많은 것을 실행해야 합니다.

셋째로, 국제인권규약의 의미를 해석하고, 발전상황을 파악하기 위해서는 유엔인권이사회(UN Commission on Human Rights, 현재에는 Human Rights Council)나 시민적·정치적권리위원회(이하 자유권규약위원회 Human Rights Committee)의 결의를 주목해야 합니다. 양심적 병역거부권도 이러한 위원회의 활동을 통해서 질적인 비약을 이루고 있습니다.[15] 핵심적인 것은 양심적 병역거부권은 자유권규약 제18조로부터 추론된다는 것입니다.[16] 양심적 병역거부권에 대해서 1987년 유엔인권이사회는 제

---

14 Major, Marie-France, "Conscientious Objection and International law: A Human Right?", Case Western Reserve Journal of International Law, vol. 23(1992), 357쪽.
15 이에 관한 개괄적인 소개와 검토는 장복희, 「양심적 병역거부에 대한 국제법, 국가관행 및 국내적 실천」, 이석우(편), 『양심적 병역거부』, 2005, 87쪽 이하.
16 자유권규약위원회의 일반논평 제22호(1993/7/30)
   para.11 "…… 동 규약은 양심적 병역거부권을 명확히 언급하고 있지 않지만, 본 위원회는 살상용 무기를 사용해야 할 의무는 양심의 자유와 종교나 신앙을 공표할 권리와 심각한 충돌을 일으킬 수 있으므로, 그러한 권리가 제18조에서 파생될 수 있

46호 결의를 통해 각 국가에게 종교적, 윤리적, 도덕적 또는 이와 유사한 동기에서 발생하는 심오한 신념에 기초한 양심적 병역거부권을 인정하라고 권고하였습니다.[17] 이후 네 차례에 걸친 결의에서 자유권규약 제18조를 양심적 병역거부권의 근거로 확립하였습니다. 유엔인권이사회의 결의 중에서 가장 중요한 것은 1998년 제77호 결의로서 양심적 병역거부권의 〈마그나 카르타〉로 불립니다.[18] 또한 양심적 병역거부로 인한 처벌 우려는 난민지위를 인정하는 기준이 되었습니다.[19] 자유권규약이 명시적으로 '양심적 병역거부권'을 규정하지 않았지만, 인권규약의 운용이나 이행에 권위를 가진 기구인 인권이사회나 자유권규약위원회의 결정과 결의는 규약해석과 적용에서 결정적 기준이라고 보지 않을 수 없습니다.[20]

다고 믿는다. 이 권리가 법률이나 관행으로 인정될 경우, 특정 신앙의 성격에 근거한 양심적 병역거부자에 대한 차별이 있어서는 안 된다.……" 인용은 시민적·정치적 권리위원회/고문방지위원회, 유엔인권조약감시기구의 일반논평 및 일반권고(국가인권위원회, 2006), 64~65쪽: 인권이사회의 입장은 UN Commission on Human Rights, Conscientious objection to military service. 8 March 1995, E/CN.4/RES/1995/83, available at: 〈http://www.unhcr.org/refworld/docid/3b00f0d220.html〉, 최종검색일: 2010. 10. 22 참조.

17 Human Rights Commission res. 1987/46, 43 UN ESCOR, Supp. (No. 5) 108, UN Doc. E/CN.4/1987/60 (1987).

18 유엔인권이사회(UN Commission on Human Rights) 제77호 결의는 다음과 같다.
① 양심적 병역거부권은 종교적, 도덕적, 윤리적, 인도주의적 또는 이와 유사한 동기에서 발생하는 심오한 신념 또는 양심에서 유래하는 것으로서, 이미 군복무를 하고 있는 사람도 양심적 병역거부권이 있다.
② 양심적 병역거부권을 보장하는 제도가 없는 국가는 양심적 병역거부자의 신념을 차별하여서는 아니 되며, 양심적 병역거부가 특정한 사안에서 타당한지 여부를 결정할 임무를 맡을 독립적이고 공정한 의사결정기관을 마련하여야 한다.

19 유엔난민고등판무관실의 〈난민지위에 관한 핸드북〉(UNHCR, Handbook on Procedures and Criteria for Determining Refugee Status under the 1951 Convention and the 1967 Protocol relating to the Status of Refugees, 1992)은 제170조에 양심적 거부자, 제171조에 선택적 거부자를 규정하고 있다. 난민지위 인정에 대한 각국의 상황에 대해서는 Musalo, Karen, "Conscientious Objection as a Basis for Refugee Status: Protection for the Fundamental Right of Freedom of Thought, Conscience and Religion", Refugee Survey Quarterly, vol. 26, No. 2(2007), 69쪽 이하.

양심적 병역거부권의 본질, 국제인권으로서의 의미, 제도화 방안에 대한 논란은 국제법의 영역에서 이제 찾아볼 수 없습니다. 논의가 사실상 마무리되었다고 할 수 있습니다. 떠오르는 권리가 아니라 완성된 권리에 해당합니다. 국제사회가 현재 하는 일은 양심적 병역거부자들이 제출하는 청원에 대한 결정과 권고조치를 해당국가가 제대로 실현하고 있는지를 모니터하는 것입니다. 한국은 국제사회의 불편한 눈길을 독점하고 있습니다. 병역거부자의 절대다수가 바로 한국의 감옥에 있기 때문입니다. 해방 이후부터 1만 5000여 명을 처벌하였으니 범죄통계상 사기, 폭력, 절도, 도로교통법위반 사범 이외에 이렇게 많이 처벌한 죄목을 찾을 수 있겠습니까! 한국의 경이적인 경제발전, 열광적인 정치민주화에도 불구하고 양심적 병역거부자에 대한 집요한 처벌관행은 아마도 국제사회의 법인류학적 연구대상이라고 해야 하겠습니다. 놀라운 발전에도 불구하고 양심적 병역거부자에 대한 지극히 낮은 관용지수는 아마도 6.25전쟁의 트라우마가 아닐까 생각합니다.[21] 이런 측면에서 보자면 양심적 병역거부권의 인정은 한국전쟁의 트라우마를 집단적으로 치유하는 작업의 일부라고 봅니다.

2. 헌법상의 권리로서 양심적 병역거부권

1) 양심적 병역거부권은 헌법에 규정되어 있어야만 권리인가?

양심적 병역거부를 헌법에서 도출할 수 있는가의 문제와 관련해서 과거 헌법학계를 대변했던 허영 교수는 병역거부권이 헌법에 명문으로 규정되어 있지 않는 한, 양심의 자유와 병역의무를 규범조화적으로[22] 해석하였을 때 병역거부권은 인정되지 않는다고 하였고, 권영성

---

20 특히 개인통보절차를 정한 자유권규약 선택의정서는 구체적인 인권구제기구로서 역할을 분명히 하고 있다.

21 양심적 병역거부자에 대한 관용정도의 국제적 비교에서 우리나라는 최하위권을 형성하고 있다. 민준규, 「양심적 병역거부의 종교경제학」, 서울대학교 사회과학원 (주최), 『양심적 병역거부자 어떻게 할 것인가』(2008. 10. 28), 90쪽.

22 2002년 1월 29일에 서울지방법원 남부지원의 위헌제청결정은 규범조화적 해석의

교수도 명문의 규정이 없는 한 병역거부권은 인정되지 않는다고 하였습니다.[23] 이러한 입장은 지난 2004년 병역법위반사건에서 헌법재판소가 취한 결론적 전제이기도 합니다. 그러나 헌법에 명문의 규정이 없는 한 병역거부권이 인정되지 않는다는 추론은 논리적으로 확정적이지 않습니다.

추상적 선언에 가까운 권리의 아이디어는 구체적인 상황에서 변형되고, 심화됨으로써 비로소 새로운 권리로 등장합니다. 이런 식으로 수없이 많은 권리들이 등장했습니다. 헌법재판소는 바로 새로운 권리들의 산실입니다. 명문의 규정이 없기 때문에 권리가 인정되지 않는다는 입장은 헌법재판의 실제에도 부합하지 않습니다.[24] 통계적으로 볼 때에도 병역거부권을 헌법에 규정하는 국가가 이례적입니다. 전쟁과 군정, 군대의 가혹행위, 학살 등의 경험을 갖고 있는 독일, 스페인, 남미나 동구권의 일부국가, 구소련연방 소속 국가들이 국가폭력을 청산

가능성을 보여주었다. "자기의 사상이나 양심 또는 종교적 교리를 이유로 병역의무의 이행을 거부하는 이른바 양심적, 종교적 병역거부자들의 경우에는 헌법상 기본적 의무로 되어 있는 병역의 의무와 자유민주적 기본질서의 핵심적 기본권인 사상, 양심의 자유 및 종교의 자유 사이에 충돌이 일어나게 되어, 그 양자의 본질적 내용을 훼손하지 않는 범위 내에서 양자를 적절히 조화, 병존시킬 필요가 있다. 그러나 우리나라의 현행 병역법은 이와 같은 양심적, 종교적 병역거부자에 대하여 아무런 언급이 없이 이를 일반 국민과 동일하게 취급하고 있으며, 병역법 제88조(입영의 기피) 제1항 제1호에서는 현역입영을 거부하는 자를 처벌하는 규정을 두면서도 양심적, 종교적 병역거부자에 대한 아무런 예외적 조치를 규정하지 않고 있다. 이와 같은 현역입영거부자 처벌규정이 양심적, 종교적 병역거부자에게 아무런 제한 없이 그대로 적용된다면 결국에는 병역의 의무와 사상, 양심, 종교의 기본권이 상호 적절히 조화, 병존되어 그 어느 쪽도 본질적 내용까지는 침해되지 않아야 할 양심적, 종교적 병역거부자들에 대하여 병역의 의무만을 완전히 이행시키는 대신 사상과 양심의 자유 및 종교의 자유는 심각하게 침해하는 결과가 된다..."(2002초기54 위헌제청신청)

23 허영, 『한국헌법론』, 박영사, 2004, 384쪽; 권영성, 『헌법학원론』, 법문사, 2000, 456쪽.

24 행정수도이전법과 관련해서 '관습헌법'은 헌법에 전혀 없는 개념이다. 신행정수도의건설을위한특별조치법위헌확인 헌재 2004. 10. 21, 선고 2004헌마554 결정, 『판례집』 16-2 하, 1쪽 이하.

하고 인권을 강화하려는 차원에서 〈제복 입은 시민(citizen in uniform)〉이라는 군인독트린을 수립하고 병역거부권도 헌법에 도입하고 있습니다.[25] 헌법적 규정 여부로 권리의 존재여부를 결정할 것이 아닙니다. 군사독재와 학정의 체험을 거친 나라들이 양심적 병역거부권을 헌법적 권리로 확립한 배경에 대한 통찰을 역사적으로 가져와야 합니다.

헌법 구조에서는 한국과 유사한 콜롬비아에서 헌법재판소가 병역거부권을 인정하였다는 점은 참고할 만합니다.

콜롬비아 헌법 제18조

양심의 자유는 보장된다. 어느 누구도 자신의 확신 또는 신념 때문에 강제당하지 않으며, 자신의 확신이나 신념의 표출을 강요받지 않으며, 또는 자신의 신념에 반하는 행동을 강요받지 않는다.

콜롬비아 헌법 제216조

공적인 무력은 군대와 국가경찰로만 구성된다.

국가의 독립과 공공제도를 수호하기 위하여 공공의 필요가 명령한 때에는 모든 콜롬비아 국민은 무기를 들어야 할 의무가 있다.

군복무의 면제와 복무혜택에 관한 상세한 조건들은 법률로 정한다.[26]

1991년 콜롬비아의 헌법은 이와 같이 병역의무를 규정하고, 동시에 양심의 자유를 규정하고 있습니다. 병역법에 관한 문제도 우리와 비슷합니다. 콜롬비아에서 병역거부자들은 양심의 자유를 양심적 병역거부권의 근거로 주장하였지만 이들은 처벌을 면하지 못했습니다. 그러나 2009년 10월 14일 헌법재판소는 이러한 헌법규정 사이에서 마침내 양심적 병역거부권을 인정하였습니다. 헌법재판소는 병역법이 천부적

---

25 진석용의 조사에 따르면, 2008년 현재 12개국 정도가 병역거부권에 대한 헌법적 규정을 두고 있다. 「양심적 병역거부'의 현황과 법리」, 『양심적 병역거부자 어떻게 할 것인가』(2008. 10. 28.) 이 책 154쪽 이하 참조.
26 Text of the Constitution of Colombia(1991), <http://confinder.richmond.edu/admin/docs/colombia_const2.pdf>, 최종검색일: 2010. 10. 26.

인 권리인 양심적 병역거부권을 침해하였다고 판단하고, 개별적인 심사를 거쳐 병역거부자의 결정이 깊고, 확고하고, 진실한 점이 확인된 때에는 거부자는 군복무면제를 요청할 권리가 있다고 판결하였습니다.[27]

우리헌법의 제정자나 개정자로서 국민이나 기초자들이 병역거부권을 염두에 두고 헌법을 작성했다고 보기 어렵습니다. 헌법제정자나 개정자가 병역거부권에 대하여 어떠한 생각을 가졌는가도 헌법해석에서 중요한 의미를 가질 수 있습니다. 그러나 이러한 입법자, 실제로 헌법 기초자의 의도에 대한 발생사적 탐색은 연구의 자료가 될지언정 헌법해석의 최종목표는 아닙니다. 헌법은 헌법을 제정하거나 기초한 개인들의 의사를 탐색하고 실현시키는 것이 아니라 객관적이고 역사적 발전을 고려해야 합니다. 제정이나 개정은 과거의 역사적 사건입니다. 현실은 그 후에도 생명체처럼 발전하여 왔습니다. 헌법해석자나 헌법 실현자들은 현실의 발전 속도를 앞질러 선지자의 사명을 수행해야 할 때도 있지만 너무 지체되어서는 안 될 것입니다. 지난 60여 년은 참으로 험난한 세월이었습니다.

실제로 헌법제정자나 개정자, 기초자들도 헌법을 자폐적인 구조로 만들거나 영구동토로서 헌법의 제국을 건설하지도 않았습니다. 스스로 영구불변이라고 선언한 헌법이 오히려 바보들의 합창처럼 보입니다. 헌법은 역사적으로 발전되기 마련입니다. 그래서 헌법은 도처에 안정화 장치 또는 틈입구를 두고 있습니다. 헌법은 역사의 발전과 새로운 사회적 가치에 개방적인 태도를 취하고 있습니다. 양심적 병역거부권은 헌법에 명문으로 규정되어 있지 않더라도 일련의 기본권들을 구체화한 것이고, 그 파생물이라고 생각합니다. 헌법제정자가 병역거부권을 고려하지 않았다는 대목을 부각시켜 양심적 병역거부권을 부

---

27 Colombia: Constitutional Court recognizes conscientious objection, <http://wri-irg.org/node/9188>, 최종검색일: 2010. 10. 26; "Court: Conscientious objection is constitutional", <http://colombiareports.com/colombia-news/news/11783-court-conscientious-objection-military-service.html>, 최종검색일: 2010. 10. 26.

정한다면, 헌법의 발전과 새로운 헌법해석을 불가능하게 하는 자승자박이 됩니다. 더구나 헌법제정자를 추상적 주체로 인격화하여 그 의사를 탐색한다는 것은 본질주의적이고, 형이상학적입니다. 오히려 헌법해석은 역사적 발전 속에서 시대적 대의를 구현해야 합니다. 물론 어떠한 권리가 헌법조문에 규정되어 있는지 여부는 그 권리의 존재에 대한 확정적 근거가 아닙니다.

2) 병역법 해당조항의 위헌성

(1) 병역법 해당조항은 인간으로서 존엄과 가치
그리고 행복추구권을 침해합니다(헌법 제10조).

〈인간으로서 존엄과 가치〉[28]는 입법사적으로 독일의 기본법 제1조, 행복추구권은 미국의 독립선언에 나타났습니다. 양심적 병역거부와 관련해서 인간으로서 존엄과 가치는 특히 중요한 의미를 가지고 있습니다. 이 조항은 국가의 목적조항이자 헌법질서의 핵으로 간주되고 있으며, 기본권 중 최고규정입니다. 따라서 인간의 존엄과 가치는 입법 사법 행정 등 국가권력을 기속합니다.

인간으로서 존엄과 가치나 행복추구권의 철학적 또는 법률적 의미에 대해서는 논란이 있으나 기본적으로 반전체주의적입니다. 물론 이러한 권리가 무제약적으로 고삐 풀린 자유의 근거는 아닙니다. 국방부의 반론이나 기존의 판결에서 보는 것처럼 이러한 권리의 주체는 국민전체와 같은 집합체나 총합의 맥락에서 사용될 수 없으며, 오로지 개별적 맥락으로만 사용가능합니다. 인간으로서의 존엄과 가치를 전체의 권리로서 사용하고자 한다면 이 규정의 도입목적에 배반됩니다. 인간으로서 존엄과 가치는 '개인'으로서의 존엄과 가치이며, 마찬가지로 '개인'의 행복추구권을 의미합니다.[29] 국민전체의 존엄과 가치나 국민

---

28 '인간의 자유와 존엄'이라는 표현은 1937년 아일랜드 공화국 헌법전문에 처음으로 등장하였다.

29 행복추구권의 발생사와 발전사를 감안하여 다양한 해석가능성에 대해서는 자유주의적 입장, 공화주의적 입장, 복지평등적 입장으로 이해할 수 있다. 이재승, 「행복

전체의 행복추구권과 같은 전체주의적 해석은 불가능합니다. 인간으로서 존엄과 가치는 구체적으로는 주체성(자기결정성), 정체성, 인격성(인간성)을 의미합니다.[30] 양심적 병역거부자를 처벌하는 것은 이러한 의미에서 인격권을 침해하는 조치입니다.

독일헌법에서 인간의 존엄과 가치는 홀로코스트와 관련하여 인간 자체를 보호하려는 극한적 규범으로서의 성격이 강조됩니다. 이른바 집단살해(genocide) 앞에서 인간을 보호하려는 동기가 강하게 작동합니다. 그런 의미에서 인간의 존엄과 가치를 〈육전의 법과 관습에 관한 헤이그협약(1899/1907)〉 전문에 나타난 마르텐스 조항(Martens Clause)[31]과 연결 지은 것은 당연합니다.[32] 인간주체의 말살을 방지하고 인간을 인권친화적으로 보호하려는 규범입니다. 인도에 반한 범죄(crimes against humanity)가 그것입니다. 양심적 병역거부는 고유한 인격적 결정입니다. 양심적 결정에 대하여 형사처벌을 가하는 것은 그 자체로 부당한 자의

추구권의 기원과 본질」, 『민주법학』 38, 2008; Grodin, Joseph R., "Rediscovering the State Constitutional Right to Happiness and Safety", Hastings Constitutional Law Quarterly, vol. 25(1997).

30 김선택은 협의의 인격권 또는 존엄권을 인간성(인격성), 주체성, 정체성(고유성), 통일성(온전성)으로 분류하여 해명하고 있다. 김선택, 「헌법상 인격권의 보장체계와 보호법익: 헌법재판소 판례를 중심으로」, 『헌법논총』 19(헌법재판소, 2008), 498쪽 이하; 인격권은 다른 한편 소수자들의 인격적 집단적 정체성 보호와도 밀접하게 연결됩니다. Podlech, Adalbert, "Art.1 Abs. 1", Baumlin,Richard(ed.), Grundgesetz Alternativkommentar(Luchterhand, 1984), 문단번호 38.

31 「육전의 법과 관습에 관한 헤이그협약」(1899) 전문에 있는 다음의 문구를 의미한다.
"협약당사국들은, 전쟁법에 관한 보다 완전한 법전이 성립될 때까지 당사국들이 채택한 법전이 규율하지 않는 사안들에서 민간인과 전투요원이 문명국들 간의 확립된 관행, 인도주의적 법, 그리고 공공양심의 요청으로부터 귀결되는 국제법의 제원칙의 보호와 통제 아래 있다고 선언하는 것이 합당하다고 생각한다." 이 내용은 1907년 헤이그 제4협약에서 수정되어 나타난다. 마르텐스 조항의 의미에 대해서는 Meron, Theodor, "The Martens Clause, Principles of Humanity, and Dictates of Public Conscience", American Journal of International Law, vol. 94(2000), 78쪽 이하.

32 Maunz-Durig, "Art.1, Abs.1",Grundgesetz Kommentar(C. H. Beck, 2005), 문단번호 2.

적인 처벌(arbitrary detention)[33]이며, 처벌을 통해서 양심적 결정의 변화와 전향을 의도하기 때문에 잔인하고, 비인도적이며 굴욕적인 처우(cruel, inhuman or degrading treatment)에 해당합니다(자유권규약 제7조).[34] 그것은 바로 인격권의 본질을 침해합니다. 양심적 병역거부는 국제인도법, 국제인권법, 인간 존엄의 중복지대입니다.

한편 인격권은 칸트적인 맥락에서 접근해 볼 수 있습니다. 인간을 목적 자체로 대우하라는 인간목적원칙(Mensch-Zweck-Formel)과 윤리적 자율성을 갖춘 주체로서 인격성원칙이 주목됩니다.[35] 양심적 병역거부자를 처벌하는 것은 타자의 생명을 무력충돌의 상황에서도 박탈하지 않겠다는 주체적 결정권을 부정하고, 삶과 죽음에 대해 종교적으로 윤리적으로 확립된 세계관을 가진 개인들의 정체성을 부정하는 것이고, 생사와 관련한 중대한 사안에서 개인을 국가의 권위적인 명령의 객체

---

33 UN Working Group on Arbitrary Detention Opinion No.16/2008(Turkey) of May 2008. 인용은 Conscientious Objection to military Service, A/HRC/14/NGO/1 General Assembly, <http://www.quno.org/geneva/pdf/humanrights/CO/HRC14CO writtenstatement.pdf>.

34 유럽인권재판소는 병역거부자 월케에 대한 터키당국의 구금을 유럽인권협약 제3조의 고문 또는 굴욕적 처우 금지의 문제로 접근하였다. CASE OF ULKE v. TURKEY(Application no. 39437/98) para. 55 이하. 인용은 <http://www.wri-irg.org/node/615>, 최종검색일: 2010. 10. 24.

35 인간존엄을 침해하는 기준으로서 객체설(Objektformel)을 주장한 빈트리히(Wintrich)에 따르면 "공동체는 상호협력을 통하여 공동체의 선을 실현하는 자유롭고 자주적인 인격체들(Personen)로 구성되었기 때문에 인간은 공동체와 법질서 안에서 항상 목적 자체(Zwck an sich selbst-Kant)로 머물러야 하며, 결코 집합체의 수단으로, 어떤 절차의 단순한 도구나 권리 없는 객체로 격하되어서는 안 된다." 인용은 Maunz-Durig, Grundgesetz: Kommentar(2005), Art.1 Abs.1, 문단번호 33, 주 8.
*칸트는 이미 상비군제도가 인격권을 침해한다고 규정함과 동시에 병역을 거부할 권리도 기초했다. 그의 주장은 다음과 같다. "사람을 죽이도록 혹은 사람에게 죽음을 당하도록 고용된다는 것은 인간을 (타국의) 손에 놀아나는 단순한 기계나 도구로 간주하는 것과 같다. 이것은 인격체로서의 인간의 권리에 합치하는 것일 수 없다. 그러나 국민들이 외적에 대항할 자구책의 일환으로 정기적이고 자발적으로 훈련에 임하는 것은 문제가 전혀 다르다." 칸트 지음, 이한구 옮김, 『영원한 평화를 위하여』, 서광사, 1992, 16쪽 이하.

로 전락시키는 것이므로 인격권의 본질을 침해합니다.

우리 헌법재판소도 인간으로서 존엄과 가치라는 큰 원리 아래서 '일반적인 행동자유권', '개성의 자유로운 발현권', '자기결정권',[36] '인격권'[37]을 발전시켰습니다. 이러한 발전은 독일의 기본법 제2조의 맥락까지 포함한 것입니다. 이러한 구체적인 권리 속에서 양심적 병역거부권은 중첩적으로 해명됩니다. 양심적 병역거부권이 포괄적으로 인간의 존엄과 가치로부터 파생한다는 주장을 독일에서도 찾을 수 있습니다. 전쟁과 관련된 국가적 (살인)명령이 필연적으로 수반되지 않는다고 하더라도 명령수령인이 국가 안에서 "순전한 객체로" 전락하기 때문에 병역거부권이 기본법 제1조(인간의 존엄과 가치)로부터 추론될 수 있다고 합니다.[38]

(2) 병역법 해당규정은 양심의 자유와 종교의 자유를 침해합니다 (헌법 제19조 및 제20조).

우리 헌법은 양심의 자유와 종교의 자유를 별도로 규정하고 있습니다. 자유권규약 제18조는 사상, 양심, 종교를 동시에 규정하고 있습니다. 선택과 배제의 문제가 아니라 기본권 영역의 적절한 획정의 문제입니다. 양심적 병역거부권은 중첩적으로 보호되며, 양심적 병역거부권은 사상 양심 종교의 자유의 구체화라고 봅니다. 종래 법원은 양심의 자유에 병역거부권이 포함되지 않는다고 보았습니다. 그러나 병역거부권은 양심의 자유로부터 추론할 수 있습니다. 헌법재판소에 따르면 "헌법상 보장되는 양심은 어떤 일의 옳고 그름을 판단함에 있어서 그렇게 행동하지 아니하고는 자신의 인격적인 존재가치가 허물어지고 말 것이라는 강력하고 진지한 마음의 소리로서 절박하고 구체적인 양심"[39]입니다. 이러한 개념 표준에 비추어보면, 양심적인 판단은 취미판

---

36 헌재 2005. 4. 28. 선고 2004헌바65 결정, 『판례집』 17-1, 528쪽 이하.

37 헌재 1990. 9. 10. 선고 89헌마82 결정, 『판례집』 2, 306쪽 이하.

38 Zippelius, R.,Bonner Kommentarzum GG, Art.4 문단번호 4; Brunn, Bernd, "Art. 4 Ⅲ", Umbach/Clemens, Grundgesetz(Muller, 2002), 문단번호 99.

단도 아니고 실용적인 기술판단도 아니고, 우연히 불꽃처럼 떠오르는 착상도 아닙니다. 윤리적 중요성을 가진 문제영역에서 진지하고 일관된 선악의 판단을 의미하며, 고유한 윤리적 실천행위를 내포합니다. 이러한 양심의 주체는 개인입니다. 철학적으로 정치적으로 법률적으로 윤리적으로 이상화된 탁월한 인간상이 아니라 존재의 한계 안에서 자신의 전 존재를 걸고 결단하는 구체적 인간들입니다. 구체적인 인간들의 구체적 판단에 대하여 양심의 자유를 인정합니다.

실정법에 일치하는 양심만이 양심이라면 양심의 자유는 처음부터 불필요한 수사가 될 것입니다. 역사와 규범의 발전은 바로 정지할 것입니다. 양심적 행위는 일응 실정법에 위반된다고 할지라도 역사적 우여곡절을 통해 정당화됩니다. 처음부터 불법적이라는 이유로 양심의 범주에서 배제될 판단은 없습니다. 오히려 헌법적 질서의 윤리성에 맞서 양심적 결정의 윤리성이 대결하는 형국입니다.

양심의 자유는 내부영역과 외부영역으로 나누고, 내부영역에 있을 때에는 무제한으로 보호되고, 외부에 표현되었을 때에는 공익을 위하여 제한할 수 있다는 주장은 매우 상식적이지만 불철저한 논증입니다. 내면에 머물면 보호하고, 외화되면 규제한다는 주장은 인간이 어떤 의무를 육체만으로 이행할 수 있다는 식의 특이한 유체분리현상을 연상시킵니다.[40] 내부영역과 외부영역을 그처럼 간단히 나누는 것은 잘못입니다. 내부에 있는 것은 사물논리상 제한할 수도 없습니다. 그것은

---

39 헌재 2004. 8. 26. 선고 2002헌가1 결정, 병역법 제88조 제1항 제1호 위헌제청, 『판례집』 16-2 상, 141쪽.

40 헌재는 2004. 8. 26. 선고 2002헌가1 결정에서 "바꾸어 말하면 이 규정(병역법 제88조)이 청구인에게 외형적인 복종을 요구할 뿐 청구인에게 그 양심의 소리를 포기하도록 강요하거나 복종의 당위성에 관한 내적 확신까지 강요한 것이 아니기 때문이다. 그러므로 양심의 자유의 본질을 침해한다고 할 수 없고 따라서 이를 위헌이라고 할 수 없다."고 하였다. 그런데 의무는 육체에만 부과되지 않는다. 의무는 마음에 대한 힘이다. 따라서 헌재의 이러한 결정은 바로 인간을 객체로 전락시키고 있는 단적인 표현이다. 법적인 의무가 육체에만 부과된다는 논리는 틀렸다는 점을 라드브루흐는 충분하게 논증하였다. Radbruch, G.,Rechtsphilosophie (Stuttgart, 1973), 131쪽.

본디 법의 영역이 아닙니다.[41] 반면 그것이 외부에 표현되었을 때 제한할 수 있다는 도그마는 양심의 자유를 전면적으로 부정하는 것과 같습니다.

양심의 자유는 '양심을 가질 수 있는 자유뿐만 아니라 양심이 무조건적으로 구속적인 의무로 체험하는 명령에 반하는 행동을 강제당하지 않을 자유'를 포함합니다. 우리나라와 독일의 판례나 이론도 동일합니다.[42] 여기에서 "양심에 반하는 행동을 강제당하지 않을 자유"의 대표적인 예가 양심적 병역거부입니다.[43] 독일학자들도 양심적 병역거부권이 양심의 자유로부터 추론된다고 합니다.[44] 양심적 병역거부권(기본법 제4조 제3항)은 양심·종교의 자유(제1항과 제2항)의 재확인이라고 해석합니다. 불행한 역사적 체험 때문에 이를 헌법에 명문으로 규정했을 뿐이라는 것입니다. 자유권규약상 양심의 자유를 둘러싼 논의도 구조적으로 유사합니다.

다음은 종교의 자유로서 양심적 병역거부권을 검토하겠습니다. 종교의 자유에서 말하는 종교가 유신론적인 태도만을 지칭하는가 아니면 일반적인 세계관이나 역사관, 인생관까지 포함하는가에 따라 논의는 확장될 수 있습니다. 또한 기존의 제도적인 종교나 교회나 사원을 넘어서는 종교적 지향점도 가능합니다. 결국 양심의 자유, 종교의 자유, 사상의 자유가 엄밀한 독자적 적용영역을 갖는다고 보기 어렵습니

---

41 영화 〈마이너리티 리포트〉는 아직 발현되지 않는 유전형질과 양심도 미래에는 통제되고 처벌될 수 있을 것처럼 묘사하고 있다.

42 헌재 1991. 4. 1. 선고 89헌마160 결정, 『판례집』 3, 149쪽 이하; BVerfGE 78, 391[395] 인용은 Brunn, Bernd, "Artikel 4 Ⅲ", Umbach/Clemens, Grundgesetz (Muller, 2002), 문단번호 99.

43 양심이 표현되는 경우에는 제한할 수 있는 논리는 양심적 병역거부권에 맞지 않는다. 스스로 내면에 머물려는 양심을 향해 국가가 소집영장을 보내고, 병역의무를 부과하였으므로 양심적 병역거부자가 양심을 외부에 표현(실현)했다고 말할 수 없다. 국가에 의해 강제로 외화된 일종의 부작위범이다. 이러한 부작위범에 대해서는 내부보호/외부규제라는 이분법이 합당하지 않다. 이재승, 「양심적 병역거부권과 대체복무제」, 『민주사회와 정책연구』 7, 민주사회정책연구원, 2005, 270쪽 이하.

44 Brunn, 앞의 글, 문단번호 99.

다. 종교적 병역거부인가 양심적 병역거부인가를 구별하지 않는 것이 합당합니다. 심오한 세계관에서 이루어지는 결정이라는 점에서 동등하게 존중해야 합니다.

(3) 병역법은 평등원칙에도 위반됩니다(헌법 제11조 제1항).

〈법 앞에 평등〉은 본디 병역거부자들을 비난할 때 활용하는 헌법조항이었습니다. 병역거부자들이 병역면제라는 특혜를 주장한다고 비난하였습니다. 그런데 대구지방법원은 이를 병역거부자들을 위한 조항으로 원용했습니다. 법의 정신에 부합하는 놀라운 논증입니다. 평등원칙은 모든 경우를 똑같이 취급해야만 하는 '절대적 평등'이 아닙니다. 같은 것을 같게 다른 것을 다르게 다루라는 '상대적 평등'입니다. 그러나 무엇이 같고, 무엇이 다른 것인지, 같을 때 어떻게 취급하고, 다를 때 어떻게 취급해야 하는지에 대한 판단과 결정기준에 대해서는 특별히 확립된 바가 없습니다. 이를 구체화하고 형성하는 작업은 대체로 입법자에게 맡겨집니다. 병역법은 인간의 성, 연령, 학력, 가정환경, 신체조건 등을 기초로 병역의무를 확정했습니다. 가장 중요한 생사관, 전쟁관 등은 묻지 않고 있습니다. 인간은 정신적인 존재입니다. 육체만으로 군복무를 할 수 없습니다. 단 한순간도 집총을 할 수 없고, 어떠한 경우에도 집총명령을 거부하겠다는 사람이 있다면 입법자는 다르게 고려해야 합니다.

전쟁과 평화에 대하여, 집총여부에 대한 기본입장이 중요합니다. 병역을 거부하겠다는 사람은 군인으로 적합하지 않습니다. 나아가 평화를 위하여 병역을 거부하겠다는 사람은 단순한 범법자와 다릅니다. 양심적 병역거부자와 단순한 병역법 위반자를 동일하게 취급하는 것은 양심의 자유나 개인의 인격을 존중하는 자유사회에서라면 굴욕적인 처우입니다. 그들이 병역법을 위반했지만 그 위반행위에는 도덕적 자가당착이 없습니다. 그래서 양심수(prisoners of conscience)라고 부릅니다. 양심의 명령에 조용히 부응하며 국가의 집총명령을 거부하는 사람들을 증오에 찬 테러범들과 동일한 관점에서 취급하면서 양심을 완전히 자의적인 것으로 규정하고, 평화지향적 양심을 사악한 파괴본능과 동일시하는 것은 잘못입니다. 그들의 양심적 결단이 현존질서의 실정법에 위반될 수는 있을지언정 그들의 평화주의는 도덕적 견지에서 옹호할만한 것입니다.

단순한 범법자와 양심적 병역거부자를 구별하고, 병역거부자의 평화주의적 동기에 부합하는 처우를 마련하는 것은 상대적 평등이나 형평의 이념에 맞습니다.[45] 엄격한 법률주의가 아니라 유연한 헌법주의가 필요합니다. 헌법재판소는 병역법의 경직성을 완화시켜야 합니다. 그것은 정의로 대변되는 엄격법(strict law)을 넘어 개별 사례에서의 정의, 즉 형평(aequitas)을 실현하는 장면입니다. 여기서 "제대로 구별한 자가 제대로 판단한다(bene judicat, qui bene distinguit)"[46]라는 법언이 딱 맞습니다. 현대의 법치국가는 권위적인 완력이 아니라 분별력을 통해 지배질서에 이의를 제기하는 시민을 포용해야 합니다. 그것이 바로 통합입니다. 다원주의적 현대사회에서 통합은 도덕적 획일화가 아니라 분별화를 통해 가능합니다.

(4) 양심적 병역거부권은 열거되지 아니한 이유로
경시되어서는 안 되는 권리입니다(헌법 제37조 제1항).

양심적 병역거부권이 헌법에 명시되지 않았다 하더라도, 헌법제정

---

45 아리스토텔레스는 형평(epieikeia)을 '사물의 곡면을 재는 레스보스의 납으로 만든 자'로 비유한다. 아리스토텔레스 지음, 이창우·김재홍·강상진 옮김, 『니코마코스 윤리학』, 이제이북스, 2006, 1137b 이하.

46 법철학자 카우프만은 〈제대로 구별하는 자가 제대로 판단한다〉라는 표현을 통해 법규범과 윤리규범의 충돌을 해결하고자 하였다. 근본적, 윤리적 확신에 입각한 행위자를 분별취급해야 한다고 제안하였다. 카우프만은 정부정책에 반대하여 적극적으로 항의시위를 전개하며 실정법을 위반한 시민불복종행위자들을 염두에 두고 있다(Kaufmann, A., "Zum Problem von Wertungswiderspruchen zwischen Recht und Moral", Denninger, Erhard(ed.), Kritik und Vertrauen: FS für Hans Peter Schneider(Frankfurt am Main, 1990), 167쪽). 그러나 양심적 병역거부자를 옹호하는 데에 이러한 수사법까지 동원할 필요가 있는지는 의문이다. 국제사회에서 확립된 권리를 행사하는 정상적인 행위이기 때문이다.

권자나 헌법개정권자가 이를 고려하지 않았다고 하더라도, 양심적 병역거부권은 열거되지 아니한 이유로 경시되어서는 안 되는 권리에 해당합니다. '이러한 열거되지 않은 권리들'이라는 표현은 미국헌법에 등장하는데 그 의미에 대해서는 상당한 논쟁이 있습니다.[47] 특히 미국의 기본권조항은 매우 간결하고, 사회적 권리에 관한 규정이 존재하지 않기 때문에 이 규정을 통해 헌법적 차원에서 인권을 증축하려는 법률가들이 적지 않습니다. 어쨌든 이와 같은 표현은 헌법체계상으로는 헌법질서나 권리목록의 미완성을 스스로 인정하면서 규범적 발전상을 수용하려는 안전장치입니다.

우리 헌법도 동일하게 평가할 수 있습니다. 병역거부권은 비록 헌법에 명시적으로 언급되어 있지 않더라도 20세기 후반에 국제사회가 발전시켜 온 가장 대표적인 인권 중의 하나입니다. 열거되지 않는 권리의 전형입니다. 양심적 병역거부권은 제2차 세계 대전 이후 꾸준히 법적 지위가 강화되어 오늘에 이르렀습니다. 이제 양심적 병역거부를 우리 헌법상의 권리로 인정해야 할 적절한 시점입니다.

(5) 양심적 병역거부권은
국가안보와 형량관계에 있지 않습니다(헌법 제37조 제2항).

양심적 병역거부권은 국가안보와 형량관계에 있지 않습니다. 양심적 병역거부권은 국가안보 앞에서 부정될 수 있는 권리가 아닙니다. 양심적 병역거부권은 국가안보 앞에서 어느 정도 제한될 수 있을 뿐입니다. 이러한 주장은 독일의 대체복무제와 자유권규약을 통해 증명할 수 있습니다.

우리나라 헌법구조에서는 국민의 자유와 권리를 개별적으로 열거하고, 개별적인 유보조항을 두기도 하지만 전반적으로 포괄적인 제한방식을 열어 놓았습니다. 특히 헌법 제37조 제2항을 두고 있으므로 모든

---

47 이에 관해서는 권혜령, 「미국 연방헌법상 헌법에 열거되지 아니한 권리의 분석방법」, 『공법학연구』 10-1, 한국비교공법학회, 2009, 3~28쪽.

자유와 권리는 공익을 위하여 원칙적으로 제한될 수 있습니다. 그런데 양심적 병역거부 문제에서는 단순치가 않습니다. 양심적 병역거부는 전쟁, 비상사태 등 국가안보와 관련해서 작동됩니다. 양심적 병역거부와 국가안보는 대당관계에 있는 것입니다. 만약 헌법 제37조 제2항에 따라 병역거부권과 국가안보를 저울질한다면 저울추는 당연히 국가안보로 기울어질 것입니다.

양심적 병역거부를 권리로 인정한다면, 국가안보를 원용해서 저울질하려고 해서는 안 됩니다. 양심적 병역거부권을 인정한 경우에도 징병제를 운용하는 사회는 국가안보와 평등의 원칙을 동시에 고려해서 대체복무제도를 형성하였습니다. 여기서 현대적인 양심적 병역거부권의 성립사에서 매우 중요한 시사점을 제공하는 독일의 법제와 자유권규약을 검토하겠습니다.

앞서 언급한 바대로 독일은 침략전쟁과 홀로코스트에 대한 반성, 병역거부자와 평화주의자들에 대한 가혹하고 비인도적인 처형에 대한 반발로서 양심적 병역거부권을 기본법에 먼저 도입하였습니다. 그러나 독일의 기본법제정 당시에는 군대를 폐지하였으며, 기본법에 징병제 시행에 관한 규정을 두지도 않았습니다. 전범국가로서 광범위한 주권제한을 감수해야 했습니다. 그러나 1950년대에 미국을 비롯한 서방국가들이 독일(구 서독)에 대해 동구사회주의 블럭에 대한 방파제역할과 방위분담을 요구하였기 때문에 독일은 나토에 가입하면서 재무장의 길로 접어들었습니다. 이어서 독일은 1960년대에 징병제를 시행하였습니다. 국내외적으로 독일 재무장과 징병제에 대한 반대가 심했습니다. 그리고 헌법상 인정된 양심적 병역거부권이 실제로 행사되었습니다. 이에 독일정부는 불가피하게 병역거부자로 인정된 자에게 군복무 대신에 대체복무를 부과한다는 내용을 기본법에 추가하였습니다. 결국 양심적 병역거부권과 국가안보 간의 신중한 저울질을 통해 대체복무제도가 도입된 것입니다. 결국 대체복무의무가 양심적 병역거부권을 제한한 실례입니다.

다음으로, 자유권규약 제4조, 제8조, 제18조에 나타난 병역거부의 문제를 언급하겠습니다.

첫째로, 제18조는 사상 양심 종교의 자유를 규정하고 있는데, 제18조에서 주목해야 할 부분은 양심적 병역거부권에 관한 원래의 초안이 중간에 삭제되었다는 점입니다. 따라서 이것이 양심적 병역거부권을 배제하려는 의미인지, 그러한 규정을 두지 않아도 양심의 자유에 병역거부권이 당연히 포함되는 것으로 보아야 하는지, 아니면 규약채택과정에서 심각하게 논란을 야기하기보다는 규약의 운용과 해석의 발전에 맡기자는 장기적인 포석인지는 분명하지 않습니다. 이 점은 앞서 지적하였습니다. 흥미로운 점은 양심의 자유와 관련하여 제18조 제3항에 등장한 권리제한사유에서 국가안보(national security)만 없다는 것입니다.[48] 참고로 표현의 자유에 관한 제19조에는 국가안보가 제한사유로 등장합니다. 바로 양심적 병역거부권과 국가안보가 모순관계에 있다는 점을 자유권규약기초자들이 인식하고 있었습니다. 법익교량을 통해 양심적 병역거부권을 소홀하게 다루어도 되는 것이 아닙니다.

둘째로, 제8조 노예화금지 규정에서 대체복무를 강제노동으로 인정하지 않는다고 선언하였습니다. 즉 대체복무를 인권침해로 인정하지 않는다는 점을 유의해야 합니다. 결국 양심적 병역거부권과 국가안보의 타협형식으로 대체복무를 자유권규약이 수용하고 있다는 점을 알

---

48 제18조

1. 모든 사람은 사상, 양심 및 종교의 자유에 대한 권리를 가진다. 이러한 권리는 스스로 선택하는 종교나 신념을 가지거나 받아들일 자유와 단독으로 또는 다른 사람과 공동으로, 공적 또는 사적으로 예배, 의식, 행사 및 선교에 의하여 그의 종교나 신념을 표명하는 자유를 포함한다.

2. 어느 누구도 스스로 선택하는 종교나 신념을 가지거나 받아들일 자유를 침해하게 될 강제를 받지 아니한다.

3. 자신의 종교나 신념을 표명하는 자유는, 법률에 규정되고 공공의 안전, 질서, 공중보건, 도덕 또는 타인의 기본적 권리 및 자유를 보호하기 위하여 필요한 경우에만 제한받을 수 있다.

4. 이 규약의 당사국은 부모 또는 경우에 따라 법정 후견인이 그들의 신념에 따라 자녀의 종교적, 도덕적 교육을 확보할 자유를 존중할 것을 약속한다.

* 자유권규약상의 기본권은 개별적인 유보조항을 두고 제한하고 있으므로 우리나라 헌법 제37조 제2항과 구조적으로 다르다.

수 있습니다. 어떤 면에서는 자유권규약은 대체복무를 거부하려는 전면적 거부자의 권리를 인정하고 있지 않다고 유추할 수 있습니다.

셋째로, 제4조[49]는 비상사태하에서도 침해할 수 없는 자유권규약상 권리들을 열거하고 있습니다. 이를 불가침적 권리 또는 절대적 권리(non-abrogable rights)라고 부르는데, 거기에 제18조(양심 사상 종교의 자유)가 포함되어 있습니다. 따라서 규약의 초안자들은 양심적 병역거부를 잠재적으로 설계해 놓으면서 국가안보나 비상사태의 명분하에 이를 제한할 수 없다고 보았습니다. 비상사태에서 양심의 자유를 제한할 수 있다고 한다면 더 이상 병역거부권은 존재할 수가 없기 때문입니다. 이는 규약 제18조 제3항에서 권리제한사유로 국가안보를 배제한 것과 같은 맥락에서 이해할 수 있습니다.

양심의 자유 또는 병역거부권과 국가안보의 관계에 있어서는 유럽인권협약이나 미주인권협약도 자유권규약과 동일한 구조를 취하고 있습니다.[50]

(6) 인권규약은 법규범입니다(헌법 제6조 제1항).

우리나라의 법, 판례, 이론에서 합당한 해결책을 찾을 수 없는 난제(hard case)가 있다고 가정해 봅시다. 이러한 상황에서 우리는 다른 나라에서 몇몇 적절한 입법례와 사례들을 발견합니다. 이 입법례들과 사례들은 우리에게 구속력 있는 법기준이 아니고, 단순한 참고자료입니다. 법원이 그중 적실성이 있는 하나를 채택하면, 참고자료가 마침내 법으

---

49 제4조

　1. 국민의 생존을 위협하는 공공의 비상사태의 경우에 있어서 그러한 비상사태의 존재가 공식으로 선포되어 있을 때에는 이 규약의 당사국은 당해 사태의 긴급성에 의하여 엄격히 요구되는 한도 내에서 이 규약상의 의무를 위반하는 조치를 취할 수 있다. 다만, 그러한 조치는 당해국의 국제법상의 여타 의무에 저촉되어서는 아니 되며, 또한 인종, 피부색, 성, 언어, 종교 또는 사회적 출신만을 이유로 하는 차별을 포함하여서는 아니 된다.

　2. 전항의 규정은 제6조, 제7조, 제8조(제1항 및 제2항), 제11조, 제15조, 제16조 및 제18조에 대한 위반을 허용하지 아니한다(이하 생략).

50 유럽인권협약 제9조 제2항 및 미주인권협약 제13조 제3항 참조.

로 변형됩니다. 그러나 국제법은 사정이 다릅니다. 그것은 입법례나 참고자료가 아니라 구속적인 법규범입니다. 법원은 관찰자의 관점이 아니라 법적용자의 관점에서 국제법에 접근해야 합니다.[51] 특히 헌법 제6조 제1항상의 국제법에 대해서는 법적용자의 관점을 유지해야 합니다. 예컨대, 유럽인권협약이나 미주인권협약은 법적으로 참고자료에 불과합니다. 그러나 자유권규약, 사회권규약, 국제연합헌장 등은 우리 정부가 가입당사국이기 때문에 당연히 구속적인 규범으로 바라보아야 합니다. 여기서 정부는 입법, 사법, 행정 등 모든 국가권력을 통칭합니다. 헌법 제6조 제1항에서 말하는 국제법의 범주에 대해서는 논할 필요가 없다고 봅니다. 대부분의 헌법학자들의 견해가 대동소이하기 때문입니다. 그런데 국제법에 대한 법원의 태도는 참으로 불투명합니다.

자유권규약의 해석은 헌법 제6조 제1항의 문제이기 때문에 법원이나 헌법재판소는 앞서 말한 대로 적용자의 관점에서 무엇이 헌법에 일치하는 법해석인가를 찾아야 합니다. 양심적 병역거부와 관련해서 2004년 헌법재판소는 양심적 병역거부와 결정적인 관련을 갖고 있는 자유권규약 제18조를 마치 외국 입법례와 사례 수준으로 기술하면서 규약의 구속성을 무시하였습니다.

우리나라의 법원들은 많은 경우 대한민국이 당사국으로 가입한 국제인권규약을 구속적인 규범으로 취급하고 있지 않습니다.[52] 헌법재판

---

51 콜러는 법규범에 대한 기본시각과 기본적인 관심을 세 가지로 구별한다. 관찰자관점 (Beobachterperspektiv), 참여자관점(Teilnehmerperspektiv), 입법자관점(Gesetzgeber- perspektiv)으로 나누고, 각기 이론적 인식관심, 실천적 인식관심, 정치적 형성관심이 주도적이라고 해명하고 있다. Koller, Peter, Theorie des Rechts. Eine Einführung (Bohlau Wien, 1997), 47쪽 이하. 참고인은 헌법재판소가 참여자관점(실천적 인식관심)에 기본을 두고, 부분적으로 입법자관점(정치적 형성관심)을 병행적으로 취한다고 본다.

52 국제법에 대한 한국법원의 태도는 '그때그때' 다르다. 국제인권법에 대해서는 법적 효력을 인정하지 않다가도 WTO규범과 같은 기업활동 관련성이 높은 영역에서 과도하게 동조적이다. 2005년 9월 9일 대법원(주심 양승태 외 대법관 3인)은 국산농산물사용을 의무화한 전북학교급식지원조례가 GATT 및 정부조달협정에 위배된다는 판결을 내린 바 있다. 그러나 적어도 자국농산물사용규정이 WTO에 위반되었다는 결론은 2010년 현재까지도 확인할 수 없다. 일본이나 EU의 국가들

소는 불투명한 태도를 청산하고 헌법, 법률, 인권규약 간의 관계를 입헌주의 원칙에 맞게 정립해야 합니다. 대한민국은 자유권규약의 당사국입니다. 자유권규약은 특별한 국내입법이 없어도 효력이 있는 규약이며, 명시적인 조약으로서 효력을 갖습니다. 우리정부는 자유권규약에 위반되는 법률은 위헌적이라는 입장을 표명한 적도 있습니다. 자유권규약의 가치에 대해서는 헌법에 준하는 효력을 인정하는 입장, 법률보다 상위의 효력을 인정하는 입장, 법률과 동등한 효력을 인정하는 입장이 있습니다. 자세히는 논하지 않겠습니다. 어느 입장을 따르더라도 자유권규약은 병역법보다 하위의 규범이 아닙니다. 병역법과 자유권규약 간의 진정한 충돌이 있다고 한다면 헌법재판소는 충돌규범을 제시해야 합니다. 대안적 해법을 통해 충돌을 회피할 수 있다면, 대안을 제시해야 하지만, 충돌을 피할 수 없다면 양자택일을 해야 한다고 봅니다. 우리의 법원과 헌법재판소는 자유권규약과 정면으로 대결을 회피하고 있습니다. 자유권규약은 대한민국의 법입니다.[53]

나아가 자유권규약의 해석의 방법도 진지하게 재고해야 합니다. 한국의 법원은 규약 해석과 운용에 있어서 조약상 권위를 가지고 있는 기구가 내린 결정을 백안시하였습니다. 법원은 국내법과 조약의 문구를 대조하여 개념적 유사성을 확인하고 아무런 논증도 없이 국내법도 현안이 되고 있는 자유를 동일하게 보장한다고 선언합니다. 이는 법해석이 아니라 절묘한 용어동일법이라고 할 수 있습니다.[54] 국제인권규

은 자국 농산물의 사용을 강제하는 규정을 여전히 두고 있다는 사정만으로도 이를 알 수 있다. 대법원의 세계화는 급진적이다.

53 물론 헌법재판소가 재판소의 결론과 일치하는 방향에서는 자유권규약을 간단히 규범으로 원용하고 있다. 사죄광고사건에서 헌법재판소는 자유권규약 제18조를 위헌판단의 보강기준으로 사용하고 있다. 헌재 1991. 4. 1. 선고 89헌마160 결정, 『판례집』 3, 149쪽 참조. 따라서 자유권규약을 법률의 하위규범으로 두지 않은 것은 분명해진다.

54 용어동일법의 논증구조는 다음과 같다.
   i) 자유권규약에 양심의 자유가 규정되어 있다.
   ii) 우리헌법에도 양심의 자유가 규정되어 있다.
   iii) 자유권규약상의 양심의 자유와 우리 헌법상의 양심의 자유는 같은 어휘이다.

범을 국내법과 관행을 통해 무력화시키는 태도로서 자유권규약에 대한 위반이며, 우리헌법 제6조 제1항의 위반입니다.

〈헌법에 의하여 체결 공포된 조약과 일반적으로 승인된 국제법규는 국내법과 같은 효력을 지닌다〉는 규정은 법원(法源)에 관한 규정이기 때문에 헌법재판소는 당연히 자유권규약과 자유권규약위원회나 유엔인권이사회가 발한 권고나 결의사항, 일반논평에 대하여 법적용자로서 충분히 논증해야 할 의무가 있습니다. 법적용자는 사슬에 묶여 논증하는 자입니다. 한국정부는 당사국으로서 참여한 자유권규약을 임의적으로 제한하거나 배제하거나 축소하는 해석을 할 수 없습니다. 양심의 자유를 규정한 해당조항에 대하여 한국정부는 유보(reservation)하지도 않았습니다. 대체복무제는 국제관습법으로 발전할 여지도 있습니다. 어쨌든 병역거부권과 관련하여 한국정부는 집요한 반대자(persistent objector)로 나서지도 않았습니다.[55] 한국은 1990년 자유권규약의 당사국이 된 이후 병역거부권의 발전사에 중대한 위원회의 결의에 여섯 번이나 참가했습니다.[56] 한국은 현실을 변명하면서도 대체복무제를 도입하겠다고 약속했습니다.

규약당사국들이 규약의 취지에 반하여 결정하더라도 현재로서는 강제할 장치가 규약에는 없으며, 자유권규약 위반사건에 대하여 재판할 국제인권법원도 설치되지는 않았습니다. 그러나 국제규범에 대한 존중은 특별히 외세에 의한 주권의 침해가 아니라 한국정부가 가입하고 이행을 약속한 조약에 스스로 구속되는 것이기 때문에 자기구속에 불과합니다. 인권규약을 실천하는 결정은 국제사회에 대한 신뢰를 구축하는 행위이고, 현재의 관행보다 높은 수준의 인권을 열망하는 국민들에 대한 약속을 이행하는 행위입니다.

---

iv) 따라서 자유권규약상의 양심의 자유는 우리나라 법제에서 보장되어 있다. 그러나 마지막 iv)의 결론은 추론되지 않는다.

55 관습법 자체의 형성과정에 집요한 반대자(persistent objector)가 있을 수 있다. 관습법의 적용을 면제받으려는 국가는 관습법의 성립 이전에 '명백하게 그리고 일관되게(manifestly and consistently)' 반대 입장을 표명해야 한다.

56 주요한 결의에 대해서는 진석용, 앞의 글, 35쪽 이하.

최근에는 한국에서 유죄판결을 받은 병역거부자들이 자유권규약위
원회의 청원절차를 통해 인권침해상황을 개인적으로 호소하였습니다.
무더기로 호소하였습니다. 무더기로 침해당했기 때문입니다. 양심적
병역거부를 이유로 징역을 살았던 최명진, 윤여범 씨가 2004년 10월
자유권규약위원회에 제출한 청원에 대하여 위원회는 2007년 1월에
"두 사람에 대한 한국 정부의 처벌은 자유권규약 제18조(사상 양심 종교
의 자유)에 위반된다"고 결정하였습니다. 자유권규약위원회는 한국 정
부에 대해 권리침해에 대한 배상과 재발방지책도 마련하라고 했습니
다. 자유권규약위원회는 "병역거부권을 인정하면 국가안보, 사회통합,
형평성에 심각한 문제가 발생한다"는 한국 정부의 주장을 반박하였습
니다. 자유권규약위원회는 병역거부권의 인정이 국가안보에 위협이
된다는 사실을 정부가 증명하지 못했다고 판단했습니다. 위원회는 국
민개병제 아래서도 대체복무제를 운용할 수 있으며, 군복무와 대체복
무의 형평성을 확보할 수 있다는 점, 대체복무제는 사회통합을 해치기
보다는 통합적 다원주의를 촉진시킨다는 점을 강조했습니다.[57] 2008년
유엔인권이사회의 보편적 정례검토(Universal Periodic Review)에서 한국
정부당국자는 사회복무제도의 도입을 추진하겠다고 약속하였습니다.[58]

---

[57] Communications Nos. 1321/2004 and 1322/2004. 나아가 2010년 3월 23일 자유
권규약위원회는 병역거부로 징역을 복역한 11명의 병역거부자에 대해 보상 등 효
과적인 구제조치를 취할 것을 한국정부에 권고했다. 2010년 10월 현재 488명의
병역거부자들이 자유권규약위원회의 결정을 기다리고 있다(처음 제출한 100명의
청원에 대해서 2011년 3월 24일에, 그리고 나머지 388명에 대해서는 2012년 10
월 25일에 각각 위원회의 견해가 채택되었다. 이 책 624쪽 이하를 참고하기 바란
다. 편집자 주).

[58] "양심적 병역거부에 대해서는 정부는 사회복무체계의 도입을 통하여 그와 관련된
문제를 해결할 계획으로 있는바, 이 제도가 시행되면 양심적 병역거부자들도 사
회복무체계 안에 통합될 것이다. 이와 관련하여 정부는 여론조사를 실시하고 있
다. 공론화과정을 거친 후에, 정부는 대한민국의 정치적·사회적 여건에 맞는 정책
을 수립할 것이다." UN document. A/HRC/WG.6/2/KOR/1. "National Report
Submitted in Accordance with Paragraph 15(A) of The Annex to Human Rights
Council Resolution 5/1-Republic of Korea," §89.

(7) 병역거부자들에게 필요한 것은
대체복무를 요구할 권리가 아닙니다.

2004년 헌법재판에서 헌법재판소는 대체복무를 요구할 권리가 없다는 점을 단호하게 밝혔습니다. 양심적 병역거부자들은 대체복무를 요구할 권리가 없다는 점에는 전적으로 동의합니다.[59] 병역거부자에게는 병역거부권만 인정되면 충분합니다. 병역거부자들에게는 보편적으로 옹호될 만하고, 국제법적으로 지지받는 거부권이 있다는 점을 확인받고자 합니다. 양심적 병역거부권을 인정한다면 모든 문제는 저절로 해결됩니다. 양심적 병역거부권이 없는데, 대체복무요구권이 있다는 논리전개는 참으로 엉뚱한 것입니다. 아무런 권리도 없는데 정부가 대체복무를 시행한다면 그것은 더욱 놀라운 조치라고 생각합니다.[60]

헌법재판소가 양심적 병역거부권을 인정하고, 병역거부자에게 무죄를 선고할 때에만 정부가 대체복무제를 도입할 것입니다. 입법촉구결정은 아무런 의미가 없습니다. 헌법재판소는 국정자문기구가 아니라 권리의 존재여부를 판정해 주는 재판소입니다. 근본적이고 종교적인 확신을 가진 사람들이 테러리스트—수사학적 차원이 아니라[61]—가 아니라면, 타협해야 할 주체는 국가입니다. 국가는 양심을 갖고 있지 않습니다. 국가는 제도이고, 협력의 작품이기 때문에 다양한 대안과 타협책을 만들어 낼 수 있습니다. 양심적 병역거부자에게 대안을 제시하라는 요구는 적절치 않습니다. 양심의 논리는 오히려 끝이 없는 완결성과 순정성을 추구합니다.[62] 그래서 숭고하다고 합니다.

---

59 이전에 참고인도 조화적 해석론이나 인권위원회의 결의에 기대어 대체복무요구권을 병역거부자의 권리라고 주장하였다. 이재승, 「양심적 병역거부권과 대체복무제」, 『민주사회와 정책연구』, 7, 2005, 275쪽 이하.

60 대만은 국방개혁이라는 실용주의적 관점에서 합리적인 제도를 구현하였다. 이에 관해서는 「대만대체복무보고서」, 이석우(편), 『양심적 병역거부』, 사람생각, 2005, 197쪽 이하.

61 2004년 판결에서 헌법재판소는 양심은 무정부상태에 이른다는 결론적 전제를 가지고 있었다. 그런데 문제는 다른 나라에서는 양심적 병역거부권의 행사가 무정부상태를 초래하지도 않았고, 무정부상태를 초래할 것이라고 생각하지도 않는다는 점이다.

인간의 양심에 대하여 지속적으로 대안을 추구해 온 독일의 대체복무제는 좋은 사례입니다. 대체복무마저 모조리 거부해 버리는 전면적 거부자에 관한 독일의 상황만 검토하겠습니다. 이미 350여 년 전부터 병역거부자들에 대해 초보적인 대안들이 마련되었고, 제2차 세계 대전 후에 완전하게 제도화되었습니다. 대체복무제는 양심의 자유를 보장하면서 동시에 군복무자와의 평등을 구현하는 최적의 방안입니다.

대체복무 역시 군복무를 대신하는 것이기 때문에 대체복무의무를 수용하지 않으려는 병역거부자들이 적지 않습니다. 이들은 군복무의 대안으로 제시된 대체복무까지 거부하기 때문에 전면적 거부자(total objectors)라고 합니다. 독일은 대체복무법(Zivildienstgesetz)을 제정할 때에 전면적 거부자를 우호적으로 고려하지 않았습니다. 이들은 이제 양심적 병역거부권(제4조 제3항)이 아니라 양심의 자유(제4조 제1항)에 따라 대체복무도 거부하였습니다.[63] 독일의 헌법학자들은 양심의 자유에 근거하여 대체복무도 거부할 수 있다고 말합니다. 이른바 양심적 대체복무거부권도 추론할 수 있다고 주장합니다.[64] 반면 헌법재판소는 대체복무를 양심의 자유(제4조 제1항)에 입각해서 거부할 수 없다고 합니

---

62 참으로 놀라운 점은 헌법재판소가 2004년 판결에서는 "양심의 자유의 경우 비례의 원칙을 통하여 양심의 자유를 공익과 교량하고 공익을 실현하기 위하여 양심을 상대화하는 것은 양심의 자유의 본질과 부합될 수 없다. 양심상의 결정이 법익교량과정에서 공익에 부합하는 상태로 축소되거나 그 내용에 있어서 왜곡 굴절된다면, 이는 이미 '양심'이 아니다. 이 사건의 경우 종교적 양심상의 이유로 병역의무를 거부하는 자에게 병역의무의 절반을 면제해 주거나 아니면 유사시에만 병역의무를 부과한다는 조건하에서 병역의무를 면제해주는 것은 병역거부자의 양심을 존중하는 해결책이 될 수 없다."고 하였다. 그런데 이러한 주장은 처벌론(합헌론)의 근거인 것이 아니라 이른바 전면적 거부자가 대체복무제도마저 거부할 때 사용할 수 있는 전면적 거부자의 주장이라는 점이다. 헌법재판소가 전면적 거부자(무정부평화주의자)의 주장을 뒤틀어 사용하였다.

63 Wenckstern, Manfred, "Art. 4 I, II", Umbach/Klemens, Grundgesetz, Mitarbeiter-kommentar, Band I(C. F. Müller, 2002), 문단번호. 47.

64 Kempen, Otto-Ernst, "Art. 4 Abs. 3", Alternativkommentare, 2. Aufl.(Luchterhand, 1989), 402쪽: Roxin, Klaus, Strafrecht Allgemeiner Teil, Bd. I(München: Beck, 1997), §22 문단번호. 114.

다.[65]

주목할 부분은 독일정부가 대체복무를 거부하는 사람을 처벌하는 대신에 대체복무에 대한 대안으로서 〈자발적 근무제〉를 도입하였다는 점입니다. 국가권력이 개인의 양심과 타협하려는 이러한 자세가 자유국가의 모습이라고 생각합니다. 인간은 주체이지 단순한 객체가 아닙니다. 자발적 근무제(대체복무법 제15조의a)는 전면적 거부자에게 스스로 근무시설을 정하여 근무하고, 대신 일반적인 대체복무기간보다 1년을 추가적으로 근무할 것을 요구합니다. 대안은 국가가 이렇게 개인을 위해 마련합니다. 독일 기본법 제1조 제3항은 국민의 자유와 권리는 입법, 사법, 행정 등 모든 국가권력을 기속한다고 선언하였습니다. 우리 헌법학자들도 동일한 결론에 이르고 있습니다. 전쟁의 상처와 군필자들의 분노에 편승하여 문제해결에 소극적인 정부당국의 태도를 호되게 질책해야 합니다.

(8) 국민정서는
양심적 병역거부권을 받아들일 준비가 되어 있습니다.

권리는 국민정서로 판가름 나지 않습니다. 그러나 병역거부가 전체적으로 국민생활과 밀접한 관련성을 갖고 있기 때문에 국민정서를 언급해야 하겠습니다. 국민정서의 헌법적 근거를 특정하기는 어렵습니다. 그러나 국민은 헌법의 발원이고 헌법을 통해서 국민은 관념의 공동체가 됩니다. 국민의 정서를 존중해야 하지만 실제로 국가의 결정을 국민여론에 의존시키지 않는 경우도 많습니다. 국민여론은 유동적이고 형체를 찾을 수 없고 때로는 비합리적이라고 합니다. 자기관련성, 증오감, 정보왜곡, 조작이 있다면 판단이나 정서는 흐려질 수 있습니다. 헌법재판에서 군복무 문제와 관련하여 국민정서나 국민여론을 의식하지 않을 수 없다고 봅니다. 그러나 여론이나 국민감정을 어떤 식으로 평가하고 반영하고, 변형할 것인지에 대해서는 냉정한 판단이 필

---

65 BVerfGE 19, 138쪽; 23, 132쪽.

요합니다.

양심적 병역거부에 대해서는 10여 년 전부터 계속해서 다양한 기관이 여론조사를 시행해 왔습니다. 조사결과도 10년 사이에 상당한 변화를 보여 왔습니다. 군당국이 주도하는 여론조사에서도 긍정적인 변화를 보여 왔습니다. 처음에는 병역거부자에 대한 반감이 압도적이었고, 대체복무제의 도입에 대해 반대의견이 절대다수를 차지했습니다. 초기에 대체복무제 지지자들은 10% 정도에 머물렀습니다. 그러나 그 사이에 점차 변화되어 30~40%대에 이르렀습니다. 어떤 경우에는 근소하게나마 지지율이 높은 때도 있었습니다. 국방부는 시종일관 부정적인 여론이 많다는 이유로 시기상조라고 말합니다.

국민 과반수의 동의를 대체복무제도의 도입의 조건으로 삼겠다는 태도는 부적절하고 무책임한 태도라고 봅니다. 국가안보, 군복무의 문제에서, 더구나 징병제 국가에서 여론조사의 응답자들은 병역거부자에 대해 공정한 제3자가 아닙니다. 국민들은 과도한 자기관련성으로 인해 증오심을 가질 정도입니다. 남성뿐만 아니라 잠재적으로 모든 여성도 이 문제와 관련되어 있기 때문에 공정한 입장을 취할 수 없습니다. 병역거부자들은 사회문화적으로 소수자입니다. 징병제 사회에서 일반대중의 의사에 따라 대체복무제의 도입을 결정하겠다는 자세는 대체복무제를 도입하지 않겠다는 것과 동일합니다. 독일에서도 여론조사로 도입여부를 결정했다면 양심적 병역거부권을 인정하지 않았을 것이라고 추측됩니다. 여론으로 양심적 병역거부권을 수립할 수는 없습니다. 따라서 과반수에 이르지 않더라도 대체복무제를 지지하는 비율이 유의미한 수준에 이른다면, 바로 대체복무제를 도입해야 합니다. 현재가 그 시점이라고 생각합니다.

국방부도 대체복무도입을 위하여 광범위한 조사연구를 시행하였고, 사회복무제라는 설계도를 제시한 적도 있습니다. 오늘날 세계는 병역거부권이나 대체복무제의 성격에 대한 이론적 검토에는 관심이 없습니다. 가장 많은 병역거부자 양심수를 배출한 대한민국의 긍정적인 답만 기다리고 있습니다.

IV. 관용, 권리, 그리고 사회통합

모든 사람이 각자의 양심에 따라 법적인 의무의 이행 여부를 결정한다면 법질서는 유지될 수 없다는 사고가 짙게 깔려 있습니다. 그러나 이러한 우려는 체험에 반합니다. 양심의 자유는 현실적으로 특정한 사회에서 지배적 도덕관과 다른 도덕관을 가진 소수자의 문제입니다.[66] 마치 양심의 자유가 일반 대중적 현상을 규율하는 것으로 전제하는 헌법해석은 양심의 자유의 사회적 기초에 대한 오해라고 생각합니다. 사실 법질서는 다수자(평균인)의 지배적 도덕관념에 입각하여 은연중에 소수자의 도덕관을 배척합니다. 법과 양심의 충돌은 도덕과 도덕의 충돌, 즉 다수자의 지배도덕과 소수자의 양심이 충돌하는 것에 불과합니다. 따라서 양심의 자유는 만인의 양심의 자유라기보다는 소수가 다수로부터 자신의 정체성을 유린당하지 않을 권리에 가깝습니다. 언론의 자유가 비판적 언론활동을 하는 사람에게 주로 의미 있는 것과 같은 이치입니다. 이런 점에서 양심적 거부는 다수대중으로 하여금 소수자의 근본적 윤리관을 인정하도록 요구합니다.[67]

소수자는 거부권을 인정받는 때에 비로소 국가시민으로서 국가에 통합됩니다. 그렇지 못할 때에는 다수자들만의 국가 안에서 자연상태의 인간으로 배제되거나 범죄자로 처벌될 뿐입니다. 병역의무와 대체복무를 동등하게 공동체에 이바지하는 책무로 인정할 때 고통스러운 행진이 끝납니다. 인정작업은 만인이 공유할 수 있는 보다 높고 넓은 지평을 창조하는 문제입니다. 오늘 헌법재판소는 그 일을 하기에 적절한 포럼입니다.

양심의 자유는 다수자 지배 앞에서 소수자들을 보호하는 장치입니

---

66 Preuß, Ulrich K., "Art. 4 I, II", AK GG, 문단번호 45.

67 인정투쟁 개념을 사회운동의 관점에서 조명한 글로는 Honneth, Axel, Kampf um Anerkennung. Zur moralischen Grammatik sozialer Konflikte(Frankfurt/M., 1994), 256쪽 이하.

다. 실정법의 무제한적인 적용 주장은 실정법의 세계에서는 진리이지만 아직 진리의 전부는 아닙니다. 근본적인 의무가 충돌하는 곳에서 국가는 이의를 제기하는 시민을 포용해야 합니다.[68] 결국 소수자의 윤리관과 생활형식을 인정하는 열린 정치체제로 이행해야 합니다.[69] 이른바 무오류설(無誤謬說)에 입각한 사회는 독단적인 사회에 지나지 않습니다. 국가 대 개인 간의 윤리적 충돌에서 개인에 대해 이데올로기적 공세를 퍼붓는 사회는 닫힌 사회입니다. 그래서 양심의 자유가 현실적으로 옹호되는 곳은 열린 법치국가뿐입니다. 국제사회가 양심적 병역거부권의 인정여부를 특정국가의 자유의 시금석으로 삼는 이유도 바로 여기에 있습니다. 따라서 양심적 병역거부권을 인정하는 것은 관용의 정치, 권리인정 그리고 사회통합을 동시에 달성하는 기념비적 조치가 될 것입니다.

병역거부의 실상을 성찰해 본다면, 양심적 병역거부자들의 개인적 진정성뿐만 아니라 평화로운 세계를 염원하는 근원적인 지향성을 발견할 수 있습니다. 한반도를 둘러싼 주변정세가 엄혹해진다고 하더라도, 진정으로 이 땅에서 평화를 염원한다면, 우리는 개인적 차원에서 평화를 선택하는 개인들부터 존중해야 할 것입니다. 그것은 근본적인 가치결단입니다. 이 땅의 모든 사람들을 모조리 대결과 승리주의의 대오에 세울 필요는 없습니다. 대결과 승리주의 자세조차도 극복해야 합니다. 진정으로 주변국에게 평화의 메시지를 주고자 한다면 양심적 병역거부권을 인정하는 것만큼 확실한 방법도 없습니다.

---

68 Radbruch, Gustav, "Der Überzeugungsverbrecher", ZStW 44(1924), 38쪽.

69 Zippelius, Reinhold, "Kollision des Rechts mit heterogen Normen und Pflichten", FS-Hans Liermann(1964), 305~322쪽; 카우프만은 '운명의 문제로서 관용'을 언급하고 있다. Kaufmann, Arthur, Rechtsphilosophie(Munchen, 1997), 328쪽.

2011년 헌법재판소 결정에 대한 평석
헌재 2011. 8. 30. 선고 2008헌가22등 (병합) 결정
[병역법 제88조 제1항 제1호 위헌제청 등]에 대한 평석

윤영미(고려대학교 법학전문대학원 교수)

Ⅰ. 서론

이 글은 양심적 병역거부사건에 대한 최근의 합헌결정인 헌재 2011. 8. 30. 선고 2008헌가22 병역법 제88조 제1항 제1호 위헌제청 등 결정[1]을 비판적으로 분석한 평석이다. 양심의 자유의 제한에 대해서는 그동안 양심의 개념, 양심의 자유의 보호범위 등 여러 가지 이론적 문제가 논의되었으나, 이 글에서는 학설이나 헌법재판소의 판례를 통해 정리되었다고 생각되는 문제를 반복하여 다루는 것은 피하고,[2] 이 사건 결정에서 적용된 구체적 심사방법을 중심으로 검토하였다. 그리고 이 사건 결정은 몇 년 전의 헌재 2004. 8. 26. 선고 2002헌가1 병역법 제88조 제1항 제1호 위헌제청사건 결정[3]과 쟁점이 동일하고 선행결정의 연장선상에서 이 사건 결정이 이루어졌다고 볼 수 있으므로 선행결정도 필요한 범위 내에서 함께 살펴본다.

---

1 이하 '이 사건 결정'이라고 한다.
2 양심의 자유의 보호범위, 절대적 권리/상대적 권리 이분론에 관한 문제, 사실상의 제약에 관한 문제 등에 대해서는 『헌법재판주요선례연구』 1, 헌법재판연구원, 2012에 게재된 필자 작성 「양심의 자유」에서 다루었다.
3 이하 '선행결정'이라고 한다.

이 사건 결정이 선고된 날과 같은 날 2007헌가12 등 결정으로 '정당한 사유 없이 소집통지서를 받은 예비군 훈련에 불응한 행위'를 처벌하는 향토예비군설치법의 조항에 대해서도 합헌결정이 선고되었으며, 같은 사건에는 예비역을 위한 대체복무제의 실현가능성, 이중처벌 문제 등 별도의 중요한 쟁점들이 있으나, 이 글의 검토범위에 포함되지는 않았다.

II. 사건의 개요 및 심판의 대상

1. 사건의 개요

병역법 위반 사건을 담당하는 법원이 직권 또는 당사자의 신청에 의해 병역법 제88조 제1항 제1호에 대해 위헌법률심판제청을 한 5건과, 같은 조항에 대한 위헌법률심판제청신청이 기각되자 피고인들이 헌법재판소법 제68조 제2항에 따라 헌법소원을 한 3건이 병합되었다. 당해사건 피고인들은 입영통지를 받고 입영하지 아니하여 병역법 제88조 제1항 제1호 위반으로 기소되었다.

선행사건(2002헌가1)도 법원이 병역법위반사건 피고인의 위헌제청신청을 받아들여 위헌제청을 한 위헌법률심판사건이다.

2. 심판의 대상

심판대상은 병역법 제88조 제1항 제1호로서, 선행사건의 심판대상은 1999. 2. 5. 법률 제5757호로 개정된 것이고, 이 사건 심판대상은 2004. 12. 31. 법률 제7272호로 개정되고 2009. 6. 9. 법률 제9754호로 개정되기 전의 것 또는 2009. 6. 9. 법률 제9754호로 개정된 것이지만, 문구의 개정일 뿐 내용에는 변화가 없다. 현행법은 다음과 같다.[4]

제88조(이하 생략, 이 책 471~472쪽 참고, 편집자 주)

Ⅲ. 주요 쟁점 및 결정요지

1. 선행결정

양심적 병역거부자들을 위한 대체복무제가 마련되지 않아 대체복무의 가능성이 없는 상황에서 이 사건 법률조항에 의해 일괄적으로 형사처벌을 하는 것이 양심의 자유를 침해하는 것이 아닌지가 주된 쟁점이 되었다. 특히 대체복무제도의 도입에 관한 입법자의 재량범위가 판단의 중심에 놓였고, 다수의견과 소수의견 사이에서는 심사기준에 관해 의견이 나뉘어졌다.

(1) 법정의견인 다수의견은 이 사건 법률조항에 의해 양심의 자유가 제한됨을 인정하였다. 즉 이 사건 법률조항은 형사처벌이라는 제재를 통하여 양심적 병역거부자에게 양심에 반하는 행동을 강요하고 있으므로 부작위에 의해 양심실현의 자유를 제한하는 규정이라고 보았다. 이 사건 법률조항의 위헌여부는 '입법자가 대체복무제도의 도입을 통하여 병역의무에 대한 예외를 허용하더라도 국가안보란 공익을 효율적으로 달성할 수 있는지'에 관한 판단의 문제로 귀결된다고 보았으며, 이 사건 법률조항에 의한 양심의 자유의 침해 여부에 대한 심사에서는 일반적인 비례의 원칙이 적용되지 않고 '입법자의 판단이 현저하게 잘못되었는가'를 심사하는 명백성의 통제에 그쳐야 한다고 보았다. 그 이유로는, 입법자가 양심의 자유로부터 파생하는 양심보호의무를 이행할 것인지의 여부 및 그 방법에 있어서 광범위한 형성권을 가진다는 점, 이 사건 법률조항을 통하여 달성하고자 하는 공익

---

4 이하 '이 사건 법률조항'이라고 한다.

이 '국가안보'라는 대단히 중요한 공익이고, 기본권행사의 강한 사회적 연관성이 인정된다는 점 등을 들었다. 법정의견은 이와 같은 완화된 기준에 의한 심사를 한 결과 이 사건 법률조항이 합헌이라는 결론에 도달하였으나, 입법자에게 대안마련 등으로 양심상 갈등을 완화하는 방안을 모색하도록 권고하였다.[5]

(2) 2인의 반대의견[6]은, 이 사건 법률조항이 양심의 자유를 침해하는 것으로서 위헌이라고 보았다. 반대의견은 우선 법정의견의 완화된 심사기준 적용에 동의하지 않고, 우열을 가리기 어려운 헌법가치들이 갈등관계에 있을 때 입법자는 각 헌법가치들이 공존하면서 최적의 상태로 실현되어 조화를 이룰 수 있는 방안을 찾고 충돌이나 갈등상황을 피할 수 있는 대안을 모색하여야 하며, 대안마련이 불가능하여 기본권을 제한할 수밖에 없는 경우에도 그 목적에 비례하는 범위 내의 제한에 그치지 않으면 안 될 것인데, 대안의 마련이 필요하고 가능함에도 불구하고 입법자가 이를 위해 최소한의 노력조차 하지 않았다면, 위와 같은 기본권 제한원리를 준수하였다고 할 수 없다고 하였다. 이와 같은 보다

---

5 한편, 적어도 보편타당성의 획득가능성과 형성의 진지함을 가진 양심이라야 헌법상 보호를 받으며, 보편타당성이 없을 때에는 헌법 제37조 제2항에 따라 제한될 수 있는데, 불의한 침략전쟁을 방어하기 위하여 집총하는 것을 거부하는 것은 보편타당성을 가진 양심의 소리라고 인정하기 어렵고, 이 사건 법률조항은 입영기피의 정당한 사유에 대한 의회의 재량범위를 넘었다고 볼 수도 없어서 양심의 자유의 본질을 침해한다고 할 수 없으므로 이 사건 법률조항이 양심의 자유를 침해한다고 할 수 없다고 한 권성 재판관의 별개의견, 헌법 제39조 제1항은 기본권 제한을 명시함으로써 기본권보다 국방력의 유지라는 헌법적 가치를 우위에 놓았다고 볼 수 있고 입법자는 국방력의 유지를 위하여 매우 광범위한 입법재량을 가지고 있으므로 헌법 제37조 제2항 및 과잉금지원칙이라는 심사기준은 적용될 수 없고, 따라서 이 사건 법률조항이 위헌이라고 판단되기 위해서는 입법자의 입법권한 행사가 정의의 수인한계를 넘어서거나 자의적으로 이루어져 입법재량의 한계를 넘어섰다는 점이 밝혀져야 하는데, 양심적 병역거부자에 대한 형벌이 자의적 입법이라고 할 수 없다고 한 이상경 재판관의 별개의견은 다수의견의 대안검토에 관한 권고를 반대하였다.

6 재판관 김경일, 재판관 전효숙.

강화된 기준을 적용하여 심사하면서 반대의견은, 양심적 병역거부자들이 현역집총병역에 종사하는지 여부가 국방력에 미치는 영향은 전투력의 감소를 논할 정도라고 볼 수 없고, 형사처벌이 이들 또는 잠재적인 양심적 병역거부자들의 의무이행을 확보하기 위해 필요한 수단이라고 보기 어렵다고 하였다. 또한 대체복무제의 설계여하에 따라 국방의무이행의 형평성을 기할 수 있고, 대체복무제를 시행한 여러 나라들의 경험에서 보듯이 엄격한 사전심사절차와 사후관리를 통하여 진정한 양심적 병역거부자와 그렇지 않은 자를 가려내는 것이 가능하며, 현역복무와 이를 대체하는 복무의 등가성을 확보하여 현역복무를 회피할 요인을 제거한다면 병역기피 문제도 효과적으로 해결할 수 있다고 하면서, 입법자가 이러한 사정을 감안하여 양심적 병역거부자들에 대하여 어떠한 최소한의 고려라도 한 흔적을 찾아볼 수 없으므로 이는 헌법 제37조 제2항의 기본권 제한의 한계를 지키지 못하여 양심의 자유를 침해한다고 하였다.

2. 이 사건 결정

이 사건에서도 대체복무제를 마련하지 않은 채 이 사건 법률조항에 의해 양심적 병역거부자를 처벌하는 것이 양심의 자유를 침해하는지 여부가 주요 쟁점이 되었고, 더불어 국제법 존중의 원칙을 선언하고 있는 헌법 제6조 제1항에 위반되는지 여부도 다루어졌다.

이 사건 법률조항이 '양심에 반하는 행동을 강요당하지 아니할 자유', 즉, '부작위에 의한 양심실현의 자유'를 제한한다는 점에 대해서는 선행결정의 판단이 유지되었고, 이 점에 대해서는 재판관들 사이에 이견이 없었다.

(1) 법정의견인 다수의견은 종전과 같이 이 사건 법률조항이 합헌이라고 판단하였다.

1) 선행결정과는 달리 심사기준은 비례의 원칙이 적용되어야 한다

고 하였다. 즉 법정의견은, 인간의 존엄과 가치와 직결되는 양심의 자유와 국가의 존립과 안전을 위한 불가결한 헌법적 가치를 담고 있는 국방의 의무가 충돌하는 이와 같은 사건에서 국가권력은 양 가치를 양립시킬 수 있는 조화점을 최대한 모색해야 하고, 그것이 불가능해 부득이 어느 하나의 헌법적 가치를 후퇴시킬 수밖에 없는 경우에도 그 목적에 비례하는 범위 내에 그쳐야 한다고 하면서, 심사기준으로서는 비례의 원칙이 적용되어야 한다고 하였다.

그러나 법정의견은 비례의 원칙에 따라 심사를 하여도 심판대상조항이 양심의 자유를 침해하지 않는다는 결론에 도달했다. 양심적 병역거부자에 대하여 대체복무제를 도입하지 않은 채 형사처벌 규정만을 두고 있는 것이 최소침해 원칙에 반하는지 여부는 결국 '대체복무제를 허용하더라도 국가안보라는 중대한 공익의 달성에 아무런 지장이 없는지 여부'에 대한 판단의 문제로 귀결된다고 보았다. 그리고 이러한 판단으로 나아가, 남북이 대치하고 있는 우리나라의 특유한 안보상황, 대체복무제 도입시 발생할 병력자원의 손실 문제, 병역거부가 진정한 양심에 의한 것인지 여부에 대한 심사의 곤란성, 사회적 여론이 비판적인 상태에서 대체복무제를 도입하는 경우 사회 통합을 저해하여 국가 전체의 역량에 심각한 손상을 가할 우려가 있는 점 등을 고려할 때 대체복무제를 허용하더라도 국가안보와 병역의무의 형평성이라는 중대한 공익의 달성에 아무런 지장이 없다는 판단을 쉽사리 내릴 수 없으므로 최소침해성 원칙에 반하지 않는다고 하였다. 또 법익의 균형성에 관해서는, 이 사건 법률조항이 추구하는 공익은 '국가안보' 및 '병역의무의 공평한 부담'이라는 중대한 공익이고, 병역의무의 공평한 부담의 관점에서 볼때 양심실현을 위한 병역의무 이행의 거부가 타인과 사회공동체 전반에 미치는 파급효과가 대단히 큰 점 등을 고려해 볼 때 이 사건 법률조항이 법익균형성을 상실하였다고 볼 수 없다고 하였다.

2) 이 사건 법률조항에 의하여 양심적 병역거부자를 형사처벌하는 것이 헌법 제6조 제1항에 위반되는지 여부에 관해서는, 우리나라가 1990년 4월 10일 가입한 시민적·정치적 권리에 관한 국제규약(International Covenant on Civil and Political Rights: ICCPR)[7]에 따라 바로 양심적 병역거부권이 인정되거나 양심적 병역거부에 관한 법적인 구속력이 발생한다고 볼 수 없고, 양심적 병역거부가 '일반적으로 승인된 국제법규'로서 우리나라에 수용될 수도 없으므로, 이 사건 법률조항에 의하여 양심적 병역거부자를 형사처벌한다고 하더라도 국제법 존중의 원칙을 담은 헌법 제6조 제1항에 위반된다고 할 수 없다고 하였다.[8]

(2) 2인의 반대의견[9]은 선행결정의 반대의견과는 달리 이 사건 법률조항 본문 중 '정당한 사유'에 양심에 따른 병역거부가 포함되지 않는 것으로 해석하는 한 헌법에 위반된다는 한정위헌의 의견이다.

반대의견은, 이 사건 법률조항에 의해 양심의 자유와 국방의 의무라는 헌법적 가치가 상호 충돌하고 있으므로 규범조화적 해석의 원칙에 의하여 이를 해결해야 할 것이므로 이 사건 법률조항의 '정당한 사유'

7 이하 '자유권규약'이라고 한다.

8 그 외, 병역의무의 이행에 따른 손실의 보상 등이 전혀 이루어지지 않는 현재의 상황에서 양심의 자유에 의한 대체복무를 허용하는 것은 국민개병 제도에 바탕을 둔 병역제도의 근간을 흔들 수 있고 사회 통합을 저해하여 국가 전체의 역량에 심각한 손상을 가할 수 있으므로 병역의무 이행에 대한 합당한 손실전보 등 군복무로 인한 차별을 완화하는 제도가 마련되지 않는 한 양심적 병역거부자를 처벌하는 이 사건 법률조항은 헌법에 위반되지 않는다는 목영준 재판관의 보충의견과, 이 사건 법률조항은 국방의 의무 부과에 관한 것이므로 기본의무 부과의 위헌심사기준에 따라 그 위헌성을 심사하여야 할 것인데, 부과 내용이 기본의무를 부과함에 있어 입법자가 유의해야 하는 여타의 헌법적 가치를 충분히 존중한 것으로서 합리적이고 타당하며 부과의 공평성 또한 인정할 수 있으므로, 불가피하게 동반되는 기본권 제한의 점은 따로 심사할 필요 없이 헌법에 위반되지 않는다고 한 김종대 재판관의 별개의견이 있다.

9 재판관 이강국, 재판관 송두환.

는 진지하고 절박한 양심을 결정한 사람들의 양심의 자유와 국방의 의무라는 헌법적 가치가 비례적으로 가장 잘 조화되고 실현될 수 있는 조화점을 찾도록 해석하여야 할 것인데, '정당한 사유'에 종교적 양심상의 결정에 의하여 병역을 거부한 행위는 포함되지 아니한다고 해석하여 절대적이고 진지한 양심의 결정에 따라 병역의무를 거부한 청구인들에게 1년 6개월 이상의 징역형이라고 하는 무거운 형벌을 부과하는 것은 인간으로서의 존엄과 가치를 심각하게 침해하는 것이고, 나아가 형벌부과의 주요근거인 행위와 책임과의 균형적인 비례관계를 과도하게 일탈한다고 하였다.

반대의견은, 양심적 병역거부자들에 대한 형사처벌이 정당화되기 어렵다는 주장의 근거로, 양심적 병역거부행위는 국가공동체가 동원할 수 있는 가장 강력한 수단인 형벌권을 직접 바로 발동하고 엄격하게 제재하여야 할 정도의 국가·사회적인 악행이라고 하기 어렵고, 형사처벌의 목적인 일반예방이나 특별예방 등 형벌의 목적도 달성할 수 없다는 점을 들었다. 그리고 대체복무제의 실현가능성에 대해서는, 양심적 병역거부자들에 대한 대체복무제를 운영하고 있는 많은 나라들의 경험을 살펴보면, 대체복무제가 도입될 경우 사이비 양심적 병역거부자가 급증할 것이라고 하는 우려가 정확한 것이 아니라는 점을 알 수 있으며 엄격한 사전심사와 사후관리를 통하여 진정한 양심적 병역거부자와 그렇지 못한 자를 가려낼 수 있도록 대체복무제도를 설계하고 운영하면서 양심적 병역거부자들에게 국가·공공단체 또는 사회복지시설 등에서 공익 목적에 필요한 지원업무를 수행하도록 하거나 전문적인 지식과 능력을 가진 경우 이를 활용하여 국가·사회에 기여할 수 있는 기회를 부여함으로써 이들을 건전한 국가구성원으로 받아들일 수 있게 된다면 우리사회의 동화적 통합을 위해서도 유익할 것이고, 더 나아가 넓은 의미에서의 국가안보와 우리나라에서의 자유민주주의의 확립과 발전에도 도움이 될 것이라고 하였다.

IV. 분석 및 평가

1. 논증방법에 대한 검토

1) 논거제시의 정확성·구체성 부족

전술한 바와 같이 선행결정의 법정의견은 양심의 자유를 제한함에 있어서는 일반적인 비례의 원칙이 적용되지 않으며, 입법자가 양심의 자유로부터 파생하는 양심보호의무를 이행할 것인지의 여부 및 그 방법에 있어서 광범위한 형성권을 가진다고 보고, 이러한 기본권행사의 강한 사회적 연관성 때문에도 명백성통제에 그칠 수밖에 없다고 하였다. 선행결정 후 이러한 심사기준에 대해서 비판이 제기되기도 했다.[10] 이 사건 결정에서는 선행결정의 법정의견과는 달리 비례의 원칙을 적용하였다. 양심적 병역거부문제는 대표적인 소수자 보호의 문제이자 근본적 중요성을 갖는 정신적 자유의 제한에 관한 문제이므로 광범위한 입법재량을 인정할 수 없다. 더욱이 그동안의 인류의 집단적 경험에 의해 이 문제는 '군복무의 형평성을 저해하지 않고 국가안보에 지장을 주지 않는 대체복무제의 시행가능성'으로 문제가 구체화되어 있으므로 추상적인 '사회적 관련성'을 사법심사의 기준을 대폭 완화하는 이유로 들 수도 없다고 본다. 그러므로 이 사건 결정에서 엄격한 심사기준이 적용된다고 판단한 것은 타당하다.

그러나 실질적으로 선행사건보다 엄격한 심사기준이 적용되었는지

---

10 그 예로, 이준일, 『헌법학강의』제4판, 홍문사, 2011, 486쪽은, 양심적 병역거부 문제를 양심의 자유와 공익의 형량의 문제로 구성한 헌법재판소의 견해에 원칙적으로 동의하지만, 선행결정에서 양심의 자유의 경우 형량의 과정을 양자택일로 구성한 것은 대체복무제가 양심의 자유와 공익을 합리적으로 형량한 결과이지 양자택일적 정책이 아니므로 타당하지 않고, 선행결정 법정의견이 국가안보라는 공익의 중대성이 더 크다고 판단하면서 그 근거로 입법자의 형성의 자유만을 고려한 것도 모든 가치나 이익을 동시에 고려하여야 한다는 점에서 타당하지 않다고 비판하였다.

는 의문이다. 쟁점을 확정하고 논거를 제시하는 과정에서 법정의견은 검토범위를 정확하게 설정하지 않거나 보다 구체적 수준에서 검토할 수 있는 문제임에도 추상적 차원에서 개략적으로 검토하였기 때문이다. 이하 법정의견의 중심적 부분인 침해의 최소성에 대한 판단을 분석하여 본다.

(1) "형사처벌의 정당성"에 대한 판단

법정의견은 침해의 최소성을 판단하면서 도입부에 "병역의무부담의 형평을 유지하면서도 개인의 양심을 지켜줄 수 있는 수단 즉, 양심과 병역의무라는 상충하는 법익을 이상적으로 조화시키는 방안으로 대체복무제가 논의되고 있으므로 양심적 병역거부자에게 대체복무제를 허용하더라도 국가안보란 중대한 공익의 달성에 지장이 없는지 여부도 판단되어야 한다."고 언급하였으나 "형사처벌의 필요성"이라는 항목에서 "복무여건이 위험하고 열악하면 할수록 그 의무이행을 회피하는 행위에 대하여 강력한 제재가 사용될 수밖에 없다.…… 병역기피를 방지하고 군 병력을 일정 수준으로 유지시켜 국가를 방위하려면 병역기피 행위에 대한 일반적 강제수단으로서의 형사처벌은 불가피하다고 할 것이다."라고 하였다. 그러나 여기서 문제되는 것은 병역기피자가 아니라 '양심적 병역거부자'에 대해 형사처벌을 하여야 하는지 여부이며 (2인의 반대의견은 이에 대해 부정적 의견이다) 더 정확하게 말하자면 '대체복무제를 두지 않은 채 양심적 병역거부자를 형사처벌하여야 하는가'이다. 물론 법정의견은 곧이어 대체복무의 도입가능성을 부정적으로 검토하고 있으므로 대체복무제를 둘 수 없고, 또 양심적 병역거부자에 대한 형사처벌이 불가피하다는 의미로 위와 같이 판시한 것으로 볼 수 있으나, 적어도 반대의견에서 양심적 병역거부자에 대한 형사처벌의 과도성, 형벌목적 달성의 어려움을 주장하고 있으므로 이에 대한 구체적 의견이 표명되었어야 한다.

(2) 대체복무제의 도입가능성 중 우리나라의 안보상황에 관한 판단

법정의견은 대체복무제의 도입가능성을 검토하면서 우리나라의 안보상황에 대해 "우리나라의 특유한 안보상황을 고려할 때, 다른 나라에서 이미 대체복무제를 시행하고 있다는 것이 우리나라에도 대체복무제를 도입하여야 하는 근거가 될 수 없을 뿐 아니라, 오히려 주관적인 사유로 병역의무의 예외를 인정하는 대체복무제를 도입하는 경우 국민들 사이에 이념적인 대립을 촉발함으로써 우리나라의 안보상황을 더욱 악화시킬 우려가 있다는 점을 심각하게 고려하여야 한다."라고 하였다. 그러나 대체복무제를 도입·시행한 다른 나라들에서도 국가안보의 우려가 없었던 것이 아님을 고려할 때[11] 우리나라 안보상황의 특유성은 결국 안보에 대한 경각심을 요하는 정도가 그 중에서도 높다는, 정도의 문제가 될 수 있을 뿐이다. 우리의 분단 상황은 대체복무제 시행에서 병역기피를 방지하고 안보에 위험을 야기하지 않는 구체적 시행방법의 중요성을 강조할 근거가 되기는 하나, 다른 나라에서의 성공적 시행례가 대체복무제 도입의 근거로 제시될 수 없다고는 할 수 없을 것이다. 대체복무제의 도입가능성을 긍정적으로 보는 견해는 이론적으로 대체복무의 강도나 복무기간을 현역복무와의 형평성을 충분히 확보할 수 있는 정도로 설정하여 병역의무 기피를 방지할 수 있다는 주장과 병행하여 실제로도 이를 시행하여 성공한 사례가 있음을 주장하며, 선행결정과 이 사건 결정의 반대의견에서도 이러한 주장을 하였다. 안보상황의 심각성 정도에는 차이가 있겠지만 개인에게 막대한 부담과 사실상의 희생을 요구하는 병역의무 이행을 회피하려는 욕구는 보편적일 것이므로, 대체복무를 설계하고 시행함에 있어 병역회피를 방지하고 제도의 목적을 달성하는 설계는 필수적인 것이고, 이는 제도의 존속을 좌우하는 것이다. 그러므로 외국에서 성공적으로 시행한 사례가 있다면 이는 대체복무제의 도입가능성과 관련하여 진지한

---

11 세상에 참 평화는 없다. 유럽 여러 나라들은 제1, 2차 대전을 겪은 직후 대체복무제를 도입하였다.

검토의 대상이 되어야 할 것이며 국가안보의 심각성 정도에 차이가 있다고 하여 "근거가 될 수 없다"고 배척할 수는 없다. 선행결정에서 대체복무제 도입의 선행조건으로 '남북한 관계의 평화공존관계 정착'을 언급한 것에 대해서도 같은 지적을 할 수 있다.

또한 대체복무제 도입 시 국민들 사이에 "이념적 대립"을 촉발시킬 수 있다고 하는데, 어떤 이념적 대립을 말하는지에 대한 설명은 없다. 사회적 공감대 형성이 이루어지지 않을 경우 병역기피자가 증가하여 안보에 문제가 생길 수 있다고 보는 시각이라면 이는 후술하는 "사회적 공감대"의 미형성을 이유로 한 논거의 부적정성과 같은 문제점을 가지고 있다.

(3) 대체복무제 도입 시 병력자원의 손실에 대한 판단

법정의견은 대체복무제 도입 시 인적 병력자원의 손실이 국가안보에 지장을 줄 우려가 있다고 판단한 부분에서 "양심적 병역거부자가 전체 정원에서 차지하는 비중이 미미할 뿐만 아니라 오늘날의 국방력은 전투력에 의존하는 것만도 아니고, 현대전은 정보전·과학전의 양상을 띠어 인적 병력자원이 차지하는 중요성은 상대적으로 낮아졌으므로 대체복무제를 도입하더라도 국가안보에는 지장이 없다는 주장이 있다.…… 이 사건 법률조항은 병역기피자들에게 형벌을 부과함으로써 양심적 병역거부자의 양산을 억제하는 역할을 담당해 왔고, 비록 현 단계에서 양심적 병역거부자가 전체 현역복무 인원에서 차지하는 비중이 크지 않다고 하더라도 대체복무제를 도입하여 형벌을 과하지 않는다면 양심적 병역거부자들과 양심을 빙자한 병역기피자들이 급증할 가능성이 있으며, 이는 남·북한 간의 군사적 긴장상태가 고조될 경우 더욱 그러할 것으로 예상된다."고 하였다. 그러나 병역거부자나 병역기피자들이 급증할 가능성에 대한 우려는 전술한 바와 같이 대체복무제의 설계와 시행의 방법문제로 돌아간다. 그리고 대체복무제를 두지 않은 채 형사처벌을 하고 있는 현재로서는 양심적 병역거부자들이 군복무를 하지 않을 뿐 아니라 간접적으로도 국방에 기여할 수 없으므로 인적 병력자원에 그만큼의 손실이 상존하고 있다는 점 또한 감안되어야 한다. 또 대체복무제를 두는 경우에도 대체복무 요건을 갖추지 못하면서 병역의무를 기피하는 자에 대한 형사처벌 조항은 여전히 두어야 할 것이다. 결국 법정의견은 이론적으로 가능하고 외국에서 성공적으로 시행한 사례들이 있음에도 불구하고 인력자원의 손실이 없는 대체복무제의 설계가 불가능하다는 주장이다. 그러나 그 구체적 논거는 제시되지 않았다.

(4) 대체복무제도 시행 시 심사의 곤란성에 대한 판단

법정의견은 "지금까지 양심적 병역거부를 주장하는 자의 대부분은 '여호와의 증인' 신도였으므로 그간의 종교 활동을 근거로 양심적 병역거부자와 병역기피자를 어렵지 않게 구분할 수 있을 것으로 보이나, 병무비리 사건에서 볼 수 있듯이 병역을 기피하기 위하여 불법행위까지 불사하는 풍조를 고려하면 현역복무 기피를 위하여 '여호와의 증인' 신도로 개종을 하는 사람들이 나오지 않으리라는 보장이 없고, 다른 한편, 양심의 자유에서 보장하는 양심이 반드시 종교적인 신념에 기초한 것을 요하지 않으므로 자신의 윤리적·사상적 확신에 기초한 양심적 병역거부를 주장할 경우 인간의 내면에 있는 신념을 객관적 기준을 가지고 판단하기 곤란하다는 문제가 있다. 더구나 양심을 가장한 병역기피자의 경우 심사단계에서 요구하는 객관적 기준들을 충족한 듯한 상태에서 대체복무를 요구할 것이므로 심사단계에서 이들을 가려내는 것은 쉽지 않은 일이다."라고 하여 대체복무제 실시에 대한 부정적 결론을 뒷받침하는 논거로 심사의 곤란성을 든다.

그러나 이 또한 구체성이 부족한 논거이다. 객관적 기준의 제시만으로 주관적 요건을 판단하므로 어려움이 있을 것이나, 현역복무와의 형평성을 확보할 수 있는 설계로 양심적 병역거부자임을 가장하여 대체복무를 하려는 동기를 없앨 수 있다는 주장이 많이 제시되었고, 여러 나라에서 장기간 시행한 경험이 있으므로, 우리나라에서는 허위의 자료를 제시하여 대체복무를 선택하려는 자가 증가하리라는 주장에 대한 보다 실증적이고 구체적인 근거가 더 제시되었어야 한다.

2) 사회적 공감대가 형성되지 않았다는 논거의 부적정성

법정의견은 대체복무제의 시행에 공감하지 않는 현재 또는 장래의 우리 사회의 여론이 대체복무제의 순조로운 시행을 저해하는 요소가 될 것이라고 보아 이를 대체복무제의 시행가능성을 부정적으로 보는 논거로 제시하였다. 즉, "사회 통합의 문제"를 검토하면서 "대체복무제의 도입에 관한 사회적 여론이 여전히 비판적임에도 병역의무에 대한 예외를 허용함으로써 의무이행의 형평성 문제가 사회적으로 야기된다면 대체복무제의 도입은 사회 통합을 저해하여 국가 전체의 역량에 심각한 손상을 가할 수 있고, 나아가 국민개병제도에 바탕을 둔 병역제도의 근간을 흔들 수도 있다."고 판시하였다. 선행결정에서도 사회공동체 구성원의 공감대 형성을 대체복무제 실시를 위한 선행조건의 하나로 들었고, 이 사건 결정의 법정의견에서는 이러한 조건이 충족되지 않았다고 하였다.

관용하지 않는 다수 여론의 방향을 돌릴 여지가 없거나 매우 어렵다면 이는 국가에 의한 소수의 양심보호를 부득이하게 불가능하게 하는 객관적 사정으로 감안할 수도 있을 것이다. 그러나 국가가 이를 양심보호를 거절하는 이유로 드는 것, 특히 사법심사에서 이를 논거로 채용하는 데는 신중을 기하여야 한다. 기본권보장의무가 있는 국가로서는 이를 보장하는 방법을 모색할 의무가 있으므로, 양심적 병역거부에서 문제되는 양심이 인간의 존엄과 가치 보장과 밀접한 관련이 있음에도 양심적 병역거부자에게 대체복무의 가능성이 주어지지 아니한채 형벌이라는 가장 침해적인 처분이 부과되고 있는 이와 같은 경우 다수의 여론이 장애가 된다면 다수를 설득하려는 노력 또한 동반되어야 하기 때문이다. 대안마련을 통해 국방의 의무 이행에서 요구되는 형평성을 기할 수 있으며 이는 인류의 집단적 경험에 의해 가능한 것으로 밝혀지고 있다. 특히 양심적 병역거부 문제는 대표적인 소수자 보호의 문제로서 사회에서의 다수여론의 지지를 받기 어렵고, 의회에서도 그 입장이 충분히 대변되기 어려우므로, 소수자 보호의 임무를 띤 사법기관으로서는 기존의 다수의 여론을 소수보호를 거절하는 논거로서 원용하는 것은 자제하여야 할 것인바, 그럼에도 이를 원용하려면 보다 구체적이고도 충분한 논거제시가 필요하다. 더욱이 감옥에 있는 양심적 병역거부자의 수가 가장 많다고 하는 우리나라에서도 다년간의 공론화 과정을 통해 소통의 폭이 확대되어 왔고 입법을 통한 제도화의 노력도 꾸준히 이어져 온 상황이다.[12] 대체복무제를 반대하는 여론이 그 여론 자체에 기인하는 장애요소 외에 독자적인 헌법상의 근거를 가지고 있다면 그러한 근거만으로 대체복무제는 불가할 것이고, 오해나 관용의 부족이 현실적으로 대체복무제의 실행을 저해하는 요소가 된다면, 보다 많은 이해와 소통이 필요할 것인데, 이때 설명을 하고 다수를 설득하는 것은 소수자의 기본권 보호를 주요 임무로 하는 헌법재판소의 의무에 속한다.

2. 인권조약의 효력과 헌법해석에 관한 문제

1) 양심적 병역거부에 관한 유엔인권위원회의 결의, 자유권규약위원회의 의견 및 유럽인권재판소의 결정례[13]

(1) 유엔인권위원회의 결의와 자유권규약위원회의 의견

양심적 병역거부에 관해서는 위에서 살펴본 쟁점 외에도 양심적 병역거부를 처벌하는 것이 우리나라가 1990년에 가입한 자유권규약 제18조에 규정된 양심의 자유[14]를 침해함으로써 국제법 존중원칙을 담은 헌법 제6조 제1항을 위반하는 것이 아닌가 하는 문제가 제기되었다.

---

12 김수정, 「양심적 병역거부의 실태와 현황-지난 10년을 중심으로-」, 서울대공익인권법센터, 건국대공익인권법센터, 대한변협인권위원회 주최(2012. 5. 11.) (이 책 127쪽 이하 참조, 편집자 주).

13 이 부분은 앞의 『헌법재판주요선례연구』 1에 게재된 필자 작성 「양심의 자유」 중 같은 주제의 서술을 수정·보완한 것이다.

14 사상, 양심 및 종교의 자유를 규정하였다. 그 내용에 대해서는 이 사건 결정에서도 소개하고 있다.

선행결정에서 반대의견이 국제법규측면에서도 양심적 병역거부를 인정할 필요성이 높다고 하면서 자유권규약에 대해 언급하였으나, 법정의견은 이 문제에 대해 판단하지는 않았다. 이 사건 결정의 법정의견에서는 자유권규약위반으로 헌법 제6조 제1항에 반하는지 여부에 대한 판단을 하였는데, ① 자유권규약에 따라 바로 양심적 병역거부권이 인정되거나 양심적 병역거부에 관한 법적인 구속력이 발생한다고 보기 곤란하고, ② 양심적 병역거부권을 명문으로 인정한 국제인권조약은 아직까지 존재하지 않으며, 유럽 등의 일부국가에서 양심적 병역거부권이 보장된다고 하더라도 전 세계적으로 양심적 병역거부권의 보장에 관한 국제관습법이 형성되었다고 할 수 없어 양심적 병역거부가 일반적으로 승인된 국제법규로서 우리나라에 수용될 수는 없으므로, 이 사건 법률조항에 의하여 양심적 병역거부자를 형사처벌한다고 하더라도 국제법 존중의 원칙을 선언하고 있는 헌법 제6조 제1항에 위반된다고 할 수 없다고 판시하였다.

법정의견에서도 밝혔듯이, 유엔인권위원회(UN Commission on Human Rights)[15]는 양심적 병역거부권을 보장하지 않는 국가들에 대해, 양심적 병역거부자들의 신념을 차별하지 말고, 징벌적인 성격을 띠지 않는 대체복무제를 실시하라고 권고하였다. 우리나라는 1993년의 결의 이후 여러 차례 결의에 참여하였다.[16] 또한 자유권규약의 이행·준수를 감독하는 자유권규약위원회(UN Human Rights Committee)는 1993년 7월 20일 일반논평 제22호에서 자유권규약 제18조로부터 양심적 병역거부권이

---

15 경제사회이사회 산하에 있던 유엔인권위원회의 기능은 2006년 6월 신설된 유엔총회 산하의 유엔인권이사회(United Nations Human Rights Council, UNHRC)가 이어받았다.

16 양심적 병역거부 관련 국제인권법, UN권고 등에 관해서는 이재승, 「양심적 병역거부를 처벌하는 병역법의 위헌심판사건 참고인 의견서」, 『민주법학』 45, 2011, 304쪽 이하(이 책 262쪽 이하 참조, 편집자 주); 장복희, 「양심적 병역거부에 관한 국제인권법과 UN권고」, 서울대공익인권법센터, 건국대공익인권법센터, 대한변협인권위원회 주최 2012. 5. 11. 한국병역거부공론화10년 학술토론회 자료집 13쪽 이하(이 책 353쪽 이하 참조, 편집자 주); 김수정, 앞의 글 참조.

도출된다고 해석한 바 있고, 2006년에는 우리 국민인 양심적 병역거부자 2인이 제출한 개인청원에 대한 의견에서, 우리나라가 자유권규약 제18조에 의해 보장되는 권리를 침해하였다고 확인하였다.[17] 우리 정부는 국방력 약화와 사회통합의 저해를 대체복무제를 둘 수 없는 이유로 주장하였으나, 같은 위원회는 양심실현을 보장하는 것이 다원사회에서의 통합을 위한 중요한 요소이며, 국민개병제하에서도 형평성을 저해하지 않는 대체복무제의 실시가 가능하다고 하면서 위 주장을 받아들이지 않았다.

자유권규약위원회는 후속 개인청원들에서도 같은 견해를 유지하였고,[18] 최근 여호와의 증인인 2인의 터키국민이 양심적 병역거부로 인해 처벌을 받게 되자 터키정부를 상대로 제기한 개인청원에서도 터키정부가 위 터키국민들의 양심의 자유를 침해하였다고 판단하였다.[19] 이 의견에서 자유권규약위원회는, 과거에는 같은 위원회가 자유권규약 제8조에서 "양심적 병역거부가 인정되는 나라에서" 양심적 병역거부자들이 제공하는 국가에 대한 복무는 강제노역에 해당하지 않는다고 한 규정이 제18조에서 양심적 병역거부권을 구체적으로 부여하는 것은 아니라는 해석을 뒷받침한다고 보았으나,[20] 그 후 제8조의 위 규정이 다른 맥락에서 양심적 병역거부권을 뒷받침하지도, 배제하지도 않으므로, 사상, 양심, 종교의 자유 보장과 충돌되지 않는다고 보게 되었다고 설명하였다. 그리고 일반논평 제22호에서 밝혔듯이 제18조에서 보장되는 양심의 자유는 제4조에서 규정하듯 위급한 경우에도 훼

---

17 Communications nos. 1321/2004 and 1322/2004, U.N. Doc. CCPR/C/88/D/1321-1322/2004, 23 January 2007. (2006. 11. 3. 채택 의견)

18 이재승, 앞의 글, 326쪽과 오두진·이하나, 「양심적 병역거부와 인권」, 『2011 인권보고서』, 대한변호사협회, 2012, 370쪽 참조. 같은 글에 따르면 우리나라 법원이나 헌법재판소에서 양심적 병역거부를 인정하지 아니하므로 향후로도 이러한 청원이 제출될 것이라고 한다.

19 Communications nos. 1853/2008 and 1854/2008, U.N. Doc. CCPR/C/104/D/1853-1854/2008, 3, April 2012(2012. 3. 29. 채택 의견).

20 CCPR/C/25/D/185/1984, Inadmissibility decision of 9 July 1985.

손될 수 없는 근본적 성격을 갖는다고 하면서, 자유권규약이 양심적 병역거부권을 명시하고 있지는 않지만 이는 제18조의 양심의 자유로부터 도출된다고 다시 확인하였다. 그리고 국가는 이들에게 병역의무 이행을 강제할 수 없지만 형벌의 성격을 띠지 않는 민간 대체복무를 하게 할 수 있으며 이 복무는 공동체를 위한 실질적 서비스이자 인권 존중과 양립될 수 있는 성격이어야 한다고 하였다.[21]

우리 정부는 2008년 유엔인권이사회의 보편적정례검토(Universal Periodic Review)에서 사회복무제를 도입하여 이 문제를 해결할 계획이라는 입장을 표명하였다.[22]

(2) 유럽인권재판소의 결정 등

유럽인권재판소(European Court of Human Rights) Grand Chamber의 2011년 7월 7일 결정[23]에서는 아르메니아 국민인 신청인이 여호와의 증인 신자로서 형성된 양심에 기하여 입영을 거부하였다는 이유로 신청인을 형사처벌한 것은 사상, 양심, 종교의 자유를 보장하는 유럽인권협약 제9조[24]를 위반한 것이라고 확인하고, 아르메니아 정부에게 배상을 명하

---

21 터키정부는 자유권규약 제18조 제3항에 근거하여 공익이나 공공의 안전을 이유로 한 양심의 자유의 제한가능성을 주장하였으나, 같은 위원회는 위와 같이 양심적 병역거부자에게 병역의무이행을 강제할 수 없다고 판단하였다. 한편 이 의견에는 같은 위원회가 최상위 권리라고 보는 자유권규약 제6조의 생명권과의 관련 하에서 제18조에서 도출되는 양심적 병역거부권은 같은 조 제3항의 공익을 이유로 한 제한규정도 적용되기 어렵다거나(Sir Nigel Rodley 외 2인 의견), 제4조가 규정하듯 훼손이 불가하므로 제18조 제3항에 의한 제한도 불가하다는(Mr. Faian Omar Salvioli의 의견) 동조의견이 제시되었다.

22 이재승, 앞의 글, 327쪽과 같은 쪽 각주58 참조.

23 *CASE OF BAYATYAN v. ARMENIA*, Application no. 23459/03.

24 그 내용은 아래와 같으며 자유권규약 제18조와 유사하다. 그리고 자유권규약과 마찬가지로 양심적 병역거부권을 명시하고 있지는 않다.
"1. Everyone has the right to freedom of thought, conscience and religion; this right includes freedom to change his religion or belief and freedom, either alone or in community with others and in public or private, to manifest his religion or belief, in worship, teaching, practice and observance.
2. Freedom to manifest one's religion or beliefs shall be subject only to such

였다.[25] 유럽인권협약 제9조는 사상, 양심, 종교의 자유를 보장하는 규정으로서 그 내용이 자유권규약 제18조와 대동소이하며, 역시 양심적 병역거부권을 명시하고 있지 않다. 그러나 같은 결정에서 유럽인권재판소는, 양심의 자유의 실효성과 양심적 병역거부에 관한 보편적 인권기준에 비추어 양심적 병역거부권이 제9조에 의해 도출된다고 해석하고, 양심의 자유의 제한가능성을 인정하되 종교적 다원성을 심사의 중요 기준으로 보아 정부 측에 무거운 입증책임을 부과하였다. 즉, 유럽인권협약 제9조 제2항은 신앙이나 신념의 실현(manifestation)에 관한 제한은 공공의 안전, 공적 질서, 보건, 도덕, 타인의 권리 및 자유의 보호를 위해 법률로 할 수 있다고 규정하고 있는데, 이러한 제한여부나 그 정도에 관한 각국의 판단은 존중된다고 하면서도, 한편으로 같은 재판소가 제한의 한계를 지켰는지 심사할 권한이 있으며, 이때 민주주의 국가의 존속에 핵심적 요소인 종교적 다원성에 비추어 심사를 한다고 하였다.[26] 또한 유럽연합 회원국 중 강제징집제를 두고 있는 국가 다수가 양심적 병역거부자를 위한 제도를 마련하고 있음을 고려할 때 회원국이 양심적 병역거부를 인정하지 않기 위해서는 분명하고 절박한 이유가 있어야 하며, 압도적인 사회적 필요("pressing social need")가 있음을 증명하여야 한다고 하였다.[27]

그리하여 이 결정은 양심적 병역거부자를 위한 제도의 보편화경향

---

limitations as are prescribed by law and are necessary in a democratic society in the interests of public safety, for the protection of public order, health or morals, or for the protection of the rights and freedoms of others."

25 이 결정 전에 같은 재판소는 대체복무를 강제노역으로 보지 않는다고 규정한 같은 협약의 강제노역금지 조항(제4조의 § 3 (b))에 비추어 양심적 병역거부가 협약 제9조부터 당연한 권리로서 도출되지는 않는다는 취지의 해석을 해왔으나, 이 결정에서는 견해를 바꾸어, 강제노역금지 조항은 양심적 병역거부 인정여하와 무관하여 제9조에 따른 권리인정에 영향을 미치지 않는다고 하면서 제9조로부터 양심적 병역거부의 권리가 도출된다고 해석하였다(단락번호 100). 이는 자유권규약 위원회가 자유권규약 제18조에서 양심적 병역거부권을 도출하게 된 전술한 해석과 유사하다.

26 단락번호 122.
27 단락번호 123.

을 참고하면서,[28] 기본권의 실효적 보호를 위해 양심적 병역거부를 인정하여야만 하며, 양심과 신앙에 기초하여 병역거부를 하는 자에 대해 아무런 대안을 마련하지 않았다면 형사처벌이 민주사회에서 불가피한 수단이라고 말할 수는 없으며, 공익과 개인의 자유 사이에 균형이 갖추어지지 않은 것이라고 판단하였다.[29] 또한 같은 재판소는 병역의무에서의 형평성의 중요성과 양심적 병역거부자인지 여부에 대한 판정의 어려움을 인정하면서도, 이 사건 신청인이 여호와의 증인 신도로서의 진지한 신앙에 기하여 병역거부를 하였다는 점, 그리고 민간복무에 종사할 의사를 표명한 점을 들어 양심적 병역거부자로 인정하는 데 문제가 없다고 보았다.

유럽인권재판소의 후속결정들에서도 위 결정을 따르고 있다.[30]

한편, 2009년 12월 1일 발효된 리스본 조약에 의해 유럽연합 회원국에 구속력을 가지게 된 유럽연합 기본권헌장은 제10조 제2항에서 "양심적 병역거부권이 인정되며, 이 권리의 행사는 각국의 국내법에 따른다"고 규정하였다.[31] 그리고 최근 유럽평의회 인권판무관은 양심적 병역거부권은 인간의 권리로서, 이제 유럽 내에서는 양심적 병역거부가 인정되어야 한다는 것이 확립된 기준이라고 하면서, 징병제 국가에서

---

28 강제징집제를 둔 유럽연합 회원국 다수가 양심적 병역거부자를 위한 대체복무제 등을 마련하고(아르메니아 역시 이 결정 당시에는 그 대열에 동참하였다), 다른 주요 민주주의국가에서도 양심적 병역거부를 인정한다는 점, 그리고 앞에서 본 유엔인권위원회의 결정 등을 참고하였다.

29 단락번호 124.

30 2011. 11. 22. *CASE OF ERÇEP v. TURKEY*(Application no. 43965/04) 결정, 2012. 1. 10. *CASE OF BUKHARATYAN v. ARMENIA*(Application no. 37819/03) 결정 참조.

31 "The right to conscientious objection is recognised, in accordance with the national laws governingthe exercise of this right."
박진완, 「유럽인권협약의 유럽연합의 기본권헌장 속에서의 계승과 발전」, 『세계헌법연구』 제13권 1호, 2007, 364쪽은, 유럽연합의 기본권헌장 제10조의 양심적 병역거부권은 유럽헌법제정회의 의장단회의에서 확인한 바와 같이 이 영역에 있어서 개별국가의 헌법적 전통 그리고 개별국가들의 입법의 발달단계에 상응하게 보장된다고 적었다.

는 민간대체복무제를 실시하여야 한다는 의견을 표명하였다.[32]

2) 자유권규약의 국내에서의 효력과 헌법해석

자유권규약의 국내에서의 효력에 관해서는, 헌법 제6조 제1항의 해석상 다른 일반적인 조약과 마찬가지로[33] 법률과 동등한 지위를 가진 것으로 보는 것이 다수설이다. 그러나 형식적, 또는 실질적으로 헌법과 동위 또는 법률보다 상위에 있다고 보는 견해도 있다.[34] 헌법과 마찬가지로 근본적 자유와 인권을 개인에게 보장하는 자유권규약과 경제적·사회적·문화적 권리에 관한 국제규약(ICESCR)은 헌법적 차원의 법규범이며 헌법과 조화되는 범위 내에서 보완적으로 효력을 가진다고 하는 견해,[35] 헌법상 기본권은 대부분 국제인권규약에서 보장하는 권리를 반영하고 있으며, 국제평화주의와 국제법존중주의에 입각하여 국제인권법의 내용을(이른바 soft law를 포함하여) 우리 헌법 해석에서 주요 잣대로 삼을 수 있다고 하면서, 이와 같이 할 경우 국제인권법은 사실상 국내법과의 관계에서 헌법적 지위를 얻게 된다고 하는 견해,[36] 국제인권규약은 헌법률의 효력을 가진다는 견해[37] 등이 그것이다.

자유권규약위원회의 개인청원에 대한 의견에 대해 법적 구속력을 인정하기는 어렵지만 자유권규약 제1선택의정서에서 가입국은 개인청

---

32 <http://commissioner.cws.coe.int/tiki-view_blog_post.php?postId=205>: 2012. 2. 2. 포스팅. 최종검색일: 2012. 2. 26.

33 다만 여러 형태의 조약의 효력이 모두 동일하지는 않다. 예컨대 명령·규칙의 효력만을 가지는 조약도 많다. 조약의 효력에 관한 국내 학설들의 소개는 김참, 「국제법규와 헌법재판」, 고려대학교 석사학위논문, 2012, 70쪽 이하 참조.

34 자유권규약을 포함한 국제인권법의 국내에서의 지위와 효력, 이러한 국제인권법이 재판규범이 될 수 있는지 여부에 관한 학설상 논의와 헌법재판소 결정례들에 대해서는, 「국제조약과 헌법재판」, 『헌법재판연구』 18, 헌법재판소, 2007, 406쪽 이하 참조. 헌법재판소결정 중에는 국제인권법을 재판규범으로 취급한 것도 있다 (같은 책 423쪽 이하 참조).

35 이명웅, 「국제인권법과 헌법재판」, 『저스티스』 통권 83, 184쪽 이하.

36 박찬운, 『인권법의 신동향』, 도서출판 한울, 2012, 186쪽(이를 "간접적용"이라고 하였다).

37 김철수, 『헌법학신론』, 박영사, 2010, 281쪽 이하.

원을 접수·심리하는 위원회의 권한을 인정하기로 하였으므로 같은 위원회의 권고를 무시하는 당사국은 국제사회에서 사실상 국제법 위반국으로 취급될 수 있다.[38] 우리 헌법규정과 실질적으로 동일한 내용의 양심의 자유 규정을 적용하여 내린 자유권규약위원회의 판단[39]은 우리나라에서 양심적 병역거부자를 대체복무의 가능성이 없이 처벌하는 것이 양심의 자유를 침해한다는 것이므로 우리나라가 계속하여 그 침해회복과 예방을 위한 조치를 취하지 않는다면 국제법 위반국으로 취급될 수 있는 것이다.

그러나 더 근본적인 문제는 헌법해석의 정합성에 있다. 가치형량을 위주로 하는 헌법재판의 권위는 설득력 있는 논증에 좌우된다. 헌법상의 기본권과 인권규약은 보편적 시대사상의 반영으로서 그 뿌리가 같다. 우리 헌법상 기본권 규정 대부분이 자유권규약이나 경제적·사회적·문화적 권리에 관한 국제규약(ICESCR)과 같은 내용을 가지고 있는 것은 그 때문이다. 그렇다면 동일한 내용의 국제규약에 관한 권위 있는 국제기구의 해석은 그 법적 구속력 여하를 떠나 보편적 인권의식의 기준으로서 우리 헌법해석에서 비중 있는 지침이 되어야 한다. 더욱이 이러한 해석이 다수 민주주의국가들에서의 법인식 및 법현실의 보편적 기준과 일치하는 것이라면 더욱 그러하다. 보편적 인권기준에 미달하는 기준을 가지기 때문이 아니라, 우리나라에 특유한 사정에 대한 인식, 관계되는 이익의 형량에서의 견해차이로 다른 결론에 도달할 수도 있겠지만, 이러한 경우에는 그러한 차이를 설명할 수 있을 만큼 충분한 근거를 제시하여야 할 것이다.

그렇다면, 이 사건 결정의 논증은 국제법적 기준, 또 인권에 관한 우

---

38 박찬운, 앞의 책, 208쪽 이하 참조.
39 사상, 양심, 종교의 자유를 규정한 자유권규약 제18조나 유럽인권협약 제9조가 양심적 병역거부권을 명시하지 않고 있어서 그 인정여하는 관련되는 개인의 자유와 공익의 비교형량에 달려 있으므로 우리의 경우와 문제구조가 같다. 자유권규약위원회의 의견과 유럽인권재판소의 결정은 같은 쟁점을 다루면서 우리 헌법재판소와 비교할 때 공익보다는 개인의 자유에 보다 무게를 둔 결과 다른 결론에 도달한 것이다.

리 시대의 보편적 기준에 부합되지 않는 외견을 가지는 우리 법제도가 양심의 자유를 침해하지 않는 것이라고 정당화할 수 있는 정도의 충분한 정합성과 설득력을 가지는가? 이에 대해서는 앞에서 검토한 바와 같이 긍정적으로 보기 어렵다. 더욱이 선행결정에서 합헌 결정을 하면서도 조건을 붙이긴 하였지만 입법자에게 이 문제의 해결을 모색하라는 권고를 하였고, 인권위원회 또한 2005년에 국회의장과 국방부장관에게 대체복무제 마련을 권고하고[40] 2008년 초에는 차기정부의 과제에 양심적 병역거부자를 위한 대체복무제 마련을 포함시켰음을 감안하면 더욱 그러하다.

3. 맺는 말

우리 공동체에서 지속적으로 논쟁이 되어 온 사안이 헌법재판에 회부되었을 때 헌법재판소가 수행하는 기능은 이러한 사안을 해결하고 논란을 종식시키는 것이라기보다는 공동체 구성원 상호 간의 이해를 촉진시키고 해결의 실마리를 제공하여 사회의 통합을 도모하는 가운데 평화적으로 문제해결을 촉진시키는 것이라고 할 수 있다. 이러한 해결에는 결단력보다는 상호소통을 도울 수 있는 지혜와 정성이 필요한 것 같다. 논쟁적 사안 중에서도 소수에 대한 다수의 이해와 관용이 필요한 사안이라면 헌법재판소는 그러한 이해와 관용의 폭을 넓힐 책

---

40 2005. 12. 26. 그 요지는 다음과 같다.

1. 양심적 병역거부권은 헌법 제19조와 시민적·정치적 권리에 관한 국제규약 제18조의 양심의 자유의 보호 범위 내에 있음을 확인한다.

2. 병역의 의무가 국가의 안전보장을 위한 국민의 필요적 의무임을 확인한다.

3. 양심적 병역거부권과 병역의무가 조화롭게 공존할 수 있는 대체복무제도가 도입되어야 할 것이다.

4. 대체복무제도를 도입하게 될 경우, 대체복무의 인정여부를 공정하게 판정할 기구와 절차가 만들어져야 하고, 대체복무의 영역은 사회의 평화와 안녕, 질서유지 및 인간보호에 필요한 봉사와 희생정신을 필요로 하는 영역 중에서 우리 실정에 맞게 채택하여야 할 것이며, 대체복무의 기간은 현역복무자와의 형평성을 고려하여 현역복무기간을 초과하는 기간으로 시작하는 것이 바람직할 것이다.

임을 진다. 그리고 이 모든 것은 관계되는 사실을 인정하고 고려함에 있어 누락이나 오류가 없고, 논의의 초점을 정확하게 설정하며, 관련되는 이익과 가치를 섬세하게 형량하여 펼치는 설득력 있는 논증의 요구로 이어진다.

이러한 관점에서 볼 때, 이 사건 결정은 양심적 병역거부에 관한 문제해결의 실마리를 제공하지 못하였을 뿐 아니라 우리 공동체 구성원들의 상호소통, 가깝게는 정부의 제도개선이나 형사사건 재판을 위해서도 의미 있는 기여를 하지 못하였다고 생각된다.

이 문제는 여전히 해결되어야 할 과제로 남아 있다. 핵심은 사회의 통합을 도모하는 가운데 성공적으로 실현할 수 있는 대체복무제를 마련하는 데 있으므로, 향후로는 우리나라에 맞는 대체복무제의 구체적 시행방안에 논의가 집중되어야 할 것이다.

참고문헌

김수정, 「양심적 병역거부의 실태와 현황-지난 10년을 중심으로」, 서울대공익인권법센터, 건국대공익인권법센터, 대한변협인권위원회 주최 2012. 5. 11. 한국병역거부공론화10년 학술토론회 자료집.

김 참, 「국제법규와 헌법재판」, 고려대학교 석사학위논문, 2012.

박진완, 「유럽인권협약의 유럽연합의 기본권 헌장 속에서의 계승과 발전」, 『세계헌법연구』 제13권 1호, 2007.

오두진·이하나, 「양심적 병역거부와 인권」, 『2011 인권보고서』, 대한변호사협회, 2012.

이명웅, 「국제인권법과 헌법재판」, 『저스티스』 통권 83, 한국법학원, 2005.

이재승, 「양심적 병역거부를 처벌하는 병역법의 위헌심판사건 참고인 의견서」, 『민주법학』 45, 2011.

장복희, 「양심적 병역거부에 관한 국제인권법과 UN권고」, 서울대공익인권법센터, 건국대공익인권법센터, 대한변협인권위원회 주최 2012. 5. 11. 『한국병역거부공론화10년 학술토론회 자료집』.

김철수, 『헌법학신론』, 박영사, 2010.

박찬운, 『인권법의 신동향』, 도서출판 한울, 2012.

이준일, 『헌법학강의』 제4판, 홍문사, 2011.

「국제조약과 헌법재판」, 『헌법재판연구』 18, 헌법재판소, 2007.

『헌법재판주요선례연구』 1, 헌법재판연구원, 2012.

양심적 병역거부: 권리인가, 도피인가[*]
- 유럽의 사례를 중심으로 -

채형복(경북대학교 법학전문대학원 교수)

Ⅰ. 서론

한국정부의 보고서에 의하면, 2005년부터 2010년까지 지난 6년간 입영 및 집총 거부자는 총 3674명에 이른다.[1] 이를 그 사유별로 구분하면, 전쟁반대 및 평화주의 등 '비종교적 사유'(신념적 사유)는 29명에 불과하고, 나머지는 모두 '종교적 사유'로 양심적 병역거부를 하였다.

우리 사법부는 일관되게 양심적 병역거부를 합법으로 인정하고 있지 않고 있다. 2010년 12월 31일을 기준으로 살펴보면, 재판 중인 12.4%는 차치하더라도 무혐의 및 기소유예는 1.0%에 지나지 않고, 거의 모든 양심적 병역거부자는 집행유예 및 징역형을 선고받고 있다.[2]

---

[*] 이 글은 『법학논고』 40, 2012, 경북대학교 법학연구원, 1~34쪽에 게재된 것을 수정한 것이다.

[1] 유엔 「시민적·정치적 권리에 관한 국제규약」 이행에 대한 제4차 국가보고서 (2011. 8) para. 270. 이를 연도별로 살펴보면, 2005년 828명, 2006년 781명, 2007년 571명, 2008년 375명, 2009년 728명, 그리고 2010년 721명이다.

[2] <입영 및 집총 거부자 처벌 현황>　　　　　　　　　　(2010년 12월 31일 기준)

구 분	계	징역	집행유예	재판 중	기타
인 원	4,004 (100%)	3,459 (86.4%)	12 (0.3%)	495 (12.4%)	38 (1.0%)
비 고		2년 이상　　　　2 1.5년-2년 3,452 1년 미만　　　　5	2년 이상　　6 2년 미만　　6		무혐의　　　　34 기소유예 등 4

출전: 유엔 「시민적·정치적 권리에 관한 국제규약」 이행에 대한 제4차 국가보고서(2011. 8.) para. 270.

이와 같은 입장은 "대체복무제도를 두지 않는 것이 국제인권규약에 위반하는가"에 대한 질문에서도 여실히 드러난다. 즉, 사법부는 "병역법 제88조 제1항 제1호가 자유권규약 제18조 제3항에서 말하는 양심표명의 자유에 대한 제한 법률에 해당하지만 대체복무제도를 두지 않은 것 자체를 규약위반으로 평가할 수는 없으며 대체복무제도를 도입하기 어렵다고 본 입법자의 판단이 현저히 불합리하다고 볼 수 없고 …"[3]라고 판시하여 여전히 소극적 입장을 견지하고 있다.

지난 2005년 국가인권위원회는 대체복무제의 도입을 권고하였고, 2007년 국방부도 대체복무제도입 계획을 발표한 바 있다. 하지만 현 정부는 2008년 대체복무 계획을 철회함으로써 대체복무제 도입에 관한 그간의 노력을 원점으로 되돌려 놓았다.

위에서 인용한 "입영 및 집총 거부자 현황"을 보면, 2008년을 기준으로 2010년까지 양심적 병역거부자의 수는 375명에서 728명(2009년) 및 721명(2010년)으로 오히려 두 배 이상 급증하고 있다. "처벌 현황"에서도 유기징역에 처해지는 양심적 병역거부자의 비율이 86.4%에 이르고, 그 가운데서도 1.5~2년 미만의 징역에 처해지는 비율이 절대적이다. 양심적 병역거부로 인한 범죄자가 양산되고 있는 것이다.

그동안 유엔자유권규약위원회(UN Human Rights Committee: UNHRC)는 여러 차례에 걸쳐 대체복무를 인정하지 않고, 양심적 병역거부자를 처벌하는 국내 법률과 정책이 자유권규약에 위반한다는 것을 확인하고, 시정을 권고하였다. 이러한 사정은 유엔인권이사회(UN Human Rights Council)의 경우도 마찬가지이다. 동 이사회는 '국가별인권상황정기검토'(Universal Periodic Review: UPR)를 통해, 2008년 5월 대한민국 정부가 제출한 제1차 국가보고서에 대해 심의하고, 같은 해 8월, 우리 정부에 대해 33개 항에 대해 인권개선을 권고했다. 그 중의 하나가 바로 '양심적 병역거부자에 대한 대체복무제의 도입'이었다. 그러나 우

---

3 대법원 2004도2965 판결, 헌법재판소 2008헌가22 결정, 서울중앙지방법원 2011고단1292.

리 정부는 유엔인권이사회의 권고를 수용하지 않고 있다.[4]

이와 같은 대한민국 정부의 양심적 병역거부에 대한 입장과는 달리, 최근 유럽인권재판소(European Court of Human Rights: ECtHR)는 양심적 병역거부권에 관한 기존의 판례를 변경하고, 이를 인정하는 획기적 판결을 내렸다. 즉, 유럽인권재판소는 양심적 병역거부자를 형사처벌한 아르메니아에 대한 사건에서 16대 1의 평결로 "양심적 병역거부 행위가 양심 및 종교의 자유를 보장하는 유럽인권협약(European Convention on Human Rights: ECHR) 제9조로부터 보호된다"고 판시하였다.[5] 유럽인권재판소의 이 판시 태도는 이후의 사건에서도 확인되고 있다.[6]

우리 헌법재판소 및 대법원이 여전히 양심적 병역거부권을 인정하고 있지 않는 실정을 감안해 볼 때, 유럽인권재판소의 이 판결은 시사하는 바가 적지 않다.

본 장에서는 양심적 병역거부를 하나의 권리로 파악하고, 징병제에 의거한 강제적 군복무를 갈음하는 대체적 군복무제도를 인정하고 있는 유럽의 사례를 중점적으로 분석하고자 한다. 이를 위하여, 유럽각국의 양심적 병역거부 및 대체복무제도와 관련한 일반상황에 대해 검토하고, EU기본권헌장 제10조 제2항을 중심으로 EU법상 양심적 병역거부에 관한 규정을 분석한다. 이를 바탕으로 유럽인권재판소의 사례를 중심으로 양심적 병역거부권에 관한 주요 판시 내용을 소개하고, 유럽의 사례에 비춰 본 우리 헌법재판소의 판시 태도에 대해 비판적

---

4 오히려 2012년 올해 우리 정부가 제출하는 제2차 국가보고서에서, "정전 중인 특수한 안보 상황, 병력 자원의 수급 문제, 병역 형평성에 관련된 비판적 사회여론 등을 고려할 때 종교 등의 사유로 인한 입영 및 집총 거부자에 대한 대체복무를 도입하기 어렵다"는 내용을 담고 있다. 우리 정부는 유엔 인권이사회가 권고한 '양심적 병역거부자에 대한 대체복무제'의 도입을 거부할 방침을 확정했다. 출전: <http://news.hankooki.com/lpage/society/201206/h2012061802363021950.htm> 최종 검색일: 2012. 7. 4. 따라서 당분간 양심적 병역거부자에 대한 대체복무제 도입은 '희망사항'에 머무를 가능성이 높아졌다.

5 ECtHR, 2011. 7. 7., *Case of Bayatyan v. Armenia*, Application no. 23459/03.

6 2011. 11. 22. 선고, *Case of Erçep v. Turkey*, Application no. 43965/04; 2012. 1. 10. 선고, Case of Bukharatyan v. Armenia, Application no. 37819/03.

검토를 하기로 한다.

II. 유럽 각국의 양심적 병역거부 및
대체복무제도에 관한 일반 상황

양심적 병역거부(conscientious objection)는 일반적으로 "자신의 양심에 따라 병역 및/혹은 집총을 거부하는 행위"를 말한다. 보다 구체적으로, 양심적 병역거부란 "군복무라는 의무와 개인의 양심 또는 그의 내면 깊숙이 그리고 진심으로 자리잡은 종교적 또는 그 밖의 신념이 심각하고 극복할 수 없는 충돌을 일으켜 당사자가 도저히 이를 감당할 수 없는 경우에, 유럽인권협약 제9조를 보장하기 위한 충분한 타당성, 심각성, 밀접성 및 중요성을 가지는 확신 또는 신념"이다.[7] 이와 같은 양심적 병역거부를 권리로서 주장할 때 양심적 병역거부권(the right to conscientious objection)[8]이라 하며, 이 권리를 주장하는 이들을 '양심적 병역거부자'(conscientious objector(s))라고 부른다.

양심적 병역거부를 인정할 것인가 여부에 대해서는 각국마다 국내 입법례에 따라 상이한 태도를 취하고 있다. 그러나 유럽국가들, 특히 유럽평의회(Council of Europe: CoE; Conseil de l'Europe: CdE)[9] 회원국들은 양심적 병역거부를 전적으로 인정하고 있다. 따라서 본 장에서는 현재

---

7 See, mutatis mutandis, *Campbell and Cosans v. the United Kingdom*, 25 February 1982, § 36, Series A no. 48, and, by contrast, *Pretty v. the United Kingdom*, no. 2346/02, § 82, ECHR 2002–III.

8 이 외에도 이 권리는 양심적 집총거부권, 양심적 반전권(反戰權) 등으로 불리기도 한다.

9 유럽평의회는 1949년에 설립된 유럽의 지역기구로서, 인권, 민주주의의 발전, 법의 지배 및 문화협력에 중점을 두고 있다. 현재 47개국이 회원국으로 가입하고 있다. 유럽평의회는 각료위원회(Committee of Ministers; le Comité des Ministres)(각 회원국의 외무부장관으로 구성), 의원회의(Parliamentary Assembly of the Council of Europe: PACE)(각 회원국의 의원으로 구성), 사무국 등 내부기관을 두고 있다. 공식 홈페이지: <http://www.coe.int/>

유럽 각국에서의 양심적 병역거부의 인정 여부 및 그에 따른 대체복무 제도에 관한 일반 상황에 대해 검토하기로 한다.

유럽지역에 있어 양심적 병역거부권에 대해 주도적 역할을 한 기구는 유럽평의회, 유엔 및 유럽연합(EU, 특히 유럽의회(European Parliament: EP))이다. 이 가운데 가장 주도적 역할을 한 것은 유럽평의회로서 이미 40여 년 전부터 이 문제에 대해 관심을 가지고, 다음과 같은 여러 가지 입법조치를 채택하였다.

유럽평의회 차원에서 처음으로 양심적 병역거부권에 관하여 입법조치를 마련한 기관은 유럽평의회 의원회의(Parliamentary Assembly of the Council of Europe: PACE)이다. PACE는 1967년에 양심적 병역거부에 관한 결의[10]를 채택한 이후 정기적으로 이 주제에 대해 관심을 표명하였다.

1987년 유럽평의회 각료위원회는 '권고 R(87)제8호'(Recommendation R(87)8)를 채택하였다. 동 권고는, "양심을 이유로 무기의 사용을 거부하는 모든 병역의무자는 권고에 제시된 제 조건에 따라 이 의무를 면제받을 권리가 있다. 이들은 대체복무할 수 있다"[11]는 내용을 담고 있다. 또한 동 권고는 양심적 병역거부자의 상시 등록권, 징병대상자들의 양심적 병역거부에 관한 정보를 제공받을 권리, 정당하고 차별 없는 절차의 적용 및 대체복무를 제안받고, 선택할 권리(단, 이 경우, 대체복무는 순수한 민간봉사여야 하고, 그 성질 및 기간이 징벌적이어서는 아니 된다) 등 양심적 병역거부에 관한 최소기준을 제시하였다. 이 최소기준을 바탕으로 하여, 각료위원회는 회원국으로 하여금 이 권고에 부합하도록 양심적 병역거부에 관한 국내실행을 개선하도록 요구하였다.

나아가 2001년 5월, PACE는 '권고 제1518호/2001'(Recommendation 1518/2001)를 채택하여 상기 권고에서 제시된 최소기준을 재확인하면서, 회원

---

10 PACE Resolution 337 on the Right of Conscitious Objection, 26. 01. 1967.

11 "Toute personne soumise à l'objection du service militaire qui, pour impérieux motifs de conscience, refuse de participer à l'usage des armes, a le droit d'être dispensée de ce service dans les conditions énoncées dans la Recommandation. Elle peut être tenue d'accomplir un service de remplacement."

국으로 하여금 다시 한 번 동 권고에 부합하도록 국내법과 그 이행의 개선을 요구하였다. 상기 권고 R(87)제8호 및 제1518호/2001의 결론에 의거하여 2001년 5월 4일 '유럽평의회 법사 및 인권위원회'(la Commission des questions juridiques et des droits de l'homme du Conseil de l'Europe)는 "유럽평의회 회원국에서의 군복무에 대한 양심적 병역거부권의 이행"[12]을 주제로 보고서를 발간하였다.

그리고 2000년에는 특기할만한 사건이 있는데, 양심적 병역거부권이 「EU 기본권헌장」(Charter of Fundamental Rights of the European Union)에 명문의 조항으로 포함된 것이다. 동 헌장 제10조 제2항은, "양심적 병역거부권은 이 권리의 행사를 규율하는 국내법에 따라 인정된다"고 규정하고 있는데, 그 구체적 내용에 대해서는 아래 본문에서 다루기로 한다.

양심적 병역거부에 대한 위와 같은 유럽 차원의 노력은 각국의 입법례를 통하여 수용되고 있으나, 양심적 병역거부권과 그에 따른 대체복무제도는 국가별 상황에 따라 상이하게 나타난다. 이를테면, 영국·프랑스·독일·스웨덴·노르웨이·핀란드·네덜란드 등은 헌법 또는 법률로써 양심적 병역거부권을 인정하고 있다. 이 가운데, 독일은 「기본법」 제4조 제3항에서, 그리고 프랑스는 별도의 국내법률에서 양심적 병역거부권에 대해 규정하고 있다.

'카케르유럽문제이사회'(Conseil Quaker pour les affaires européennes)가 발간한 한 보고서[13]에 의하면, 징병제를 실시하고 있는 대부분의 유럽 국가들은 양심적 병역거부권을 인정하고, 거부자들에 의한 대체복무를 허용하고 있다. 그러나 다음 〈표 1〉에서 보는 바와 같이, 양심적

---

12 Rapport de la Commission des questions juridiques et des droits de l'homme, "Exercice du droit à l'objection de conscience au service militaire dans les Etats membres du Conseil de l'Europe", Rapporteur: Dick Marty, Doc. 8809 révisé, 4 mai 2001.

13 Le droit à l'objection de conscience en Europe: Analyse de la situation actuelle, Conseil Quaker pour les affaires européennes(QCEA), 11 April 2005, 19p. <http://www.qcea.org/2005/04/le-droit-a-lobjection-de-conscience-en-europe-analyse-de-la-situation-actuelle/> 최종검색일: 2012. 3. 23.

〈표 1〉 징병제 실시 유럽국가들에 있어 양심적 병역거부권 인정 사유[14]

양심적 병역거부권을 법적으로 허용하지 않는 국가	아제르바이잔, 벨로루시, 터키
종교적 사유에 의한 양심적 병역거부권을 인정하는 국가	루마니아, 우크라이나
비종교적 사유에 의한 양심적 병역거부 시 차별적 관행이 존재하는 국가	아르메니아, 사이프러스, 그리스, 리투아니아, 몰도바

병역거부의 주된 사유에 대해서는 다소 다른 입장을 취하고 있다.

그러나 대체복무를 허용한다고 하더라도 여전히 몇 가지 문제는 논쟁의 여지가 있다.

첫째, 대체복무기간의 문제이다. 위에서 언급한 바와 같이, PACE는 '권고 제1518호/2001'에서 회원국들로 하여금 "강압적이거나 또는 징벌적이 아닌 순수한 민간적 성질을 가지는 다양한 대체복무제"를 도입할 것을 요구하였다. 이 권고에 의하지 않더라도 대체복무의 기간은 군복무기간과 같거나 적어도 '강압적이거나 또는 징벌적이 아닌' 상태에서 운영되어야 한다. 하지만 대부분의 유럽 국가들은 이와는 달리 군복무 기간보다 장기의 대체복무기간을 적용하고 있다. 특히 핀란드, 에스토니아와 리투아니아는 군복무기간보다 2배가 더 긴 대체복무기간을, 그리스는 약 2배 반, 그리고 러시아와 아르메니아는 약 1.75배의 기간을 적용하고 있다.

둘째, 대체복무가 '민간봉사적 성질'을 가지지 않는 것도 문제이다. 상기 '권고 제R(87)제8호' 및 '결의 1998/제77호'는 공히 대체복무가 '민간봉사적 및 공익적 성질'을 가져야 한다고 강조하고 있다. 그러나 일부 국가들의 경우, 이를테면, 리투아니아는 대체복무가 법률에 규정되어 있지만, 군대 내에서의 비전투적 복무만을 인정하고 있다. 이러한 상황은 러시아의 경우도 마찬가지이다. 그리고 사이프러스도 1992

---

14 Le droit à l'objection de conscience en Europe: Analyse de la situation actuelle, Conseil Quaker pour les affaires européennes(QCEA), 11 April 2005, p. 5. 〈표 1〉은 2005년 5월 11일자 발표된 보고서를 기준으로 한 것이므로 그 후 상황의 변동이 있을 수 있다. 특히 터키의 경우가 그러한데, 아래 본문에서 검토한다.

년 국내법에서 "군대 밖 비전투적 대체복무"를 규정하고 있지만, 실제 민간봉사적 성질을 가지는 대체복무는 이뤄지지 않고 있는 실정이다.

셋째, 군복무 이후의 양심적 병역거부의 문제로서, 우리나라의 경우, 예비군 훈련거부와 관련하여 제기되고 있다. 유럽의 일부 국가는 군복무 이후 '전쟁 혹은 긴급사태' 발생 시 제대자를 재징집할 수 있도록 하는 규정을 두고 있다. 이와 관련된 각국의 사례 및 관행을 수집하는 것이 용이하지 않은 면이 있지만, 향후 각국 혹은 유럽지역 내 정치상황의 변동에 따라 이 문제도 이슈화할 가능성이 높다고 판단된다.

Ⅲ. EU법상 양심적 병역거부: EU기본권헌장 제10조 제2항

2000년 12월 7일, 유럽의회 의장, 유럽이사회 의장 및 유럽위원회 위원장은 프랑스 니스에서 「EU기본권헌장」에 서명했다. EU가 기본(설립)조약과는 별도로 기본권헌장을 제정한 것은 별도의 기본권 목록을 마련함으로써 유럽통합 과정에서 기본권 보장을 강화하겠다는 의지를 공식적으로 표명한 것이다.[15]

양심적 병역거부와 관련하여 EU기본권헌장이 중요한 의미를 가지는 것은, 동 헌장이 이에 관한 명문의 조항, 즉 "양심적 병역거부권은 이 권리의 행사를 규율하는 국내법에 따라 인정된다"고 규정한 제10조 제2항을 두고 있다는 점이다.

위에서 검토한 바와 같이, 양심적 병역거부권에 대한 유럽 차원에서

---

15 현실적인 측면에서 살펴보면, 기본권헌장 제정의 주된 이유는 다음 두 가지라고 할 수 있다. 첫째, 사법내무협력과의 긴밀한 관련성 때문이다. 역내단일시장이 완성됨으로써 실질적으로 사람의 자유이동이 보장되면서 사법내무협력, 특히 개인의 인권 및 프라이버시, 그리고 이민과 난민문제 등에 대해 유럽의회에 의한 민주적 통제나 유럽사법재판소(ECJ)에 의한 사법적 통제가 약화되는 문제점이 발생했다. 둘째, EU 확대와의 관련성 때문이다. 중동부 유럽 국가를 대상으로 한 EU의 추가 가입 및 확대를 함에 있어 기본권에 관한 EU의 기준을 명확하게 제시할 필요가 있었다.

의 논의는 최근 새롭게 논의되고 있는 주제가 아니다. 이미 '유럽인권위원회'(European Commission of Human Rights: ECoHR)에서 '양심의 자유권'을 인정하면서 '유럽인권협약' 제9조에 의해 보장된 권리로서 양심적 병역거부권을 인정하였다. 그리고 제9조와 관련하여, 유럽인권협약 제4조 제3항 b호는, "군사적 성격의 역무 또는 양심적 병역거부가 인정되고 있는 국가에게 병역의무 대신 실시되는 역무"는 '강제 혹은 의무 노동'에 해당하지는 않는다고 규정하고 있다.

EU 기본권헌장 제10조 제2항을 해석하면서 한 가지 언급해야 할 중요한 사항이 있다. 하나는, 동 헌장의 범위 내에서 동규정을 어떻게 해석할 것인가의 문제이고, 다른 하나는, EU법상 EU기본권헌장의 지위와 관련한 동 규정의 해석의 문제이다.

먼저, 동 헌장의 범위 내에서 제10조 제2항을 어떻게 해석할 것인가. 동 조에 의하면, 양심적 병역거부권은 EU 전역에서, 또 모든 회원국에서 당연히 인정되는 권리가 아니라, '이 권리의 행사를 규율하는 국내법에 따라' 인정된다. 다시 말하면, 이 권리는 "회원국의 국내법에 따라", 즉, 이 권리에 관한 "국내 헌법적 전통 및 국내 법률의 발전에 부합하여"[16] 보장된다.[17] 그 결과, 만일 특정 회원국이 양심적 병역거부권을 인정하는 국내법을 제정하고 있지 않는 경우에는 이를 어떻게 강제할 것인가의 문제가 야기될 수 있다. 더욱이 EU기본권헌장 제52조 제1항은, "이 헌장에서 인정된 권리와 자유의 행사에 대한 모든 한계는 법률로 규정되어야 한다"(제1문 전단)고 규정하고 있다. 결국 EU 당국은 회원국들에게 양심적 병역거부권을 실시하도록 요구하는 경우에도 그 구체적 이행은 '법률로 규정'된 실체적 조건에 따르도록 강제할 수밖에 없을 것이다.

---

16 "Explanation on Article 10-Freedom of thought, conscience and religion" in "Explanation relating to the Charter of Fundamental Rights"(2007/C 303/02).

17 EU기본권헌장 제10조 제2항의 이 문언은 "혼인 적령의 남녀는 이 권리행사에 관한 국내법에 따라 혼인을 하고 가정을 구성할 권리를 가진다"는 '혼인의 권리'에 관한 유럽인권협약 제12조의 문언의 형식을 따르고 있다.

다음으로, EU법상 EU기본권헌장의 지위와 관련한 제10조 제2항을 어떻게 해석할 것인가. 2009년 12월 1일자로 발효한 리스본조약(Treaty of Lisbon)[18]은 기본적 인권의 보장에 대해 보다 획기적인 규정을 도입하고 있다. "기본권헌장과 제 조약[19]은 법적으로 동등한 가치가 있다."는 명시적인 규정과 더불어 기존의 EU조약과 마찬가지로 "기본적 자유의 보호를 위한 유럽협약 및 회원국 공통의 헌법적 전통에서 유래하는 기본권은 연합법의 일반원칙을 구성한다."고 규정하고 있다.[20] 특히, 전자와 관련하여, TEU 제6조 제1항에서 "연합은 2007년 12월 12일자로 스트라스부르에서 개정된 2000년 12월 7일자 기본권헌장에 규정된 모든 권리, 자유 및 원칙이 제 조약과 동등한 가치를 가진다는 것을 인정한다."(1단)고 규정하고 있다. 동 조에 의거하여 기본권헌장의 제 규정은 EU 및 모든 회원국에 대해 법적 구속력을 가지게 되었다. 이 해석에 따르면, 상기 제10조 제2항은 당연히 모든 회원국을 법적으로 구속하게 된다.

그러나 이 해석에는 다음과 같은 일정한 제한이 있다. 즉, 첫째, "(기본권)헌장의 제 규정은 여하한 경우라 할지라도 제 조약에 정의된 연

---

18 리스본조약의 공식 명칭은 "EU조약 및 EC설립조약을 개정하는 리스본조약"(Treaty of Lisbon amending the Treaty on European Union and the Treaty establishing the European Community)(2007/C306/01)이다. 동 조약에 의해 새로운 '유럽연합조약'(Treaty on European Union: TEU)과 '유럽연합의 운영에 관한 조약'(Treaty on the Functioning of the European Union: TFEU)이 제정되었다. 채형복, 『핵심 유럽연합법』, 국제환경규제 기업지원센터, 2011, 31쪽. 리스본조약은 한글로 번역되었다. 채형복 역, 『리스본조약』, 국제환경규제 기업지원센터, 2010, 527쪽.

19 리스본조약에서 '제 조약'이라 함은, TEU와 TFEU를 가리킨다.

20 TEU 제6조 제3항. 하지만 주목할 점은 EU에게 유럽인권협약 가입 의무를 부과하고 있다는 것이다. 즉, 리스본조약은, "연합은 인권 및 기본적 자유의 보호를 위한 유럽협약에 가입한다."(TEU 제6조 제2항)는 명문의 규정을 둠으로써 비록 가입 시기를 정하고 있지는 않지만 EU의 유럽인권협약 가입이 '의무적'이라는 점을 명확히 하고 있다. 따라서 동 조에 의거하여 EU는 유럽인권협약 가입을 위한 조치를 마련하지 않을 수 없고, 가입이 이루어지게 되면 EU법의 기본권보장 체계에 적지 않은 변화가 불가피할 것이다.

합의 권한을 넘어 확대할 수 없고"(2단), 둘째, "이 헌장상 모든 권리, 자유 및 원칙은 헌장의 해석과 적용을 규율하는 헌장 제7부(Title VII) 의 일반규정에 부합하여, 또 헌장에 언급된 설명에 고려하여 해석되어야 한다"(3단). 셋째, 기본권헌장이 EU의 전 영역에 대해 적용된다는 것에도 일정한 예외가 있는데, 폴란드와 영국에 대해서는 별도의 의정서를 통해 그 적용에 대한 예외가 인정된다.[21] 마지막으로, 제10조 제2항상의 "회원국의 국내법에 따라"라는 문언에 대한 해석에서 검토한 바와 같이, 양심적 병역거부의 경우, 회원국 차원의 국내법에 따라 인정되지 않을 수 없다.

이처럼 유럽헌법조약과는 달리 EU기본권헌장은 리스본조약 본문 속에 포함되지 못하고 부속서의 형태를 취하고 있으며, 또한 기본권헌장의 해석 및 그 적용에 대하여 여러 제한이 가해지고 있다. 그동안 기존의 EU조약과 EC조약 등 기본조약이 기본권에 관한 별도의 목록을 갖고 있지 못한 점에 대해서는 많은 비판이 있었다. 그러나 비록 기본권헌장이 리스본조약의 본문 속에 포함되지 못했지만 리스본조약이 '기본권헌장에 규정된 모든 권리, 자유 및 원칙이 제 조약과 동등한 가치를 가진다'는 명시적인 규정을 둠으로써 형식적·법률적으로 기본권헌장은 리스본조약의 일부를 구성하고 있다. EU기본권헌장이 회원국들에 대한 법적 구속력을 가진다는 점이 분명한 이상, EU법 및 국내법의 체계에 상당한 변화를 초래할 것임은 자명하다고 판단된다.[22]

---

21 Cf. "Protocol on the application of the Charter of Fundamental Right of the European Union to Poland and to the United Kingdom" in Protocols annexed to the Treaty on European Union, to the Treaty establishing the European Community, and/or the Treaty establishing the European Atomic Energy Community.

22 채형복, 『핵심 유럽연합(EU)법』, 국제환경규제 기업지원센터, 2011, 102~103쪽.

IV. 유럽평의회와 양심적 병역거부
: 유럽인권재판소의 사례를 중심으로

유럽평의회는 이미 오래전부터 양심적 병역거부에 관한 문제에 대해 관심을 가지고, PACE 및 각료위원회를 중심으로 이에 대해 명확한 입장을 표명해 왔다는 점에 대해서는 위에서 검토한 바와 같다. 이와 더불어 유럽인권협약에 의거하여 설립·운영되고 있는 유럽인권재판소의 역할에 대해 주목할 필요가 있다. 특히 양심적 병역거부와 관련하여 유럽인권재판소 대재판부(the Grand Chamber)는 지난 2011년 7월 7일자 "Bayatyan v. Armenia 사건"(Case of Bayatyan v. Armenia)(Application no. 23459/03)과 관련하여 전례 없던 획기적인 판결(landmark ruling)을 내렸다. 이 판결에서 유럽인권재판소는 양심적 병역거부 행위가 사상과 양심 및 종교의 자유를 보장하는 유럽인권협약 제9조에 의해 보호된다고 판시하였다. 이 판결을 통해 유럽인권재판소는 양심적 병역거부를 인정하지 않던 기존의 판시 태도를 공식적으로 변경하였다. 유럽인권재판소는 그 후속 판결인 2011년 11월 22일자 "Erçep v. Turkey 사건" 판결(Case of Erçep v. Turkey)(Application no. 43965/04)[23] 및 2012년도 1월 17일자 "Feti Demirtaş v. Turkey 사건" 판결(Case of Feti Demirtaş v. Turkey)(Application no. 5260/07)[24]에서도 이 판시 태도를 그대로 유지하였다. 아래에서는 이 가운데 양심적 병역거부에 대한 기존의 판시태도를

---

[23] 이 사건에서 청구인 Yunus Erçep는 여호와의 증인 신도로서 병무청에서 신체검사를 받았으나 입영을 거부함으로써 군사법원에 의해 기소되어 벌금형 및 징역형을 선고받았다. 청구인은 복역 중 가석방되었으나 그 후 형사법원에 의해 재판에 회부되어 징역형을 선고받을 가능성이 있었다. 유럽인권재판소는 터키당국의 조치가 유럽인권협약 제9조에 위반된다고 판시하여 청구인의 양심적 병역거부권을 인정하였다.

[24] 이 사건에서 청구인 Feti Demirtaş는 여호와의 증인 신도로서 군복무를 거부하고 대체복무를 희망하였으나 기소되어 군형무소에 수감되었다. 유럽인권재판소는 터키당국의 조치가 유럽인권협약 제9조에 위반된다고 판시하여 청구인의 양심적 병역거부권을 인정하였다.

획기적으로 변경한 "Bayatyan v. Armenia 사건" 판결의 주요 내용을 살펴보고, 그 의미에 대해 분석하기로 한다.

1. 사실 관계

청구인 Bayatyan은 여호와의 증인 신도로서 군복무를 거부하여 아르메니아당국에 의해 기소되어 국내법에 의거하여 수감되었다. 징병검사 후 군복무대상자 확인을 받은 그는 아르메니아 검찰총장(General Prosecutor of Armenia), 군사위원회 위원(Military Commissioner of Armenia) 및 국회인권위원회(Human Rights Commission of the National Assembly)에 "성경에 의해 교육받은 양심에 따라 병역거부를 하고, 군복무를 대신하여 대체민간복무를 하겠다"는 내용의 서한을 제출했다. 그러나 청구인의 이 주장은 받아들여지지 않았고, 경찰에 의해 체포·구금되었다. 일심법원(Erebuni and Nubarashen District Court of Yerevan)은 그에게 1년 6월의 징역형을 선고했다. 이에 대해 검찰은 중형을 요구하며 항소하여 이 사건은 "군형사항소법원"(Criminal and Military Court of Appeal)에서 다뤄지게 되었다. 검사와 일부 판사는 청구인이 양심적 병역거부를 철회하고 군복무를 이행하면 소송 절차를 종료할 것이라고 제안하였다. 하지만 청구인은 이 제안을 수용하지 않았고, 결국 항소법원은 청구인에게 2년 6월의 징역형을 선고하였다. 청구인은 자신의 양심적 병역거부와 대체복무를 인정하지 않는 것은 "군사책임법"(Military Liability Act) 제12부 및 "양심의 자유 및 종교단체법"(Freedom of Conscience and Religious Organisation Act) 제9부에 부합하지 않는다는 이유로 상고하였다. 아르메니아 "최고행정재판소"(Court of Cassation)는 "아르메니아헌법 제23조에서 보장하는 제 권리는 국가안보, 공공안전 및 공공질서의 보호를 이유로 제한할 수 있다"고 판단함으로써 항소심 판결을 인정했다. 위 소송 과정에서 청구인은 자신의 권리 주장의 근거로 아르메니아헌법 제23조,[25] 제44조[26] 및 제47조,[27] 1961년 아

25 제23조: 모든 사람은 사상, 양심 및 종교의 자유를 가진다.
26 제44조: 헌법 제23~27조에 규정된 기본권 및 사람과 시민의 자유는 국가안전 및

르메니아형법(2003년 8월 1일자 폐지) 제75조,[28] 군사책임법(1998년 10월 16일자 발효) 제3조,[29] 제11조,[30] 제12조[31] 및 제16조,[32] 양심의 자유 및 종교단체법(1991년 7월 6일자 발효) 전문[33] 및 제19조,[34] 그리고 대체복무법(2003년 채택, 2004년 7월 1일자 발효) 제2조[35] 및 제3조[36] 등을 원용하였다.

공공안전, 공공질서, 공중보건과 도덕 및 타인의 권리, 자유, 명예 및 명성을 보호하는 데 필요한 경우에 오직 법률에 의해서만 제한될 수 있다.

27 제47조: 모든 시민은 법률에 규정된 절차에 따라 아르메니아공화국의 방위에 참가해야 한다.

28 제75조(군복무의 정규적 소집의 기피): 군복무의 정규적 소집의 기피는 3년 이하의 징역에 처한다.

29 제3조(군사책임): 1. 군사책임은 아르메니아공화국의 방위에 참가해야 할 시민의 헌법적 의무이다.

30 제11조(의무적 군복무제도로서의 징집): 1. 군복무에 적합한 신체적 조건을 가진 18세~27세 사이의 남성은 의무적 군복무의 대상으로 징집된다.

31 제12조(의무적 군복무의 면제): 1. 아래 조건에 해당하는 시민은 의무적 군복무에서 면제될 수 있다.
(a) 병무청이 군복무에 적합하지 않은 취약한 건강 상태라는 것을 인정한 경우
(b) 소집대상자의 아버지(어머니) 또는 형(누나)가 아르메니아, 또는 아르메니아 군대 및 기타 군대에서 방위 임무 수행 중, 또는 아르메니아 군대에서 사망한 경우 및 소집대상자의 가족 가운데 외아들(독자)인 경우
(c) 아르메니아 정부의 명령에 의해 면제된 경우
(d) 소집대상자가 아르메니아 시민권을 취득하기 전 외국군대에서 의무적 군복무를 마친 경우
(e) 소집대상자가 과학 분야 박사학위취득 후보자 혹은 박사학위자인 경우 및 그가 전문적인 과학 혹은 교육활동을 약속한 경우

32 제16조(기타 사유로 인한 의무적 군복무 징집의 연기): 2. 특수한 경우, 정부는 의무적 군복무 징집의 연기 혜택을 부여할 수 있는 시민들과 개인의 범주를 정의할 수 있다.

33 전문: 아르메니아공화국 소련최고회의(The Supreme Soviet(필자 주: 구 소련의 최고 권력·입법 기관이며 연방 회의(the Soviet of the Union)와 민족 회의(the Soviet of Nationalities)로 구성))는 국제법상 확립된 인권 및 기본적 자유의 원칙, 또한 시민적·정치적 권리에 관한 국제규약 제18조에 규정된 신념에 의거하여 … 양심 및 종교단체의 자유에 관한 법률을 채택한다.

34 제19조: 법률에 의해 설립된 모든 시민조직은 그들이 기타 시민들에 행하는 활동과 마찬가지로 종교조직의 신도들도 동등하게 대우하여야 한다.

35 제2조(대체복무의 개념 및 유형): 1. 이 법의 의미 내에서 대체복무는 무기를 소지, 휴대 및 사용하지 않고 정해진 기간 동안 군복무를 대체하는 서비스로서 군사

국내법원에 의한 위 판결이 있은 후 청구인인 Vahan Bayatyan은 2003년 7월 22일자로 유럽인권협약 제34조에 의거하여 아르메니아공화국에 대하여 유럽인권재판소에 제소하였다. 이 사건은 "Case of Bayatyan v. Armenia"로 명명되었고, "사건번호 제23459/03"(Application no. 23459/03)으로 등록되었다. 그 후 유럽인권재판소는 2010년 5월 10일자로 대재판부 패널(Panel of the Grand Chamber)의 결정에 따라 이 사건을 대재판부로 회부(유럽인권협약 제43조)[37]하였다. 2011년 7월 7일, "대재판부 판결은 최종적"이라는 유럽인권협약 제44조 제1항에 의거하여 이 사건에 대한 최종 판결을 내렸다.

2. 판결 요지 및 쟁점

이 판결에서 대재판부는, 재판관 16대 1의 압도적 다수로 "신념과 양심에 따라 병역을 거부한 여호와의 증인 신도인 Bayatyan에 대해 유죄를 선고하고 투옥시킨 아르메니아 정부는, 종교와 양심의 자유 및 그에 대한 권리를 보장해야 하는 유럽인권협약 제9조를 명백히 위반

조직 및 시민조직에서 수행된다.

2. 대체복무는 다음 유형을 포함한다: (a) 전투임무 또는 무기의 소지, 휴대 및 사용함이 없는 아르메니아군대에서 수행하는 대체복무: (b) 아르메니아군대 외에서 수행하는 대체노동서비스

3. 대체복무의 목적은 모국 및 사회에 대한 시민적 의무의 이행을 보장하는 것이며, 징벌적, 자기비하적 또는 경멸적 성질을 가져서는 아니된다.

36 제3조(대체복무 수행을 위한 여건): 1. 종교적 신념으로 무기의 소지, 휴대 및 사용을 포함하여 군대조직에서 군복무를 수행할 수 없는 아르메니아 시민은 대체복무를 수행할 수 있다.

37 제43조(대재판부로의 회부): 1. 소재판부의 판결일로부터 3개월 이내에, 사건의 당사자는 예외적인 경우 사건이 대재판부로 회부되도록 요청할 수 있다.

2. 대재판부의 5명의 판사로 구성된 패널은 그 사건이 협약 또는 의정서의 해석이나 적용에 심각한 영향을 미치는 문제나 일반적인 중요성을 갖는 심각한 문제를 야기하는 경우 그 요청을 받아들여야 한다.

3. 패널이 그 요청을 받아들이는 경우, 대재판부는 판결로서 이 사건을 결정하여야 한다.

했다"고 판결하였다. 이 판결에서 유럽인권재판소는 기존의 판시태도를 변경하였는데, 이 점에서 이 사건은 양심적 병역거부에 관한 역사적인 의미를 가진 판결이라고 할 수 있다. 아래에서는 이 사건 판결의 요지 및 법적 쟁점에 대해 소개하기로 한다.

이 사건에서 다뤄진 주된 법적 쟁점은, 아르메니아정부에 의한 청구인 Bayatyan의 구금이 '사상·양심·종교의 자유'에 관한 유럽인권협약 제9조를 위반한 것인가이다.

소송의 주요 쟁점이 된 유럽인권협약 제9조는 다음과 같이 규정하고 있다.

> 1. 모든 사람은 사상, 양심 및 종교의 자유에 대한 권리를 가진다. 이러한 권리는 자신의 종교 또는 신념을 변경하는 자유와 단독으로 또는 타인과 공동으로, 공적으로 또는 사적으로 예배, 선교, 행사와 의식에 의하여 그의 종교 또는 신념을 표명하는 자유를 포함한다.
> 2. 자신의 종교 또는 신념을 표명하는 자유는 공공질서, 보건 또는 도덕이나 타인의 권리 및 자유를 보호하기 위하여 민주사회에서 공공의 안전에 필요하여 법률의 규정에 의한 경우에만 제한받을 수 있다.

동 규정의 해석 및 그 적용과 관련하여 이 사건에서 특히 쟁점이 된 것은 다음 두 가지, 즉 ① 유럽인권재판소는 제9조에 대한 기존의 판례법을 준수해야 하는가, 아니면 이를 변경할 필요성이 있는가, ② 기본권인 양심적 병역거부권을 제한할 수 있는지의 문제였다.

1) 유럽인권협약 제9조의 해석 문제
: 기존 판례법의 준수 혹은 변경 필요성 유무

이 사건 판결 이전 유럽인권재판소는 양심적 병역거부를 인정하지 않는 것이 유럽인권협약 제9조에 위반하지 않는다는 유럽인권위원회의 입장을 수용하고 있었다. 따라서 양심적 병역거부사건이 재판소에 회부된다고 할지라도 제9조의 적용여부를 판단할 필요가 없다는 이유로 기각하고, 유럽인권협약 제3조(고문의 금지)와 제14조(차별금지)에 의거하여 관련 사건을 검토한 바 있다.[38] 하지만 유럽인권위원회와 유럽인권재판소의 이와 같은 입장에 대해서는 면밀한 주의와 검토가 필요하다.

유럽인권위원회가 양심적 병역거부사건에 대해 처음으로 공식 입장을 표명한 것은, Grandrath v. Federal Republic of Germany사건[39]이었다. 동 사건에서 여호와의 증인인 Grandrath는 유럽인권협약 제9조에 의거하여 군복무뿐 아니라 민간대체복무도 면제해 줄 것을 정부당국에 요청하였다. 청구인의 이러한 주장에 대해 유럽인권위원회는, 유럽인권협약 제4조와 제9조 규정의 내용을 분리하여 해석·적용하였다. 즉, 제9조는 일반적 의미의 사상, 양심, 종교의 자유를 보장하는 반면, 제4조는 양심적 병역거부자의 경우, 병역의무에 갈음하여 실시되는 강제군복무를 '분명하게'(expressly) 다루는 규정을 포함하고 있다. 이처럼 제4조가 '분명하게' 양심적 병역거부자에게 병역의무를 갈음하는 민간복무가 부과될 수 있다고 규정하고 있으므로 청구인이 주장하는 바와 같이, 유럽인권협약, 특히 제9조에 의거하여 병역의무의 면제를 요청할 수는 없다. 이와 같은 입장에서 유럽인권위원회는 독일연방공화국이 제9조를 위반한 사실이 없다는 결론에 이르렀다.[40]

유럽인권위원회의 입장은 그 후 일련의 사건, 이를테면, X. v. Austria 사건,[41] X. v. Federal Republic of Germany 사건,[42] Conscientious objectors v. Denmark 사건[43] 및 A. v. Switzerland 사건[44]에서도 그대로

---

38 *Thlimmenos v. Greece*[GC], no. 34369/97, § 43, § 53, ECHR 2000-IV, and Ülke v. Turkey no. 39437/98, §§ 53-54, §§ 63-64, 24 January 2006.

39 *Grandrath v. the Federal Republic of Germany*, no. 2299/64, Commission report of 12 December 1966, Yearbook, vol. 10, p. 626.

40 "*Bayatyan v. Armenia* 사건" 판결, para. 94.

41 *X. v. Austria*, no. 5591/72, Commission decision of 2 Arpil 1973, Collection 43, p. 161.

42 *X. v. Federal Republic of Germany*, no. 7705/76, Commission decision 5 July 1977, Decision and Reports(DR) 9, p. 196.

43 *Conscientious objectors v. Denmark*, no. 7565/76, Commission decision 7 March

유지되었다.[45] 이후에도 유럽인권위원회는 다수의 사건에서 유럽인권
협약이 양심적 병역거부권을 보장하지 않는다는 입장을 고수하였다.
그러나 N. v. Sweden 사건[46]과 Autio v. Finland 사건[47]에서 미묘한 입
장의 변화를 보이고 있다. 즉, 유럽인권위원회는 여전히 양심적 병역
거부권을 인정하지 않는다고 하면서도, 사실관계가 유럽인권협약 제9
조에 해당하며, 또 제14조에 비추어 청구인들이 차별을 당했다는 주장
을 별도로 검토할 필요가 있음을 인정한 것이다.[48] 특히 이 두 사건은
유럽인권재판소에 회부되었다. 그러나 유럽인권재판소는 유럽인권위
원회와는 달리 이 사건에 대한 제9조의 적용가능성 여부는 판단할 필
요가 없다고 보았으며, 제3조와 제14조에 의거하여 검토해야 한다고
결정하였다.[49]

유럽인권협약이 양심적 병역거부권을 보장하지 않는다는 유럽인권
재판소의 위와 같은 입장이 근본적으로 바뀌게 된 것은 2011년 7월 7
일자 "Bayatyan v. Armenia" 사건 판결이다. 이 판결을 통해 유럽인권재
판소는 기존의 판시 태도를 변경하고 유럽인권협약 제9조의 적용가능
성을 인정하였다.

유럽인권재판소가 기존 판례법 변경의 기준으로 삼은 것은, '법적
명확성, 예측가능성 및 법 앞의 평등의 이익'이 존재하는가 여부이다.
만일 이와 같은 이익(혹은 사유)이 없다면, 유럽인권재판소는 구태여 기
존의 판례법을 변경할 이유가 없다. 그러나 위 기준에 비추어 보아 판
례법 변경의 사유가 충족됨에도 불구하고, 유럽인권재판소가 "역동적

1977, DR 9, p. 117.

44 *A. v. Switzerland*, no. 10640/83, Commission decision of 9 May 1984, DR 38, p. 219.

45 "*Bayatyan v. Armenia* 사건" 판결, paras. 94 & 95.

46 *N. v. Sweden*, no. 10410/83, Commission decision of 11 October 1984, DR 40, p. 203.

47 *Autio v. Finland*, no. 17086/90, Commission decision of 6 December 1991, DR 72, p. 245.

48 "*Bayatyan v. Armenia* 사건" 판결, para. 96.

49 "*Bayatyan v. Armenia* 사건" 판결, para. 97.

이고 발전적 접근을 하지 않는다면, 이는 개혁 혹은 개선을 방해하는 것"으로 용납될 수 없는 것이다.[50] 이와 같은 표현은, 결국 유럽인권재판소가 유럽인권협약의 규정을 해석할 때 현실 상황을 반영하여 그저 '이론적이고 비현실적이 아니라 실제적이고, 효과적'으로 제 권리를 보장하는 방향으로 해석·적용해야 함을 의미한다.[51]

위와 같은 입장에서 유럽인권재판소가 양심적 병역거부에 관한 기존의 판례법을 변경하기 위해 차용한 이론이 바로 "살아있는 문서이론"(the living instrument doctrine)이다. 이 이론은 유럽인권재판소의 판례법 가운데 가장 널리 알려진 이론 중의 하나로, "유럽인권협약은 현재 (현실)의 제 조건 및 오늘날의 민주주의 국가들에 있어 지배적인 이념에 비추어 해석되어야 한다"는 원칙이다.[52] 이 이론은 유럽인권재판소의 판례를 통해 발전해 왔으며, 이 사건에서도 원용되었다. 이 이론에 입각하여, 유럽인권재판소는 인권보호를 위해 다음과 같은 입장을 피력하였다. 즉, 특별한 주제를 검토함에 있어, ① 체약당사국에서의 변화된 상황을 고려하고, ② 성취된 표준에 대하여 도출된 합의에 부응해야 하며, ③ 유럽인권협약의 문언상의 용어와 개념을 정의하는 데 있어 유럽인권협약 이외의 국제법의 제 요소와 권한 있는 기관에 의한 그러한 요소의 해석을 고려해야 한다. 그리고 ④ 국제법상 특별한 주제에 대해 도출된 합의가 있는 경우, 유럽인권재판소는 특수한 사건에서 유럽인권협약의 규정을 해석함에 있어 그 합의를 고려할 수 있다.[53]

이에 의거하여, 유럽인권재판소가 판시한 주요 내용을 살펴보면 아래와 같다.

---

50 *Vilko Eskelinen and Others v. Finland*[GC], no. 63235/00, § 56, ECHR 2007-IV; *Micallef v. Malta*[GC], no. 17056/06, § 81, ECHR 2009- ⋯ (not yet published).

51 *Stafford v. the United Kingdom*[GC], no. 46295/99, § 68, ECHR 2002-IV; *Stafford v. United Kingdom*[GC], no. 46295/99, § 68, ECHR 2002-IV; *Christine Goodwin v. the United Kingdom*[GC], no. 28957/95, § 74, ECHR 2002-VI.

52 "*Bayatyan v. Armenia* 사건" 판결, para. 101.

53 "*Bayatyan v. Armenia* 사건" 판결, para. 102.

먼저, 체약당사국에서의 변화된 상황 및 국제적인 보편적 표준에 관하여 도출된 합의와 관련하여, 유럽인권위원회가 양심적 병역거부에 대해 마지막 결정을 내릴 즈음 양심적 병역거부권을 인정하지 않던 유럽평의회 회원국 중 19개국이 국내법을 통해 이 권리를 인정하였다. 또한 이 사건이 제기된 시점에서 나머지 회원국들도 국내헌법상 양심적 병역거부권을 인정하는 규정을 도입하고, 단지 구체적 입법만 남겨둔 상태였다. 따라서 이 사건이 발생한 시점에서 유럽평의회의 거의 모든 회원국에서 양심적 병역거부권을 국내법으로 인정하고 있는 상황이었으며, 또 이에 관한 새로운 합의가 도출되었다.[54]

다음, 유럽인권재판소는 유럽인권협약 문언상의 용어와 개념을 정의하는 데 있어 유럽인권협약 이외의 국제법의 제 요소와 권한 있는 기관에 의한 그러한 요소의 해석을 고려해야 한다는 점을 분명히 밝히고 있다. 더불어 국제법상 특별한 주제에 대해 도출된 합의가 있는 경우, 유럽인권재판소는 특수한 사건에서 유럽인권협약의 규정을 해석함에 있어 그 합의를 고려할 수 있다.[55] 이와 관련하여, 유럽인권재판소는 아래 국제 혹은 유럽기구들에 의한 관련 조약의 해석 태도를 원용하였다.

첫째, 유럽인권재판소는 유럽인권협약 제4조 및 제9조와 가장 유사한 내용을 담고 있는 자유권규약 제8조 및 제18조의 해석에 대한 유엔자유권규약위원회의 입장이 변경되었음에 주목하고 있다. 유엔자유권규약위원회도 유럽인권위원회와 동일한 입장을 취했으나 그 후 양심적 병역거부에 대한 입장을 변경하였다. 즉, 유엔자유권규약위원회는 1993년 일반논평 제22호에서 "살상용 무기를 사용해야 할 의무는 양심의 자유 및 종교와 신앙을 공표할 권리와 심각한 충돌을 일으킬 수 있으므로 양심적 병역거부권은 제18조에서 파생될 수 있다"고 함으로써 기존의 입장을 변경하였다. 또한, 유엔자유권규약위원회의 이 입장은 대한민국 정부를 대상으로 하여 제기된 양심적 병역거부에 관한

---

54 "*Bayatyan v. Armenia* 사건" 판결, para. 103.
55 "*Bayatyan v. Armenia* 사건" 판결, para. 102.

"윤여범·최명진 v. 대한민국" 사건[56]에서도 다시금 확인되었다. 유엔자유권규약위원회는 이 사건에서 자유권규약 제8조의 적용을 거부하고, 오직 제18조에만 의거하여 검토하였다. 그 결과, 신념을 이유로 군복무를 거부한 청구인에게 형을 선고한 것은 제18조 위반이라고 결정하였다.

둘째, 유럽인권협약과 EU기본권헌장과의 관련성이다. EU기본권헌장 제10조 제1항은 "양심적 병역거부권은 이 권리의 행사를 규율하는 국내법에 따라 인정된다"고 규정하고 있다. 동 조 동 항은 유럽인권협약 제9조 제1항을 그대로 옮겨놓은 것이라고 할 수 있다. 2009년부터 EU기본권헌장이 시행됨으로써 EU의 모든 회원국들은 양심적 병역거부권을 법적으로 인정하고 있다고 보아야 한다.

셋째, 위에서 살펴본 바와 같이, 유럽평의회 산하 'PACE'와 '각료이사회'에서도 이미 회원국들에게 양심적 병역거부권을 인정하도록 여러 차례에 걸쳐 권고하였다. 또한 2000년 6월 28일자 "아르메니아의 유럽평의회 가입을 위한 적용에 관한 견해 제221호"(Opinion No. 221 on Armenia's application to join the Council of Europe)에서 'PACE'는 아르메니아의 유럽평의회 가입 조건으로 양심적 병역거부권을 인정할 것을 제안하였다.[57] 마찬가지로 각료이사회도 2010년에 유엔자유권규약위원회의 판례법의 발전 및 EU기본권헌장의 조항에 근거하여 유럽인권협약 제9조의 양심과 종교의 자유에 대한 해석 입장을 확립하고, 회원국으로 하여금 양심적 병역거부권을 부여하도록 권고하였다.[58]

결론적으로, 위와 같은 분석을 바탕으로 유럽인권재판소는 유럽평의회 회원국의 국내법 및 국제법을 검토한 결과, 유럽은 물론 범유럽적 차원에서 양심적 병역거부에 관한 "사실상의 일반적인 총의가 이루

---

56 UNHRC, *Yeo-Bum Yoon and Myung-Jin Choi v. Republic of Korea*, CCPR/C/88/D/1321-1322/2004 of 23 January 2007 <http://www.unhcr.org/refworld/docid/48abd57dd.html>.

57 "*Bayatyan v. Armenia* 사건" 판결, para. 50.

58 Cf. "*Bayatyan v. Armenia* 사건" 판결, para. 55.

어졌다"고 판단하였다.[59] 유럽인권재판소가 이와 같은 판단의 이론적 근거로 삼은 것은, '살아있는 문서이론'이었다. 이 법리에 의거하여, 유럽인권재판소는 유럽인권위원회의 종래의 입장을 그대로 수용하는 것은 불가능하다고 보고, 유럽인권협약 제9조를 해석함에 있어 더 이상 제4조 제3항을 연계해서는 안 된다는 입장을 피력하였다. 따라서 양심적 병역거부에 관한 사안을 판단할 때는 유럽인권협약 제9조만을 고려해야 한다는 결론을 내렸다.[60]

2) 유럽인권협약 제9조의 이행 문제
    : 기본권으로서 양심적 병역거부권의 제한 유무

위에서 살펴본 것처럼, 유럽인권재판소는 종교적 신념을 이유로 군 복무를 기피한 청구인에 대한 유죄 판결은 유럽인권협약 제9조 제1항에 의해 보장된 그의 종교를 표명할 자유를 제한한 것으로 판단하였다. 그러나 유럽인권협약 제9조 제2항에 의하면, '자신의 종교 또는 신념을 표명하는 자유'가 제한되기 위해서는 엄격한 조건이 충족되어야 한다고 규정하고 있다. 따라서 개인의 이와 같은 자유를 제한하기 위해서는 우선, "공공질서, 보건 또는 도덕이나 타인의 권리 및 자유를 보호하기 위"할 목적이 전제되어야 한다. 또한 이러한 목적이 있다고 할지라도 그 자유의 제한은 다음 세 가지 사유, 즉 ① 민주사회에서 공공의 안전에 필요하여야 하고, ② 법률의 규정에 의해야 한다. 또한 가령 이와 같은 사유가 충족된다고 할지라도 그 제한은 ③ 목적의 정당성이 있어야 한다. 이를 유럽인권재판소의 판결에서 검토된 순서에 따라 분석하기로 한다.

(a) 법률의 규정에 의한 것인가.

유럽인권협약 제9조 제2항에 의하면, 종교 혹은 신념을 표명할 자유를 제한하기 위해서는 '법률에 의해 규정되어 있어야' 한다. 이때 '법

---

59 "*Bayatyan v. Armenia* 사건" 판결, para. 108.
60 "*Bayatyan v. Armenia* 사건" 판결, para. 109.

률에 의한 규정'(prescribed by law)이라는 문언은 우선 유럽평의회 회원국의 '국내법에 근거를 두고 있어야 한다'는 것을 의미한다. 유럽인권재판소는 그동안 다수의 판결에서 이 입장을 밝히고 있고, 이 사건에서도 이 해석태도는 판례법(case-law)이라는 것을 재차 언급하고 있다.[61]

또한 이 판례법은 문제되는 법률의 질적 수준에 대해서도 언급하고 있다. 즉, 유럽인권협약 제9조 제2항에서 말하는 '법률'이 일정한 질적 수준을 갖추고 있기 위해서는, 첫째, 관련 당사자가 이 법률에 접근 가능한 상태에 있어야 하고, 둘째, 충분히 명확한 문언으로 표현되어 있어야 한다.[62-63]

위 판례법에 비추어, 이 사건에서 논란이 된 아르메니아 국내법을 검토하면 다음과 같다.

이 사건에서 청구인은 아르메니아 형법 제75조에 의해 유죄판결을 받았다. 당시 아르메니아에는 대체복무에 관한 국내법이 존재하지 않았고, 아르메니아헌법과 병역복무법에는 만 18세에서 만 27세의 모든 남성은 병역의무를 수행해야 한다고 규정되어 있었다. 이처럼 아르메니아는 국내법에서 병역복무에 관한 명확한 규정을 두고 있었고, 누구나 이에 관한 정보를 알고 접근 가능한 상태에 있었다는 사실에 대해서는 의문의 여지가 없다.[64]

그러나 이 사건이 심리되는 과정에서 중대한 상황의 변경이 있었다. 즉, 아르메니아는 EU에 가입하기로 하고, 그 가입 후 3년 안에 대체복무법을 마련하고, 그 법이 마련되기 전에 실형을 선고받은 모든 양심적 병역거부자를 사면하기로 약속했다.[65] 따라서 유럽인권재판소는,

---

61 *"Bayatyan v. Armenia* 사건" 판결, para. 113.

62 *"Bayatyan v. Armenia* 사건" 판결, para. 113.

63 See, *Gorzelik and Others v. Poland*[GC], no. 44158/98, §64, ECHR 2004-I. 유럽인권재판소의 이 해석태도를 보다 명확하게 규정하고 있는 것은 바로 EU기본권헌장 제10조 제2항이다. 동 조 동 항은, "양심적 병역거부권은 이 권리의 행사를 규율하는 국내법에 따라 인정된다"고 명시함으로써 '법률에 의한 규정'의 의미를 분명히 밝히고 있다.

64 *"Bayatyan v. Armenia* 사건" 판결, para. 114.

양심적 병역거부자에 대한 권리의 제한이 '법률의 규정에 의한 것인가'라는 요건에 대해서는 다룰 필요가 없다고 판단하였다.[66]

(b) 목적의 정당성이 있는가.

목적의 정당성은 유럽인권협약 제9조 제2항의 문언에는 명확하게 명시되고 있지는 않다. 하지만 기본적 권리를 제한하기 위해서는 그 목적의 정당성이 요구된다. 이 요건은 아래 세 번째 요건인 '공공안전을 이유로 한 민주사회에서의 제한의 필요성'과 밀접하게 결부되어 있다. 이에 대해 아르메니아 정부는 '공공질서 및 암묵적으로 타인의 권리 보호'의 필요성을 언급하고 있다. 그러나 아르메니아 정부가 이미 대체복무법을 도입키로 약속했고, 이는 앞으로 더 이상 양심적 병역거부자를 처벌하지 않겠다는 뜻을 내포하고 있다. 따라서 유럽인권재판소는 그 위반자에 대한 처벌의 목적이 정당하다는 아르메니아 정부의 주장을 판단할 필요가 없다고 보았다.[67]

(c) 민주사회에서 공공안전을 이유로 제한의 필요성이 있는가.

아르메니아 정부에 의한 양심적 병역거부자에 대한 권리의 제한이 과연 공공안전을 이유로 민주사회에서 '필요한가'의 문제는 이 판결에서 가장 핵심적인 내용에 해당한다.

이 문제를 판단함에 있어 유럽인권재판소는, 기본적 제한 및 그 제한의 범위를 결정하는 데 있어 유럽인권협약 당사국이 어느 정도의 재량권을 가지고 있다는 것은 기본적으로 인정하고 있다. 따라서 유럽인권재판소는 유럽인권협약과 기존의 판례법에 따라 국가적 차원에서 정한 제한의 내용과 방식이 비례의 원칙에 비추어 정당한가를 검토해야 한다.[68·69] 이를 위하여, 유럽인권재판소는 '진정한 종교적 다원주

---

65 "*Bayatyan v. Armenia* 사건" 판결, para. 115.
66 "*Bayatyan v. Armenia* 사건" 판결, para. 116.
67 "*Bayatyan v. Armenia* 사건" 판결, para. 117.
68 "*Bayatyan v. Armenia* 사건" 판결, para. 121.

의'[70]와 '유럽인권협약 당사국들의 관행에서 비롯되는 총의 및 공통가치'[71]에 의거하여 판단하였다. 유럽인권재판소에 의하면, 진정한 종교적 다원주의는 민주주의 사회의 생존에 필수적인 요소이므로 이를 유지할 필요성이 반드시 고려되어야 한다.[72] 종교적 다원주의는 오랜 세월에 걸쳐 확립된 것으로 이것이 유지되기 위해서는 사상과 양심, 그리고 종교의 자유가 보장되어야 한다.[73] 오늘날 이 자유에 기반한 종교적 다원주의는 유럽인권협약 당사국들의 관행을 통해 형성된 총의일 뿐 아니라 공통가치이기도 하다. 위에서 언급한 것처럼, 강제적 병역의무제를 도입하고 있는 유럽평의회의 대다수의 회원국이 대체복무제를 인정하고 있다는 점은 이를 뒷받침하는 강력한 증거라고 할 수 있다. 따라서 만일 대체복무제를 도입하지 않고 있는 회원국의 경우, 그 '판단의 여지가 제한적'이며, 또한 이 회원국들이 양심적 병역거부자를 처벌함으로써 그들의 권리를 제한하고자 하는 경우, 사전에 그 제한을 정당화할 수 있는 '설득력 있고 강력한 이유'를 제시해야 한다. 특히, 그 제한이 '긴급한 사회적 필요'에 부응한 것이라는 것을 증명해야 한다.[74·75]

---

69 See Manoussakis and Others, cited above, § 44; Metropolitan Church of Bessarabia and Others, no. 45701/99, § 119, ECHR 2001-XII; and Leyla Şahin, no. 44774/98, § 110, ECHR 2005 XI.

70 See Manoussakis and Others, cited above, § 44, and Metropolitan Church of Bessarabia and Others, cited above, § 119.

71 See, mutatis mutandis, *X, Y and Z v. the United Kingdom*, 22 April 1997, § 44, Reports of Judgments and Decisions 1997-II, and *Dickson v. the United Kingdom*[GC], no. 44362/04, § 78, ECHR 2007-XIII.

72 "*Bayatyan v. Armenia* 사건" 판결, para. 122.

73 "*Bayatyan v. Armenia* 사건" 판결, para. 118.

74 "*Bayatyan v. Armenia* 사건" 판결, para. 123.

75 See Manoussakis and Others, cited above, § 44; *Serif v. Greece*, no. 38178/97, § 49, ECHR 1999-IX; Metropolitan Church of Bessarabia and Others, cited above, § 119; *Agga v. Greece* (no. 2), nos. 50776/99 and 52912/99, § 56, 17 October 2002; and *Moscow Branch of the Salvation Army v. Russia*, no. 72881/01, § 62, ECHR 2006-XI.

위와 같은 입장에서 유럽인권재판소는 다음과 같은 점에 주목하였다. 즉, 청구인이 ① 개인의 이익이나 편의 때문이 아니라 진지한 종교적 신념을 이유로 병역의무 면제를 요청하고 있고, ② 사건 당시에는 아르메니아에 대체복무제가 없었으므로 청구인은 자신의 신념을 고수하기 위하여 형사고발을 무릅쓰더라도 다른 대안적 방법을 찾을 수 없었다는 점을 인정했다.[76] 또한 ③ 청구인은 일반 시민에게 부과되는 의무를 이행하는 것을 단 한 번도 거부한 적이 없고, 대체복무도 그 의무의 일환으로 당해 정부에 요구하였다는 점을 강조하였다.[77]

결론적으로, 유럽인권재판소는, 다원주의, 관용, 포용(pluralism, tolerance and broadmindedness)이 민주사회의 전형적 특징이라는 점을 환기하면서, 소수종교를 신봉하는 사람들의 신념을 존중하는 것이 오히려 다원주의의 통합과 안정성을 도모하고, 또한 사회적으로 종교 간의 조화와 관용을 증진하는 데 기여할 것이라고 판단하였다.[78] 따라서 유럽인권재판소는, 청구인에 대한 유죄판결이 유럽인권협약 제9조의 의미 내에서 민주사회에 필요하지 않은 제한을 구성한다고 간주하고, 아르메니아정부의 조치는 유럽인권협약 제9조에 위반한다고 판단하였다.[79]

V. 결론: 유럽의 사례에 비춰 본
우리 헌법재판소의 판시태도에 대한 비판적 검토

본문에서 살펴본 바와 같이, 유럽인권재판소 대재판부는 "Bayatyan v. Armenia 사건"에서 사상과 양심 및 종교의 자유에 관한 유럽인권협약 제9조에 의거하여 양심적 병역거부 행위가 보호된다고 판시하였다. 이 판결은, 유럽인권재판소가 양심적 병역거부를 인정하지 않던 기존

---

76 "*Bayatyan v. Armenia* 사건" 판결, para. 124.
77 "*Bayatyan v. Armenia* 사건" 판결, para. 125.
78 "*Bayatyan v. Armenia* 사건" 판결, para. 126.
79 "*Bayatyan v. Armenia* 사건" 판결, para. 128.

의 판시 태도를 변경한 '획기적 판결'(landmark ruling)이자 '지도적 판결'(leading case)이다.

이 판결에서 주목할 만한 사항은, 유럽인권재판소가 유엔자유권규약위원회가 내린 해석을 그 판례 변경의 주된 이유 가운데 하나로 들고 있다는 것이다. 또한 유럽인권재판소는 이미 징병제도를 실시했거나 현재 실시하고 있는 유럽평의회 회원국의 대다수가 개인적 신념을 위해 군복무를 수행할 수 없는 사람들을 위해 대체복무제도를 도입한 점을 고려하였다. 이 점은 양심적 병역거부에 관한 우리 헌법재판소의 판시 태도에 시사하는 바가 적지 않다.

우리 헌법재판소는 유럽인권재판소와 상반된 입장을 취하고 있다. 다시 말하여, 헌법재판소는, 국제인권규약, 특히 자유권규약 제18조를 비롯한 다른 어느 조문에서도 양심적 병역거부권을 명시적으로 규정하고 있지 않다는 등의 이유를 들어 "우리나라가 가입하지 않았지만 일반성을 지닌 국제조약과 국제관습법에서 양심적 병역거부권을 인정한다면, 우리나라에서도 일반적으로 승인된 국제법규로서 양심적 병역거부의 근거가 될 수 있다"고 판시하였다.[80]

헌법재판소에 의하면, 우리나라가 양심적 병역거부권을 인정할 수 있는 법적 근거로 '일반성을 지닌 국제조약'과 '국제관습법'을 들고 있다. 이는 결국 국제조약과 국제관습법에서 양심적 병역거부권이 '일반적으로' 인정되고 있지 않기 때문에 대한민국에서도 인정할 수 없다는 논리이다. 헌법 제6조 제1항은, "헌법에 의하여 체결·공포된 조약과 일반적으로 승인된 국제법규는 국내법과 같은 효력을 가진다."고 규정하고 있다. 동 조 동 항에 의하면, 국제법(조약과 국제관습법)은 국내법과 '같은 효력'이 있다. 그러나 헌법재판소와 대법원은 국제법과 국내법의 관계를 해석·적용함에 있어 양자의 관계를 소극적으로 이해하여 전자보다 후자의 지위에 보다 많은 비중을 두고 있다. 이러한 일반적 판시 태도에 비춰볼 때, 헌법재판소가 국내법을 해석하면서 국제법을

---

80 2011헌바16(병합) 결정.

그 법적 근거로 삼고 있다는 것은 의외라고 할 수 있다.

하지만 이와 같은 입장은 차치하고, 헌법재판소의 판시 태도를 '액면그대로' 받아들여 좀 더 구체적으로 검토해보자.

'국제조약과 양심적 병역거부의 문제'에 관한 결정에서 헌법재판소는 아래와 같이 다소 장황한 논지를 전개하고 있다.

> 그러나 (자유권)규약 제18조는 물론, 규약의 다른 어느 조문에서도 양심적 병역거부권(right of conscientious objection)을 기본적인 인권의 하나로 명시하고 있지 않고, 규약의 제정 과정에서 규약 제18조에 양심적 병역거부권을 포함시키자는 논의가 있었던 것은 사실이나, 제정에 관여한 국가들의 의사는 부정적이었으며, 위 국제인권기구의 해석은 각국에 권고적 효력만 있을 뿐 법적인 구속력을 갖는 것은 아니고, 양심적 병역거부권의 인정 문제와 대체복무제의 도입문제는 어디까지나 규약 가입국의 역사와 안보환경, 사회적 계층 구조, 정치적, 문화적, 종교적 또는 철학적 가치 등 국가별로 상이하고도 다양한 여러 요소에 기반한 정책적인 선택이 존중되어야 할 분야로 가입국의 입법자에게 형성권이 인정되는 분야인 점 등을 고려하면, 규약에 따라 바로 양심적 병역거부권이 인정되거나, 양심적 병역거부에 관한 입법적 구속력이 발생한다고 보기 곤란하다.[81]

각종 예시를 들고 있지만, 논지는 간단하다. 자유권규약(특히 제18조)에서 양심적 병역거부에 관한 명시적 규정을 두고 있지 않고, 또 유엔을 비롯한 국제기구에서 이에 관한 긍정적 해석을 했다고 할지라도 이는 '권고적 효력'만 있을 뿐이므로 이에 대한 수용 여부는 우리 정부의 재량에 달린 것이라는 입장이다. 이 입장은 '일반적으로 승인된 국제법규와 양심적 병역거부'에 관한 결정 내용에서 보다 명확하게 드러나 있다.

> 우리나라가 가입하지 않았지만 일반성을 지닌 국제조약과 국제관습법에

---

81 2011헌바16(병합) 결정 24~25쪽.

서 양심적 병역거부권을 인정한다면 우리나라에서도 일반적으로 승인된 국제법규로서 양심적 병역거부권의 근거가 될 수 있다.

그러나 양심적 병역거부권을 명문으로 인정한 국제인권조약은 아직까지 존재하지 않으며, 유럽 등의 일부국가에서 양심적 병역거부권이 보장된다고 하더라도 전 세계적으로 양심적 병역거부권의 보장에 관한 국제관습법이 형성되었다고 할 수 없으므로, 양심적 병역거부가 일반적으로 승인된 국제법규로서 우리나라에 수용될 수는 없다.[82]

양심적 병역거부권을 명문으로 인정한 국제조약이 존재하고 있지 않고, 설령 유럽 등 일부국가에서 이를 보장한다고 하더라도 '전 세계적으로' 양심적 병역거부권의 보장에 관한 국제관습법이 형성되었다고 볼 수 없다는 것이 헌법재판소의 입장이다. 국제관습법의 인정에 관한 근거와 그 기준에 관한 논의는 별론으로 하자. 다만, '유럽 등 일부국가'라는 표현에 대해서는 지적해 두고자 한다. 비록 서로 중첩되는 국가가 있지만, 현재 EU의 27개 회원국과 유럽평의회 47개 회원국에서 양심적 병역거부권을 인정하고 있다. 양 기구에 가입하고 있지 않은 기타 유럽의 일부 국가들마저도 국내법에서 이를 인정하고 있으므로, 사실상 거의 대부분의 유럽국가가 양심적 병역거부권을 보장하고 있다고 보아야 한다. 게다가 "Bayatyan v. Armenia 사건" 판결 이후 양심적 병역거부권은 적어도 유럽평의회 47개 모든 회원국에서는 전적으로 보장되고 있다. 따라서 '유럽 등 일부국가'에서 인정되고 있을 뿐이므로 이를 "전세계적으로 양심적 병역거부권의 보장에 관한 국제관습법이 형성되었다고 볼 수 없다"는 헌법재판소의 판시 태도는 납득할 수 없다.

이미 본문에서 검토한 바와 같이, 유럽인권재판소도 유럽인권협약 제9조에 양심적 병역거부권이 명시적으로 언급되고 있지 않다는 것은 인정하고 있다. 그러나 유럽인권재판소는, 병역의무와 종교적 또는 그밖의 신념 사이에 심각하고 극복할 수 없는 충돌과 같은 특수한 상황

---

82 2011헌바16(병합) 결정 25~26쪽.

이 야기된 경우, 유럽인권협약 제8조에 의거한 양심적 병역거부권을 보장해야 한다고 보고 있다.[83] 더욱이 유럽인권재판소는 양심적 병역거부에 관한 기존의 판시 태도를 변경한 주요 사유로, 유엔자유권규약위원회의 해석을 들고 있다. 본문에서 분석한 바와 같이, 유럽인권재판소는 자유권규약 제8조 및 제18조의 해석에 대한 유엔자유권규약위원회의 입장이 변경되었음에 주목하고, 이를 판례변경의 주요 사유로 들고 있다.

유럽인권재판소와는 달리 우리 헌법재판소는 여전히 자유권규약의 해석과 관련하여 소극적 입장을 보이고 있다.[84] 하지만 "Bayatyan v. Armenia 사건" 판결에 나타난 유럽인권재판소의 해석 입장에 대한 분석을 통해 알 수 있는 바와 같이, 우리 헌법재판소도 국제법의 제 요소와 권한 있는 기관에 의한 그러한 요소의 해석을 고려해야 한다. 그저 국제조약상 명문의 규정이 없다는 이유로, 또 국제기구의 해석은 권고적 효력을 가지므로 법적 구속력이 없다는 식의 판단은 비판받아야 한다. 향후 국제법의 발전을 고려한 헌법재판소의 전향적 결정이 있기를 기대해 본다.

---

83 "*Bayatyan v. Armenia* 사건" 판결, para. 110.
84 대법원도 대체복무를 강제노역으로 보지 않는 자유권규약의 강제노역금지 조항을 고려해 보면, 양심적 병역거부가 규약의 양심의 자유 조항으로부터 당연한 권리로서 도출되지는 않는다고 판단하고 있다. 대법원의 이러한 판단은 그동안 양심적 병역거부에 관한 헌법재판소가 유지해 온 논지이기도 하다. 대법원 2007. 12. 27. 선고 2007도7941 판결. "… 규약이 양심적 병역거부권이나 대체복무제도 자체를 전혀 인식치 못하고 있는 것도 아니다. 강제노역금지에 관한 규약 제8조 제3항 (C) 제(ii)호에서 "군사적 성격의 역무 및 양심적 병역거부가 인정되고 있는 국가에 있어서는 양심적 병역거부자에게 법률에 의하여 요구되는 국민적 역무(any service of a military character and, in countries where conscientious objection is recognized, any national service required by law of conscientious objectors)"를 규약상 금지되는 강제노역의 범주에서 제외되는 것 중 하나로 규정하고 있다. 여기서 "양심적 병역거부가 인정되고 있는 국가에 있어서는(where conscientious objection is recognized.)"이라는 표현은, 개개의 가입국이 양심적 병역거부권 및 대체복무제도를 인정할 것인지 여부를 결정할 수 있다는 것을 전제로 한 것이라 할 수 있다. 즉, 제8조의 문언에 비추어 볼 때, 규약은 가입국으로 하여금 양심적 병역거부를 반드시 인정할 것을 요구하고 있지 않다."

양심적 병역거부에 관한 국제인권법[*]

장복희(선문대 법학과)

I. 서 언

2012년 3월 23일 법조계에 따르면, 대법원에서 유죄가 확정된 양심적 병역거부자 50명은 "한국정부가 종교·사상·양심의 자유를 보장하고, 자의적인 구금을 금지하는 '시민적·정치적 권리에 관한 국제규약(ICCPR)'(이하 B규약)을 위반했고 양심적 병역거부자를 자의적으로 구금했다"고 주장하며 UN산하 자유권규약위원회에 집단 청원하였다.[1]

자유권규약위원회는 국내 양심적 병역거부자들이 '종교·사상·양심의 자유가 침해당했다'는 청원을 제출한 데 대해, 지난 2006년, 2010년, 2011년 세 차례에 걸쳐 "양심적 병역거부권은 사상과 양심 및 종교의 자유에 의해 보장되므로 침해돼서는 안 된다"며 "이들의 전과 기록을 말소하고 양심적 병역거부권을 인정하는 법률을 제정하라"고 정부에 권고한 바 있다.[2]

한국은 1990년 B규약에 가입하고, 실행 여부를 자유권규약위원회가

---

[*] 이 글은 장복희, 「양심적 병역거부에 관한 국제사례와 양심의 자유」, 『헌법학연구』 제12권 제5호, 한국헌법학회(2006. 12)와 장복희, 「양심적 병역거부자의 인권 보호」, 『공법연구』 제35집 제2호, 한국공법학회(2006. 12)를 종합하여 수정·보완한 것이다.

[1] 「양심적 병역거부자 50명, UN 집단청원, "한국정부가 '시민적·정치적 권리에 관한 국제규약' 위반」, 『한겨레』, 2012. 3. 23.

[2] Ibid.

심사하도록 하는 B규약 제1선택의정서를 채택하였다. 그러나 국내 안보상황과 여론 등을 이유로 지금까지 규약을 지키지 않고 있고, 국가인권위원회가 2005년 양심적 병역거부권을 인정하고 대체복무제를 도입하라고 권고하였음에도 그러하다.

한국에서는 1939년 최초의 처벌 기록이 보고된 이래 60년간 국내에서 1만 6000여명의 양심적 병역거부자들이 투옥되었고 2012년 1월 현재 731명이 복역 중에 있다.[3] 이들 대부분이 여호와의 증인이다. 전 세계 양심적 병역거부자들의 90%는 한국 감옥에 있다.[4] 종교 혹은 양심의 자유에 의한 양심적 병역거부권에 대한 평가는 국제인권법에서 발전과정에 있다. 이 글은 국제인권법상 양심적 병역거부에 대한 지위를 살피고, 종교나 양심의 자유를 보호하는 관련 국제법규상 양심적 병역거부를 허용하는 조화로운 해석을 제시하며, UN인권위원회의 결정, 유럽인권재판소의 판결과 미주인권의원회의 결정을 통하여 양심적 병역거부의 법적 규율의 부재로 인하여 발생하는 인권문제를 조명한다.

II. 양심적 병역거부와 관련한 국제인권법과 기구

1. UN인권보호제도

세계인권선언 제3조, B규약 제6조 제1항은 보편적 인권으로서 생명권을 규정하고 있고, 양심적 병역거부는 이들 규정에 의하여 지지될 수 있다. 그러나 국제법상 생명권은 생명의 절대적 보호를 보장하는 것은 아니다. 국내법과 국제법은 자의적이지 않게 타인의 생명을 박탈

---

3 Ibid.

4 "헌재, 국회, 정부 뺑뺑이 돌다가 후퇴, [이슈추적2] 민주항쟁 이후 국민의 최후 호소처로 탄생한 헌재가 존립 근거 스스로 파괴…국회는 헌재의 입법권고 무시, MB정부는 참여정부 정책 뒤집어 시민은 7천~8천 년 징역 더 살아야", 『한겨레21』 제877호, 2011. 9. 9.

할 수 있는 합법적인 근거를 마련하고 있다. 사람의 생명을 뺏는 것은 극한 상황과 사전에 명시된 사유에 의해서만 정당화된다. 양심적 병역 거부는 양심상 분명 정당화되지 않고 극한 상황이 아닌 경우에 타인의 생명을 박탈하는 행동에는 참여할 수 없다는 신념을 근거로 한다.

법적 구속력 있는 근거로서, 사상, 양심과 종교의 자유를 누릴 권리 는 세계인권선언 제18조, B규약 제18조에서 인정하고 있다. 이들 규정 은 종교의 자유로운 실천을 보장하고 있다. 이 외에도 연성법(soft law) 의 성격으로서 인권위원회의 결의[5], 특별보고관의 보고서[6] 및 자의적 구금에 관한 작업그룹의 결정[7]과 같은 관행과 규범을 그 근거로 들 수 있다.

법적 구속력 있는 문서로서의 B규약 제18조는 규정된 사상, 양심과 종교의 자유를 누릴 권리를 보호하고 있으나 양심적 병역거부에 대한 명시적 언급은 없다. 그러나 B규약의 감시기구인 자유권규약위원회 (Human Rights Committee)(이하 위원회)는 일반논평 제22호에서 치명적인 무기사용의 의무가 양심의 자유와 자신의 종교나 신념을 이행하는 권 리에 심각하게 충돌될 경우에, 그러한 권리가 제18조에서부터 나오는 권리임을 명백히 언급하였다. 위원회는 양심적 병역거부자의 개인청 원에 대한 결정, 국가보고서의 심사와 이들 보고서에 대한 결정[8]에서

---

5 1989년 이래 UN인권위원회는 결의를 통하여 "양심적 병역거부를 할 수 있는 모든 이의 권리"(right of everyone to have conscientious objections to military service)를 "사 상, 양심과 종교의 자유를 가지는 권리를 합법적으로 행사하는 것(a legitimate exercise of the right to freedom of thought, conscience and religion)으로 인정하였다. Resolution of the UN Commission on Human Rights 1998/77, Conscientious Objection to Military Service, E/CN.4/1998/77, 1998.

6 UN인권위원회, 종교와 신념에 관한 특별보고관(Mr. Abdelfattah Amor) 보고서 (2003년 1월): "(양심적 병역거부자를 처벌하는 것은 한국의 헌법과 법률에 따른 것이며, 양심의 자유는 국방의 의무를 위한 타당한 제한이라는 한국정부의 답변 에 대하여) 종교와 신념에 관한 특별보고관은, 자유권규약위원회의 일반논평 제 22호에 의하면 양심적 병역거부권은 B규약 제18조에서 도출되는 권리이며, 살상 무기를 들도록 강요하는 의무는 양심의 자유 및 종교, 신념의 자유를 심각하게 침 해할 수 있다는 점을 한국정부에 다시 한 번 상기시키고자 한다."

7 Report of the Working Group on Arbitrary Detention (E/CN 4/2001/14).

이 같은 입장을 확대 발전시켜 왔다.

위원회는, 종교나 신념을 표현하는 형태로써 양심적 병역거부에 대한 선언이 B규약 제18조에 의하여 정당화된다는 입장을 보이고 있다. 결론적으로 청원에서 양심적 병역거부에 대한 위원회의 가장 명시적인 결정은 B규약 제18조의 범위 내에서 평가된다.

위원회가 강조한 문언과 목적상 양심적 병역거부가 B규약상 제18조에 의한 보장된다는 입장은 Yeo-Bum and Myung-Jin Choi v. Republic of Korea에 대한 결정[9]에서 잘 나타나고 있다. 이 사안은 양심적 병역거부가 허용되지 않는 한국에서 자신의 종교적 신념을 이유로 병역의무를 이행하지 않은 두 명의 여호와의 증인을 형사처벌하고 구금한 사건으로,[10] 위원회는, 여호와의 증인으로서 자신의 종교적 신념을 이유로 의무적 병역의무를 거부한 2명의 여호와의 증인을 형사처벌하고 구금함으로써, 한국이 B규약 제18조 제1항을 위반하였다고 결정하였다.[11]

위원회의 결정은, 종교나 신념의 권리와 자신의 종교나 신념을 표현하는 권리는, 이들 권리로 인하여 자신의 신념에 반하는 행위를 하도록 개인에게 강요하는 강제의무를 거부할 수 있다는 광범위한 의미를 가지고 있다.

1989년 3월 8일 결의 1985/제59호에서, UN인권위원회(Commission on Human Rights)는, 양심적 병역거부권이, 세계인권선언 제18조와 B규약 제18조에 규정하고 있는 사상, 양심과 종교의 자유의 권리에 근거하여 합법적으로 행사될 수 있는 권리로 인정하였다.[12] 이 결의는 또한

---

8 위원회의 최종견해는 UN 인권제도에서 사법적 결정에 해당된다. Report of the Office of the High Commissioner for Human Rights, E/CN.4/2004/55, 16 February 2004, p. 6.

9 *Yeo-Bum Yoon and Myung-Jin Choi v. The Republic of Korea*, 23 January 2007, CCPR/C/88/D/1321-1322/2004.

10 Ibid., para. 8.4.

11 Ibid., para. 8.2.

12 UN Commission on Human Rights resolution 1989/제59호. 이 결의는 후속 결의

징병제를 가진 국가가 아직 이러한 규정을 가지고 있지 않은 경우 양심적 병역거부자에게 이에 상응하는 다양한 형태의 대체복무를 마련할 것과, 양심적 병역거부자를 구금하지 않을 것을 권고하였다. 또한 그러한 종류의 대체복무는 원칙적으로 공익적인 것이고 징벌적인 성격이 아닌 비전투적 혹은 민간의 성격을 가지는 것이어야 한다고 강조하였다.

1993년 UN자유권규약위원회 일반논평 제22(48)호는 다음과 같이 양심적 병역거부가 B규약 범위 내에 있는 것으로 보았다.

"B규약은 양심적 병역거부권을 명시적으로 언급하고 있지 않다. 그리고 본 위원회는 살상무기를 사용해야 하는 의무가 양심의 자유, 종교와 신념을 표명할 권리와 심히 충돌할 수 있으므로, 양심적 병역거부권이 B규약 제18조에서 도출될 수 있다고 믿는다. … 양심적 병역거부자들을 그들이 가진 특정신념의 본성을 이유로 구별해서는 안 되며, 또한 마찬가지로 양심적 병역거부자가 병역을 거부하였다는 이유로 그들을 차별해서는 안 된다.[13]

UN인권위원회의 활동은 1998년에 최고조에 다다랐고 '양심적 병역거부의 마그나카르타'라고 불리는 1998년 4월 22일 '양심적 병역거부' 결의 1998/제77호[14]에서, 양심적 병역거부는 양심과 종교적, 도덕적, 윤리적 또는 이와 유사한 동기에서 나오는 깊은 신념에서 비롯되는 것이며, 양심적 병역거부권이 세계인권선언 제18조와 B규약 제18조에 규정된 사상, 양심 및 종교의 자유의 권리에 근거한 합법적인 권리행사임을 확인하고 있다. 2004년 4월 19일 결의 2004/제55호는 양심적 병역거부권 인정의 정당성을 명확히 밝히며 평시뿐 아니라 전시에도 행사할 수 있는 병역거부권도 언급하고 있다.

1993/제84호, 1995/제83호, 1998/제77호, 2000/제34호와 2002/제45호에 의하여 강화된다.

13 Covenant on Civil or Political Rights (CCPR) General Comment No.22, Right to freedom of thought, conscience and religion, Art. 18: 30/07/93, para. 11.

14 Conscientious objection to military service, Commission on Human Rights resolution 1998/77.

2. 지역적 인권보호제도

유럽인권협약 제2조, 미주인권선언 제1조와 아프리카인권헌장 제4조가 보편적 인권으로서 생명권을 규정하고 있다. 사상, 양심과 종교의 자유를 누릴 권리는 유럽인권협약 제9조, 미주인권선언 제3조, 미주인권협약 제12조 및 아프리카인권헌장 제8조에서 인정하고 있다. 이들 규정은 종교의 자유로운 실천을 보장하고 있다.

이 권리는 UN인권위원회의 결의,[15] 유럽의회,[16] 유럽이사회 총회[17]와 유럽이사회 수뇌위원회 권고 R(87)제8호[18]에서 명시적으로 언급하고 있다. 이는 평시뿐 아니라 국가의 존립을 위협하는 전시나 비상시에도 적용되는 것을 의미한다. 이 권리의 표명은 유럽인권협약의 여타 권리와는 달리 국가안보(national security)의 이유로도 제한될 수 없다.[19]

유럽인권협약 제9조는 자신의 종교나 신념을 바꿀 수 있는 권리를 명백히 규정하고 있으므로, 양심적 병역거부자가 되는데 어떠한 제한도 있을 수 없다. 즉 군복무 중, 예비군 징집 및 징병 시 모두 적용된다. 양심적 병역거부문제가 흔히 징병 시 발생하지만 입대결정이 자발적인 경우에도 적용된다.[20]

---

15 UN Commission on Human Rights, Resolution 1998/77, 2000/34, 2002/45 and 2004/35.

16 The European Parliament, The Macciocchi (1983), Schmidbauer(1989), De Gucht and Bandres and Bindi resolutions.

17 The Parliamentary Assembly of the Council of Europe, Resolution 337 and Recommendation 478 (1967), Recommendation 816 (1977), Resolution 1042 (1994), and Recommendation 1518 (2001).

18 The Committee of the Ministers of the Council of Europe Recommendation R(87)8.

19 B규약 제18조 제3항. 유럽인권협약 제9조 제2항도 이와 유사한 취지를 규정하고 있다.

20 UN Commission on Human Rights(이하 UNCHR) Resolution 1998/제77호는 이를 다음과 같이 명백히 인정하고 있다. "군복무를 이행하는 자는 양심적 병역거부를 발전시킬 수 있다." Recommendation R(87)8 of the Committee of the Ministers of the Council of Europe. Recommendation 1518 (2001) of the Parliamentary

다른 이의 양심을 판단하는 일은 본래 어려운 일이지만, 유럽의회의 결의[21]는 대부분 사안에서 "개인적 동기로 인한 선언"으로 충분하다고 확인하고 있다.

유럽이사회 수뇌위원회 권고 제8호(1987)는 이사회 회원국은 "양심을 이유로" 거부한 자에게 병역이행의무를 면하는 규정을 둘 것을 권고하였다. 사상, 양심과 종교의 자유의 권리에 대한 규정으로서 2000년 12월 공언된 유럽연합 기본권헌장은 제10조 제2항을 언급하고 있다. 미주인권위원회는 양심적 병역거부자를 병역에서 면제하지 않은 미주기구(OAS)국가를 초청하여 자국 법제도를 심의하도록 했다.[22]

3. 한국 상황에 대한 UN권고

2006년 11월에는 'B규약 제40조에 따라 대한민국이 제출한 보고서에 대한 검토 및 최종견해'에서 병역거부자의 권리를 인정하여 입법조치를 취할 것을 한국정부에 권고하였다. 2007년 1월에는 개인청원제도를 통해 청원한 2명의 병역거부자에 대해서 이들의 처벌은 B규약 제18조 제1항을 위반한 것이라고 결정하고 보상을 포함하여 유효한 구제조치를 취할 것과 재발방지를 한국정부에 요청하였다.

2008년 UN인권이사회는 국가별 인권상황 정례검토(UPR) 심의에서 총회에 제출한 '대한민국에 대한 정례검토 보고서'에서 "자유권규약위원회의 권고에 따라, 양심적 병역거부권을 법적으로 인정할 것과, 병역거부자를 형사처벌하지 말 것, 그들의 공직 취임 및 공공기관 취직을 금지하는 규정들을 폐지할 것"을 권고하였다.

일반논평은 인권규범의 해석기준으로서, 보고서제도는 합리적인 타협(a reasonable compromise)의 문제라고 볼 수 있다. 일종의 필요한 도전

Assembly of the Council of Europe 참조.

21 Schmidbauer resolution.(1989). The Macciocchi resolution (1983).

22 98th session, Annual Report, 1997, Chapter VII - Recommendations of the Inter-American Commission on Human Rights.

적 역할로서 인권위원회는 이와 같은 타협을 가능한 효과적으로 하려는 임무를 맡고 있는 것이라 하겠다. 비록 공식적으로는 위원회의 의견은 법적 구속력은 없으나 독립적인 국제적 기관의 견해를 제시하는 것이기 때문에 특별한 비중과 권위가 있다.

III. UN자유권규약위원회의 결정

양심적 병역거부 인정 시, 대체복무까지 거부하는 완전거부(total objection), 대체복무의 기간의 형평성, 국내병역제도와 양심적 납세거부와 관련하여 UN자유권규약위원회는 다음과 같은 결정을 내리고 있다.

1. 완전거부자의 불인정

1990년 Brinkhof v. Netherlands 사건[23]에서, Brinkhof는 네덜란드 시민으로서 네덜란드 정부는 B규약 제6조(생명권), 제7조(고문 및 비인도적 처우로부터의 자유), 제8조(노예상태로부터의 자유), 제14조(재판 앞에 만민평등), 제18조(사상, 양심 및 종교의 자유)와 제26조(법 앞에 평등)를 위반하였다고 주장하였다. 이보다 앞서 Brinkhof는 양심적 병역거부자로서 병역을 이행하지 않은 이유로 체포되어 군대로 보내졌고, 그곳에서 평화적 신념을 이유로 군제복과 장비를 갖추어야 하는 명령을 거부하고 대체공익복무 이행도 거부하였다. Aenhem법원은 Brinkhof가 군사법 제23조, 제114조와 형법 제27조를 위반했다고 판시하고 6개월의 구금형을 선고하였다. 신청인과 공익검사는 최고군사법원에 항소하였고 1988년 5월 최고법원은 항소를 각하했다.

위원회는, 병역면제가 특정한 양심적 병역거부자에게만 인정되고

---

23 *Brinkhof v. Netherlands*, Human Rights Committee Communication No 402/1990, 27 July 1993, Netherlands. 30/07/93, CCPR./C/48/D/402/1990.

모든 양심적 병역거부자에게 적용되지 않는 것은 불합리하며, B규약 체약국이 국내적으로 양심적 병역거부를 인정하는 경우에는 특별한 신념에 근거한 양심적 병역거부자 간에는 어떠한 차별도 없어야 한다고 강조하였다.

그러나 이 사건에서 위원회는, 청원인은 평화주의자로서 자신의 신념이 대체공익복무 이행에 부합하지 않는다는 것을 입증하지 못했고, 또한 여호와의 증인에 대한 공익복무의 특권적 처우가 양심적 병역거부자로서 자신의 권리에 악영향을 주는 것을 입증하지 못했으므로, Brinkhof는 B규약 제26조상 피해자가 아니라고 결정하였다. 즉 여타 병역거부자들도 양심적 병역거부를 하더라도 군복무인 병역만 면제되고 대체복무까지는 면제받지 않음에도 불구하고, 여호와의 증인이라고 해서 병역과 대체복무 모두를 면제받는다면, 이러한 경우는 B규약의 규정을 위반한 양심적 병역거부자 간의 차별에 해당됨으로 양심적 병역거부자라도 병역과 대체복무 양쪽 모두의 면제는 인정할 수 없다는 의미이다.

위원회는 B규약의 체약국은 병역과 대체복무 모두를 거부하는 자는 여타 병역거부자와 동등한 처우와 처벌의 대상이 되어야 하고, 병역과 대체복무 양쪽 모두를 면제받는 것은 B규약 제26조를 위반한 차별이라고 하였다. 이러한 차별을 조장하는 국내법은 재검토할 것을 체약국에 권고하였다.

이 사건은 국제적으로 양심적 병역거부에 대한 기본법칙을 확립한 것으로서 의미가 있다. 즉, 신념을 이유로 병역과 대체복무 양쪽 모두를 거부하는 것은 허용되지 않으며, 그러한 경우에 "법 앞에 평등"을 명시한 B규약 제26조를 위반한 불평등한 차별이며, 대체복무 없는 양심적 병역거부는 인정하지 않음을 분명히 하고 있다.

이와 유사한 사례로 1996년 Westerman v. Netherlands[24]은 양심적 병

---

24 *Westerman v. The Netherlands*(682/1996), ICCPR, A/55/40 vol. II (November 3, 1999).

역거부에 관한 선도적 사건 중의 하나로, 위원회는 폭력수단을 사용한 경우이든 아니든 관계없이 병역이행의 '완전거부'는 양심적 병역거부로서 인정하지 않으며, 양심적 병역거부가 국내 병역법제도를 존중하면서 그 거부의 사유로 폭력수단의 사용과 관련한 경우에만 양심적 병역거부가 인정된다는 기본원칙을 제시하였다.

2. "합리적이고 객관적인 기준"에 근거한 대체복무기간의 형평성

1999년 Foin v France 사건[25]에서 위원회가 B규약에 근거하여 양심적 병역거부 사안에서 적용하는 심사기준으로, 대체복무와 현역 간의 기간의 차이는 복무를 이행하기 위하여 특별한 훈련이 필요하거나 복무의 특수한 성격을 고려한 기간요구와 같은 객관적이고 합리적인 기준(objective and reasonable criteria)에 기초한 것이어야 함을 제시하였다. 이 사건은 양심적 병역거부자에 대한 대체복무가 현역기간보다 긴 경우는, 예컨대 특별복무의 성격이나 이 복무를 이행할 수 있는 특수한 훈련이 필요한 것처럼 "합리적이고 객관적인 기준"에 근거한 것이라면 차별에 해당되지 않는다고 하였다.

2000년 Maille v. France 사건[26]에서의 쟁점은 당사자가 이행해야 하는 대체복무의 특별한 조건이 규약위반에 해당되는가의 여부였다. 위원회는, B규약 제8조는 체약국이 군사적 성격의 역무를 요구할 수 있고, 양심적 병역거부가 인정되는 국가에서 대체국가복무가 있는 경우라면 그러한 복무는 차별적이 아님을 고려하였다. 청원인은 프랑스법에 의하여 12개월의 군복무기간에 비해 24개월의 국가대체복무기간은 차별적이고, B규약 제26조에 규정하고 있는 법 앞에 평등원칙과 법의

---

25 *Foin v France*, Human Rights Committee Communication No. 666/1995, 3 November 1999, ICCPR, A/55/40, vol.II.

26 *Richard Maille(represented by Francois Roux, legal counsel) v. France*, Communication No. 689/1996, (31 July 2000, U.N. Doc. CCPR/C/69/D/689/1996.

동등한 보호를 받을 권리를 위반하는 것이라고 주장하였다.

위원회는 B규약 제26조는 처우의 상이함을 금지하는 것은 아니라는 입장을 반복하였다. 위원회가 기회 있을 때마다 언급하기를, 어떠한 차이도 합리적이고 객관적인 기준에 기초해야 하고, 이러한 관점에서 법과 관행은 군사역무와 국가대체역 간에 차이를 둘 수 있고, 또한 그러한 차이는 보다 연장된 기간의 역무를 정당화한다고 하였다. 단 당해 특수역무의 성격 혹은 그러한 복무를 이행하기 위하여 특별한 훈련이 필요한 것과 같은 객관적이고 합리적인 기준에 근거하는 경우이어야 한다는 것이다.

이 사건에서 위원회는, 당사국은 그러한 기준을 언급하고 있지 않고 청원인의 사안에 대한 특별한 언급 없이 일반적인 조건에 의한 기준을 언급하고 있고, 현역의 2배가 되는 기간은 오로지 개인의 신념의 진실성을 실험하는 방법이 된다는 논의에 근거한다고 보았다. 위원회의 견해로는 이러한 주장은 현 사건과 관련한 처우의 차이가 합리적이고 객관적인 기준에 근거해야 한다는 조건을 충족시키지 못한다고 보았다. 따라서 위원회는 청원인이 자신의 양심에 반하는 차별을 받았고 B규약 제26조의 위반이 있었다고 결정하였고 당사국은 장래 유사한 침해가 일어나지 않도록 법을 바꾸도록 지적하였다.

위 사건들은 대체복무의 기간이 현역보다 긴 경우는, 특별복무의 성격이나 그러한 복무에 특수한 훈련이 필요한 것처럼 "합리적이고 객관적인 기준"에 근거한 것이라면 차별에 해당되지 않으나, 단순히 양심의 진정성을 가리는 것으로 사용되어서는 안 된다는 점을 밝히고 있다.

3. 국내병역제도의 불간섭

1990년 C.B.D. v. Netherlands 사건[27]에서, 원고는 네덜란드 시민으

---

27 *C.B.D. v. The Netherlands*, Human Rights Committee Communication No. 394/ 1990, 22 July 1992, CCPR/C/45/D/394/1990.

로서 네덜란드 정부가 B규약 제6조(생명권), 제7조(고문과 비인도적 처우로부터의 자유)와 제14조(재판 앞에 만민평등)를 위반하여 그 피해자가 되었다고 주장하였다. 그는 양심적 병역거부법에 따른 대체복무를 거부한 이유로 기소되었다. 1985년 3월 원고는 하급법원에서 6개월 징역의 선고를 받았고 항소법원은 1986년 5월 항소를 기각하였다. 1987년 항고법원의 판결은 최고법원에 의하여 확정되었다.

C.B.D.는 항소법원이 중요한 항변의 증언청취를 거부한 것은 B규약 제14조의 위반이며, 네덜란드의 방위정책은 B규약 제6조와 제7조를 위반한 것으로 병역대체의무는 위법적 성격을 가지는 것이라고 주장하였다. 그 이유로 대체복무의 이행에 어떠한 법적 근거도 없고, NATO를 통한 네덜란드의 핵무기 사용은 평화에 반하는 범죄에 해당한다는 것이다. 그러므로 네덜란드의 병역의무법과 양심적 병역거부법은 이러한 정책에 동의한 것으로서 불법적 성격을 가진다는 것이다. 또한 핵무기의 사용은 생명권과 비인도적인 처우로부터 자유로울 권리를 침해하는 것이라 하였다.

청원사안에 포함된 주장을 심리함에 앞서, 절차규칙 제7호에 따라 개인청원에 관한 B규약 제1선택의정서하에서 본 사안이 적용가능한지를 고려하였다. 이 사안은 사법구제절차로서 국내구제를 완료하지 못한 경우로 B규약 제1선택의정서 제2조[28]상의 의미로 볼 때 청원을 제기하지 못한다고 결정하였다.

또한 청원인이 병역의무나 대체복무를 부과시킨 국가의 권리를 거부한 것과 관련해서, 이사회는, B규약은 체약국의 병역제도에 간섭하는 것이 아니라며 근거조항으로 B규약 제8조 제3항 (c) (ii)를 들었다. 그러므로 청원인은 병역의무나 대체복무를 단순히 언급함으로써 B규약 제6조와 제7조의 위반의 피해자라고 주장할 수 없으며 B규약 제1선택의정서 제3조[29]에 따라 이유 없다고 결정하였다.

---

28 제2조: 제1조에 따를 것을 조건으로, 규약에 열거된 어떤 권리가 침해되었다고 주장하는 개인들은 모든 이용 가능한 국내적 구제조치를 완료하였을 경우, 이사회에 심리를 위한 서면청원을 제출할 수 있다.

이 사건에서 위원회는, 병역법제도는 주권영역의 국내문제로서 B규약 범위 밖에 있으며 위원회가 개입할 성질의 것이 아님을 확인하고, 국내구제절차를 완료하지 않음을 들어 기각하였다.

4. 양심적 납세거부의 불인정

1990년 J. v. K. and C.M.G. v. K.‑S. v. Netherlands 사건[30]에서, 원고는 모두 로테르담에 거주하고 있는 네덜란드 시민으로서 네덜란드 정부가 B규약 제18조(사상, 양심 및 종교의 자유에 대한 권리)를 위반하여 피해를 받았다고 주장하였다. 원고는 핵무기 사용에 대한 양심적 거부자로서, 세금이 군대경비지출, 핵무기조달과 보유와 관련 있는 한 1983년 자신에게 부과된 과세의 일부 납세를 거부하였다. 이들은 자신에게 부과된 세금 중 572길더를 Amersfoot에 있는 평화재단에 기탁하였다. 이들은 정부가 양심적 병역거부자들을 위한 특별기금을 창설하는 경우 이 금액을 기꺼이 낼 용의가 있다고 하였다. 1985년 5월 이들은 일부 세금부과에 대한 민원을 제기하였고 세무공무원은 이의제기를 기각하였다. 1986년 11월 헤이그 항소법원은 항소를 기각하고, 1988년 12월 최고법원은 관련법은 양심적 납세거부를 규정하고 있지 않다는 이유로 항소법원의 결정을 확정하였다.

청원사안을 심리하기 전에, 위원회는 절차규칙 제87호에 따라 B규약 선택의정서하에서 적격여부를 판단하였다. 위원회는 청원인이 국가의 관할권 행사로 징수하는 과세계획에 대해 양심적 거부 이념을 적용하려 하고 있다고 보고, B규약 제18조가 군사활동과 경비에 반대함으로써 자신의 양심을 확대시킬 권리를 보호하고 있으나, J. P. Prior v.

---

29 제3조: 이사회는 이 의정서에 따른 청원이 익명이거나, 청원제출권이 남용 또는 규약규정과 양립할 수 없는 것으로 간주될 경우에는 그러한 청원을 허용할 수 없는 것으로 간주한다.

30 *J. v. K. and C.M.G. v. K.‑S. v. Netherlands*, Human Rights Committee Communication No 483/1991, 23 July 1992, 93, CCPR./C/45/D/483/1991.

Canada 사건[31]을 예로 들면서 양심을 이유로 납세를 거부하는 것은 명백히 제18조의 보호범위 밖에 있다고 결정하였다.

이 사건에서 위원회는 국내병역과 과세정책에는 개입하지 않으려 하고 있음을 알 수 있고, B규약 제8조상의 양심의 자유에 대한 해석은 군사활동과 관련한 과세문제에는 적용되지 않고 조세제도는 국가주권 영역임을 밝히고 있다.

위원회 결정의 공통점은, B규약과 양심의 자유가 국내병역문제와 과세문제에까지 확대되어 '병역제도의 불법성'을 판단하고 '양심적 납세거부'를 인정할 수 없다는 입장이며, 병역의무와 대체공익복무 모두를 거부하는 자는 다른 병역거부자와 동등한 처우와 처벌의 대상이 되고 '법 앞에 평등'의 보호대상이 될 수 없다는 견해이다. 또한 대체복무기간과 현역기간과의 형평성은 "객관적이고 합리적인 기준"에 따라 판단된다는 형평의 원칙과 결과의 형평성을 강조하고 있다.

IV. 유럽인권재판소의 판결

유럽인권재판소는 최근 양심적 병역거부에 대한 유죄판결은 유럽인권협약 제9조의 위반이라는 판결을 내렸고, 여타 지배적인 종교와 여호와의 증인을 차별하는 종교적 불관용과 평등권 침해, 그리고 사후에 계속되는 종교의 자유에 대한 침해에 대해 다음과 같이 손해배상을 명하고 있다.

1. 병역에 대한 대안의 부재는 양심적 거부권의 위반

2011년 Erçep v. Turkey 사건[32]에서, 1969년에 출생하여 터키 시민으

---

31 *J. P. Prior v. Canada*, Human Rights Committee Communication No. 446/1991, 7 November 1991.

32 *Erçep v. Turkey*, European Court of Human Rights, Strasbourg (Application no.

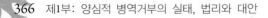

로 이스탄불에 살고 있고 13세에 여호와의 증인으로 침례를 받은 신청인 Yunus Erçep는 1927년법 제1조에 의한 병역이행을 거부하였다. 신청인은 1998년 3월에 징집되었고 이를 거부하자 Trabzon 군형사재판소에서 징역형을 선고받았다. 군에 징집될 때마다 형을 선고받았다. 2004년 5월 7일 군사법원은 7개월 15일 징역형을 선고하였고 2005년 10월 3일 Erçep는 형기가 시작되었고 5개월 후 석방되었다.

2006년 10월 6일 터키의회는 군사법원이 민간인을 재판하는 권한을 가지지 않는다는 법을 통과시켰다. 여전히 계류 중인 형사절차는 일반법원에 이관되었다. 이때 Erçep는 형사법원에서 동일한 죄목으로 재판을 받았다. 1998년 3월 이후 25회가 넘는 재판이 진행되었고 병역이행을 끈질기게 거부하였고 그는 군대소집 때마다 형사재판을 받았다.

신청인은 군대복무를 거부하는 것에 대한 계속적인 유죄판결은 유럽인권협약 제9조를 위반하는 것이라고 주장하였다. 제6조에 의하여, 절대적으로 군대인사로 구성된 군사법원에서 민간인이 재판을 받는 것은 제6조(공정한 재판을 받을 권리) 위반이라고 하였다.

이에 유럽인권재판소는 병역에 대한 대안의 부재는 양심적 병역거부권의 위반이며, 사상, 양심과 종교의 자유를 규정하고 있는 유럽인권협약 제9조와 공정한 재판을 받을 권리를 규정하고 있는 제6조의 위반이라고 하였다.

이 사건은 유럽인권협약 제9조가 양심적 병역거부권을 인정하고 있음을 유럽인권재판소가 확인해 준 사건이다.

2. 양심적 병역거부에 대한 유죄판결은 유럽인권협약 제9조의 위반

2011년 Bayatyan v. Armenia 사건[33]을 고려해 보겠다. 18세 Vahan

43965/04), 22 November 2011.

33 *Bayatyan v Armenia*, European Court of Human Rights, Strasbourg (Application no. 23459/03), 7 July 2011.

Bayatyan은 2001년 징집되었고, 그 이전에 그는 1997년 여호와의 증인으로서 종교의식에 참여했으며 1999년 침례를 받았다. Bayatyan은 병역이 자신의 신념과 불일치한다고 생각했고 병역을 면제받는 대신 대체민간복무를 하겠다고 요청하였다.

아르메니아 의회 국가사법위원회는 그의 요청을 거부하고 아르메니아에는 대체복무법이 없다고 하였다. Bayatyan은 병역적격자였고 아르메니아 헌법과 병역법에 따라 구속을 받아야 했다.

2002년 10월 Yerevan의 Erebuni와 Nubarashen 지방법원은 Bayatyan에게 유죄판결을 내리고 18개월의 징역형을 선고하였다. 검사는 보다 중한 형벌을 받도록 항소하였다.

2003년 Bayatyan은 유럽인권재판소에 소를 제기하고 2006년 12월 12일 청원이 받아들여졌다. Bayatyan은 자신의 사상, 양심과 종교의 자유가 침해되었다고 주장하였다. 아르메니아 형법 제75조는 병역기피가 형사처벌의 대상이 된다고 규정하고 있다. 헌법과 병역법에 의하여 모든 자격 있는 남성은 군복무를 하여야 했다. 아르메니아는 당시 대체복무법을 가지고 있지 않았다.

이 사건에서 유럽인권재판소는 아르메니아가 병역을 거부한 여호와의 증인에게 유죄판결을 내림으로써 "사상, 양심 및 종교의 자유"에 관한 유럽인권협약 제9조를 위반하였다고 판시했다. 도덕이나 종교적 이유로 무기를 소지하거나 병역을 거부할 권리 즉 양심적 거부권에 대한 이전의 법원결정을 번복하고, "사상, 양심 및 종교의 자유"와 연관된 유럽인권협약 제9조에 의하여 보호를 받는 권리로서 인정하였다.

아르메니아 정부는 오늘날 양심적 거부자는 대체복무를 거부하는 경우에만 유죄판결을 내린다고 하고 있다.[34]

---

34 Nanore Barsoumian, 'Conscientious Objection': European Court Sides with Jehovah's Witness in Bayatyan v. Armenia Case", The Armenian Weekly, August 9, 2011. <http://www.armenianweekly.com/2011/08/09/%E2%80%98conscientious-objection%E2%80%99-european-court-sides-with-jehovah%E2%80%99s-witness-in-bayatyan-v-armenia-case/>.

3. 종교적 불관용과 평등권 침해

1993년 Kokkinakis v. Greece 사건[35]에서 Kokkinakis는 여호와의 증인으로서 양심적 병역거부를 하고 자신의 신념을 단순히 타인에게 이야기했다는 이유로 60번 이상 체포되고 18번 법원에 소환되었으며 6년을 감옥에서 보냈다. 유럽인권재판소(이하 재판소)는 신청인이 체포된 최근 상황을 조사한 후 밝히기를, 여호와의 증인은 그리스법상 알려진 종교이고 유럽인권협약상 종교의 자유에 대한 위반이 있었다고 결정하였다. 재판소는 "자신의 종교를 표명할 수 있는 자유는 원칙적으로 자신의 신념을 이웃에게 확신시키도록 노력할 권리"를 포함한다고 하였다. 이후 Kokkinakis의 국내법원 판결은 번복되었고, 재판소는 그리스 정부에게 원고에 대해 손해배상과 재판비용을 지불할 것을 명했다.

이 사건에서는, 신념에 따른 병역거부와 여호와의 증인의 '종교의 자유'에 대한 해석을 다른 종교인의 그것과 마찬가지로 인정했고, 일반적으로 모든 종교집단에 인정되는 권리와 자유를 여호와의 증인이라는 특정종교에만 허용하지 않는 것은 차별에 해당된다고 보았다. 이 사건은 종교적 불관용에 따른 차별과 평등권 침해에 대해 손해배상을 지불하게 한 첫 판결로서 의미가 있다.

1997년 Georgiadis v. Greece사건[36]에서, 1988년 그리스법에 의하면 종교지도자는 병역에서 면제되었다. 그리스 정통파교회 수뇌들은 통상적으로 이러한 면제가 인정되었으나, 여호와의 증인의 지도부는 면제가 허용되지 않았다. 더욱이 그리스법은 양심적 병역거부를 인정하지 않았고 대체복무로서의 민간복무에 관한 조치가 없었다. Georgiadis는 지방당국에 의해 여호와의 증인의 지도층으로 인정받고 당국에 의하여 혼인식을 행하고 등록하는 권한을 부여받고 있었다. 병역의무를

---

35 *Kokkinakis v. Greece*, European Court of Human Rights, Strasbourg 3/1992/348/421, 25 May 1993.

36 *Georgiadis v. Greece*, European Court of Human Rights, Strasbourg 56/1996/675/865, 29 May 1997.

이행할 시기, Georgiadis는 종교지도자로서 면제를 신청하였으나, 국방부는 "그리스의 최고교회회의(Holy Synod)는 여호와의 증인을 승인된 종교로 인정하지 않고 있다"는 이유를 들어 그의 지위를 종교지도자로 인정하지 않고 병역면제대상에서 제외시켰다.

Georgiadis는 입대했고 군 활동에 가담하지 않고 양심적 병역거부를 하자 곧바로 투옥되었다. 그가 재심을 청구하는 동안 구금은 강화되었고 항소에서 결국 승소했다. 구금이 해제된 후에 또 다시 종교지도자로서 병역면제가 거부되어 군대에 보내지고 병역거부를 하자 구금되었다. 제2차 항소에서도 병역면제가 거부되었다. 항소 중 재판이 유리하게 행해졌으나 그를 감옥에서 풀어주지 않았다. 그는 다시 군대로 불려갔고 투옥과 항소가 계속해서 반복되었다.

계속되는 투옥과 병역거부 후 제3차 항소에서 원고는 최종적으로 종교지도자로서 병역면제가 허용되고 감옥에서 풀려났다. 그리스법은 인권침해가 있는 경우 손해배상금을 지불할 것을 규정하고 있었으나, 그리스법원은 원고의 구금은 그의 중대한 태만으로 인하여 재판이 계류 중 이루어진 것이므로 국가가 보상할 의무가 없다고 하였다.

이에 유럽인권재판소는 그리스 정부에 동의하지 않고 손해배상을 명하였다. 이후 1997년 6월 5일 그리스는 양심적 병역거부자를 인정하는 법을 통과시키고 대체민간복무규정을 마련하였다.[37] 이 사건 역시 재판소가 모든 종교집단에 대해 종교의 자유는 동등한 가치로 인정되어야 하고, 그리스 내 양심적 병역거부를 인정하는 종교지도자 중에서 특정종교인 여호와의 증인만을 배제한 것은 종교의 자유를 위반하고 종교적 불관용에 따른 차별과 평등권 침해를 확인한 것으로서, 그리스 정부에 손해배상을 명한 사건이다. 이 사건을 그리스는 국내 양심적 병역거부를 인정하는 법과 대체복무규정을 마련하는 전환기회로 삼았다.

1997년 Tsirlis and Kouloumpas v. Greece 사건[38]은 사실관계와 사안의

---

37 *Brinkhof v. Netherlands*, Human Rights Committee Communication No 402/1990, 27 July 1993, Netherlands. 30/07/93, CCPR./C/48/D/402/1990.

38 *Tsirlis and Kouloumpas v. Greece*, European Court of Human Rights, Strasbourg

성격이 Georgiadis v. Greece 사건과 유사하다. 국제엠네스티는 1993년 3월 보고서에 지적하기를 비위생적인 감옥에서 보낸 Tsirlis와 Kouloumpas의 15개월은 그리스에서 양심적 병역거부자들이 지금까지 보낸 "감옥에서의 5000년" 세월의 일부라고 하였다. 상기 사건에서 언급하였듯이 1997년 6월 5일 그리스는 양심적 병역거부자를 인정하는 법을 통과시키고 대체민간복무규정을 마련하였다. 이 사건은 위 Georgiadis v. Greece 사건과 동일한 시점에서 다루어진 사안으로 유럽인권재판소의 판결로 인해 그리스에서 양심적 병역거부와 대체복무를 인정하는 국내법을 통과시키는 원동력이 되었다.

위 사건 모두 양심과 종교의 자유가 국내헌법상 인정되고 국내법상 병역면제가 주류 종교 지도자에게는 적용되고 있었으나, 소수 특정종교 지도자에게는 양심과 종교의 자유가 달리 해석되고 적용되어 병역면제가 인정되지 않은 것은 종교적 불관용에 따른 차별이라는 사실을 확인한 것이다. 국제소송을 통하여 차별이 시정되고 국내입법화의 박차를 가하고 법적 구제받을 수 있었다는 점에서 위 사건의 의의를 찾을 수 있다.

4. 사후 양심의 자유의 침해

2000년 Thlimmenos v. Greece 사건[39]에서, 유럽재판소는, 공인회계사 선임에서 이전 양심적 병역거부로 기소된 자를 배제시키고 있는 것은 유럽인권협약 제9조의 위반이며, 양심적 병역거부로 기소된 자와 다른 사유로 기소된 자 간에 구별이 있어야 한다고 하였다. 유럽재판소는 양심적 병역거부자에게 그러한 제재를 가하는 것은 유럽인권협약 제9조 제1항에서 보장하는 사상, 양심과 종교의 자유를 가질 권리를 침해하는 것이라고 강조하였다.

54/1996/673/859-860, 29 May 1997.

39 *Thlimmenos v. Greece*, European Court of Human Rights, Strasbourg, 162, Application no. 34369/97, 6 April 2000.

이 사안은 병역, 대체복무 혹은 복역을 마친 후에도, 법과 관행에서 양심적 병역거부자에 대해 어떠한 차별도 없어야 하며, 이러한 차별은 사상, 양심과 종교의 자유를 가질 권리를 계속해서 침해하는 것임을 판시했다.

V. 미주인권위원회의 결정

미주인권위원회(이하 미주위원회)는 미주기구회원국에 대한 권한을 행사하면서 미주인권협약에 의한 권한을 부여받고 있는 인권위원회와 인권재판소를 두고 있다. 위원회는 보고제도, 사실조사 제도와 청원제도에 기초한 인권보호 역할을 담당하고 있다. 양심적 병역거부자의 인권보호와 관련한 최근 사례는 다음과 같다.

1. 형벌이 없는 가운데 관련 국내법 부재의 위법성 여부

1999년 10월 6일 Cristian Daniel Sahli Vera v. Chile 사건[40]에서, 미주인권위원회는 '정의와 국제법센터'의 청원을 접수하였고, '인민권리협회'와 '양심적 병역거부에 관한 칠레단체'(이하 청원인)는, Cristian Daniel Sahli Vera 외 2인이 18세의 칠레인으로서 병역의무이행에 직면했을 때, 완전한 병역거부의사를 표명한 그들의 권리를 침해함으로써, 미주인권협약(이하 협약)의 규정을 국내입법화하지 못하여 칠레가 협약 제1조 제1항(차별금지원칙), 제2조(국내법적 효과),[41] 제11조(사생활에 대한 권리)와 제12조(양심과 종교의 자유)를 위반한 것이라고 주장하였다.

---

40 Report Nº 43/05, Case 12.219, Merits, Cristian Daniel Sahli Vera Et Al., Chile, March 10, 2005.

41 제2조(국법적 효과): 제1조에서 지적된 권리 또는 자유의 행사가 입법 또는 다른 규정에 의하여 아직 보장되지 않는 경우, 당사국은 자국의 헌법절차와 이 협약의 규정에 따라서 이들 권리 또는 자유를 이행하는 데 필요한 입법 또는 기타의 조치를 취할 것을 약속한다.

청원인은 칠레가 자신의 양심과 종교의 자유, 사생활을 보호받을 권리 및 협약이 규정하는 권리를 존중하고 보장할 의무를 직접 침해함으로써 피해자의 양심적 병역거부권을 위반한 것에 대해 책임이 있다고 주장하였다.

칠레는, 법원이 피해자에 대해 어떠한 소환요청도 없었고, 병역의무를 이행하지 않은 이유로 어떠한 형벌도 이들에게 부과하지 않았기 때문에, 협약 제1조 제1항, 제2조, 제11조 혹은 제12조의 위반이 없다고 하였다. 더욱이 개인의 병역의무의 이행은 미주인권협약이 체약국의 권한을 인정하고 있는 개인적 권리에 대한 제한이라고 하였다.

당사자들의 주장, 협약에서 규정된 권리와 기록상 증거를 분석한 후, 미주인권위원회는 칠레가 협약 제1조 제1항, 제2조, 제11조와 제12조의 위반책임이 없다고 결정하였다. 이 사건에서는 양심적 병역거부자에 대한 어떠한 형벌도 없고, 국내사법절차의 구제를 받지 않은 경우에는, 단순한 의사표명으로는 양심적 병역거부를 인정할 수 없으며, 국내에 관련이행입법이 없다는 사실이 미주인권협약 위반이라고 볼 수 없고 국내법제화는 국가의 판단과 재량문제라고 하였다.

2. 옴부스만에 의한 우호적 해결

2004년 1월 8일 Alfredo Diaz Bustos v. Bolivia 사건에서, 미주위원회는 볼리비아공화국의 옴부스만(이하 청원인)이 제기한 청원을 접수하였고, 청원인은 볼리비아가 Alfredo Diaz Bustos에게 손해를 가하여 미주인권협약 제1조 제1항(차별금지원칙), 제2조(국내법적 효과), 제12조(양심과 종교의 자유), 제24조(평등한 보호를 받을 권리)와 제25조(사법적 보호에 대한 권리)를 위반하였다고 주장하였다.[42]

청원인은 여호와의 증인으로서 자신의 양심적 병역거부권이 당국에

---

42 Report No. 97/05, Petition 14/04, Friendly Settlement, Alfredo Diaz Bustos, Bolivia, October 27, 2005.

의하여 침해되었고, 볼리비아는 자신이 체약국으로 되어 있는 미주인권협약에서 규정하고 있는 권리를 존중하고 보장할 의무를 이행하지 못했다고 하였다. 청원인은 또한 볼리비아가 법 앞에 동등한 보호를 받을 의뢰인의 권리를 침해했고, 국가방위법이 로마가톨릭인과 다른 신념을 가진 자 간에 동등하지 않은 처우를 규정하고 있으며, 전자는 병역면제를 받는 반면 후자는 면제대상이 되지 않는다는 이유로 여호와의 증인인 Bustos가 차별을 받았다고 했다.

또한 청원인은 헌법재판소의 최종판결에서 양심적 병역거부와 관련한 사안은 법원에 제기될 수 없고, 양심적 병역거부를 이유로 양심과 종교의 자유를 가질 권리의 위반은 재판에 회부될 수 없다고 함에 따라, 볼리비아는 피해자의 사법적 보호를 받을 권리를 침해했다고 하였다.

2004년 7월 4일, 볼리비아는 미주인권협약 제48조 제1항 f[43]와 제49조[44]에 의거하여 우호적 해결을 위한 협정에 서명하였다. 2005년 8월 22일, 볼리비아의 옴부스만은 사안을 우호적으로 해결하여 분쟁을 종료할 것을 피해자에게 요청하였다. 옴부스만의 조정에 의하여 Bustos는 볼리비아 정부로부터 무력충돌 시 전투에 참여하지 않을 것을 규정한 병역기록과 정부결정(a ministerial resolution)을 받아 냈다.

미주인권협약 제49조와 절차규칙위원회 제41조 제5항에서 규정하고 있는 해결보고서를 작성하였고, 이 보고서에는 청원인이 주장한 사실과 당사자 간 합의한 해결책에 관한 간단한 성명이 포함되어 있다.

이 사안은 국내법에 의해 특정종교인이 다른 종교인과 병역면제에

---

43 Art. 48 (1) f: "The Commission shall place itself at the disposal of the parties concerned with a view to reaching a friendly settlement of the matter on the basis of respect for the human rights recognized in this Convention."

44 Art. 49: "If a friendly settlement has been reached in accordance with paragraph 1.f of Article 48, the Commission shall draw up a report, which shall be transmitted to the petitioner and to the States Parties to this Convention, and shall then be communicated to the Secretary General of the Organization of American States for publication. This report shall contain a brief statement of the facts and of the solution reached. If any party in the case so requests, the fullest possible information shall be provided to it."

있어서 다른 처우를 받는 것은 평등권 침해이고 사법적 보호를 받을 권리에 대한 차별이며, 이 문제는 정부와의 우호적인 타협을 통하여 해결한 사건이다.

VI. 결 어

양심적 병역거부권은 세계인권선언 제18조, 시민적·정치적 권리에 관한 국제규약 제18조, 유럽인권협약 제9조, 미주인권선언 제3조, 미주인권협약 제12조 및 아프리카 인권헌장 제8조에서 규정하고 있는 사상, 양심과 종교의 자유를 가질 권리로부터 나오고, 양심적 병역거부권에 관한 최소한 기본원칙은 UN인권위원회 결의 1998/제77호에 언급되고 있다. 1993년 채택한 일반논평 제22호는 병역거부권이 사상과 양심의 자유 및 종교의 자유를 규정한 B규약 제18조에서 나온다고 해석하였다.

UN인권위원회는 '완전거부'를 양심적 병역거부로 인정하고 있지 않으며, 국내 병역법제도를 존중하면서, 그 거부의 사유로 폭력수단의 사용과 관련한 경우에 양심적 병역거부가 인정된다는 원칙을 제시하고 있다. 대체복무기간의 형평성은 복무의 성격과 이를 이행하기 위해 필요한 훈련 등의 시간이 고려된 합리적이고 객관적인 기준에 근거해야 하고, 단지 개인의 신념을 테스트하기 위해 연장되어서는 안 된다고 하고 있다.

유럽인권재판소는 최근 병역에 대한 대안의 부재는 양심적 거부권의 위반이며, 양심적 병역거부에 대한 유죄판결은 유럽인권협약 제9조의 위반이라고 하는 중요한 판결을 내렸다. 또한 병역, 대체복무 혹은 복역을 마친 후에도, 법과 관행에서 양심적 병역거부자에 대해 어떠한 차별도 없어야 하며, 이러한 차별은 사상, 양심과 종교의 자유의 지속적인 침해임을 강조하고 있다. 다른 주류 종교단체에 적용되는 종교의 자유와 종교의 자유를 실현할 수단을 결정하는 것은 국가의 권한이 아니며 특정종교를 배제하는 것은 또한 평등권 침해로 보았다.

미주인권위원회의 결정에서 보듯이 국내법에 의해 특정종교인이 다른 종교인과 병역면제에 있어서 다른 처우를 받는 것은 차별에 해당되며, 국내 옴부스만제도를 통한 정부와의 우호적인 타협을 통하여 이 문제를 해결할 수 있음을 보여 준다. 양심적 병역거부에 대한 관련 국내이행법이 없다는 사실 자체는 국제인권협약 위반이라고 볼 수 없고 법제화 문제는 주권적 판단과 재량문제임을 확인시켜 주고 있다.

국제기구의 결정이나 권고는 법적 구속력이 없으나, 국가주권존중원칙에 따라 법제도의 개선은 주권적 판단에 맡김으로써 국내적 합의와 결정을 통해 이행해 나아가야 할 것이다. 조약과 국제판결은 국내적으로는 헌법과 국내법에 수용되어야만 직접 적용성이 있고, 다만 국제법 위반 시에는 대외적으로 국가책임이 발생할 수 있을 뿐이다. 궁극적으로 양심적 병역거부의 인정은 헌법적 판단과 법해석의 문제로 귀결된다.

공존의 지혜와 관용의 정신으로 탄생한 '양심과 종교의 자유'의 기본권과 헌법의 고유정신을 일깨워 양심적 병역거부자의 인권보장을 법제도 내로 끌어들일 때이다.

양심적 병역거부에 대한 서독 사회의 대응[*]

문수현(유니스트 기초과정부 교수)

Ⅰ. 서문

한때 국방부는 일반복무기간보다 2배 긴 36개월의 대체복무제를 2009년부터 시행하겠다고 발표한 바 있었지만, 이 결정은 지난해 말 철회되었다. 국민정서상 대체복무를 도입하는 것이 '시기상조'라는 것이었다. 이로써 한국에서 양심에 따른 병역거부를 원하는 청년들은 입영 자체를 거부할 경우 병역법 제88조의 '입영기피죄'로, 입영 후 집총을 거부하면 군형법 제44조의 '항명죄'로 처벌되고 있다.[1] 이들에게 '총을 잡지 않을 자유'는 감옥이라는 공간에서만 허용되는 것이다.

양심에 따른 병역거부가 한국 사회에서만 특수한 문제가 아님은 물론이다. 기실 병역거부 문제는 군대 자체만큼이나 오랜 연원을 가지고 있다. 오랫동안 단순한 의무불이행으로 폄하되어왔을 뿐이던 양심적 병역거부의 문제가 본격적인 사회적 논의의 장으로 스며들었던 것은

---

[*] 이 글은 원래 문화사학회에서 간행하는 학술지 『역사와 문화』 17(2009. 3.)월에 「전후 서독에서 양심적 병역거부에 대한 논의」라는 제목으로 실렸다(편집자 주).

[1] 한국에서 양심적 병역거부에 대한 논의를 자세히 살펴보기 위해서는 다음을 참조. 조국, 「양심적 집총거부권: 병역기피의 빌미인가 양심의 자유의 구성요소인가?」, 『민주법학』 20, 2001, 131~152쪽; 이기철, 「양심의 자유와 국방의 의무가 충돌하는 경우 국가는 Leviathan이어야 하는가?」, 『한양법학』 17, 6~58쪽; 진상범, 「한국사회 양심적 병역거부에 대한 국가와 종교의 대응」, 『종교문화 연구』 8, 2006, 191~218쪽.

제1차 대전 이후의 유럽에서였다.[2] 그 결과로 스웨덴이 1920년, 노르웨이가 1922년에 이를 입법화하였으며, 네덜란드에서도 모든 종류의 폭력성에 대한 일반적인 거부, 즉 '인간은 동료 인간을 죽여서는 안 된다는 확신'으로 범위를 한정하여 1923년 이를 입법화했다.[3] 이러한 논의는 제2차 대전 이후에도 지속적으로 이어져서, 오스트리아(1955), 프랑스(1963), 이탈리아(1972), 스페인(1976) 순으로 양심적 병역거부를 합법화했다. 1987년부터는 유엔에서 이 문제를 국제적 인권으로 인정하기에 이르렀다.[4]

양심적 병역거부의 파급력은 징병제의 엄격성에 비례할 수밖에 없으니만큼, 국가에 따라 상이한 정도와 방식으로 문제시되었다. 전통적으로 대단히 엄격한 징병제를 고수해 왔고 냉전체제하에서 유럽 유일의 분단국이던 서독에서, 양심적 병역거부를 둘러싼 논란이 다른 어느 사회보다도 치열할 수밖에 없었음은 물론이다.

---

2 예외적으로 미국의 경우 1776년 펜실베이니아 주법을 필두로 하여, 버몬트 주(1777), 델라웨어 주(1776), 뉴햄프셔 주(1784) 법 등에서 집총거부권을 보장해왔다. 이에 대해서 자세히 보기 위해서는 조국, 「양심적 집총거부권: 병역기피의 빌미인가 양심의 자유의 구성요소인가?」, 『민주법학』 20, 2001, 137쪽.

3 스위스의 경우를 보면 20세기 초반부터 반군국주의의 물결하에서 이러한 주장이 간헐적으로 제기되다가 제1차 대전의 참혹한 전쟁 경험을 통해서 병역거부가 소수의 문제를 넘어서서 정치적 의미를 획득하기 시작했다. 특히 전쟁 말기부터 정치적인 반군국주의자들이 확산되기 시작했다. Militardienstverweigerung aus Gewissensgrunden, Neue Zurcher Zeitung, in: FES BTF 225. 네덜란드의 경우에도 양심적 병역거부를 1923년 합법화했으되 일반적인 모든 폭력성에 대한 거부, 즉 '인간은 동료 인간을 죽여서는 안 된다는 확신'으로 범위를 한정했으며, 네덜란드의 법이 덴마크, 스웨덴, 노르웨이 등에서 받아들여졌다. 또한 영국법을 전범으로 하는 법안들이 캐나다, 오스트리아, 뉴질랜드 등에서 도입되었다.

4 스웨덴(1920), 노르웨이(1922), 네덜란드(1922), 핀란드(1931) 등이 앞서 양심적 병역거부를 도입한 국가들이다. 제2차 대전 후 이를 입법화한 나라는 독일(1949), 오스트리아(1955), 프랑스(1963), 이탈리아(1972), 스페인(1976) 등으로, 독일은 제2차 대전 후 가장 먼저 양심적 병역거부를 입법화했다. 이에 대한 자세한 자료를 얻기 위해서는 Grounds for Recognition of Conscientious Objection to Military Service: The Deontological-Teleological Distinction Considered Journal of Peace Research, Vol. 22, no. 4, 1985, p. 360 참조.

서독에서 양심적 병역거부는 1949년 기본법을 통해서 최초로 허용되었다가, 1956년 징병법 시행을 전후로 하여 병역거부에 대한 논의가 본격화되었다. 1968혁명기를 전후하여 정치적인 동기에서 병역거부가 급증하게 되고 이에 따라 병역거부자에 대한 가혹한 심사와 처우가 잇따르는 등 중요한 사회적 이슈로 부각되었다. 이에 대한 반작용으로 1977년 한 해 동안 병역거부를 신청하는 모든 경우에 대해 병역거부를 인정하는 법안이 마련되기도 했지만 곧 위헌판결을 받게 되었다. 결국 1984년부터는 국방부가 아니라 청소년·가족부 산하인 대체복무국(Bundesamt fur die Zivildienst)이 신설되어 서류 심사만으로 대체복무자로 인정받을 수 있게 되었다. 오랫동안 대체복무는 군복무보다 1개월에서 많게는 6개월 정도 더 긴 기간으로 상정되어 있었지만, 2004년부터 군복무와 대체복무 모두 9개월로 조율되어 있다. 현재 독일에서 양심적 병역거부는 대체복무를 선택하는 선을 넘어서서 군대 내 업무를 선택하는 데까지 확대되고 있다. 이라크 전쟁이 불법이라는 소신을 가졌던 한 연방군 장교가 이라크 군사 작전을 지원할 가능성이 높은 소프트웨어 제작에 참여하기를 거부함에 따라 명령불복종으로 기소되었으나, 2005년 연방행정법원은 이 장교가 소신에 따라 전쟁과 무관한 업무에 투입될 권리가 있음을 선언했던 것이다.[5]

이 글에서는 독일 사회가 양심적 병역거부의 문제에 대해 고민해 왔던 긴 시간들 중에서 45년부터 60년대 후반까지의 시기에 집중하고자 한다. 1968혁명 이후는 사민당과 자유민주당 연립 정권의 등장, 베트남 전쟁과 냉전 체제에 대한 비판 증가 등 정치적인 이유로 인해 양심적 병역거부 신청이 급증하게 됨으로써, 전후 양심적 병역거부 논의에 있어 분기점이라 할 만하다는 판단에서이다.[6] 먼저 서독이 제2차

---

5 *IljaBaudisch, Germany v. N.* Decision No. 2 WD 12.04, in: The American Journal of International Law, Vol. 100, Vo. 4(Oct., 2006), 911~917.

6 1968년의 경우 1만 1952명이 신청했는데, 이는 전년도의 5973명의 두 배 가까운 수치였다. 또한 1972년 3만 3792명 신청자는 최초 10년간의 신청자에 상응하는 수치였다. 이 시기에는 양심적 병역거부조차도 군사 정책의 일부로 간주하는 '완전한 병역거부자(Totalverweigerer)'까지도 등장하기에 이르렀다. 이들은 1978년 KGW(Kollektiver

대전 후 유럽 국가들 중에서도 가장 먼저 양심적 병역거부를 입법화할 수 있었던 배경이 무엇이었는지 살펴보고자 한다. 다음으로 병역거부 심사위원회/심의국과 행정법원 등 병역거부와 관련된 두 무대에서 의회, 국방부, 그리고 언론 및 시민운동 단체 등 각각의 사회 세력들이 가지고 있던 국가 안보 및 개인의 자유에 대한 상이한 관념들이 어떻게 상호충돌, 적응하고 있었는지를 살펴보게 될 것이다. 이처럼 독일 사회가 양심적 병역거부의 문제와 관련하여 경험한 갈등의 역사를 구체적으로 살펴봄으로써, 병역거부를 허용하게 될 경우 군대 자체가 와해되리라는 두려움 혹은 선진국의 인권 척도에서 동떨어져 있다는 조바심 사이를 오가고 있을 뿐인 한국의 병역거부에 대한 논의를 보완하고자 하는 것이 이 글의 기저를 흐르는 문제의식이다.

II. 양심적 병역거부의 입법화(1945~1956)

기사련의 정치가 프란쯔 요제프 슈트라우스는 1949년 선거전에서 '다시 무기를 손에 쥐는 모든 독일인들의 손은 말라비틀어지리라'는 문구를 활용한 바 있다.[7] 그런 그가 1956년부터 1962년 사이 국방장관을 지냈던 사실은 군대가 서독 사회에서 받아들여지기까지의 극적인 과정을 웅변한다 할 것이다. 대표적인 서독의 여론조사기관 엠니드(EMNID)가 1950년대에 행한 설문조사는 슈트라우스의 태도가 여론의 강한 반군국주의 정서에 편승하고 있었을 뿐임을 보여준다. '당신은 당신 자신이 다시 병사가 되거나, 혹은 당신의 남편 혹은 아들이 병사가 되는 것이 타당하다고 보는가'라는 질문에 대해서 1954년 11월에는 전체 응답자의 71%가, 그리고 1955년 6월 전체 응답자의 75%가 '아니

Gewaltfreier Widerstand gegen Militarismus)라는 조직을 만들어서, 대표적인 양심적 병역거부 조직인 Zentralstelle fur Recht und Schutz der Kriegsdienstverweigerer aus Gewissensgrunden e.V.에 가입하였다.

7 Detlef Bald, Die Bundeswehr, S. 19에서 재인용.

오'라고 답했다. 서독에서 일반병역의무에 대한 찬성이 국민 전체 지지율 50%를 넘어설 수 있었던 것은 60년대 들어서였다.[8]

이러한 여론조사 결과를 같은 시기 오스트리아 및 영국의 여론과 비교해 보면 독일의 특수성이 두드러진다. 미군 사령부가 오스트리아에서 1948년 4월에 실시한 설문조사에 따르면, 재무장 자체에 대한 반대는 15%에 불과했고, 응답자의 42%는 일반병역 의무를, 28%는 직업군을 지지하고 있었다.[9] 영국군의 경우를 연구한 브라이언 본드(Brian Bond)는 영국이 이 시기에 역사상 드물게도 징병제를 실시하고 있었고, '최근에 승리한 군대의 일원이 되는 것'에 대해 '결코 다시없을 충성심을 확보하고 있었다'고 평가하고 있다.[10]

이처럼 강한 재무장에 대한 혐오감은 '다시 전쟁은 없다(전쟁은: 저자 삽입). 나를 빼고' 등의 강력한 시민운동으로 이어지기도 했지만, 서독의 초대 수상이던 아데나워는 재무장을 통해서만 독립된 국가를 유지할 수 있다는 입장을 일찍부터 견지하고 있었다. 1954년 8월 '유럽군에 편입된 독일군'을 내용으로 하는 유럽방어공동체 계획이 프랑스 의회의 반대에 봉착하면서 무력화되었고, 이에 따라 서독군이 나토에 직접 가입하는 방식으로 연방군 창설이 이루어지게 되었다. 1955년 수정된 독일협약을 통해 서독의 나토가입이 결정되었고, 뒤이어 1956년 재무장 금지라는 점령조례에 근거하고 있던 기본법을 수정함으로써 서

---

8 실제로 이 시기 사민당, 공산당, 독일 노조 등이 주도하여 재무장과 관련한 국민투표를 실시하고자 하였다. 연방군 50년사를 저술한 Rolf Clement는 초기에 이에 공조하던 자유민주당이 공산당의 영향력에 대한 우려로 인해 거리를 두지 않았더라면 재무장 반대가 국민투표에서 가결되었으리라는 입장이다. Rolf Clement, 50 Jahre Bundeswehr 1955–2005, S. 67.

9 Wolfgang Etschmann, Wehrpflicht in der Zweiten Republik Osterreich, S. 219, in: Roland G. Foerster, Die Wehrpflicht: Entstehung, Erscheinungsformen und politisch-militaerische Wirkung. 오스트리아가 1955년 징병법을 도입했을 때 복무기간은 9개월이었다.

10 Brian Bond, The British Experience of National Service 1947–1963, in: Roland G. Foerster, Die Wehrpflicht: Entstehung, Erscheinungsformen und politisch-militarische Wirkung, S. 207–215.

독 연방군 창설이 공식화되었다.

당시 서독의 재무장에 반대하던 세력들이 군대에 대해서 가지던 핵심적인 우려는 군대가 사회로부터 분리되어 '국가 내부의 국가'로 남게 되는 것이었으며, 이에 따라 재무장에 대한 논의 과정은 민주적 군대의 창설에 대한 논의와도 결부될 수밖에 없었다. 결국 새로 창설된 연방군 내에서, 군사적인 직무 수행에 반드시 필요한 경우가 아니고서는 집회, 결사, 의사표현, 신체의 자유 등 시민권이 제한될 수 없도록 하는 등 국가 시민으로서 군인들의 자유가 보장되었다. 또한 의회 직속인 국방감찰관제도 및 연방의회의 예산통제권 등을 통해 의회가 군대에 대해 직접적인 통제권을 행사할 통로를 마련하였으며, 군사법정을 금지하는 데서 드러나듯이 군대의 민주화를 위한 각종의 법적 장치들이 마련되었다.

사민당의 양심적 병역거부안이 기본법에 자리할 수 있었던 것은 바로 이러한 배경에서였다. 1950년에 있었던 각료 회의에서 양심적 병역거부에 관한 시행령을 징병법보다 먼저 발효하게 될 경우 징병 자체에 대한 반대 "여론을 잠재우는 데 기여하게 되리"라는 견해가 제시되기도 했던 것은 이런 맥락에서 이해할 수 있을 것이다.[11]

이외에도 나치 시대 양심적 병역거부자들이 보여주었던 태도들 역시 입법과정에서 중요한 역할을 했음을 알 수 있다. 1933년 나치의 권력 장악과 더불어 각종 평화조직들이 금지되었으며, 1935년 제1차 대전 후 폐지되었던 징병제가 재도입되었을 때 병역거부자들은 집단 수용소 형을 넘어 사형에 처해지기도 했다. 그럼에도 불구하고 1945년까지 디트리히 본 회퍼, 여호와의 증인 등 주로 종교인들을 중심으로 8000명의 병역거부자들이 등장하였으며, 그중 1200명 등은 이러한 이유로 사형에 처해지기도 했다. 양심적 병역거부를 주장했던 여호와의 증인들은 드물게도 나치 독재에 대해 집단적으로 대항한 세력으로 남게 되었다. 이에 따라 "제3제국에서 여호와의 증인들이 어떤 처우를

---

11 Zu Punkt 9, Vermerk fur die Kabinettssitzung, in: B 136/6861.

받았는지, 어떻게 그들이 살해되었는지, 그들이 양심을 지키기 위해 얼마나 용감하게 죽어갔는지를 경험"했던[12] 사민당 의원 한스 분더리히(Hans Wunderlich)는 당시 제헌 의회에서 양심적 병역거부 조항을 포함시키기 위해 노력했던 가장 적극적인 의원이기도 했다.

아울러 양심적 병역거부는 동서 냉전 대립이 격화되면서 군정 측에서 강제적으로 징집할 가능성을 배제할 수 없다는 우려 때문에도 지지를 얻고 있었다. 양심적 병역거부와 관련된 의회 논의에서, 사민당의 분더리히는 "외세가 어떤 목적에서건 독일인들을 징집하는 것"이 가능한 상황에서, 개인들이 병역을 거부할 권리를 가져서는 안 되는지 반문하기도 했다.[13]

이러한 배경에서, 양심적 병역거부는 1956년 병역법이 제정되기 훨씬 이전인 1949년 "누구도 자신의 양심을 거슬러 무기를 가지고 군복무를 강요받을 수 없다. 보다 정확한 내용들은 연방법이 정한다"는 문구와 더불어 기본법 제4조 제2항에 자리를 잡게 되었다.

그러나 1949년 서독에서는 아직 군대 자체가 존재하지 않는 상태였고, 게다가 "보다 정확한 내용은 법률로 정한다"고 미뤄둔 상태였기 때문에, 각 사회세력들은 이 기본법 제4조 제2항을 자신들에게 유리한 방식으로 해석하기 위해서 논전을 거듭하게 되었다. 당시 양심적 병역거부에 찬성하는 시민운동 세력들은 지역별 협회, 국제기구의 지부 등 다양한 협회들을 조직하고 협회별로 헌법을 구체화시킬 법안을 상정하는가 하면,[14] 대규모 공동 집회를 개최하기도 했다.

---

12 Ibid., S. 50.
13 Ibid., S. 50. 전후 연방군 문제에 대해 손꼽힐 만한 전문 연구자인 Detlef Bald는 이러한 우려에서 병역거부가 받아들여지게 되었다고 파악하고 있다. Ders, Militär und Gesellschaft 1945-1990, S. 118.
14 당시 법안을 상정한 협회들로는 Deutscher Bund für Bürgerrechte, Gesellschaft zur Wahrung der Grundrechte e.V., Internationale der Kriegsdienstgegner 등이 있었고, 그 외 Mühlheimer Gruppe, Religiöse Gesellschaft der Freunde 등도 독자적인 집회를 조직하거나 잡지에 병역거부에 대한 기사를 정기적으로 출판하는 등 활발히 활동했다.

대표적인 여론조사기관인 안스바흐의 여론조사 연구소(Institut fur Demoskopie in Allensbach)가 1952년에 서독 전역과 서베를린에서 2000명을 대상으로 행했던 설문조사 결과는 이러한 논의가 당시 사회적으로 수용되고 있었음을 보여주고 있다.[15] 양심적 병역거부를 인정한다고 응답한 남성과 여성은 각각 47%와 50%로, 이를 반대한다고 말한 응답자 34%, 28%보다 훨씬 높았다. 흥미로운 것은 1939년에서 1945년 사이 군복무를 경험한 남성의 과반수가 전쟁거부권을 인정한다고 답변한 사실이다. 이 수치는 군복무 당시 직위가 낮았던 군인일수록 높게 나타나고 있었다.

1949년 기본법이 양심적 병역거부를 허용한 탓에, 이후 양심적 병역거부에 대한 논의는 원칙 자체가 아니라 적용 범위를 둘러싸고 이루어지게 되었다. 그러나 적용범위를 설정하는 문제 역시, 양심적 병역거부를 수용할지 여부를 논하는 것과 동일한 논의구조와 복잡성을 보여주고 있다. 국방부 내에서 대표적인 개혁가이던 볼프 그라프 바우디신(Wolf Graf von Baudissn)이 1952년 기민련 계열의 기독교 아카데미에서 행한 연설에서 잘 표현하고 있듯이, "양심의 구속을 최종적인 것으로 인정하지 않는 것은 인간의 가치를 부정하는 것"이 되고, 반대로 "병역거부가 일반화될 경우 국가는 존립의 토대를 상실하는 결과"를 낳을 수 있었던 것이다.[16] 이러한 딜레마를 다루는 데 있어 양심적 병역거부를 최소한으로 한정하려는 세력과 이를 최대한 보장하려는 세력들 간의 논쟁에서 무엇보다도 눈에 띄는 것은 양측이 내세운 논리의 배타성이다. 시민단체와 사민당의 경우 개인의 자유와 양심의 문제에 집중했던 반면, 국방부, 기민련 등은 양심적 병역거부 조항의 악용 가능성, 형평성의 문제에만 천착하고 있었던 것이다.

병역거부자연맹(Liga der Wehrdienstgegner)에 있어 양심은 '각 개인에게

---

15 Umfrage(3. Jan. 1952), Presse-und Informationsamt der Bundesregierung, in: BA Freiburg BW 9/1939.

16 Gewalt und Gewaltlosigkeit: Protokoll der Wochend-Studientagung vom 5. bis 7. Dezember 1952, S. 26, in: B 136/6861.

그 행위의 근간이 되는 각자의 내적인 목소리'로서, 양심에 반하여 행동하도록 강요된다면 '한 인간의 내적인 토대, 그의 가장 고유한 인성이 손상되거나 망가지게 될 것'이었다.[17] 이들은 양심적 병역거부가 기본법 제1조의 양심의 자유에 준하는 중요성을 가진다고 주장했다. 마찬가지로, 1955년 7월 18일 국방부에 양심적 병역거부 확보를 위한 법의 초안을 제출한 바 있었던 하이델베르크와 만하임 지역의 '사단법인 기본권 보호를 위한 협회'에 따르면 '기본법 제4조 제3항에 기록된 병역거부 조항은 그 본질상 국가가 부여한 특권(Staatliches Privileg)이 아니라 국가에 앞서는 '참된 기본권', 즉 '신앙과 양심의 자유라는 초국가적인 기본권의 특수한 사례'에 속하는 것이었다.[18]

이처럼 양심을 절대적인 수호의 영역으로 설정하고 양심적 병역거부를 초국가적 기본권으로 파악하고 있던 세력들은 양심적 병역거부를 대체할 대체복무의 경우에도 기본법 제3조에 명시된 '모든 시민을 동등하게 다루어야 한다'는 조항에 입각해야 한다고 보았다. 이에 따라 대체복무의 경우에도 일반 병역 수행자와 같은 복무 기간과 급료를 책정해야 한다는 결론이 도출되고 있었다. 대표적으로 사민당은 '징집 거부자가 수행하는 대체복무기간이 징병기간보다 길어서는 안 되며', '대체복무는 전투부대와 어떤 상관관계도 없어야 하고', '대체복무가 양심적 병역거부자들에 대한 어떤 차별도 의미해서는 안 된다'는 입장을 연방의회에서 피력했다.[19]

이들은 또한 양심에 따른 선택의 범위 역시, 특정 종교 분파의 구성원으로 한정하겠다고 하는 기민련, 국방부 등과는 달리 대단히 폭넓게 설정하고 있다. 독일 양심적 병역거부자 위원회의 경우는 '모든 양심적인 인간들을 그들의 결정으로 이끄는 모든 정신적, 경제적, 정치적

---

17 Liga der Wehrdienstgegner(Nov. 1955), Grundsatzerklarung, S. 5, in: B 122/629.

18 Gesellschaft zur Wahrung der Grundrechte E. V(18.7.1955), An das Verteidigung-sministerium, Gesetzentwurf der Gesellschaft zur Wahrung der Grundrechte Mannheim-Heidelberg e.V., uber das Recht der Kriegsdienstverweigerung nach Art. 4 Abs. 3 des Grundgesetzes, in: BA Freiburg BW 9/1939.

19 Wehrpflicht und Wehrdienstverweigerung, SPD Pressedienst, in: FES BTF 224.

인 양식들이 양심상의 이유'이며, 이에 따라 '법적인 고려' 혹은 '바람직하지 않은 결과들에 대한 냉정한 전망' 역시 양심의 이유가 될 수 있다고 주장했다.[20]

이러한 논의들 가운데 국방부에서 줄기차게 논의되던 안보 및 형평성의 문제는 들어설 자리를 찾지 못하고 있었다. 예컨대 안보에 대한 사민당의 판단은 기민련과는 입장을 전혀 달리하고 있었다. 소련의 위협을 상징하는 대표적인 사건이었던 1956년 10월 헝가리 반소 항쟁에 대해서 사민당은 '헝가리에서 일어난 사건들이 일반 병역 의무 도입에 대한 그들의 반대 태도를 변화시킬 어떠한 동기도 되지 못한다'고 지적하고, 이러한 사건들이 새로운 국방 계획들을 짜는데 영향을 미치는 것에 대해 경고했다.[21] '양심적 병역거부 인터내셔널'의 경우에도 '수습할 길 없는 군비경쟁의 임박한 위협'과 '양 독일 간의 점증하는 긴장'에 대해서 언급을 하고 있기는 했지만,[22] '전쟁은 인간에 대한 범죄'이므로, '어떤 종류의 전쟁도, 직접적이든, 간접적이든, 지원하지 않을 것이며, 모든 전쟁 원인의 제거에 노력하겠다'는 평화주의를 표방하고 있었다. 구체적으로 이들은 두 독일국가가 모두 병역의무를 포기할 것을 제안하기도 했다.

이들에게 있어 무엇보다 위협적이었던 것은 소련으로 상징되는 냉전체제하의 군사적 위협이 아니라 군대에서 나타나게 될 지도 모르는 비민주성이었다. 독일 양심적 병역거부자 위원회의 경우 '무수한 시민들이 그들에게 전체주의적이고 반동적인 것으로 느껴지는 경향 때문에 양심의 갈등에 처하게 된다면 독일의 미래에 심각한 짐을 의미하는 것'이라는 우려를 표명하고 있었던 반면, 안보 문제에 대해서는 침묵

20 Erklarung des Ausschusses fur Fragen der Kriegsdienstverweigerung ausGewissensgrunden (1954.12.15), in: B 136/6861.

21 Der Bundesminister fur Verteidigung Kommandostab im Wehrbereich VI(Munchen 29. Nov. 1956), An das Bundesministerium fur Verteidigung,Betr.: Vortrag des Bundestagsabgeordneten Willy Thieme, in: B 145/3422.

22 Internationale der Kriegsdienstgegner Deutscher Zweig der War Resisters International, An die Bundesregierung Bundshaus(1956.Mai 10), in: B 136/6861.

하고 있음을 볼 수 있다.[23]

이와는 달리, 국방부에서 파악하고 있던 양심적 병역거부관련 법은 전혀 다른 법적 지위를 가지고 있었다. 국방부 부국장 바르트(Barth) 박사가 양심적 병역거부와 관련된 국방부의 입장을 밝힌 문서에 따르면,[24] 기본법 제4조 제3항은 '어떤 강령이나 법이 아니라, 단지 개인적인 길', 즉 '예외법'일 뿐이라는 입장이었다. 국가는 일차적으로 자신의 의무를 다하는 시민들에만 주목할 뿐이며, 병역거부 인정은 '관용의 표지'일 뿐 '국가와 그 헌법체제에 대한 일반적인 정치적 저항과 양심적 병역거부가 혼동되어서는 안 된다'는 입장이었다.

1956년 제4방위지구인 라인란드 팔츠/헤센의 육군 소장 파울 헤르만(Paul Hermann)이 양심적 병역거부자는 '공산주의자이거나 비겁자'라고 언급한 것으로 언론에 보도됨으로써 사민당의 격렬한 항의를 불러왔던 사건은 당시 국방부의 분위기를 잘 보여주는 대표적인 예라 할 것이다.[25] 이에 대해 비교적 보수적인 입장이라 할 '남부독일 신문(Suddeutsche Zeitung)'조차도 사설에서 삼자를 인용했건 자기 자신의 입장이건 간에 '양심적 병역거부자에 대한 이해가 부족하다'는 이유로 사퇴를 종용하고 나섰다.[26] '새로운 연방군에서 책임 있는 지위에 있는

---

23 Erklarung des Ausschusses fur Fragen der Kriegsdienstverweigerung aus Gewissensgrunden (1954. 12.15), in: B 136/6861.

24 Ministerialdirigent Dr. Barth, Herrn Pralat D. Kunst, Evangelische Kirchenkanzlei (10. Juni 1954), in: BW 9/1938, Abteilung III/4, Skizze zu einigen Grundfragen der Kriegsdienstverweigerung(1. Juni 1954), in: BW 9/1938.

25 SPD gibt nicht nach, Frankfurter Neue Presse(1956.8.15), in: B 136/6861: Blanks Erklarung befriedigt SPD nicht, Frankfurter Rundschau(1956.8.17), in: B 136/6861. 이 사건과 관련하여 국회 국방위원회가 사민당의 에르러를 의장으로 하는 조사위원회를 열어 진상조사에 나선 끝에 독일통신사(Deutscher Presse-Agentur: DPA)의 지역 담당자가 오보라고 사과하기도 했다. Referat 10, Dem Herrn Staatssekretar(1956. Okt. 24), in: B 136/6861. 그럼에도 불구하고 이 삼자가 누군지를 밝혀낼 필요가 있었는지에 대한 논의가 위원회에서 계속되었던 것은 양심적 병역거부의 문제가 당시 사회에서 얼마나 뜨거운 감자였는지를 보여주고 있다.

26 Zurucktreten, Herr General!, Suddeutsche Zeitung(1956.12.7), in: B 136/6861.

장교가 그가 선서를 통해 수호하기로 한 국가의 기본법에 명시된 권리를 명백히 무시한 것은 있을 수 없는 일'이라는 것이 그 이유였다. 이에 따라 국방부가 직접 나서서 삼자의 말을 옮긴 것일 뿐이었다는 해명에 나서기까지 했다.

양심적 병역거부를 최소화하려는 측에서 파악하고 있는 양심이란 '개인의 자유의사'가 아니라, '양심적 필연성'이었다.[27] 그러한 양심적 상태는 '일시적인 정치적 분위기가 아니라, 당사자의 인생 전체에서 표현되는 태도를 통해', 즉 서독 최초의 국방장관 블랑크에 따르면 '객관적 근거'[28]로만 인정될 수 있는 것이었다. 블랑크는 이를 판가름하기 위해서 '군 관계자가 아니라 판사, 공무원, 배심원으로 구성된 위원회가 결성되어야 한다'는 언급을 덧붙이고 있기는 했지만, 기본적으로 양심적 병역거부를 특정 종교 분파로만 한정해야 한다고 보았다.[29] 당시 국방부는 병역 자체를 거부하는 것과 무기와 관련된 의무만을 거부하는 경우로 나누는 입장이었다. 병역 자체에 대한 거부는 다른 시민들과의 형평성을 고려해서 처벌을 받도록 하고, 무기를 다루는 의무만을 거부하는 경우 복무 기간을 일반 병역의무 보다 길게 설정하는 대체복무 안을 가지고 있었다.

1950년부터 60년대 중반까지 존재했던 극우 세력인 독일제국당 (Deutsche Reichspartei)조차도 원칙적으로는 '양심적 병역거부자들을 위한 일반적인 특권으로 해석되고 있는 기본법 제4조 제3항을 철회할 것'을 주장했지만, 이와 같은 기본법 개정에 필요한 2/3를 확보하지 못할 경우 '무기를 든 상태의 전쟁 참여가 의심할 여지없이 심각한 양심의 갈등을 야기할' 특정한 종교 분자로만 제한되어야 한다는 언급을 빠뜨릴 수는 없었던 것이다.[30]

---

27 Ulrich Scheuner, Leitsatze zum Referat Probleme des Kriegsdienstverweigerungsrechts, S. 3, in: FES BTF 224.

28 Betr.: Kriegsdienstverweigerung, Interview Blank, Hans Wendt, Nordwestdeutscher Rundfunk (1952.11.9), in: BW 9/1940.

29 Betr.: Kriegsdienstverweigerung, Interview Blank, Hans Wendt, Nordwestdeutscher Rundfunk (1952.11.9), in: BW 9/1940.

이러한 논란은 1956년 7월 21일에 제정된 병역법(Wehrpflichgesetz)에 따라 다음과 같이 일단락되었다. '양심의 이유로 국가들 간의 모든 무기 사용에 반대하고, 그 때문에 무기를 가지고 전쟁 복무에 반대하는 사람은 병역 의무 대신에 연방군 외부에서 대체복무를 수행해야만 한다. 그는 연방군 내에서 무기를 소지하지 않는 방식의 복무를 신청할 수 있다'.

그러나 이 병역법 조항은 양심적 병역거부 논의의 마침점이 아니라 출발점이 되었다. 법적으로 의미 있는 양심이란 무엇인지, 어떠한 논의가 양심에 따른 선택의 근거가 될 수 있을지, 신청 당사자가 양심에 따른 선택을 실제로 하는 인성을 가진 사람인지 등 법적인 쟁점이 되기 어려운 난제들이 산적해 있었던 것이다.

III. 양심적 병역거부의 실제

양심적 병역거부자로 인정받기 위해서는 양심적 병역거부 신청안을 제출하여 대단히 엄격한 심사 절차를 거쳐야 했다. 국방부가 주관하던 심사위원회(Prufungsausschuss)와 심의국(Prufungskammer)의 심사를 먼저 거치게 되며, 이 심의 과정에 대해 신청안 제출자가 이의를 제기하고자 할 경우 주행정법원(Landesverwaltungsgericht)과 연방행정법원(Bundesverfassungsgericht)에 제소할 수 있었다.

1. 양심적 병역거부 심사

양심적 병역거부의 입법화를 막을 수 없던 정부로서는 병역거부 신청안을 엄격히 심사하고 이와 관련된 정보를 공개하지 않음으로써 신

---

30 Die Recklinghauser Tagung der Nationalen Rechten am 1./2.12.1951, in: BW 9/1940.

청 및 인정 비율을 최소화하고자 했다. 이 과정에서 병역거부 신청 비율이라는, 일견 논란의 여지가 전혀 없어 보이는 사실 자체가 각 세력들의 힘겨루기의 일환이 되기도 했음을 볼 수 있다. 현재 병역거부 관련 주무부서인 대체복무국(Bundesamt fur Zivildienst)이 공개한 바에 따르면, 베트남 전쟁과 1968년 혁명으로 인해 정치적인 병역거부가 급격히 증가하기 이전까지 양심적 병역거부 신청자는 4000건, 즉 1% 이하였던 것으로 집계되고 있다.[31] 그러나 국방부는 1958년의 경우 '166건의 양심적 병역거부 신청안이 제출되어 전체의 0.3%를 차지했고 이는 전년도의 517건(0.4%)보다 감소한 수치'였던 것으로 보고한 바 있다.[32] 이와는 달리 양심적 병역거부자 협회의 경우 1959년 8만 명 징병 대상자 중 3500명이 신청한 것으로 추정하고 있었다.[33]

양심적 병역거부자가 오랫동안 전체 징병대상의 1% 이하에 머물렀

---

31 당시 성직자들은 병역 의무에서 전적으로 배제되었다. 국방부 장관이었던 블랑크에 따르면, 가톨릭의 경우 '전통적으로' 이러한 원칙을 이해하고 있었으며, 신교 교회위원회의 희망에도 합치하는 것이었다. 또한 사민당의 군사문제 전문가이던 헬무트 슈미트에 따르면 성직자들이 병역거부자로 나설 경우의 파급력에 대한 우려에서였던 것으로 해석되고 있다. 이에 따라 교회는 병역거부 문제에서 주연으로서가 아니라 조연으로서의 역할만을 맡게 되었다. Christian Rabe u.a., Kriegsdienstverweigerer in der BRD, S. 28. 정당한 방어 전쟁의 경우 병역 의무가 있다는 입장을 취하고 있던 가톨릭 교회는 초기에 병역거부에 대해 유보적인 태도를 취했다. 그러나 1965년부터는 '공동체를 위한 다른 형태의 복무 준비가 되어 있는 경우에 한하여' 양심에 따른 병역거부자들에 대한 법적 보호를 인정하는 쪽으로 변모하였으며, 구체적으로 가톨릭 교회 집단인 Pax Christi가 병역거부자들에 대한 상담역을 맡았다.

신교의 경우에는 1959년 병역의무 및 나토와 기독교 신앙이 병존할 수 있다는 하이델베르크 테제를 발표하기도 하였다. 그럼에도 불구하고 1950년에 동서독의 신교 기독교도들에게 병역거부를 요구하기도 했던 만큼, 양심적 병역거부자들에 대한 교회 차원의 원조 및 기도를 약속하고 있었다. 이에 따라 1956년 이후 모든 지방교회에서 양심적 병역거부 문제 담당자를 두기도 했다. 한걸음 더 나아가 고백교회, 여호와의 증인처럼 병역 의무가 기독교 신앙과 근본적으로 공존할 수 없다는 태도를 보이는 세력들도 있었다.

32 Detlef Bald, Militar und Gesellschaft, S. 122f.

33 Zwischenergebnis der zur Zeit durchgefuhrten Musterungen(1958. 2. 6.), in: B 136/6861.

던 이유를 설명하기란 어렵지 않다. 양심적 병역거부가 입법화된 지 이십 년이 넘은 1970년대까지도 병역거부법 조항이 존재하는 것을 전혀 몰랐다거나, 대체복무는 십 년 이상인 것으로 알았다는 조사 결과가 있었을 정도로 병역거부는 당시 사회에서 알려지지 않은 장에 속했다. 이러한 무지 뒤에 작동하는 메커니즘은 단순했다. 구체적으로는 국방부가 병역거부자 단체에 대한 광고를 싣는 잡지의 경우 공익광고를 할당하지 않았던 것으로 보고되고 있기도 하다.[34]

병역을 이행하지 않는 경우 남성답지 못하다거나, 비겁하다거나, 혹은 좋은 노동자가 될 수 없다고 본 사회적 편견 역시도 이에 기여하고 있었던 것으로 평가된다. 한국의 경영자총연맹에 해당하는 '독일산업기업가연합(Bundesverband Deutscher Industrie)' 회장이던 프리츠 베르크(Fritz Berg)가 1967년 이 단체의 연감에서 '병역을 마친 노동자는 필요한 책임의식을 가지고 있다는 점에서 좋은 노동자'라고 보고하고 있다거나,[35] 병역거부자 단체 활동가들이 '청소년들을 여성으로 만들고 있다'는 비난을 들었던 사실[36] 등은 한국인의 귀에 조금도 낯선 현실이 아니다.

대단히 까다로운 심사결과 역시 병역거부를 한 자리 수 이하로 묶어두는 데 기여하고 있었음은 물론이다. 심사위원회에는 국방부 담당자가 배석하여 구두심사를 주관했다. 심사결과는 지역 기구, 그리고 도정부에서 임명한 세 명의 배심원들이 담당했지만, 국방부 소속 심사위원장의 발언권이 대단히 컸던 것으로 평가되고 있다. 1957년에 '양심적 병역거부자 협회' 전국 회의에서 보고한 바에 따르면, 심사위원회 담당자들이 국방부 내 자신의 경력 관리를 위해서 양심적 병역거부 신청을 기각하려는 경향을 보이고 있었다. 또한 배석자들이 정당에 따라 안배되어 있고 여당이던 기민련(CDU)과 자유민주당(FDP) 등 양심

---

34 Patrick Bernhard, Zivildienst zwischen Reform und Revolte: Eine bundesdeutsche Institution im gesellschaftlichen Wandel 1961-1982, S. 51-53.

35 Ibid., S. 57.

36 Ibid., S. 56.

적 병역거부에 대해 부정적인 태도를 취하고 있는 정당 소속 위원들을 대상으로 해서 양심적 병역거부의 진실성을 납득시키는 것이 대단히 어려웠다고 한다.[37] 이에 따라 병역거부 관련 시민 단체에서는 심사절 차를 단순화시키거나 심사위원회를 국방부 산하에 두지 말 것 등을 요 구하기도 하였다.[38]

행정재판 기록에 반영되고 있는 심사위원회와 심의국에서의 논의 양상을 보자.[39] 심사과정에서는 심사 대상자의 생애 경력 중 부모가 평화주의 혹은 기독교적 가르침에 입각해서 가정교육을 시켰는지, 학 교 교육 혹은 직업 교육 과정 중에 군대 및 전쟁 등의 이슈에 대해 명 확한 입장을 표명한 바 있는지, 종교 단체 혹은 병역거부 단체 구성원 이었는지 등이 중시되었다. 오랫동안 양심적 병역거부자 단체에 참여 했던 상담자 역시 1971년에 있었던 한 인터뷰에서 반전 시위 가담, 전 단지 살포 등을 통해서 신청자의 의식이 형성되어 가는 과정을 입증하 는 것이 중요하다고 진술한 바 있다.[40] 이를 위해 부모, 목사, 교사, 동 료, 고용주 등의 증인이 15인까지 소환된 경우도 있었다.[41]

심사위원회에서 논의된 양심적 병역거부를 신청한 동기로는 종교, 인본주의적 세계관, 그리고 정치적인 판단 등이 꼽히고 있었다. 1964 년의 경우 40.5%에 달하던 기독교적 평화주의는 67년의 경우 34%로, 68년의 경우 23%로 하락했다. 이와는 달리 1964년 31.6%에 달하던 정 치적인 이유의 병역거부는 67년에 43%, 68년의 경우 48.9%로 증가했 다.[42]

---

37 Klagen der Wehrdienstverweigerer, Suddeutsche Zeitung(1957. 11. 5), in: B 136/6861.

38 Helmut Donat u.a., Die Zentralstelle fur Recht und Schutz der Kriegsdienstverweigerer aus Gewissensgrunden e.V. 1957 bis 1982, 주 17 이하.

39 연방행정재판까지 올라온, 다음 세 가지 판결자료를 토대로 했다. I K 2061/58, in: B 139/790, I K 3048/57, in: B 139/651, II A 272/57, in: B 139/640.

40 Kalus Wellhardt(5. Marz 1971), in: Christian Rabe u.a., Kriegsdienstverweigerung in der BRD, S. 135.

41 Helmut Donat u.a., Die Zentralstelle fur Recht und Schutz der Kriegsdienstverweigerer aus Gewissensgrunden e.V., 주 8 이후.

한편 이미 징집된 후에 양심적 병역거부 신청을 하는 경우들도 있었다. 군대를 직접 경험하고 난 후 군대나 전쟁의 무의미함을 깨닫게 되었다는 것이었다. 이들의 경우 양심적 병역거부자로 인정될 가능성은 57~66년 동안, 심사위원회에서 50%, 심의국에서 67%로, 67~71년의 경우 심사위원회, 심의국에서 각각 24%, 55%였다. 이는 같은 시기 징병 전 신청이 인정된 경우인 79%, 100%, 그리고 23%, 88%보다 훨씬 낮았다.[43]

병역거부를 신청해서 인정되는 비율을 보자. 57~66년 동안, 그러니까 68혁명 이후 정치적인 이유의 양심적 병역거부가 광범해지기 이전에는, 심사위원회에서 64%, 심의국에서 87%로 비교적 높은 수치를 보이고 있었다. 이와는 달리 67년부터 71년 사이에는 19%, 58%로 급감했음을 볼 수 있다.[44] 양심적 병역거부가 광범위하게 확산되자 이를 억압해서 축소시키고자 했던 것이다. 군대에 대한 의회 통제기구로서 서독 군대 민주화의 상징으로 꼽히던 국방감찰관조차도 1969년의 연감에서, '전문가의 소견에 따르면 30%에 달하는 신청자만이 믿을 수 있는 양심적 병역거부자'인 것으로 평가하고 있었을 정도였다. 이 시기에는 '종교재판'으로 악명 높던 심사 과정 이후 자살한 경우까지 나타났으며, 병역거부자에 대한 상담단체를 형사 처벌한 경우도 있었다. 더 나아가 1969년 말 대체복무자들을 집단수용소에 송치함으로써 대대적인 저항의 움직임이 나타나기도 했다. 1984년에 대체복무국이 신설되고, 구두심사 방식이 서류심사로 대체된 것은 이러한 갈등이 누적된 결과였다. 이 시기에 대체복무 기간은 16개월에서 20개월로 늘어났는데, 군복무가 15개월이었으므로 양심적 병역거부는 일반 병역의무보다 1/3이상 긴 기간으로 설정된 셈이었다. 실제적인 불이익을 감수함으로써 양심에 따른 병역거부임을 입증할 수 있게 하자는 것이었다.

---

42 Detlef Bald, Militar und Gesellschaft, S. 122.
43 Christian Rabe u.a., Kriegsdienstverweigerung in der BRD, S. 91.
44 Ibid., S. 90.

2. 행정재판

양심적 병역거부의 이슈로 있어 왔던 행정재판의 전체적인 동향을 파악하고 판결 전체에 대해 비판적으로 검토하는 것은 이 글의 범위를 넘어서는 일일 것이다. 이 글에서는 연방행정법원에 회부된 여섯 가지 사례들을 분석함으로써 행정재판의 양상을 조망하는 데 그치고자 한다.

당시 서독법원이 상정한 양심이란 '특정한 행위를 하거나 혹은 하지 않는 것에 대한 허용, 혹은 허용하지 않음과 관련하여, 인간의 총체적인 윤리적인 태도에 자리한 근본적인 신조와 확신'이었다.[45] 특정한 행위가 양심에 따르는 것이기 위해서는 다른 '대안이 없어야' 했고,[46] 양심에 거슬러 행동하도록 강요받는다면 '그의 윤리적 자아가 손상을 입거나 망가지는'[47] 경우라야 했다.

병역거부 신청이 양심에 따른 것임을 입증하기란 대단히 어려운 일이었기 때문에, 입증의 의무가 누구에게 있는지 역시 중요한 쟁점일수 있었다. 이에 따라 '신앙과 양심의 자유는 이에 대한 침묵의 자유까지도 포함'하며, 국가는 '주관적인 종교관 및 세계관과 관련해서라면 종교 조직 가담 여부를 제외하고는 물을 권리가 없다'는 입장을 표하는 경우마저도 있었다. '양심에 따른 선택임을 증명할 의무가 국방부 당국자에 있다'는 것은 이에 따른 자연스러운 논리적 귀결이었다.[48] 결국 법원은 입증의 의무는 양심적 병역거부 신청자가 지게 된다고 선언했다.

양심의 이유를 판가름하는 데 있어 중요한 논란의 축이 되었던 것은 정치적인 동기를 양심의 이유로 인정할지의 문제였다. 양심적 병역거부에 대한 인정은 '예외법'일 뿐이기 때문에 정치적인 동기로 확대 해석되어서는 안 된다는 논리와[49] 양심의 자유는 초국가적 인권이라는

---

45 I K 3048/57, S. 8, in: B 139/651.
46 II A 272/57, S. 2, in: B 139/640.
47 I K 3048/57, S. 8/9, in: B 139/651.
48 Bundesverwaltungsgericht VII C 129.59, S. 2, in: B 139/789.

주장이 팽팽히 맞서고 있었다. 초기에는 정치적인 동기를 '상황에 따른(situationsbedingt)' 것으로, 양심을 절대적인 것으로 설정하여 정치적인 동기를 양심적 병역거부의 동기로 인정하지 않으려는 경향이 강했음을 확인할 수 있다. 분단 상태에서 연방군에 편입될 경우 동족상잔의 전쟁에 보내질지도 모르기 때문에 병역을 거부하며, 통일된 독일에서는 언제고 병역에 종사하겠다는 입장이던 양심적 병역거부 신청자에 대한 1960년의 판결이 대표적이다. 이 재판에서 연방행정법원은 기본법이 보호하고자 한 근본적인 평화주의자란 모든 역사적인 상황에서 병역을 거부하는 자라는 입장에서 이를 기각한 바 있었다.[50]

그러나 1968년에 있었던 유사한 재판에서는 이와는 전혀 다른 결과가 나오고 있었다. 징병 대상자가 '정치적이거나 혹은 어떤 다른 이성에 따른 고려에 근거하여 인간 간의 폭력 사용으로서의 전쟁이 비난받아야 한다는 내적인 확신에 도달하게 되었다면, 근본적인 반전주의자이며', 이에 따라 양심적 병역거부자일 수 있다는 것이었다.[51] 결국 양심이 절대적인 것이어야 한다는 주장과는 달리 양심 자체가 시대의 산물일 수밖에 없었던 것이다.

다음으로 중요한 논란이 되고 있었던 것은 개인적인 차원에서 정당방위와 국가적 차원의 정당방위를 동일선상에서 바라봐야 할지의 문제였다. 개인적인 정당방위를 인정할 경우 같은 논리의 연장선상에서 국가 간에도 정당방위가 성립될 수는 없는지, 즉 방어전쟁의 경우에는 병역의무를 다해야 하는지의 문제가 지속적으로 논의되었다. '당신의 가족이 직접 공격을 받는다면 자기 방어에 나서겠는가', '적국의 전투기가 당신의 고향에 폭탄을 던진다면 이 전투기에 총격을 가하겠는가'라는 두 질문에 '예'라고 답했던 두 젊은이의 양심적 병역거부 안은 지방행정법원에서 기각되었다. 이들이 '그들의 양심의 결정을 증명하지 못했기 때문'이라는 것이었다. 이 사건에 대해서 당시 연방행정법원은

---

49 II A 272/57, S. 2, in: 139/640, S. 5.
50 Christian Rabe u.a., Kriegsdienstverweigerer in der BRD, S. 32f.
51 Detlef Bald, Militar und Gesellschaft 1945–1990, S. 120.

판결문에서 '양심적 병역거부자들은 그들이 이 결정을 위해서 죽을 준비가 되어있을 경우에만 (양심의 자유에 따른 선택임을: 저자) 충분히 확증하는 것이 아니며', '결국 개인이 이미 피할 수 없는 희생자가 되는 특수한 상황에도 양심적 병역거부자들이 무기를 들지 않을 것이 요구된다면 병역법이 지나치게 엄격'하고, '양심적 병역거부를 이렇게 좁게 정의할 경우 기본법과 병역법의 의미에 위배되는 것'이라고 선언하고 있었다.[52] 결국 순교자가 되지 못하는 보통 사람들의 양심도 존중받아야 하며, 정당방위도 포기할 정도의 희생은 양심에 따른 결정의 충분조건이지 '필요조건은 아니라'는 것이었다.[53]

한편, 1959년 연방행정법원에 제출된 한 소견서에서 지적하고 있듯이 '단순히 입에 발린 소리를 보호하기 위해 양심의 신성불가침에 대한 기본법이 제정된 것이 아니'라면,[54] 양심적 병역거부 신청자가 법원이 수용할 만한 논리를 제시한다고 하더라도 신청자가 바로 그 이유 때문에 병역거부를 신청하고 있음을 어떻게 증명하느냐의 문제가 남게 된다. 신청 당사자의 인성이 법적인 이슈로 등장할 수밖에 없게 되는 대목이다.

이에 따라 먼저 병역거부자의 사회화 과정이 중시되지 않을 수 없었다. 징집대상자들의 경우 갓 성년에 이른 연령이었기 때문에, 종교가 아니고서는 전쟁과 관련된 일관된 사고체계를 형성하기도 어렵거니와 정교한 언어로 이를 표현하기 어렵다는 것은 의문의 여지가 없는 일이었다. 이에 따라 유년기의 전쟁 경험이나 부모의 가르침 등 사회화 과정이 중요한 변수로 등장할 수밖에 없었던 것이다. 그러나 절대평화주의적인 가정교육이 이루어졌음을 입증할 수 있다고 하더라도, 이를 근거로 병역거부가 신청자의 소신임이 인정되는 경우가 있었던

---

52 Die Bundeswehr ging zu weit: Die Kriegsdienstverweigerer mussen nicht jede Waffengewalt ablehnen, Frankfurter Rundschau(1960. Juni. 4-5), in: B 136/6861.

53 I K 3048/57, S. 9, in: B 139/651,

54 Bundesverwaltungsgericht VII C 129.59, S. 7, in: B 139/789.

반면, '그 부친의 입장을 반복하고 있을 뿐'이라는 상반된 해석이 내려지는 경우도 있었던 것이다.[55]

다음으로 신청자의 인상 역시 대단히 중요하게 작용하고 있었음을 볼 수 있다. 그러나 인상을 논의의 여지없는 방식으로 명확히 하기란 대단히 어려운 일이었다. '솔직하고 선량한 인간이라는 인상'을 준다거나,[56] 혹은 반대로 '열정적이지 못한 성품', '그의 태도와 성품에 비추어 볼 때'[57]처럼 대단히 주관적일 수밖에 없는 내용들이 법원에서 중요한 판단의 근거로 작용하고 있었음을 볼 수 있다. 이에 따라 '그가 핑계를 대고 있을 뿐'이라는 주행정법원의 판결을 통해서 인간으로서의 존엄성이 침해'되었으며, '병역거부에 대한 기본권을 활용하기 위해서 그가 진실된 사람이라는 것을 증명해야 할 의무는 없다'고 반박에 나서는 경우도 있었음을 볼 수 있다.[58] 시민의 양심을 국가가 법에 따라 심사하는 것은 '흐름 위에 보금자리 치는' 일일 수밖에 없었던 것이다.

IV. 결론

'누구도 자신의 양심에 반하여 무장투쟁을 포함하는 군복무를 강제 당하지 않는다'는 문구는 냉전체제가 본격화되기 시작하던 1949년에 서독헌법에 자리 잡았다. 양심적 병역거부에 대한 논의가 오늘날까지도 한국의 여론을 달구고 있는 현실을 고려할 때, 서독사회의 이와 같은 '이른' 선택이 안겨주는 놀라움은 클 수밖에 없다. 분단 체제하 군사적인 대치라는 두려움을 현재 한국 사회와 공유하고 있었음에도 불구하고, 당시 서독사회가 양심적 병역거부를 입법화할 수밖에 없었던 데에는 여러 가지 배경들이 존재하고 있었다. 전후 서독에서 양심적

---

55 II A 272/57, S. 2, in: B 139/640.
56 I K 2061/58, S. 3, in: B 139/790.
57 I K 3048/57, S. 10, in: B 139/651.
58 Bundesverwaltungsgericht VII C 129.59, S. 2f, in: B 139/789.

병역거부의 원칙 자체에 대한 반대는 무시할 만한 수준에 있었다. 전쟁을 통해서 생겨나게 된 반전 정서 및 군대 민주화에 대한 강력한 희구, 대표적인 반나치 그룹이라 할 양심적 병역거부자들에 대한 사회적 인정, 그리고 연합군에 의한 강제징집의 우려 등 복합적인 요인이 맞물린 결과였다.

그러나 병역거부를 법적으로 인정한다는 것은 이와 관련된 복잡한 법적인 논의의 마침점이 아니라 출발점이 되었다. 양심적 병역거부와 관련된 의회, 군 행정 당국, 법원, 여론 등에서의 논란은 당시 양심적 병역거부의 문제가 결국 연방군 전체, 더 나아가 사회 전체의 성격을 둘러싼 것이었음을 보여주고 있다. 양심적 병역거부가 입법화된 후 초기에는 엄격한 심사, 심의 과정을 통해서 특정 종교 분파의 구성원 혹은 평화 단체 활동이나 시위 가담 등을 통해서 지속적으로 병역거부 의사를 밝혀 온 경우로 한정하는 경향이 강했다.

그러나 일단 양심적 병역거부를 위한 법적인 장이 마련되자, 이 장은 강력한 원심력을 가지고 확대되어 가는 양상을 보였다. 병역거부를 신청하는 동기가 주로 윤리적이고 종교적인 동기에서 정치적인 동기로 확대되어 가고, 행정법원에서도 점차 이를 인정하게 됨으로써 병역거부를 소수자로 한정하고자 했던 초기의 경향은 유지될 수 없었다. 또한 양심에 따른 병역거부 여부를 판단하기 위해 신청자의 인성에 대한 법적판단이 불가피했지만, 인성에 대한 논의의 여지없는 법적판단은 불가능한 일일 수밖에 없었다. 결국 병역거부에 대한 논의가 축적되어 감에 따라 현행 제도인 형식상의 서류 심사 제도가 부득이한 선택으로 부각되었던 것은 당연한 수순이었던 것으로 보인다.

그럼에도 불구하고 이러한 결과로부터 양심적 병역거부에 대한 법적인 인정이 선택적인 대체복무제를 필연적으로 내포한다고 단언할 수는 없을 것이다. 선택적 대체복무제는, 정치적인 동기를 병역거부의 사유로 간주할지, 병역거부를 인정하는 조건을 허가로 할지, 단순한 신청으로 할지, 혹은 징집 전뿐만 아니라 군복무 상태의 병역거부를 인정할지 등과 관련되는 무수한 '가지 않은 길들' 중에서 서독사회가 취한 '하나의' 선택일 뿐이었다는 사실이 기억되어야 한다. 아울러 양심적 병역거부의 입법화 이후 선택적인 대체복무제가 도입되기까지 독일사회는 헌법적인 틀과 정치적인 상황에 맞게 수십 년에 걸쳐 논의를 축적해 갔다는 지극히 평범한 사실에도 주목할 필요가 있다. 양심적 병역거부를 합법화하면서 동시에 군대라는 제도가 와해될 것을 우려하는 것은 그저 호들갑일 수 있음을, 병역거부를 일찌감치 제도화했던 서독 사회의 경험이 들려주고 있는 것이다.

참고문헌

1. 사료

BK Bundesarchiv Koblenz

B 122 Bundesprasidialamt

B 136 Bundeskanzleramt

B 145 Presse- und Informationsamt der Bundesregierung

BF Bundesmilitararchiv Freiburg

BW 9 Ministerium fur Nationale Verteidigung

N 717 Baudissin Nachlasse

FES Fridrich-Ebert-Stiftung: SPD Archiv

BTF(Bundestaksfraktion) WP(Wahlperiode) I

BTP WP II

BTP WP III

2. 2차 문헌

데니스 L. 바크 외, 데이빗 그레스 공저, 서지원 옮김, 『도이치 현대사:
　　새 나라 세우기』, 비봉출판사, 2004.

최재희, 「징병제의 역사: 국가 폭력과 민주주의의 충돌」, 『역사비평』
　　겨울호, 2004.

＿＿＿, 「20세기 초 영국에서의 징병제의 의미와 영향」, 『전남사학』
　　22.

Bald, Detlef, Die Bundeswehr: Eine kritische Geschichte 1955-2005,
　　C.H.Beck: Munchen, 2005.

Bald, Detlef, Militar und Gesellschaft 1945-1990, Nomos Verlagsgesellschaft,
　　Baden-Baden, 1994.

Bald, Detlef u.a.(Hg.), Vom Krieg zur Militarreform: Zur Debatte um
　　Leitbilder in Bundeswehr und Nationaler Volksarmee, Nomos
　　Verlagsgesellschaft, Baden-Baden, 1997.

Berghahn, Volker, Transatlantische Kulturkriege, Franz Steiner Verlag:

Stuttgart, 2004.

Dorfler-Dierken, Angelika(Hg.), Graf von Baudissin, Vandenhoeck & Ruprecht: Gottingen, 2006.

Flynn, George Q., Conscription and Democracy: The Draft in France, Great Bratain, and the United States, Greenwood Press: London, 2002.

Frevert, Ute, Die kasernierte Nation, C.H.Beck: Munchen, 2001.

Frevert, Ute(Hg.), Militar und Gesellschaft im 19. und 20. Jahrhundert, Clett-Kotta: Stuttgart, 1997.

Gareis, Sven Bernhard u.a.(Hg.), Handbuch Militar und Sozialwissenschaft, Verlag fur Wissenschaften: Wiesbaden, 2004.

Genschel, Dietrich, Wehrreform und Reaktion: Die Vorbereitung der Inneren Fuhrung 1951–1956, R.v.Deckers Verlag: Hamburg, 1972.

Merkl, Peter H.(ed.), The Federal Republic of Germany at Forty-Five, New York University Press: New York, 1995.

Lowke, Udo F., Die SPD und die Wehrfrage 1949 bis 1955, Verlag Neue Gesellschaft: Bonn-Bad Godesberg, 1976.

Oerster, Roland, G. Die Wehrpflicht: Entstehung, Erscheinungsformen und politisch-militarische Wirkung, Oldenbourg: Munchen, 1994.

Schildt Axel u.a.(Hg), Modernisierung im Wiederaufbau: Die westdeutsche Gesellschaft der 50er Jahre, Verlag J.H.W.Dietz: Bonn, 1998.

Schlaffer, Rudolf J., Der Wehrbeauftragte 1951 bis 1985, Oldenbourg: Munchen, 2006.

한국 병역거부 공론화 10년 학술토론회

2012년 5월 11일 서울대학교 법과대학 17동 6층 서암홀에서 대한변협 인권위원회, 건국대학교 공익인권법센터, 서울대학교 공익인권법센터 주최의 '한국 병역거부 공론화 10년 학술토론회'가 개최되었다.

토론회 사회는 대한변협 인권위원장 김용직 변호사, 발제는 아주대학교 법학전문대학원 오동석 교수, 선문대 법학과 장복희 교수, 법률사무소 지향 김수정 변호사, 건국대학교 법학전문대학원 이재승 교수가 맡았으며, 병역거부자 소송 대리인 오두진 변호사, 대전대학교 정치언론홍보학과 진석용 교수, 양심적 병역거부 수형자 가족모임 홍영일 대표가 지정 토론에 참여하였으며 이어 청중 토론이 진행되었다.

발제자의 토론문은 내용을 보충하여 앞선 장들에 수록하였으며, 본 장에는 지정 토론문과 토론 녹취록을 게재하였다.

한국 병역거부 공론화 10년 학술토론회

한국의 양심적 병역거부권
– 대체복무제 도입의 가능성

양심적 병역거부권 인정이라는 세계적 흐름에서
2011년 헌법재판소 결정 이후
한국에서 병역거부권을 둘러싼 법제도적 쟁점

2012년 5월 11일 금요일 오후 2시
서울대 법과대학 17동 6층 서암홀

사　회 : 김용직 (대한변협 인권위원회 위원장)
여는말 : 한인섭 교수(서울대 공익인권법센터)

1부 〈발제〉
양심적 병역거부권과 헌법 오동석(아주대 법학전문대학원 교수)
양심적 병역거부에 관한 국제인권법과 유엔권고 장복희(선문대 법학과 교수)
양심적 병역거부 실태와 현황 - 지난 10년을 중심으로
　　　　　　　　　　　　　　　김수정(법률사무소 지향 변호사, 민변)
대체복무제의 실현방향 이재승(건국대 법학전문대학원 교수)

2부 〈종합토론〉
오두진(변호사, 소송 대리인)
진석용(대전대 교수, 2008년 병무청 연구용역 연구책임자)
홍영일(양심적 병역거부 수형자 가족모임 대표)

주 최 : 서울대 공익인권법센터, 건국대 공익인권법센터, 대한변협 인권위원회

지정토론1:
헌법과 국제법 측면에서 본 양심적 병역거부

오두진(변호사)

1. 들어가며

1심에서만 연간 700~800건으로, 우리 법원에서 다뤄지는 인권 문제로서 단일 사건으로는 가장 많은 부분을 차지하는 양심적 병역거부에 대해 토론의 기회를 갖게 된 것을 개인적으로 매우 의미 있는 일로 생각하면서, 그간 헌법재판소와 일선 법원에서, 그리고 유엔 개인청원에 있어서 양심적 병역거부 사건들을 대리하면서 경험한 사실을 근거로 토론을 전개하고자 한다.

필자가 담당할 부분은 각각 헌법과 국제인권법에 대한 발제이므로 간단히 이 점을 논하고, 이어서 실무 관점에서 학계에서 더 깊은 논의가 필요한 부분과 앞으로 이 문제의 궁극적 해결을 위해 우리가 사용할 수 있는 긍정적인 논점들을 언급하고자 한다.

2. 헌법에 대한 논의

오동석 교수의 발제문은 본질적으로 기본권에 대한 입법권의 '제한' 조항인 헌법 제37조 제2항이 기형적으로 법원의 판단에 의하여 주로 '수권' 조항으로서 기능한다는 점을 명쾌하게 지적하였다. 특히 2004년 대법원은 동 조항을 근거로 구체적 비교 형량을 해 보지도 않고 형사처벌을 정당화하였으며, 헌재는 양심의 자유의 구조적 특질을 운운

하며 비례의 원칙이 적용되지 않는다고 한바, 이는 발제자의 지적과 정확히 상응한다. 작년 헌재의 결정은 다행히도 그간의 비판을 반영하여 과잉금지의 원칙을 적용하였으나 발제자가 지적한 것처럼 여전히 그 논리는 기본권 제한의 정당함을 형식적으로 설시하는 수준으로 사용되었다. 그러한 폐쇄적이고 수동적인 결정의 논리적 근거로, 발제자는 최고법원이 분단상황을 별도의 판단 없이 국가안보와 결합하고 있다는 점, 양심의 자유의 발현인 병역거부를 기본적으로 인권 혹은 공익적 관점에서 보는 것이 아니라 지나치게 사익화하여 공동체에 위험스러운 존재로 부정적으로 보고 있는 점을 들고 있다.

이러한 문제에 대한 대안으로 발제자는 전문에 나타난 헌법원리를 전제로 우리 헌법의 구조상 병역의무 혹은 국가안보 역시 평화주의적 관점 혹은 사적 이익으로 치환될 수 없는 기본권에 대한 존중의 범위에서 필요·최소한으로 요청된다는 시각으로의 전환이 필요하다고 하였다. 또한 헌법상 기본의무가 명시된 것 역시 국가가 국민에게 의무를 자의적으로 부과하고 그와 관련하여 국가권력을 남용하는 것을 방지하기 위하여, 즉 국가의 의무부과권이 헌법적 한계 내에 있음을 천명한 것으로 보아야 한다는 점도 들면서 자위적 관점에서의 국방의무 역시 직접적 군사력의 구성요소만을 의미하지 않으며 평화주의적 헌법가치의 실현과 양립해야 한다는 것이다. 매우 예리한 지적이다. 이러한 시각은 우리 헌법이 제2차 대전 후 서구권이 형성하기 시작한 보편적 인권사상 중심의 헌법 구조를 그 기초로 하고 있다는 점과 일치하는 것이라고 생각한다. 헌법은 국가 구성의 법이기도 하므로 국가의 독특한 상황이 반영되어야 하는 것은 사실이다. 그러나 이를 지나치게 강조하여 국가 내의 인권이 무참히 짓밟힌 세계 대전으로 인한 트라우마를 극복하는 과정에서 나온, 국가를 초월한 보편적 인권 사상이라는 흐름은 상황론이 넘을 수 없는 혹은 넘어서는 안 되는 선이라고 생각한다.

다만, 평화주의적 헌법관에서 헌법 제6조 제1항이 어떤 중요한 의미를 지니고, 이를 통해 국내법 체계로 들어오는 국제인권규범이 헌법적으로 어떤 의미를 지니는지에 대한 보다 풍부한 논의가 필요하다고 본다.

또한 양심의 자유의 경우 침묵의 자유가 절대적 보호영역으로 인정되면서도 본질적으로 부작위 행위인 양심적 병역거부가 왜 손쉽게 제한이 가능한 외부적 실현의 자유로 평가되어야 하는지에 대한 헌법적 논의도 있어야 하겠다. 부작위성은 병역법 사건에서 기본권 제한의 한계성 문제와 그리고 반복적으로 처벌되는 예비군 사건에서는 이중처벌 혹은 가혹한 처우의 문제와 맞닿아 있다.

3. 국제인권법과 UN 권고

장복희 교수의 발제문은 세계인권선언을 모태로 하는 국제인권규범이 유엔 기구와 지역적 보호제도를 통하여 어떻게 구현되고 있는지 균형감 있게 보여주었다. 대체로 양심적 병역거부가 국제인권규범의 측면에서 본격적으로 논의되기 시작한 것은 1980년대 후반부터이고, 1990년대에 그 논의가 최고조에 이르렀으며, 2000년대에는 권리로서 인정되는 확고한 자리매김을 하게 되었다는 흐름을 읽을 수 있었다.

구체적으로 UN 기구를 통해서는 완전거부자가 인정되지 않는다는 점, 현역의 2배가 되는 대체복무는 합리적이고 객관적인 기준이 아니라는 점, 대체복무를 포함하고 있는 국내병역제도 자체에는 불간섭이 원칙이라는 점, 양심적 납세거부는 인정되지 않는다는 점을 확인할 수 있었다. 특히 대체복무의 기준과 관련하여 "대체복무의 기간이 단순히 양심적 신념의 진정성을 가리는 것으로 사용되어서는 안 된다"는 지적은 매우 의미가 깊다.

또한 양심적 병역거부의 법적 확립에 있어서 매우 중요한 역할을 수행해 온 유럽인권재판소가 내린 일련의 판결들의 소개는 이 문제가 확고한 법적 근거를 가지고 전개되고 있음을 확인시켜 주었다. 특히 그리스와 관련하여 내려진 소수 종교의 권리를 옹호한 의미 있는 판결들이 인상적이었는데, 이러한 판결들이 그 이전까지 불관용적 태도를 고수하던 그리스의 입법 및 정책에 어떻게 반영이 되었는지 이해하게 되었다. 이는 2011년 양심적 병역거부의 권리성을 명시적으로 인정하는 판례 변경이 있기까지 위 재판소가 어떻게 차근차근 토대를 쌓아왔는지 가늠해 볼 수 있게 하였다. 유럽인권재판소는 양심의 자유로부터 바로 병역거부권을 도출하기 전에 1997년에는 평등권을 중심으로, 2000년에는 양심적 병역거부로 처벌된 자를 직업선택에 있어서 차별하는 문제를 양심의 자유 침해로 구성하였던 것이다.

2006년 동 재판소가 Ülke v. Turkey 사건에서 양심적 병역거부자에 대한 거듭 처벌의 문제를 유럽인권협약 제3조의 "잔인하고 가혹한 처우 및 처벌"로 다룬 점도 같은 맥락에서 볼 수 있다고 생각한다.

한편, 한국이 가입하여 헌법 제6조 제1항에 의해 국내법의 일부가 된 자유권규약은 문자적으로 우리의 법이다. 따라서 이제는 자유권규약을 상징적이고 추상적인 법규범으로서가 아니라 구체적 규범력을 지닌 법으로 보는 시각이 필요하다고 본다.[1] 그렇다면 국제기구가 양심적 병역거부권을 도출하고 있는 자유권규약 제18조의 문언을 좀 더 심도 있게 다룰 필요가 있다고 생각된다. 예를 들면, 헌법 제37조 제2항과는 달리 규약 제18조 제3항에는 '국가안보'가 권리 제한 근거로 나오지 않는다는 점, 그리고 규약 제18조 제1항 및 제2항은 병역거부권을 명시한 독일기본법 제4조 제3항과 유사하게, 그러나 우리 헌법 제19조와는 달리 양심의 자유의 주체를 '국민'에 한정하지 않고 '어느 누구' 혹은 '모든 사람'으로 명시하여 인간의 권리임을 강조하는 점, 국제기구가 양심적 병역거부자의 처벌을 자의적 구금으로 보는 상황에서 규약 제9조 제5항이 명시적으로 배상의무를 규정하는 점 등이다. 이제는 정교한 조문 분석을 통해 규범력을 도출할 때라고 본다.[2]

---

[1] 사실 우리 대법원도 이미 그렇게 하고 있다고 말할 수 있는데, 손종규 국가배상청구 사건에서 비록 부정적으로 사용하기는 하였지만, 규약 제19조 제3항을 직접 판결의 근거로 사용한 바 있다(대법원 1999. 3. 26. 선고 96다55877 판결).

[2] 2009년 양심적 병역거부권을 인정하는 결정을 내린 콜롬비아 헌법재판소는 헌법 조문의 분석을 통하여 구체적 권리를 도출한 바 있다.

4. 추가 논점

가. 헌법과 국제인권법의 관계[3]

우리의 양대 최고 법원의 시각은 국제인권규약에 대한 국내법 체계에 매몰된 전통적인 관점에 머물고 있다. 특히 헌재는 2011. 8. 30. 선고 결정에서 유엔인권위원회와 자유권규약위원회가 거듭거듭 "양심적 병역거부권이 자유권규약 제18조에 기초한 정당한 권리행사라는 점을 분명히 하고, 이 권리를 인정하지 않는 국가는 양심적 병역거부자의 신념의 본성을 차별하지 말고, 특정 사안에서 양심적 병역거부가 진지하게 이루어졌는지를 결정하기 위한 독립적이고 불편부당한 의사결정 기구를 만들 것을 호소하고 있으며 또한 징병제를 채택하고 있는 국가의 경우 비전투적 또는 민간적 임무를 수행하며 징벌적 성격을 띠지 않는 대체복무제를 실시하라는 권고를 하였다"는 점을 인정하였다. 그러면서도, 규약 제18조가 병역거부권을 명시하고 있지 않다는 점, 국제인권기구의 해석은 구속력이 없다는 점, 입법자에게 형성권이 인정되는 분야라는 점 등을 근거로 규약에 따라 바로 양심적 병역거부권이 인정될 수는 없다고 결론을 내렸다.

자유권규약위원회의 견해를 정면으로 무시하고 자의적인 해석을 하는 것이 우리 정부가 자주적, 주권적 결정에 의하여 개인청원 제도를 규정하는 자유권규약 선택의정서에 가입한 취지와 어긋남은 별론으로 하더라도, 이러한 소극적이고 폐쇄적인 해석은 우리가 헌법 제6조 제1항에 따라 헌법의 내용과 유사한 내용을 담은 자유권규약에 가입한 취지와 목적과 상반된다. 국제법의 국내적 효력에 관한 헌법 제6조 제1항의 직접적인 유래는 제1차 세계 대전 후 패전국 독일 바이마르 공화국 헌법 제4조인데, 제2차 세계 대전 후 독일, 이탈리아, 일본, 그리스, 스페인 헌법 역시 이를 수용한다.[4] 전후 평화 및 인권에 대한 국제적 기준을 개별 나라에 도입하여 인권의 세계화가 추진되었고, 우리 헌법

---

3 대한변협 2011 인권보고서 특집 『양심적 병역거부와 인권』 참조.
4 정인섭, 『신 국제법 강의』, 박영사, 2010, 303쪽.

도 이런 추세를 반영하여 헌법 제정 당시부터 지금까지 동 조항을 보유하고 있다. 이런 헌법사적 배경과 문언 체계를 고려할 때 동 조항은 두 나라 관계를 규율하는 조약을 국내법 체계로 들여오기 위한 관문만은 아니었다. 이는 '국제평화주의'에 입각한 국제법 존중 원칙의 표현인 것이다.[5] 쉽게 말하자면, 헌법 제6조 제1항의 원래 취지는 인권에 대한 보편적 표준을 국내법 체계에 도입하는 관문 역할이다. 따라서 이러한 점에 비추어 보면 우리가 가입한 자유권규약은 비록 그 내용이 헌법과 유사하다 해도, 규약의 해석을 막연히 기존의 헌법 해석의 방식으로 할 것이 아니라 규약 해석에 대한 국제적 논의와 그 표준을 살펴 헌법의 해석을 그에 맞게 끌어 올려야 하는 것이다.

우리 법원은 번번이 이 중대한 인권의 문제에서 국내법 체계가 크게 진일보할 절호의 기회를 놓치고 있다. 시각의 변화가 필요하다. 이제라도 애초에 헌법 제6조 제1항이 국제인권법과의 관계에서 어떤 역할을 하도록 마련된 것인지 좀 더 면밀히 살피면 법원 역시 국제인권규범의 중요 요소를 적기에 국내법 체계와 조화를 시켜 국내 인권 보장의 수준을 격상시킬 수 있을 것이다. 이는 우리 헌법의 제정자가 예상한 일로서 헌법을 중심으로 한 국내법 체계가 살아서 역동적으로 발전하게 하는 역할을 한다.

나. 부작위성

양심적 병역거부는 본질적으로 부작위의 형태로 나타나는데, 특히 우리가 주목할 부분은 일반 부작위범 구조와의 차이이다. 우리 법원은 한 번도 이 점을 심도 있게 논의한 바가 없다.[6] 학계의 깊은 연구를 촉구하면서 필자가 감지한 차이점을 몇 가지 지적하고자 한다.

---

5 남복현, 『국제조약과 헌법재판』, 헌법재판소, 2007, 360쪽.
6 반면에 독일연방헌법재판소와 체코헌법재판소는 양심적 거부자를 거듭 처벌하는 문제를 이중처벌로 보았고, 콜롬비아헌법재판소는 진지한 양심에 따른 '거부' 문제를 양심의 자유의 전형적인 문제로 보아 헌법상 양심의 자유 조항으로부터 양심적 병역거부권을 도출하였다.

우선, 양심에 따른 거부는 인간의 존엄성과 양심의 자유의 본질적 부분과 필연적으로 그리고 매우 절박하게 연결되어 있다. 또한 양심 추지의 경우 외부에서 내면의 양심을 드러내는 것을 강요할 수 없다고 보아 절대적 보호를 하는데, 양심에 따른 거부는 그 유형이 매우 유사하다. 내면에 형성된 강한 내적 외침, 즉 양심에 비추어 특정 행동이 불가능하다고 절박하게 느끼는 사람에게 그 행위를 강제하는 것은 그 양심의 강제적 확인과 다를 바 없다. 따라서 양심적 거부는 양심의 자유가 보호하고자 하는 전형적인 영역의 문제이다.[7]

예비군에서 발생하는 거듭 처벌 문제를 보면, 양심에 따른 거부의 특수성을 고려하지 않으면 죄수(罪數)가 오로지 국가의 명령 횟수에 따라 무한정 증가할 수 있게 되어 행위 주체가 죄수의 결정 주체에서 배제되므로 행위의 본질적 개념에 반하게 된다. 이 점에서 전통적인 형사법적 행위론을 재검토하여 이중처벌 혹은 이중기소 문제를 고려해야 한다. 더 나아가 내심에 존재하는 인간의 신념을 변경하도록 강요하게 되므로 기본권의 본질 부분의 침해 문제가 발생하게 된다. 따라서 헌법상 존엄권 혹은 인격권 침해나 자유권규약이 규정하는 잔인하고 가혹한 처우의 금지와 연결된다.

5. 예상되는 향후 법적 전개 방향

끝으로 실무가의 관점에서 향후 이 문제에 있어서 발전의 토대로 삼을 수 있는 긍정적인 요소가 무엇일까 고민을 해보았다.

헌재와 대법원 입법권고: 2004년 두 법원은 공히 입법권고를 내놓았다. 그리고 대법원은 이 문제에 관한 "입법적 해결이 시급함"을 여러 번 판결에 설시하였다.[8] 현재 헌법재판소는 병역법 제3조 및 제5조

---

7 BVerfGE 78, 391[395]: 박진완, 「양심적 병역거부권에 대한 헌법재판소 결정에 대한 검토」, 『헌법실무연구』 제6권, 2005, 444쪽에서 재인용.

8 대법원 2007. 12. 27. 선고 2007도7941 판결; 대법원 2007도9475 판결; 대법원 2007도9732 판결; 대법원 2007도10409 판결; 대법원 2007도10771 판결; 대법원 2007도11039 판결; 대법원 2008도555 판결; 대법원 2008도3070 판결; 대법원 2008도3478 판결; 대법원 2008도7383 판결 등.

와 관련한 (부진정) 입법부작위 사건을 심리 중이다.

2007년 대법원 판결: 자유권규약에 대한 소극적 해석을 내놓았지만, "장차 여건의 변화로 말미암아 양심의 자유 침해 정도와 형벌 사이의 비례관계를 인정할 수 없음이 명백한 경우에 조약합치적 해석 혹은 양심우호적 법적용을 통하여 병역법 제88조 제1항 소정의 '정당한 사유'에 해당한다고 보아 적용을 배제할 여지가 전혀 없다고는 단정할 수 없"다고 함으로써 당시 동 법원의 해석이 조약합치적 해석이 아님을 보여줌과 동시에 향후 견해의 변화가 가능함을 보여준 바 있다.[9] 또한 이러한 설시는 계속 반복되고 있다.

유럽인권재판소 판례 변경: 유럽인권협약의 양심의 자유조항으로부터 직접 양심적 병역거부권을 인정한 사실도 고무적이지만, 헌재와 대법원이 자유권규약에 대한 소극적 해석을 하는데 사용하고 있는 유사 논리를 배척하면서 자유권규약위원회의 규약에 대한 해석과 한국의 양심적 병역거부자에 대한 개인청원 사건을 판례 변경의 주된 근거로 사용한 점은 양심적 병역거부의 법적 근거를 확고하게 하는 효과가 있을 것으로 본다.

여론의 추이: 소수자의 인권 문제를 다수결로 해결할 수는 없지만 공론화된 지 10년이 흐른 지금 시민들의 계몽의 정도는 비약적이다. 이는 위 대법원 판결이 견해의 변경 조건으로 내세운 "여건의 변화"와도 관련이 있다고 본다.

국제 사회의 관심: 유엔 및 국제형사재판소의 수장 배출, G20 의장국으로 회의 개최, 핵안보정상 회담 개최 등으로 국제 사회에서의 지위가 크게 격상된 한국에게 유엔자유권규약위원회는 2006년, 2010년, 2011년 3차례 자유권규약 위반 확인과 함께 구제조치를 할 것을 권고하였다. 2012년 하반기에는 유엔인권이사회의 보편적정례검토에서 2008년에 이어 이 문제에 대한 답보 상태를 강도 높게 지적할 것으로 예상된다. 현재 헌법재판소는 2011년 자유권규약위원회로부터 결정을

---

9 대법원 2007. 12. 27. 선고 2007도7941 판결.

받은 100명이 제기한 구제조처에 관한 입법부작위 헌법소원을 심리 중이다.[10]

기타 인권담당기관 태도: 국가인권위원회도 지난 2005년 양심적 병역거부권을 인정하고 대체복무제를 도입하라고 권고한 이후, 올해 국가별 보편적정례검토(UPR)를 위해 제출한 보고서에서 "양심이나 종교적 사유로 병역 의무의 이행을 거부해 징역형을 선고받은 사람이 2001년부터 2010년까지 4185명에 이른다"며 대체복무 제도 도입을 적극 검토해야 한다고 강조했다.[11] 한편 법무부는 '2012-2016 제2차 국가인권정책기본계획'에서 입영 및 집총거부자에 대한 대체복무제 도입 등 국민적 합의가 필요한 사안에 대해 검토 중이라고 표명한 바 있다. 법무부장관은 위 100명의 청원인으로부터 전과기록 말소, 즉 특별사면을 요청하는 청원을 받은 상태이다.

예비군 논점: 아직 대법원에서 전원합의체를 통한 고려가 없었다. 국가 안보와의 밀접성의 정도나 훈련의 체계 및 강도가 병역법과 크게 다르고, 반복된 처우의 문제로 인한 이중처벌 및 가혹한 처벌의 논점이 있어 양심적 병역거부권을 명시적으로 인정하기 전에도 위법성을 인정할 만한 요소가 많은 이슈이다.

6. 결론

최고 법원의 판결이 가지는 사회 파급력을 고려하면 기본적으로 이러한 법원은 단계적으로 차츰차츰 변하는 것을 선호하는 것 같다. 또한 어느 날 갑자기 외부의 견해를 차용하여 판결을 내리기보다는 그간 자신들이 보여 온 긍정적 요소들을 토대로 이를 발전시키는 경향이 있다. 앞서 살핀 유럽인권재판소 역시 그런 단계를 밟았다고 볼 수 있다.

국내의 양심적 병역거부자들은 지난 60년간 변함없이 양심의 진지함과 확고함을 유지했고, 극한의 환경에서도, 심지어 생명을 담보로

---

10 2011헌마306.

11 2012. 4. 20. 『한국일보』.

하여 이를 입증하여 왔다. 권리 주장자들이 1만 6000명이 넘는 상황에서 분명한 법적 기초도 마련되어 가고 있다.

자잘한 돌은 차버리고 갈 수 있으나, 큰 바위는 돌아가게 되어 있다. 이제는 국가가 돌아가는 지혜를 배울 때라고 생각한다. 특히 그 지혜를 최고 법원이 자신이 이미 놓은 토대를 발판으로, 그리고 국제인권 규범의 표준을 면밀히 살펴 인권옹호적 판결로 보여 줄 필요가 있다. 그간 국내 사법적 판결은 충분히 국제적 비판을 받았다. 늦으면 늦을수록 그만큼 사회적 낭비와 국가적 체면 손상만이 커질 뿐이다.

지정토론2:

진석용(대전대학교 정치언론홍보학과 교수)

1. 오동석 교수님의 "병역거부권과 헌법"은 2004년과 2011년의 두 차례에 걸쳐, 대체복무제를 허용하지 않고 있는 병역법을 합헌으로 결정한 헌법재판소의 결정을 비판적으로 고찰하고 있다. 특히 헌재의 결정은 헌법 제37조 제2항 "국민의 모든 자유와 권리는 국가안전보장·질서유지 또는 공공복리를 위하여 필요한 경우에 한하여 법률로써 제한할 수 있으며, 제한하는 경우에도 자유와 권리의 본질적인 내용을 침해할 수 없다"에 대한 법리를 오해한 것으로서, 이 조항을 근거로 양심의 자유를 제한할 수는 없다고 주장한다. 또한 대체복무제를 도입하는 법률을 제정하지 않고 있는 국회에도 책임이 있으며, 대체복무제를 도입하는 것이 우리 헌법의 평화주의 헌법원리에 부합하는 것이라고 주장하고 있다. 동의한다.

2. 장복희 교수님의 "양심적 병역거부에 관한 국제인권법과 UN권고"는 양심적 병역거부와 관련이 있는 국제인권규범들을 고찰하고 있다. 1966년에 채택되고, 우리나라가 1990년에 가입한 국제인권규약 중 B. 시민적·정치적 권리에 관한 규약(약칭 자유권규약)과, 자유권규약의 이행여부를 감시하는 자유권규약위원회(Human Rights Committee)의 결정 및 검토의견, 1946년 유엔경제사회이사회 산하에 설치된 인권위원회(Commission on Human Rights) 및 2006년 3월 유엔총회 산하에 정부간기구로서 설치되어 이전의 인권위원회의 업무를 계승한 인권이사회(Human Rights Council)의 결의 및 권고 등을

중심으로 "폭력수단의 사용과 관련한 경우에 양심적 병역거부가 인정된다"는 것이 유엔의 인권규범임을 밝힌 다음, 우리나라에 대해 구속력은 없지만, 세계 인권의 수준을 보여주는 유럽인권재판소의 판결과 미주인권위원회의 주요 결정들을 고찰하고 있다.

3. 김수정 변호사님의 "양심에 따른 병역거부의 실태와 현황"은 제목 그대로 지난 10년간의 양심에 따른 병역거부의 실태와 현황을 소개하면서 "성과와 좌절이 겹쳐져 있는 10년"이라고 요약하고, 다가올 10년은 양심에 따른 병역거부가 인정되는 시기가 되기를 바라는 기대와 희망을 피력하였다.

4. 이재승 교수님의 "대체복무제의 도입방안"은 대체복무제를 도입할 경우에 적용할 원칙과 구체적인 절차, 운영방법, 복무형태 등을 자세히 논의하고 있다. 복무기간으로는 1.5배를 넘지 않는 것이 바람직하다는 견해를 보였는데, 이것이 국제규범과 인권선진국들의 사례에 비추어 합당한 수준이라고 생각된다. 하지만 제도 도입 시에는 2배 수준으로 시작하는 것이 이 문제에 대한 국민들의 부정적인 여론을 극복하는 데 도움이 될 것으로 생각한다.

지정토론3:
시대의 물결이 만들어 내는 굴곡들

홍영일(양심적 병역거부 수형자 가족모임)

1. 들어가며

안녕하십니까? 먼저 이런 뜻깊은 자리를 마련해 주신 서울대 공익인권법센터, 건국대 공익인권법센터 그리고 대한변협 인권위원회에 감사의 인사를 전합니다. 2001년 12월 10일 세계인권선언의 날에 바로 이곳 서울대학교에서 처음으로 양심적 병역거부를 주제로 세미나를 개최하여 공론화의 물꼬를 텄는데, 다시 이 자리에서 병역거부 공론화 10년을 정리하게 되었습니다.

2001년 우리 사회가 병역거부 문제에 본격적인 관심을 기울여 준 때로부터 작년 말까지 총 7842명의 여호와의 증인 병역거부자들이 도합 1만 1943년의 형을 선고받고 복역을 했습니다. 하지만 그 사이 많은 변화와 진전이 있었다는 점을 네 발제자 분들께서 훌륭하게 정리를 해 주셨습니다.

저는 오늘 발제 내용에 대한 의견을 드리고 또 그 내용을 보충하기 위해 국방, 안보, 대체복무, 인권과 같은 거대한 담론의 물결에 씻겨 닳는 작은 조약돌에 대해 말씀드릴까 합니다. 지난 십여 년의 세월을 온 몸으로 경험해 온 한 병역거부자의 이야기입니다.

2. 병역거부자 이야기

강원도 인제에 살고 있는 손학빈 씨는 만 20세이던 2003년에 입대영장을 받았습니다. 불과 2년 전까지만 해도 양심적 병역거부자들에 대해서 법정최고형인 징역3년이 그대로 선고되었지만 이제는 사회의 관심과 함께 법정최고형은 1년 6개월로 줄어 있었습니다. 일제 치하와 억압적인 70~80년대의 고초를 견디어 낸 병역거부 선배들을 너무나 잘 알고 있던 그의 입장에서는 그리 두려울 것 없는 형량이었을 것입니다. 그러나 헌법재판소에 병역법 제88조에 대해 위헌 여부를 가려 달라는 서울지방법원 남부지원 박시환 판사(2005년 11월 ~ 2011년 11월 대법관 역임)의 위헌 제청이 계류되어 있었고 사회도 많은 관심을 가지고 있었던 터라 이 청년은 대체복무제를 통해 사회에 기여할 꿈을 품고 입영연기를 택하였습니다.

그러나 2004년 8월 26일 헌법재판소는 논란이 되었던 병역법 제88조에 대해 합헌결정을 내립니다. 그럼에도 불구하고 당시 더 많은 관심을 끌었던 것은 다수의 판사들이 대체복무제 입법을 촉구했다는 점이었습니다. 이 청년은 2005년 겨울에 입대영장을 다시 한 번 받습니다.

그해 겨울인 2005년 12월 26일을 많은 병역거부자들이 기억합니다. 국가인권위원회가 대체복무제 도입을 권고하면서 양심의 자유라는 헌법적 가치로부터 양심적 병역거부권이 도출된다는 대단히 전향적인 결정을 내린 날입니다. 저도 그곳에서 국가인권위원회의 발표를 수많은 기자들과 함께 지켜보면서 국제법상의 병역거부 관련 인정 기준을 있는 그대로 반영한 권고 결정에 감탄했던 기억이 납니다. 제가 그러했으니 이 청년은 얼마나 더 기뻤을까요? 그는 학생 신분을 근거로 입영기일을 다시 한 번 연기할 수 있었습니다.

해가 바뀌어 2006년 11월 병역거부자 두 명이 제출한 청원에 대해 유엔자유권규약위원회는 한국 정부가 규약을 위반했으며, 두 사람에게 배상하라는 권고 결정이 있었습니다. 당시 병역거부 출소자들의 문의가 제게 빗발쳤습니다. 이제 모든 문제가 해결된 것 아니냐고요. 왜냐하면 헌법 제6조에 "헌법에 의하여 체결·공포된 조약과 일반적으로 승인된 국제법규는 국내법과 같은 효력을 지닌다."는 조항이 있는 정도는 알고 있었기 때문이지요. 오늘 발제해 주신 내용 가운데 국제법 관련 내용이 다수 나옵니다. 이 문제에 대한 발전적인 논의가 계속 이어지길 희망합니다.

또 한 번 제가 많은 연락을 받았던 때는 2007년 9월 18일이었습니다. 그날 국방부에서 종교적 병역거부자에 대한 대체복무 허용 방안 추진 계획을 발표하였습니다. 병역거부자에 대한 국제인권표준에 비추어 보거나 그 시점에서 이미 도입 8년차인 대만의 제도와 비교해 보아도 한참 부족한, 현역복무 기간의 2배로 되어 있는 제도였지만 그래도 이 청년은 가슴 설레었습니다. 지금 입대영장을 받았는데 그 제도를 이용하려면 어떻게 해야 하느냐는 문의가 가장 많았습니다.

이 무렵 예비군 병역거부자들의 사연이 알려지기 시작했습니다. 어떤 사람들은 군 생활을 한 사람이 왜 병역을 거부하는지 이해하기 어렵다고 말합니다. 그러나 장복희 교수께서 유럽인권협약 제9조에서 자신의 종교나 신념을 바꿀 수 있는 권리를 명백히 규정하고 있으므로 자발적인 입대를 한 사람이나 예비군도 당연히 병역거부를 할 수 있다고 설명한 대목이 저에겐 너무나 친숙합니다. 그런 청년들을 실제로 많이 보아 왔기 때문이지요. 단지 160여 시간의 훈련을 거부하고자 수십 건의 전과와 누적 벌금이 수천만 원에 이르는 처벌을 기꺼이 감당하려고 하는 것을 달리 어떻게 설명하겠습니까? 울산지방법원은 예비군 병역거부자들을 처벌하는 조항인 향토예비군 설치법 제15조 제8항의 위헌 여부를 가려달라는 제청을 하였습니다.

2008년 들어서도 병역법 제88조에 대한 위헌 제청이 계속 되어서 헌재에 총 6건의 위헌 제청이 계류되었습니다. 청주지방법원 영동지원에서는 병역거부자에 대해서 무죄를 선고하기도 했습니다. 국가인권위원회, 국제사면위원회 그리고 유엔의 권고가 계속 이어졌습니다. 그러나 국방부는 2008년 7월 4일 대체복무제도를 원점에서 재검토하겠다는 의사를 밝혔고, 병무청의 연구 용역의 일환으로 바로 이곳 서울대학교 사회과학연구원에서 10월 28일 병무청 주최의 기획공청회가 열렸습니다. 이 자리에 토론자로 함께 해 주신 진석용 교수의 철저한 연구 조사를 거친 훌륭한 논문이 발표되었습니다.

아마 이때가 병역거부 청년들의 기대감이 가장 컸던 시기일지 모르겠습니다. 김수정 변호사의 연도별 병역거부 통계에서 2007년과 2008년의 병역거부 처벌 숫자가 낮은 것만 보아도 많은 청년들이 위헌 판결을 기다리고 있었음을 알 수 있습니다.

청년 손학빈 씨는 2008년 8월에 세 번째로 입대영장을 받았습니다. 이 청년은 자신이 받을 군복무가 고되고 힘들어서 2003년부터 5년 이상 입대를 연기한 것이 아니었습니다. 인제에 사는 이 순박한 청년이 받은 것은 자신의 집에서 출퇴근할 수 있는 거리에 있는, 유명한 용대 자연휴양림에서 근무하라는 공익근무요원 소집통지서였습니다. 그가 그토록 바라는 대체복무를, 정부에서는 4주간의 군사훈련을 받은 후에 하라는 것이었고 그는 군사훈련 없이 그의 양심을 지키면서 더 긴 기간이라도 하겠다고 하는 것입니다. 과연 이 쟁점을 어떻게 해결해야 하는 걸까요?

서울대학교 사회과학연구원의 기획공청회가 열린 바로 다음 날인 10월 29일에 병역거부 수형자 가족 모임은 한 통의 연락을 받았습니다. 대통령 직속 군의문사진상규명위원회가 병역거부로 사망한 다섯 명에 대해서 국가의 가혹행위를 인정하는 공식 결정을 했다는 것입니다. 이 위원회가 방대하고 철저한 자료 조사를 바탕으로 내린 결정문은 그 자체가 한국 70~80년대 병역거부 역사의 생생한 기록물이었습니다. 2005년 국가인권위원회의 양심적 병역거부권 인정, 2006년 유엔 자유권규약위원회의 권고에 이은 세 번째 기념비적인 결정이었습니다. 대법원이 2010년 12월 9일에 한 유족이 군의문사위 결정을 근거로 제기한 손해 배상 소송에서 국가의 상고를 기각하여 국가배상책임을 최종 확정함으로써 본 결정의 무게는 더욱 무거워졌습니다.

결국 이 청년은 4주의 군사훈련을 거부하여 재판을 받게 되었으나 1심 재판부는 헌법재판소에서 계류 중인 위헌제청사건들에 대한 결정이 날 때까지 재판을 무기한 연기해 줌으로써 2011년 8월 30일까지 다시 3년여의 기다림을 시작합니다. 이 기간 동안 누나가 자원봉사 활동을 하고 있는 외국을 방문할 수도 없었고, 직장도 불안정하였지만 사법부가 보여 준 관용과 본인 특유의 낙천적인 성격 덕분에 이 청년은 다시 헌법재판소의 전향적인 판결을 낙관할 수 있었습니다.

2004년 헌재 판결 이후에 있었던, 전술한 결정들이나 한국인 유엔 사무총장의 취임, 미 국무부의 한국의 양심적 병역거부자 처벌이 종교의 자유 침해라는 견해, 병역거부 사건에 대한 잇따른 위헌 제청도 그런 기대에 일조하였습니다.

2010년과 2011년에도 일선 판사들의 위헌 제청과 유엔에서의 권고가 계속되었습니다. 2010년에는 11명이, 2011년에는 무려 100명이나 되는 병역거부자들이 제출한 청원에 대해 유엔자유권규약위원회는 그들의 전과를 말소하고, 그 처벌에 대해 배상을 하며 대체복무제도를 도입하라는 권고를 내렸습니다. 유엔자유권규약위원회에는 여전히 338명의 청원 서류가 결정을 기다리고 있습니다.

한국에서의 이런 움직임은 머나먼 유럽의 동료들에게서 먼저 열매를 맺었습니다. 유럽인권재판소는 2011년 7월에, 한국 병역거부자들에게 배상 결정을 했던 2006년 유엔자유권규약위원회의 결정을 인용하여 과거의 판례를 뒤집고 아르메니아 정부가 여호와의 증인 병역거부자들을 처벌하는 것은 양심의 자유를 침해하는 것으로서 처벌을 받은 피해자에게 국가가 배상해야 한다고 결정한 것입니다.

그러나 유감스럽게도 2011년 8월 30일 헌법재판소는 또다시 병역거부자 처벌조항에 대해 합헌 결정을 내렸습니다. 손학빈 씨에 대한 재판은 2011년 9월 1일에 재개되었고 10월 11일 1심 선고와 함께 구속 수감되었습니다. 그러나 그는 그곳에서도 자신의 무죄 입장과 그가 하고자 하는 대체복무 제도에 대한 간절함을 피력하여 2심 재판부로부터 보석금 없는 보석을 허가받고 자신의 재판을 준비해 왔습니다. 그 기간 동안 이 청년은 직장을 구할 수도 없었고 재판 날짜가 잡힐 때마다 간신히 구한 일도 정리해야 하는 일이 반복되곤 했습니다. 이 자리에 와 있는 손학빈 씨는 5월 16일 2심 선고를 받을 예정입니다.

3. 나가며

　지난 기다림의 세월들이 손학빈 씨에게 아로새긴 흔적이 고통만은 아닙니다. 사법부의 배려를 통해 그는 우리 사회의 따뜻함을 느꼈고 그가 직접 목격했던 수많은 결정들이 주춧돌이 되어 결국은 병역거부 자들과 우리 사회가 모두에게 유리한 제도들이 만들어지리라는 확신을 가질 수 있었습니다.

　손학빈 씨의 10년 가까운 기다림은 과연 어떻게 끝이 날까요, 아니 어떻게 끝이 나야 할까요? 그리스에서 병역거부자들이 처벌받은 총 형량을 "감옥에서의 5000년"이었다고 말한다는데, 한국에서는 매년 "감옥에서의 1000년"씩 늘어 선고 형량 총합이 3만 년을 넘고 있습니다. 이제 이 청년도 그 천년을 만드는데 일조해야 할까요? 이 청년이 스크랩해 두었던 언론보도 자료일지와 그의 항소심 탄원서를 끝으로 첨부합니다. 긴 시간의 토론을 들어 주셔서 감사합니다.

§별첨 §

1. 병역거부 관련 언론 자료 스크랩 목록표

날 짜	언론사	제 목
2001-0207	한겨레21	'여호와의 증인' 양심적 병역거부자들
2001-1026	국방부	대체복무 수용 불가 입장 표명
2001-1217	한겨레21	아무리 되물어도 이 길밖엔……
2002-0130	국민일보	양심적 병역거부 처벌 법원서 위헌심판 제청
2002-0204	국민일보	"양심적 병역거부 UN 제출" 시민단체, 연대회의 발족
2002-0406	오마이뉴스	양심 따른 병역거부 세계 이모저모
2002-0508	뉴욕타임즈	징병 문제 놓고 양심을 시험받는 한국
2002-1019	한겨레	수용소 '여호와의 증인' 집회 허용 권고
2003-0120	뉴시스	순천교도소, 소수종교 집회허용 권고 거부……인권위 발끈
2003-0320	연합뉴스	군사법원 병역거부 형량 완화 보도
2003-0403	일요시사	법무부 강금실 장관 양심수 석방 검토 기자회견
2003-0422	연합뉴스	국방부 병역거부자 사면 반대 입장
2003-0615	KBS	100인 토론: 병역-의무인가, 선택인가?
2004-0521	YTN	"양심적 병역거부" 첫 무죄 선고
2004-0715	서울신문	양심적 병역거부 대법원, 유죄 확정
2004-0826	연합뉴스	'양심적 병역거부' 처벌한 병역법 합헌
2004-0922	한겨레21	'36개월 단체숙박' 괜찮습니까?
2005-0317	SBS	국방위, '양심적 병역거부' 첫 공청회
2005-0511	노컷뉴스	순천지원 양심적 병역거부 유죄 선고
2005-0703	SBS	양심적 병역거부자 재판, 판사 바뀌자 실형 선고
2005-0704	서울신문	보석 중 양심적 병역거부 구속
2005-1226	연합뉴스	〈'양심적 병역거부권 인정' 배경과 전망〉
2006-0110	한겨레	사회적 약자·소수자 인권 포용, 쟁의 직권중재 폐지 논란 예고
2006-0905	연합	병무청 '대체복무' 국제세미나
2006-1011	매경	종교 양심적 병역거부 2001년 이후 3,654명

2006-1103	경향신문	"양심적 병역거부 구제" 유엔권고 이끌어 낸 윤여범·최명진 씨
2007-0502	한겨레	'양심적 예비군훈련 거부' 처벌조항 위헌심판 제청
2007-0605	동아일보	종교이유 대체복무 시기상조 결론
2007-0918	세계일보	대체복무 허용…… 어떻게 보십니까
2008-0729	뉴시스	국방부 "여론수렴부터"에 '병역거부자 대체복무' 논란 재점화
2008-0721	서울신문	인권위 대체복무제 도입 촉구
2008-0905	뉴시스	법원, '양심적 병역거부 처벌' 위헌 제청
2009-1028	뉴시스	"대체복무제는 사회통합의 상징"……사회지도층 80% '도입 찬성'
2008-1224	한겨레	국방부 대체복무 도입은 시기상조
2009-0116	매일경제	병역거부자 군내 사망에 국가도 책임있다
2009-0310	민변	유엔인권이사회 의견서 제출 대체복무 도입취소
2009-1123	연합뉴스	현직 판사가 '종교적 병역거부 처벌' 위헌제청
2009-1201	한국일보	리스본조약 발효 병역거부권 EU 각국 구속력
2010-0111	프레시안	'양심적 병역거부' 다시 헌재 심판대에
2010-1111	법률신문	헌재, 양심적 병역거부에 대한 공개변론 열어
2010-1226	연합	구타로 숨진 집총거부 병사 유족에 배상 판결
2011-0409	국민일보	미 인권보고서 한국 소수자 차별은 문제
2011-0413	한겨레	유엔 양심적 병역거부 처벌 국제 규약 위반
2011-0701	연합	김부겸 양심적 병역거부 대체복무 허용 추진
2011-0830	연합	양심적 병역거부·예비군 불참 처벌 '합헌'(종합)
2011-1011	연합	양심적 병역거부 반복처벌 가혹 청주지법 선처
2012-0101	연합	대체복무제, 국민 과반 여전히 부정적
2012-0110	연합	예비군훈련 22번 거부 양심적 병역거부 '집유'
2012-0323	한겨레	양심적 병역거부자 50명, UN 집단청원
2012-0420	뉴시스	인권위 정부 인권권고 이행 보고서 제출

2. 항소심 탄원서

탄원서

사건   2011노 병역법 위반
피고인   손학빈

위 사건에 대한 피고인은 다음과 같이 탄원서를 제출합니다.

제출취지

존경하는 재판장님,

피고인은 아주 어려서부터 성서를 공부하여, 1993년 4월 17일에 침례를 받고 여호와의 증인이 되었으며 성서의 가르침에 따라 생활하기 위해 열심히 노력하였습니다.

어려서부터 저는 예수를 제가 따라야 할 최상의 본으로 여겼고, 그분이 어떻게 생각하시고 말씀하시고 행동하셨는지를 면밀히 고려하였습니다. 그분이 법을 준수하는 분이었기에 저도 그렇게 하고자 노력했고, 그분처럼 올곧게 살아가려고 최선을 다했습니다.

중학교 2학년 담임선생님께서 적어주신 행동발달상황은 이러합니다. "사고력과 판단력, 책임감이 높다. 종교적 신념과 조화가 요구됨"

저는 예수의 이런 말씀을 심각하게 받아들입니다.

'네 이웃을 네 자신처럼 사랑해야 한다'−마태 22:37

'계속해서 여러분의 적들을 사랑하고, 여러분을 박해하는 사람들을 위해 기도하십시오'−마태 5:44

'나는 여러분에게 새 계명을 줍니다. 곧 여러분이 서로 사랑하라는 것입니다. 내가 여러분을 사랑한 것처럼 여러분도 서로 사랑하라는 것입니다. 여러분 가운데 사랑이 있다면, 모든 사람이 이것으로 여러분이 내 제자라는 것을 알게 될 것입니다.'-요한 13:34,35

이웃을 자신처럼 사랑하는 사람이 그를 잠재적인 적으로 예상하고 상해를 입히거나 죽이는 연습을 할 수 있겠습니까?

그렇게 하는 것이 자신의 적을 위해서도 기도하는 태도를 나타내는 것입니까?

만약 제가 예수의 제자라고 하면서 이웃 나라에 있는 사람들, 특히 저의 동료 신자들을 향해서 총부리를 겨눈다면, 어떻게 그들에게 사랑을 나타내고 있다고 말할 수 있겠습니까?

더 나아가 하느님 또는 예수께서 그분이 자신의 편이라고 주장하는 나라들의 전쟁에서 어느 편을 드실 것입니까? 하느님이 또는 예수께서 자신의 편이라고, 전쟁하는 양편의 나라들이 주장한 예를 흔히 볼 수 있습니다.

어려서부터 이 문제를 깊이 생각해 보면서 저의 양심은 결코 "전쟁을 배우지도 않"겠다고(이사야 2:4) 굳게 결심하게 되었습니다. 이러한 저의 결심은 바꿀 수 없는 것이며, 어떤 희생을 치른다 하더라도 감수할 각오가 되어 있습니다. 사실 나치 정권 그리고 일제치하 역사의 암흑기에도 저의 선배 여호와의 증인들은 타협하지 않고 병역을 거부하여 수많은 고초를 겪었으며, 사형당하거나 옥사한 사람도 많이 있습니다.

그런데 놀랍게도 변화의 물결이 보이기 시작했습니다. 2001년부터 '양심적 병역거부'가 사회적 이슈가 되었고 무언가 희망이 보이는 것 같았습니다. 저는 2002년에 징병 검사를 받고 2003년 초에 입대하라는 영장을 받았는데, 대법원·또는 헌법재판소에서 법적 진전이 있을 것으로 예상하고 방통대 재학을 이유로 입영을 연기하였습니다.

그 후 2005년 말 다시 2006년에 입영하라는 영장을 받았는데 마침 그 해 12월 26일 '국가인권위원회'가 대체복무제 도입 권고를 하였습니다. 그래서 방통대 재입학을 해서 다시 입영을 연기했습니다.

2007년 국방부의 '대체복무제 도입 발표'를 들으며 '드디어 됐구나, 현역병의 2배 기간이긴 하지만 감옥이 아닌 다른 곳에서 나라와 사회를 위해 이바지할 수 있는 길이 열렸구나'하고 기뻐했었습니다. 저는 4급 판정을 받아서 4주 훈련만 받으면 공익근무요원으로 근무할 수 있습니다. 그리고 2008년 영장은 4주 훈련 후에 집에서 출퇴근 할 수 있는 곳인 '용대리 자연휴양림'에서 근무하도록 되어 있었습니다. 하지만 저의 양심은 '전쟁을 배우'는 것도 허용할 수 없기에(이사야 2:4) 합숙으로 3년 이상이 될 그리고 가장 강도가 센 시설에 집중될 것이라는 대체복무제 도입 발표에도 기뻐했습니다.

하지만 정권이 바뀐 후 2008년 국방부는 그를 철회했고, 이번에 헌법재판소마저 저의 꿈을 짓밟아 버렸습니다. 지금 국회에 병역거부자 대체복무 법안이 발의되어 있지만 그마저도 희망적이지 않습니다.

수차례의 약속과 권고, 그리고 변화의 물결에 의해 품었던 희망들이 물거품이 되어버린 지금 저의 지난 9년 동안의 기다림이 아픔으로 다가옵니다.

'계란으로 바위 치기'라는 말이 있습니다. 한국에서 양심적 병역거부자의 법적 투쟁이 그러한 것 같습니다. 하지만 낙숫물이 바위에 구멍을 뚫듯이 이제는 그 바위에 금이 가고 부서질 때가 되지 않았습니까? 이미 1만 6000개가 넘는 계란이 하나의 바위에 부딪쳐 깨어졌습니다. 부디 그들이 부서질 것을 알면서도 왜 그 바위를 뚫으려 애썼는지 관심을 가져주십시오. 바위를 치워줄 수는 없어도, 무죄라는 스펀지를 대어 주시길 바랍니다.

저는 재판장님께 간곡히 청원 드립니다. 인권의 마지막 보루로서, 그리고 '나라와 사회'에 조금이라도 이바지하고 싶은 저의 기다림을 가여이 여기시어 용기 있는 결단을 내려주시기 바랍니다. 항소 이유서와 1심에서 넘어온 참고자료들을 면밀히 검토해 주시고 부디 무죄를 선고해 주시기 바랍니다. 대체복무제가 마련될 수 있도록 물꼬를 터주십시오.

2011년 10월
피고인 손학빈
춘천지방법원 제_형사부 귀중

토론회 녹취[*]

김용직 변호사: 안녕하십니까, 뵙게 되어서 반갑습니다. 저는 대한변
호사협회 인권위원회 위원장을 맡고 있는 김용직 변호사입니다.
오늘 이 뜻깊은 자리에서 사회를 맡게 되어서 저 개인적으로 영
광이고요. 오늘 여기 들어오면서 보니까 제가 78년도에 법대 졸
업하고, 이 강의실까지 들어온 것은 처음인 것 같은데 그 때보
다 아주 좋아진 환경이라고 생각하고, 반갑고, 그리고 아래층에
보니 제 이름도 써 있더군요. 그래서 더 반가웠고, 오늘 많이 모
이신 것은 반가운 일인데, 변호사들이 원래는 서초동에서 모였
으면 더 많이 모였을 텐데 여기 많이 모이지 못한 것이 아쉬움
으로 남습니다. 다 아시는 대로 2001년 12월에 서울대학교 공인
인권법센터에서 관련 주제로 토론을 한 적이 있었고, 2002년도
에 대한변협에서 토론을 한 적이 있었습니다. 그때로부터 약 10
년 정도가 흘렀는데 공론화 된 지가 10년이 지나서 사회적인
약자 등 소수자에 관심이 많은 서울대학교와 건국대학교와 그
리고 대한변호사협회 인권위원회가 공동으로 이런 자리를 마련
한 것은 의미가 많이 있다고 생각합니다. 처음에 서울대학교에
서 이런 세미나를 한 통계자료를 보니까 관련 사건으로 인해 많
이 구속되었고, 당시에는 저도 판사로 있었는데 저도 이 관련
사건을 한두 건 처리한 경우가 있었습니다. 처음에는 집행유예
도 하고 그랬는데 오히려 피고인이 항소해서 더 오히려 높여달
라는 적도 있었고, 그래서 제가 1년 6월 선고한 적도 있었는데

---

* 이 글은 2012년 5월 11일 오후 2시 서울법대 17동 6층 서암홀에서 진행된 "한국병
역거부 공론화10년 학술토론회"의 녹취록이다. 발제문이나 토론문과 중복되는 내
용은 생략하였다(편집자 주).

그 당시에는 자료를 보니까 1년에서 3년 정도 선고되다가 최근에는 1년 6월 정도 선고되는 것 같습니다. 이렇게 전반적으로 '최하형'을 선고하고 있어 바라보는 시각이 많이 좋아진 것이 아닌가 하는 생각도 했습니다. 그래서 그러는 동안에 사법부에서도 일부 판사들이 이것이 위헌이냐 아니냐에 대해서 위헌제청도 했고, 일부는 무죄판결도 선고했지만, 대법원이나 헌법재판소에서는 위헌이 아니라고 한 것은 다 아시는 바와 같습니다. 그러는 와중에도 여러 가지 여기에 대해서 생각하는 것이 많이 있었고, 입법부에서도 관련 입법제안도 있었고 무엇보다도 국가기관인 국가인권위원회에서도 병역거부에 관련하여 대체복무를 도입하도록 권고한 일도 있었습니다. 그런데 새로 헌법재판소에서 내린 결정을 보면 조금 그보다 더 후퇴한 것이 아닌가 하는 생각이 듭니다. 그리고 외국에서는 국제기구에서도 양심적 병역거부권을 법적으로 인정하고 형사처벌을 하지 말라고 하는 권하는 상황에 있는 것 같습니다. 그래서 그런 상황에 있어서 지금까지 10년 동안 공론화가 되어서 여러 토론이 있어왔는데, 다시 10년을 기점으로 해서 재정리를 하고 실제적인 해결할 수 있는 토대를 갖추는 것이 중요하지 않나 생각하게 됩니다. 저 개인적으로는 몇 가지 의문이 있는데, 발제자나 토론자들께서 다 말씀해 주시겠지만, 한해 수백 명의 청년들이 자의로 교도소에 가려고 하는 그런 상황을 그대로 방치해야 하는지에 대한 의심이 있고요. 그리고 꼭 그렇게 교도소에 보내지 말고 다른 대체할 수 있는 일을 하게 하는 방법은 없는 것인지, 또 하나의 의문은 그런 병역거부를 하는 것과 우리의 안보상황과 관련해서 병역기피하는 것을 구별해 낼 수 없을 정도로 우리의 사회적 수준이 그 정도밖에 안 되는가 하는 의문점이 듭니다. 그런 의문점을 다 풀어주실 것이라고 믿고 한국의 양심적 병역거부권에 대해 10년 전 토론에는 병역거부의 근본적 문제점이 무엇인지 해결 방안이 무엇인지 발견하는 데 초점이 있었다면,

10년이 지난 오늘의 토론에서는 양심적 병역거부권이 세계적으로 인정되고 있는 흐름 속에서, 특히 2011년 헌법재판소 결정 이후에 병역거부권을 둘러싼 법 제도적 쟁점, 구체적으로 대체복무제 도입가능성에 대해 토론회가 되었으면 합니다. 오늘 주제에 대해 성실하게 발제를 해 주실, 토론을 해주실 분을 소개해 드리겠습니다. 먼저 오동석 교수님이십니다. 오 교수님께서는 양심적 병역거부권에 대해 헌법적 고찰을 해 주실 것이고, 특히 헌재 결정에 대해 설명해 주실 것입니다. 두 번째로는 장복희 교수님이십니다. 장 교수님께서는 국제인권법적 관점과 관련 국제권고에 대해 자세한 설명해 주실 것입니다. 세 번째로는 김수정 변호사님입니다. 김 변호사님께서는 지난 10년간 양심적 병역거부 실태와 현황에 대해 설명해 주실 것입니다. 그리고 마지막 주제는 말씀드린 대체복무제 도입의 과제와 전망을 발표해 주실 이재승 교수님 소개하겠습니다. 이 네 분이 발제를 해 주시는데 20분에서 30분 내로 자유롭게 발제를 해 주실 것이고, 그리고 나서는 지정토론자 세 분이 해 주실 것인데요. 오두진 변호사님, 진석용 교수님, 홍영일 선생님, 이렇게 세 분께서 10분 정도씩 각자 지정토론을 해 주시고, 발제가 끝난 후 20분 정도 쉬고 아까 말씀드린 지정토론자 세 분이 10분 정도 말씀해 주시고 더 말씀하실 것이 있으시면 중간에 기회를 드리겠습니다. 오늘 인사말을 해 주실 한인섭 교수님께서 마침 강의가 있으셔서 네 분의 발제가 끝난 다음 휴식하고 지정토론 하기 전에 오셔서 말씀하시도록 하겠습니다. 그러면 오동석 교수님께서 말씀하시겠습니다.

(이후 발표 녹취 자료는 발제문으로 대신함. 편집자 주)

김용직 변호사: 오 교수님 감사합니다. 저도 제37조 제2항을 오히려 오 교수님 지적한 대로 제안하는 쪽으로 더 많이 생각했던 기억이 납니다. 헌법 질서에서 소수자 (기본권 보장), 평화지향성, 국

가의 기본권 보장을 확장되어야 한다는 점이 (마음에) 와 닿습니다. 이를 기초로 해서 대체복무 같은 것을 입법자가 (도입)해야 된다는 것이 (마음에) 많이 와 닿습니다. 이어서 장복희 교수님께서 발제해 주시겠습니다.

(이후 발표 녹취 자료는 발제문으로 대신함. 편집자 주)

김용직 변호사: 장 교수님 감사합니다. 해외 사례들을 자세하게 설명해 주셔서 감사합니다. 아시아에만 지역적 인권 보호제도가 없다는 것은 오늘 알았습니다. 아시아에도 이런 것이 가능하게 되었으면 좋겠고, 해외 사례만 보더라도 대체복무제가 꼭 되어야 한다는 생각이 드네요. 여러 가지 사례들 너무 감사드립니다. 다음으로 지난 10년간의 실태와 현황에 대해서 김수정 변호사님께서 말씀해 주시겠습니다.

(이후 발표 녹취 자료는 발제문으로 대신함. 편집자 주)

김용직 변호사: 지난 10년 동안 참 일이 많았네요. 앞으로 10년 안에 전부 해결될 수 있는 것이 있었으면 좋겠습니다. 10년까지 가지 말고, 오늘 모두 말씀드린 대로 정말 대체복무제가 도입되어서 국제적인 인권사회와도 같아졌으면 좋겠어요. 이제 말씀해 주실 이재승 교수님이 말씀해 주실 대체복무제 도입방안이 제일 중요하지 않나 생각합니다. 다 중요했지만, 이것에 대해 반대하는 사람이 나와서 했으면 더 좋은데 오늘 못 나온 것 같으니, 교수님께서 말씀하시면서 그런 것도 반영하시면서 말씀해 주시면 좋겠습니다. 그럼 이 교수님 대체복무 도입방안 말씀 부탁드립니다.

(이후 발표 녹취 자료는 발제문으로 대신함. 편집자 주)

김용직 변호사: 이 교수님 감사합니다. 그리고 대체복무의 내용을 워낙 잘 아셔서 설명 잘 해 주셨고요, 무엇보다도 이거 시행을 전

제로 해서 제가 느끼는 것은 형평성이란 말씀 아까 하셨는데 이게 가장 중요하지 않나 하고 생각을 합니다. 네 분이 워낙 열심히 잘 발제를 해주셔서 시간이 어떻게 지나갔는지 모르게 두 시간이 지나갔습니다. 20분 정도 쉬었다가 다시 지정토론자와 플로어에서 토론하실 분들 말씀 듣는 기회를 갖도록 하겠습니다. 그러면 20분 쉬도록 하겠습니다.

(이후 20분간 휴회)

김용직 변호사: 한 교수님 오시면 인사말씀 듣기로 하고 원래 지정토론자로 되셨던 분들 지정토론부터 하겠습니다. 그러면 그냥 편의상 앉은 자리에서 하시도록 하겠습니다. 먼저 오두진 변호사님께서 해 주시죠. 그리고 답변 내지 거기에 대한 토론 말씀은 한꺼번에 세 분 다 끝난 다음에 네 분 발제자들이 돌아가면서 하시기로 하고요, 그렇게 진행을 하겠습니다.

(이후 오두진 변호사의 토론 녹취 자료는 토론문으로 대신함. 편집자 주)

김용직 변호사: 오 변호사님이 현장에서 변호인으로 활동하시는 관계로 정말 잘 해 주신 것 같고요, 또 한 명의 발제자가 말씀하시는 거 같은 느낌을 받았습니다. 다음으로는 대전대학교의 진 교수님께서 지정토론 해 주시겠습니다.

진석용 교수: 네 분 선생님 발표 잘 들었습니다. 발표해 주신 내용이 아주 자세하고 또 오 변호사님께서 주요 논점들을 잘 짚어주셨기 때문에 저는 두 가지만 간단하게 언급하도록 하겠습니다. 장복희 교수님께서 주로 국제 규범과 관련한 내용들을 잘 소개해 주셨는데 제가 읽었던 초고에는 이 자유권규약위원회하고 인권위원회 또 인권이사회 이 용어들이 조금 혼란스럽게 사용되어 있어서 그 점이 혼란스럽다고 제가 토론문에 썼는데 오늘 배포된 수정원고에는 그 부분들을 다 바로잡으셔서 제 토론문의 해

당 부분은 취소를 하도록 하겠습니다. 김수정 변호사님께서 최근 10년간의 상황에 대해서 쭉 소개를 하시면서 결론적으로 사법부나 법원이나 헌법재판소에서 이 법리 논쟁 변론을 통해서는 이 문제를 해결할 가능성이 없어 보인다고 말씀을 하셨는데 저도 그런 생각이 들었습니다. 오두진 변호사님께서 굉장히 자세히 말씀을 해주시긴 했는데, 저 역시 좀 궁금하게 생각되는 것이 (있습니다.) 우리 헌법 제6조 제1항에서 헌법에 의하여 체결·공표된 조약과 일반적으로 승인된 국제 법규는 국내법과 같은 효력을 가진다는 (부분에 대해서), 오변호사님 설명에 따르면, 그 국제법에 대한 해석이 예컨대 UN에서 어떻게 이루어지는가를 추이를 봐가면서 동일 취지의 내용으로 국내에 적용하도록 해야 한다는 조항이라고 설명을 해주셨는데, 그냥 문맥을 읽기로는 국제법은 국내법과 같은 효력을 가지니까 국내법과 그냥 같은 거다 이렇게 그냥 생각이 되거든요. 그래서 오동석 교수님께서 조금 설명을 해주셨으면 합니다. 예컨대 자유권규약 같은 것은 국제법인데 우리가 가입을 했으면 국내법과 동일 효력을 가지면 당연히 국내법처럼 적용을 해야 될 일인지 그거에 대해서 우리 법원이나 헌재에서 다시 해석을 하는 건지 그리고 우리 헌재의 판결에 따르면 자유권규약이 보호하는 양심의 자유 범위와 우리 헌법이 보호하는 양심의 자유가 동일 범위이기 때문에 우리 헌법 해석에 따라서 이렇게 판결을 한다고 되어 있는데 자유권규약은 자유권규약위원회가 따로 있고 그 위원회에서 가입국의 위반 여부를 감시하고 그 다음에 그 문제에 대해서 해석을 하면 그 해석을 그대로 받아들이는 것이 그게 그 조약의 내용이라고 봐야 되지 않을까 하는 생각이 드는데 그런 경우에도 예컨대 국제조약의 경우에도 우리나라 헌법재판소나 대법원이나 이런 곳에서 재해석을 해서 그 법을 적용하는지 그게 조금 궁금합니다. 그리고 그 다음에 일반적으로 승인된 국제법규라는 말이 정확히 뭘 의미하는지 예컨대 UN총회 산하에 있는 인권이사회에서 어떤 결의나 이런 것이 있을 때 권고안이 있을 때 이런 것이 국제법규, 일반적으로 승인된 국제법규에 속하는 건지 만약에 속한다면 이것도 역시 국내법과 동일한 효력을 가진다고 해석을 해야 되는 게 아닌가 하는 그런 생각이 들었습니다. 그 다음 마지막으로 이재승 교수님께서 대체복무제도를 도입할 경우에 구체적인 법안 내용을 어떻게 할 것인가를 자세히 소개를 해 주셨는데 전적으로 저는 동감을 합니다. 그런데 처음이 제도를 도입하면서 독일처럼 내가 양심적인 병역거부의 의사를 가지고 있다고 선언하기만 하면 일단 그것으로 인정을 하고 그 다음에 대체복무도 국제인권기구들이 권고하는 것처럼 1.5배가 넘지 않도록 적어도 징벌적 성격을 갖지 않도록 해야 한다는데 전적으로 동감합니다마는 그래도 이 제도가 도입이 되면 병역 기피의 수단으로 악용될지도 모른다고 의심하는 사람들이 워낙 많다 보니까 아직은 부정적인 여론이 있기 때문에 이 부정적인 여론을 감안하면 처음에는 너무 이상적인 제도보다는 다소 좀 빡빡하게 느껴지는, 아마 제도가 이 정도면 병역 기피의 수단으로 악용될 거 같진 않다 하는 느낌이 드는, 수준으로 첨에 시작을 해서 외국의 많은 사례가 그러하듯이 처음에 2배 특히 복무기간에 있어서 2배 정도로 시작을 했다가 2배 수준으로 해보니까 병역 기피의 수단으로 악용되진 않는 것 같다 하니까 1.5배로 줄었다가 또 1.2배로 갔다가 맨 마지막에는 동일 기간으로 이렇게 가는 절차를 밟는데 우리나라도 만약에 도입을 한다고 하면 처음에는 그렇게 의심하는 사람들의 의심과 불안을 조금 해소해 줄 수 있는 방법으로 가는 것이 제도적으로 조금 더 용이하지 않을까 라는 저는 좀 그런 생각이 들었습니다. 이상입니다.

김용직 변호사: 핵심을 아주 간략하게 말씀 잘 해 주신 것 같고요. 다음으로는 무엇보다도 제일 고통이 많으셨을 것 같은데 양심적

병역거부 수형자 가족 모임의 홍영일 대표께서 그동안의 여러 가지 말 못할 어려움이 많으셨을 텐데 그런 점들을 중심으로 해서 말씀해 주시겠습니다.

(이후 토론 녹취 자료는 토론문으로 대신함. 편집자 주)

김용직 변호사: 직접 말씀해 주시니까 더 맘에 와 닿는 것 같습니다. 아까 말씀 드리기를 그냥 이렇게 한 다음에 발제자들의 말씀 듣고 플로어 말씀 듣고 그렇게 하려고 그랬는데 플로어의 말씀 다 들은 다음에 한꺼번에 하는 게 더 효율적인 거 같습니다. 그래서 플로어에서 말씀하시고 싶은 분 있으면 …… 네, 말씀하시죠.

문수현 교수: 안녕하세요. 저는 유니스트 기초과정부에서 역사 가르치는 문수현이라는 사람입니다. 제가 원래 독일사 전공인데 이렇게 그 독일의 양심적 병역거부 재판기록을 분석해 보려고 한국사, 비교하면서 분석해 보려고 한국사에 뛰어들었다가 침묵의 세계에 봉착하고 난관에 빠져있는 상황이어서 답을, 출구를 찾고 싶어서 여기 왔는데 법학자들이 많이 계시기 때문에 간단하게 제가 생각하는 어려움을 말씀드리겠습니다. 질문을 간단하게 말씀드리면 말장난으로 느껴지실 수도 있겠지만 예를 들어 병역거부자가 두 명 있는데 한 명은 내가 속한 교단의 교리가 병역을 금지하기 때문에 병역거부에 나서게 되었다고 설명을 하는 경우와 그 다음에 다른 한 명은 내 양심이 병역을 허용하지 않기 때문에 병역거부에 나선다고 설명하는 두 경우가 법학의 측면에서 전혀 다르게 다루어지는지 그런 부분을 좀 설명을 듣고 싶은데 그 이유는 제가 50년대, 60년대 병역거부 관련된 재판기록들을 분석해보고 싶었지만 전혀 원 기록을 찾을 수가, 기술적으로 찾을 수가 없었던 가운데 당시 신문보도 같은 것들을 읽어보니까 거기에 나와 있었던 대부분의 병역거부자들이 내가 속한 교단의 교리가 그것을 금지하고 있기 때문에 병역거

부에 나선다고 이런 식으로 논쟁을 하고 있는 것을 볼 수가 있었습니다. 그래서 그랬을 경우에는 오히려 특정 교단에게 특권을 부여할 수 없다고 하는 한국 법원의, 굉장히 보수적인 법원의 논리가 더 타당하게 들릴 수도 있는 그런 맥락이 있었던 것 같습니다. 그러니까 한국사회 정부나 국방부가 개인을 인정하지 않았던 것과 마찬가지로 병역거부를 신청하시는 분들께서 최소한 50년대, 60년대에는 개인의 자리를 스스로 인지하지 못하셔서 그래서 결국 국가 대 특정 교단의 대립구도라고 하는 그런 오랜 세월 깨뜨릴 수 없는 잘못된 논의구도를 만들어버린 결과가 된 게 아닌지 그런 생각이 들었습니다. 물론 신문기자들 자신의 편견이 반영되어서 논의 구도를 그런 식으로 단순화했는지는 제가 검증할 길이 없습니다. 아시다시피 50년대 60년대 한국의 재판 기록을 찾는다는 것은 불가능하고 특히 7년 9개월씩 사신 재림교도라든가 여호와의 증인들도 마찬가지이시지만 재판 기록 자체 원기록을 보유하고 계시지는 않으시더라고요. 그 두 재단 모두에서.

김용직 변호사: 다 하셨나요? 감사합니다. 또 하실 말씀 있으신 분?

백종건 변호사: 마찬가지로 양심적 병역거부를 선언했던 백종건이라고 합니다. 지금 사법연수원 40기 수료했고 2년차 변호사로 활동하고 있습니다. 이 부분과 관련해서 교수님들 특히 진석용 교수님, 이재승 교수님, 장복희 교수님과 같이 또 오동석 교수님과 같이 토론회, 국가인권위원회 토론회나 아니면 여러 논문, 책들에서 이름으로만 글로만 뵐 수 있었던 분들의 말씀을 듣고 또 양심적 병역거부자들에 대한 이해와 관용이 이만큼까지 많이 성장했구나 하는 걸 느낄 수 있어서 대단히 감사했습니다. 그리고 또 변호사 선배인 오두진 변호사나 아니면 김수정 변호사님이 필드에서 뛰고 있는 점들에 대해서 들을 수 있어서도 되

게 감사했습니다. 사실 이 부분과 관련해서 말씀을 드리고 싶은 것은 사실 양심적 병역거부에 관련된 다른 쟁점들에 대해서 질문을 드리고 싶어서입니다. 우선 저 같은 경우는 법무관으로 원래 군복무 통지를 받았지만 그것을 거부하였습니다. 그것과 관련해서 부산지방병무청을 상대로 행정소송을 진행 중인데 기본적으로 비례원칙과 신뢰보호원칙을 이유로 입영통지취소를 주장하고 있습니다. 한 가지는 입영통지가 비례원칙에 위반되지 않느냐 하는 문제인데 사실 병역법 제55조 제3항에서는 기초군사훈련이 없는 공익근무제도에 대해서 규정하고 있습니다. 사실 병무청장의 재량으로 그렇게 할 수 있도록 규정되어 있는데 그 부분과 그 다음에 4주간의 기초군사훈련 자체가 재량으로 되어 있다는 점 그런 점들을 감안하면 충분히 이게 비례원칙으로 대체복무자들에게 헌법상 보장된 양심의 자유를 인정해서 '군사훈련 없는 대체복무가 현행법상으로도 가능하지 않은가'라는 점에 대해서 말하고 싶고 또한 신뢰보호원칙과 관련해서 2007년도에, 김수정 변호사님이 올려놓은 자료 중에서 43페이지인가요, 거기 보면 2007년도에 공적 견해표명에 준할 수 있는 사실 대체복무제도에 대한 도입이 국방부랑 정부에서 발표가 있었습니다. 근데 그런 부분들에 대해서 2008년도에 다른 이유 없이 취소한 것에 대해서 과연 정부의 신뢰보호에 관련된 쟁점이 될 수 있는 건 아닌지 근데 그 부분에 있어서 왜 아무런 이의가 제기되지 않았었는지에 대해 좀 궁금했었습니다. 사실 그런 점에 대해서 소송을 제기했지만 1심에서는 공적 견해표명으로 볼 수 없다 그 정도까지 볼 수 없다고 해서 1심에선 패소했고 지금 항소심 진행 중입니다. 또한 한편으로는 38페이지의 김수정 변호사님 자료에 보면 2001년부터 2011년 12월까지 약 10년 동안에 6428명이 처벌받았고 그중에서 99.65% 거의 백 프로죠, 6405명이 1년 6개월의 실형을 선고받은 것으로 나타났습니다. 사실 이것이 과속이나 주차위반이나 아니면 단순한 과태료도 아닌데 1년 6개월이란 어떻게 보면 정찰제 판결이 지금 계속 선고되고 있습니다. 물론 이것은 병역법 제65조와 제136조에서 1년 6개월 이상 선고를 받아야 재입영을 받지 않는 사실 규정에 따른, 재판부에서는 은혜적 규정이라고도 표현을 했습니다만, 그런 규정 때문이라고도 할 수 있지만 사실 헌법 제51조에서는 양형의 자료로써 여러 가지를 고려하게 되어 있고 사실 대부분의 양심적 병역거부자들이 전과가 전혀 없는 초범이고 20대 젊은이입니다. 이런 사람들이 주로 과연 그 1년 6개월이라는 중형을 선고받을 만한 근거가 있는 것인지에 대해서 말씀드리고 싶은데 특히 1년 6개월이라는 형량이 구체적으로 병역법에 의해서 정해지는 것이 아니라 병역법 시행령에 의해서 결정이 되고 있는 점이 과연, 죄와 형벌은 법률에 의해서 정해져야 한다는 죄형법정주의 사상에 일치하는지 그 다음에 법이 아닌 시행령에서 1년 6개월 이상 선고를 받아야 면제가 되도록 하고 있는 규정 자체가 사실 헌법 제75조에 나와 있는 포괄적 위임금지원칙에 반하는 것은 아닌지에 대해서 사실 교수님들의 관련된 연구가 전혀 없어서 그 부분에 관련돼서도 추후 연구를 부탁드리고 싶은 마음도 없지 않아 있습니다. 또한 이제 장복희 교수님 글을 잘 읽어보고 그 전에 있었던 논문들에서도 많이 읽어보았습니다만 사실 헌법 제6조 제1항에 나와 있는 일반적으로 승인된 국제법규는 법률적 효력이 있다고 알고 있습니다. 사실 그 부분에 관련된 헌법재판소 결정이 1991년도에 교원노조 사건과 관련해서 교원의 노동운동과 관련해서 신체적 정신적 자유에 관한 B규약에 관한 언급이 사실상 처음 구체적으로 있었던 사항인데 그런 규정들 말고도 유럽기본인권협약이라든지 아니면 최근에 제정되었었던 양심적 병역거부권을 명시적으로 인정한 유럽기본권헌장이 과연 일반적으로 승인된 국제법규에 해당될 소지는 없는지 또는 그 부분에 관련해서 사실 한국을 제외한 대부분의 나라에서 대체복무제도를 인정하고 있는데 과연 양심적 병역거부자를 전 세계적으로 거의 유일하게 처벌하고 있는 한국에서도 그런 부분이 국제 관습법이 아니라 일반적으로 승인된 국제법규와 같은 주장을 통해서 다른 논점을 제기할 여지는 없는지 그 부분들에 대해서 개인적으로 질문을 드리고 싶었는데 이렇게 공적으로 질문을 드릴 수 있는 기회가 돼서 감사하게 생각하고 있습니다. 그리고 또한 아까 김수정 변호사님께서 말씀하셨지만 쌍둥이가 같이 군사법정에 서는 일이 있었다고 합니다. 하지만 지금도 그런 일이 계속 벌어지고 있고 지금 이 자리에 참석해 있는 쌍둥이 형제들 중에서 저 뒤에 앉아 있는 김주한, 김주운 군은 마찬가지로 양심적 병역거부를 했지만 같은 날 재판을 받고 최근 항소심에서 같은 날 선고를 받고 지금 둘 다 같이 대법원에 상고해 놓은 상태입니다. 이런 어떻게 보면 열악한 상황이 계속해서 반복되고 있다는 것 그럼에도 지금 오두진 변호사께서 대리하고 있는 헌법재판소 입법부작위 사건 외에도 헌법재판소에는 현재 8건의 헌법 소원 또는 위헌 소원상태로 재판이 계류 중이며 그리고 또한 지방법원 두 곳에서 개별 판사들이 위헌 제청을 검토하겠다는 취지로 재판을 추정하고 있는 법원이 전국적으로 세 개 법원이 된다는 점도 어떻게 보면 희망적인 소식을 플로어 발표를 통해서 전할 수 있어서 감사하게 생각하고 있습니다. 이상입니다.

김용직 변호사: 더 질문하실 분은 없으신가요? 그러면 지정토론, 네

한인섭 교수: 네. 이거에 대해서 질문 드려도 될지 모르겠지만 저하고는 사이가 좋았던 우리 홍영일 선생에게 질문을 좀 던지고 싶은데요, 저는 99%를 차지한다는 여호와의 증인 입장에서 정책적 탄력성 부분에 대해서 얼마만큼 여지가 있는지, 한 번도 질문을 해 본 적이 없는데 여러 가지 궁금한 점이 있습니다. 예를 들어서 지금 국방부의 예를 들어 군인복장, 이거는 절대적으로 허용

될 수 없는 겁니까? 집총 훈련 일체 하지 않고. 국방부에서 이런 안을 내놓는다고 합시다. 군대 들어가서 4주 동안의 예를 들어 일반 행정적인 업무에 대한 교육 같은 것을 받고 군대의 행정 요원으로 근무를 한다 뭐 이런 말 아니면 지금 현재 병역거부자들이 법무부의 공익요원으로 활동하고 있잖아요, 다 교도소에 가서, 다 교도소에 가는데 교도소에서 하는 일이 교도소의 수용자로 복무하는 것 같지가 않고 교도소에서 사실 공익요원의 일을 하고 있는 것 같습니다. 그러면 법무부에서 공익요원으로 그냥 국방부하고 어떤 계약을 맺어야 하는지는 모르겠지만 일정 예상되는 숫자가 있잖아요? 일 년에 한 1000명? 600명? 700~800명 정도의 법무부 특수 공익 요원을 선발하겠다고 해서 국방부에서 일단 받아서 법무부로 넘겨주는 뭐 이런 부류의 방법들은 가능할 수 있는 것인지 그런 것들을, 해서 받아들일 수 있는 재량적 탄력성이 어느 정도인지 하는 것들에 대하여 고민을 하면 여러 종류의 창의적 해결책이 나올 수도 있지 않을까, 이전에 양심적 집총거부를 하다가 병무청에 가서 입대를 하지 않겠다 이것 때문에 지금 3년에서 1년 6개월로 내려온 거 아니에요? 그 1년 6개월 중에서 실제 법무부 복역 기간이 1년 2개월, 3개월 정도 되는데 우리 법률상으로는 3분의 1이상 복역을 하게 되면 가석방의 혜택을 볼 수 있도록 되어 있잖아요. 그럼 1년 6개월이면 6개월하고 가석방 심사해서 재범의 우려가 전혀 없고 그래서 6개월 하고 가석방으로 보내는 이런 유의 방법 같은 것들은 현재 제도, 완강한 현재 제도하에서 그런 류의 가능성은 얼마나 수용 가능한 건지, 이거 누구에게 물어야 될지 제가 몰라가지고 했던 것이고요. 그리고 또 하나는 진석용 교수는 두 배, 두 배 방안을 받아들이자, 저는 좋다고 생각합니다. 왜냐하면 두 배를 받아들이면 그 누군가가 두 배는 징벌적이고 너무 과잉이다 해서 또 누군가 위헌을 걸면 돼요. 근데 세 배도 괜찮아요. 일단 합법의 대체복무의 범위로 일단 진입을 하게 되면 그 다음에 일반 사병들이 21개월 하게 되는데 21개월과 63개월이라고 하는 것이 어느 정도 대체 가능한 부분이 있고 그 이상은 완전히 추가의 엄청난 부담을 가하는 것인가 그거에 관해서 위헌이 나올 거라 생각을 합니다. 그러면 깎아 내려가는 것이죠. 일단 안착시키는 것이 중요한데 이전에 한나라당 이런 쪽은 그런 안을 전혀 수용하지 않을 것이냐 했는데 그것도 우리 사회과학원 토론할 때 윤석민 의원이 매우 엄격하고 엄정한 조건이라면 찬성할 용의도 있다 이런 말을 한 적이 있거든요. 현재 국회 의석이 이렇게 됐다 할지라도 끊임없이 설득하고 그럴 필요가 있지 않은가 하는 생각이 하나 들고 그 다음에 대체복무법을 통과시키자 라는 것도 뭐 통과시키면 좋겠지만 모든 입법 과정에는 프로세스가 가장 훨씬 중요하다고 생각합니다. 그래서 이런 양심적 병역거부를 법적으로 인정하고 대체복무를 제도화하는 그 프로세스 속에서 국민들에게 어떻게 호소할거냐 또 사람들의 사고방식을 어떻게 변화시키고 싶은 것이냐 그 목표도 중요한 것 같아요. 그렇지 않으면 법이 통과되지 않으면 모두가 패배적인 패배주의적인 생각에 사로잡히는데 법을 갑자기 통과시켜버리면 예를 들어 성매매 아직도 그런 경우, 아직도 국민의식과 법 사이의 충돌이 야기되고 있는데 이런 경우는 재판 과정이 5년을 끌었잖아요. 그런 과정에서 국민의 사고가 성매매가 뭔지 다 알게 됐거든요. 그러면서 그것이 입법화가 되니까 사람들이 쉽게 수용할 수 있게 됐습니다. 그래서 과정상의 이런 부류의 주제를 제기하고 할 때 과정상의 중간 목표, 중간에 평화주의냐 무엇이냐 그런 것들에 대한 비전도 계속 만들어 나가야만 한 단계 한 단계를 의미 있게 우리가 걸어갈 수 있는 것 아닌가 그런 생각이 듭니다.

김용직 변호사: 지금 한 교수님이 안 계셔서 인사 기회를 드리려고 그랬는데 스스로 말씀하셔서 인사를 갈음한 걸로 일단 생각하고

요, 그리고 평가까지 다 해주시고 그래서 정말 좋은 말씀이었던 것 같습니다. 저도 아까 말씀 나오는데 옴부즈맨 얘기도 나오고 자유재량 여러 가지 얘기가 나와서 꼭 입법 활동 프로세스 그런 활동도 해야 될 필요가 있지 않느냐 라는 이런 생각을 좀 했었거든요. 그래서 좋은 말씀 감사하고요, 토론과 지정토론 제가 두 사람한테 지명토론을 하게 하려고 그랬습니다. 손학빈 씨 먼저 말씀하시고 변협 인권위원회에서 현장을 뛰면서 열심히 하신 오재창 변호사님 또 한 번 말씀할 기회를 드리고 싶어서 두 분 말씀을 듣고 발제자들 말씀 듣는 식으로 진행하도록 하겠습니다.

손학빈: 예, 손학빈입니다. 저는 사실 법적인 건 잘 모릅니다. 법적인 건 잘 모르지만 어떤 경우에 양심적 병역거부자들, 저희 여호와의 증인뿐만 아니고, 전 여호와의 증인이지만, 그런 병역거부자들이 하시는 말씀을 들어봤는데 어떤 분들은 1심에서 아무리 잘 이야기하고 2심으로 항소를 한다고 해도 전혀 그런 곳에서 법적인 것이 바뀔 희망이 없기 때문에 나는 항소를 하지 않겠다는 이런 말씀을 하시는 분들을 많이 인터뷰 기사를 통해서 보았거든요. 사실은 그런 생각 자체는 잘못된 것이 아닌가 하고 저는 생각을 하고 있습니다. 사실 자신의 양심의 진정성을 어느 정도 드러내기를 지금까지 계속해서 누군가가 요구를 하고 있다면 그런 양심의 진정성을 드러낼 필요는 없지만 그런 의무는 없지만 그런 것을 드러내는 것도 필요하다고 생각을 하고 그래서 최선을 다해서 그것을 할 때 어느 정도 변화가 있지 않을까 그런 생각을 하고 있거든요. 그래서 지금 항소에서 어떤 판결이 나올지는 저는 확실히 알 수는 없지만 지금까지 말씀해 주신 것처럼 두 배의 대체복무가 된다고 해도, 저는 그것을 하기 위해서 사실은 계속해서 기다려왔고 그리고, 지금도 그렇게 하려는 마음을 가지고 있습니다. 어떤 형태가 된다고 한들 사실은 하려

는 마음을 가지고 있거든요. 그래서 그런 마음을 가지고 있다는
것을 이제 계속해서 나타내게 되면 어쩌면 그런 분들의 마음도
조금씩이나마 움직이게 되지 않을까 그래서 우리 후배들, 나중
에 그러한 결정을 한 분들에게는 좀 도움이 되지 않을까 하는
생각을 가지고 있고요 그래서 그런 문제와 관련해서 이런 뜻깊
은 자리를 마련해 주신 것에 대해서 정말 감사하게 생각합니다.
이상입니다.

오재창 변호사: 예, 저는 오재창 변호사라고 하고요, 사실은 한편으로
는 10년, 저도 한 교수님 뒤에서 발제를 한 적이 있었었는데 이
렇게 10년 뒤에 또 김수정 변호사랑 같이 변호도 했었고, 그랬
던 적이 있었는데 가만히 있었던 이유는 오늘 할 얘기는 다 나
왔던 것 같고요, 또 하나는 약간 지친 게 있습니다. 약간 저도
조심해야 하는데 국가 법무부나 토론회 나가면 화를 내고 내가
막 그렇게 해서 이미지 관리를 해야겠다 (싶기도 하고) 너무 이렇
게 지친 것 같아요, 왜냐하면 백전백패를 했으니까. 청원을 했
어도 정부가 끄떡도 안하고 권고 받아와도 개선의 여지는 없고
또 운 좋게 동료가 청와대에 들어가서 대체복무제 하기로 결정
을 했더니 정권이 바뀌어서 또 바뀌어버리고 그래서 이건 뭐 해
도 안 되는가보다 이런 생각을 했었습니다. 그런데 오늘은 굉장
히 고무적인 것 같네요, 왜냐하면 오늘 아무래도 법대에서 토론
을 하게 됐는데 예전에는 알다시피 수준 자체가 정말 이걸 해야
되냐 말아야 되냐 아니 대체복무제는 얘기도 없었고요, 정말 토
론회 끝나고 재향군인회 분들이 화장실까지 따라와서 욕을 하
고 그러시던데 오늘은 그런 사례는 전혀 없는 것 같아요. 그래
서 그 정도로 정말 법으로 냉철하게 사회적으로 논의의 장이 됐
다는 것만 해도 저는 감개무량하고 그래도 귀한 기회를 주셔서
제가 한두 가지는 꼭 말씀드리고 싶은데요, 아까 말씀드린 대로
워낙 논의가 집중이 되어 있어서 중요한 얘기가 다 나온 거 같

아요. 그런데, 결론만 얘기하면 두 가지인데 아까 장복희 교수님 말씀처럼 저는 지금 법과 제도로도 충분히 바꿀 수 있는 문제고 헌법재판소나 대법원의 의지라고 저는 생각을 합니다. 근데 다만 아쉬운 거는 지금 우리나라가 다른 분야도 그렇지만 국제적인 시각에 대해서는 너무 무지하다고 생각을 하고 있습니다. 저도 이제 사실 어떻게 보면 이 운동 어설프게 했다가 제가 개인적으로도 참 많이 배웠다고 생각합니다. 책을 읽어보니까 특히 국제 인권에 나가면 보통의 국제법상 경제적인 관련된 국제조약 같은 것을 보면 그 의무의 내용이 상호적이고 양자적인 것이기 때문에 어떤 위반을 했을 때 침해당한 나라가 침해를 한 나라를 상대로 소송을 하거나 권리부재 침해를 배상받지 않습니까? 그런데 국제 인권을 저도 배워서 알게 된 일인데 공통적으로 국제평화, 우리가 전혀 들어보지 못한 얘기인데 제1차, 2차 세계 대전이 끝나가지고 그 많은 사람 많은 나라의 몇천 만 명의 사람이 죽었는데 지나고 나서 생각하니까 그 나라의 인권을 침범했던 나라가 그 다음에 하는 일이 인접 국가를 침략하는 일이 되었고 그래서 그 나라의 국민의 인권을 보호 내지 인권을 증진하는 조약을 만들어서 지키게 하게 되면 그 나라의 인권이 증진되는 것은 물론이고 덤으로 국제평화가 존중된다는 이런 개념하에서 인권조약이 만들어졌고 그래서 여러분이 아시다시피 인권조약상의 국가의 의무는 일반 국제법상 양자적 상호적인 것이 아니라 모든 국제 공동체에 대한 의무이다 라틴어로 pacta sunt servanda라고 하던데 여러분이 아시다시피 국제조약을 인권조약을 그 나라 정부가 지키지 않는다고 해서 다른 나라에 피해는 없습니다. 자기네 나라만 손해고 그럼에도 불구하고 아까 말한 국제공동체에 피해를 준다는 그런 인식하에서 제3의 기구를 만들었으니까 예를 들면 국제조약이 다행히 조약마다 조약감시기구가 있지 않습니까? 그래서 그 감시기구가 조약을 지키지 않는 나라를 제제를 하고 배상명령을 하게끔 되어 있으니까 저희들이 생각 못했던 그런 개념이라 보고요. 아까 이미 오동석 교수님이 다 얘기를 하시던데 그래서 이런 개념이 철저해서 유럽이나 UN에서는 지금 인권조약에 관하여는 침해에 대해서 국가, 국가가 가장 침해를 많이 할 수 있는 것을 전제하기 때문에 보통의 국제법상의 주체나 객체는 국가가 되고 있지만 인권조약에 있어서는 개인이 되고 있고, 개인이 제일 앞선 유럽 국가를 보게 되면 대표적인 것이 터키가 국민의 인권을 침해를 했는데 스위스에 있는 국민이, 시민이 터키란 나라를 상대로 인권소송을 해서 피해배상을 하도록 하는 결정을 받아내는 이런 놀라운 일이 있어서 우리나라에서도 제가 알기로는 조영한 교수님 같은 경우에는 국제 인권조약의 경우에는 그냥 그 자체로 구속력이 있다 그렇게 직접적인 구속력이 있다 이렇게 이해를 하고 있다고 그리고, 제가 좀 준비가 안 되어 있어서 그렇습니다만 하여튼 이 정도로 기본적인 일반 국제법과 너무 다른 것인데 우리 지금 이번 대법원 아니 헌재 판결 보면 정말 제가 보기에는 그 재판관들이 모른다고 생각하진 않습니다. 제가 보기에는 다 알고 있는데 좀 너무 한심한 거죠 이거. 국제인권조약의 그런 성격이나 배경도 무시하고 헌법 해석 자체로도 충분한데 결국에는 국가 의지의 문제다 그런 생각을 하면서 그래서 우리가 지금도 이것을 헌법소원하고 있고 저도 지금 하고 있는데 앞으로 너무 무시하지는 말고 여기 계신 분들도 저도 그런 생각을 하고 있는데 이 재판소나 여론 환기를 해서 10년이 아니라 아까 말씀하신 것처럼 조만간 우리나라에서도 합리적으로 봤을 때도 반드시 이런 논의를 바탕으로 하루속히 대체복무제가 오는 날이 올 수 있도록 했으면 좋겠습니다. 감사합니다.

김용직 변호사: 이렇게 길게 하실 줄 알았으면 안 드리는 건데 좋은 말씀해 주셔서 지명토론 기회를 드리기를 잘했다는 생각이 듭니다. 그러면 아까 말씀드린 대로 발표하신 발제자 순서로 말씀

하시고 최종토론자들 하실 말씀 있으면 하시고 마치는 방향으로 하겠습니다.

오동석 교수: 이미 토론자 내지는 방청석에서 제가 답해야 할 부분까지도 답을 하신 부분이 있다고 생각이 듭니다. 그런데 다만 아까 진 교수님께서 말씀하셨던 제6조 제1항과 관련해서 더 설명을 드리자면 그 문헌 자체는 그렇게 해석할 수 있겠죠. 그런데 지금도 말씀을 하셨듯이 국제인권에 대한 분야라고 한다면 기본적 인권으로서의 헌법이 취하고 있는 여러 가지 다른 조항들이 같이 결합이 되어서 해석이 되어야 되는 부분들이 있어야 한다고 생각을 합니다. 그러니까 아까 제가 제10조에 대해서도 상당히 좀 상세히 설명을 못 드렸지만 하나 더 빠트린 것이 사실은 제37조 제1항이지 않습니까, 그렇죠? 헌법에 열거되지 아니한 이유로 경시되지 않는 것이고 그렇다고 한다면 헌법이 규정을 두고 있지 않은 부분을 어떻게 해석할 것인지가 상당히 중요한데 아까 국제 관습법 관련해서는 이재승 교수님 발제문에 보면 그런 얘기들이 나옵니다. 62쪽에 제가 제대로 이해를 했는지는 모르겠지만 헌법재판소는 별들의 시선이 아니라 바닥을 향하는 시선으로 이 문제를 답하고 있다 그러니까 결국은 제가 이해하는 범위 내에서는 어쨌든 헌법재판소는 결론을 내려놓고 그 결론에 이르려고 하는 여러 가지 논증을 세우다 보니까 무리하게 되어 있는 것인데, 제가 정확하게는 모르지만 흠결이론이라는 게 있더라고요. 19세기 말에 독일에서 예산이 국회에서 통과되지 않는 경우에 그러면 어떻게 해야 되나 하는 문제에 우리 헌법상으로는 전년도에 준해서 집행한다고 이렇게 되어 있는데요, 그 조항을 해석을 하면서 왕권 쪽에 서 있던 사람들은 본래 왕에게 모든 주권이 있었던 것이고 헌법에 의해서 제한되는, 명시적인 규정이 있는 것은 왕권이 제한을 받지만 나머지 공백으로 남아있는 부분은 여전히 왕이 권한을 가지고 있다고 하는 해

석을 했다고 하더라고요. 그런데 제가 보기에는 우리의 입법부나 집행부나 사법부의 경우에 있어서 그런 시각에서 바라보는 결국은 민주공화국이 아닌 거죠. 민주공화국 헌법이라고 하는 것은 설령 법에 흠결이 있거나 공백이 있다고 하는 경우라도 그것은 국가에 의해서 좌우될 수 있는 부분이 아니라 우리 헌법이 인간의 존엄과 가치, 국가의 의무를 지우고 제37조 제1항과 제37조 제2항 그리고 본질적 내용 침해금지 이런 내용들을 체계적으로 규정하고 있다고 하는 것은 이전에 나왔던 대로 국제인권법상 이런 기준들이 점점 상향화되고 있다고 한다면, 그 기준이 헌법은 최소한의 기준인 것이고 인권을 강화하는 쪽으로는 열려져 있는 구조인 거죠. 그게 이제 제가 아까 이재승 교수님의 글을 읽으면서 느꼈던 것은 그게 별을 바라보는 시각인 거죠, 인권을 강화하는 쪽으로 점차 이렇게 인류사회가 도달해 있는 최고의 어떤 수준을 향해서 가야 되는데 우리의 입법자나 집행부나 또는 사법부에 종사하는 이른바 권력자들은 어떻게 보면 아까 이재승 교수님 말씀하셨던 대로 최저의 기준을 계속해서 찾아나가고 거기에 자꾸 맞추려고 한다는 것이지요. 그러니까 결국 그것을 보면 우리 헌법이 정말 기본적 헌법으로의 역할을 하고 있다고 하는 것은 그런 인권을 위해 앞으로 향해가는 그런 것이 되어야 함에도 불구하고 끊임없이 그것을 국가의 권한으로 그래서 마치 입법자나 집행부나 사법부의 권력을 가지고 있다고 하는 것이 결국은 헌법에 담겨져 있는 인권, 그것이 인류사적으로 가지고 있는 의미, 국민들의 의지 이런 것들을 좀 더 인권의 관점에서 접근해 보기보다는 내가 결정하는 것이 곧 헌법이라고 하는 이게 법률 만들면서 나타날 수 있겠고요 또 여전히 집행부에 있어서는 과거의 독재시대의 여러 가지 관점들이 그대로 통용되고 있는 것이고 그것에 대해서 사법부가 뭔가 통제를 해 주어야 하는데 사법부 역시도 헌법적 관점이라기보다는 국가주의적인 또는 국가편의주의적인 이런 관점에서 접근을 하고 있다고 보입니다.그래서 FTA에 보면 역진방지라고 하는 법이 있지 않습니까. 그런 것처럼 우리 정부가 지향하는 이른바 국격이라든가 이런 것들은 어쨌든 인류사회가 최대한 도달해 있는 OECD 국가로서의 여러 가지 비교를 하기도 하고 또 우리의 국제적인 순위가 몇 위권이라고 얘기를 하는데 그런 것이 아까 말씀하신 국격이나 선진화라고 하는 것의 의미는 그런 규정들을 계속 따라가는 것이어야 하는데 그렇지 못하다는 점에서 오히려 헌법을 빙자해서 사실은 헌법을 참칭하는 거라고 볼 수 있다고 생각을 합니다. 아까 절대적인 기본권 말씀하셨던 것처럼 사실 절대적 기본권의 의미는 그것이 강하게 보장된다는 의미로 인용되기보다는 일종의 앞잡이 역할을 하는 거죠. 그러니까 기본권을 제한하기 위해서 절대적 기본권을 아주 예외적인 현상으로 만들어버리게 되고 그것을 언제든지 국가가 국민의 기본권을 제한할 수 있는 식으로 이렇게 만들어버리는 그것이야말로 헌법이 국가권력을 통제하는 역할을 해야 됨에도 불구하고 결국 국가권력이 헌법을 그야말로 좌우하게 되고 헌법을 대신하게 되는 이런 것이 가장 큰 문제라고 보기 때문에요. 아까 말씀하신 여러 가지 구체적인 현행법 체계 아래에서도 여러 가지 이런 점들을 고려해서 제도를 주장하는 것도 필요하겠죠. 그런데 저는 그런 주장이 현실적으로 필요한 측면이 있기는 하지만 그럼에도 불구하고 이 문제를 헌법적인 관점에서 근본적으로 봐야 될 때 이 사안뿐만 아니고 다른 사안에 있어서도 국가권력이 과연 얼마나 헌법을 존중해야 하는지 이런 부분을 좀 명확하게 할 수 있다는 점에서 그게 진정한 민주화의 모습이 아닐까 싶습니다. 그래서 지금 군 출신 대통령이 집권하고 있지는 않지만 어떻게 보면 과거의 시절보다도 더한 독재가 결국 이루어지고 있다고 하는 것은 어떤 의미에서는 현실타협적인 그런 측면보다는 이런 헌법의 기본적인 역할들을 명확하게 하는데서 그것이 민주화로 갈 수 있는 어떤 토대가 되지 않을까 이렇게 생각을 합니다. 이상입니다.

김수정 변호사: 크게 두 가지 말씀을 드리면 종교의 교리와 양심의 자유가 차이가 있어서 종교교리를 내세우면 이에 해당되는 게 아닌지 그런 질문이시죠? 29페이지 그리스 사건에서 양심의 침해 유럽인권재판소에서는 유럽인권협약 제9조이든 자유권규약 제18조든 우리 헌법상 규정이든 사상, 양심, 종교의 자유가 항상 같이 다니거든요. 그럼 제가 오늘이라도 어떤 특정 교파를 만들어서 신도를 100명 정도 모은 다음 나의 종파의 교리는 병역을 거부하는 것이다 이렇게 하면 말을 만들었다 하더라도 그 교리가 자기의 양심에 어긋나면 그 교리에 반하게 행동할 것 같은데요. 근데 제가 그런 얘기를 드린 것은 60년대 한국의 병역거부자들께서 "내 양심에 근거해서 병역을 거부한다." 그렇게는 말 못해요. 난민도 자기가 난민이라는 개념도 모르고 말할 때는 그렇게 얘기를 하거든요. 교단의 교리가 문제이기 때문에 안 한다 이런 식으로 신문보도가 되었었거든요. 보통 그렇게 얘기하죠. 그렇다면 자꾸만 어떤 특정 종교를 내세우는 것처럼 들리는 걸로 제가 생각이 되는데 그렇기 때문에 한국에서 오랫동안 특정 종파에게 특권을 줄 수 없다는 논리를 내세워 온 거잖아요. 저는 논의의 담론 구조 세팅이 50년대부터 쭉 그런 식으로 되어 왔던 것이 당사자들 본인들께서 개인의 자유, 물론 당연히 사상 체계가 단순했기 때문에 그랬겠지만 그런 역사적인 이유가 있지 않는지 그런 생각이 들어서요. 근데 그것 관련해서 보면 독일에서는 권리투쟁의 역사가 길기 때문에 생각이 구별될 수 있고 독일에서는 어떤 종교에 속해 있다는 것은 이 문제에 대한 권리 주장에 아무런 관련이 없는 거라고 얘기를 하거든요. 각자 자기 개인적인 판단, 이것만이 결정적이다 라고 설명을 하는데 한국사에서는 그것이 개인적인 것이든 집단적인 것이든 거의 의미가 없었던 거죠. 그렇기 때문에 그러면 개인의 양심의 자유

라는 것을 더 옹호하는 전례가 있다면 그런 문화 발전이 있겠는데 그런 발전이 일어날 여지가 없었다고 생각됩니다. 또 하나는 그 질문을 듣고 생각나는 게 옛날에 문부식 사건이 있었거든요. 80년에 부산 미문화원 방화 사건이 있었는데 그 때 방화범을 숨겨줬던, 도움을 줬던 신부가 구체적으로 항변하는 내용은 잘 모르겠는데 대부분 판결문을 보면 그게 성직자의, 기본적인 헌법상으로 보면 성직자의 업무에 의한 행위라고 해석할 여지가 굉장히 많았는데 그 경우에 우리 대법원이 특권 신분을 창조하지는 않았다는 식으로 성직자의 최소한의 그것조차 부정하거든요. 그러니까 오히려 양심의 자유를 주장했으면 더 유리한 환경이 조성되지 않았을까 라는 것은, 그건 반대일 거라고 봅니다. 왜냐하면 종교적인 권리가 더 옹호받지 못하고 있는 경우에 양심의 자유를 옹호해 주는 상황은 없고 종교 자유가 먼저 옹호되고 그 다음에 양심의 자유 이런 식으로 발전하지 않았는지 저는 이렇게 생각합니다. 미국의 고바이티스가 국기에 대한 경례거부로 학교에서 퇴학당했는데 그 판사는 종교의 자유와 양심의 자유를 같이 언급하면서 이 학생을 내쫓는 것은 미국 존립 자체를 부인하는 거다 해서 학교를 다니게 했거든요. 그래서 저희도 그건 같이 봐야 되는데 UN도 걱정하는 게 우리가 이렇게 안 하는 것은 종교적 불관용이라고 확신을 하고 있습니다. 하여튼 교리에 따르는 것은 종교와 양심의 경우 선을 확실히 그을 수는 없고 같이 주장되는데 우리 재판부는 특정 종교를 내세워서 거기에 대한 차별을 하는 이런 식으로 방향이 나갔기 때문에 더 더디지 않았나 하는 생각이 들고요, 그래서 같이 주장해야 하지 않을까 앞으로 그런 말씀이고, 또 하나는 국제법 국내법 관계에서 제6조가 참 문제인데, 국제법에서는 그것이 서로 나눠지면서 국제법이 먼저인지 국내법이 먼저인지에 대해 결론적으로 얘기하면 각자 영역에서는 각자법이 최고거든요, 독보적이고요. 우리가 아무리 가입을 해도 국내에서는 국내법이 적용된다는 것이죠. 그런데 이게 충돌되면 어떡하나 충돌되면 국제에서 제재, 제일 문제되는 건 제재수단이 없다는 것이기 때문에, 어기면 그만이라는 겁니다, 결론적으로는 말이지요. 대신 다른 나라랑 그러다가 부딪히면 손해배상을 하던 결과적으로 배상만 하면 되지 그게 먼저다, 먼저다 하는 나라는 네덜란드, 아까 병역거부 과세거부까지 나오고 있는데요, 거기는 의회의 3분의 2정도 통과하면 자기 국내 헌법보다도 조약을 위에 두는 나라, 유일한 나라거든요. 그리고 나라마다 관행이 다른데 어떻게 보면 미국 스타일, 미국 기준으로 봤을 때 연방헌법도 조약이 밑에 있기 때문에 법률하고 동일한 효력을 가진다고 하고 영국은 오히려 법률보다 아래 두는데도 인권법 만든 게 실정법을, 불문법 국가인 영국에서 만든 게 특이한데 인권이니까 가능했고 그래서 아까 지역 인권제도 만든 유럽에서는 거의 구역 합의를 원형으로 했기 때문에 스위스 국민이 터키에 소송할 수 있는 근거가 되지 않았나 생각합니다. 지역차원에서의 유럽인권협약 같은 경우는 그 의의를 국제적으로 달성하는 수준이죠. 그래서 아까 저희가 아시아에 만약 이런 인권제도가 있었다면 굉장히 더 빨리 해결되지 않았을까 생각합니다. 그래서 지금 저는 거의 불가능하다고 봅니다. 그래서 거의 아직은 우리 법에서 확실히 법이 바뀌어서 수용되지 않는 한은 효과가 없다는 것이고, 이론적으로는 물론 법적으로는 가입한 순간부터 법적 구속력을 가지는 것이고요, 논리적으로는. 현실에서는 제재수단이 되고 제재도 지금보다 강하게 한다면 오히려 자유권규약 같은 건 저희가 들어가 있는데 아마 안 들어가겠다는 말이 많을 거 같아요, 더 강력하게 나간다면. 지금이야 국가 보고서 제도로만 어떻게 보면, 지금 200개국의 모든 국가를 그렇게 하려면 모두 지금 수준밖에 안될 거 같습니다. 아, 북한 98년도인가 뭐라고 막 그랬다가 자유권규약에서 최초로 탈퇴를 해 버렸거든요. 아예 탈퇴 만들지도 않았었습니다. 연맹에서 그런 거 만들었다가 나중에 전쟁 치른 세 나라가 있지 않았습니까, 그런 쓰라린 경험 때문에 이런 건 성질상 들어왔다고 지키고 나가 있다고 안 지키는 그런 것이 아니라, 나간 게 아니라고 거기서 그런 것 때문에 법적으로 논쟁이 벌어졌는데 그건 나간 게 아니라고 얘기를 했었거든요. 이거는 말씀하신 대로 근거가 없고 그게 아니라 의지만 있다면 결론적으로 어떻게 보면 지금 국제인권법의 판사나 국회의원들이 익숙하지가 않아서 정통하지가 않아서 답은 다 나와 있는데 원형 정도로 한다면 되지 않을까 그런 의지의 문제라고 볼 수 있겠습니다.

오재창 변호사: 저 2분만 얘기하겠습니다. 근데 같은 얘기일 수도 있는데 이 자리에서 꼭 말하고 싶은 것은 인권법의 경우에는 원래 예를 들면 지금 개인청원의 경우에도 일부러 지금 장복희 교수님이 아주 배경을 잘 설명해주신 것 같아요. 그러니까 너무 세면 가입을 안 하지 않습니까, 미국이 대표적인데 미국이란 그 사람들은 주가 세니까 아예 부담되는 조약들은 가입을 안 해서 세계적으로 한심하단 얘기를 듣고 있지만 우리나라는 반대라고 봅니다. 조약을 체결할 땐 대게 열심히 뭣도 모르고 들어갔다가 굉장히 고통을 겪고 있거든요. 근데 그 기본 취지가 일단은 많이 들어오게 한 다음에 이 메커니즘 자체가 일반 국제법상 위반했을 때 무슨 배상하라거나 사죄 이런 게 아니고 그야말로 정치적인 의지를 가지고 자연적으로 따르게 한 것인데 결론은 당연히 우리가 시골에서 아저씨들이 약속하면 안 지키지만 국가사회 국가공동체에서 약속을 하면 지키기 때문에 여기 지금 법무부의 인권과장 나와 있지만, 실제로 이걸 우리나라 대법원도 조약에 가입하면서 91년부터 독일하고 프랑스 법제를 연구했고 국가인권위가 주최를 해서 지금 조약 같은 걸 가입했을 때 국내 이행에 대해서 어떻게 할 것인가에 대해서 지금과 같은 세미나를 세 번인가를 했거든요. 결론은, 거기서 한 가지 꼭 말씀드리

고 싶은 것이 있습니다. 우리나라같이 여러 가지가 훌륭한 나라 중에 제가 알기로는 이런 국제 조약이나 관련된 권고를 지킨 것이 하나도 없거든요. 근데 따져 보니까 딴 나라는 아프리카에 있는 아주 미개한 나라까지 포함해서 지키는 확률이 33%였습니다. 그러니까 제가 알기로는 법무부나 적어도 법무부는 잘 알고 있습니다, 그런데 지금 법원이 아까 결론까지도 말씀하셨는데 의지만 있으면 메커니즘 자체가 아니 지금 헌법에도 나와 있고 정부에서도 정부보고서 얘기할 때도 우리나라는 대외적으로는 항상 UN에 가서 이렇게 얘기합니다. 국가에서 국회에서 인준한 조약은 국내법과 똑같은 효력을 가진다고 정부보고가 나와 있습니다. 그런데 하나도 지키지를 않는 거죠. 그래서 철저히 의지의 문제지, 메커니즘 자체가 저는 약간 뉘앙스의 차이일지 모르지만 이 국제인권법 메커니즘은 그렇게 일반법상 구속력이 그런 의미에서는 없는 거지만 실제로는 구속력이 있다 이렇게 말씀드리고 싶습니다. 아까 종교적 양심, 종교적 교리 얘기하신 건 과거에는 어떤 의도에 의해서 거부하시는 분들이 종교적 교리 이렇게 말씀하셨던 것 같지는 않고 그게 자연스러웠던 거 종교적 양심 이런 말씀조차도 너무 당연하게 본인의 성장과정에서 체화된 교리였었기 때문에 양심인데 종교적 교리라고 말씀을 하셨던 것 같고 그게 어떤 종교적, 특정 종교에 대한 특혜라고 보였던 것은 많은 종교들이 사실 타협을 했고 군대를 갔잖아요. 남은 것은 오직 여호와의 증인들밖에 없었기 때문에 그분들만 거부를 하시기 때문에 거기에 특혜처럼 보이는 이런 구도가 형성됐던 것이지 그분들이 종교적 교리에 의해서 거부를 했다고 말했기 때문에 그렇게 됐다는 건, 그 현실 자체가 그랬던 것 같고 실질적으로 제칠안식일교도분들도 교리에 의하면 거부하는 게 맞으실 수도 있는, 그런데 그러시다가 타협에 의해서 금요일, 저희가 알기로는 주말에는 군사업무를 하지 않는 방향으로 타협이 됐다는 걸로 그렇게 타협이 되면서 여호와의 증인만 남아버리게 된 거죠. 제가 놀랬던 것은 스위스 제네바의 인권위원회에 갔을 때 거기 계신 분들하고 대화를 하는데 한국에서 기독교도들이 군에 가는 것 자체를 이해를 못하더라고요. 군에 가는 것뿐만 아니라 병역거부하는 거 자체에 극렬반대를 하고 있다고 얘기를 했더니 더 놀래시더라고요. 어떻게 기독교인이 군대 가는 걸 당연시하면서 교리에 따라 병역거부 하는 것을 반대하고 거품을 물 수 있느냐 하며 놀라셨던 반응이 있었는데 불교도 마찬가지고 그 논쟁은 아까 제가 발제할 때도 말씀드렸지만 오태양 씨 이후에 겨우 52명이지만 그게 다른 종교에서도 발생할 수 있는 문제이고 철학과 사상에 의해서도 발생할 수 있는 문제란 인식이 확산되면서 어느 정도는 해소돼 가고 있지 않나 하는 생각이 좀 들고요. 그 다음 아까 이걸 물어보셨는지는 잘 모르겠어요. 백 변호사님께서 1년 6개월이란 중형이 선고되고 있는데 왜 정상참작이 안 되는 것이냐 이거 여쭤보셨나요? 이게 상당히 저희도 변론할 때 대부분 다 초범일 수밖에 없고 전과도 없지요, 다들. 여호와의 증인들 변호를 많이 했는데 또 평화주의자들 변호를 많이 했는데 여호와의 증인들은 워낙 보수적이시고 저는 도저히 따라갈 수 없을 정도의 도덕적인 생활들을 하시기 때문에 대부분 다른 전과가 없으세요. 그런데 평화주의자들 같은 경우는 데모하다가 전과도 있는 분도 계시죠. 그런데 변론할 때 이러니까 보통은 정상참작을 해서 벌금형으로 가야 되는데 못하는 거예요. 왜냐하면 1년 6개월을 받지 않으면 또 가야 되니까. 그런 예도 있었어요. 실제로 형을 너무 조금 선고해 주신 거예요. 저희는 중형을 해 달라고 저희 변호인이 항소를 할 수는 없잖아요. 그래서 검사한테 부탁을 해서 "검사님 제발 항소 좀 해 주세요."라고요. 판사는 본인이 가지고 있는 정상참작 사유에 따라서 형을 1년 몇 개월에 집행유예로 했는데 그거를 검사한테 부탁해서 항소를 해가지고 2심 판사에게 얘기해서 1년 6개월을 받아야 되는 그렇지 않으면 또 계속 영장이

나오고 군에 가야 되니까. 그래서 이제 이런 문제들 때문에 정상참작이 안 되는 것이 아니라 법원에서도 무죄를 못하면 조금이라도 해주고 싶은데 그걸 못할 수밖에 없는 구조가 되는 거죠. 시행령에 그걸 두고 있는 게 위헌이냐 아니냐는 좀 더 연구해 봐야 할 문제인데 재미있는 얘기가 예전에 시국사건 학생들이 데모하다가 잡혀가면 6개월인가 선고 받으면 다 군 면제가 됐었거든요. 근데 점점 형이 세지면서 6개월만 나오면 군대를 안 가니까 시국사건 학생들이 대부분 6개월을 받으려고 사고를 친 거예요. 그게 이제 1년 6개월로 가중되어 버렸어요. 그런 재미있는 역사가 있는데 정상참작 이거는 법원에서도 사실 고민을 하고 있는 부분인 것 같고 그 다음에 아까 제55조 제3항에 기초 군사훈련 없이 할 수 있는 재량부분 분명히 있어요. 있어서 지금도 그런지는 모르겠는데 재칠일안식일교도 같은 경우는 재량에 의해서 금, 토에는 군사에서 빼주는 걸로 알고 있거든요. 그래서 저희가 처음에 이걸 할 때도 군에 가서 비전투 업무에 종사를 하게 하는 방법도 있지 않느냐 라는 그런 의견도 내고 했지만 사실상 군대 들어가서 항상 군사 안보의 전시 비상시가 있을 수도 있고 항상 거기서 배제된다는 것은 사실상 불가능하고 근본적으로 대체복무제도를 도입하지 않고서는 양심적 병역거부가 해결될 수밖에 없는 문제라고 저희들은 그렇게 생각을 했었어요. 고민을 안 했던 부분은 아닌데. 근데 전반적으로 법원의 기대, 그러니까 법원은 더 이상 희망이 없다 그렇게까지 극단적으로 생각하는 건 아니고요. 다만 거기를 바라보면서 우리가 가서는 안 된다는 것이 저의 견해지만 전반적으로 아까 변호사님이 말씀하신 다양한 방식의 싸움들을 하면서 계속 이슈화하는 것에 대해서는 저는 정말 찬성이고 비록 그때 저희들은 그렇게 결론을 내렸지만 계속 부딪혀 보는 거 굉장히 좋은 것 같아요.

장복희 교수: 제가 관련된 부분은 질문이 많지 않았는데 진석용 교수님께서 일반논평, 결의 이런 것의 성격을 질문하신 것 같은데 다른 분이 명확하게 말 안 하신 것 같은데 제 생각과 다른 분이 있으면 말씀해 주시면 좋겠는데 어쨌든 ICCPR, 자유권규약은 우리나라가 가입한 국제법이고 구속력은 당연히 있죠. 그러나 그걸 위반했을 때 강제하는 국제적인 실효성 있는 수단이 있느냐 없느냐는 둘째 치고 법은 분명하다는 것이고 그런데 그것에 입각한 일반논평이나 위원회의 결의는 그 자체는 우리가 강행규범이라고는 할 수 없죠. 그런데 사람들이 표현상 soft law라는 그런 표현을 써서 연성법, 그러니까 장차 국제법적으로 발전할 수 있는 하나의 룰이 된다면, 그런 식으로 생각을 하는 것 같은데 저는 그 말도 말이 안 되는 건 아니지만 어쨌든 자유권규약의 의미를 확정하는 데 있어서 그러한 결의나 일반논평들은 아주 중요하다는 것이지요. 그래서 저는 자유권규약 자체를 그것이 다 통합돼서 하나의 의미를 확정하는 것이기 때문에 그러니까 일반논평은 법원은 아니지만 구속력 있는 법원은 아니지만 해석하고 적용하는 데 반드시 그게 들어오지 않으면 안 된다는 거죠. 그 말은 우리나라 법원이 마음대로 우리 헌법에도 있다고 해서 우리식 관행대로 무조건 해석해 버릴 수는 없다는 건 그건 엄밀히 말해서 국제규범을 위반한 국제법 해석이라고 저는 생각을 합니다. 그리고 두 배로 하면 어떠냐고 하는데 저보다 한 교수님이 훨씬 더 답변을 잘 해 주셔 가지고 뭐 그것이 가혹하다면 또 거부를 하면 다음 국면이 벌어질 일이니까 저는 어쨌든 도입되는 것 좋다고 생각합니다.

오두진 변호사: 저도 국내법하고 ICCPR과의 관계에 대해서 말씀을 좀 드리고 싶은데 제가 사실은 헌재에서 변론을 하면서 이 부분에 대한 고민을 굉장히 많이 했습니다. 헌법 배울 때는 일원론 이원론 해가지고 뭐가 위냐 아래냐 그런 얘기를 하는데 그러다

가 헌재 연구관, 지금은 그만두신 이명웅 연구관님이 쓴 논문에 보면 ICCPR은 헌법에 가치를 두고 있다 그러면서 근거로 실제로 헌법재판소가 ICCPR을 법의 위치로 보는 게 아니라 국내법 법률이 위헌인지 아닌지를 판단하는 규범으로 보고 있다는 거죠. 그래서 ICCPR에 위반되지 않는다는 이런 표현들을 쓰는 판례가 있기 때문에 이것은 곧 그 위치를 헌법의 지위에 놓고 있다는 그런 주장을 하시더라고요 그래서 굉장히 흥미롭게 생각을 하면서 봤는데 연구원님이니까 그것을 강하게 주장하면 재판관님이 싫어하실 것 같아서 좀 가만히 갖고 있었는데 조금 시간이 지나니까 결국은 김철수 교수님도 교과서에 그 점을 설시하시더라고요. 국제인권규범 중에 헌법적인 효력을 가지고 있는 것도 있는데, 우리가 가입한 국제인권규범인 국제인권규약이 헌법적 효력이 있는 걸로 봐야 된다고 그렇게 주장을 하셨습니다. 2009년도 판에 그렇게 하셨고 또 정인섭 교수님도 국제법과 관련해서 국제인권법을 나열하면서 난민법이나 고문방지조약 같은 것은 각론적인 성격이지만 ICCPR같은 B규약이나 A규약은 조약 지위 중에 헌법적 지위가 있다는 표현을 쓰셨습니다. 남복현 교수님도 그런 비슷한 주장을 하셨고요. 또 헌법 제6조 제1항을 보면 국내법이라고 했거든요. 국내법, 국내법에는 헌법, 법률, 시행령, 시행규칙 이렇게 있지 않습니까? 국내 법체계 중에 조약이 어떤 성격을 가지고 있느냐를 보고 들어올 때 헌법적인 수준으로 들어가느냐 아니면 법률적인 수준으로 들어가느냐 이렇게 달라질 수 있는 거죠. 그래서 ICCPR이 헌법적인 특성을 갖고 있는 게 맞고요 그래서 사실은 우리 헌법이랑 똑같은 조항이기 때문에 우린 이렇게 해석한다라는 말을 할 수 있는 것도 결국은 같은 지위에 놓고 보기 때문에 그런 거거든요. 다만 그렇게 헌법 제6조 제1항을 통해서 밖으로 갖고 들어온 이유는 뭐냐 그냥 소 닭 보듯 하기 위해서 들여온 게 아니라 결국은 국제적인 담론을 평가해서 보고 우리가 좀 낮다면 그걸 올리기 위해서 한 거지 그냥 들여온 건 아니라는 것이죠. 그런 관점에서 생각해 보면 논리적으로 굉장히 맞는 것 같고요, 또 soft law의 성격을 갖고 있지만 결국은 신사는 의무가 없어도 지키는 것처럼 사실 국격이 올라가고 국제적인 담론에 가담하길 원하는 국가는 결국 그걸 지키려고 할 텐데 그런 시스템을 이용해서 국제인권조약이 사용되는 것이 아닌가 하는 생각이 들고 한국도 조만간 더 올라갈 거라는 생각이 듭니다. 마지막으로 한 가지 말씀드리면 이번에 다시 한 번 준비하면서 작년 판례를, 헌법재판소 판례를 다시 한 번 살펴보니까 ICCPR 부분을 말하면서 헌재가 이런 표현을 썼어요. '우리가 가입한 국제조약에서 양심적 병역거부권을 인정하고 있다면 우리나라에도 그대로 법적인 구속력이 발생한다. 따라서 양심적 병역거부권은 당연히 인정될 것이다.' 이렇게 썼거든요. 굉장히 강력한 표현인데 물론 그 뒤에는 해석을 유럽인권재판소가 예전에 했던 해석을 그대로, 2007년도 대법원이 사용했던 그 해석을 그대로 쓰면서 병역거부권이 도출되지 않는다고 했지만 결국 그 앞의 전제는 우리가 가입한 ICCPR에서 그 권리가 나오면 우리에게 법적인 효력이 그대로 있다 그렇게 얘기했습니다. '명문상 인정이 되고 있다면' 이렇게 전제하지 않고 '국제조약에서 양심적 병역거부권을 인정하고 있다면', 그러니까 '해석에 의해서도 그렇게 인정될 수 있다면 인정해야 한다.'라는 식의 강력한 문구를 사용했다고 봅니다. 물론 실수로 집어넣었는지는 잘 모르겠지만 어쨌든 이제는 ICCPR을 그냥 정말로 상징적인 조항 정도로만 치부하지 않고 좀 더 계속 정치하게 규범성을 살펴보는 단계로 가고 있지 않은가 그래서 법원에서 계속 우리가 이것을 주장하고 좀 더 조항 중심적으로 분석하고 주장을 한다면 받아들여지지 않을까 하는 생각이 듭니다. 이상입니다.

홍영일 대표: 네, 아까 한 교수님 저한테 질문을 주셨는데요, 저도 토

론에 나가서 반대쪽에 계신 분들 중에서도 배려해 주시면서 그런 질문을 해 주시는 그런 분들도 있으셨고요. 그래서 답변을 드리겠습니다. 제가 개인적인 신상을 말씀드린다면 증인들하고 처음에 함께 성서를 보면서 공감했던 내용 중의 한 가지가 '원수를 사랑하라는 말을 있는 그대로 지킬 수 있구나'라는 점이었습니다. 사실은 어떻게 보면 종교의 역사가 성서의 순수한 상태에서부터 타협시켜 나가고 세속화되어가는 과정에서 결국 오늘날 우리가 살고 있는 세상의 모습이 된 거 아니겠느냐 그렇게 했을 때 정말 이 원수를 사랑하라는 가르침을 조건 없이 예외 없이 순수하게 지킬 수 있어야 하고 또 그렇게 할 때 정말 양심이라는 것이 의미가 있는 것 아니겠는가 그런 생각을 해 보았습니다. 저도 그런데 공감했기 때문에 또 초기 기독교인들이 군인이 되기를 거부했던 사례들을 보면서 '아 이렇게 할 수 있구나, 또 이렇게 유지하는 게 맞겠구나.' 하고 공감을 하면서 제가 증인이 되었던 기억이 있습니다. 아까 한 교수님께서 정책적 탄력성을 말씀하셨는데 사실은 저는 이것에 대해서는 양심의 비탄력성을 말씀드리고 싶습니다. 이게 어떤 개인의 재산권 문제라든지 이런 거라면 얼마든지 협상을 할 수 있고 또 그래야 한다고 생각합니다. 하지만 이게 양심의 문제이기 때문에 그렇게 할 수가 없는 거죠. 예를 들면 여인의 순결 같은 경우를 생각해 보면 아까 성희롱에 대해 말씀하셨는데 사람들이 점점 단지 물리적인 강간뿐만 아니라 쳐다보는 것조차도 때로는 상대편에게 대단한 불쾌감을 줄 경우에는 그것은 안 되는 것으로 점점 사람들이 이해해 가고 있지 않습니까? 그래서 양심을 그런 측면으로 봐야 되지 않겠는가, 그래서 기본적으로 저는 제가 그 원수를 사랑하라는 가르침을 받아들이면서 군인신분이 되는 것은 아니라는 것을 느꼈습니다. 왜냐하면 아까 김 변호사님도 말씀하셨지만 비전투적인 복무만을 언제나 할 수는 없는 것이고요, 어떤 경우에는 취사병도 전장에 내몰리겠죠. 또 민간인이라 하더라도 민간인의 신분으로서도 군사적 활동을 직접 지원하는 일은 하지 않습니다. 그것이 원수를 사랑하라는 말에 부합된다고 전 생각합니다. 또 많은 청년들이 그렇게 생각하기 때문에 여호와의 증인에 들어온 거죠. 그러나 여호와의 증인이 되었다고 해서 그런 일을 한다고 하는 것을 물리적으로 막거나 혹은 개인이 다른 결정을 했을 때 그것을 강압적으로 바꾸려고 하거나 하지 않기 때문에 어디까지나 그건 개인의 양심의 결단이라고 저는 생각합니다. 아까 장 교수님께서 보스니아 헤르체고비나에서 군대 장교의 취사병 예를 잠깐 드셨고 쿠바의 노동청소년부대 이런 말씀을 하셨는데 어떤 사례인지 구체적으로는 모르겠지만 아마 증인이라면 하지 않을 것 같습니다. 제가 그 입장이었더라도 하지 않았을 것이기 때문에요, 양심이라는 것이 그런 측면이 있기 때문이지요. 왜 쳐다본 것에 대해서 처벌을 하겠습니까, 성희롱법에서. 그냥 쳐다본 것인데요. 하지만, 양심의 특수성이 바로 그런 면이 있기 때문이지요. 예를 들면, 꼭 군인 옷을 입혀야만 하는지에 대해서 말씀 드리면, 사실은 죄수복을 입고 지금도, 법무부에서 아까 교수님 말씀하신 대로, 그런 일도 저희가 지금 하고 있습니다만 그래서 민간인의 신분으로 할 수 있는 일 또 군사적 업무와 관계가 없는 일 이런 일을 할 수 있도록 해 주신다면 아마 많은 청년들이 기꺼이 그렇게 할 거라고 생각합니다. 제 개인적인 경험을 말씀드리면 제가 92년에 육군교도소를 거치게 되었는데 잠깐 그 말씀을 드리면요, 양심적 집총거부하고 양심적 병역거부 말씀을 하시는데 사실은 기본적으로 증인들은 군인이 되는 것을 거부하는 것이 성서의 가르침을 따르는 거라고 생각을 하기 때문에 50년대, 60년대, 70년대 초반까지는 그렇게 했죠. 경찰서에 혹은 병무청에 전화를 하거나, 그땐 전화가 귀하던 시절이니까 편지를 보내서 '저 거부한다'고 그러면 그것에 맞는 처벌을 받고 했는데 70년대 들어오면서 아시는 것처럼 강제입영을 하기 시작하니까 똑같은 절차를 밟으면 병무청 직원이 와요, 데리고 갑니다. 그런 일들이 70년대, 80년대 계속 이어져 온 거죠. 그래서 그런 강제입영의 관행에 있다 보니까 여전히 90년대에도 그런 일들이 있었고요 그러다 보니까 군대 내에서 병역을 거부하게 된 것이지 2000년 대 들어와서 뭔가 좀 더 편해지니까 군인이 되길 거부하고 입영 을 안 하고 그런 건 아니고요. 원래 그렇게 해 왔는데 사회가 이 문제에 대해서 관심을 가지면서 병무청의 강제입영 관행이 없 어지면서 다시 원래 50년대, 60년대처럼 민간법정에서 재판을 받는 식의 상황으로 환원이 된 거라는 점 말씀드리고요. 그러니 까 이런 부분들은 증인들의 정책적 탄력성 혹은 양심의 유동성 을 가리키는 사례가 아니라는 점을 분명히 말씀드리고 싶습니 다. 그래서 저희들 같은 경우에 육군교도소 내에서도 작업을 시 키면 일을 합니다. 저는 그때 농사를 짓는 일을 해서 영농일을 좀 했고요. 그런데 때로는 헬멧을 만드는 일을 시킵니다. 그러 면 안 합니다. 군사적인 일을 지원하는 일이기 때문에. 과거에 제2차 세계 대전 때 동구권에서도 강제수용소에 수용된 동료 증인들이 거기서 작업을, 다른 건 다 하다가 핵무기와 관련된, 우라늄과 관련된 어떤 일을 하라고 하니까 하지 않아서 거부했 고 그래서 동사한 사례도 있고요. 그래서 군인의 신분이 되는 건 일단 기본적으로 거부하고 있고, 또 민간인의 신분이라고 하 더라도 군사적 활동을 직접 지원하는 일은 하지 않고 있습니다. 아까 기간 말씀하셨는데 그것도 저는 말씀드릴 수가 없습니다. 말씀드린 것처럼 어떤 분들은 그것을 거부하는 분들도 계실 것 이고 증인들 가운데 어떤 분들은 아까 손학빈 씨는 두 배 해도 하시겠다고 하지 않았습니까? 받아들일 것이죠. 그렇기 때문에 교단 차원에서 나서 가지고 이걸 '이 정도 기간이면 할 테니까 만드세요.'라고 말할 수는 없는 겁니다. 그래서 과거에 안식일교 같은 경우에는 위생병 훈련을 시켜서 군대에 보내기도 했다는 걸 제가 그쪽 관계자들로부터 들은 적도 있습니다만, 저희가 7,

80년대에도 그런 일을 하지 않고 교단 차원에서, 지금도 교단 차원에서 어떠한 특정한 대체복무제도에 대해서 이야기하지 않는 이유가 이 모든 관련된 문제들이 성서로 훈련받은 양심임에도 불구하고 또 한편으로 개인의 양심이 관련되어 있기 때문에 그 개인의 양심을 교단이 규율할 순 없는 거죠. 그래서 그런 일을 하고 있지 않다는 것을 조금 말씀을 드리겠습니다. 저희들이 해외의 대체복무를 동료 증인들이 받아들인다는 수준을 소개하는 정도 얘기에 그치고 있다는 거 말씀드리고 싶고요. 이렇게 하면 교수님 질문에 답변이 되었는지 모르겠습니다.

한인섭 교수: 정책탄력성 잘 이해했는데요, 지금 예를 들어, 6개월의 복역을 하고 가석방을 하라든가, 왜 1년 2개월 3개월까지 복역시키는지 그걸 계속 법무부에 편지 쓰는 것 이런 것들은 방안 중의 하나가 될 수 있지 않을까요?

홍영일 대표: 네. 고민해 보겠습니다.

백종건 변호사: 그 부분은 제가 답변해 드리겠습니다. 사실 매년 법원과 경찰청에서 연감을 만드는데요, 가석방에 대한 기준이 거기 나와 있습니다. 매년 형기의, 사실 형법에는 당연히 3분의 1만 살면 가석방을 해 주도록 되어 있는데 사실 법무부 내부의 가석방 규칙이라든지 아니면 저희가 접근할 수 없는 자료들에 보면 가석방에 대한 기준이 있습니다. 하지만 실무적으로 매년 가석방이 되는 모든 인원 중에서 가장 가석방 혜택을 많이 받는 것이 병역법 위반자입니다. 사실 병역법 위반자들은 형기의 75% 정도를 살면 가석방이 있게 되어 있고 사실 지금 1년 6개월을 선고하고 있기 때문에 1년 2개월을 채우는 달에 가석방이 모두 나오고 있어서 누가 수감되던지 간에 자기가 언제 가석방이 될지 정확하게 알고 있습니다. 그런 규정들이 있고 그런 규정들에

더해서 더 가석방을 해달라고 요구하지 않는 것은 기본적으로 그것은 국가의 정책이라고 보고 또 한 가지로는 다른 정치인들이나 기업인들이 특별사면을 받는 것을 제외하고는 일반적인 가석방에서 병역법 위반자들이 모범적인 수형생활이라든지 아니면 출력에서 협조적인 태도를 보이는 것 때문에 법무부 자체에서도 최대의 가석방 비율로 가석방되고 있는 점을 감안해서 아마 교수님께서 말씀하시는 그런 청원은 그런 현실적인 문제 때문에 하고 있지 않는 것으로 알고 있습니다.

진석용 교수: 조금 아까 한 교수님께서 대체복무법이라고 하는 입법도 중요하지만 입법에 이르기까지 과정이 매우 중요하다 말씀하셨는데 과정이 중요하다는 뜻은 입법에 이르기까지 여론을 형성해가는 노력이 필요하다 그렇게 이해를 했습니다. 그 문제와 관련해서 한 가지 덧붙일만한 말씀은 이 문제에 대한 여론조사를 해 보면 일반적으로 학력이 높을수록 이 문제에 대해서 많이 알고 있고 이 문제에 대해서 많이 알수록 찬성의견이 굉장히 높습니다, 대체복무제도를 도입할 필요가 있다. 그래서 바로 그런 성질 때문에 여론조사를 할 때 설문을 어떻게 설계하느냐에 따라서 굉장히 의견이 많이 다르게 나옵니다. 예를 들어 우리가 짬뽕을 좋아하느냐 자장면을 좋아하느냐 이런 걸 알아볼 때는 대뜸 그 질문만 하면 되죠. 두 개 다 잘 알고 있기 때문에. 그런데 짬뽕이 좋은지 또띠야가 좋은지 이렇게 물어보면 또띠야가 뭡니까 이렇게 반문을 하고 그 또띠야에 대해서 설명을 어떻게 해주냐에 따라서 결론이 자꾸 달라지거든요. 그래서 지금까지도 그런 많은 노력을 해 왔지만 어쨌든 이 문제에 대해서 자꾸 널리 알려야 알리면 알릴수록 이 문제에 대한 이해가 생기고 그 다음에 찬성 여론이 높아지리라는 생각이 듭니다. 제 의견은 이상입니다.

김용직 변호사: 다음, 말씀 많이 하셔 가지고 저도 오늘 많이 배운 것 같습니다. 오늘 진행을 하면서 보니까 대체적으로 이심전심으로 다 같은 분들만 모여가지고 진행하기에 편한 점이 있고 로열티는 좋은데 이게 확장성의 문제가 있지 않을까 생각이 들어서 약간 아쉬운 점이 있었고요, 그리고 모든 게 공짜로 이루어지는 게 하나도 없는데 지금까지 10년 동안 이렇게 애쓰고 하셔서 지금 이 정도의 모습이 되지 않았는가 생각이 들고, 앞으로 10년은 아까 10년을 더 당길 수도 있겠지만 그런 노력들이 지금까지 해 온 것보다 더 많은 것을 이룩하지 않을까 하는 생각도 했습니다. 오늘 좋은 말씀해 주신 것 거듭 감사드리고 원래 6시까지 끝내려고 그랬는데 그걸 못한 걸 약간 죄송스럽게 생각하면서 마치겠습니다. 감사합니다.

제2부

국내 법원 판결 및 헌법재판소 결정

헌법재판소 결정(병역법 사건, 2011. 8. 30.)*

【판시사항】

1. 구 병역법(2004. 12. 31. 법률 제7272호로 개정되고, 2009. 6. 9. 법률 제9754호로 개정되기 전의 것) 제88조 제1항 제1호 및 병역법(2009. 6. 9. 법률 제9754호로 개정된 것) 제88조 제1항 제1호(이하 양 조항을 합쳐 '이 사건 법률조항'이라 한다)가 양심적 병역거부자의 양심의 자유를 침해하는지 여부(소극)

2. 이 사건 법률조항이 평등원칙에 위반되는지 여부(소극)

3. 이 사건 법률조항이 국제법 존중의 원칙을 선언하고 있는 헌법 제6조 제1항에 위반되는지 여부(소극)

【결정요지】

1. 이 사건 법률조항은, '국민의 의무인 국방의 의무의 이행을 관철하고 강제함으로써 징병제를 근간으로 하는 병역제도하에서 병역자원의 확보와 병역부담의 형평을 기하고 궁극적으로 국가의 안전보장이라는 헌법적 법익을 실현하고자 하는 것'으로 그 입법목적이 정당하고, 입영을 기피하는 현역 입영대상자에 대하여 형벌을 부과함으로써 현역복무의무의 이행을 강제하고 있으므로, 이 같은 입법목적을 달성

---

* 헌재 2011. 8. 30. 선고 2008헌가22, 2009헌가7·24, 2010헌가16·37, 2008헌바103, 2009헌바3, 2011헌바16(병합) 결정[병역법 제88조 제1항 제1호 위헌제청 등].

하기 위한 적절한 수단이다.

또한 병역의무와 관련하여 대체복무제를 도입할 것인지의 문제는 결국 '대체복무제를 허용하더라도 국가안보라는 중대한 공익의 달성에 아무런 지장이 없는지 여부'에 대한 판단의 문제로 귀결되는바, 남북이 대치하고 있는 우리나라의 특유한 안보상황, 대체복무제 도입시 발생할 병력자원의 손실 문제, 병역거부가 진정한 양심에 의한 것인지 여부에 대한 심사의 곤란성, 사회적 여론이 비판적인 상태에서 대체복무제를 도입하는 경우 사회 통합을 저해하여 국가 전체의 역량에 심각한 손상을 가할 우려가 있는 점 및 종전 헌법재판소의 결정에서 제시한 선행조건들이 아직도 충족되지 않고 있는 점 등을 고려할 때 대체복무제를 허용하더라도 국가안보와 병역의무의 형평성이라는 중대한 공익의 달성에 아무런 지장이 없다는 판단을 쉽사리 내릴 수 없으므로, 양심적 병역거부자에 대하여 대체복무제를 도입하지 않은 채 형사처벌 규정만을 두고 있다고 하더라도 이 사건 법률조항이 최소침해의 원칙에 반한다고 할 수 없다.

양심적 병역거부자는 이 사건 법률조항에 따라 3년 이하의 징역이라는 형사처벌을 받는 불이익을 입게 되나 이 사건 법률조항이 추구하는 공익은 국가의 존립과 모든 자유의 전제조건인 '국가안보' 및 '병역의무의 공평한 부담'이라는 대단히 중요한 공익이고, 병역의무의 이행을 거부함으로써 양심을 실현하고자 하는 경우는 누구에게나 부과되는 병역의무에 대한 예외를 요구하는 것이므로 병역의무의 공평한 부담의 관점에서 볼 때 타인과 사회공동체 전반에 미치는 파급효과가 대단히 큰 점 등을 고려해 볼 때 이 사건 법률조항이 법익균형성을 상실하였다고 볼 수는 없다. 따라서 이 사건 법률조항은 양심의 자유를 침해하지 아니한다.

2. 이 사건 법률조항은 병역거부가 양심에 근거한 것이든 아니든, 그 양심이 종교적 양심이든, 비종교적 양심이든 가리지 않고 일률적으로 규제하는 것일 뿐, 양심이나 종교를 사유로 차별을 가하는 것도 아니므로 평등원칙에 위반되지 아니한다.

3. 우리나라가 1990년 4월 10일 가입한 시민적·정치적 권리에 관한 국제규약(International Covenant on Civil and Political Rights)에 따라 바로 양심적 병역거부권이 인정되거나 양심적 병역거부에 관한 법적인 구속력이 발생한다고 보기 곤란하고, 양심적 병역거부권을 명문으로 인정한 국제인권조약은 아직까지 존재하지 않으며, 유럽 등의 일부국가에서 양심적 병역거부권이 보장된다고 하더라도 전 세계적으로 양심적 병역거부권의 보장에 관한 국제관습법이 형성되었다고 할 수 없어 양심적 병역거부가 일반적으로 승인된 국제법규로서 우리나라에 수용될 수는 없으므로, 이 사건 법률조항에 의하여 양심적 병역거부자를 형사처벌한다고 하더라도 국제법 존중의 원칙을 선언하고 있는 헌법 제6조 제1항에 위반된다고 할 수 없다.

재판관 목영준의 보충의견

모든 국민은 법률이 정하는 바에 따라 국방의 의무를 부담하게 되는데, 이 경우 성별(性別), 신체조건, 학력 등 개개인의 객관적 상황에 의하여 차별이 발생할 수 있으나, 그러한 차별이 헌법상 보장된 평등권을 침해하지 않기 위하여는 병역의무의 이행에 따른 기본권 제한을 완화시키거나 그 제한으로 인한 손실을 전보하여 주는 제도적 장치를 마련하여, 국방의무의 부담이 전체적으로 국민 간에 균형을 이룰 수 있도록 하여야 한다. 그러나 현재 국방의 의무를 구체화하고 있는 여러 법률들에 의하면 국방의무의 배분이 전체적으로 균형을 이루고 있다고 인정하기 어렵고, 나아가 병역의무의 이행에 따르는 기본권 제한을 완화시키거나 그 제한으로 인한 손실 및 공헌을 전보하여 주는 제도적 장치가 마련되어 있지도 않다.

이처럼 병역의무의 이행에 따른 손실의 보상 등이 전혀 이루어지지 않는 현재의 상황에서 양심의 자유에 의한 대체복무를 허용하는 것은 국민개병 제도에 바탕을 둔 병역제도의 근간을 흔들 수 있을 뿐 아니라, 사회 통합을 저해하여 국가 전체의 역량에 심각한 손상을 가할 수 있다. 결국 병역의무 이행에 대한 합당한 손실전보 등 군복무로 인한 차별을 완화하는 제도가 마련되지 않는 한, 양심적 병역거부자를 처벌하는 이 사건 법률조항은 헌법에 위반되지 않는다.

재판관 김종대의 별개의견

이 사건 법률조항은 국방의 의무를 부과하는 것으로서 기본의무 부과의 위헌심사기준에 따라 그 위헌성을 심사하여야 할 것인데, 의무부과 목적의 정당성이 인정되고, 부과 내용이 기본의무를 부과함에 있어 입법자가 유의해야 하는 여타의 헌법적 가치를 충분히 존중한 것으로서 합리적이고 타당하며, 부과의 공평성 또한 인정할 수 있다. 따라서 이 사건 법률조항은 그로 인해 불가피하게 생겨나는 기본권 제한의 점은 따로 심사할 필요 없이 헌법에 위반되지 않는다.

재판관 이강국, 재판관 송두환의 한정위헌의견

헌법상의 기본권과 헌법상의 국민의 의무 등 헌법적 가치가 상호 충돌하고 대립하는 경우에는 어느 하나의 가치만을 선택하여 나머지 가치를 희생시켜서는 안 되고, 충돌하는 가치를 모두 최대한 실현시킬 수 있는 규범조화적 해석원칙을 사용해야 한다. 양심의 자유와 국방의 의무라는 헌법적 가치가 상호 충돌하고 있는 이 사건 법률조항의 문제도 이와 같은 규범조화적 해석의 원칙에 의하여 해결해야 한다. 따라서 이 사건 법률조항의 '정당한 사유'는 진지하고 절박한 양심을 결정한 사람들의 양심의 자유와 국방의 의무라는 헌법적 가치가 비례적으로 가장 잘 조화되고 실현될 수 있는 조화점을 찾도록 해석하여야 한다. 하지만 헌법재판소와 대법원 판례는 이 사건 법률조항의 '정당한 사유'에는 종교적 양심상의 결정에 의하여 병역을 거부한 행위는 포함되지 아니한다고 해석하고 있는데, 그 결과 절대적이고 진지한 양심의 결정에 따라 병역의무를 거부한 청구인들에게 국가의 가장 강력한 제재수단인 형벌이, 그것도 최소한 1년 6개월 이상의 징역형이라고 하는 무거운 형벌이 부과되고 있다. 이는 인간으로서의 존엄과 가치를 심각하게 침해하는 것이고, 나아가 형벌부과의 주요근거인 행위와 책임과의 균형적인 비례관계를 과도하게 일탈한 과잉조치이다.

양심적 병역거부자들에 대한 대체복무제를 운영하고 있는 많은 나라들의 경험을 살펴보면, 대체복무제가 도입될 경우 사이비 양심적 병역거부자가 급증할 것이라고 하는 우려가 정확한 것이 아니라는 점을 알 수 있다. 엄격한 사전심사와 사후관리를 통하여 진정한 양심적 병역거부자와 그렇지 못한 자를 가려낼 수 있도록 대체복무제도를 설계하고 운영한다면 이들의 양심의 자유뿐 아니라 국가안보, 자유민주주의의 확립과 발전에도 도움이 될 것이다.

결국, 이 사건 법률조항 본문 중 '정당한 사유'에, 양심에 따른 병역거부를 포함하지 않는 것으로 해석하는 한 헌법에 위반된다.

【심판대상조문*】

구 병역법(2004. 12. 31. 법률 제7272호로 개정되고, 2009. 6. 9. 법률 제9754호로 개정되기 전의 것) **제88조**(입영의 기피)
① 현역입영 또는 소집통지서(모집에 의한 입영통지서를 포함한다)를 받은 사람이 정당한 사유 없이 입영 또는 소집기일부터 다음 각 호의 기간이 경과하여도 입영하지 아니하거나 소집에 불응한 때에는 3년 이하의 징역에 처한다. 다만, 제53조 제2항의 규정에 의하여

---

* 이 책의 여러 부분에서 병역법 제88조를 반복적으로 인용하는 것을 피하기 위해 이 부분에만 남기고 다른 곳에서는 생략하였다(편집자 주).

전시근로소집에 대비한 점검통지서를 받은 사람이 정당한 사유 없이 지정된 일시의 점검에 불참한 때에는 6월 이하의 징역이나 200만 원 이하의 벌금 또는 구류에 처한다.

  1. 현역입영은 3일

  2~4. 생략

② 생략

병역법(2009. 6. 9. 법률 제9754호로 개정된 것) **제88조**(입영의 기피 등)

① 현역입영 또는 소집 통지서(모집에 의한 입영 통지서를 포함한다)를 받은 사람이 정당한 사유 없이 입영일이나 소집기일부터 다음 각 호의 기간이 지나도 입영하지 아니하거나 소집에 응하지 아니한 경우에는 3년 이하의 징역에 처한다. 다만, 제53조 제2항에 따라 전시근로소집에 대비한 점검통지서를 받은 사람이 정당한 사유 없이 지정된 일시의 점검에 참석하지 아니한 경우에는 6개월 이하의 징역이나 200만 원 이하의 벌금 또는 구류에 처한다.

  1. 현역입영은 3일

  2~4. 생략

②~③ 생략

【참조조문】

헌법 제5조 제2항, 제39조 제1항, 제2항, 제74조 제1항, 제2항

병역법(2011. 5. 24 법률 제10704호로 개정되기 전의 것) **제2조**(정의 등)

① 이 법에서 사용되는 용어의 뜻은 다음과 같다.

  1. "징집"이란 국가가 병역의무자에게 현역에 복무할 의무를 부과하는 것을 말한다.

  2. "소집"이란 국가가 병역의무자 중 예비역·보충역 또는 제2국민역에 대하여 현역 복무 외의 군복무의무 또는 공익 분야에

서의 복무의무를 부과하는 것을 말한다.

3. "입영"이란 병역의무자가 징집·소집 또는 지원에 의하여 군부
대에 들어가는 것을 말한다.

4. "무관후보생"이란 현역의 사관생도, 사관후보생, 준사관후보
생 및 부사관후보생과 제1국민역의 사관후보생 및 부사관후
보생을 말한다.

5. "고용주"란 병역의무자를 고용하여「근로기준법」의 적용을
받는 공·사 기업체나 공·사 단체의 장을 말한다.

6. "징병검사전문의사"란 의사 또는 치과의사 자격을 가진 사람
으로서「국가공무원법」에 따라 대통령령으로 정하는 일반직
또는 계약직 공무원으로 채용되어 신체검사업무 등에 종사하
는 사람을 말한다.

7. "전환복무"란 현역병으로 복무 중인 사람이 교정시설경비교
도·전투경찰대원 또는 의무소방원의 임무에 종사하도록 군인
으로서의 신분을 다른 신분으로 전환하는 것을 말한다.

8. "상근예비역"이란 징집에 의하여 현역병으로 입영한 사람이
일정기간을 현역병으로 복무하고 예비역에 편입된 후 향토방
위와 이와 관련된 업무를 지원하기 위하여 소집되어 실역에
복무하는 사람을 말한다.

9. "승선근무예비역"이란「선박직원법」제4조 제2항 제1호 및 제
2호에 따른 항해사 또는 기관사로서「비상대비자원 관리법」
또는「국제선박등록법」에 따라 전시·사변 또는 이에 준하는
비상시에 국민경제에 긴요한 물자와 군수물자를 수송하기 위
한 업무 또는 이와 관련된 업무의 지원을 위하여 소집되어 승
선근무하는 사람을 말한다.

10. "공익근무요원"이란 다음 각 목의 기관 등의 공익목적 수행에
필요한 사회복지, 보건·의료, 교육·문화, 환경·안전 등의 사
회서비스업무 및 행정업무 등의 지원과 예술·체육의 육성 또
는 국제협력을 위하여 소집되어 공익 분야에 복무하는 사람

을 말한다.

　가. 국가기관

　나. 지방자치단체

　다. 공공단체

　라. 「사회복지사업법」 제2조에 따라 설치된 사회복지시설(이
　　　하 "사회복지시설"이라 한다)

11. "공중보건의사"란 의사·치과의사 또는 한의사 자격을 가진 사
　　람으로서 「농어촌 등 보건의료를 위한 특별조치법」에서 정하
　　는 바에 따라 공중보건업무에 종사하는 사람을 말한다.

12. "국제협력의사"란 의사·치과의사 또는 한의사 자격을 가진 사
　　람으로서 「국제협력요원에 관한 법률」에서 정하는 바에 따라
　　국제협력업무에 종사하는 사람을 말한다.

13. "공익법무관"이란 변호사 자격을 가진 사람으로서 「공익법무
　　관에 관한 법률」에서 정하는 바에 따라 법률구조업무 또는 국
　　가·지방자치단체의 공공목적의 업무수행에 필요한 법률사무
　　에 종사하는 사람을 말한다.

14. "징병검사전담의사"란 의사 또는 치과의사 자격을 가진 사람
　　으로서 제34조에 따라 징병검사전담의사로 편입되어 신체검
　　사업무 등에 종사하는 사람을 말한다.

15. "공익수의사"란 수의사 자격을 가진 사람으로서 「공익수의사
　　에 관한 법률」에서 정하는 바에 따라 가축방역업무에 종사하
　　는 사람을 말한다.

16. "전문연구요원"이란 학문과 기술의 연구를 위하여 제36조에
　　따라 전문연구요원으로 편입되어 해당 전문 분야의 연구업무
　　에 종사하는 사람을 말한다.

17. "산업기능요원"이란 산업을 육성하고 지원하기 위하여 제36
　　조에 따라 산업기능요원으로 편입되어 해당 분야에 종사하는
　　사람을 말한다.

18. "지정업체"란 전문연구요원이나 산업기능요원이 종사할 업체

로서 다음 각 목의 업체를 말한다.

　　가. 제36조에 따라 병무청장이 선정한 연구기관, 기간산업체
　　　　및 방위산업체

　　나. 「농어업경영체 육성 및 지원에 관한 법률」 제19조에 따
　　　　른 농업회사법인(이하 "농업회사법인"이라 한다)

　　다. 「농업기계화 촉진법」 제11조 제2항에 따른 농업기계의
　　　　사후관리업체(이하 "사후관리업체"라 한다)

　19. "공공단체"란 공익목적을 수행하기 위하여 법률에 따라 설치
　　　된 법인 또는 단체로서 대통령령으로 정하는 법인 또는 단체
　　　를 말한다.

② 생략

병역법(2011. 5. 24 법률 제10704호로 개정되기 전의 것) 제3조(병역의무)

① 대한민국 국민인 남자는 헌법과 이 법에서 정하는 바에 따라 병
　역의무를 성실히 수행하여야 한다. 여자는 지원에 의하여 현역으
　로만 복무할 수 있다.

② 이 법에 따르지 아니하고는 병역의무에 대한 특례를 규정할 수
　없다.

③~④ 생략

병역법(2011. 5. 24 법률 제10704호로 개정되기 전의 것) 제5조(병역의 종류)

① 병역은 다음 각 호와 같이 구분한다.

　1. 현역: 징집이나 지원에 의하여 입영한 병(兵)과 이 법 또는
　　　「군인사법」에 따라 현역으로 임용된 장교·준사관·부사관 및
　　　무관후보생

　2. 예비역: 현역을 마친 사람, 그 밖에 이 법에 따라 예비역에 편
　　　입된 사람

　3. 보충역: 징병검사를 받아 현역 복무를 할 수 있다고 판정된
　　　사람 중에서 병력수급 사정에 의하여 현역병입영 대상자로

결정되지 아니한 사람과 공익근무요원, 공중보건의사, 징병검사전담의사, 국제협력의사, 공익법무관, 공익수의사, 전문연구요원, 산업기능요원으로 복무 또는 의무종사하고 있거나 그 복무 또는 의무종사를 마친 사람, 그 밖에 이 법에 따라 보충역에 편입된 사람

4. 제1국민역: 병역의무자로서 현역·예비역·보충역 또는 제2국민역이 아닌 사람

5. 제2국민역: 징병검사 또는 신체검사 결과 현역 또는 보충역 복무는 할 수 없으나 전시근로소집에 의한 군사지원업무는 감당할 수 있다고 결정된 사람과 그 밖에 이 법에 따라 제2국민역에 편입된 사람

②~③ 생략

병역법(2011. 5. 24 법률 제10704호로 개정되기 전의 것) **제18조**(현역의 복무)
① 현역은 입영한 날부터 군부대에서 복무한다. 다만, 국방부장관이 허가한 사람은 군부대 밖에서 거주할 수 있다.
② 현역병(지원에 의하지 아니하고 임용된 하사를 포함한다. 이하 같다)의 복무기간은 다음과 같다.
  1. 육군: 2년
  2. 해군: 2년 2개월. 다만, 해병은 2년으로 한다.
  3. 공군: 2년 4개월
③~⑥ 생략

병역법(2011.5.24 법률 제10704호로 개정되기 전의 것) **제21조**(상근예비역소집의 대상 및 선발)
① 상근예비역소집은 징집에 의하여 상근예비역소집 대상으로 입영하여 1년의 기간 내에서 대통령령으로 정하는 현역 복무기간을 마치고 예비역에 편입된 사람을 대상으로 한다.
②~⑤ 생략

병역법(2011. 5. 24 법률 제10704호로 개정되기 전의 것) **제22조**(상근예비역소집 대상자의 입영 및 소집)

① 지방병무청장은 상근예비역으로 소집될 사람을 거주지별 필요인원에 따라 현역병으로 입영하게 한다.

② 생략

병역법(2011. 5. 24 법률 제10704호로 개정되기 전의 것) **제23조**(상근예비역의 복무)

① 상근예비역으로 소집된 사람의 복무기간은 2년 6개월 이내로 하며, 제21조 제1항에 따른 현역 복무기간은 상근예비역의 복무기간에 산입한다.

②~⑧ 생략

【참조판례】

1. 헌재 2004. 8. 26. 선고 2002헌가1 결정, 『판례집』 16-2상, 141쪽.

【당사자】

제청법원	1. 춘천지방법원(2008헌가22)
	2. 대전지방법원 천안지원(2009헌가7)
	3. 전주지방법원(2009헌가24)
	4. 대구지방법원 김천지원(2010헌가16)
	5. 수원지방법원(2010헌가37)
제청신청인	1. 안승환(2009헌가7)
	2. 김세진(2010헌가37)
	3. 이희원(2010헌가37)

제청신청인들 대리인 변호사 오두진
법무법인 세종 담당변호사 이하나

청 구 인   1. 오희성(2008헌바103)

대리인 변호사 오두진

2. 김지관(2009헌바3)

대리인 변호사 오두진

법무법인 세종 담당변호사 이하나

3. 장용현(2011헌바16)

국선대리인 변호사 김채영

당해사건   1. 춘천지방법원 2007노829, 2008노31,303,327(병합)

병역법위반(2008헌가22)

2. 청주지방법원 2007노1222 병역법위반

(2008헌바103)

3. 서울북부지방법원 2007노1149 병역법위반(2009

헌바3)

4. 대전지방법원 천안지원 2007고단1575 병역법위

반(2009헌가7)

5. 전주지방법원 2009고단831 병역법위반

(2009헌가24)

6. 대구지방법원 김천지원 2009고단882 병역법위반

(2010헌가16)

7. 수원지방법원 2009노1313,1548(병합) 병역법위반

(2010헌가37)

8. 대법원 2010도13703 병역법위반(2011헌바16)

【주문】

구 병역법(2004. 12. 31. 법률 제7272호로 개정되고, 2009. 6. 9. 법률 제9754호

로 개정되기 전의 것) 제88조 제1항 제1호 및 병역법(2009. 6. 9. 법률 제9754
호로 개정된 것) 제88조 제1항 제1호는 헌법에 위반되지 아니한다.

【이유】

1. 사건개요 및 심판대상

가. 사건개요

(1) 위헌제청 사건

(가) 2008헌가22 사건

당해 사건 피고인 박수균, 여인규는 상근예비역 입영대상자, 안영호,
양세휘는 현역 입영대상자인바, 박수균은 2007년 10월 9일 강원영동
병무지청장으로부터 2007년 11월 6일까지 입영하라는 통지를, 안영호
는 2007년 8월 6일 강원지방병무청장으로부터 2007년 9월 11일까지
입영하라는 통지를, 여인규는 2007년 12월 17일 강원지방병무청장으
로부터 2008년 1월 8일까지 입영하라는 통지를, 양세휘는 2007년 6월
11일 강원지방병무청장으로부터 2007년 7월 10일까지 입영하라는 통
지를 받고도 입영기일부터 3일이 경과하도록 입영하지 아니하였다는
이유로 병역법위반으로 기소되어 춘천지방법원 항소심에 계속 중이다
[2007노829, 2008노31·303·327(병합)].

위 법원은 2008년 9월 18일 위 공소사실에 적용된 병역법 제88조
제1항 제1호가 위헌이라고 인정할 상당한 이유가 있다며, 직권으로 이
사건 위헌법률심판을 제청하였다.

(나) 2009헌가7 사건

당해 사건 피고인인 제청신청인 안승환은 현역 입영대상자인바,
2007년 5월 11일 대전충남지방병무청장으로부터 2007년 6월 18일까
지 입영하라는 통지를 받고도 입영기일부터 3일이 경과하도록 입영하

지 아니하였다는 이유로 대전지방법원 천안지원에 병역법위반으로 기소되었다(2007고단1575).

위 제청신청인은 위 재판계속 중 병역법 제88조 제1항에 대하여 위헌심판제청 신청을 하였고(2008초기354), 위 법원은 2009년 7월 31일 위 신청을 받아들여 병역법 제88조 제1항 제1호가 위헌이라고 인정할 상당한 이유가 있다며 이 사건 위헌법률심판을 제청하였다.

(다) 2009헌가24 사건

당해 사건 피고인 유다형은 현역 입영대상자인바, 2009년 5월 12일 전북지방병무청장으로부터 2009년 6월 16일까지 입영하라는 통지를 받고도 입영기일부터 3일이 경과하도록 입영하지 아니하였다는 이유로 전주지방법원에 병역법위반으로 기소되었다(2009고단831).

위 법원은 위 재판계속 중 2009년 11월 26일 병역법 제88조 제1항 제1호가 위헌이라고 인정할 상당한 이유가 있다며 직권으로 이 사건 위헌법률심판을 제청하였다.

(라) 2010헌가16 사건

당해 사건 피고인 권진성은 현역 입영대상자인바, 2009년 5월 12일 대구경북지방병무청장으로부터 2009년 6월 16일까지 입영하라는 통지를 받고도 입영기일부터 3일이 경과하도록 입영하지 아니하였다는 이유로 대구지방법원 김천지원에 병역법위반으로 기소되었다(2009고단882).

위 법원은 위 재판계속 중 2010년 1월 15일 병역법 제88조 제1항 제1호가 위헌이라고 인정할 상당한 이유가 있다며 직권으로 이 사건 위헌법률심판을 제청하였다.

(마) 2010헌가37 사건

당해 사건 피고인인 제청신청인 김세진, 이희원은 모두 현역 입영대상자인바, 김세진은 2008년 11월 27일 인천경기지방병무청장으로부터

2008년 12월 9일까지 입영하라는 통지를, 이희원은 2009년 1월 9일 인천경기지방병무청장으로부터 2009년 1월 13일까지 입영하라는 통지를 받고도 입영기일부터 3일이 경과하도록 입영하지 아니하였다는 이유로 수원지방법원 평택지원에 병역법위반으로 기소되었다.

위 제청신청인들은 1심 법원으로부터 각 1년 6월의 징역형을 선고받고, 항소하여 재판계속 중[수원지방법원 2009노1313·1548(병합)], 병역법 제88조 제1항에 대하여 위헌심판제청 신청을 하였고(2009초기3193), 위 법원은 2010년 3월 5일 위 신청을 받아들여 병역법 제88조 제1항 중 제1호가 위헌이라고 인정할 상당한 이유가 있다며 이 사건 위헌법률심판을 제청하였다.

(2) 위헌소원 사건

(가) 2008헌바103 사건

청구인 오희성은 현역 입영대상자인바, 2007년 4월 23일 충북지방병무청장으로부터 2007년 5월 22일까지 입영하라는 통지를 받고도 입영기일부터 3일이 경과하도록 입영하지 아니하였다는 이유로 청주지방법원 영동지원에 병역법위반으로 기소되었다.

위 청구인은 1심 법원으로부터 무죄를 선고받았으나 검사가 항소하여 재판계속 중(청주지방법원 2007노1222) 병역법 제88조 제1항 제1호에 대하여 위헌심판제청 신청을 하였다가 기각되자(2008초기212), 이 사건 헌법소원심판을 청구하였다.

(나) 2009헌바3 사건

청구인 김지관은 현역 입영대상자인바, 2007년 4월 11일 서울지방병무청장으로부터 2007년 5월 1일까지 입영하라는 통지를 받고도 입영기일부터 3일이 경과하도록 입영하지 아니하였다는 이유로 서울북부지방법원에 병역법위반으로 기소되었다.

위 청구인은 1심 법원으로부터 징역 1년 6월의 형을 선고받고 항소하여 재판계속 중(서울북부지방법원 2007노1149) 병역법 제88조 제1항 제1

호에 대하여 위헌심판제청 신청을 하였다가 기각되자(2008초기1008), 이 사건 헌법소원심판을 청구하였다.

(다) 2011헌바16 사건

청구인 장용현은 현역 입영대상자인바, 2010년 3월 18일 부산지방 병무청장으로부터 2010년 5월 10일까지 입영하라는 통지를 받고도 입영기일부터 3일이 경과하도록 입영하지 아니하였다는 이유로 부산지방법원에 병역법위반으로 기소되었다(2010고단2933).

위 청구인은 1심 법원으로부터 징역 1년 6월의 형을 선고받고 항소하였으나 항소 기각된 후, 대법원에 상고하여 재판계속 중(2010도13703), 병역법 제88조 제1항 등에 대하여 위헌심판제청 신청을 하였다가 기각되자(2010초기813), 이 사건 헌법소원심판을 청구하였다.

나. 심판대상

(1) 2008헌가22, 2008헌바103, 2009헌바3, 2009헌가7, 2009헌가24, 2010헌가16, 2010헌가37 사건

위 사건의 심판대상은, 구 병역법(2004. 12. 31. 법률 제7272호로 개정되고, 2009. 6. 9. 법률 제9754호로 개정되기 전의 것) 제88조 제1항 제1호의 위헌 여부이고, 그 조항의 내용은 다음과 같다.

[심판대상조항]
구 병역법(2004. 12. 31. **법률 제7272호로 개정되고**, 2009. 6. 9. **법률 제9754호로 개정되기 전의 것**) **제88조**(이하 생략, 이 책 471~472쪽 참조, 편집자 주)

(2) 2011헌바16 사건

이 사건의 심판대상은 병역법(2006. 6. 9. 법률 제9754호로 개정된 것) 제88조 제1항 제1호의 위헌 여부이고, 그 조항은 다음과 같다.

병역법(2009. 6. 9. 법률 제9754호로 개정된 것) 제88조(이하 생략, 이 책
471~472쪽 참조, 편집자 주)

(3) 심판대상조항의 정리 및 관련조항

2011헌바16 사건의 경우 2009년 6월 9일 법률 제9754호로 개정된 이
후의 현행 병역법 제88조 제1항 제1호 부분이, 나머지 사건들의 경우
위 개정 전 병역법 제88조 제1항 제1호 부분이 각 심판의 대상이 된다.
그런데 위 개정으로 인한 해당 조문의 변경 내용은, "입영 또는 소집기
일부터"를 "입영일이나 소집기일부터"로, "경과하여도"를 "지나도"로,
"불응한 때"를 "응하지 아니한 경우"로, "의 규정에 의하여"를 "에 따
라"로, "불참한 때"를 "참석하지 아니한 경우"로, "6월"을 "6개월"로 각
자구를 수정한 것에 불과하여, 실질적 내용에는 아무런 변경이 없다.

따라서 이하에서는 현행 병역법 및 구 병역법 제88조 제1항 제1호
를 통틀어 '이 사건 법률조항'이라 하기로 하며, 관련조항의 내용은
[별지] 기재와 같다.

2. 제청법원들의 위헌제청 이유와 이해관계인의 의견요지

가. 제청법원들의 위헌제청 이유요지

(1) 개인의 사상이나 양심 또는 종교적 교리를 이유로 병역의무의
이행을 거부하는 이른바 양심적·종교적 병역거부의 경우에는 헌법상
국민의 기본의무인 국방의무와 국민의 기본권인 사상·양심의 자유 또
는 종교의 자유 사이에 충돌이 일어나게 된다.

이러한 경우에는 양자의 본질적 내용을 훼손하지 않는 범위 내에서
조화·병존시키기 위하여 충돌이나 갈등을 피할 수 있는 대안을 모색하
여야 하며, 대안 마련이 불가능하여 기본권을 제한할 수밖에 없는 경우
에도 그 목적에 비례하는 범위 내의 제한에 그치지 않으면 안 된다.

(2) 헌법 제39조의 국방의 의무는 직접적인 집총병력형성의무에 한

정되는 것이 아니고 국군의 비전투요원으로 복무하거나 군부대 밖에서 대체복무에 종사함으로써 병역의무를 갈음하는 것이 얼마든지 가능하다.

그런데 현행 병역법은 종교적 신념이나 양심을 이유로 입영을 거부하는 경우 집총병력의 일원이 되지 않으면서도 대체복무 등의 방법으로 국방의무를 이행할 수 있게 하는 어떠한 입법도 하지 아니한 채 그들의 입영거부에 대하여 이 사건 법률조항에 의하여 형사 처벌하도록 규정하고 있다.

따라서 이 사건 법률조항은 양심적 병역거부자의 사상과 양심의 자유, 종교의 자유 및 평등권 등 기본권을 침해하는 것이므로 헌법 제37조 제2항에 위반된다.

나. 제청신청인들 및 청구인들의 의견요지

(1) 제청신청인들과 청구인들은 여호와의 증인 신도로서 종교적·양심적 결정에 따라 현역 입영을 거부하였는바, 국가가 국방의무의 이행과 양심적 병역거부자의 양심의 자유와의 갈등관계를 조화시킬 최소한의 노력도 하지 아니한 채, 일률적으로 입영을 강제하고 양심적 병역거부의 정당성을 부정하여 형사 처벌하게 하는 이 사건 법률조항은 우리 헌법상의 인간의 존엄과 가치(제10조), 양심의 자유(제19조), 종교의 자유(제20조)를 침해하고, 과잉금지원칙(제37조 제2항)에도 위반된다.

(2) 그리고 양심상의 이유로 병역을 거부하는 자를 형사처벌하는 것은 우리나라가 가입한 '시민적·정치적 권리에 관한 국제규약(International Covenant on Civil and Political Rights)' 제18조에 어긋나고, 국제법 존중의 원칙을 선언한 헌법 제6조 제1항에도 반한다.

다. 국방부 장관 등의 의견요지

국방부장관, 춘천지방검찰청 검사장, 전주지방검찰청 검사장, 서울북부지방검찰청 검사장, 춘천지방검찰청 원주지청장, 병무청장 등의 의견요지를 종합하면 다음과 같다.

(1) 국가의 안전보장은 국가의 존립과 영토의 보존, 국민의 생명, 안전의 수호를 위한 불가결한 전제조건이자 모든 국민이 자유를 행사하기 위한 기본적 전제조건이고, 국방의 의무는 국가의 안전보장을 실현하기 위하여 헌법이 채택한 하나의 중요한 수단이다.

이 사건 법률조항은 국방의 의무의 이행을 관철하고 강제함으로써 징병제를 근간으로 하는 병역제도하에서 병역자원의 확보와 병역부담의 형평을 기하고 궁극적으로 국가의 안전보장이라는 헌법적 법익을 실현하고자 하는 것이다.

(2) 양심적 병역거부권은 헌법상 양심의 자유 내지 종교의 자유에서 당연히 도출되는 헌법적 권리가 아니고, 국가가 양심적 병역거부자에 대하여 대체복무제를 마련할 헌법적 의무도 없다.

병역의무의 이행을 확보하기 위하여 현역입영을 거부하는 자에 대하여 형벌을 부과할 것인지, 대체복무를 인정할 것인지 여부는 입법자에게 광범위한 입법재량이 유보되어 있다.

징병제를 채택한 다른 국가에서 대체복무를 인정하고 있다고 하더라도 현재 우리 사회가 처해 있는 안보상황, 평화의 미정착, 징병의무의 사회적 공평성, 대체복무를 도입할 경우 발생할 수 있는 사회적 파장 등을 고려하여 볼 때 아직은 양심적 병역거부를 허용하는 것은 사회적 공감대 및 국민적 합의가 이루어졌다고 판단할 수 없다.

(3) 이 사건 법률조항의 쟁점에 대하여 헌재 2004. 8. 26. 2002헌가1 사건의 다수의견이 헌법에 위반되지 아니한다고 판단한 바 있는바, 그 판단내용은 이 사건에도 그대로 타당하다.

3. 판단

가. 이 사건 법률조항의 입법목적

헌법은 제5조 제2항에서 '국가의 안전보장'과 '국토방위'를 국군의 신성한 의무라고 규정하면서 제39조 제1항에서 국가안전보장을 실현하기 위한 중요한 수단으로서 '국방의 의무'를 명문으로 인정하고 있다.

또한 헌법 제37조 제2항은 국민의 모든 자유는 국가안전보장을 위하여 제한될 수 있다는 것을 밝히면서 제76조 제1항에서 국가의 안전보장을 위하여 대통령에게 국가긴급권을 부여하고 있고, 제91조에서 대통령의 자문기관으로서 국가안전보장회의를 두도록 규정하는 등 '국가의 안전보장'을 중대한 헌법적 법익으로 규정하고 있다.

국가의 안전보장은 국가의 존립과 영토의 보존, 국민의 생명·안전의 수호를 위한 불가결한 전제조건이자 모든 국민이 자유를 행사하기 위한 기본적인 전제조건으로서 헌법이 이를 명문으로 규정하는가와 관계없이 헌법상 인정되는 중대한 법익이며, 국방의 의무는 국가의 안전보장을 실현하기 위하여 헌법이 채택한 하나의 중요한 수단이다.

이 사건 법률조항은, 병역법 규정에 따른 징병검사 결과 현역 판정을 받은 현역 입영대상자에게 입영의무를 부과함으로써 국민의 의무인 국방의 의무의 이행을 관철하고 강제하고자 하는 것으로, 국민개병제도와 징병제를 근간으로 하는 병역제도하에서 병역자원의 확보와 병역부담의 형평을 기하고 궁극적으로 국가의 안전보장이라는 헌법적 법익을 실현하고자 함에 그 입법목적이 있다.

나. 이 사건 법률조항이 과잉금지원칙에 위배되는지 여부

(1) 제한되는 기본권

(가) 부작위에 의한 양심실현의 자유의 제한

1) 헌법은 제19조에서 "모든 국민은 양심의 자유를 가진다"라고 하여 양심의 자유를 국민의 기본권으로 보장하고 있다.

여기에서의 양심은 어떤 일의 옳고 그름을 판단함에 있어서 그렇게 행동하지 아니하고는 자신의 인격적인 존재가치가 허물어지고 말 것이라는 강력하고 진지한 마음의 소리로서 절박하고 구체적인 양심이다(헌재 2002. 4. 25. 선고 98헌마425 등 결정, 『판례집』 14-1, 351[363]쪽; 2004. 8. 26. 선고 2002헌가1 결정, 『판례집』 16-2상, 141[151]쪽).

즉, '양심상의 결정'이란 선과 악의 기준에 따른 모든 진지한 윤리적 결정으로서 구체적인 상황에서 개인이 이러한 결정을 자신을 구속하고 무조건적으로 따라야 하는 것으로 받아들이기 때문에 양심상의 심각한 갈등이 없이는 그에 반하여 행동할 수 없는 것을 말한다.

또한 '양심의 자유'가 보장하고자 하는 '양심'은 민주적 다수의 사고나 가치관과 일치하는 것이 아니라, 개인적 현상으로서 지극히 주관적인 것이다.

양심은 그 대상이나 내용 또는 동기에 의하여 판단될 수 없고, 양심상의 결정이 이성적·합리적인지, 타당한지 또는 법질서나 사회규범, 도덕률과 일치하는지 여부는 양심의 존재를 판단하는 기준이 될 수 없다.

일반적으로 민주적 다수는 법과 사회의 질서를 그들의 정치적 의사와 도덕적 기준에 따라 형성하기 때문에, 국가의 법질서나 사회의 도덕률과 갈등을 일으키는 양심은 현실적으로 이러한 법질서나 도덕률에서 벗어나려는 소수의 양심이다.

그러므로 양심상 결정이 어떠한 종교관·세계관 또는 그 밖의 가치체계에 기초하고 있는지와 관계없이, 모든 내용의 양심상 결정이 양심의 자유에 의하여 보장되어야 한다.

2) 헌법 제19조의 양심의 자유는 크게 양심형성의 내부영역과 이를 실현하는 외부영역으로 나누어 볼 수 있으므로, 그 구체적인 보장내용에 있어서도 내심의 자유인 '양심형성의 자유'와 양심적 결정을 외부로 표현하고 실현하는 '양심실현의 자유'로 구분된다.

양심형성의 자유란 외부로부터의 부당한 간섭이나 강제를 받지 않고 개인의 내심영역에서 양심을 형성하고 양심상의 결정을 내리는 자유를 말하고, 양심실현의 자유란 형성된 양심을 외부로 표명하고 양심에 따라 삶을 형성할 자유, 구체적으로는 양심을 표명하거나 또는 양심을 표명하도록 강요받지 아니할 자유(양심표명의 자유), 양심에 반하는 행동을 강요받지 아니할 자유(부작위에 의한 양심실현의 자유), 양심에 따른 행동을 할 자유(작위에 의한 양심실현의 자유)를 모두 포함한다.

양심의 자유 중 양심형성의 자유는 내심에 머무르는 한 절대적으로 보호되는 기본권인 반면, 양심적 결정을 외부로 표현하고 실현할 수 있는 권리인 양심실현의 자유는 법질서에 위배되거나 타인의 권리를 침해할 수 있기 때문에 법률에 의하여 제한될 수 있는 상대적인 자유이다(헌재 1998. 7. 16. 선고 96헌바35 결정, 『판례집』 10-2, 159[166]쪽 참조).

3) 헌법 제39조는 국민의 의무로서 국방의 의무를 규정하고 있고, 헌법상 국방의무를 구체화하기 위한 법률 중 하나인 병역법에 의하면, 국민이 부담하는 병역의 종류에는 현역, 예비역, 보충역, 제1국민역, 제2국민역이 있으며(제5조), 이 중 현역은 신체검사와 심리검사로 이루어진 징병검사를 거쳐 신체등위의 판정을 받은 자들 중 신체건강한 사람(신체등위 제1급에서 제4급까지)으로 편성되고(제14조 제1항 제1호), 입영한 날부터 원칙적으로 군부대에서 복무하여야 한다(제18조 제1항).

이 사건 법률조항은 이와 같은 현역복무의무의 이행을 강제하고자 현역 입영대상자들이 정당한 사유 없이 입영기일부터 3일이 경과하여도 입영하지 아니하는 경우 이들에 대하여 형사 처벌할 것을 정하고 있다.

이 사건 법률조항은 '정당한 사유 없이' 입영을 기피하는 경우만을 처벌하도록 하고 있으나, 양심상의 결정을 내세워 입영을 거부하는 것은 '정당한 사유'에 해당하지 않는다는 것이 대법원의 확고한 판례이므로(대법원 2004. 7. 15. 선고 2004도2965 전원합의체 판결 참조), 양심적 병역거부자도 일반 병역기피자와 마찬가지로 이 사건 법률조항에 의한 처벌을 받게 된다.

자신의 종교관·가치관·세계관 등에 따라 전쟁과 그에 따른 인간의 살상에 반대하는 진지한 양심이 형성되었다면, '병역의무를 이행할 수 없다'는 결정은 양심에 반하여 행동할 수 없다는 강력하고 진지한 윤리적 결정인 것이며, 현역복무라는 병역의무를 이행해야 하는 상황은 개인의 윤리적 정체성에 대한 중대한 위기상황에 해당한다.

이와 같이 상반된 내용의 2개의 명령 즉, '양심의 명령'과 '법질서의 명령'이 충돌하는 경우에 양심의 목소리를 따를 수 있는 가능성을 부여하고자 하는 것이 바로 양심의 자유가 보장하고자 하는 영역이다.

결국, 이 사건 법률조항은 형사처벌을 통하여 양심적 병역거부자에게 양심에 반하는 행동을 강요하고 있으므로, '양심에 반하는 행동을 강요당하지 아니할 자유', 즉 '부작위에 의한 양심실현의 자유'를 제한하는 규정이다.

(나) 종교의 자유와의 관계

헌법 제20조 제1항은 양심의 자유와 별개로 종교의 자유를 따로 보장하고 있고, 당해 사건 피고인들은 모두 '여호와의 증인' 신도들로서 자신들의 종교적 신앙에 따라 현역복무라는 병역의무를 거부하고 있으므로, 이 사건 법률조항에 의하여 이들의 종교의 자유도 함께 제한된다.

그러나 종교적 신앙에 의한 행위라도 개인의 주관적·윤리적 판단을 동반하는 것인 한 양심의 자유에 포함시켜 고찰할 수 있으므로, 양심의 자유를 중심으로 기본권 침해 여부를 판단하면 족하다고 할 것이다.

(2) 이 사건 법률조항이 양심의 자유를 침해하는지 여부
(가) 심사기준

헌법상 보장되는 양심의 자유는 우리 헌법이 실현하고자 하는 가치의 핵이라고 할 '인간의 존엄과 가치'와 직결되는 기본권인 반면, 이 사건 법률조항은 헌법상 기본의무인 국방의 의무를 형성하기 위한 법률인데, 국방의 의무는 국가의 존립과 안전을 위한 불가결한 헌법적 가치를 담고 있으므로 헌법적으로 양심의 자유와 국방의 의무 중 어느 것이 더 가치 있는 것이라 말하기는 곤란하다.

이처럼 헌법적 가치가 서로 충돌하는 경우, 국가권력은 양 가치를 양립시킬 수 있는 조화점을 최대한 모색해야 하고, 그것이 불가능해 부득이 어느 하나의 헌법적 가치를 후퇴시킬 수밖에 없는 경우에도 그 목적에 비례하는 범위 내에 그쳐야 한다.

그런데 헌법 제37조 제2항의 비례원칙은, 단순히 기본권제한의 일반원칙에 그치지 않고, 모든 국가작용은 정당한 목적을 달성하기 위하여 필요한 범위 내에서만 행사되어야 한다는 국가작용의 한계를 선언한 것이므로, 비록 이 사건 법률조항이 헌법 제39조에 규정된 국방의 의무를 형성하는 입법이라 할지라도 그에 대한 심사는 헌법상 비례원칙에 의하여야 한다.

(나) 목적의 정당성 및 수단의 적합성

1) 앞서 본 바와 같이 이 사건 법률조항은, 국민의 의무인 국방의 의무의 이행을 관철하고 강제함으로써 징병제를 근간으로 하는 병역제도하에서 병역자원의 확보와 병역부담의 형평을 기하고 궁극적으로 국가의 안전보장이라는 헌법적 법익을 실현하고자 하는 것으로 그 입법목적이 정당하다.

2) 또한 이 사건 법률조항은, 입영을 기피하는 현역 입영대상자에 대하여 형벌을 부과함으로써 현역복무의무의 이행을 강제하고 있으므로, 이 같은 입법목적을 달성하기 위한 적절한 수단이라고 할 것이다.

(다) 침해의 최소성에 대한 판단

이 사건 법률조항은, 국가안전보장 및 병역의무의 공평부담이라는 공익을 실현하기 위하여 그 위반자에 대하여 3년 이하의 징역형이라는 형사처벌을 부과하고 있다.

어떠한 행위를 범죄로 규정하고, 어떠한 형벌을 과할 것인가에 관하여는 원칙적으로 입법자에게 형성권이 인정되나, 형벌은 다른 법적 수단과는 비교할 수 없는 강력한 법률효과 및 기본권 제한 효과를 발생시키므로 가급적 그 사용을 억제할 필요가 있고, 따라서 형벌 아닌 다른 제재수단으로서 입법목적을 달성할 수 있다면 입법자는 마땅히 그 방법을 모색하여야 한다.

또한 병역의무부담의 형평을 유지하면서도 개인의 양심을 지켜줄 수 있는 수단 즉, 양심과 병역의무라는 상충하는 법익을 이상적으로 조화시키는 방안으로 대체복무제가 논의되고 있으므로 양심적 병역거부자에게 대체복무제를 허용하더라도 국가안보란 중대한 공익의 달성에 지장이 없는지 여부도 판단되어야 한다.

1) 형사처벌의 필요성

우리나라와 같이 국민개병과 징병제를 근간으로 하는 병역제도하에서는 병역의무이행의 실효성을 담보하기 위해 공평하고 공정한 징집이라는 병역상의 정의를 실현하는 것이 무엇보다도 중요하며, 이러한 병역상의 정의를 실현하려면 의무부과가 평등하게 이루어져야 하고, 병역의무의 이행을 확보하는 수단 또한 마련되어야 한다.

이러한 병역의무의 이행확보 수단은 복무여건이 어떠한가에 따라 그 강도가 달라질 수 있는데, 복무여건이 위험하고 열악하면 할수록 그 의무이행을 회피하는 행위에 대하여 강력한 제재가 사용될 수밖에 없다.

우리나라의 경우 병역의무를 이행하는 자들은 대부분 20대 초반의 나이에 약 2년간의 의무복무기간 동안 학업을 중단하거나 안정적 직업 및 직업훈련의 기회를 포기한 채, 아무런 대가 없이 병역에 복무하여야 하고, 그것도 열악한 복무여건 속에서 훈련에 수반되는 각종의 총기사고나 폭발물사고와 같은 위험에 노출되어 생활하여야 한다.

따라서 병역의무를 지게 되는 당사자들은 누구나 그러한 의무의 부담으로부터 벗어나기를 원하고, 그 부담을 회피하기 위해 병역이 면제될 수 있는 외국국적을 취득하거나 또는 각종 불법행위를 자행하기도 한다.

이러한 현실에서 병역기피를 방지하고 군 병력을 일정 수준으로 유지시켜 국가를 방위하려면 병역기피행위에 대한 일반적 강제수단으로서의 형사처벌은 불가피하다고 할 것이다.

2) 대체복무제의 도입가능성

대체복무제란 양심적 병역거부자로 하여금 국가기관, 공공단체, 사회복지시설 등에서 공익적 업무에 종사케 함으로써 군복무의무에 갈음하는 제도를 말한다. 현재 다수의 국가에서 헌법상 또는 법률상의 근거에 의하여 이 제도를 도입하여 병역의무와 양심 간 갈등상황을 해결하고 있는데, 이러한 입법사례를 들어 우리나라에도 대체복무제의 도입이 시급하다는 주장이 제기되고 있다.

그러나 병역의무와 관련하여 대체복무제를 도입할 것인지의 문제는 결국 양심적 병역거부자에게 대체복무제를 허용하더라도 국가안보란 중대한 공익의 달성에 아무런 지장이 없는지 여부에 대한 판단의 문제로 귀결되는바, 이러한 판단을 위해서는 아래에서 보는 여러 가지 사항이 검토되어야 한다.

① 우리나라의 특유한 안보상황

우리에겐 남한만이라도 독립된 민주국가를 세울 수밖에 없었던 헌법제정 당시의 특수한 상황이 있었고, 또 동족 간에 전면전을 했던 6·25전쟁의 생생한 기억과 더불어 휴전상태 이후 좌우의 극심한 이념 대립 속에서 군비경쟁을 통하여 축적한 막강한 군사력을 바탕으로 아직까지도 남북이 적대적 대치상태에 있는 세계 유일의 분단국인 사정도 있다.

세계적으로 냉전시대가 막을 내리고 국가적 실리에 따라 다자간의 협력시대로 나아가고 있는 지금에도, 국방·안보·북한문제에 관하여 국민들 사이에서 이념적 대립이 극심할 뿐만 아니라, 북한의 핵무기 개발, 미사일 발사 등으로 초래되는 한반도의 위기상황은 미국, 중국, 일본을 비롯한 주변국들의 외교·안보적 상황에도 큰 영향을 미치고 있으며, 특히 최근 각종의 무력 도발에서 보는 바와 같이 북한의 군사적 위협은 이제 간접적·잠재적인 것이 아니라 직접적·현실적인 것이 되고 있는 상황이다.

이러한 우리나라의 특유한 안보상황을 고려할 때, 다른 나라에서 이미 대체복무제를 시행하고 있다는 것이 우리나라에도 대체복무제를 도입하여야 하는 근거가 될 수 없을 뿐 아니라, 오히려 주관적인 사유로 병역의무의 예외를 인정하는 대체복무제를 도입하는 경우 국민들 사이에 이념적인 대립을 촉발함으로써 우리나라의 안보상황을 더욱 악화시킬 우려가 있다는 점을 심각하게 고려하여야 한다.

② 대체복무제 도입 시 병력자원의 손실

양심적 병역거부자가 전체 정원에서 차지하는 비중이 미미할 뿐만 아니라 오늘날의 국방력은 전투력에 의존하는 것만도 아니고, 현대전은 정보전·과학전의 양상을 띠어 인적 병력자원이 차지하는 중요성은 상대적으로 낮아졌으므로 대체복무제를 도입하더라도 국가안보에는 지장이 없다는 주장이 있다.

그러나 국방력에 있어 인적 병력자원이 차지하는 비중은 여전히 무시할 수 없을 뿐 아니라, 최근의 급격한 출산율 감소로 인한 병력자원의 자연감소도 감안하여야 하고, 정보전·과학전의 발달로 병력수요를 줄일 수 있다 해도 그 감축규모와 정도는 군의 정보화·과학화의 현실적 실현에 달려 있으므로, 군의 정보화·과학화에 대한 기대만으로 병력자원의 손실을 감수할 수는 없다.

그동안 이 사건 법률조항은 병역기피자들에게 형벌을 부과함으로써 양심적 병역거부자의 양산을 억제하는 역할을 담당해 왔고, 비록 현 단계에서 양심적 병역거부자가 전체 현역복무 인원에서 차지하는 비중이 크지 않다고 하더라도 대체복무제를 도입하여 형벌을 과하지 않는다면 양심적 병역거부자들과 양심을 빙자한 병역기피자들이 급증할 가능성이 있으며, 이는 남·북한 간의 군사적 긴장상태가 고조될 경우 더욱 그러할 것으로 예상된다.

③ 심사의 곤란성

어떤 개인이 단순히 양심적 병역거부를 선언한다고 하여 그것만으로 병역거부를 인정할 수는 없다.

앞서 본 바와 같이 양심의 자유의 보호대상인 '양심'은 인격의 존재가치를 좌우할 수 있는 진지한 마음의 소리이므로 진정한 양심에 따른 것인지에 대한 심사가 불가피하다.

그런데 지금까지 양심적 병역거부를 주장하는 자의 대부분은 '여호와의 증인' 신도였으므로 그간의 종교 활동을 근거로 양심적 병역거부자와 병역기피자를 어렵지 않게 구분할 수 있을 것으로 보이나, 병무비리 사건에서 볼 수 있듯이 병역을 기피하기 위하여 불법행위까지 불사하는 풍조를 고려하면 현역복무 기피를 위하여 '여호와의 증인' 신도로 개종을 하는 사람들이 나오지 않으리라는 보장이 없고, 다른 한편, 양심의 자유에서 보장하는 양심이 반드시 종교적인 신념에 기초한 것을 요하지 않으므로 자신의 윤리적·사상적 확신에 기초한 양심적 병역거부를 주장할 경우 인간의 내면에 있는 신념을 객관적 기준을 가지고 판단하기 곤란하다는 문제가 있다.

더구나 양심을 가장한 병역기피자의 경우 심사단계에서 요구하는 객관적 기준들을 충족한 듯한 상태에서 대체복무를 요구할 것이므로 심사단계에서 이들을 가려내는 것은 쉽지 않은 일이다.

④ 사회 통합의 문제

우리나라는 국민개병과 징병제를 채택함으로써 병역문제와 관련하여 국민 모두가 직·간접적으로 연관되어 있다는 점에서, 병역부담의 형평에 대한 사회적 요구가 다른 어떤 나라보다 강력하고 절대적이라 할 수 있다.

이런 상황에서 대체복무제의 도입에 관한 사회적 여론이 여전히 비판적임에도 병역의무에 대한 예외를 허용함으로써 의무이행의 형평성 문제가 사회적으로 야기된다면 대체복무제의 도입은 사회 통합을 저해하여 국가 전체의 역량에 심각한 손상을 가할 수 있고, 나아가 국민 개병 제도에 바탕을 둔 병역제도의 근간을 흔들 수도 있다.

⑤ 종전 헌법재판소의 결정에서 제시한 선행조건을 충족하였는지 여부

헌법재판소는 2004년 8월 26일 2002헌가1 사건에서 대체복무제 도입의 선행조건으로 "남북한 사이에 평화공존관계가 정착되어야 하고, 군복무여건의 개선 등을 통하여 병역기피의 요인이 제거되어야 하며, 나아가 우리 사회에 양심적 병역거부자에 대한 이해와 관용이 자리 잡음으로써 그들에게 대체복무를 허용하더라도 병역의무의 이행에 있어서 부담의 평등이 실현되며 사회통합이 저해되지 않는다는 사회공동체 구성원의 공감대가 형성되어야 한다."고 설시한 바 있으나, 지금 시점에서 위에서 제시한 선행조건 중 어느 하나라도 충족되었다고 자신 있게 말할 수 없는 상황이다.

⑥ 소결

비록 양심적 병역거부자들이 자신의 양심을 지키기 위하여 징역형

을 감수하는 상황이 국가적으로 바람직하다고 할 수는 없으나, 앞서
본 여러 사항을 고려할 때 양심적 병역거부자들에게 대체복무제를 허
용하더라도 국가안보와 병역의무의 형평성이란 중대한 공익의 달성에
아무런 지장이 없다는 판단 또한 쉽사리 내릴 수 없다.

그렇다면 양심적 병역거부자에 대하여 대체복무제를 도입하지 않은
채 형사 처벌하는 규정만을 두고 있다 하더라도, 이 사건 법률조항이
최소침해의 원칙에 반한다 할 수 없다.

(라) 법익 균형성에 대한 판단

양심적 병역거부자는 이 사건 법률조항에 따라 3년 이하의 징역이
라는 형사처벌을 받는 불이익을 입게 된다.

그러나 이 사건 법률조항이 추구하는 공익은 국가의 존립과 모든
자유의 전제조건인 '국가안보' 및 '병역의무의 공평한 부담'이라는 대
단히 중요한 공익이고, 병역의무의 이행을 거부함으로써 양심을 실현
하고자 하는 경우는 누구에게나 부과되는 병역의무에 대한 예외를 요
구하는 것이므로, 병역의무의 공평한 부담의 관점에서 타인과 사회공
동체 전반에 미치는 파급효과가 대단히 큰 점 등을 고려해 볼 때 이
사건 법률조항이 법익 균형성을 상실하였다고 볼 수는 없다.

(마) 소결론

따라서 이 사건 법률조항은 양심의 자유를 침해하지 아니한다.

다. 기타 헌법적 쟁점에 대한 판단

(1) 평등원칙의 위반 여부

이 사건 법률조항은 일반 병역기피자들과 본질적으로 다른 이유에
서 병역거부에 이른 양심적 병역거부자를 일반 병역기피자들과 같이
취급하여 처벌하는 것이어서 평등원칙에 위배되는 것이 아닌지 문제
될 수 있으나, 이는 결국 '양심적 병역거부자에게 병역의무에 대한 예
외를 인정하지 않은 것이 위헌인지'의 판단 문제로 귀착되므로, 이 사

건 법률조항의 적용에 대한 예외를 양심적 병역거부자에게 부여하지 않았다 하여 평등원칙에 위반된다고 할 수 없다.

또한 당해 사건 피고인들은 종교적 양심에 따라 병역을 거부하는 자이고, 이 사건 법률조항은 이들을 처벌하는 규정이므로 이 사건 법률조항이 헌법 제11조에 반하여 종교를 사유로 차별취급을 하는 것은 아닌지 여부가 문제가 될 수 있으나, 이 사건 법률조항은 병역거부가 양심에 근거한 것이든 아니든, 그 양심이 종교적 양심이든, 비종교적 양심이든 가리지 않고 일률적으로 규제하는 것일 뿐, 종교를 이유로 차별을 가하는 것이 아니다.

따라서 이 사건 법률조항은 평등원칙에 위반되지 아니한다.

(2) 국제규약과 헌법 제6조 제1항의 위반 여부

우리 헌법 제6조 제1항은 "헌법에 의하여 체결 공포된 조약과 일반적으로 승인된 국제법규는 국내법과 같은 효력을 가진다."고 규정함으로써 국제법질서 존중의 원칙을 선언하고 있으므로, 우리가 가입한 국제조약이나 일반적으로 승인된 국제법규에서 양심적 병역거부권을 인정하고 있다면 우리나라에도 그대로 법적인 구속력이 발생하게 된다.

(가) 국제조약과 양심적 병역거부의 문제

우리나라는 1990년 4월 10일(효력발생 시기는 1990년 7월 10일) 시민적·정치적 권리에 관한 국제규약(International Covenant on Civil and Political Rights, 이하에선 '규약'이라 한다)에 가입하였고, 규약 제18조에는 양심 및 종교의 자유에 관하여 규정하고 있는바, 규약에서 양심적 병역거부권이 도출되는지 여부와 규약이 우리 국내법으로 수용될 수 있는지에 관하여 본다.

규약 제18조에는, "① 모든 사람은 사상, 양심 및 종교의 자유를 향유할 권리를 가진다. 이러한 권리는 스스로 선택하는 종교나 신념을 가지거나 받아들일 자유와 단독으로 또는 다른 사람과 공동으로, 공적 또는 사적으로 예배, 의식, 행사 및 선교에 의하여 그의 종교나 신념을 표현할 자유를 포함한다. ② 어느 누구도 스스로 선택하는 종교나 신념을 가지거나 받아들일 자유를 침해하게 될 강제를 받지 아니한다. ③ 자신의 종교나 신념을 표명하는 자유는, 법률에 규정되고 공공의 안전, 질서, 공중보건, 도덕 또는 타인의 기본적 권리 및 자유를 보호하기 위하여 필요한 경우에만 제한할 수 있다."라고 규정하고 있고, 위 조항의 해석과 관련하여 국제연합인권이사회(Human Rights Committee)와 국제연합인권위원회(United Nations Commission on Human Rights)는 이미 여러 차례 양심적 병역거부권이 규약 제18조에 기초한 정당한 권리행사라는 점을 분명히 하고, 이 권리를 인정하지 않는 국가는 양심적 병역거부자의 신념의 본성을 차별하지 말고, 특정 사안에서 양심적 병역거부가 진지하게 이루어졌는지를 결정하기 위한 독립적이고 불편부당한 의사결정기구를 만들 것을 호소하고 있으며, 또한 징병제를 채택하고 있는 국가의 경우 비전투적 또는 민간적 임무를 수행하며 징벌적 성격을 띠지 않는 대체복무제를 실시하라는 권고를 하였다.

그러나 규약 제18조는 물론, 규약의 다른 어느 조문에서도 양심적 병역거부권(Right of conscientious objection)을 기본적인 인권의 하나로 명시하고 있지 않고, 규약의 제정 과정에서 규약 제18조에 양심적 병역거부권을 포함시키자는 논의가 있었던 것은 사실이나, 제정에 관여한 국가들의 의사는 부정적이었으며, 위 국제인권기구의 해석은 각국에 권고적 효력만 있을 뿐 법적인 구속력을 갖는 것은 아니고, 양심적 병역거부권의 인정 문제와 대체복무제의 도입문제는 어디까지나 규약 가입국의 역사와 안보환경, 사회적 계층 구조, 정치적, 문화적, 종교적 또는 철학적 가치 등 국가별로 상이하고도 다양한 여러 요소에 기반한 정책적인 선택이 존중되어야 할 분야로 가입국의 입법자에게 형성권이 인정되는 분야인 점 등을 고려하면, 규약에 따라 바로 양심적 병역거부권이 인정되거나, 양심적 병역거부에 관한 법적인 구속력이 발생한다고 보기 곤란하다.

(나) 일반적으로 승인된 국제법규와 양심적 병역거부

우리나라가 가입하지 않았지만 일반성을 지닌 국제조약과 국제관습법에서 양심적 병역거부권을 인정한다면 우리나라에서도 일반적으로 승인된 국제법규로서 양심적 병역거부의 근거가 될 수 있다.

그러나 양심적 병역거부권을 명문으로 인정한 국제인권조약은 아직까지 존재하지 않으며, 유럽 등의 일부국가에서 양심적 병역거부권이 보장된다고 하더라도 전 세계적으로 양심적 병역거부권의 보장에 관한 국제관습법이 형성되었다고 할 수 없으므로, 양심적 병역거부가 일반적으로 승인된 국제법규로서 우리나라에 수용될 수는 없다.

(다) 소결론

따라서 이 사건 법률조항에 의하여 양심적 병역거부자를 형사 처벌한다고 하더라도 국제법 존중의 원칙을 선언하고 있는 헌법 제6조 제1항에 위반된다고 할 수 없다.

(3) 기본권 보호의무 위반 여부

헌법 제10조 후문에는 "국가는 개인이 가지는 불가침의 기본적 인권을 확인하고 이를 보장할 의무를 진다."고 규정하고 있다.

여기에서 기본권 보호의무란 기본권적 법익을 기본권 주체인 사인에 의한 위법한 침해 또는 침해의 위험으로부터 보호하여야 하는 국가의 의무를 말하며, 주로 사인인 제3자에 의한 개인의 생명이나 신체의 훼손에서 문제되는바(헌재 2009. 2. 26. 선고 2005헌마764 결정, 『판례집』 21−1 상, 156[177]쪽 참조), 이 사건은 제3자에 의한 개인의 생명이나 신체의 훼손이 문제되는 사안도 아닐 뿐만 아니라, 앞서 본 바와 같이 양심의 자유라는 기본권 침해 여부를 판단하였으므로, 기본권 보호의무 위반 여부에 대해서는 따로 판단하지 않는다.

4. 결론

그렇다면 이 사건 법률조항은 헌법에 위반되지 아니하므로, 아래 5. 와 같은 재판관 목영준의 보충의견, 아래 6.과 같은 재판관 김종대의 별개의견, 아래 7.과 같은 재판관 이강국, 재판관 송두환의 한정위헌의 견을 제외한 나머지 관여 재판관들의 일치된 의견으로 주문과 같이 결 정한다.

5. 재판관 목영준의 보충의견

나는, 병역의무 이행에 대한 보상에 관하여 합리적인 제도적 정비가 이루어져 군복무로 인한 불합리한 차별이 완화된 이후에는 양심적 병 역거부자에 대한 대체복무를 허용하여도 좋다고 생각하므로 다음과 같이 보충의견을 밝힌다.

가. 헌법상 국방의 의무

우리 헌법은 제39조 제1항에서 "모든 국민은 법률이 정하는 바에 의하여 국방의 의무를 진다"고 규정함으로써 모든 국민이 국방의무의 주체임을 명시하고 있는바, 국방의 의무는 외부 적대세력의 직·간접적 인 침략행위로부터 국가의 독립을 유지하고 영토를 보전하기 위한 의 무로서, 현대전이 고도의 과학기술과 정보를 요구하고 국민전체의 협 력을 필요로 하는 이른바 총력전인 점에 비추어 ① 단지 병역법에 의 하여 군복무에 임하는 등의 직접적인 병력형성의무만을 가리키는 것 이 아니라, ② 병역법, 향토예비군설치법, 민방위기본법, 비상대비자원 관리법 등에 의한 간접적인 병력형성의무 및 ③ 병력형성이후 군작전 명령에 복종하고 협력하여야 할 의무도 포함하고 있다(헌재 1995. 12. 28. 선고 91헌마80 결정, 『판례집』 7-2, 851쪽: 헌재 2002. 11. 28. 선고 2002헌바45 결 정, 『판례집』 14-2, 704[710]쪽).

나. 불합리한 차별의 존재

이에 따라 모든 국민은 법률이 정하는 바에 따라 국방의 의무를 부담하게 되는데, 이 경우 성별(性別), 신체조건, 학력 등 개개인의 객관적 상황에 의하여 차별이 발생할 수 있으나, 그러한 차별이 헌법상 보장된 평등권을 침해하지 않기 위하여는 이를 정당화할 수 있는 합리적인 이유가 있어야만 하고, 그렇지 못한 경우에는 "누구든지 병역의무의 이행으로 인하여 불이익한 처우를 받지 아니한다."고 규정한 헌법 제39조 제2항의 취지를 존중하여 병역의무의 이행에 따른 기본권 제한을 완화시키거나 그 제한으로 인한 손실을 전보하여 주는 제도적 장치를 마련하여, 국방의무의 부담이 전체적으로 국민 간에 균형을 이룰 수 있도록 하여야 한다.

그러나 현재 국방의 의무를 구체화하고 있는 여러 법률들에 의하면 국방의무의 배분이 전체적으로 균형을 이루고 있다고 인정하기 어렵고, 나아가 병역의무의 이행에 따르는 기본권 제한을 완화시키거나 그 제한으로 인한 손실 및 공헌을 전보하여 주는 제도적 장치가 마련되어 있지도 않다(여성의 임신 및 출산에 의한 국가·사회적 역할의 중요성에 대하여 이론의 여지가 없지만, 국가가 이로 인한 손실 및 공헌을 전보하는 장치를 마련하여야 하는 문제는 병역의무의 문제와 별도로 이루어져야 한다).

다. 대체복무제 도입의 타당성

재판관 이강국, 재판관 송두환의 반대의견이 설시하는 바와 같이, 양심적 병역거부자로 하여금 병역의무에 상응한 대체복무를 이행하게 함으로써 국방의 의무와 양심의 자유 간에 조화를 이루도록 할 상당한 이유와 필요성이 있다. 그러나 앞에서 본 바와 같이 병역의무의 이행에 따른 손실의 보상 등이 전혀 이루어지지 않는 현재의 상황에서 양심의 자유에 의한 대체복무를 허용하는 것은 국민개병 제도에 바탕을 둔 병역제도의 근간을 흔들 수 있을 뿐 아니라, 사회 통합을 저해하여 국가 전체의 역량에 심각한 손상을 가할 수 있다.

라. 소결

결국 병역의무 이행에 대한 합당한 손실전보 등 군복무로 인한 차별을 완화하는 제도가 마련되지 않는 한, 양심적 병역거부자를 처벌하는 이 사건 법률조항은 헌법에 위반되지 않는다고 할 것이다.

6. 재판관 김종대의 별개의견

나는 이 사건 법률조항이 헌법에 위반되지 아니한다는 법정의견의 결론에는 찬성하지만, 결론에 이르게 된 이유의 구성에 있어서는 견해를 달리하므로, 다음과 같이 의견을 밝힌다.

가. 헌법상의 기본의무를 부과하는 법령에 대하여 적용할 위헌심사 기준

(1) 국가와 국민과의 헌법적 관계는 기본적으로 우리 헌법 제2장에서 정한 바에 따라 국민의 권리와 의무라는 두 축에 의하여 짜여 있다. 국민의 기본적 권리의 보장과 그 제한에 관하여는 헌법 제10조 내지 제37조가, 기본적 의무의 부과에 관해서는 제38조 및 제39조가 각각 규율하고 있는 것이다. 헌법이 국민의 권리와 의무를 이같이 나누어 규정하고 있는 뜻은, 우리 헌법은 국민의 관점에서 볼 때 기본권과 기본의무의 두 축으로 짜여 있고 국가의 관점에서는 기본권의 보장과 동시에 국가공동체의 보존·유지를 위한 재정력과 국방력의 확보라는 두 기본가치를 대등하게 결합시켜 놓겠다는 의미이므로, 국민의 기본권과 기본의무는 공동체의 보존·유지에 있어서 서로가 서로를 무시할 수 없는 보완·협조관계에 있다고 할 것이다.

(2) 이처럼 기본의무 조항은 국가공동체의 보존·유지라는 가치를 위하여 기본권 보장 조항과 함께 우리 헌법이 지향하는 두 기둥과 같은 역할을 하므로, 국가가 국민의 기본의무를 부과함으로써 생기는 의무의 부담과 기본권을 제한함으로써 자연적으로 생겨나는 의무의 부

담은 동일한 차원에서 평가될 수 없다.

헌법상 국민이 부담하는 기본의무는 국가공동체의 보존·유지를 목적으로 하여 헌법이 직접적으로 설정한 의무이므로, 헌법 제37조 제2항에 따라 기본권을 제한할 때 국민이 부담하게 되는 수인의무와는 그 차원과 성격이 다르기 때문이다.

(3) 헌법은 기본권에 대해서는 그 제한에 대한 독립한 위헌심사기준을 마련하고 있는데, 헌법 제37조 제2항의 소위 비례의 원칙이 그것이다.

그러나 기본의무 부과에 관해서는 기본권과는 달리 따로 그 부과의 위헌성을 심사할 기준을 마련해 놓지 않고 학설·판례에 맡기고 있다. 지금의 통설·판례는 기본의무를 부과하는 법령에 대하여도 기본적 의무부과의 뒷면에 서 있는 기본적 권리가 과잉 제한되느냐의 여부로써 그 위헌성을 심사하고 있다.

그러나 이는 앞서 본 기본권과 기본의무의 대등한 성격에 비추어 바람직하지 않고, 기본의무를 부과하는 근본목적을 고려한 새로운 기본의무 부과의 위헌심사기준을 확립할 필요가 있다.

기본의무 부과의 위헌심사기준은 앞으로 헌법재판소의 판례에 의해 형성되어야 할 것이지만 일응 ⅰ) 의무부과의 목적이 세수의 증대를 통한 국가의 재정확보, 국방력 증대를 통한 국가보존과 유지라는 헌법적 가치를 실현하기 위한 필요성에 있어야지 그 외 일체의 다른 목적을 가져서는 안 되고(국가의 유지·보존을 위한 필요성의 목적), ⅱ) 세금을 부과하거나 병역의무를 부과하고 군을 편성하는 과정에서 설정된 부과내용이, 부과 목적과의 상관관계하에서, 또 다른 중요한 헌법적 가치인 기본권 존중의 원칙 등에 부합하도록 합리적이고 타당한 경계를 설정한 것이어야 하며(부과 내용의 합리성과 타당성), ⅲ) 부과수단이나 그 대상의 선택에 있어 공평의 원칙에 반하지 않아야 할 것(부과방법의 공평성) 등을 들 수 있다(헌재 2010. 10. 28. 선고 2008헌마638 결정 중 재판관 김종대의 별개의견 참조).

(4) 기본권을 제한하는 법률이 위헌심사기준을 통과하면 그 기본권

이 제한됨으로써 생겨난 의무의 부담이 과잉이냐 아니냐와 무관하게 합헌적 법률이 되듯이, 기본의무 부과법률이 위 위헌심사기준을 통과하게 되면 그로 인해 생겨난 기본권의 제한이 과잉이냐 아니냐는 따로 따질 것 없이 합헌적 법률이 될 것이다.

즉, 기본의무 부과가 위헌이 아니라면 그 의무부과에 따르는 기본권의 제한적 상황은 이를 감수할 수밖에 없다.

나. 이 사건 법률조항의 위헌 여부

(1) 이 사건 법률조항의 성격

이 사건 법률조항은 국민이 부담하는 병역의무 중 가장 중요하다고 할 수 있는 현역복무의무의 이행을 관철하고, 강제하고자 하는 것으로서 국민의 기본적 권리를 제한하는 헌법 제37조 제2항 소정의 법령이 아니라, 국방의 의무를 형성하는 헌법 제39조 제1항 소정의 법령의 성격을 가지고 있다.

따라서 종래의 기본권 제한 법률의 심사기준으로써 그 위헌 여부를 심사할 수는 없고 위에서 본 기본의무 부과의 위헌심사기준을 적용하여 위헌여부를 심사하여야 한다.

(2) 국방의 의무에 관한 입법형성의 자유

우리 헌법 제39조는 모든 국민은 "법률이 정하는 바에 의하여" 국방의 의무를 진다고 규정하고 있고, 제74조에서는 대통령으로 하여금 "헌법과 법률이 정하는 바에 의하여" 국군을 통수하되 국군의 조직과 편성은 "법률로" 정하도록 하고 있다.

따라서 국방의 의무는, 1차적으로 법률이 정하는 바에 따라 국군의 구성원이 되는 것으로 출발하고, 나아가 오늘날의 전쟁이 고도의 과학기술과 정보를 요구하고 국민전체의 협력을 필요로 하는 이른바 총력전인 점에 비추어, 단지 병역법에 의하여 군복무에 임하는 등의 직접적인 병력형성의무뿐만 아니라, 병역법, 향토예비군설치법, 민방위기본법, 비상대비자원관리법, 전시근로동원법 등을 통한 간접적인 병력형성의무, 병력형성 이후 군작전명령에 복종하고 협력하여야 할 의무까지도 포함하는 개념으로 현행법상 구체화되어 있다(헌재 2002. 11. 28. 선고 2002헌바45 결정, 『판례집』 14-2, 704[710]쪽).

그러므로 국방의 의무에 관한 분야는 국방에 필요한 각 군의 범위 결정과 적절한 복무기간의 산정 등을 비롯한 병력의 구체적 설계, 총량의 결정, 그 배분, 안보상황의 예측 및 이에 대한 시의적절한 대응 등에 있어서 매우 전문적이고 정치적인 사항을 규율하는 속성상, 필연적으로 국회의 광범한 입법형성의 재량 속에 들어갈 수밖에 없다.

이러한 광범한 입법형성의 자유와 더불어, 국가의 안보상황, 재정능력 등의 여러 가지 상황을 고려하여 국가의 독립을 유지하고 영토를 보전함에 필요한 범위 내에서 국민 모두에게 공평한 부담을 지울 수 있도록 국방의 의무를 합리적으로 설계할 책임 역시 입법자에게 부과되어 있다고 봄이 상당하다.

(3) 기본의무 위헌심사기준의 구체적 적용
(가) 국가의 유지·보존을 위한 필요성의 목적

이 사건 법률조항은 징병검사 결과 현역 판정을 받은 현역 입영대상자에게 입영의무를 부과함으로써 국민의 의무인 국방의 의무의 이행을 관철하고, 강제하고자 하는 것으로, 국민개병 제도와 징병제를 근간으로 하는 병역제도하에서 병역자원의 확보와 병역부담의 형평을 기하고 궁극적으로 국가의 안전보장이라는 헌법적 법익을 실현하고자 하는 것이다.

따라서 이 사건 법률조항은 국가의 유지·보존(안보)을 위한 필요성에 기한 것으로 그 목적이 정당하다.

(나) 부과 내용의 합리성과 타당성

1) 이 사건 법률조항은 현역 입영대상자에게 입영기일부터 3일 이내에 지정된 군부대로 입영할 의무를 부과하고, 만약 정당한 사유 없이 입영을 하지 아니하는 경우 3년 이하의 징역형이라는 형벌의 제재

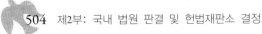

를 가하고 있다.

이와 같은 이 사건 법률조항의 규율 내용은 명확하다고 할 것이므로, 죄형법정주의의 명확성원칙에 위반되지 아니하고, 현역병의 복무기간이 약 2년 정도인 점을 감안할 때 법정형 또한 지나치게 과중하다고 볼 수 없으므로, 책임과 형벌 간의 비례원칙에 위반된다고 할 수 없다.

2) 다음으로 이 사건 법률조항이 의무를 부과함에 있어 "기본권 존중의 원칙을 충분히 존중하였는지"에 관하여 본다.

당해 사건 피고인들은, 이 사건 법률조항이 양심적 병역거부자를 위한 대체복무제를 도입하지 않은 채 형사처벌만을 부과하고 있으므로 자신들의 양심의 자유를 침해한다고 주장한다.

살피건대, 징병검사결과 현역 판정을 받은 현역 입영대상자들의 현역복무의무는 헌법상 국방의 의무라는 기본의무를 이행하는 것이므로, 대체복무제 도입 문제는 양심적 병역거부자들에 대한 기본권 침해 문제로 접근하여서는 곤란하고, 대체복무제를 도입하는 것이 국방력을 통한 공동체 유지를 위하여 필요한지의 관점에서 합리적으로 판단하여야 한다.

그런데 법정의견에서 적절하게 지적한 바와 같이 현재 상황에서 대체복무제를 도입하더라도 국가안보란 중대한 공익의 달성에 아무런 지장이 없다는 판단을 쉽사리 내릴 수 없을 뿐 아니라 앞서 본 바와 같이 국방의 의무에 관하여는 국회의 광범한 입법형성의 자유를 인정할 수밖에 없는바, 이 사건 법률조항에서 대체복무제를 도입하지 않고 있는 것이 입법자에게 요구되는 입법재량을 자의적으로 행사한 것으로 볼 수는 없다.

3) 따라서 이 사건 법률조항에 따른 의무부과의 내용은 합리성과 타당성을 갖추었다.

(다) 부과의 공평성

이 사건 법률조항은, 현역 입영을 불응하고 있는 사유가 양심에 근거한 것이든 아니든, 그 양심이 종교적 양심이든, 비종교적 양심이든 가리지 않을 뿐 아니라 입영을 불응하는 자들 중에서 특별히 선별하여 차별적인 예외나 혜택을 부여하는 경우 없이 모두를 일률적으로 형사처벌하고 있다.

그러므로 이 사건 법률조항은 의무부과의 대상을 선택함에 있어 공평성 요건도 충족하였다.

다. 소결

이 사건 법률조항은 국방의 의무를 부과하는 것으로서 기본의무 부과의 위헌심사기준에 따라 그 위헌성을 심사하여야 할 것인데, 의무부과 목적의 정당성이 인정되고, 부과 내용이 기본의무를 부과함에 있어 입법자가 유의해야 하는 여타의 헌법적 가치를 충분히 존중한 것으로서 합리적이고 타당하며, 부과의 공평성 또한 인정할 수 있다.

따라서 이 사건 법률조항은 그로 인해 불가피하게 생겨나는 기본권 제한의 점은 따로 심사할 필요 없이 헌법에 위반되지 않는다고 할 것이다.

7. 재판관 이강국, 재판관 송두환의 한정위헌의견

우리는 이 사건 법률조항 본문 중 '정당한 사유'에, 양심에 따른 병역거부를 포함하지 않는 것으로 해석하는 한 위헌이라고 생각하므로 다음과 같이 그 이유를 밝힌다.

가. 양심의 자유

헌법 제10조는 '모든 국민은 인간으로서의 존엄과 가치를 가지며, 행복을 추구할 권리를 가진다. 국가는 개인이 가지는 불가침의 기본적 인권을 확인하고 이를 보장할 의무를 가진다.'고 규정함으로써 '인간으로서의 존엄과 가치'가 모든 기본권의 가치적인 핵심지표라는 점과 아울러 기본권을 존중하고 보장하여야 하는 국가의 책무를 선언하고 있다.

나아가 헌법 제19조는 '모든 국민은 양심의 자유를 가진다'고 규정하고 있는바, 여기서의 양심은 진지하고도 절박한 구체적인 양심을 의미하는 것이다. 헌법이 양심의 자유를 기본권으로서 보호하는 근본적 취지는, 우선 헌법이 최고의 가치로 상정하고 있는 인간으로서의 존엄과 가치의 바탕이 되는 개인적 양심을 보장하기 위한 것이며, 나아가 대다수의 사회구성원과 생각을 달리하고 다른 윤리적 가치관을 가진 소수의 국민을 관용으로 받아들임으로써 민주사회에 있어서의 다양성과 개별화를 보장하여 우리사회의 동화적 통합을 추구하기 위한 것이다.

이러한 양심의 자유에는 양심을 형성하고 결정하는 자유뿐만 아니라, 작위 또는 부작위의 방법으로 양심상의 결정을 실현하는 자유도 포함된다. 양심의 자유에 소극적인 부작위에 의한 양심상의 결정을 실현하는 자유가 포함된다고 하는 것은 양심에 반하는 행위의 부당한 법적 강제를 받지 않고 나아가 국가에 대하여 양심에 반하는 부당한 법적 강제를 받지 아니할 자유를 요구할 수 있는 방어권이 국민에게 있음을 의미하는 것이다.

다만, 외부적으로 표현되는 양심실현의 자유는 헌법 제37조 제2항에 의하여 제한될 수 있는 상대적 자유임은 분명하다.

나. 국방의 의무

헌법 제5조 제2항은, '국가의 안전보장'과 '국토방위'를 국군의 신성한 의무라고 규정하고 있으며, 헌법 제39조 제1항에서는 '모든 국민은 법률이 정하는 바에 의하여 국방의 의무를 진다'고 규정하고 있고, 이러한 국방의 의무는 국가의 존립과 안전보장을 위한 불가결하고 중차대한 헌법적 가치를 담고 있으며, 이를 구체화하기 위한 법률 중의 하나가 병역법이다. 병역법상의 이 사건 법률조항은 현역 입영대상자가 '정당한 사유' 없이 입영기일로부터 3일이 경과하여도 입영하지 아니하는 경우 형사처벌하도록 규정하고 있다.

다. 헌법적 가치와 법익의 충돌 및 조화

(1) 양심적 병역거부는 일반적으로 병역의무가 인정되고 있는 국가에서 종교적·윤리적·철학적 또는 이와 유사한 동기로부터 형성된 양심상의 결정으로 병역의무의 전부 또는 일부를 거절하는 행위를 가리킨다.

자신의 종교관·가치관·세계관 등에 따라 전쟁과 그에 따른 인간의 살상에 반대하는 진지한 양심이 형성되었다면, 그러한 양심에 따르는 병역거부는 양심에 반하여는 행동할 수 없다는 강력하고도 진지한 윤리적 결정의 구체적 표현이라고 할 것인바, 그럼에도 불구하고, 병역법에 의한 현역복무라는 병역의무를 이행해야 하고 그 의무를 이행하지 않는 경우 형사처벌까지 받게 된다면 이는 개인의 윤리적 종교적 정체성의 표현인 양심의 자유에 대한 중대한 위기일 수밖에 없는 것이다.

이처럼 양심적 병역거부는 양심의 자유와 병역의 의무라고 하는 헌법적 가치와 법익이 상호 충돌하게 되는 경우인바, 이러한 때에는 소위 규범조화적 해석의 방법에 의하여 해결하는 것이 상당하다.

(2) 규범조화적 해석의 원칙은 헌법상의 기본권 상호간 또는 기본권과 헌법상의 국민의 의무 등 헌법적 가치나 법익이 상호 충돌하고 대립하는 경우에는 성급한 법익교량이나 추상적인 가치형량에 의하여 양자택일식으로 어느 하나의 가치만을 선택하고 나머지 가치를 버리거나 희생시켜서는 안 되고, 이러한 충돌하는 가치나 법익 등이 모두 최대한 실현될 수 있는 조화점이나 경계선을 찾아야 할 것이며, 이러한 조화점이나 경계선은 구체적 사건에서 개별적·비례적으로 모색되어야 한다는 원칙이다. 이러한 해석원칙은 헌법적 가치나 법익이 충돌하는 경우뿐만 아니라, 그 하위규범인 법률을 해석·적용함에 있어서도 항상 헌법적 가치나 이념이 투사되고 관철될 수 있도록 함으로써 헌법과의 실질적이고 내용적인 합치가 확보되도록 하여야 한다는 헌법적 요구를 반영하고 있는 것이다.

라. 이 사건 법률조항의 해석

(1) '정당한 사유'

(가) 헌법재판소나 대법원의 판례는, '정당한 사유'의 의미를 병역법에서 규정한 내용의 추상적 병역의무 자체는 이행할 의사를 가지고 있었으나 귀책사유 없이 불이행할 수밖에 없었던 경우, 예컨대 갑작스러운 질병 발생 등으로 예정된 기일에 입영할 수 없었던 사유 등으로 한정해석하여 왔고, 이에 따라 종교적 양심상의 결정에 의하여 현역입영을 거부한 행위는 '정당한 사유'에 해당되지 아니한다는 이유로 형사처벌을 하여 왔다.

(나) 그러나 이러한 해석은 병역법 그 자체만을 평면적 차원에서 해석한 결과이거나, 추상적인 가치형량만을 거쳐 이 사건 법률조항이 추구하는 병역의무라고 하는 가치가 청구인들이 주장하는 양심의 자유라고 하는 헌법적 가치보다 더 우월하다고 판단한 결과로서, 청구인들에 대한 병역의 의무는 완전히 이행되도록 강요된 반면, 청구인들에게 보장된 양심의 자유는 일방적으로 희생됨으로써, 서로 충돌하는 헌법적 가치나 법익들은 그 모두가 가장 잘 실현될 수 있도록 개별적·비례적으로 해석되어야 한다는 규범조화적 해석의 원칙에도 맞지 않게 되었다.

따라서 이 사건 법률조항의 '정당한 사유'를 해석함에 있어서는 그 상위규범인 헌법의 이념과 가치가 투사되어 헌법과의 사이에서 실질적이고 내용적인 합치가 관철되도록 하여야 할 것이고, 더 나아가 상호 충돌하고 있는 양심의 자유와 국방의 의무에서 파생된 병역의 의무라고 하는 헌법적 가치와 법익이 비례적으로 가장 잘 조화되고 실현될 수 있는 조화점을 찾아야 할 것이며, 그 결과 헌법상의 기본권인 양심의 자유가 병역의무나 이를 강제하는 형벌법규가 가지고 있는 법익과 비교형량하여 일정부분 보호되어야 할 이유가 있다면, 이 사건 법률조항의 '정당한 사유'의 범위는 다시 검토되어야 할 것이다.

(2) 특히, 양심적 병역거부자들에 대하여 이 사건 법률조항에 의하여 형사처벌하는 것은 다음과 같은 이유로 정당화되기 어렵다.

첫째, 양심적 병역거부행위는 사회공동체의 법질서에 대한 적극적인 공격행위가 아니라 자신의 양심을 지키려는 소극적인 행위이며, 더욱이 이들은 집총 등 병역의무 이외의 분야에서는 국가공동체를 위한 어떠한 의무도 기꺼이 이행하겠다고 지속적으로 호소하고 있다. 비록 이들의 병역거부라고 하는 결정이 국가공동체의 다수의 가치와 맞지 않는다고 하더라고 양심의 자유를 기본권으로 보장하고 있는 헌법질서 아래에서, 이러한 결정을 국가공동체가 동원할 수 있는 가장 강력한 수단인 형벌권을 직접 바로 발동하고 엄격하게 제재하여야 할 정도의 국가·사회적인 악행이라고 단정하기는 어렵다.

둘째, 형사처벌의 목적인 일반예방이나 특별예방 등의 면에서도 문제가 있다.

그 동안 우리 사회에서 양심적 병역거부는 주로 '여호와의 증인' 신도들에 의하여 행해지고 있는바, 이들이 지난 반세기 동안의 강도 높은 사회적 비난과 엄격한 처벌에도 불구하고 지금까지도 계속하여 현역입영을 거부하고 있는 사정 등에 비추어 보면, 이들의 병역거부행위는 법질서의 명령보다는 종교적 명령에 따라야 한다는 신앙적 확신에 기한 것으로 형벌의 위협으로 변경될 수 있는 성질의 것이 아닌 것으로 보인다.

또한, 양심적 병역거부자들은 교도소 등에서 모범적인 수형생활을 하고 있다고 전해지고 있다. 그들이 입영거부, 집총거부 등의 부분에서는 실정법을 위반한 범법자들이지만 그 이외의 부분, 특히 수형생활 등에서는 모범적이라고 하는 점은 양심적 병역거부가 종교적 확신의 한 표현으로서 애초부터 형사처벌을 통한 교정·교화라고 하는 형벌집행의 목적을 기대하기 어려운 경우라고 보지 않을 수 없다. 자신의 절대적이고 진지한 양심과 인격의 명령에 따라 병역을 거부할 수밖에 없다고 하는 일부 국민들에게 직접적으로, 엄격한 형사처벌을 가하여 최소 1년 6개월의 기간 동안 교도소에서 복역하도록 하는 것은 우리 헌법이 예정하고 있는 기본권의 가치에 기초한 동화적 사회통합이라고 할 수 없을 것이다.

(3) 위와 같은 사정들을 감안해보면, 절대적이고 진지한 양심의 결정에 따라 병역의무를 거부한 청구인들에게 국가의 가장 강력한 제재수단인 형벌을 가하게 된다면, 그것은 인간으로서의 존엄과 가치를 심각하게 침해하는 결과가 될 것이고, 나아가 형벌부과의 주요근거인 행위와 책임과의 균형적인 비례관계를 과도하게 일탈한 과잉조치가 될 것이며, 병역법에 합치하는 적법 행위를 할 기대가능성도 없어 보이므로, 결국 범죄자에 대한 응징과 예방, 교육 등 형벌의 본래적 목적을 달성할 수 없음이 명백해 보인다. 그러므로 이러한 특별히 예외적인 경우에는 국가의 형벌권이 한 발 양보함으로써 개인의 양심의 자유가 조금 더 존중되고 보장될 수 있는 방법을 찾는 것이 헌법질서 및 국가권력의 기본권에의 기속원칙에도 맞을 것이다.

(4) 병무청 통계에 의하면, 우리나라의 양심적 병역거부자는 2001년부터 2010년 7월까지 총 6194명으로서 연평균 약 600여 명 내외이다.

이들은 지난 세월 엄격한 형사처벌을 비롯한 법적·사실적 제재를 받아왔고, 특히 '여호와의 증인'의 신도들은 잘못된 종교적 교리에 따라 행동하는 병역기피자들이라는 비난을 받아오면서 사회적 냉대와 집단적 따돌림을 당해왔다.

특히, 병역거부에 관한 종교적 신념을 가족들이 공유하는 경우에는 형제들 모두가 형사처벌을 받거나 부자(父子)가 대(代)를 이어서 처벌되는 사례도 발생하고 있다.

마. 형사처벌에 대한 대안적 해결가능성

(1) 양심적 병역거부와 같이 병역의무와 개인의 양심이 충돌하는 경우 병역 의무의 부과를 통하여 달성하고자 하는 공익을 실현하면서도 양심상의 갈등을 제거할 수 있는 대체수단이 있다면, 그러한 방법을 통하여 그 충돌을 최소화하여야 할 것이다.

따라서 양심적 병역거부자들에 대하여 현역복무와 유사한 등가적인 대체수단을 부과할 수 있다면, 병역의무의 공평한 이행과 아울러 양심의 자유도 함께 보장할 수 있게 될 것이다.

(2) 이제 이러한 등가적인 대안 중의 하나로서 많은 선진국들이 시행해오고 있는 대체복무제도의 도입을 검토할 필요가 있다.

대체복무제의 도입에 반대하는 의견들은, 대체복무제가 도입된다면 사이비 양심적 병역거부자들이 급증할 것이 불을 보듯 뻔한데, 이러한 사이비를 가려내는 공정하고도 엄격한 심사방법이 있을 수 있을 것인지, 그리고 그 심사가 정확하고 공정하게 이루어질 수 있을 것인지, 그로 인하여 병무행정이 또 다시 과거처럼 부정과 혼탁으로 얼룩지지는 않을 것인지, 나아가 대체복무제로 인하여 국가의 안전보장과 국토방위 능력이 약화되거나 구멍이 뚫리지는 않을 것인지 등에 대한 많은 불안과 우려를 하고 있고, 이러한 염려들은 과거 우리들의 경험에 비추어 볼 때 충분한 이유가 있다고 생각된다.

따라서 이하에서는 대체복무제에 관하여 검토하기로 한다.

바. 대체복무제

(1) 외국의 선례

미국은 남북전쟁 중에도 종교교리에 따른 병역거부를 인정하였고, 본격적인 국민개병제가 시행되던 제1차 세계 대전 시에도 종교적 결정에 따른 병역거부에 대한 대체복무제도를 시행하였으며, 영국은 1916년, 스웨덴과 네덜란드는 1920년, 프랑스는 1963년, 벨기에는 1964년, 스위스는 1995년, 그리스는 1997년, 러시아는 2001년에, 각각 대체복무제도를 도입하는 등, 현재 약 31개국에서 이 제도를 도입·시행하고 있다. 특히 독일은 1949년 양심적 병역거부의 권리와 대체복무제도를 기본법에까지 규정하였으며, 우리나라와 마찬가지로 심각한 국가안보의 위협을 받고 있는 대만에서도 2000년부터 이를 도입하여 성공적으로 시행하고 있다. 또한 유엔인권위원회는 1998년과 2004년 등 여러 차례에 걸쳐 세계 각국에 대하여 양심적 병역거부권을 인정하고 징벌적 성격이 아닌 대체복무제를 실시하도록 권고해 왔다.

(2) 우리나라의 현황과 전망

(가) 한편 우리 병역법에서는 현역병 또는 보충역 입영대상자 중 일정한 자를 대상으로 공익근무요원, 전문연구요원, 산업기능요원, 국제협력요원, 예술체육요원, 공중보건의, 공익법무관 등으로 군복무를 대신할 수 있도록 하는 병역특례제도를 두고 있는바, 이는 현역 복무 대상자들의 복무기간과 비슷하거나 더 긴 기간 동안 공익을 위하여 필요한 민간업무에 종사하도록 하는 제도로서 실질적으로는 대체복무제도의 한 유형이라고 볼 수 있을 것이다(병역법 제26조 내지 제43조 참조).

2010년도의 소집현황을 보면, 공익근무요원 2만 5757명, 공중보건의사 1500명, 징병전담의사 46명, 국제협력의사 19명, 공익법무관 73명, 공중방역수의사 150명, 산업기능요원 8296명, 전문연구요원 2160명, 승선근무예비역 793명 등 총 3만 8794명이 병역특례에 의한 복무를 함으로써 실질적인 대체복무를 하게 되었다. 이러한 병역특례제도는 그 효용성이 확인되었으므로, 실질적인 대체복무제도의 성질을 갖는 병역특례제도의 성공적인 운영과 양심적 병역거부자로서 형사처벌을 받고 있는 숫자가 매년 평균 600여 명 내외인 점 등을 종합해 보면, 이들에 대하여도 대체복무를 허용한다고 하여 우리 국방에 큰 문제가 될 것으로는 예상되지 않는다.

(나) 우리나라에서 양심적 병역거부자들에 대하여 대체복무제를 허용하는 경우의 가장 큰 어려움은 양심을 빙자한 병역기피자들, 즉 사이비 양심적 병역거부자들을 가려내는 것이다. 이 문제를 해결하기 위해서는 다음과 같은 점이 중요시되어야 할 것이다.

첫째, 대체복무의 기간이 현역 복무기간과 최소한 같거나 더 장기간이 되어야 할 것이며, 또한 대체복무의 강도나 어려움도 현역근무의 경우보다 최소한 같거나 더욱 무겁고 힘들어야 할 것이다. 그렇게 함으로써 진정한 양심적 병역거부자가 아니라면 애초부터 대체복무 신청 자체를 하지 못하도록 설계되어야 할 것이다.

둘째, 사이비 양심적 병역거부자를 정확하고 엄격하게 가려낼 수 있도록 경찰 등에 의한 사전 자료 수집과 더불어 엄정한 판단을 내릴 수 있는 전문가들에 의하여 심사위원회가 구성되어야 하며, 이러한 전문가 그룹이 정확하고 공정한 심판을 할 수 있도록 필요한 모든 조치가 준비되어야 할 것이다.

대체복무제를 운영하고 있는 많은 나라들의 경험에서 보면, 대체복무제가 도입되면 사이비 양심적 병역거부자가 급증할 것이라고 하는 우려는 반드시 정확한 것이 아님이 밝혀졌다. 대체복무제도를 어떻게 설계하고 어떻게 운영하느냐에 따라 현저하게 다른 결과가 나올 수 있는 것이므로, 엄격한 사전심사와 사후관리를 통하여 진정한 양심적 병역거부자와 그렇지 못한 자를 가려내는 것이 무엇보다도 중요할 것이다.

(다) 대체복무를 통하여 양심적 병역거부자들에게 국가·공공단체 또는 사회복지시설 등에서 공익 목적에 필요한 지원업무를 수행하도록 하거나 전문적인 지식과 능력을 가진 경우 이를 활용하여 국가·사회에 기여할 수 있는 기회를 부여함으로써 이들을 건전한 국가구성원으로 받아들일 수 있게 된다면 우리사회의 동화적 통합을 위해서도 유익할 것이고, 더 나아가 넓은 의미에서의 국가안보와 우리나라에서의 자유민주주의의 확립과 발전에도 도움이 될 것이다.

사. 소결

집총의무를 포함한 병역의무를 이행하는 것이 종교적 교리 등에 의하여 옳지 않다는 확신을 가지고 있는 국민은 이 사건 법률조항에 의하여 스스로의 양심을 꺾고 병역의무를 이행하거나, 그 신념을 유지하여 형사처벌을 감수하는 두 가지 중 하나의 선택만이 가능하게 되어 있는바, 그중 어떤 선택을 하더라도 우리 헌법상의 가치적인 핵심 지표인 인간으로서 가지는 존엄과 가치는 치유될 수 없는 큰 손상을 받을 수밖에 없게 된다.

그러므로 이 사건 법률조항 중 '정당한 사유'를 해석함에 있어서는 헌법과의 실질적이고 내용적인 합치가 이루어질 수 있도록 하여야 할 것이며, 나아가 상호충돌하고 있는 양심의 자유와 병역의 의무가 비례적으로 가장 잘 조화되고 실현될 수 있도록 규범조화적인 해석을 하여야 할 것인바, 위에서 설시한 이유로 이 사건과 같은 특별한 경우에는 국가의 형벌권을 한 발 양보시키고 개인의 양심의 자유가 조금 더 보장될 수 있는 해석방법을 모색하여야 할 것이다.

결국, 이 사건 법률조항 본문 중 '정당한 사유'에, 양심에 따른 병역거부를 포함하지 않는 것으로 해석하는 한 위헌이라고 판단하는 것이 헌법과의 관계에서 정당한 해석일 것이다.

재판관 **이강국**(재판장)
　　　　조대현(퇴임으로 서명날인 불능)
　　　　김종대 민형기 이동흡 목영준 송두환 박한철 이정미

§별지 §- 관련조항

헌법 제5조

② 국군은 국가의 안전보장과 국토방위의 신성한 의무를 수행함을 사명으로 하며, 그 정치적 중립성은 준수된다.

제39조

① 모든 국민은 법률이 정하는 바에 의하여 국방의 의무를 진다.

② 누구든지 병역의무의 이행으로 인하여 불이익한 처우를 받지 아니한다.

제74조

① 대통령은 헌법과 법률이 정하는 바에 의하여 국군을 통수한다.

② 국군의 조직과 편성은 법률로 정한다.

병역법 제2조

① 이 법에서 사용되는 용어의 뜻은 다음과 같다.

1. "징집"이란 국가가 병역의무자에게 현역에 복무할 의무를 부과하는 것을 말한다.

2. "소집"이란 국가가 병역의무자 중 예비역·보충역 또는 제2국민역에 대하여 현역 복무 외의 군복무의무 또는 공익분야에서의 복무의무를 부과하는 것을 말한다.

3. "입영"이란 병역의무자가 징집·소집 도는 지원에 의하여 군부대에 들어가는 것을 말한다.

8. "상근예비역"이란 징집에 의하여 현역병으로 입영한 사람이 일정기간을 현역병으로 복무하고 예비역에 편입된 후 향토방위와 이와 관련된 업무를 지원하기 위하여 소집되어 실역에 복무하는 사람을 말한다.

제3조(병역의무)

① 대한민국 국민인 남자는 헌법과 이 법에서 정하는 바에 따라 병

역의무를 성실히 수행하여야 한다. 여자는 지원에 의하여 현역으로만 복무할 수 있다.

② 이 법에 따르지 아니하고는 병역의무에 대한 특례를 규정할 수 없다.

제5조(병역의 종류)

① 병역은 다음 각 호와 같이 구분한다.

1. 현역: 징집이나 지원에 의하여 입영한 병(兵)과 이 법 또는 「군인사법」에 따라 현역으로 임용된 장교(將校)·준사관(准士官)·부사관(副士官) 및 무관후보생(武官候補生)

2. 예비역: 현역을 마친 사람, 그 밖에 이 법에 따라 예비역에 편입된 사람

3. 보충역: 징병검사를 받아 현역 복무를 할 수 있다고 판정된 사람 중에서 병력수급(兵力需給) 사정에 의하여 현역병입영 대상자로 결정되지 아니한 사람과 공익근무요원(公益勤務要員), 공중보건의사(公衆保健醫師), 징병검사전담의사, 국제협력의사, 공익법무관(公益法務官), 공중방역수의사, 전문연구요원, 산업기능요원으로 복무 또는 의무종사하고 있거나 그 복무 또는 의무종사를 마친 사람, 그 밖에 이 법에 따라 보충역에 편입된 사람

4. 제1국민역: 병역의무자로서 현역·예비역·보충역 또는 제2국민역이 아닌 사람

5. 제2국민역: 징병검사 또는 신체검사 결과 현역 또는 보충역 복무는 할 수 없으나 전시근로소집에 의한 군사지원업무는 감당할 수 있다고 결정된 사람과 그 밖에 이 법에 따라 제2국민역에 편입된 사람

제18조(현역의 복무)

① 현역은 입영한 날부터 군부대에서 복무한다. 다만, 국방부장관이 허가한 사람은 군부대 밖에서 거주할 수 있다.

② 현역병(지원에 의하지 아니하고 임용된 하사를 포함한다. 이하 같다)의 복무기간은 다음과 같다.

1. 육군은 2년
2. 해군은 2년 2개월. 다만, 해병은 2년으로 한다.
3. 공군은 2년 4개월

제21조(상근예비역 소집의 대상 및 선발)

① 상근예비역 소집은 징집에 의하여 상근예비역 소집대상으로 입영하여 1년의 기간 내에서 대통령령으로 정하는 현역 복무기간을 마치고 예비역에 편입된 사람을 대상으로 한다.

제22조(상근예비역 소집대상자의 입영과 소집)

① 지방병무청장은 상근예비역으로 소집될 사람을 거주지별 필요인원에 따라 현역병으로 입영하게 한다.

제23조(상근예비역의 복무)

① 상근예비역으로 소집된 사람의 복무기간은 2년 6개월 이내로 하며, 제21조 제1항에 따른 현역 복무기간은 상근예비역의 복무기간에 산입한다.

헌법재판소 결정
(향토예비군설치법 사건, 2011. 8. 30.)^{*#}

【판시사항】

1. 구 향토예비군설치법(1999. 1. 29. 법률 제5704호로 개정되고, 2010. 1. 25. 법률 제9945호로 개정되기 전의 것) 제15조 제8항 중 "같은 법 제6조 제1항의 규정에 의한 훈련을 정당한 사유 없이 받지 아니한 자"에 관한 부분(이하 '이 사건 법률조항'이라 한다)이 이중처벌금지의 원칙에 위반되는지 여부(소극)

2. 이 사건 법률조항이 과잉금지원칙에 위반하여 양심적 예비군 훈련거부자의 양심의 자유를 침해하는지 여부(소극)

3. 이 사건 법률조항이 평등원칙에 위반되는지 여부(소극)

4. 이 사건 법률조항이 국제법 존중의 원칙을 선언하고 있는 헌법 제6조 제1항에 위반되는지 여부(소극)

【결정요지】

1. 이 사건 법률조항에 따라 처벌되는 범죄행위는 '예비군 복무 전체 기간 동안의 훈련 불응행위'가 아니라 '정당한 사유 없이 소집통지

---

* 헌재 2011. 8. 30. 선고 2007헌가12, 2009헌바103(병합) 결정[향토예비군설치법 제15조 제8항 위헌제청 등].

\# 같은 날에 병역법 조항에 대한 위헌제청 사건의 결정도 있었다. 이 결정문과 중복되거나 꼭 필요하지 않은 내용은 [⋯]으로 표시하고 생략하였다(편집자 주).

서를 받은 당해 예비군 훈련에 불응한 행위'라 할 것이므로, 양심적 예비군 훈련거부자에 대하여 유죄의 판결이 확정되었더라도 이는 소집통지서를 교부받은 예비군 훈련을 불응한 행위에 대한 것으로 새로이 부과된 예비군 훈련을 또 다시 거부하는 경우 그에 대한 형사처벌은 가능하다고 보아야 한다. 따라서 이 사건 법률조항이 이중처벌금지원칙에 위반된다고 할 수는 없다.

2. 이 사건 법률조항은, 국방의 의무 중 하나인 예비군 훈련의무를 강제함으로써 예비군 전력을 유지하고, 병역의무 부담의 형평성을 기하며 궁극적으로 국가의 안전보장이라는 헌법적 법익을 실현하고자 하는 것으로 그 입법목적이 정당하고, 예비군 훈련에 불응한 자들에 대하여 형벌을 부과함으로써 예비군 훈련의무의 이행을 강제하고 있으므로, 이 같은 입법목적을 달성하기 위한 적절한 수단이다.

또한 예비군 훈련의무와 관련하여 대체복무제를 도입할 것인지의 문제는 결국 '대체복무제를 허용하더라도 국가안보라는 중대한 공익의 달성에 아무런 지장이 없는지 여부'에 대한 판단의 문제로 귀결되는바, 대체복무제 도입은 현역 및 예비역을 포함한 전체 국방력 차원에서 국가안보라는 공익과 결부하여 검토되어야 할 분야인데, 남북이 대치하고 있는 우리나라의 특유한 안보상황, 대체복무제 도입 시 발생할 병력자원의 손실 문제, 예비군 훈련거부가 진정한 양심에 의한 것인지 여부에 대한 심사의 곤란성, 사회적 여론이 비판적인 상태에서 대체복무제를 도입하는 경우 사회 통합을 저해하여 국가 전체의 역량에 심각한 손상을 가할 우려가 있는 점 및 종전 헌법재판소의 결정에서 제시한 선행조건들이 아직도 충족되지 않고 있는 점 등을 고려할 때 대체복무제를 허용하더라도 국가안보와 병역의무의 형평성이라는 중대한 공익의 달성에 아무런 지장이 없다는 판단을 쉽사리 내릴 수 없으므로, 양심적 예비군 훈련거부자에 대하여 대체복무제를 도입하지 않은 채 형사처벌 규정만을 두고 있다고 하더라도 이 사건 법률조항이 최소침해의 원칙에 반한다고 할 수 없다.

양심적 예비군 훈련거부자는 이 사건 법률조항에 따라 형사처벌을 받게 되나, 이 사건 법률조항이 추구하는 공익은 국가의 존립과 모든 자유의 전제조건인 '국가안보' 및 '병역의무의 공평한 부담'이라는 대단히 중요한 공익이고, 예비군 훈련의무의 이행을 거부함으로써 양심을 실현하고자 하는 경우는 누구에게나 부과되는 예비군 훈련의무에 대한 예외를 요구하는 것이므로 병역의무의 공평한 부담의 관점에서 볼 때 타인과 사회공동체 전반에 미치는 파급효과가 대단히 큰 점 등을 고려해 볼 때 이 사건 법률조항이 법익균형성을 상실하였다고 볼 수는 없다. 따라서 이 사건 법률조항은 양심의 자유를 침해하지 아니한다.

3. 이 사건 법률 조항은 예비군 훈련거부가 양심에 근거한 것이든 아니든, 그 양심이 종교적 양심이든, 비종교적 양심이든 가리지 않고 일률적으로 규제하는 것일 뿐, 양심이나 종교를 사유로 차별을 가하는 것도 아니므로 평등원칙에 위반되지 아니한다.

4. 우리나라가 1990년 4월 10일 가입한 시민적·정치적 권리에 관한 국제규약(International Covenant on Civil and Political Rights)에 따라 바로 양심적 병역거부권이 인정되거나 양심적 병역거부에 관한 법적인 구속력이 발생한다고 보기 곤란하고, 양심적 병역거부권을 명문으로 인정한 국제인권조약은 아직까지 존재하지 않으며, 유럽 등의 일부국가에서 양심적 병역거부권이 보장된다고 하더라도 전 세계적으로 양심적 병역거부권의 보장에 관한 국제관습법이 형성되었다고 할 수 없어 양심적 병역거부가 일반적으로 승인된 국제법규로서 우리나라에 수용될 수는 없으므로, 이 사건 법률조항에 의하여 양심적 예비군 훈련거부자를 형사처벌한다고 하더라도 국제법 존중의 원칙을 선언하고 있는 헌법 제6조 제1항에 위반된다고 할 수 없다.

[…]

【심판대상조문】

구 향토예비군설치법(1999. 1. 29. 법률 제5704호로 개정되고, 2010. 1. 25. 법률 제9945호로 개정되기 전의 것) 제15조(벌칙)

①~⑦ 생략

⑧ 제6조 제1항의 규정에 의한 훈련을 정당한 사유 없이 받지 아니한 자, 그 훈련을 받을 자를 대리하여 훈련을 받은 자, 동 조 제2항의 규정에 의한 지휘관의 정당한 명령에 반항하거나 복종하지 아니한 자, 정당한 사유 없이 제6조의2의 규정에 의한 소집통지서를 전달할 수 없도록 주민등록법 제10조의 규정에 의한 신고를 하지 아니하거나 사실과 달리 신고하여 주민등록법 제8조 또는 제17조의2의 규정에 의하여 주민등록이 말소된 자 또는 제8조 제1항의 명령에 위반한 자는 1년 이하의 징역, 200만 원 이하의 벌금, 구류 또는 과료에 처한다.

⑨~⑪ 생략

【참조조문】

헌법 제5조 제2항, 제39조 제1항, 제2항, 제74조 제1항, 제2항

구 향토예비군설치법(2010. 1. 25. 법률 제9945호로 개정되기 전의 것) 제3조(예비군의 조직) […] 제6조(훈련) […]

병역법(2011. 5. 24 법률 제10704호로 개정된 것) 제1조 […], 제2조 […], 제3조 […]

【참조판례】

1. 헌재 2005. 7. 21. 선고 2003헌바98 결정, 『판례집』 17-2, 34[41]쪽.

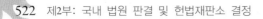

2. 헌재 2004. 8. 26. 선고 2002헌가1 결정, 『판례집』 16-2상, 141쪽.

【당사자】

제청법원   울산지방법원(2007헌가12)
청 구 인   도용수(2009헌바103) 대리인 변호사 오두진
      대리인 법무법인 세종 담당 변호사 이하나
당해사건   울산지방법원 2007고정202 향토예비군설치법위반
      (2007헌가12) 울산지방법원 2009고정203 향토예비군
      설치법위반(2009헌바103)

【주문】

구 향토예비군설치법(1999. 1. 29. 법률 제5704호로 개정되고, 2010. 1. 25. 법률 제9945호로 개정되기 전의 것) 제15조 제8항 중 "같은 법 제6조 제1항의 규정에 의한 훈련을 정당한 사유 없이 받지 아니한 자"에 관한 부분은 헌법에 위반되지 아니한다.

【이유】

1. 사건개요 및 심판대상

가. 사건개요

(1) 2007헌가12

(가) 당해 사건 피고인은 향토예비군 대원인바, 2006년 9월 14일 같은 달 25일부터 27일까지 양산석계교장에서 실시하는 '2006년 동원미

지정자 2차 훈련(24시간)'을 받으라는 육군 제7508부대 제1대대장의 훈
련소집통지서를 받고도 정당한 사유 없이 위 훈련을 받지 아니하고,
2006년 9월 17일 19:30경 같은 달 29일에 양산석계교장에서 실시하는
'2006년 전반기 향토방위 작전계획 3차 보충훈련(6시간)'을 받으라는
같은 부대장 명의의 훈련소집통지서를 전달받고도 정당한 사유 없이
위 훈련을 받지 아니하였다는 이유로 향토예비군설치법 제15조 제8항
위반으로 울산지방법원에 공소제기되어 재판계속 중이다(울산지방법원
2007고정202).

(나) 당해 사건 피고인은 위 재판과정에서 자신은 2003년 8월경 현
역병으로 입영하여 복무하다가 2005년 8월경 전역한 뒤 여호와의 증
인 신도가 되었는바, 자신의 종교적 양심에 따라 예비군 훈련을 거부
하였다고 주장하였고, 위 법원은 2007년 4월 18일 향토예비군설치법
제15조 제8항 중 "같은 법 제6조 제1항의 규정에 의한 훈련을 정당한
사유 없이 받지 아니한 자" 부분에 대하여 종교적 양심에 따른 예비군
훈련거부자의 양심의 자유 등을 침해한다는 이유로 직권으로 이 사건
위헌여부심판을 제청하였다.

(2) 2009헌바103

(가) 청구인은 울산 울주군 ○○읍대 소속 향토예비군 대원인바,
2008년 10월 24일경 2008년 11월 3일 09:00부터 같은 달 5일 18:00까
지 육군 제7765부대 제1대대 울주군 예비군훈련장인 대암교장에서 실
시하는 '2006년 이월보충훈련(24시간)'에 참석하라는 훈련소집통지서를
직접 수령하고도 정당한 사유 없이 훈련을 받지 아니하였다는 이유로
향토예비군설치법 제15조 제8항 위반으로 울산지방법원에 공소제기
되어 재판계속 중이다(2009고정203).

(나) 청구인은 당해 형사소송이 계속 중 위 향토예비군설치법 제15
조 제8항 중 "같은 법 제6조 제1항의 규정에 의한 훈련을 정당한 사유
없이 받지 아니한 자" 부분은 헌법상 보장된 양심의 자유 등을 침해한
다고 주장하면서 위헌법률심판제청신청을 하였으나 기각되자, 2009년

5월 27일 이 사건 헌법소원심판을 청구하였다.

나. 심판대상

이 사건의 심판대상은 구 향토예비군설치법(1999. 1. 29. 법률 제5704호로 개정되고, 2010. 1. 25. 법률 제9945호로 개정되기 전의 것) 제15조 제8항 중 "같은 법 제6조 제1항의 규정에 의한 훈련을 정당한 사유 없이 받지 아니한 자"에 관한 부분(이하 '이 사건 법률조항'이라 한다)이고, 그 조항 및 관련조항의 내용은 다음과 같다.

[심판대상조항]
구 향토예비군설치법(1999. 1. 29. 법률 제5704호로 개정되고, 2010. 1. 25. 법률 제9945호로 개정되기 전의 것) 제15조(벌칙)
⑧ 제6조 제1항의 규정에 의한 훈련을 정당한 사유 없이 받지 아니한 자, 그 훈련을 받을 자를 대리하여 훈련을 받은 자, 동조 제2항의 규정에 의한 지휘관의 정당한 명령에 반항하거나 복종하지 아니한 자, 정당한 사유 없이 제6조의2의 규정에 의한 소집통지서를 전달할 수 없도록「주민등록법」제10조의 규정에 의한 신고를 하지 아니하거나 사실과 달리 신고하여「주민등록법」제8조 또는 제20조의 규정에 의하여 주민등록이 말소되거나 거주불명 등록이 된 자 또는 제8조 제1항의 명령에 위반한 자는 1년 이하의 징역, 200만 원 이하의 벌금, 구류 또는 과료에 처한다.

[…]

3. 판단

[…]

나. 이 사건 법률조항이 이중처벌금지의 원칙에 위배되는지 여부
자신의 양심적 결정에 따라 예비군 훈련을 거부한 자(예비역복무도 병역의 일종이므로 이들은 '양심적 병역거부자'에 포함된다. 다만, 이들은 현역복무를 마친 후 예비군 훈련을 거부하고 있는 자이므로 이하 '양심적 예비군 훈련거부자'로 부르기로 한다)의 경우 이 사건 법률조항에 따라 처벌을 받았다고 하더라도 예비군 훈련 의무 자체가 면제되는 것은 아니므로, 예비군복무 기간 동안 계속적으로 훈련의무가 부과되고[예비군 교육훈련에 관한 훈령(국방부 훈령 제1119호) 제33조] 그 위반 시 반복적으로 처벌되므로 이 사건 법률조항이 이중처벌금지의 원칙에 위배되는지 여부가 문제된다.

살피건대, 헌법 제13조 제1항은 "모든 국민은 …… 동일한 범죄에 대하여 거듭 처벌받지 아니한다."고 하여 '이중처벌금지의 원칙'을 규정하고 있다. 이 원칙은 한 번 판결이 확정되면 동일한 사건에 대해서는 다시 심판할 수 없다는 '일사부재리의 원칙'이 국가형벌권의 기속원리로 헌법상 선언된 것으로서, 동일한 범죄행위에 대하여 국가가 형벌권을 거듭 행사할 수 없도록 함으로써 국민의 기본권, 특히 신체의 자유를 보장하기 위한 것이다.

그런데 이러한 이중처벌은 처벌 또는 제재가 동일한 행위를 대상으로 하여 거듭 행해질 때 발생하는 문제인데(헌재 2005. 7. 21. 선고 2003헌바98 결정, 『판례집』 17-2, 34[41]쪽 참조), 이 사건 법률조항에 따라 처벌되는 범죄행위는 '예비군복무 전체 기간 동안의 훈련 불응행위'가 아니라 '정당한 사유 없이 소집통지서를 받은 당해 예비군 훈련에 불응한 행위'라 할 것이므로, 양심적 예비군 훈련거부자에 대하여 유죄의 판결이 확정되었더라도 이는 소집통지서를 교부받은 예비군 훈련을 불응한 행위에 대한 것으로 새로이 부과된 예비군 훈련을 또 다시 거부하는 경우 그에 대한 형사처벌은 가능하다고 보아야 한다. 따라서 이 사건 법률조항이 이중처벌금지원칙에 위반된다고 할 수는 없다.

다만, 이미 처벌받은 양심적 예비군 훈련거부자에 대하여 반복적으로 예비군 훈련의무를 부과하고, 그 위반 시 이 사건 법률조항을 적용하여 거듭 처벌하는 것이 과잉금지원칙에 위배되는지가 문제되는바, 이에 대하여는 아래의 다. 항에서 판단한다.

다. 이 사건 법률조항이 과잉금지원칙에 위배되는지 여부

[…]

(2) 이 사건 법률조항이 양심의 자유를 침해하는지 여부

[…]

(다) 침해의 최소성에 대한 판단

이 사건 법률조항은 국가안보보장 및 병역의무의 공평부담이라는 공익을 실현하기 위하여 그 위반자에 대하여 1년 이하의 징역, 200만 원 이하의 벌금, 구류 또는 과료라는 형사처벌을 부과하고 있다. 어떠한 행위를 범죄로 규정하고, 어떠한 형벌을 과할 것인가에 관하여는 원칙적으로 입법자에게 형성권이 인정되나, 형벌은 다른 법적 수단과는 비교할 수 없는 강력한 법률효과 및 기본권 제한 효과를 발생시키므로 가급적 그 사용을 억제할 필요가 있고, 따라서 형벌 아닌 과태료 등 행정적 제재수단으로서 입법목적을 달성할 수 있다면 입법자는 마땅히 그 방법을 모색하여야 한다.

또한 병역의무부담의 형평을 유지하면서도 개인의 양심을 지켜줄 수 있는 수단 즉, 양심과 병역의무라는 상충하는 법익을 이상적으로 조화시키는 방안으로 대체복무제가 논의되고 있으므로 양심적 예비군 훈련 거부자에게 대체복무제를 허용하더라도 국가안보라는 중대한 공익의 달성에 지장이 없는지 여부도 판단되어야 한다.

1) 행정적 제재의 대체 가능성

현역복무와 달리 일반 예비군 훈련은 정상적인 사회생활을 하는 가운데 1년에 약 3회 정도 단기간의 출퇴근 훈련을 받는 것에 불과하므로 그 의무를 불이행한 경우에 반드시 형사처벌이라고 하는 최후의 제재수단을 동원할 것이 아니라 과태료 등 가벼운 행정적 제재를 부과함으로써도 그 입법목적을 달성할 수 있을 것인지 문제된다.

살피건대, 과태료 등 금전적 제재의 액수가 경한 경우에는 과태료 제재를 통하여 예비군 훈련의무의 확보가 보장되기 어려우므로 이 사건 법률조항의 입법목적을 달성하기 위하여는 과태료의 액수가 심리적 부담을 줄 수 있는 정도이어야 한다. 그런데 이러한 과중한 액수가 경제적으로 여유가 없는 계층에 대하여는 형사처벌과 유사한 효과를 발생시킬 수 있는 반면, 시간적 기회비용의 손실을 꺼려하는 고수익자에 대하여는 그 제재가 예비군 훈련을 강제할 만큼 충분한 강제력을 발휘할 수 없으므로, 자칫 과태료에 의한 제재가 경제적으로 여유 있는 계층에게 예비군훈련 회피의 통로를 열어줌으로써 결과적으로 소득계층 간의 차별을 발생시킬 우려가 높다.

그렇다면 과태료 등 행정적 제재로서는 병역의무의 공평한 부담이라는 공익을 달성하기 어려우므로 예비군 훈련의무의 불이행에 대한 일반적 강제수단으로서 형사처벌은 불가피하다고 할 것이다.

[…]

(라) 법익균형성에 대한 판단

양심적 예비군 훈련거부자는 이 사건 법률조항에 따라 1년 이하의 징역, 200만 원 이하의 벌금, 구류 또는 과료라는 형사처벌을 받게 된다. 또한 훈련거부로 인해 이미 처벌받은 전력이 있더라도 예비군 훈련 의무 자체가 면제되는 것은 아니므로 예비군복무기간 동안 반복적인 예비군 훈련의무의 부과와 그 위반 시 계속적인 처벌을 받는 불이익을 입게 된다.

그러나 이 사건 법률조항이 추구하는 공익은 국가의 존립과 모든 자유의 전제조건이 되는 '국가안보' 및 '병역의무의 공평한 부담'이라는 대단히 중요한 공익이다. 또한 이 사건 법률조항에는 법정형으로 구류 또는 과료형도 있어 담당 재판부의 판단에 따라 양심적 예비군

훈련거부자에게 구류 또는 과료 등 경미한 형의 선고도 가능한 점, 이 사건 법률조항에 의하여 강제되는 예비군 훈련은 정상적인 사회생활을 하는 가운데 1년에 약 3회 정도 출퇴근을 하는 형태로 그 의무이행이 과중하다고 할 수 없는 점, 예비군 훈련은 전역 후 일정기간에 걸쳐 이루어지는 일련의 단계적이고 체계적인 전투수행 교육으로서 예비군복무기간 동안 단계적으로 부과될 수밖에 없으므로 1회 형사처벌을 받았다고 하여 나머지 교육훈련 전체를 면제하게 되면 단계적이고 체계적인 교육을 할 수 없게 되고, 따라서 예비군 훈련의 반복적 부과와 그 위반 시 반복적 처벌은 불가피한 점, 무엇보다도 예비군 훈련의무의 이행을 거부함으로써 양심을 실현하고자 하는 경우는 누구에게나 부과되는 예비군 훈련의무에 대한 예외를 요구하는 경우이므로 병역의무의 공평한 부담의 관점에서 볼 때 타인과 사회공동체 전반에 미치는 파급효과가 대단히 큰 점 등을 종합적으로 고려해 볼 때, 이 사건 법률조항이 법익균형성을 상실하였다고 볼 수는 없다.

[…]

7. 재판관 이강국, 재판관 송두환의 한정위헌의견

[…]

다. 이 사건 법률조항의 해석

[…]

또한 양심적 예비군 훈련거부자는 예비군 훈련의무가 반복적으로 부과됨에 따라 약 10회 이상의 형사처벌 등을 반복적으로 받게 되는바, 그와 같은 반복적인 처벌에도 불구하고 양심적 결정을 변경하지 않고 있는 점 등을 고려하면, 양심적 결정에 기한 예비군 훈련거부는 애초부터 형사처벌을 통한 교정·교화라고 하는 형벌집행의 목적을 기대하기는 어려운 경우라고 보지 않을 수 없다.

양심의 결정에 따라 예비군 훈련을 거부하는 자는 장기간 동안 반복될 형사상의 제재를 앞두고 매번 자신의 양심을 변경할 것인지 여부를 번민하고 선택해야 하는 상황에 처하게 되는 것이고, 이는 인간을 양심의 교정 및 수정을 요구하는 시험대에 반복적으로 세우는 것이 된다.

자신의 절대적이고 진지한 양심과 인격의 명령에 따라 병역을 거부할 수밖에 없다고 하는 일부 국민들에게 반복적인 형사처벌을 가하는 것은 우리 헌법이 예정하고 있는 기본권의 가치에 기초한 동화적 사회통합이라고 할 수 없을 것이다.

[…]

바. 대체복무제
[…]

(2) 예비군 훈련에 대한 대체복무의 현황과 전망

(가) 현재 우리나라의 예비군의 규모는 약 300만 명(4년차 이내 149만 명, 5년차 이상 155만 명)임에 반하여, 예비군설치법상의 예비군 훈련의무는 이미 현역복무를 마친 자를 대상으로 하기 때문에, 양심을 이유로 훈련을 거부한 양심적 예비군 훈련거부자들의 숫자는 1년에 10명 내지 20명 정도로 극히 소수이다.

[…]

재판관 이강국(재판장)
　　　　조대현(퇴임으로 서명날인 불능)
　　　　김종대 민형기 이동흡 목영준 송두환 박한철 이정미

서울북부지방법원 결정(2013. 1. 14.)*

서울북부지방법원 결정

사건   2012초기 1554 위헌심판제청
             (2012고단 2397 병역법위반)
피고인   강신왕
신청인   피고인의 변호인 변호사 백종건

【주문】

병역법 제88조 제1항 제1호에 관한 위헌여부 심판을 헌법재판소에 제청한다.

구 병역법(2011. 5. 24. 법률 제10704호로 개정되기 전의 것) 제3조 제1항, 제2항, 병역법 제5조 제1항에 관한 위헌심판제청신청을 각하한다.

【이유】

1. 제청신청 대상 법률조항

제3조(병역의무)(2011. 5. 24. 법률 제10704호로 개정되기 전의 것)

* 서울북부지방법원 2013. 1. 14. 선고 2012고단2397[위헌제청결정].

① 대한민국 국민인 남성은 헌법과 이 법에서 정하는 바에 따라 병역의무를 성실히 수행하여야 한다. 여자는 지원에 의하여 현역 및 예비역으로만 복무할 수 있다.

② 이 법에 따르지 아니하고는 병역의무에 대한 특례를 규정할 수 없다.

제5조(병역의 종류)

① 병역은 다음 각 호와 같이 구분한다.

 1. 현역: 징집이나 지원에 의하여 입영한 병과 이 법 또는 「군인사법」에 따라 현역으로 임용된 장교·준사관·부사관 및 무관후보생

 2. 예비역: 현역을 마친 사람, 그 밖에 이 법에 따라 예비역에 편입된 사람

 3. 보충역 : 징병검사를 받아 현역 복무를 할 수 있다고 판정된 사람 중에서 병력수급 사정에 의하여 현역병입영 대상자로 결정되지 아니한 사람과 공익근무요원, 공중보건의사, 징병검사전담의사, 국제협력의사, 공익법무관, 공중방역수의사, 전문연구요원, 산업기능요원으로 복무 또는 의무종사하고 있거나 그 복무 또는 의무종사를 마친 사람, 그 밖에 이 법에 따라 보충역에 편입된 사람

 4. 제1국민역: 병역의무자로서 현역·예비역·보충역 또는 제2국민역이 아닌 사람

 5. 제2국민역: 징병검사 또는 신체검사 결과 현역 또는 보충역 복무는 할 수 없으나 전시근로소집에 의한 군사지원업무는 감당할 수 있다고 결정된 사람과 그 밖에 이 법에 따라 제2국민역에 편입된 사람

제88조(이하 생략, 이 책 471~472쪽 참조, 편집자 주)

2. 재판의 전제성

가. 병역법 제88조 제1항 제1호

이 법원 2012고단2397 병역법위반 사건의 공소사실은 '피고인은 2011년 7월 4일 서울 도봉구 도봉로 OOO에 있는 OOO호 피고인의 집에서, "2011년 8월 14일 의정부시 용현동에 있는 육군 제306보충대에 입대하라"는 취지의 서울지방병무청장 명의의 현역입영통지서를 받고도 정당한 사유 없이 입영일인 2011년 8월 13일로부터 3일이 지나도록 입영하지 아니하였다.'는 것이고, 이에 대한 적용법률은 병역법 제88조 제1항 제1호이므로, 이 사건 법률조항이 헌법에 위반되는지에 따라 이 법원이 다른 판단을 하게 되는 경우에 해당한다.

나. 구 병역법(2011. 5. 24. 법률 제10704호로 개정되기 전의 것) 제3조 제1항, 제2항, 병역법 제5조 제1항

재판의 전제성이란 적어도 당해 사건에서 공소가 제기된 법률조항은 아니지만, 그 위헌 여부에 따라 당해 사건의 재판에 직접 적용되는 규범의 의미가 달라짐으로써 재판에 영향을 미치는 경우라야 한다. 그러나 위 법률조항이 위헌으로 결정된다고 하더라도 종교적 신념에 의한 병역거부가 병역법 제88조 제1항의 '정당한 사유'에 포함될 수 있는 지는 추가적인 법원의 법률해설이 필요한 문제이므로, 위 법률조항의 위헌 여부가 위 제88조 제1항 본문의 의미에 직접 영향을 미친다고 단정하기는 어려우므로, 재판의 전제성이 있다고 할 수 없다.

3. 신청인의 주장 요지

가. 헌법 제10조 위반

'인간의 존엄과 가치'는 인격권 등이 도출되는 기본권의 성격을 가지는 것이고, 인격의 자유로운 발현을 위해서는 내심의 자유로운 표출과 그에 다른 행동의 자유가 보장되어야 하므로, 이 사건 법률조항은

'인간의 존엄과 가치'와 그를 바탕으로 하는 '인격권'을 제한한다.

나. 헌법 제19조 위반

양심의 자유에는 '양심에 반하는 행동을 강제당하지 않을 자유'가 포함되고, 그 예가 양심적 또는 종교적 신념에 의한 병역거부이므로, 이에 대하여 형사처벌을 가하는 것은 양심의 자유를 침해한다.

다. 헌법 제37조 제2항 위반

국가가 다른 대안을 마련하지 않은 상태에서 양심적 또는 종교적 신념에 의한 병역거부자를 일률적으로 형사처벌하는 것은 과잉금지의 원칙에도 반한다.

4. 헌법 위반 여부에 대한 판단

가. 헌법 제10조 위반 여부

헌법 제10조의 '인간의 존엄성' 규정에서 도출되는 인격권은 '일반적으로 자신과 분리할 수 없는 인격적 이익의 향유를 내용으로 하는 권리'로서, '인격형성의 자유', '인격유지 및 발현의 자유' 등이 포함되고, 이러한 인격의 자유로운 발현을 위하여는 내심의 자유로운 표출과 그에 따른 행동의 자유가 보장되어야 한다.

'인간의 존재 가치'에 대한 진지한 고민의 결과로 '타인을 어떻게 대할 것인가'에 대한 관념, 즉 자신과 타인과의 특정한 관계 방식을 설정하는 것은 개인의 인격을 형성하는 중요한 과정에 속하는 것이고, 타인과의 무력충돌의 상황에서도 타인의 생명을 박탈하지 않겠다는 결정도 이에 속한다.

그런데 위와 같은 결정을 한 사람들에게 병역의무 이행 또는 집행을 강제하고, 이를 거부하는 경우 일률적으로 형사처벌하는 것은 결과적으로 그들의 주체적인 결정권을 부정하고 개인의 정체성을 부정하는 것이어서, 인간의 존엄성에 반한다.

나. 헌법 제19조(양심의 자유)

헌법 제19조의 양심의 자유가 보장하고자 하는 '양심'은 민주적 다수 사고나 가치관과 일치하는 것이 아니라 지극히 주관적인 것으로서, 그 대상이나 내용 또는 동기에 의하여 판단될 수 없고, 양심상의 결정이 이성적·합리적인가, 타당한가, 법질서나 사회규범과 일치하는가 하는 관점으로 판단할 수는 없다. 또 주지하다시피 양심의 가치의 고하가 가려져서도 안 되고, 그것이 강력하고도 진지한 마음의 소리이기만 하면 사회와 국가 또는 인류에 유익한 것인지 등은 양심인지를 가릴 때 고려되어서는 안 된다.

양심의 자유에는 '양심에 반하는 행동을 강제당하지 않을 자유'도 포함되어 있고, 그 전형적인 사례가 양심적 또는 종교적 신념에 의한 병역거부이다. 피고인과 같이 종교적 신념에 의하거나 아니더라도 다른 가치와, 세계관에 따라 전쟁 및 인간에 대한 살상에 반대하는 진지한 양심이 형성되었다면, '병역의무를 이행할 수 없다'는 결정은 양심의 갈등이 없이는 그에 반하여 행동할 수 없는 강력하고 진지한 윤리적인 결정이므로, 이는 마땅히 존중되고 보호받아야 한다.

따라서 이러한 진지한 내심의 결정에 따라 입영을 거부한 행위에 대하여 형벌을 가하는 것은 양심의 자유를 침해한다.

다. 헌법 제37조 제2항

① 양심의 자유는 우리 헌법적인 가치의 핵인 '인간의 존엄과 가치'와 직결되는 것으로서, 이는 헌법과 법률 제정 이전의 인간 고유의 인권에 해당하고, 헌법과 법률유보로 비로소 형성되는 국방의 의무와 그 하위개념인 병역의무보다 우월한 가치가 있다고 판단되므로, 다른 기본권과는 달리 평가되어야 한다.

양심적 또는 종교적 신념에 의한 병역거부자에게 병역거부는 그의 진지한 양심에 기초한 것이어서, 이들로 하여금 군사훈련을 이행하게 하는 것은 원천적으로 불가능하고, 이들을 예외 없이 형사처벌하는 것은 국가안보라는 헌법적 이익을 달성하는 데 적합하지 않다.

② 국가안보라는 헌법적 이익과 양심의 자유라는 기본권이 충돌하는 경우, 국가로서는 그 충돌을 최소화할 수 있는 대안을 마련해야 하고, 이는 우리나라와 같이 국민개병제를 채택하고 있는 외국의 사례를 굳이 들지 않아도 당연하다. 그러함에도 대체복무제도 같은 대안이 없는 상태에서 기본권 침해가 가장 큰 형사처벌로써 재단하는 것은 침해의 최소성에도 반한다.

③ 양심적 또는 종교적 신념에 의한 병역거부자를 처벌함으로써 얻는 국가적 이익과 형사처벌 때문에 침해되는 개인의 기본권을 비교해 보면 개인의 기본권 침해 상황이 더 심하다.

우선 병역거부를 허용할 경우 국방력의 약화, 국가안보의 공백, 병역거부자의 양산, 병역의무 이행자들과의 형평성의 문제될 수 있다. 그러나 병역자원 중에서 양심적 또는 종교적 신념에 의한 병역거부자는 극히 소수에 불과하고, 현역병이 아닌 기초 군사훈련만 받은 현역병의 복무를 대신하는 사회복무요원이 병역거부자들의 숫자보다 월등히 많고, 더군다나 이들 사회복무요원이 전투력을 얼마나 발휘할 것인가를 생각해 보면, 국방력의 약화는 기우가 아닐 수 없다.

또한, 불순한 동기로 병역의무를 면탈하려는 자들이 양산될 수 있지만, 이는 병무 당국이 정치한 제도적 장치를 통해서 선별하여 해결해야 할 문제이지, 그러한 선별이 용이하지 않다는 이유만으로 그 불이익을 양심적 또는 종교적 신념에 의한 병역거부자에게 돌릴 수 없으며, 형평성 문제도 대체복무제도를 도입하여 그 기간을 조정함으로써 해결할 수 있다.

반면 1년 6월의 수형생활뿐만 아니라 출소 이후 유·무형의 불이익이 많다는 사실은 우리 국민 누구나 다 알고 있다.

④ 따라서 이 사건 법률 조항은 과잉금지의 원칙에도 반한다.

5. 결론

이상의 이유로 병역법 제88조 제1항 제1호는 헌법에 위반된다고 판단되므로, 이에 관한 위헌 여부 심판을 헌법재판소에 제청하고, 구 병역법(2011. 5. 24. 법률 제10704호로 개정되기 전의 것) 제3조 제1항, 제2항, 병역법 제5조 제1항은 재판의 전제성이 있다고 할 수 없어 이에 관한 신청을 각하하기로 하여, 주문과 같이 결정한다.

2013년 1월 14일
판사 강영훈

창원지방법원 마산지원 결정(2012. 8. 9.)[*]

창원지방법원마산지원 위헌제청결정

사건	2012초기8 위헌법률심판제청
	(2011고단596 병역법위반)
신청인	김태인
소송대리인	변호사 홍강오
검사	김기룡(기소), 조상규(공판)

【주문】

위 사건에 관하여 병역법 제88조 제1항 제1호의 위헌 여부에 관한 심판을 제청한다.

【이유】

1. 이 사건 신청의 개요

이 사건 기록에 의하면 다음 사실이 인정된다.

가. 신청인은 2011년 8월 17일경 창원시 마산회원구 회원동 신청인

---

[*] 창원지방법원 마산지원 2012. 8. 9. 선고 2011고단596[위헌제청결정].

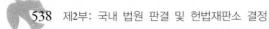

의 집에서, 2011년 9월 20일 창원시에 있는 제39사단에 입영하라는 경남지방병무청장 명의의 현역병 입영통지서를 받고도 입영일로부터 3일이 경과한 2011년 9월 23일까지 정당한 사유 없이 입영하지 아니하였다.

나. 이를 이유로 신청인은 2011년 10월 28일 병역법위반으로 기소되어 창원지방법원 마산지원에 제1심 계속 중에 있다.

다. 이에 신청인은 소송의 계속 중이던 2012년 1월 25일 이 사건 적용 법률인 병역법 제88조 제1항 및 같은 법 제3조, 제5호가 헌법 제10조, 제19조, 제20조, 제37조 제2항에 위반하여 위헌이라고 주장하면서 이 법원에 위헌법률심판제청신청을 하였다.

2. 신청 대상 법률의 규정

병역법 제88조(이하 생략. 이 책 471~472쪽 참조. 편집자 주)

3. 재판의 전제성에 관한 판단

법원이 어느 법률의 위헌 여부의 심판을 제청하기 위하여는 당해 법률이 헌법에 위반되는 여부가 재판을 하기 위한 전제가 되어야 하는 바, 여기에서 재판의 전제가 된다고 함은, 구체적 사건이 법원에 계속 중이어야 하고, 위헌 여부가 문제되는 법률이 당해 소송사건의 재판에 적용되는 것이어야 하며, 그 법률이 헌법에 위반되는지의 여부에 따라 당해 사건을 담당하는 법원이 다른 판단을 하게 되는 경우를 말한다(대법원 2002. 9. 27. 2002초기113 결정 등 참조).

신청인이 위헌이라고 주장하는 병역법 제88조 제1항 제1호(이하 "이 사건 법률조항"이라 한다)는 "현역입영 또는 소집 통지서(모집에 의한 입영 통지서를 포함한다)를 받은 사람이 정당한 사유 없이 입영일이나 소집기일로부터 다음 각 호의 기간이 지나도 입영하지 아니하거나 소집에 응하지 아니한 경우에는 3년 이하의 징역에 처한다."라고 규정하고 있는데,

이 사건과 같이 양심 또는 종교적 교리를 이유로 병역의무의 이행을 거부하는 이른바 양심적·종교적 병역거부의 경우에도 형사처벌을 하도록 하는 이 사건 법률조항이 위헌이라면, 헌법재판소법 제47조 제2항 단서에 의하여 이 사건 법률조항은 소급하여 그 효력을 상실하고, 이와 같이 형벌에 관한 법률조항이 소급하여 효력을 상실한 경우에는 당해 조항을 적용하여 공소가 제기된 피고사건은 범죄로 되지 아니한 때에 해당하고, 법원은 이에 대하여 형사소송법 제325조 전단에 따라 무죄를 선고하여야 할 것인바(대법원 2011. 6. 23. 선고 2008도7562 전원합의체 판결, 대법원 2010. 12. 16. 선고 2010도5986 전원합의체 판결 등 참조), 이는 문제된 법률의 위헌여부가 재판의 결론이나 주문에 영향을 주어 당해 사건을 담당하는 법원이 다른 판단을 하게 되는 경우에 해당하므로, 재판의 전제성이 있다고 볼 것이다.

따라서 이 사건 법률조항은 헌법재판소법 제41조 제1항 소정의 재판의 전제성을 갖추었다고 할 것이다.

4. 이 사건 법률 조항의 위헌 여부에 관한 판단

가. 이 사건 법률조항의 입법목적

이 사건 법률조항은, 병역법 규정에 따른 징병검사 결과 현역 판정을 받은 현역 입영대상자에게 입영의무를 부과함으로써 국민의 의무인 국방의 의무를 이행을 관철하고 강제하고자 하는 것으로, 국민개병 제도와 징병제를 근간으로 하는 병역제도하에서 병역자원의 확보와 병역부담의 형평을 기하고 궁극적으로 국가의 안전보장이라는 헌법적 법익을 실현하고자 함에 그 입법목적이 있다[헌법재판소 2011. 8. 30. 선고 2008헌가22, 2009헌가7·24, 2008헌바103, 2009헌바3, 2011헌바16(병합) 결정 등 참조].

나. 제한되는 기본권

이 사건 법률조항은 '정당한 사유 없이' 입영을 기피하는 경우만을 처벌하도록 하고 있으나, 양심상의 결정을 내세워 입영을 거부하는 것은 '정당한 사유'에 해당하지 않는다는 것이 대법원의 확고한 판례이므로(대법원 2007. 12. 27. 선고 2007도7941 판결 등 참조), 양심적 병역거부자도 일반 병역기피자와 마찬가지로 이 사건 법률조항에 의한 처벌을 받게 된다. 자신의 종교관·가치관·세계관 등에 따라 전쟁과 그에 따른 인간의 살상에 반대하는 진지한 양심이 형성되었다면, '병역의무를 이행할 수 없다'는 결정은 양심에 반하여 행동할 수 없다는 강력하고 진지한 윤리적 결정인 것이며, 현역복무라는 병역의무를 이행해야 하는 상황은 개인의 윤리적 정체성에 대한 중대한 위기상황에 해당한다. 이와 같이 상반된 내용의 2개의 명령 즉, '양심의 명령'과 '법질서의 명령'이 충돌하는 경우에 양심의 목소리를 따를 수 있는 가능성을 부여하고자 하는 것이 바로 양심의 자유가 보장하고자 하는 영역이다. 결국, 이 사건 법률조항은 형사처벌을 통하여 양심적 병역거부자에게 양심에 반하는 행동을 강요하고 있으므로, '양심에 반하는 행동을 강요당하지 아니할 자유', 즉 '부작위에 의한 양심실현의 자유'를 제한하는 규정이다. 이 사건 신청인은 '여호와의 증인' 신도로서 자신의 종교적 신앙에 따라 현역복무라는 병역의무를 거부하고 있으므로, 이 사건 법률조항에 의하여 이들의 종교의 자유도 함께 제한된다[헌법재판소 2011. 8. 30. 선고 2008헌가22, 2009헌가7·24, 2010헌가16·37, 2008헌바103, 2009헌바3, 2011 헌바16(병합) 결정, 대법원 2004. 7. 15. 선고 2004도2935 전원합의체 판결 등 참조].

다. 이 사건 법률조항이 헌법 제37조 제2항의 비례원칙에 위반하여 양심의 자유를 침해하는지 여부

이 사건 법률조항은, 국가안전보장 및 병역의무의 공평부담이라는 공익을 실현하기 위하여 그 위반자에 대하여 3년 이하의 징역형이라는 형사처벌을 부과하고 있다. 어떠한 행위를 범죄로 규정하고, 어떠한 형벌을 과할 것인가에 관하여는 원칙적으로 입법자에게 형성권이 인정되나, 형벌은 다른 법적 수단과는 비교할 수 없는 강력한 법률효과 및 기본권 제한 효과를 발생시키므로 가급적 그 사용을 억제할 필요가 있고, 따라서 형벌 아닌 다른 제재수단으로서 입법목적을 달성할 수 있다면 입법자는 마땅히 그 방법을 모색하여야 한다. 즉, 병역의무와 개인의 양심이 충돌하는 경우 병역의무의 부과를 통하여 달성하고자 하는 공익을 실현하면서도 양심상의 갈등을 제거할 수 있는 대체수단이 있다면, 그러한 방법을 통하여 그 충돌을 최소화하여야 할 것이다.

그러한 여러 가지 대체수단 중의 하나가 이른바 대체복무제도일 것이다. 대체복무제도를 통하여 이 사건 법률조항이 달성하고자 하는 병역자원의 확보와 병역부담의 형평 및 이로 인한 국가의 안전보장이라는 공익을 달성할 수 있다면, 이 사건 법률조항은 개인의 자유와 권리를 과도하게 침해하는 위헌일 것이다. 그럼에도 불구하고 현재까지 대체복무제도가 도입되지 않은 이유는 남북이 대치하고 있는 특유한 안보상황, 사이비 양심적 병역거부자로 인한 병력자원의 손실 및 심사의 곤란성, 이로 인하여 발생하는 사회 통합의 저해 등에 대한 우려로 인하여 양심적 병역거부자들에게 대체복무제를 허용한다면, 국가안보와 병역의무의 형평성이란 중대한 공익을 달성할 수 없을 것이라는 우려 때문인 것으로 보인다. 위와 같은 우려에 대하여 충분히 공감할 수 있는 부분이 있는 것이 사실이다.

그러나 앞에서 본 우려 내지 위험들은 모두 추상적이고, 모호하며, 구체적이지 않은 잠재적인 요소들에 불과해 보인다. 즉, 대체복무제도를 도입한다면 국가안보와 병역의무의 형평성을 달성할 수 없을 것이라는 현실적인 증거들이나 구체적인 자료 혹은 위험들은 아무 곳에서도 발견할 수 없다. 오히려, 현재 전 세계 약 31개국에서 대체복무제도를 도입·시행하고 있으나 위 나라들 모두 국가안보와 병역의무의 형평성을 달성하는데 별다른 문제가 있다고 보이지 않으며, 우리나라와 마찬가지로 심각한 국가안보의 위협을 받고 있는 대만에서도 2000년부터 이를 도입하여 성공적으로 시행하고 있는 점, 현행 병역법에서도 현역병 또는 보충역 입영대상자 중 현역 복무대상자들의 복무기간과 비슷하거나 더 긴 기간 동안 공익을 위하여 필요한 민간업무에 종사하도록 하는 병역특례제도를 두고 있는데, 2010년도의 소집현황을 보면, 공익근무요원, 공중보건의사, 징병전담의사, 국제협력의사, 공익법무

관, 공중방역수의사, 산업기능요원, 전문연구요원, 승선근무예비역 등
으로 총 3만 8794명이 병역특례에 의한 복무를 함으로써 실질적인 대
체복무를 하고 있는 점, 양심적 병역거부자로서 형사처벌을 받고 있는
숫자가 매년 평균 600여 명 내외인 점 등을 종합해 보면, 양심적 병역
거부자들에 대하여도 대체복무를 허용한다고 하여 우리 국가안보에
큰 문제가 발생할 것으로는 보이지 않는다[헌법재판소 2011. 8. 30. 선고
2008헌가22, 2009헌가7·24, 2010헌가16·37, 2008헌바103, 2009헌바3, 2011헌바16
(병합) 결정 중 재판관 이강국, 재판관 송두환의 한정위헌의견 등 참조].

그렇다면 이와 같이 추상적이고, 모호하고, 구체화되지 않은 위험이
나 우려만을 가지고 형벌이라는 가장 강력한 제재 수단을 통하여 국민
의 가장 중요한 기본권인 양심의 자유, 신체의 자유 등을 제한하여 국
가안보라는 입법목적을 달성하려는 것은 헌법 제37조 제2항의 비례원
칙을 위반한 것이며, 민주적 법치국가 질서원리에도 맞지 않는다고 보
인다. 바꾸어 말하면, 양심적 병역거부자들에게 대체복무제를 허용하
는 경우 국가안보와 병역의무의 형평성이란 중대한 공익의 달성에 아
무런 지장에 없다는 확신이 쉽게 들지 않는다고 하더라도, 이로 인하
여 발생할 수 있는 위험이나 불이익은 모두 구체적이지 않으며, 추상
적이고, 모호할 뿐이므로, 이를 이유로 양심의 자유, 신체의 자유 등
중요한 개인의 기본권을 제한하기보다는 위와 같은 잠재적인 위험을
감수하더라도 개인의 자유와 권리를 최대한 보장하도록 하는 것이 민
주적 법치국가 헌법에 합치하는 모습일 것이다. 위와 같은 잠재적인
위험이나 정서적 불안감은 인간의 존엄과 가치 또는 양심의 자유의 보
장이라는 민주적 법치국가의 헌법에서 보장하고 있는 최고의 가치들
을 실현하기 위하여 민주적 시민들이 감수하여야 할 필요·최소한의
비용이라고 보인다.

그리고 사이비 병역거부자의 심사와 병역의 공평 문제는 대체복무
기간을 현역복무기간보다 장기간으로 하거나, 대체복무의 강도나 어
려움을 현역근무보다 최소한 같거나 무겁게 하도록 제도화함으로써
해결할 수 있어 보인다. 가사, 이로 인하여 현역복무자와의 불공평 문

제가 발생할 수 있다고 하더라도 이는 양심적 병역거부자들에게 형벌 등 제재 내지 불이익을 부과하는 방법, 즉 이른바 '네거티브'방식을 통한 하향식 평등의 모습으로 형평을 도모할 것이 아니라 현역복무를 마친 이들에게 실질적인 보상 내지 '인센티브'를 주는 방식, 이른바 '포지티브'방식에 의한 상향식 평등을 추구하는 것이 민주적 법치국가 질서 원리에 부합하는 올바른 모습일 것이다.

따라서 종교 내지 양심상의 이유로 병역을 거부하는 자들에게 현역복무와 유사한 대체적인 복무수단을 부과하여 병역의무의 공평한 이행과 아울러 양심의 자유도 함께 보장할 수 있어 보임에도 불구하고, 이러한 대체복무제도 내지 예외를 인정하지 아니한 채 그들의 입영거부에 대하여 무조건적으로 형사처벌하도록 규정하고 있는 이 사건법률조항은 양심적 병역거부자인 신청인의 양심의 자유, 종교의 자유 등 기본권을 침해하는 것으로, 헌법 제37조 제2항에 위반된다고 보인다.

5. 결론

그렇다면, 이 사건 법률조항은 그 위헌 여부가 주문 기재 사건 재판의 전제가 될 뿐만 아니라, 헌법 제10조, 제12조, 제19조, 제20조, 제37조 제2항 등에 위반된다고 인정할 만한 상당한 이유가 있으므로, 주문과 같이 결정한다.

2012년 8월 9일
판사   김관구

서울고등법원 판결(2010. 10. 29.)[*]

서울고등법원 제22민사부

사　건　　　　2009나119926 손해배상(기)

원고, 항소인　1. 정원O

　　　　　　　2. 정O조

　　　　　　　3. 정O덕

　　　　　　　4. 정O이

　　　　　　　5. 정O숙

　　　　　　　6. 정O순

　　　　　　　7. 정O숙

소송대리인　　법무법인 창조

　　　　　　　담당 변호사 김희수

피고, 피항소인 대한민국

　　　　　　　법률상대표자 법무부장관 이귀남

　　　　　　　소송수행자 이재민

제1심판결　　서울중앙지방법원 2009. 11. 27. 선고

　　　　　　　2009가합65671 판결

변론종결　　　2010. 5. 20.

판결선고　　　2010. 7. 29.

---

[*] 서울고등법원 2010. 7. 29. 선고 2009나119926 판결[손해배상(기)].

1. 제1심 판결 중 아래에서 지급을 명하는 금원에 해당하는 원고들 패소부분을 취소한다.

피고는 원고 정원O에게 97,115,888원, 원고 정O조, 정O덕, 정O이, 정O숙, 정O순, 정O숙에게 각 11,790,654원 및 위 각 금원에 대하여 1976년 3월 28일부터 2010년 7월 29일까지는 연 5%, 그 다음날부터 다 갚는 날까지는 연 20%의 각 비율로 계산한 금원을 각 지급하라.

2. 원고들의 나머지 항소를 각 기각한다.

3. 소송총비용은 그중 50%는 원고들이, 나머지는 피고가 각 부담한다.

4. 제1항 중 금원지급부분은 가집행할 수 있다.

청구 취지 및 항소 취지

제1심 판결을 취소한다. 피고는 원고 정원O에게 180,000,000원, 원고 정O조, 정O덕, 정O이, 정O숙, 정O순, 정O숙에게 각 21,000,000원 및 위 각 금원에 대하여 1976년 3월 28일부터 이 사건 제1심 판결 선고일까지는 연 5%, 그 다음날부터 다 갚는 날까지는 연 20% 의 각 비율로 계산한 금원을 지급하라.

【이유】

1. 기초사실

다음 각 사실은 당사자 사이에 다툼이 없거나, 갑 제1 내지 5호증(각 가지번호 생략)의 각 기재에 변론 전체의 취지를 종합하여 인정할 수 있다.

가. 원고들의 지위

원고 정원O은 망 정상복(이하 '망인'이라고만 한다)의 아버지이고, 망인의 어머니 김O애는 1992년 5월 10일 사망하였으며, 원고 정O조, 정O덕, 정O이, 정O숙, 정O순, 정O숙은 망인의 형제자매이다.

나. 망인의 입대 및 훈련과정

(1) 망인은 1953년 3월 5일생으로서, 1976년 2월 21일 피고 산하의 해군 제1해병사단 방위 교육대에 방위 제1471기로 입대하였다. 그런데 망인은 '여호와의 증인'이라는 종교단체의 신자로서 그 교리에 따라 집총을 거부하였다. 이에 망인은 1976년 2월 25일 명령위반죄로 구속되었다가 1976년 3월 9일 기소유예 처분을 받고 방위교육대로 복귀한 다음 1976년 3월 27일 교육훈련을 마쳤다.

(2) 그 과정에서 망인은 피고 소속 군인들로부터 총기의 개머리판으로 구타당하는 등 가혹행위를 당하였고, 이로 인하여 의무대에 후송되기도 하였다. 또한 교육훈련 중 망인을 면회하였던 원고 정원O, 같은 종교단체의 신도인 서영태는 망인의 안면부 등이 심하게 부어있는 것을 목격하였고, 망인이 교육을 마치는 날 망인을 마중하러 갔던 친구 문종화는 망인의 전신이 심하게 부어있고 안면부, 대퇴부 등에 타박상이 있는 것을 목격하였다. 특히 망인은 서영태에게 '훈련과정을 못 견딜 지경이다'라는 취지로 하소연하기도 하였다.

다. 망인의 사망 및 종전 건강상태

(1) 망인은 교육훈련을 마친 1976년 3월 27일 귀가하여 피를 토하다가 1976년 3월 28일 04:00경 동해의료원 응급실에 입원하여 치료를 받던 중 1976년 3월 28일 12:40경 사망하였다. 망인은 사망하기 전 원고 정원O에게 '피고 소속 군인들로부터 막무가내로 구타 등 가혹행위를 당하였다'는 취지로 이야기하였다.

(2) 한편, 망인은 입대 전에는 특별한 질병을 앓은 적이 없었고 비교적 건강한 상태였다.

라. 군부대 측의 조사 및 이후의 사정

(1) 당시 동해의료원 담당의사 장태호는 군부대 측에 '외부 상처는 전혀 없으며 전신이 많이 부어있었으나 정확한 사인을 알 수 없다'는 취지로 진술하였는데, 당시 군부대 헌병대 수사과 중사인 이O봉은 망인이 구타로 인하여 사망하였을 가능성을 인지하였음에도 군부대에 흠이 될 수 있다는 이유로 관련자들에 대한 조사를 거치지 아니하였고, 군부대 측은 1976년 3월 29일 '망인이 사인 불상으로 병사하였다'고 결론지었다.

(2) 이에 유족들은 망인에 대한 장례를 거부하면서 군부대 측에 사인을 밝혀 달라고 요구하였고, 군부대 측은 1976년 3월 30일 압수수색영장을 발부받아 동해의료원에서 망인에 대한 부검을 실시한 후 그 다음날인 1976년 3월 31일 망인을 화장하였다. 당시 동해의료원 의사 변승열은 1976년 3월 31일 '선행사인은 알 수 없지만 직접사인과 중간사인은 폐부종으로 추정된다'는 취지의 소견을 밝혔으며, 군부대 측은 '망인이 병사하였다'고 최종적으로 결론을 내렸다. 한편, 폐부종은 주로 심장기능이 악화되어 폐포 안에 액체가 고일 때 나타나는 증상으로서 사망에 이르는 기저 원인일 뿐 의학적인 사인으로 분류되지는 않는다.

(3) 이후 군부대 측은 원고 정원O에게 위로금 12만 원을 지급한 후 1976년 8월 26일 망인을 국립묘지에 안치하였다.

마. 군의문사 진상규명위원회의 결정

(1) 서영태는 2006년 12월 25일 '군의문사 진상규명 등에 관한 특별법'에 따라 설치된 군의문사 진상규명위원회에 망인의 사인을 규명해 줄 것을 요구하는 진정서를 제출하였다.

(2) 군의문사 진상규명위원회는 2008년 10월 29일 당시 자료를 기초로 조사한 결과 '망인은 종교적 신념을 지키기 위해 집총거부의사를 밝혔고 이로 인해 신병교육대 등에서 6주에 걸쳐 극심한 가혹행위를 당하였다. 그럼에도 망인은 적절한 치료를 받지 못한 채 방치되어 회복

불가능한 상태로 신병교육대를 퇴소하였고 결국 가혹행위로 인한 목 또는 폐 부위 좌상에 따른 출혈로 사망하였다'는 취지로 결정하였다.

2. 원고들의 주장

원고들은, 피고 소속 군인들이 방위 교육훈련을 위해 입소한 망인에게 구타 등 가혹 행위를 하고 적절한 치료를 받도록 하지 못한 채 무단 방치하여 결국 망인으로 하여금 사망에 이르게 하였고, 뿐만 아니라, 망인의 정확한 사인을 밝힐 의무가 있는 피고가 무려 32년간이나 진실을 밝히지 않은 채 축소·은폐함으로써 원고들이 지속적으로 재산적, 정신적 손해를 입었으므로, 피고는 국가배상법 제2조 제1항에 따라 망인과 망 김O애 및 원고들이 입은 손해인 망인의 일실수입 218,069,924원, 위자료 5000만 원, 원고 정원O 및 망 김O애의 위자료 각 2000만 원, 나머지 원고들의 위자료 각 100만 원 중 일부 청구액으로서 원고 정원O에게 180,000,000원(상속액 포함), 원고 정O조, 정O덕, 정O이, 정O숙, 정O순, 정O숙에게 각 21,000,000원(상속액 포함) 및 각 지연손해금을 지급할 의무가 있다고 주장한다.

3. 판단

가. 손해배상청구권의 발생

위 인정사실에 의하면, 피고 소속 군인들은 방위 교육훈련을 위해 입소한 망인에게 구타 등 가혹행위를 하였고, 소속 부대관계자는 망인에 대한 구타 등 가혹행위를 막지 못하였을 뿐만 아니라 적절한 치료를 받도록 하지도 못한 채 무단 방치하여 망인으로 하여금 회복 불가능한 상태로 방위교육대를 퇴소하게 하여 퇴소 다음날인 1976년 3월 28일 결국 가혹행위로 인한 목 또는 폐 부위 좌상에 따른 출혈로 사망하게 함으로써, 직무를 집행하면서 고의 또는 과실로 법령을 위반하여 망인과 유족들인 위 김영애 및 원고들에게 손해를 입게 하였으므로,

피고는 국가배상법 제2조 제1항에 따라 망인과 위 김O애 및 원고들이 입은 손해를 배상할 책임이 있다.

나. 피고의 소멸시효 주장에 대한 판단

(1) 소멸시효의 완성

피고는, 망인과 위 김O애 및 원고들의 피고에 대한 손해배상청구권이 인정된다고 하더라도 그 손해배상청구권은 이미 소멸시효가 완성되어 소멸되었다고 주장하므로 살피건대, 국가배상법 제2조 제1항에 따른 배상청구권은 금전의 급부를 목적으로 하는 국가에 대한 권리로서 구 예산회계법(2006. 10. 4. 법률 제8050호 국가재정법 부칙 제2조에 의하여 2007. 1. 1. 폐지되기 전의 것) 제96조(1989. 3. 31. 법률 제4102호로 전문 개정되기 전의 구 예산회계법은 제71조)에 의하여 5년간 행사하지 아니할 때에는 시효로 인하여 소멸하는 것인데(대법원 2008. 5. 29. 선고 2004다33469 판결 등 참조). 이 사건 소는 망인이 사망한 날부터 5년이 지난 후 제기되었음이 기록상 명백하여, 위 손해배상청구권은 일응 소멸시효가 완성되었다고 할 것이다.

(2) 이에 대하여 원고들은, 군의문사 진상규명위원회가 2008년 10월 29일 피고 소속 군인들의 가혹행위 및 무단방치로 망인이 사망하게 되었다는 진상을 밝히기 전까지는 손해배상청구권을 행사할 수 없었으므로, 그 이전까지는 소멸시효가 진행되지 않는다고 주장한다.

살피건대, 소멸시효는 객관적으로 권리가 발생하여 그 권리를 행사할 수 있는 때로부터 진행하고 그 권리를 행사할 수 없는 동안만은 진행하지 않는 것인데, '권리를 행사할 수 없는' 경우라 함은 그 권리행사에 법률상의 장애사유(예컨대 기간의 미도래나 조건불성취 등)가 있는 경우를 말하는 것이고, 사실상 권리의 존재나 권리행사 가능성을 알지 못하였으며 알지 못함에 과실이 없다고 하여도 이러한 사유는 법률상 장애 사유에 해당하지 않는 것인바(대법원 2006. 4. 27. 선고 2006다1381 판결), 위 주장과 같이 군의문사 진상규명위원회에서 비로소 피고 소속 군인들의 가혹행위 및 무단방치로 인하여 망인이 사망하게 되었음이 밝혀졌다고 하더라도 그러한 사유만으로 그 이전까지 원고들이 이 사건 손해배상청구권을 행사하는데 법률상 장애가 존재하였다고 보기는 어렵고, 달리 법률상 장애사유가 있다고 인정할 증거가 없으므로, 원고들의 위 주장은 이유없다.

(3) 원고들은 다시, 피고가 진실을 은폐·축소하여 시효완성 전에 원고들의 권리행사 내지 시효중단을 불가능 또는 현저히 곤란하게 하였거나 그러한 조치가 불필요하다고 믿게 하였으므로, 피고가 소멸시효 완성을 주장하는 것은 신의칙에 반하거나 권리 남용에 해당하여 허용될 수 없다고 각 주장한다.

살피건대, 채무자의 소멸시효에 기한 항변권의 행사도 우리 민법의 대원칙인 신의성실의 원칙과 권리남용금지의 원칙의 지배를 받는 것이어서, ① 채무자가 시효완성 전에 채권자의 권리행사나 시효중단을 불가능 또는 현저히 곤란하게 하였거나, 그러한 조치가 불필요하다고 믿게 하는 행동을 한 경우, ② 객관적으로 채권자가 권리를 행사할 수 없는 장애사유가 있는 경우, ③ 일단 시효완성 후에 채무자가 시효를 원용하지 아니할 것 같은 태도를 보여 권리자로 하여금 그와 같이 신뢰하게 한 경우, 또는 ④ 채권자 보호의 필요성이 크고, 같은 조건의 다른 채권자가 채무의 변제를 수령하는 등의 사정이 있어 채무이행의 거절을 인정함이 현저히 부당하거나 불공평하게 되는 등의 특별한 사정이 있는 경우에는, 채무자가 소멸시효의 완성을 주장하는 것이 신의성실의 원칙에 반하여 권리남용으로서 허용될 수 없다(대법원 1997. 12. 12. 선고 95다 29895 판결, 대법원 2002. 10. 25. 선고 2002다32332 판결 등 참조).

이 사건에서 보건대, 앞서 본 인정사실 및 거시증거에 변론 전체의 취지를 종합하여 인정할 수 있는 다음과 같은 사정, 즉 ① 망인은 '여호와의 증인'이라는 종교단체의 교리에 따라 집총을 거부하였다는 이유로 1976년 2월 25일 명령위반죄로 구속되었다가 1976년 3월 9일 기소유예 처분을 받고 방위교육대로 복귀한 다음 1976년 3월 27일 교육훈련을 마쳤는데, 그 과정에서 피고 소속 군인들로부터 총기의 개머리판으로 구타당하는 등 지속적인 가혹행위를 당하였고 이로 인하여 의무대에 후송되기도 하였던 점, ② 그로 인하여 평소에는 건강하였던 망인이 훈련과정을 마치고 귀가한 다음날인 1976년 3월 28일 바로 사망한 점, ③ 소속 군부대 측으로서는 망인의 사인 및 가혹행위를 철저히 조사하여 진상을 밝히고 관련자를 문책·처벌하며 유족들에게 이를 명백히 밝히고 배상 등의 적절한 조치를 하였어야 함에도 이를 위반하고, 오히려 당시 군부대 헌병대 수사과 중사인 이O봉은 망인이 구타로 인하여 사망하였을 가능성을 인지하였음에도 군부대에 흠이 될 수 있다는 이유로 관련자들에 대한 조사를 거치지 아니하였고, 군부대 측은 1976년 3월 29일 '망인이 사인 불상으로 병사하였다'고 결론지은 점, ④ 이에 유족들이 망인에 대한 장례를 거부하면서 군부대 측에 사인을 밝혀 달라고 요구하자, 군부대 측은 1976년 3월 30일 압수수색영장을 발부받아 동해의료원에서 망인에 대한 부검을 실시한 후 그 다음날인 1976년 3월 31일 망인을 화장하고는 '망인이 병사하였다'고 최종적으로 결론을 내려, 망인이 사망에 이르게 된 원인을 은폐한 것으로 보이는 점, ⑤ 방위 교육훈련을 위해 방위교육대에 입소한 망인에 대해 소속 군인들이 가혹행위를 하여 사망케 한 사고에 대하여, 군부대 측이 사인을 은폐하고 군 헌병대 소속 수사관이 관련자들에 대한 조사를 거치지 아니한 채 형식적인 수사에 그칠 경우, 유족들인 원고들이 망인의 사인 및 진상을 밝히기는 결코 쉽지 않은 점, ⑥ 위와 같이 망인의 유족들이 사인을 밝혀달라고 요청했음에도 불구하고 군부대 측은 '망인이 병사하였다'고 최종적으로 결론을 내리고 더 이상의 조치를 하지 않음으로써, 망인의 유족들로 하여금 국가배상법에 따른 손해배상청구권을 바로 행사하는 것은 불가능하다고 믿게 한 결과가 된 점, ⑦ 그리하여 망인의 유족인 원고들은 군의문사 진상규명위원회의 결정이 있기 전까지는 망인이 사망한 이유에 대하여 의심을 품으면서도 국가배상법에 따른 손해배상청구권을 행사할 수 없었던 점 등을 모아 보면, 이 사건의 경우에는 채무자인 국가 및 소속 군인들이 시효완성 전에 채권자의 권리행사나 시효중단을 불가능 또는 현저히 곤란하게 하였거나, 그러한 조치가 불필요하다고 믿게 하는 행동을 한 경우,

객관적으로 채권자가 권리를 행사할 수 없는 장애사유가 있는 경우에 해당한다고 할 것이므로, 결국 피고가 소멸시효의 완성을 주장하는 것은 신의칙에 반하는 것으로서 권리남용에 해당하여 허용될 수 없다고 할 것이다.

(4) 따라서 피고의 소멸시효 주장은 이유 없다.

다. 손해배상의 범위

아래에서 별도로 설시하는 외에는 모두 별지 손해배상액 계산표 기재와 같다(단 계산의 편의상 월 미만은 평가액이 적은 쪽에 산입하고, 원 미만은 버리며, 현가계산은 월 5/12푼의 비율에 의한 중간이자를 공제하는 단리할인법에 따른다).

(1) 망인의 일실수입

① 인적사항: 별지 손해배상액 계산표의 '기초사항'란 기재와 같다.

② 직업, 소득, 가동기간 등

망인은 도시지역에 거주하였으므로 그 일실수입은 도시지역 일용노동에 종사하는 자의 수입을 기준으로 산정해야 하는데, 도시지역 일용노동자의 노임단가는 별지 손해배상액 계산표 '일실수입'의 해당란 기재와 같고, 군복무 후(원고들이 구하는 바에 따라 36개월로 보아 계산함) 60세에 달하는 날까지 월 22일씩 가동할 수 있다.

③ 생계비: 수입의 1/3 공제

④ 계산: 위 손해배상액 계산표 '일실수입'란 기재와 같은 81,859,814원.

[인정근거] 다툼 없는 사실, 갑 제1, 2, 4호증, 변론 전체의 취지, 이 법원에 현저한 사실.

(2) 위자료

① 참작사유: 망인과 위 김O애 및 원고들의 나이, 망인의 직업 및 교육정도, 이 사건 사고의 경위 및 결과, 기타 이 사건 변론에 나타난 여러 사정.

② 결정금액

망인: 50,000,000원

원고 정원O, 김O애: 각 15,000,000원

나머지 원고들: 각 1,000,000원

(3) 손해액의 계산

① 망인: 131,859,814원(=재산상 손해 81,859,814원 + 위자료 50,000,000원)

② 원고 정원O, 김O애: 각 15,000,000원

③ 나머지 원고들: 각 1,000,000원

(4) 상속관계

① 망인의 손해액은 원고 정원O과 김O애가 각 1/2의 비율로 각 65,929,907원(= 131,859,814원 × 1/2)씩을 상속하였다.

② 이후 김O애가 1992년 5월 10일 사망함에 따라 김O애의 손해액 80,929,907원(= 65,929,907원 + 15,000,000원)은, 원고 정원O이 상속지분 3/15에 해당하는 16,815,981원(= 80,929,907원 × 3/15)을, 나머지 원고들이 각 상속지분 2/15에 해당하는 각 10,790,654원(= 80,929,907원 × 2/15)씩을 상속하였다.

(5) 원고별 인용금액

① 원고 정원O: 97,115,888원(= 65,929,907 + 15,000,000 + 16,185,981)

② 나머지 원고들: 각 11,790,654원(= 1,000,000 + 10,790,654)

라. 소결론

따라서 피고는 원고 정원O에게 97,115,888원, 원고 정O조, 정O덕, 정O이, 정O숙, 정O순, 정O숙에게 각 11,790,654원 및 위 각 금원에 대하여 이 사건 사고일인 1976년 3월 28일부터 피고가 이행의무의 존부 및 범위에 관하여 항쟁함이 상당한 당심 판결선고일인 2010년 7월 29일까지는 민법에 정한 연 5%, 그 다음날부터 다 갚는 날까지는 '소송촉진 등에 관한 특례법'에 정한 연 20%의 각 비율로 계산한 지연손해금을 각 지급할 의무가 있다.

4. 결론

그렇다면, 원고들의 이 사건 청구는 위 인정범위 내에서 이유 있어 인용하고 나머지 청구는 이유 없어 기각할 것인바, 제1심 판결은 이와 결론을 달리하여 부당하므로 원고들의 항소를 일부 받아들여 제1심 판결 중 위 인용금원에 해당하는 원고들 패소부분을 취소하고 위 각 금원의 지급을 명하며, 원고들의 나머지 항소를 각 기각하기로 하여, 주문과 같이 판결한다.

재판장   판사 조인호

              판사 문유석

              판사 조우연

대구지방법원 김천지원 결정(2010. 1. 5.)*

대구지방법원김천지원 위헌제청결정

사건   2009고단882 위헌법률심판제청
피고인   권진성

【주문】

피고인에 대한 이 법원 2009고단882 병역법위반 사건에 관하여 병역법 제88조 제1항 제1호의 위헌 여부에 대한 심판을 제청한다.

【이유】

1. 이 사건 공소사실

피고인은 2009년 5월 12일경 김천시 부곡동 XXX에 있는 피고인의 주거지에서 같은 해 6월 16일 제306보충대로 입영하라는 대구경북지방병무청장 명의의 현역입영통지서를 수령하고도 입영일로부터 3일이 경과한 날까지 정당한 사유 없이 입영하지 아니하였다.

---

* 대구지방법원 김천지원 2010. 1. 5. 선고 2009고단882[위헌제청결정].

2. 위헌법률심판제청 대상인 법률조항

구 병역법(2004. 12. 31. 법률 제7272호로 일부 개정된 것, 이하 '이 사건 법률조항') 제88조(이하 생략, 이 책 471~472쪽 참조, 편집자 주)

3. 재판의 전제성

피고인은 여호와의 증인 신도로서 종교적인 양심의 결정에 따라 병역의무의 이행을 거부하면서 헌법 제19조(양심의 자유)와 시민적·정치적 권리에 관한 국제규약(International Covenant on Civil and Political Rights)이 보장하는 정당한 권리를 행사하고 있다고 주장한다. 그러나 법원은 일관하여 '양심 및 종교의 자유를 이유로 현역입영을 거부하는 것'은 이 사건 법률조항 소정의 '정당한 사유'에 해당하지 않는다고 판시하고 있다(대법원 2004. 7. 15. 선고 2004도2965 전원합의체 판결 참조).

그렇다면, '정당한 사유'가 위와 같이 해석되는 이 사건 법률조항은 피고인이 처벌을 받는 근거가 되는 법률규정으로서 그 위헌 여부에 따라 피고인의 처벌가능 여부가 판가름 나는 것이므로 이 사건 법률조항의 위헌 여부는 이 사건 재판에 대하여 전제성이 있다.

4. 이 사건 법률조항이 위헌으로 해석되는 이유

가. 양심의 자유 침해

헌법은 제19조에서 "모든 국민은 양심의 자유를 가진다."라고 하여 양심의 자유를 국민의 기본권으로 보장하고 있다. 이로써 국가의 법질서와 개인의 내적·윤리적 결정인 양심이 서로 충돌하는 경우 헌법은 국가로 하여금 개인의 양심을 보호할 것을 규정하고 있다. 이러한 양심의 자유는 개인의 내면세계에서 이루어지는 양심형성의 자유뿐만 아니라 외부세계에서 양심을 실현할 자유를 함께 보장하므로 양심의 자유는 법질서나 타인의 법익과 충돌할 수 있고 이로써 제한을 받을 수 있으나 이 경우에도 그 본질적인 내용이 침해되어서는 아니 된다.

이 사건 법률조항은 헌법 제5조 제2항, 제39조 제1항에서 규정한 '국가의 안전보장'이라는 헌법적 법익을 실현하고 '국방의 의무' 이행을 담보하기 위하여 형사처벌이라는 제재를 통하여 양심적 병역거부자에게 양심에 반하는 행동을 강요함으로써 '국가에 의하여 양심에 반하는 행동을 강요당하지 아니할 자유', '양심에 반하는 법적 의무를 이행하지 아니할 자유' 즉, 부작위에 의한 양심실현의 자유를 제한하고 있다. 이렇듯 법적 의무와 개인의 양심이 충돌하는 경우 법적 의무의 부과를 통하여 달성하고자 하는 공익을 실현하고 법질서를 위태롭게 하지 않고도 법적 의무를 대체하는 다른 가능성이나 법적 의무의 개별적 면제와 같은 대안을 제시함으로써 양심상의 갈등이 제거될 수 있다면, 입법자는 이와 같은 방법을 통하여 개인의 양심과 국가 법질서의 충돌 가능성을 최소화해야 할 의무가 있다. 따라서 입법자가 공익이나 법질서를 저해함이 없이 대안을 제시할 수 있음에도 대안을 제시하지 않는다면 이는 일방적으로 양심의 자유에 대한 희생을 강요하는 것이 되어 위헌이라 할 수 있다(헌법재판소 2004. 8. 26. 선고 2002헌가1 전원재판부 결정의 다수의견).

위와 같은 법리를 토대로 살펴보면 이 사건 법률조항은 양심적 병역거부자에 대한 병역 면제 또는 양심적 병역거부자로 하여금 국가기관, 공공단체, 사회복지시설 등에서 공익적 업무에 종사하게 함으로써 군복무에 갈음하게 하는 대체적 민간복무제(이하 '대체복무제')의 인정 등을 통하여 양심실현의 자유에 대한 침해를 없애거나 최소화하지 아니한 채 일률적으로 형사처벌하는 범위에서 아래와 같은 이유로 양심실현의 자유를 침해하여 위헌이라고 판단된다.

첫째, 일반적으로 기본권의 보장과 제한에 관하여 양심, 종교, 사상, 학문, 예술, 표현의 자유 등 정신적 자유는 그 밖의 기본권보다 고도의 보호를 받을 필요가 있다. 더욱이 양심실현의 자유에 포함되는 양심적 병역거부행위는 자신의 평화주의적 내적 확신을 표현하는 것이며, 그 표현을 통해 타인의 의사형성에 영향을 주고자 하는 것이 아니므로, 양심상 결정에 따른 표현은 타인과의 의사 접촉을 통하여 여론 형성을 하는 표현의 자유보다 강력하고 광범위하게 보장받아야 한다. 따라서 적어도 양심적 병역거부행위가 국가안전보장에 실질적 해악을 미칠 구체적이고 명백한 위험성이 있는 경우에만 이에 대한 형사처벌 등 제한이 헌법적으로 정당화될 수 있다고 보아야 한다. 양심적 병역거부자에게 병역을 면제하거나 대체복무제를 인정할 경우 현역 복무를 기피하는 현상이 급증할 것이라는 우려는 가능하나, 실제로 다수의 국가에서 헌법상 또는 법률상의 근거에 의하여 대체복무제를 도입하고 병역의무와 양심상의 갈등 상황을 해결하고 있는 점, 현역병으로 병역처분이 되는 인원은 매년 약 30만 내지 35만 명이고, 2003년 1월 1일을 기준으로 제1국민역에 편입된 인원은 약 35만 명이며, 신체검사결과 단기적으로 부족한 병력을 충당할 대상인 보충역으로 병역처분이 되는 인원은 매년 약 4만 명, 공익근무요원으로 입영하는 인원은 매년 약 3만 명인 반면, 2001년부터 2003년까지 형사처벌을 감수한 양심적 병역거부자는 매년 약 600명인 점(위 전원재판부 결정의 반대의견), 대체복무제를 도입하면서 현역복무와 이를 대체하는 복무의 등가성을 확보하여 현역복무를 회피할 요인을 제거하고 그 시행에 있어서는 엄격한 사전심사절차와 사후관리를 통하여 진정한 양심적 병역거부자와 그렇지 않은 자를 가려내는 것이 가능한 점 등 외국의 사례, 양심적 병역거부자가 병역처분대상에서 차지하는 비율, 병역기피 방지를 위한 대체복무제의 엄격한 운용 등에 비추어 볼 때 위와 같은 부정적인 우려는 해결할 수 있다고 할 것이다.

둘째, 헌법상 국방의 의무는 전 국민의 현역복무, 집총복무를 뜻하는 것이 아니라 국가안전보장에 기여할 의무, 재해방지의무 등을 포괄하는 광의의 것으로 이해히여야 한다. 헌법재판소도 "국방의 의무라 함은 북한을 포함한 외부의 적대세력의 직접적 간접적인 침략행위로부터 국가의 독립을 유지하고 영토를 보전하기 위한 의무로서 현대전이 고도의 과학기술과 정보를 요구하고 국민 전체의 협력을 필요로 하는 이른바 총력전인 점에 비추어 단지 병역법 등에 의하여 군복무에 임하는 등의 직접적인 병력형성의무만을 가리키는 것으로 좁게 볼 것이 아니라, 향토예비군설치법, 민방위기본법, 비상대비자원관리법, 병역법 등에 의한 간접적인 병력형성의무 및 병력형성 이후 군 작전명령에 복종하고 협력하여야 할 의무도 포함하는 넓은 의미의 것으로 보아야 할 것이다"라고 판시하고 있고(헌법재판소 1995. 12. 28. 선고 91헌마80 전원재판부 결정), 현행 병역법이 공익근무요원, 전문연구요원, 산업기능요원 등 대체복무제도를 두고 있는 것도 이러한 입장을 뒷받침하고 있다 (병역법 제26조 내지 제33조의2, 제36조 내지 제43조 각각 참조).

따라서 국방의 의무를 전혀 이행하지 않겠다는 것이 아니라 대체복무를 주장하는 양심적 병역거부자들은 대체복무제가 인정될 경우 양심실현의 자유를 보장받을 수 있을 뿐만 아니라 국방의 의무도 이행할 수 있으나 대체복무제가 부정되고 형사처벌만이 강요된다면 그들의 양심실현의 자유는 전면적으로 부정되고 그들의 대체복무를 통한 국방의 의무 이행도 바랄 수 없게 되므로, 양심적 병역거부자들에게도 일률적으로 입영을 강제하고 형사처벌을 하는 범위에서 이 사건 법률조항은 국가안전보장에도 별다른 기여를 하지 못한다.

셋째, 이 사건 법률조항은 일반예방과 특별예방이라는 형벌의 목적에서 볼 때 정당화될 수 없고, 형사처벌 중에서 징역형만을 규정하고 있어 그 법정형이 입법재량의 한계를 벗어난 과중한 처벌이라고 할 것이다.

기존의 양심적 병역거부자들이 줄곧 징역형으로 처벌받아 왔음에도 양심적 병역거부자들이 계속 이어지고 있는 것에서 알 수 있듯이 이 사건 법률조항은 잠재적 양심적 병역거부자에 대한 일반예방효과가 없고, 양심적인 병역거부자와 전혀 다른 목적에서 전혀 다른 수단을 사용하는 잠재적인 일반 병역기피자에게도 일반예방효과가 의문시될 뿐만 아니라 징역형의 처벌 앞에서 자신의 신념을 바꾸어 집총 의무를 이행하겠다는 양심적 병역거부자는 없기 때문에 그들에 대한 형사처벌을 통하여 특별예방효과를 달성할 수도 없다. 그리고 '설령 이들에 대한 형사처벌의 필요성이 인정된다고 하더라도 이 사건 법률조항은 재판기관이 그들에 대한 처벌에 있어 처벌의 경감(자격정지 등)이나 면제를 통하여 양심실현의 자유를 보호할 수 있는 여지를 두고 있지 않다.

넷째, 이와 같이 양심적 병역거부가 국가공동체에 대한 의무를 회피하기 위하여 이루어지는 것이 아님에도 병역기피의 형사처벌로 인하여 이들이 감수하여야 하는 불이익은 심대하다.

우선 양심적 병역거부자들은 대부분 최소 1년 6월 이상의 징역형을 선고받으며 형집행이 종료된 이후에도 일정기간 공무원으로 임용될 수 없다(국가공무원법 제33조 제1항 제3호, 지방공무원법 제31조 제3호). 또한, 병역기피자로 간주되어 공무원 또는 일반 기업의 임직원으로 근무하고 있었던 경우에는 해직되어 직장을 잃게 되므로(병역법 제76조 제1항, 제93조 제1항) 석방된 후 새로운 일자리를 찾아야 하고 이전에 취득하였던 각종 관허업의 특허·허가·인가·면허 등도 모두 상실한다(같은 법 제76조 제2항). 이러한 법적인 불이익과는 별도로 이후 사회생활에서 징역형을 선고받은 전과자로서 받는 여러 가지 유무형의 냉대와 취업 곤란을 포함한 불이익 역시 감수하여야 한다(헌법재판소 2004. 8. 26. 선고 2002헌가1 전원재판부 결정의 반대의견).

나. 평등의 원칙 위반

이 사건 법률조항은 일반 병역기피자들과 본질적으로 다른 이유에서 병역거부에 이른 양심적 병역거부자를 일반 병역기피자들과 같이 취급하여 처벌하므로 헌법상 평등의 원칙에도 위반된다.

5. 결론

그렇다면 이 사건 법률조항은 그 위헌 여부가 재판의 전제가 될 뿐만 아니라 헌법상 양심의 자유를 침해하고 평등의 원칙에 위반된다고 인정할 만한 상당한 이유가 있으므로, 직권으로 주문과 같이 결정한다.

2010년 1월 5일
판사 장승혁

수원지방법원 결정(2009. 12. 30.)[*]

수원지방법원 제4형사부 위헌제청결정

사건	2009초기3193 위헌심판제청
	(2009노1313·1548(병합)병역법위반)
신청인	1. 김세진
	2. 이희원
대리인	변호사 오두진(신청인들을 위하여)

【주문】

신청인들에 대한 이 법원 2009노1313·1548(병합) 병역법위반 사건에 관하여, 병역법(2004. 12. 31. 법률 제7272호로 개정된 것) 제88조 제1항 중 "현영입영 통지서"를 받은 사람이 정당한 사유 없이 입명 또는 소집통지서(모집에 의한 입영통지서를 포함한다)를 받은 사람이 정당한 사유 없이 입영 또는 소집기일부터 다음 각 호의 기간이 경과하여도 입영하지 아니하거나 소집에 불응한 때에는 3년 이하의 징역에 처한다. 1. 현역입영은 3일 부분의 위헌 여부에 관한 심판을 제청한다.

【이유】

1. 사건의 개요

가. 공소사실

(1) 피고인 김세진(이 사건 신청인들 중 1인이다)은 2008년 11월 27일 평택시 합정동 XXX 피고인의 집에서 2008년 12월 9일 의정부시 용현동에 있는 제306보충대로 입영하라는 인천·경기지방병무청장 명의의 현역병 입영통지서를 전달받고도 정당한 사유없이 여호와의 증인 신도라는 이유로 입영기일부터 3일이 경과하도록 입영하지 아니하였다.

(2) 피고인 이희원(이 사건 신청인들 중 1인이다)은 2009년 1월 9일경 인천·경기지방병무청에 출석하여 2009년 1월 13일 대구 북구 학정동에 있는 제50사단에 현역병으로 입영하라는 내용의 입영통지서를 직접 수령하였음에도 불구하고, 정당한 사유없이 여호와의 증인 신도라는 이유로 입영기일부터 3일이 경과하도록 입영하지 아니하였다.

나. 재판진행의 경과

수원지방법원 평택지원은 2009년 3월 12일 피고인 김세진에 대하여 위 공소사실을 유죄로 인정하여 징역 1년 6월을 선고하였고, 2009년 3월 26일 피고인 이회원에 대하여 위 공소사실을 유죄로 인정하여 징역 1년 6월을 선고하였는바, 피고인들은 위 각 원심판결에 대하여 불복·항소하여 그 항소심 사건들이 이 법원에 계속되던 중 이 법원이 피고인 김세진에 대한 항소심 사건(2009노1313)에 피고인 이희원에 대한 항소심 사건(2009노1548)을 병합하여 현재 이 사건 항소심 계속 중에 있다.

2. 위헌제청 대상 법률 조항(이하 '이 사건 법률조항'이라고 한다)

병역법(2004. 12. 31. 법률 제7272호로 개정된 것) 제88조(이하 생략, 이 책 471~472쪽 참조, 편집자 주)

3. 신청이유의 요지

신청인들은 여호와의 증인 신도로서, 현역으로 입영하여 집총 및 군사훈련을 받는 것은 자신들의 종교적 양심에 위배되어 도저히 이행할 수 없다는 양심의 결정에 따라 입영을 거부하였는바, 병역의무의 이행과 양심적 병역거부자들의 양심의 자유와의 갈등관계를 해소하기 위한 대안을 마련하는 등의 최소한의 노력도 하지 아니한 채 양심적 병역거부자들에게 일률적으로 입영을 강제하고 형사처벌만을 가하도록 규정하고 있는 이 사건 법률조항은 인간의 존엄과 가치 및 국가의 기본권 보장 의무, 양심의 자유, 종교의 자유 및 기본권 제한에 있어 요구되는 비례의 원칙을 각 규정한 헌법 제10조, 제19조, 제20조, 제37조 제2항에 위배되어 위헌이라고 주장한다.

4. 재판의 전제성

이 사건 법률조항은 신청인들에 대한 이 사건 각 공소사실을 유죄로 인정할 경우 신청인들이 처벌을 받는 근거가 되는 법규정으로서 그 위헌 여부에 따라 공소사실에 대한 유무죄의 판단이 달라질 수 있으므로, 이 사건 법률조항의 위헌여부는 이 사건 재판의 전제가 된다.

5. 판단

가. 양심적 병역거부의 개념

양심적 병역거부란 병역의무가 인정되고 있는 국가에서 자기의 양

심상의 결정으로 병역의무의 일부 또는 전부를 거부하는 행위를 지칭하는바, 양심상의 이유로 병역을 거부한 신청인들의 행위도 양심적 병역거부에 해당한다.

나. 이 사건 법률조항에 의하여 제한되는 기본권

이 사건 법률조항은 국민의 의무인 국방의 의무의 이행을 관철하고 강제함으로써 징병제를 근간으로 하는 병역제도 하에서 병역자원의 확보와 병역부담의 형평을 기하고 궁극적으로 국가의 안전보장이라는 헌법적 법익을 실현하고자 하는 것이라고 할 것이다.

이 사건 법률조항은 '정당한 사유 없이' 입영을 기피하는 경우만을 처벌하도록 하고 있으나, 현재의 대법원 판례가 양심상의 결정을 내세워 병역의무를 거부하는 것은 이 사건 법률조항에서의 '정당한 사유'에 해당하지 않는다고 보고 있는바(대법원 2004. 7. 15. 선고 2004도2965 전원합의체 판결 참조), 이 사건 법률조항은 형사처벌이라는 제재를 통하여 양심적 병역거부자에게 양심에 반하는 행동을 강요하고 있으므로 현법 제19조가 보호하는 양심실현의 자유를 제한하고, 동시에 양심상 경정의 동기가 그가 믿는 종교의 교리나 종교적 신념에 따라 이루어진 것이라면 헌법 제20조 제1항이 보호하는 종교적 자유도 함께 제한된다. 한편 양심의 자유는 개인이 자기정체성을 확립하고 주변세계 안에서의 위치와 행동방향을 찾아 자신의 진지하고도 강력한 마음의 소리에 따라 살아갈 수 있음을 의미하므로 인간의 존엄성과 불가분의 관계에 있어 이 사건 법률조항은 헌법 제10조에서 규정하는 "인간으로서의 존엄과 가치"와도 관련된다.

이하에서는 개별적 기본권이자 종교의 자유보다 포괄적인 양심의 자유를 중심으로 살펴본다.

다. 양심실현의 자유에 대한 제한과 심사기준

(1) 양심실현의 자유의 제한가능성

양심은 그에 따라 행동하지 않고서는 자신의 인격적 존재가치가 허물어지고 말 것이라는 정도의 강력하고도 진지한 마음의 소리로서, 양심의 내용에 대한 외부인의 평가에 따라 양심인지 여부가 좌우될 수 없고 그 가치의 고하가 가려져서도 아니 되며, 사회와 국가 또는 인류에 유익한 것인지 등은 보호대상이 되는 양심인지 여부를 가릴 때 고려되지 않는다. 다만 양심의 내용에 대한 평가는 양심실현을 자유로이 허용할 경우 국가안전보장이나 사회질서 또는 공공복리에 어떠한 영향을 미칠 것인가의 측면에서 이루어질 수 있다. 그러한 점에서 내면에 머무르는 양심은 절대적 자유로 인정되며 제한이 허용되지 않는데 반해 표명여부나 작위, 부작위 등에 의해 양심을 실현하는 경우에는 다른 대부분의 자유권과 마찬가지로 헌법 제37조 제2항에 의하여 제한될 수 있다고 보아야 한다.

(2) 양심실현의 자유 침해여부에 대한 심사기준

(가) 헌법 제37조 제2항은 '국민의 모든 자유와 권리는 국가안전보장·질서유지 또는 공공복리를 위하여 필요한 경우에 한하여 법률로써 제한할 수 있으며, 제한하는 경우에도 자유와 권리의 본질적인 내용을 침해할 수 없다'고 규정하고 있는바, 국민의 기본권을 법률로써 제한하는 것이 가능하다고 하더라도 본질적인 내용을 침해할 수 없고 또한 과잉금지 내지 비례의 원칙에 위배되어서도 아니 된다.

(나) 양심의 자유의 제한을 의도하지 않는 일반적으로 적용되는 법률에 있어 그 법률이 명명하는 것과 일치될 수 없는 양심의 문제는 법질서에 대해 예외를 인정할지 여부의 형태로 나타나는데, 이때 다수가 공유하는 생각과 다르다는 이유만으로 소수가 선택한 가치가 이상하거나 열등한 것이라고 전제할 수는 없고 양심은 어디까지나 기본권으로 보호되는 것이므로 이러한 경우에도 다수결원리가 전적으로 우선하여야 함을 전제로 하여 '혜택을 부여할 것인가'의 관점에서 심사기준을 완화할 것은 아니고 법률의 합헌성 여부 심사는 다른 기본권침해의 판단과 마찬가지로 일반적인 헌법 제37조 제2항에 의한 기본권제한원리에 따라 이루어져야 한다. 이는 기본권과 여타의 헌법가치 사이

에 충돌이나 갈등이 있는 경우 입법자는 일방적으로 다른 헌법가치만을 실현하려고 할 것이 아니라 충돌이나 갈등상황을 피할 수 있는 대안을 모색하여야 하며 대안마련이 불가능하여 기본권을 제한할 수밖에 없는 경우에도 그 목적에 비례하는 범위 내의 제한에 그치지 않으면 안 된다는 내용을 포함한다고 할 것인바, 따라서 만일 대안의 마련이 필요하고 가능함에도 입법자가 이를 위해 최소한의 노력조차 하지 않았다면 입법자는 위와 같은 기본권제한원리를 준수하였다고 할 수 없다.

(3) 이 사건 법률조항이 기본권제한원리를 준수하였는지 여부
(가) 양심적 병역거부에 대한 이해

양심적 병역거부가 인류의 평화적 공존에 대한 간절한 희망과 결단을 기반으로 하고 있음을 부인할 수는 없으며, 평화에 대한 이상은 인류가 오랫동안 추구하고 존중해 온 것이다. 그런 의미에서 양심적 병역거부자들의 병역거부를 군복무의 고역을 피하기 위한 것이거나 국가공동체에 대한 기본의무는 이행하지 않으면서 무임승차식으로 보호만 바라는 것으로 볼 수는 없다. 그들은 공동체의 일원으로서 납세 등 각종의무를 성실히 수행해야 함을 부정하지 않고, 집총병역의무는 도저히 이행할 수 없으나 그 대신 다른 봉사방법을 마련해 달라고 간청하고 있는바, 이 사건 신청인들도 마찬가지이다. 그럼에도 불구하고 병역기피의 형사처벌로 인하여 이들이 감수하여야 하는 불이익은 심대하다. 양심적 병역거부자들은 대부분 1년 6월 이상의 징역형(실형)을 선고받고 있는바(병역법 시행령 제13조 제1항에서 정한 바에 따라 제2국민역에 편입(입영의무가 면제됨)되는 형량이다), 형 집행을 종료한 이후에도 일정기간 공무원 또는 일반기업의 임·직원으로 임용될 수 없으며(국가공무원법 제33종 제3호, 지방공무원법 제31조 제3호 참조), 병역기피자로 간주되어 공무원 또는 일반 기업의 임·직원으로 임용 또는 채용될 수 없고 재직 중인 경우에는 해직되며(병역법 제76조 제1항, 제93조 제1항 참조), 각종 관허업의 특허·허가·인가·면허·등록 등의 취득이 불가능하거나 상실되는(병역법

제76조 제2항 참조) 법적 제한을 받을 뿐만 아니라, 전과자라는 낙인으로 인하여 사회로부터 받게 되는 여러 가지 유·무형의 냉대를 감수하여야 하고 취업곤란을 포함한 불이익 역시 감수하여야 한다. 특히 병역거부에 대한 종교와 신념을 가족들이 공유하고 있는 많은 경우 부자(父子)가 대를 이어 또는 형제들이 차례로 처벌받게 되어 다른 가족 구성원에게 더 큰 불행을 안겨준다.

(나) 대체복무의 필요성과 가능성

헌법재판소는 이미 양심적 병역거부의 문제가 우리나라에서도 국가공동체의 주요한 현안이 되었음을 인정하면서 입법자에 대하여 헌법 제19조의 양심의 자유에 의하여 공익이나 법질서를 저해하지 않는 범위 내에서 법적 의무를 대처하는 다른 가능성이나 법적 의무의 개별적인 면제와 같은 대안을 제시함으로써 양심상의 갈등을 완화해야 할 의무가 있다고 지적한 바 있다(헌법재판소 2004. 8. 26. 선고 2002헌가1 결정의 다수의견 참조).

양심적 병역거부자들이 반세기 동안 형사처벌 및 유·무형의 막대한 불이익을 겪으면서도 꾸준히 입영이나 집총을 거부하여 왔다는 사실은 형사처벌이 이들 또는 장래의 잠재적인 양심적 병역거부자들의 의무이행을 확보하기 위해 필요한 수단이라고 보기 어렵게 한다. 또한 양심적 병역거부자에 대한 예외를 인정하면, 국방의무의 평등한 이행 확보가 어려울 수 있고, 그 파급효과로 전체적인 병역제도가 신뢰를 잃고 양심적 병역거부를 빙자한 병역기피자들이 증가하여 국민개병제를 바탕으로 한 전체 병역제도의 실효성이 훼손될 수 있다는 우려가 있으나, 양심보호와 형평문제를 동시에 해결할 수 있는 대안은 이론적으로 가능하며, 이미 상당한 기간 동안 세계의 많은 나라들이 양심적 병역거부를 인정하면서도 이러한 문제들을 효과적으로 해결하여 징병제를 유지해 오고 있다는 사실은 그것이 실제로도 가능하다는 사실을 강력히 시사한다.

국방의 의무는 단지 병역법에 의하여 군복무에 임하는 등의 직접적인 집총병력형성의무에 한정되는 것이 아니므로 국방의무이행의 형평성은 반드시 이 사건 법률조항에 의한 의무이행의 강제와 처벌에 의하여만 달성될 수 있는 것은 아니다. 그러므로 그들에게 현역복무이행의 기간과 부담 등을 총체적으로 고려하여 이와 유사하거나 그보다 높은 정도의 의무를 부과한다면, 국방의무 이행의 형평성회복이 가능하고, 부당한 특혜를 준다는 논란도 불식할 수 있으며, 대체복무제를 운영하고 있는 많은 다른 나라들의 경험에서 보듯이 엄격한 사전심사절차와 사후관리를 통하여 진정한 양심적 병역거부자와 그렇지 않은 자를 가려내는 것이 가능하고 무엇보다 현역복무와 이를 대체하는 복무의 등가성을 확보하여 현역복무를 회피할 요인을 제거한다면 병역기피자들의 증가로 전체 병역제도에 미칠 부정적인 파급효과의 문제를 효과적으로 해결할 수 있다고 보인다.

(다) 소결론

그럼에도 불구하고 우리 병역제도와 이 사건 법률조항을 살펴보면, 입법자가 이러한 사정을 감안하여 양심적 병역거부자들에 대하여 어떠한 최소한의 고려라도 한 흔적을 찾아볼 수 없는바, 입법자가 이 사건 법률조항에 의해 구체화된 병역의무의 이행을 강제하면서 사회적 소수자인 양심적 병역거부자들의 양심의 자유와의 심각하고도 오랜 갈등관계를 해소하여 조화를 도모할 최소한의 노력도 하지 않고 있다고 보이므로 이들에게 일률적으로 입영을 강제하고 형사처벌을 하는 범위에서는 이 사건 법률조항은 기본권제한원리를 준수하지 못하여 양심의 자유를 과도하게 침해하는 위헌적인 규정이라고 판단된다.

6. 결론

따라서 이 사건 법률조항은 그 위헌여부가 이 사건 재판의 전제가 될 뿐만 아니라 앞서 본 바와 같이 헌법상 기본권제한원리를 위배하여 양심의 자유를 침해하였다고 인정할 만한 상당한 이유가 있다고 할 것이므로, 이 법원은 이 사건 법률조항이 헌법 제19조, 제37조 제2항에 위반된다고 판단하여 신청인들의 위헌심판제청신청에 의하여 주문과 같이 결정한다.

2009년 12월 30일
재판장   판사 김경호
                   판사 김선아
                   판사 현진희

전주지방법원 결정(2009. 11. 5.)[*]

전주지방법원 결정

사건	2009고단831 병역법위반
피고인	유다형
검사	김용규
변호인	변호사 김정수(국선)

【주문】

위 사건에 관하여 병역법(2004. 12. 31. 법률 제7272호로 개정된 것) 제88조 제1항 제1호의 위헌 여부에 대한 심판을 제청한다.

【이유】

1. 이 사건 재판의 경과 및 재판의 전제성

검사는 2009년 7월 23일 "피고인은 현역 입영대상자로 여호와의 증인 신자인데, 2009년 5월 12일 13:00경 전북 완주군 봉동읍 XXX 피고인의 집에서 2009년 6월 16일까지 의정부에 있는 제306보충대로 입

---

[*] 전주지방법원 2009. 11. 5. 선고 2009고단831[위헌제청결정].

영하라는 전북지방병무청장 명의의 현역병입영통지서를 전달받고도 입영기일로부터 3일이 경과한 2009년 6월 19일까지 정당한 사유 없이 입영하지 아니하였다."는 내용의 공소사실에 관하여(2004. 12. 31. 법률 제7272호로 개정된 것) 제88조 제1항 제1호(이하 '이 사건 법률규정')를 적용하여 피고인에 대하여 공소를 제기하여, 이 법원 2009고단831호로 재판이 계속 중이다.

2. 위헌제청신청의 대상 법률조항
(이하 '이 사건 법률 조항'이라 한다)

이 사건 위헌제청대상은 이 사건 법률조항의 구성요건과 형벌에 관한 부분을 모두 포함하고, 그 내용은 아래와 같으며, 이 사건 법률조항의 위헌 여부에 따라 위 사건의 유무죄 여부가 달라지게 되므로, 이 사건 법률조항의 위헌 여부는 당해 사건 재판의 전제가 된다.

병역법 제88조(이하 생략. 이 책 471~472쪽 참조. 편집자 주)

3. 위헌제청이유

형벌법규의 제정은 원칙적으로 국회의 고유권한에 속하는 것으로서 (헌법 제40조) 국회는 국민의 어떠한 행위를 범죄로 규정하고 어떻게 처벌할 것인가를 선택할 입법재량을 가지나, 한편 이러한 입법재량은 무제한한 것이 될 수는 없고, 국민의 자유와 권리의 제한은 필요한 최소한에 그쳐야 하며, 기본권의 본질적인 내용을 침해하는 내용의 입법은 할 수 없고(헌법 제37조 제2항), 형벌법규에 의해 국민의 기본권을 제한하는 내용의 입법을 하려는 경우에는 헌법 및 법률의 체제상 그 입법목적의 정당성이 인정되어야 하고(목적의 정당성), 그 목적의 달성을 위하여 그 방법이 효과적이고 적절하여야 하며(방법의 적절성), 입법권자가 선택한 기본권 제한의 조치가 입법목적달성을 위하여 설사 적절하다 할지라도 더 완화된 형태나 방법을 모색함으로써 기본권의 제한은 필요한 최소한도에 그치도록 하여야 하며(피해의 최소성), 그 입법에 의하여 보호하려는 공익과 침해되는 사익을 비교형량할 때 보호되는 공익이 더 커야 할 것이고(법익의 균형성), 이와 같이 과잉입법금지의 원칙 또는 형벌과 책임 간의 비례성 원칙에 반하는 가혹한 형벌규정을 설정함으로써 그 형벌규정이 입법재량의 범위를 넘어서 자의적으로 제정된 것으로 판단된다면 이는 헌법을 위반한 것으로 볼 수밖에 없을 것이다.

사상이나 양심 또는 종교적 교리를 이유로 병역의무의 이행을 거부하는 이른바 양심적·종교적 병역거부(이하 '양심적 병역거부')는 헌법 제19조의 양심의 자유와 헌법 제20조의 종교의 자유에 속한다고 할 것이고, 가사 견해를 달리한다고 하더라도 헌법 제37조 제1항의 헌법에 열거되지 아니한 이유로 경시될 수 없는 국민의 자유와 권리에 해당한다고 할 것이다.

한편 헌법 제39조 제1항은 모든 국민에게 법률에 정한 국방의 의무를 부과하고, 이에 따라 병역법 제3조 제1항은 국민인 남자에게 병역의무를 과하면서, 같은 법 제5조에서 그 종류를 현역, 예비역, 보충역으로 정하고, 특히 보충역은 공익근무요원·공중보건의사·징병전담의사·국제협력의사·공익법무관·공익수의사·전문연구요원·산업기능요원을 포함하며, 같은 법 제24조, 제25조는 현역병으로 입영한 자를 경비교도, 전투경찰순경, 의무소방원으로 전환복무하게 할 수 있음을 정하고 있다.

민주국가의 권력이란 주권자인 국민의 추상적 의사를 해석·집행하는 권력으로서 대의기관을 통해 자신의 의사를 관철할 수 있는 민주적 다수뿐만 아니라 자신을 대변할 대의기관이 없는 민주적 소수의 의사 또한 조화롭게 반영할 책무를 가진다는 관점에서 이 사건 적용 법조를 보건대, 국가안전보장이라는 목적의 정당성에는 그 의문이 없으나, 헌법에 정한 국방의 의무의 내용을 법률로 정함에 있어 성별, 신체기능, 개인의 자격, 학식, 기타 국가적 필요를 이유로 하여 전문연구요원·산업기능요원·의무소방원 등 다양한 종류의 복무형태를 정하고 있으면서도 양심과 종교를 존중하는 내용의 복무형태를 두고 있지 않고 양심적 병역거부자에 대한 제재수단으로 형사처벌만을 두고 있는 것은 양심적 병역거부 제도의 도입이 불가능한 것으로 보이지 않는 점, 특히 대만의 경우 중국을 앞에 두고서 대체복무제를 시행하였음에도 병역제도 시행에 별다른 장해가 초래된 것으로 보이지 않아 문화와 배경이 비슷한 우리나라의 경우에 양심적 병역거부 제도의 도입이 병역제도의 와해로 이어질 것이라는 것은 다수의 국민수준에 비추어 납득하기 어려운 점에 비추어 지나친 국가주의의 발로로서 민주적 소수가 가지는 양심, 종교의 자유 또는 열거되지 아니한 국민의 자유와 권리에 대한 제한이 필요한 최소한도를 넘었다고 볼 것이고, 나아가 양심적 병역거부자의 입영기피에 대한 불이익·제재는 그 종류가 징역형뿐이어서 형벌과 책임 간의 비례성 원칙에 반하는 가혹한 형벌규정을 설정한 것이라고 볼 수 있어, 결국 이 사건 법률규정은 앞서 본 헌법이 요구하는 형벌규정으로서의 요건, 특히 피해의 최소성을 갖추지 않은 것으로 볼 것이고, 형벌과 책임 간의 비례성 원칙에 반하는 가혹한 형벌규정을 설정함으로써 그 형벌규정이 입법재량의 범위를 넘어서 자의적으로 제정된 것으로 헌법 제37조 제2항을 위반한 것이라고 봄이 상당하다.

4. 결론

그렇다면 이 사건 법률규정은 그 위헌 여부가 위 사건 재판의 전제가 될 뿐만 아니라 이를 위헌이라고 인정할 만한 상당한 이유가 있으므로 헌법 제107조 제1항과 헌법재판소법 제41조 제1항에 의하여 주문과 같이 결정한다.

2009년 11월 5일
판사 김균태

대전지방법원 천안지원 결정(2009. 7. 31.)[*]

대전지방법원천안지원 위헌제청결정

사건   2008초기354 위헌법률심판제청
신청인   안승환
본안사건 대전지방법원 천안지원 2007고단1575 병역법위반

【주문】

신청인에 대한 이 법원 2007고단1575 병역법위반 사건에 관하여 병역법(2004. 12. 31. 법률 제7272호로 개정된 것), 제88조 제1항 중 "현역입영 또는 소집통지서(모집에 의한 임영통지서를 포함한다)를 받은 사람이 정당한 사유 없이 입영 또는 소집기일부터 다음 각 호의 기간이 경과하여도 입영하지 아니하거나 소집에 불응한 때에는 3년 이하의 징역에 처한다."는 부분에 대한 심판을 제청한다.

* 대전지방법원 천안지원 2009. 7. 31. 선고 2008초기354 결정[위헌심판제청].

【이유】

1. 사건의 개요

이 사건 피고인 겸 제청신청인은 '현역병 입영 대상자인바, 2007월 5월 11일 아산시 둔포면 둔포리 소재 OO에서, 신청인의 어머니로부터 같은 해 6월 18일 13:00까지 논산시 연무읍 금곡리 소재 논산훈련소에 현역병으로 입영하라는 내용의 대전충남지방병무청장 명의의 현역입영통지서를 수령하였음에도 정당한 이유 없이 입영기일로부터 3일이 지나도록 입영하지 아니하였다.'는 공소사실로, 병역법 제88조 제1항 제1호 위반으로 이 법원에 공소제기되어 재판계속 중이다.

2. 위헌제청신청의 대상 법률조항
(이하 '이 사건 법률 조항'이라 한다)

병역법(2004. 12. 31. 법률 제7272호로 개정된 것) **제88조**(이하 생략, 이책 471~472쪽 참조, 편집자 주)

3. 신청 이유의 요지

신청인은, 자신은 여호와의 증인 신도로서 현역으로 입영하여 집총 및 군사훈련을 받는 것은 자신의 종교적 양심에 위배되어 도저히 이행할 수 없다는 양심의 결정에 따라 입영을 거부하였는바, 병역의무의 이행과 양심적 병역거부자들의 양심의 자유와의 갈등관계를 해소하여 조화를 도모할 최소한의 노력도 하지 아니한 채 양심적 병역거부자들에게 일률적으로 입영을 강제하고 형사처벌을 하도록 규정하고 있는 이 사건 법률조항은 양심의 자유를 규정한 헌법 제19조에 위배되어 위헌이라고 주장한다.

4. 판단

가. 재판의 전제성

신청인이 위헌제청신청을 한 이 사건 법률조항은 신청인에 대한 이 사건 공소사실을 유죄로 인정할 경우 피고인이 처벌을 받는 근거가 되는 법규정으로서 그 위헌 여부에 따라 이 사건 공고사실에 대한 유무죄의 판단이 달라질 수 있으므로 이 사건 법률조항의 위헌 여부는 이 사건 재판의 전제가 된다.

나. 이 사건 법률조항이 위헌인지 여부

(1) 양심적 병역거부의 개념

양심적 병역거부란 징병제를 채택하여 일반적인 병역의무가 인정되고 있는 국가에서 자기의 양심상의 판단을 근거로 하여 병역 수행을 거부하는 행위를 지칭하는바, 양심상의 이유로 병역을 거부한 이 사건 신청인의 행위도 양심적 병역거부에 해당한다.

(2) 양심의 자유의 헌법적 의미 및 보장내용[1]

(가) 헌법은 제19조에서 "모든 국민은 양심의 자유를 가진다"라고 하여 양심의 자유를 국민의 기본권으로 보장하고 있다. 이로써 국가의 법질서와 개인의 내적·윤리적 결정인 양심이 서로 충돌하는 경우 헌법은 국가로 하여금 개인의 양심을 보호할 것을 규정하고 있다. 헌법상 보호되는 양심은 어떤 일의 옳고 그름을 판단함에 있어서 그렇게 행동하지 아니하고는 자신의 인격적인 존재가치가 허물어지고 말 것이라는 강력하고 진지한 마음의 소리로서 절박하고 구체적인 양심을 말한다.

(나) '양심의 자유'가 보장하고자 하는 '양심'은 민주적 다수의 사고나 가치관과 일치하는 것이 아니라, 개인적 현상으로서 지극히 주관적

---

1 헌법재판소 2004. 8. 26. 선고 2002헌가1 결정 참조.

인 것이고, 양심은 그 대상이나 내용 또는 동기에 의하여 판단될 수 없으며, 특히 양심상의 결정이 이성적·합리적인가, 타당한가 또는 법질서나 사회규범, 도덕률과 일치하는가 하는 관점은 양심의 존재를 판단하는 기준이 될 수 없다. 따라서 양심상의 결정이 어떠한 종교관·세계관 또는 그 외의 가치체계에 기초하고 있는가와 관계없이, 모든 내용의 양심상의 결정이 양심의 자유에 의하여 보장된다.

(다) 헌법 제19조의 양심의 자유는 크게 양심형성의 내부영역과 형성된 양심을 실현하는 외부영역으로 나누어 볼 수 있으므로, 그 구체적인 보장내용에 있어서도 내심의 자유인 '양심형성의 자유'와 양심적 결정을 외부로 표현하고 실현하는 '양심실현의 자유'로 구분된다. 양심형성의 자유란 외부로부터의 부당한 간섭이나 강제를 받지 않고 개인의 내심영역에서 양심을 형성하고 양심상의 결정을 내리는 자유를 말하고, 양심실현의 자유란 형성된 양심을 외부로 표명하고 양심에 따라 삶을 형성할 자유, 구체적으로는 양심을 표명하거나 또는 양심을 표명하도록 강요받지 아니할 자유, 양심에 반하는 행동을 강요받지 아니할 자유, 양심에 따른 행동을 할 자유를 모두 포함한다.

(라) 위와 같은 양심의 자유 중 양심형성의 자유는 내심에 머무르는 한, 절대적으로 보호되는 기본권이라 할 수 있는 반면, 양심적 결정을 외부로 표현하고 실현할 수 있는 권리인 양심실현의 자유는 법질서에 위배되거나 타인의 권리를 침해할 수 있기 때문에 법률에 의하여 제한될 수 있는 상대적 자유이다.

(3) 이 사건 법률조항에 의하여 제한되는 기본권[2]

(가) 헌법 제39조는 국방의 의무를 규정하고 있고, 헌법상의 국방의무를 구체화하는 병역법 제3조는 대한민국 국민인 남자에게 병역의무를 부과하고 있으며, 이 사건 법률조항은 병역의무의 이행을 강제하기 위하여 '현역입영 또는 소집통지서를 받은 사람이 정당한 사유 없이

---

2 헌법재판소 2004. 8. 26. 선고 2002헌가1 결정 참조.

입영 또는 소집기일로부터 3일이 경과하여도 입영하지 아니하는 경우 이들을 3년 이하의 징역에 처하도록' 규정함으로써 병역기피자에 대하여 형사처벌이라는 제재를 가하고 있다.

(나) 이 사건 법률조항은 '정당한 사유 없이' 입영을 기피하는 경우만을 처벌하도록 하고 있으나, 현재의 대법원 판례가 양심상의 결정을 내세워 병역의무를 거부하는 것은 위 조항에서의 '정당한 사유'에 해당하지 않는다고 보고 있으므로,[3] 양심적 병역거부자들도 일반 병역기피자들과 마찬가지로 이 사건 법률조항에 의한 형사처벌을 받게 된다.

(다) 자신의 종교관·가치관·세계관 등에 따라 '전쟁과 그에 따른 인간의 살상에 반대하는 진지한 양심이 형성되었다면, 병역의무를 이행할 수 없다.'는 결정은 양심상의 갈등이 없이는 그에 반하여 행동할 수 없는 강력하고 진지한 윤리적 결정인 것이며, 병역의 의무를 이행해야 하는 상황은 개인의 윤리적 정체성에 대한 중대한 위기상황에 해당한다. 이와 같이 상반된 내용의 2개의 명령 즉, '양심의 명령'과 '법질서의 명령'이 충돌하는 경우에 개인에게 그의 양심의 목소리를 따를 수 있는 가능성을 부여하고자 하는 것이 바로 양심의 자유가 보장하고자 하는 대표적인 영역이다.

(라) 이 사건 법률조항은 형사처벌이라는 제재를 통하여 양심적 병역거부자에게 양심에 반하는 행동을 강요하고 있으므로, '국가에 의하여 양심에 반하는 행동을 강요당하지 아니할 자유', '양심에 반하는 법적 의무를 이행하지 아니할 자유', 즉 부작위에 의한 양심실현의 자유를 제한하는 규정이다.

(4) 이 사건 법률조항의 입법목적[4]

헌법은 제5조 제2항에서 '국가의 안전보장'과 국토방위를 국군의 신성한 의무라고 규정하면서 제39조 제1항에서 국가안전보장을 실현하기 위한 중요한 수단으로서 국방의 의무를 명문으로 인정하고 있다.

3 대법원 2004. 7. 15. 선고 2004도2965 판결 참조.
4 헌법재판소 2004. 8. 26. 선고 2002헌가1 결정 참조.

또한 헌법 제37조 제2항은 국민의 모든 자유는 국가안전보장을 위하여 제한될 수 있다는 것을 밝히면서 제76조 제1항에서 국가의 안전보장을 위하여 대통령에게 국가긴급권을 부여하고 있고, 제91조에서 대통령의 자문기관으로서 국가안전보장회의를 두도록 규정하는 등 '국가의 안전보장'을 중대한 헌법적 법익으로 규정하고 있다.

'국가의 안전보장'은 국가의 존립과 영토의 보존, 국민의 생명·안전의 수호를 위한 불가결한 전제조건이자 모든 국민이 자유를 행사하기 위한 기본적 전제조건으로서 헌법이 이를 명문으로 규정하는가와 관계없이 헌법상 인정되는 중대한 법익이며, 국방의 의무는 국가의 안전보장을 실현하기 위하여 헌법이 채택한 하나의 중요한 수단이다. 이 사건 법률조항은 국민의 의무인 '국방의 의무'의 이행을 관철하고 강제함으로써 징병제를 근간으로 하는 병역제도하에서 병역자원의 확보와 병역부담의 형평을 기하고 궁극적으로 국가의 안전보장이라는 헌법적 법익을 실현하고자 하는 것이다.

(5) 양심실현의 자유의 제한가능성과 비례성의 원칙
(가) 양심실현의 자유의 제한가능성
이 사건과 같은 양심적 병역거부의 문제는 양심의 자유 중 양심에 반하는 행동을 강요받지 아니할 자유로서 부작위에 의한 양심실현의 자유라 할 것인바, 이와 같은 양심실현의 자유는 앞서 본 바와 같이 법률에 의하여 제한될 수 있는 상대적인 자유이므로 법률로써 제한될 수 있다

(나) 이 사건 법률조항과 비례성의 원칙
1) 양심실현의 자유에 대한 침해여부 심사와 비례성원칙 적용 여부
가) 헌법재판소 2004. 8. 26 선고 2002헌가1 결정
헌법재판소 2004. 8. 26 선고 2002헌가1 결정은 다음과 같은 이유로 양심실현의 자유에 대한 침해여부의 심사에는 일반적인 비례의 원칙이 적용되지 아니한다고 판단하였다.

양심실현의 자유의 보장 문제는 '양심의 자유'와 양심의 자유에 대한 제한을 통하여 실현하고자 하는 '헌법적 법익' 및 '국가의 법질서' 사이의 조화의 문제이며, 양법익 간의 법익형량의 문제이다.

그러나 양심실현의 자유의 경우 법익교량과정은 특수한 형태를 띠게 된다. 수단의 적합성, 최소침해성의 여부 등의 심사를 통하여 어느 정도까지 기본권이 공익상의 이유로 양보해야 하는가를 밝히는 비례원칙의 일반적 심사과정은 양심의 자유에 있어서는 그대로 적용되지 않는다. 양심의 자유의 경우 비례의 원칙을 통하여 양심의 자유를 공익과 교량하고 공익을 실현하기 위하여 양심을 상대화하는 것은 양심의 자유의 본질과 부합될 수 없다. 양심상의 결정이 법익교량과정에서 공익에 부합하는 상태로 축소되거나 그 내용에 있어서 왜곡·굴절된다면, 이는 이미 '양심'이 아니다. 이 사건의 경우 종교적 양심상의 이유로 병역의무를 거부하는 자에게 병역의무의 절반을 면제해 주거나 아니면 유사시에만 병역의무를 부과한다는 조건 하에서 병역의무를 면제해 주는 것은 병역거부자의 양심을 존중하는 해결책이 될 수 없다.

따라서 양심의 자유의 경우에는 법익교량을 통하여 양심의 자유와 공익을 조화와 균형의 상태로 이루어 양 법익을 함께 실현하는 것이 아니라, 단지 '양심의 자유'와 '공익' 중 양자택일 즉, 양심에 반하는 작위나 부작위를 법질서에 의하여 '강요받는가 아니면 강요받지 않는가'의 문제가 있을 뿐이다.

나) 그러나 양심실현의 자유에 대한 침해여부의 심사에는 일반적인 비례의 원칙이 적용되지 아니한다는 위와 같은 견해는 쉽게 납득하기 어렵다.

헌법 제37조 제2항은 '국민의 모든 자유와 권리는 국가안전보장·질서유지 또는 공공복리를 위하여 필요한 경우에 한하여 법률로써 제한할 수 있으며, 제한하는 경우에도 자유와 권리의 본질적인 내용을 침해할 수 없다.'고 규정함으로써, 법률에 의한 기본권 제한의 근거를 규정함과 동시에 법률에 의한 기본권 제한의 한계를 명시적으로 규율하고 있다.

많은 학자들이 위 조문에서 '국가안전보장·질서유지' 또는 '공공복리를 위하여 기본권의 제한이 불가피한 경우에 그 제한이 최소한으로 그쳐야 하고, 그 제한은 보호하고자하는 법익을 구현하는 데 적합하여야 하며, 보호하려는 법익과 제한하는 기본권 사이에 비례관계가 있어야 한다'는 비례의 원칙 내지 과잉금지원칙의 실정법적 근거를 찾고 있는바, 헌법 제37조 제2항은 '국민의 "모든" 자유의 권리'라고 제한하는 경우에 적용하도록 요구하고 있다.

앞서 본 헌법재판소 2002헌가1 결정은 '양심상의 결정이 법익교량 과정에서 공익에 부합하는 상태로 축소되거나 그 내용에 있어서 왜곡·굴절된다면, 이는 이미 '양심'이 아니다. 이 사건의 경우 종교적 양심상의 이유로 병역의무를 거부하는 자에게 병역의무의 절반을 면제해 주거나 아니면 유사시에만 병역의무를 부과한다는 조건하에서 병역의무를 면제해 주는 것은 병역거부자의 양심을 존중하는 해결책이 될 수 없다.'고 판단하였다.

그러나 이 사건과 같이 양심상의 이유로 현역입영을 거부하는 사람들은 국방의 의무 자체를 거부하는 것이 아니고, 자신들에게 병역의무의 절반을 면제해 주거나 아니면 유사시에만 병역의무를 부과한다는 조건 하에서 병역의무를 면제해 달라고 주장하는 것도 아니다. 국방의 의무는 단지 병역법에 의하여 군복무에 임하는 등의 직접적인 집총병력형성의무에 한정되는 것이 아닌바,[5] 대부분의 양심적 병역거부자들은 인명에 대한 살상을 전제로 한 집총병역의무만큼은 그들의 양심상 도저히 이행할 수 없으니 그 대신 병역의무 못지않게 어려운 다른 대체복무제도를 마련해 달라고 오랜 기간 간청해 오고 있다.

국가가 집총병역의무를 대체할 합리적인 대체복무제도를 마련하게 되면 양심적 병역거부자들의 양심의 자유와 국방의 의무 사이의 오랜 갈등관계가 원만하게 해결될 수 있을 것으로 예상되는데, 이 사건 법률조항이 양심적 병역거부자의 양심실현의 자유를 침해하는지 여부를

---

5 헌법재판소 1995. 12. 28. 선고 91헌마80 결정 참조.

심사함에 있어 비례의 원칙을 적용하여 양심적 병역거부자를 위한 대체복무제도를 마련하지 않는 한 이 사건 법률조항이 위헌이라고 판단한다고 하여 양심적 병역거부자들의 양심이 공익에 부합하는 상태로 축소되거나 그 내용에 있어서 왜곡·굴절되는 것이 아니다.

따라서 법률의 양심실현의 자유에 대한 침해여부의 심사 시에 비례의 원칙을 적용하는 것이 양심을 공익에 부합하는 상태로 축소되게 하거나 그 내용에 있어서 왜곡·굴절된다면 그것은 이미 '양심'이 아님을 이유로 하여, 양심의 자유의 경우에는 법익교량을 통하여 양심의 자유와 공익을 조화와 균형의 상태로 이루어 양 법익을 함께 실현하는 것이 아니라, 단지 '양심의 자유'와 '공익' 중 양자택일 즉, 양심에 반하는 작위나 부작위를 법질서에 의하여 '강요받는가 아니면 강요받지 않는가'의 문제가 있을 뿐이라고 판단한 헌법재판소 2004. 8. 26. 선고 2002헌가1 결정의 견해는 수긍하기 어렵고, 양심실현의 자유에 대한 침해여부의 심사 시에도 다른 모든 자유와 권리와 마찬가지로 비례의 원칙이 적용되어야 한다.

특히, 양심의 자유가 보호되지 않는 곳에서는 종교의 자유, 학문과 예술의 자유, 정치활동의 자유, 사법권의 독립 등이 실질적으로 보장될 수 없다는 점에서, 양심의 자유를 보장하는 것은 아주 중요하고, 이러한 이유로 양심의 자유는 '최상의 기본권' 내지 '모든 기본권의 초석'이라고 불리는 매우 중요한 기본권이다.[6]

양심의 자유의 제한을 의도하지 않는 일반적으로 적용되는 법률에 있어 그 법률이 명령하는 것과 일치될 수 없는 양심의 문제는 법질서에 대해 예외를 인정할지 여부의 형태로 나타난다. 이때 '예외 또는 면제'를 일종의 특혜로 보고 이에 의한 양심의 자유의 실현은 권리로서 보장되지 않는 것으로 보기 쉽다. 그러나 다수가 공유하는 생각과 다르다는 이유만으로 소수가 선택한 가치가 이상하거나 열등한 것이라고 전제할 수는 없고 양심은 어디까지나 기본권으로 보호되는 것이다.

---

6 허영, 『한국헌법률』 전정4판, 391[392]쪽.

그러므로 위와 같은 경우에도 다수결 원리가 전적으로 우선하여야 함을 전제로 하여 '혜택을 부여할 것인가'의 관점에서 심사기준을 완화하여서는 아니 된다. 이 경우에도 법률의 합헌성 여부 심사는 다른 기본권침해의 판단과 마찬가지로 일반적인 헌법 제37조 제2항에 의한 기본권제한원리에 따라 이루어져야 한다.

2) 이 사건 법률조항과 비례성의 원칙

이 사건 법률조항은 비례성의 원칙과의 관계에서 주로 "최소침해성" 위반여부가 문제되므로, 이 사건 법률조항이 국방의 의무를 실현하기 위해 택하고 있는 수단인 '현역입영 또는 소집통지서를 받은 사람이 정당한 사유 없이 입영 또는 소집기일부터 일정한 기간이 경과하여도 입영하지 아니하거나 소집에 불응한 때에는 3년 이하의 징역에 처하도록 한 것'이 국방의 의무 실현이라는 입법목적을 달성하기 위하여 고려되는 유효한 수단 중에서 가장 국민의 기본권을 적게 침해하는 수단인가 하는 문제를 살펴보기로 한다.

가) 양심적 병역거부

양심적 병역거부는 본질적으로 타인을 살상하지 않겠다는 평화주의에 입각해 있고, 인류의 평화적 공존에 대한 간절한 희망과 결단을 기반으로 하고 있다. 개인 차원에서든 국가 차원에서든 사유를 불문하고 인체의 살상을 거부하는 사상은 역사상 꾸준히 나타났으며, 비폭력, 불살생, 평화주의 등으로 나타나는 평화에 대한 이상은 그 실현가능성 여부에 불구하고 인류가 오랫동안 추구하고 존중해 온 것이다. 우리 헌법 역시 전문에서 "항구적인 세계평화와 인류공영에 이바지함"을 선언하여 이러한 이념의 일단을 표현하고 있다.

양심적 병역거부는 군복무의 고역을 피하기 위하여 또는 국가공동체에 대한 기본의무는 이행하지 않으면서 맹목적 보호만을 바라는 단순한 병역기피와는 질적으로 구별된다. 그들은 공동체의 일원으로서 납세 등 각종의무를 성실히 수행해야 함을 부정하지 아니하고, 다만 병역의무만큼은 도저히 이행할 수 없으니 그 대신 병역의무에 상응한 대체복무제도를 마련해 줄 것을 요구하고 있다.

나) 양심적 병역거부자들이 병역거부로 받게 되는 불이익

위와 같이 양심적 병역거부가 국가공동체에 대한 의무를 회피하기 위하여 이루어지는 것이 아님에도 불구하고 병역기피의 형사처벌로 인하여 이들이 감수하여야 하는 불이익은 심대하다.

우선 양심적 병역거부자들은 대부분 최소 1년 6월 이상의 징역형을 선고받아 교도소에서 복역해야 하고, 그 전과로 인해 형집행 종료 후 3년까지의 기간에 범한 죄에 대하여는 집행유예를 받을 수 없게 되고[7] 평생 선고유예를 받을 수 없게 된다.[8]

또한 금고 이상의 형의 선고를 받고 형 집행이 종료되기 전에는 공직선거권이 없고,[9] 형 집행이 종료된 이후에도 일정기간 공직선거의 피선거권이 없으며[10·11] 일정기간 공무원으로 임용될 수 없고,[12·13] 또한

---

7 형법 제62조(집행유예의 요건)
① 3년 이하의 징역 또는 금고의 형을 선고할 경우에 제51조의 사항을 참작하여 그 정상에 참작할 만한 사유가 있는 때에는 1년 이상 5년 이하의 기간 형의 집행을 유예할 수 있다. 다만, 금고 이상의 형을 선고한 판결이 확정된 때부터 그 집행을 종료하거나 면제된 후 3년까지의 기간에 범한 죄에 대하여 형을 선고하는 경우에는 그러하지 아니하다.

8 형법 제59조(선고유예의 요건)
① 1년 이하의 징역이나 금고, 자격정지 또는 벌금의 형을 선고할 경우에 제51조의 사항을 참작하여 개전의 정상이 현저한 때에는 그 선고를 유예할 수 있다. 단, 자격정지 이상의 형을 받은 전과가 있는 자에 대하여는 예외로 한다.

9 공직선거법 제18조(선거권이 없는 자)
① 선거일 현재 다음 각 호의 어느 하나에 해당하는 자는 선거권이 없다.
2. 금고 이상의 형의 선고를 받고 그 집행이 종료되지 아니하거나 그 집행을 받지 아니하기로 확정되지 아니한 자

10 공직선거법 제19조(피선거권이 없는 자)
선거일 현재 다음 각 호의 1에 해당하는 자는 피선거권이 없다.
2. 금고 이상의 형의 선고를 받고 그 형이 실효되지 아니한 자

11 형의 실효 등에 관한 법률 제7조(형의 실효)
① 수형인이 자격정지 이상의 형을 받음이 없이 형의 집행을 종료하거나 그 집행이 면제된 날부터 다음 각 호의 기간이 경과한 때에는 그 형은 실효된다. 다만,

병역기피자로 간주되어 공무원 또는 일반 기업의 임·직원으로 채용될
수 없으며, 공무원 또는 일반 기업의 임·직원으로 근무하고 있었던 경
우에는 해직되어 직장을 잃게 되고, 각종 관허업의 특허·허가·인가·
면허·등록 또는 지정을 받을 수 없으며, 이미 취득하였던 각종 관허허
업의 특가·허가·인가·면허 등도 모두 상실한다.[14·15]

　이러한 법적인 불이익과는 별도로 이후 사회생활에서 징역형을 선
고받은 전과자로서 받게 되는 여러 가지 유·무형의 냉대와 사실상 대
기업에는 취업할 수 없게 되거나 이미 취업했다 하더라도 실직하게 되
는 등의 취업곤란을 포함한 불이익 역시 감수하여야 하고[16] 이로 인해

구류·과료는 형의 집행을 종료하거나 그 집행이 면제된 때에 그 형이 실효된다.
　1. 3년을 초과하는 징역·금고는 10년
　2. 3년 이하의 징역·금고는 5년
12 국가공무원법 제33조(결격사유)
　다음 각 호의 어느 하나에 해당하는 자는 공무원으로 임용될 수 없다.
　3. 금고 이상의 실형을 선고받고 그 집행이 종료되거나 집행을 받지 아니하기로
확정된 후 5년이 지나지 아니한 자
13 지방공무원법 제31조(결격사유)
　다음 각 호의 어느 하나에 해당하는 사람은 공무원이 될 수 없다.
　3. 금고 이상의 형을 선고받고 그 집행이 종료되거나 집행을 받지 아니하기로 확
정된 후 5년이 지나지 아니한 사람
14 제76조(병역 의무불이행자에 대한 제재)
　① 국가기관, 지방지체단체의 장 또는 고용주는 다음 각 호의 1에 해당하는 사람
을 공무원 또는 임·직원으로 임용 또는 채용할 수 없으며, 재직 중인 경우에는 퇴
직하여야 한다.
　1. 징병검사를 기피하고 있는 사람
　2. 징집·소집을 기피하고 있는 사람
　3. 군복무 및 공익근무요원복무를 이탈하고 있는 사람
　② 국가기관 또는 지방자치체의 장은 제1항 각호의 1에 해당하는 사람에 대하
여는 각종 관허업(관허업)의 특허·허가·인가·면허·등록 또는 정정 등을 하여서
는 아니 되며, 이미 이를 받은 사람에 대하여는 취소하여야 한다.
15 병역법 제93조(고용금지 및 복직보장위반 등)
　① 고용주가 제76조 제14항 또는 제3항의 규정에 위반하여 병역의무 불이행자
(불이행자)를 임·직원으로 채용하거나 재직 중인 사람을 해직하지 아니한 때에는
6일 이하의 징역 또는 200만 원 이상 2000만 원 이하의 벌금에 처한다.
16 대부분의 대기업을 포함한 많은 기업들이 취업규칙에서 집행유예 이상의 전과가

양심적 병역거부자와 그 가족들이 겪게 되는 경제적 어려움 또한 매우 심각하다. 특히 병역거부에 대한 종교와 신념을 가족들이 공유하고 있는 많은 경우 부자가 대를 이어 또는 형제들이 차례로 처벌받게 되어 양심적 병역거부자 및 그 가족에게 더 큰 불행을 안겨준다.

다) 대체복무제의 필요성과 가능성

a) 양심적 병역거부자들의 현역집총병역 종사 여부가 전체 국방력에 미치는 영향

2002헌가1 결정에 의하면 형사처벌을 감수한 양심적 병역거부자는 1992년부터 2000년까지는 매년 약 400명, 2001년부터 2003년까지는 매년 약 600명으로 나타난다. 한편, 현역병으로 병역처분이 되는 인원은 매년 약 30만 내지 33만 명이고, 2003년 1월 1일을 기준으로 제1국민역에 편입된 인원은 약 35만 명이며, 신체검사결과 단기적으로 부족한 병력을 충당할 대상인 보충역으로 병역처분이 되는 인원은 매년 약 4만 명, 공익근무요원으로 입영하는 인원은 매년 약 3만 명으로 나타난다. 따라서 수의 면에서 양심적 병역거부자가 차지하는 비율은 병력이나 전투력의 감소를 논할 정도라고 볼 수 없다. 뿐만 아니라 대부분의 양심적 병역거부자는 현행 제도하에서도 병역을 거부하고 1년 6월 이상의 실형을 복역하고 있어 병력이나 전투력에 도움이 되지 아니하고, 양심상의 결정에도 불구하고 대체복무제가 인정되지 아니하는 현행법하에서 병역거부자가 받게 되는 여러 가지 심대한 불이익 때문에 어쩔 수 없이 현역으로 입영한 사람들은 대부분 군대생활에 적응하지 못하는 부적응자가 되기 쉬워 오히려 병력이나 전투력에 부정적인 영향을 미치는 경향이 있다.

또한 이들이 병역법이나 군형법 제정 이래 반세기 동안 형사처벌 및 이에 뒤따르는 유·무형의 막대한 불이익을 받으면서도 꾸준히 입영이나 집총을 거부하여 왔다는 사실은 양심적 병역거부에 관한 한 형

있는 것을 당연퇴직 사유로 규정하고 있다.

사처벌이 특별예방효과나 일반예방효과가 거의 없음을 보여준다. 그렇다면 양심적 병역거부자들에 대한 형사처벌이 이들 또는 장래의 잠재적인 양심적 병역거부자들의 병역의무이행을 확보하기 위해 필요한 수단이라고 보기도 어렵다.

b) 병역의무의 형평의 문제

양심적 병역거부자에 대한 예외를 인정하면, 국방의무의 평등한 이행확보가 어려울 수 있고, 그 파급효과로 전체적인 병역제도가 신뢰를 잃고 양심적 병역거부를 빙자한 병역기피자들이 증가하여 국민개병제를 바탕으로 한 전체 병역제도의 실효성이 훼손될 수 있다는 우려가 있다.

그러나 양심보호와 형평문제를 동시에 해결할 수 있는 대안은 이론적으로 가능하며, 이미 상당한 기간 동안 세계의 많은 나라들이 양심적 병역거부를 인정하면서도 이러한 문제들을 효과적으로 해결하여 징병제를 유지해 오고 있다는 사실은 그것이 실제로도 가능하다는 사실을 강력히 시사한다.

국방의 의무는 단지 병역법에 의하여 군복무에 임하는 등의 직접적인 집총병력형성의무에 한정되는 것이 아니므로 국방의무이행의 형평성은 반드시 이 사건 법률조항에 의한 의무이행의 강제와 처벌에 의하여만 달성될 수 있는 것은 아니다. 그러므로 양심적 병역거부자들에게 현역복무이행의 기간과 부담 등을 총체적으로 고려하여 이와 유사하거나 그보다 높은 정도의 의무를 부과한다면, 국방의무 이행의 형평성 유지가 가능하고, 양심적 병역거부자들에게 부당한 특혜를 준다는 논란도 불식할 수 있으며, 양심적 병역거부를 빙자하여 현역집총복무를 기피하는 문제도 해결할 수 있을 것이다.

특히 양심적 병역거부자들로 하여금 국가·공공단체 또는 사회복지시설의 공익목적에 필요한 지원업무를 수행하도록 하거나 전문적인 지식과 능력을 가진 자들의 경우 이를 활용하여 공익을 위해 복무하도록 한다면, 현역집총복무를 강요하여 형사처벌을 받게 하는 것보다 넓은 의미의 안보에 실질적으로 더 유익한 효과를 거둘 수 있다.

라) 소결론

위와 같이 병역의무의 형평과 병역기피의 급증 등 양심적 병역거부자들의 현역입영면제로부터 발생할 수 있는 문제에 대응해 나아갈 방법이 존재한다면, 그 시행 과정에서 해결해야 할 현실적인 어려움이 다소 있다 하더라도 양심적 병역기피자들을 징역형으로 처벌할 필요성이 반드시 있다고 보기 어렵다.

양심의 자유가 정신적 자유권 중에서도 기본이 되는 매우 중요한 개념이며 양심실현의 자유도 결코 경시되어서는 아니 된다는 점, 양심적 병역거부를 둘러싼 현행법과 양심과의 갈등의 심각성, 양심적 병역거부자들이 병역거부로 받게 되는 심대한 불이익, 이를 둘러싼 국내외의 축적된 논의와 경험, 이 문제에 관한 입법자의 재량정도 등을 종합하여 볼 때, 입법자에게 대체복무제도 등 대안의 마련으로 양심의 자유와 병역의무의 갈등관계를 해소하여 조화를 도모할 방안을 모색할 의무가 있고, 현실적으로 그 이행도 충분히 가능하다고 판단된다.

그럼에도 불구하고 우리 병역제도와 이 사건 법률조항을 살펴보면, 입법자가 양심적 병역거부자들에 대하여 어떠한 최소한의 고려라도 한 흔적을 찾아볼 수 없고, 양심상의 이유에 의한 비전투요원 복무나 대체복무에 관해 아무런 규정을 두지 아니한 채 양심상의 이유로 집총병역을 거부한 양심적 병역거부자들에 대해 징역형의 형사처벌만을 하고 있는바, 이는 입법목적을 달성하기에 필요한 조치의 범위를 넘는 과도한 제한이라고 할 것이다.

결국 입법사가 이 사건 법률조항에 의해 구체화된 병역의무의 이행을 강제하면서 사회적 소수자인 양심적 병역거부자들의 양심의 자유와의 심각하고도 오랜 갈등관계를 해소하여 조화를 도모할 최소한의 노력도 하지 않고 있다고 판단되므로 이들에게도 일률적으로 입영을 강제하고 입영거부 시에는 징역형의 형사처벌만을 하는 범위에서 이 사건 법률조항은 최소침해의 원칙에 위반되어 양심의 자유를 과도하게 침해하는 위헌적인 규정이라고 판단된다.

5. 결론

따라서 이 사건 법률조항은 그 위헌 여부가 이 사건 재판의 전제가
될 뿐만 아니라 앞서 본 바와 같이 헌법상 비례의 원칙에 위반된다고
인정할 만한 상당한 이유가 있다 할 것이므로 신청인의 위헌심판제청
신청에 의하여 주문과 같이 결정한다.

2009년 7월 31일
판사   박민정

춘천지방법원 결정(2008. 9. 5.)[*]

춘천지방법원 제1형사부 위헌제청결정

사건	2008노303 병역법위반
	2007노829(병합)
	2008노31(병합)
	2008노327(병합)

피고인	1. 박수균
	2. 안영호
	3. 여인규
	4. 양세휘
항소인	피고인들
검사	이세희
변호인	변호사 최승걸(피고인 모두를 위한 국선)

원심판결	1. 춘천지방법원영월지원 2008. 4. 29. 선고 2008고단10 판결
	2. 춘천지방법원원주지원 2008. 1. 3. 선고 2007고단639 판결
	3. 춘천지방법원 2008. 5. 8. 선고 2008고단199 판결

---

[*] 춘천지방법원 2008. 9. 5. 선고 2008노303, 2007노829(병합), 2008노31(병합), 2008노327(병합)[위헌제청결정].

4. 춘천지방법원원주지원 2007. 11. 28. 선고 2007 고단580 판결

【주문】

위 사건에 관하여 병역법(2004. 12. 31. 법률 제7272호로 개정된 것) 제88 조 제1항 제1호의 위헌 여부에 대한 심판을 제청한다.

【이유】

1. 사건의 개요

가. 공소사실

(1) 피고인 박수균은 2007년 10월 9일 강원 평창군 용평면 장평리 에 있는 피고인의 집에서 강원영통병무지청으로부터 "2007년 11월 6 일까지 춘천시 신북읍 용산리에 있는 제102보충대에 입영하라"는 취 지의 상근예비역 입영통지서를 받았다. 그럼에도 불구하고 피고인은 정당한 사유 없이 입영기일부터 3일 이내에 입영하지 아니하였다.

(2) 피고인 안영호는 현역병 입영대상자로서 '여호와의 증인' 신도 이다. 피고인은 2007년 8월 6일경 원주시 단계동에 있는 피고인의 집 에서 "2007년 9월 11일까지 의정부시 용현동에 있는 제306보충대로 입영하라"는 강원지방병무청장의 현역병 입영통지서를 이메일로 받았 다. 그럼에도 불구하고 피고인은 정당한 사유 없이 입영기일부터 3일 이내에 입영하지 아니하였다.

(3) 피고인 여인규는 2007년 12월 17일 강원 화천군 하남면에 있는 피고인의 집에서 2008년 1월 8일까지 춘천시에 있는 제102보충대로 입영하라는 내용의 강원지방 병무청장 명의의 상근예비역 소집통지서

를 받고도 정당한 사유 없이 소집기일인 2008년 1월 8일로부터 3일이 경과하도록 입영하지 아니하였다.

(4) 피고인 양세휘는 2007년 6월 11일경 원주시 태장동 피고인의 집에서 같은 해 7월 10일 제306보충대에 입영하라는 강원지방병무청 장 명의의 현역입영통지서를 받았음에도 입영일로부터 3일이 경과하 도록 정당한 사유 없이 입영하지 않았다.

나. 재판 진행 경과

춘천지방법원 영월지원은 2008년 4월 29일 피고인 박수균에 대하 여, 춘천지방법원 원주지원은 2008년 1월 3일 피고인 안영호에 대하 여, 2007년 11월 28일 피고인 양세휘에 대하여, 춘천지방법원은 2008 년 5월 8일 피고인 여인규에 대하여 각 공소사실을 모두 유죄로 인정 하여 징역 1년 6월을 선고하였고, 피고인들은 위 각 원심판결에 대하 여 불복항소하여 그 항소심 사건들이 이 법원에 계속되던 중 이 법원 이 피고인 박수균에 대한 항소심 사건(2008노303)에 나머지 피고인들의 각 항소심 사건(2007노829, 2008노31, 2008노327)을 병합하여 현재 이 사건 이 항소심 계속 중에 있다.

2. 위헌제청 대상 법률 조항(이하 '이 사건 법률조항'이라 한다)

병역법(2004. 12. 31. 법률 제7272호로 개정된 것) **제88조**(이하 생략, 이 책 471~472쪽 참조, 편집자 주)

3. 재판의 전제성

제1심 법원들은 이 사건 법률조항을 적용하여 피고인들에 대한 이 사건 각 공소사실을 모두 유죄로 인정하였는바 이 사건 법률조항의 위 헌 여부에 따라 이 사건 각 공소사실에 대한 유·무죄의 판단이 달라질 수 있으므로, 이는 당해 재판의 전제가 된다.

4. 판단

가. 양심적 병역거부를 둘러싼 우리 사회의 현재 상황

양심적 병역거부의 문제는 우리나라에서도 국가공동체의 주요한 현안이 되어 있다. 지난 수십 년간 여호와의 증인으로서 종교적 양심을 이유로 병역을 거부하는 현상이 존재하였고, 최근에는 기타 종교적 이유나 평화주의를 이유로 병역을 거부하는 생겨나고 있다. 이들 양심적 병역거부자들은 공동체의 일원으로서 납세 각종의무를 성실히 수행해야 함을 부정하지 않고, 다만 자신의 종교적 신념 내지 양심에 의하여 집총병역의무만큼은 도저히 이행할 수 없어 그 대신 병역의무 못지않게 어려운 다른 봉사 방법을 마련해 달라고 간청하고 있다. 비록 아직까지도 병역거부자들이 소수에 불과하기는 하나 이제는 우리 사회가 이들 소수자들이 겪는 고뇌와 갈등 상황을 외면하거나 방치하지 않고 이를 이해하고 포용할 수 있을 정도로 충분히 성숙하였다고 판단된다.

그리고 우리 사회의 법·경제·정치·문화·군사 등의 전반적인 수준에 비추어 보았을 때, 진정한 양심적 병역거부자와 그렇지 아니한 자를 가려낼 수 있는 사전심사 및 사후관리 제도를 마련하는 것, 양심적 병역거부자들에게 병역면제의 혜택을 준다는 인식을 불식시킬 수 있을 수준의 대체복무제도를 마련하는 것, 위와 같이 현역복무와 대체복무 사이의 형평성을 유지하면서도 실질적인 국방력의 저하를 방지하는 것이 불가능하다고 보이지도 아니한다.

한편 1966년 국제연합(UN)에서 채택한 시민적·정치적 권리에 관한 국제규약(International Covenant on Civil and Political Rights) 제18조는 사상, 양심 그리고 종교의 자유를 보장하고 있고, 1993년 국제연합인권이사회(Human Rights Committee)는 사상, 양심 그리고 종교의 자유에 관한 일반논평 제22호(General Comment No.22)에서 양심적 병역거부권이 위 제18조의 규정에서 도출될 수 있는 것으로 보았으며, 국제연합인권위원회(Commission on Human Rights)도 반복된 결의를 통하여 양심적 병역거부권을 인정하고 이를 위한 대체복무제도의 도입 등을 각국에 요청하여 왔는데, 우리나라는 1990년 위 규약에 가입하면서 제18조에 대하여 아무런 유보를 하지 아니하였고 2004년의 결의를 포함하여 양심적 병역거부권을 인정하여야 한다는 인권위원회의 최근 결의들에 직접 동참하기도 하였는바(헌법재판소 2004. 8. 26. 선고 2002헌가1 결정의 반대의견 참조), 우리나라가 위와 같은 국제사회의 요청을 외면하는 것은 국제사회의 책임 있는 구성원인 우리나라의 위상에도 부합하지 아니한다.

헌법재판소는 종전 이 사건 법률조항에 대하여 합헌 결정을 하면서도 입법자에 대하여 대체복무제도의 도입 등을 입법으로 보완하도록 권고하였는데(헌법재판소 2004. 8. 26. 선고 2002헌가1 결정 참조), 이는 우리 사회가 양심적 병역거부자에 대하여 이해와 관용을 보일 정도로 성숙하였고 국방의 의무와 조화를 이룰 수 있는 대체복무제도를 마련할 수 있을 정도의 여건이 갖추어졌다고 본 것으로 판단된다.

그렇다면 양심적 병역거부자들에게 최후적 수단인 형벌을 가함으로써 양심적 병역거부를 둘러싼 문제를 해결하는 현재의 일방적인 방법은 우리 사회에서 더 이상 받아들여지기 어렵다고 할 것이다.

이와 아울러 양심적 병역거부를 헌법적 이념을 넘어서 정치적 내지 종교적 문제로 비틀고 재단하려는 사고를 경계한다.

나. 이 사건 법률조항의 위헌성

(1) 헌법 제10조 위반 여부

헌법 제10조는 "모든 국민은 인간으로서의 존엄과 가치를 가지며, 행복을 추구할 권리를 가진다. 국가는 개인이 가지는 불가침의 기본적 인권을 확인하고 이를 보장할 의무를 진다"고 규정하고 있다. 위 헌법조항에 따르면, 절대적 기본권으로서의 '인간의 존엄과 가치' 및 '행복추구권'은 소수자(약자)라거나 주장하는 내용이 당시 사회에 있어서 보편타당하지 않다는 이유로 다수자(강자)의 가치에 의하여 일방적으로 유보되어서는 아니 되고 그리하여 국가는 국민의 기본적 인권이 여타의 헌법 가치와 충돌하는 경우 그 충돌하는 인권 내지 가치 사이의 갈등을 피하거나 조화점을 찾을 수 있는 적절한 대안을 모색하여야 하며 비록 소수자(약자)의 기본권이라 하더라도 그 보호를 위한 적절하고도 효율적인 최소한의 조치를 취할 의무가 있다고 할 것이다.

이 사건은 헌법 제19조가 정하는 '양심의 자유'와 헌법 제39조가 정하는 '국방의 의무'라는 서로 다른 헌법적 가치 간 충돌의 문제라 할 것이다. 헌법 제39조에서 규정하고 있는 국방의 의무가 단지 병역법에 의하여 군복무에 임하는 등의 직접적인 집총병력형성의무에 한정되는 것은 아닌 이상, 집총병력으로서가 아닌 비전투요원으로 군에 복무하거나 더 나아가 민간에서 대체복무에 종사함으로써 병역의무를 갈음하는 것이 얼마든지 가능하므로 국방의무의 이행을 위해서 반드시 집총병력형성의무를 거부하는 개인의 양심이 완전히 제한되어야만 하는 것은 아닌데, 이는 징병제를 실시하고 있는 여러 다른 국가들에서 양심적 병역거부자로 하여금 대체복무에 종사할 수 있는 다양한 제도를 마련하여 시행하는 점에 의해서도 뒷받침된다. 나아가 국방의무의 이행에 관한 형평성은 반드시 이 사건 법률조항과 같이 의무 위반에 대한 형사처벌만으로 달성될 수 있는 것은 아니고, 현역 복무에 대한 등가성을 확보할 수 있는 대체복무제를 도입함으로써도 달성될 여지가 충분하다고 할 것이다.

그러나 현행 병역법제하에서는 종교적 신념 내지 양심을 이유로 집총을 거부하는 경우 형사처벌을 면하기 어려운바, 국가가 양심적 병역거부자들로 하여금 집총병력의 일원이 되지 않으면서도 국방 의무의 이행을 가능하게 하는 어떠한 입법도 하지 아니한 채 이들에게 집총을 강요하고 그 위반 시 형사처벌을 가하는 것은, 국가가 소수자(약자)의 기본권을 보호하기 위한 최소한의 조치도 취하지 아니함으로써 다수자(강자)의 가치에 의하여 소수자(약자)의 존엄과 가치를 일방적으로 희생시키는 것이 되어, 이는 헌법 제10조에 위반된다고 할 것이다.

(2) 헌법 제37조 제2항 위반 여부

또한 헌법 제37조 제2항은 "국민의 모든 자유와 권리는 국가안전보장·질서유지 또는 공공복리를 위하여 필요한 경우에 한하여 법률로써 제한할 수 있으며, 제한하는 경우에도 자유와 권리의 본질적인 내용을 침해할 수 없다"고 정하고 있는바, 위 헌법 조항에 따르면 국민의 기본권을 법률로써 제한하는 것이 가능하다고 하더라도 그 본질적 내용을 침해할 수 없고 또 과잉금지원칙에 위배되어서도 아니 된다고 할 것이다.

소수자(약자)에 대한 관심과 배려 및 관용은 자유민주사회의 필수불가결한 요소로서 우리 헌법에서 보장하고 있는 개인의 불가침의 기본적 인권보장의 내용이라고 할 것이므로, 국가로서는 양심적 병역거부자를 국가공동체의 일원으로서 끌어안을 수 있는 적절하고도 효율적인 최소한의 조치를 취하여야 할 의무가 있음을 덧붙인다.

이는 이 사건과 같이 기본권과 여타의 헌법가치 사이에 충돌이나 갈등이 있는 경우 입법자는 다른 헌법가치만을 실현하려고 할 것이 아니라 충돌이나 갈등 상황을 피할 수 있는 대안을 모색하여야 하며 대안 마련이 불가능하여 기본권을 제한할 수밖에 없는 경우에도 그 목적에 비례하는 범위 내의 제한에 그치지 않으면 안 된다는 내용을 포함한다고 할 것이다.

그런데 국가가 양심적 병역거부자에 대하여 이들이 집총거부에 대한 종교적 신념 내지 양심을 지키면서도 국방의 의무를 이행할 수 있게 하는 대체복무제 등의 어떠한 대안도 마련하지 아니한 반면, 이 사건 법률조항에 의거하여 이들에게 가장 강력한 제재 수단인 형벌을 가함으로써, 양심적 병역거부자는 대부분 1년 6월 이상의 징역형을 선고받고 있고, 형 집행을 종료한 이후에도 일정기간 공무원에 임용될 수 없으며(국가공무원법 제33조 제1항 제3호, 지방공무원법 제31조 제3호), 병역기피자로 간주되어 공무원 또는 일반 기업의 임·직원으로 근무하고 있었던 경우에는 해직되고(병역법 제76조 제1항, 제93조 제1항), 각종 관허업의 특허·허가·인가·면허·등록 등의 취득이 불가능하거나 상실되는(병역법 제76조 제2항) 법적 제한을 받을 뿐만 아니라, 전과자라는 낙인으로 인하여 사회로부터 받게 되는 유·무형의 냉대와 취업 곤란 등의 불이익을 감수하여야 하는바, 이는 앞서 살핀 기본권 제한원리를 일탈한 과잉조치라 할 것이므로 이 사건 법률조항은 헌법 제37조 제2항에도 위반된다고 판단된다.

비록 헌법이 국방의 의무에 관한 명문의 규정을 따로 두고 있다고 하여(헌법 제39조) 국방의 의무를 이유로 한 기본권 제한에 위 과잉금지원칙의 적용이 배제되는 것으로 볼 것은 아니다.

5. 결론

그러므로 이 사건 법률조항은 그 위헌 여부가 이 사건 재판의 전제가 될 뿐만 아니라 헌법 제10조와 제37조 제2항에 위반된다고 판단되어 주문과 같이 결정한다.

2008년 9월 5일
재판장   판사 정성태
              판사 오규성
              판사 김은교

울산지방법원 결정(2007. 4. 18.)[*]

사 건   2007고정202 향토예비군설치법위반
피고인   신동혁

【주문】

위 사건에 관하여 '향토예비군설치법 제15조 제8항 중「같은 법 제6조 제1항의 규정에 의한 훈련을 정당한 사유 없이 받지 아니한 자는 1년 이하의 징역, 200만 원 이하의 벌금, 구류 또는 과료에 처한다」'는 부분의 위헌 여부에 관한 심판을 제청한다.

【이유】

주문 기재 법률 제15조 제8항 중 같은 법 제6조 제1항의 규정에 의한 훈련을 정당한 사유 없이 받지 아니한 자는 1년 이하의 징역, 200만 원 이하의 벌금, 구류 또는 과료에 처한다는 부분은 별지 기재와 같이 그 위헌 여부가 위 사건 재판의 전제가 될 뿐만 아니라 이를 위헌이라고 인정할 만한 상당한 이유가 있으므로 주문과 같이 결정한다.

2007년 4월 18일
판사 송승용

---

* 울산지방법원 2007. 4. 18. 2007고정202[위헌제청결정].

§별지 §

1. 위헌이라고 해석되는 법률의 조항

<u>향토예비군설치법 제15조 제8항</u>: 제6조 제1항의 규정에 의한 훈련을 정당한 사유 없이 받지 아니한 자, 그 훈련을 받을 자를 대리하여 훈련을 받은 자, 동 조 제2항의 규정에 의한 지휘관의 정당한 명령에 반항하거나 복종하지 아니한 자, 정당한 사유 없이 제6조의2의 규정에 의한 소집통지서를 전달할 수 없도록 주민등록법 제10조의 규정에 의한 신고를 하지 아니하거나 사실과 달리 신고하여 주민등록법 제8조 또는 제17조의2의 규정에 의하여 주민등록이 말소된 자 또는 제8조 제1항의 명령에 위반한 자는 <u>1년 이하의 징역, 200만 원 이하의 벌금, 구류 또는 과료에 처한다.</u>

<u>향토예비군설치법 제6조 제1항</u>: 국방부장관은 대통령령이 정하는 바에 의하여 년 20일의 한도 내에서 예비군대원을 훈련할 수 있다. 다만, 법률의 규정에 의하여 국민이 직접 선거하는 공직선거 기간 중에는 훈련을 하지 아니한다.

2. 재판의 전제성

가. 본안사건의 개요

(1) 이 사건 공소사실의 요지

이 사건 공사사실의 요지는「피고인은 향토예비군 대원인바, 2006년 9월 14일 13:00경 양산시 웅상읍에서, 같은 달 25일부터 같은 달 27일까지 양산석계교장에서 실시하는 2006년 동원미지정자 훈련 제2차 24시간을 받으라는 육군 제7508부대 제1대대장의 훈련소집통지서를 전달받고도 정당한 사유 없이 위 훈련을 받지 아니하고, 2006년 9월 17일 19:30경 양산시 웅상읍에서, 같은 달 29일에 양산석계교장에서 실시하는 2006년 전반기 향토방위 작전계획 3차 보충훈련 6시간을 받으라는 같은 부대장 명의의 훈련소집통지서를 전달받고도 정당한 사유 없이 위 훈련을 받지 아니한 것이다」라고 함에 있다.

(2) 피고인의 변소취지

피고인은 2003년 8월경 현역병으로 입영하여 2005년 8월경까지 경북 예천시 소재 공군부대에서 육군으로 복무하다가 병장으로 전역한 뒤 예비역에 편입되었다.

피고인의 가족으로는 아버지, 어머니, 남동생이 있는데 어머니와 남동생은 피고인의 현역입영 이전부터 여호와의 증인으로 신앙생활을 하여 왔고, 피고인은 전역 이후 어머니의 권유로 여호와의 증인 신도가 되었는바, 예비군 훈련도 자신이 신봉하는 교리에 맞지 아니한다는 양심상의 결정에 따라 예비군 훈련을 거부하여 왔다.

나. 재판의 전제성 충족 여부

(1) 재판의 전제성은 ① 구체적 사건이 법원에 계속 중일 것, ② 위헌여부가 문제되는 법률이 당해 사건의 재판에 적용되는 것일 것, ③ 당해 사건을 담당하는 법원을 기준으로 하여 법률의 위헌성 여부에 따라서 다른 내용의 재판을 하게 되는 경우일 것 등의 요건이 충족되는 경우에 인정되는 것이다.

(2) 이 사건 본안사건의 경우 이 사건 결정 주문 기재의 법률조항이 위헌이라고 판단될 경우 위헌으로 결정된 형벌에 관한 법률의 조항은 소급하여 그 효력을 상실하고(헌법재판소법 제47조 제2항 단서), 이 사건 제청대상 조항을 적용하여 기소한 이 사건 본안사건은 범죄로 되지 아니한 때에 해당한다고 할 것이므로, 제청법원으로서는 이 사건 본안사건에 대하여 형사소송법 제325조에 의하여 무죄를 선고하여야 한다.

(3) 위와 같이 이 사건 법률조항의 위헌 여부에 따라 이 사건 공소사실의 유무죄 여부가 판가름되어 제청법원이 심리중인 당해 사건 재판의 주문에 영향을 미치는 경우에 해당하므로 이 사건 법률조항의 위

헌 여부는 이 사건재판의 전제가 된다.

3. 이 사건 법률조항의 위헌성

가. 서론

(1) 모든 국민은 법률이 정하는 바에 의하여 국방의 의무를 지고(헌법 제39조 제1항), 병역법에 의하며 대한민국 국민인 남자는 헌법과 병역법이 정하는 바에 따라 병역의무를 성실히 수행하여야 하며(병역법 제3조 제1항), 병역은 현역·예비역·보충역·제1국민역 및 제2국민역으로 구분되고 예비역은 현역을 마친 사람, 기타 병역법에 의하여 예비역으로 편입된 사람을 대상으로 한다(병역법 제5조 제1항 제2호).

(2) 이에 따라 병역법은 현역병의 경우 현역입영 또는 소집통지서를 받은 사람이 정당한 사유 없이 입영 또는 소집기일로부터 3일이 경과하여도 입영하지 아니하거나 소집에 불응한 때에는 3년 이하의 징역에 처하도록 규정하고 있고(병역법 제88조 제1항 제1호), 향토예비군설치법은 정당한 사유 없이 예비군훈련을 받지 아니한 자에 대하여 1년 이하의 징역, 200만 원 이하의 벌금, 구류 또는 과료에 처하도록 규정하고 있다(향토예비군설치법 제15조 제8항).

(3) 현역을 마친 예비역도 병역의무의 종료시점(예비역 병의 경우 40세, 병역법 제72조 제1항)까지는 헌법상 국방의 의무에서 파생된 병역의 의무를 부담하는 것인바, 이 사건 제청대상 조항은 현역복무 이후 종교 또는 양심상의 이유로 예비군 훈련을 거부하는 양심적 병역거부자의 양심의 자유 및 종교의 자유, 나아가 인간의 존엄과 가치 및 행복추구권, 평등권 등을 침해할 소지가 있고 이는 양심상의 이유로 현역병 입영을 거부하는 현역병 입영대상자의 경우와 그 본질에 있어서 동일한 것이다.

나. 헌법상 양심의 자유
(헌법재판소 2004. 8. 26. 2002헌가1 결정의 다수의견)

(1) 헌법은 제19조에서 "모든 국민은 양심의 자유를 가진다"라고 하

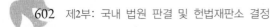

여 양심의 자유를 국민으로 기본권으로 보장하고 있다. 이로써 국가의 법질서와 개인의 내적, 윤리적 결정인 양심이 서로 충돌하는 경우 헌법은 국가로 하여금 개인의 양심을 보호할 것을 규정하고 있다. 소수의 국민이 양심의 자유를 주장하여 다수에 의하여 결정된 법질서에 대하여 복종을 거부한다면 국가의 법질서와 개인의 양심 사이의 충돌은 항상 발생할 수 있다. 헌법상 보호되는 양심은 어떤 일의 옳고 그름을 판단함에 있어서 그렇게 행동하지 아니하고는 자신의 인격적인 존재가치가 허물어지고 말 것이라는 강력하고 진지한 마음의 소리로서 절박하고 구체적인 양심을 말한다. 즉 '양심상의 결정'이란 선과 악의 기준에 따른 모든 진지한 윤리적 결정으로서 구체적인 상황에서 개인이 이러한 결정을 자신을 구속하고 무조건적으로 따라야 하는 것으로 받아들이기 때문에 양심상의 심각한 갈등이 없이는 그에 반하는 행동을 할 수 없는 것을 말한다.

(2) 양심의 자유가 보장하고자 하는 양심은 민주적 다수의 사고나 가치관과 일치하는 것이 아니라 개인적 현상으로서 지극히 주관적인 것이다. 양심은 그 대상이나 내용 또는 동기에 의하여 판단될 수 없으며, 특히 양심상의 결정이 이성적, 합리적인가, 타당한가 또는 법질서나 사회규범, 도덕률과 일치하는가 하는 관점은 양심의 존재를 판단하는 기준이 될 수 없다. 일반적으로 민주적 다수는 법질서와 사회질서를 그의 정치적 의사와 도덕적 기준에 따라 형성하기 때문에 그들이 국가의 법질서나 사회의 도덕률과 양심상의 갈등을 일으키는 것은 예외에 속한다. 양심의 자유에서 현실적으로 문제가 되는 것은 사회적 다수의 양심이 아니라, 국가의 법질서나 사회의 도덕률에서 벗어나려는 소수의 양심이다. 따라서 양심상의 결정이 어떠한 종교관, 세계관 또는 그 외의 가치체계에 기초하고 있는가와 관계없이, 모든 내용의 양심상의 결정이 양심의 자유에 의하여 보장된다.

(3) 양심적 병역거부자의 경우 자신의 종교관, 가치관, 세계관 등에 따라 전쟁과 그에 따른 인간의 살상에 반대하는 진지한 양심이 형성되었다면, '병역의무를 이행할 수 없다'는 결정은 양심상의 갈등이 없이

는 그에 반하여 행동할 수 없는 강력하고 진지한 윤리적 결정인 것이며, 병역의 의무를 이행해야 하는 상황은 개인의 윤리적 정체성에 대한 중대한 위기상황에 해당한다. 이와 같이 상반된 내용의 2개의 명령 즉, '양심의 명령'과 '법질서의 명령'이 충돌하는 경우에 개인에게 그의 양심의 목소리를 따를 수 있는 가능성을 부여하고자 하는 것이 바로 양심의 자유가 보장하고자 하는 대표적인 영역이다. 이 사건 제청대상 조항은 형사처벌이라는 제재를 통하여 양심적 병역거부자에게 양심에 반하는 행동을 강요하고 있으므로, '국가에 의하여 양심에 반하는 행동을 강요당하지 아니할 자유', '양심에 반하는 법적 의무를 이행하지 아니할 자유' 즉, 부작위에 의한 양심실현의 자유를 제한하는 규정이다.

다. 이 사건 제청대상 조항이 양심의 자유에 반하는지 여부
(헌법재판소 2004. 8. 26. 선고 2002헌가1 결정의 재판관 김경일, 재판관 전효숙의 반대의견 및 대법원 2004. 7. 15. 선고 2004도2965 전원합의체 판결의 대법관 이강국의 반대의견)

(1) 양심의 자유는 정신적 자유권 중에서도 기본적인 중요한 권리이며, 양심실현의 자유도 경시되어서는 안 된다는 점, 양심적 병역거부를 둘러싼 현행법과 양심과의 갈등의 심각성, 이를 둘러싼 국내외의 축적된 논의와 경험, 이 문제에 관한 입법자의 재량정도에 비추어 볼 때, 입법자에게 대안의 마련 등으로 양심의 자유와 병역의무의 평등한 이행 등의 갈등관계를 해소하여 조화를 도모할 수 있는 방안을 모색할 의무가 생겼으며 현실적으로 그 이행도 충분히 가능한 것이다.

(2) 다수결을 기본으로 하는 민주주의 의사결정구조에서 다수와 달리 생각하는 이른바 '소수자'들의 소리에 귀 기울이고 이를 반영하는 것은 우리 헌법의 기본 개념인 개인의 불가침의 기본적 인권보장과 민주적 기본질서 확립에 있어 핵심적인 요소이다. 더불어 사회의 다수와 구별되는 소수자인 양심적 병역거부자들의 신념을 존중하고 가능한 한 수용하는 것은 우리 사회를 보다 성숙되고 발전된 방향으로 나아가게 하는 길이 될 것이다.

(3) 살피건대, 입법자가 병역법 제88조 제1항과 이 사건 제청대상 조항에 의해 구체화된 병역의무의 이행을 강제하면서 사회적 소수자인 양심적 병역거부자들의 양심의 자유와의 심각하고도 오랜 갈등관계를 해소하여 조화를 도모할 최소한의 노력도 하지 않고 있다고 판단되므로 현역입영 대상인 양심적 병역거부자에게 일률적으로 입영을 강제하거나 예비역인 양심적 병역거부자에게 예비군훈련을 받도록 강제하고 이에 불응하는 경우 형사처벌을 하는 범위에서는 이 사건 제청대상 조항이 위헌이라고 볼 것이다.

(4) 또한 이 사건의 경우 피고인에게 형벌법규의 기속력이 미치지 않는다고 할 수는 없겠지만, 그렇다고 하여 절대적이고 진지한 종교적 양심의 결정에 따라 병역의무를 거부한 피고인에게 국가의 가장 강력한 제재 수단인 형벌을 가하게 된다면 그것은, 피고인의 인간으로서의 존엄성을 심각하게 침해하는 결과가 될 것이고 형벌 부과의 주요 근거인 행위자의 책임과의 균형적인 비례관계를 과도하게 일탈하는 과잉 조치가 될 것이며, 또한, 피고인에 대한 형벌은 그 정도에 상관없이 범죄에 대한 응징과 예방, 피고인의 교육 등 그 어떠한 관점에서도 형벌의 본래적 목적을 충족할 수 없음이 명백해 보이고, 특히 보편적 가치관을 반영한 집총병역의무와 종교적 양심의 명령 사이의 갈등으로 인한 심각한 정신적 압박 상황에서 절박하고도 무조건적인 종교적 양심의 명령에 따른 피고인에게는 실정법에 합치하는 적법한 행위를 할 가능성을 기대하기가 매우 어렵다고 보인다. 따라서 피고인과 같은 경우에는 국가의 형벌권이 한 발 양보함으로써 개인의 양심의 자유가 보다 더 존중되고 보장되도록 하는 것이 상당하다고 할 것이다.

결론

가. 병역의무 이행에 관한 우리의 법제는 현역병 입영대상자의 경우 병역법 제88조 제1항, 예비역의 경우 이 사건 제청대상 조항에 의하여 입영 또는 예비군 훈련을 강제하고 이에 불응하는 경우 형사처벌을 하

고 있다. 그러나 현역병 입영대상자와 현역복무를 마친 예비역과 사이에 실제로 그 복무형태, 복무기간, 훈련의 정도 및 내용 등에 현저한 차이가 있으므로(입법자는 이러한 차이 등을 감안하여 이 사건 제청대상 조항의 경우 법원에서 형을 선고함에 있어 징역 외에 벌금, 구류 또는 과료 등의 형을 선택할 수 있도록 하고 징역형의 경우에도 형의 상한을 1년으로 제한한 것으로 보인다), 예비역의 양심적 병역거부를 인정함에 있어 현역병 입영대상자의 양심적 병역거부의 경우와 비교하여 보건대 우리나라의 안보상황, 징병의 형평성에 대한 사회적 요구, 대체복무제를 채택하는 데 수반될 수 있는 여러 가지 제약적 요소 등을 보다 완화하여 해석할 여지가 충분하고, 국가안보라고 하는 중대한 공익의 달성에 미치는 영향도 훨씬 가볍다고 할 것이다.

나. 또한 병역법 제88조 제1항의 위헌여부에 관한 헌법재판소 2004. 8. 26. 선고 2002헌가1 결정의 다수의견에 의하더라도 입법자는 양심의 자유와 국가안보라는 법익의 갈등관계를 해소하고 양 법익을 공존시킬 수 있는 방안이 있는지, 국가안보란 공익의 실현을 확보하면서도 병역거부자의 양심을 보호할 수 있는 대안이 있는지, 우리 사회가 이제는 양심적 병역거부자에 대하여 이해와 관용을 보일 정도로 성숙한 사회가 되었는지에 관하여 진지하게 검토하여야 할 것이며, 설사 대체복무제를 도입하지 않기로 하더라도, 법적용기관이 양심우호적 법적용을 통하여 양심을 보호하는 조치를 취할 수 있도록 하는 방향으로 입법을 보완할 것인지에 관하여 숙고하여야 할 것임에도 불구하고, 위 결정 이후 약 2년 7개월이 지난 현재까지도 다수의견의 권고와 같은 입법적인 보완 노력의 성과물이 사실상 전무한 상태이므로 헌법재판소로서는 막연히 입법부의 노력을 권고하거나 이를 기대하는 수준에 그치는 것이 아니라 이 사건 제청대상 조항에 대하여 과감한 위헌선언을 하여야 할 것이다.

다. 위에서 살펴본 바와 같이 이 사건 제청대상 조항은 헌법상 보장된 양심의 자유를 침해하는 위헌적인 조항이라고 할 것이므로 주문과 같이 이 사건제청대상 조항의 위헌 여부에 대한 심판을 제청한다.

대법원 판결(2007. 12. 27.)[*]

대법원 제3부 판결

사건	2007도7941 병역법위반
피고인	정형모
상고인	피고인
변호인	변호사 호신
원심판결	서울중앙지방법원 2007. 9. 5. 선고 2007노2254 판결
판결선고	2007. 12. 27.

【주문】

상고를 기각한다.

상고 후의 구금일수 중 110일을 본형에 산입한다.

【이유】

상고이유를 판단한다.

1. 상고이유의 요지는 양심적 병역거부권이 시민적·정치적 권리에

---

[*] 대법원 2007. 12. 27. 선고 2007도7941 판결[병역법위반].

관한 국제규약(International Covenant on Civil and Political Rights, 1990. 7. 10. 대한민국에 대하여 발효된 조약 제1007호. 이하, '규약'이라고만 한다) 제18조 제1항에 의하여 보장되고 있으므로, 종교적 양심에 기인한 병역의무의 거부는 병역법 제88조 제1항의 "정당한 사유"에 해당한다는 것이다.

2. 규약 제18조는, "사람은 사상, 양심 및 종교의 자유를 향유할 권리를 가진다. 이러한 권리는 스스로 선택하는 종교나 신념을 가지거나 받아들일 자유와 또는 다른 사람과 공동으로 공적 또는 사적으로 예배 의식, 행사 및 선교에 의하여 그의 종교나 신념을 표명하는 자유를 포함한다(제1항). 어느 누구도 스스로 선택하는 종교나 신념을 가지거나 받아들일 자유를 침해하게 될 강제를 받지 아니한다(제2항). 자신의 종교나 신념을 표명하는 자유는, 법률에 규정되고 공공의 안전, 질서, 공중보건, 도덕 또는 타인의 기본적 권리 및 자유를 보호하기 위하여 필요한 경우에만 제한받을 수 있다(제3항)"고 규정하고 있다.

살피건대, 규약 제18조는 물론, 규약의 다른 어느 조문에서도 양심적 병역거부권(right of conscientious objection)을 기본적 인권의 하나로 명시하고 있지 않으며, 규약의 제정 과정에서 규약 제18조에 양심적 병역거부권을 포함시키자는 논의가 있었던 것은 사실이나, 제정에 관여한 국가들의 의사는 부정적이었던 것으로 보인다.

한편, 규약이 양심적 병역거부권이나 대체복무제도 자체를 전혀 인식치 못하고 있는 것도 아니다. 강제노역금지에 관한 규약 제8조 제3항(CC) 제(ii)호에서 "군사적 성격의 역무 및 양심적 병역거부가 인정되고 있는 국가에 있어서는 양심적 병역거부자에게 법률에 의하여 요구되는 국민적 역무(any service of a military character and, in countries where conscientious objection is recognized, and national service required by law of conscientious objectors)"를 규약상 금지되는 강제노역의 범주에서 제외되는 것 중 하나로 규정하고 있다. 여기서 "양심적 병역거부가 인정되고 있는 국가에 있어서는(where conscientious objection is recognized.)"이라는 표현은, 개개의 가입국이 양심적 병역거부권 및 대체복무제도를 인정할 것인지 여부를 결정할 수 있다는 것을 전제로 한 것이라 할 수 있다.

즉 제8조의 문언에 비추어 볼 때, 규약은 가입국으로 하여금 양심적 병역거부를 반드시 인정할 것을 요구하고 있지 않다.

3. 그러나 규약 제18조 제1항에는 이른바 양심 형성의 자유와 양심상 결정의 자유를 포함하는 내심적 자유뿐만 아니라 종교나 신념에 기한 결정을 외부로 표현하고 실현할 수 있는 자유도 함께 포함되어 있음이 문맥상 명백하다. 따라서 앞서 본 바와 같이, 규약 제18조로부터 개인의 국가에 대한 독자적인 권리로서 국가적 의무의 이행을 거부할 권리, 즉 양심적 병역거부권이 당연히 도출될 수는 없다 하더라도, 자신이 믿는 종교적 교리에 좇아 형성된 인격적 정체성을 지키기 위한 양심의 명령에 따라 현역병 입영을 거부하는 것은, 적어도 소극적 부작위에 의한 양심의 표명행위에는 해당된다고 보아야 할 것이다(대법원 2004. 7. 15. 선고 2004도2965 전원합의체 판결 등 참조). 그리고 병역법 제88조 제1항 제1호에 의하면 현역입영 통지서를 받은 사람이 정당한 사유 없이 입영기일로부터 3일의 기간이 경과하여도 입영하지 아니한 때에는 3년 이하의 징역에 처하도록 규정하고 있으며, 양심에 반한다는 이유로 현역입영을 거부하는 자에 대하여 병역의무를 면제하거나 혹은 순수한 민간 성격의 복무로 병역의무의 이행에 갈음할 수 있도록 하는 그 어떠한 예외조항도 두고 있지 아니하므로, 병역법 제88조 제1항은 규약 제18조 제3항에서 말하는 양심표명의 자유에 대한 제한 법률에 해당한다.

그리고 앞서 본 규약 제8조와의 관계 등을 고려할 때, 규약 제18조 제1항의 양심 표명의 자유의 일환으로 양심적 병역거부를 인정한다 하더라도, 첫째, 대체복무제도를 두지 아니한 것 그 자체가 규약 위반으로 평가될 수는 없고, 둘째, 단지 상당수의 가입국들이 징병제도를 폐지하거나 순수 민간적 성격의 대체복무제도를 두고 있다는 현실에 기반하여 그러한 가입국들과 문제가 되는 가입국이 처한 현실과 병력유지의 필요성만을 비교하여 규약 위반 여부를 가리는 것은 적절치 못하며, 어디까지나 해당 가입국의 역사와 안보환경, 사회적 계층 구조, 정치적, 문화적, 종교적 또는 철학적 가치 등 국가별로 상이하고도 다양한 여러 요소에 기반한 정책적 선택이 존중되어야 한다. 결국 양심적 병역거부자들에게 병역의무의 면제를 부여할 것인지 여부 혹은 순수한 민간 성격의 대체복무제도를 도입할 것인지 여부에 관하여는 가입국의 입법자에게 광범위한 재량이 부여되어야 한다.

국가안보는 국가의 존립과 개개인이 누리는 모든 자유의 전제조건을 이루는 것으로서 무리한 입법적 실험을 할 것을 요구할 수는 없다. 남북한 사이에 평화공존관계가 정착되고, 우리 사회에 양심적 병역거부자에 대한 이해와 관용이 자리잡음으로써 그들에게 대체복무를 허용하더라도 병역의무의 이행에 있어서 부담의 평등이 실현되며 사회통합이 저해되지 않는다는 사회공동체 구성원의 공감대가 형성되지 아니한 현재로서는 대체복무제를 도입하기는 어렵다고 본 입법자의 판단이 현저히 불합리하다거나 명백히 잘못되었다고 볼 수 없다.

따라서 장차 여건의 변화로 말미암아 양심의 자유 침해 정도와 형벌 사이의 비례관계를 인정할 수 없음이 명백한 경우에 조약 합치적 해석 혹은 양심우호적 법적용을 통하여 병역법 제88조 제1항 소정의 '정당한 사유'에 해당한다고 보아 적용을 배제할 여지가 전혀 없다고는 단정할 수 없겠으나, 현재로서는 대체복무제도를 두지 아니하였다 하여 규약 위반으로 평가할 수는 없고, 또한 양심적 병역거부자에게 병역의무 면제나 대체복무의 기회를 부여하지 아니한 채 병역법 제88조 제1항 위반죄로 처벌한다 하여 규약에 반한다고 해석되지는 아니한다.

헌법재판소는, 양심적 병역거부자에게 가하여지는 실로 심대한 불이익과, 거기에서 필연적으로 발생하는 양심상의 갈등에 비추어, 입법자는 헌법 제19조의 양심의 자유에 의하여 공익이나 법질서를 저해하지 않는 범위 내에서 법적 의무를 대체하는 다른 가능성이나 법적 의무의 개별적인 면제와 같은 대안을 제시함으로써 양심상의 갈등을 완화해야 할 의무가 있으며, 이러한 가능성을 제공할 수 없다면, 적어도 의무위반 시 가해지는 처벌이나 징계에 있어서 그의 경감이나 면제를 허용함으로써 양심의 자유를 보호할 수 있는 여지가 있는가를 살펴보아야 한다고 판시한 바 있다(헌법재판소 2004. 8. 26. 선고 2002헌가1 결정).

규약 제18조에 관한 당원의 앞서 본 해석은 위와 같은 입법적 해결의 필요성과 논의의 시급함을 부인하는 의미로는 결코 받아들여져서는 아니 될 것이다.

규약 제18조에 의하여 양심적 병역거부권이 보장되어야 한다는 점을 전제로 한 상고이유의 주장은 받아들이기 어렵다. 그러므로 상고를 기각하고, 상고 후의 구금일수 중 일부를 본형에 산입하기로 관여 대법관의 의견이 일치되어 주문과 같이 판결한다.

재판장   대법관 이홍훈
주심   대법관 김영란
                    대법관 김황식
                    대법관 안대희

청주지방법원 판결(2007. 10. 26.)*

청주지방법원 영동지원 판결

사 건   2007고단151 병역법위반
피고인   오희성
검 사   조석규
변호인   공익법무관 이명재(국선)
판결선고   2007. 10. 26.

【주문】

피고인은 무죄.

【이유】

1. 공소사실의 요지

피고인은 현역병 입영대상자로서, 2007년 4월 23일 충북 영동군 황간면 피고인의 집에서 '2007년 5월 22일 13:00경까지 춘천시 신북읍 용산리 소재 제102보충대에 입영하라'는 내용의 충북지방병무청장 명

---

* 청주지방법원 2007. 10. 26. 선고 2007고단151 판결[병역법위반].

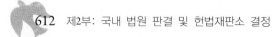

의의 현역병 입영통지서를 송달받았음에도, 정당한 이유 없이 입영기일로부터 3일이 경과한 2007년 5월 25일까지 입영하지 아니하였다.

2. 피고인의 주장

피고인은, 여호와의 증인 신자로서 성서에서 가르치는 대로 전쟁준비를 위해 총을 들 수 없다는 양심에 따라 입영을 거부한 것으로, 피고인의 행위는 양심적 병역거부권의 행사로서 병역법 제88조 제1항의 '정당한 사유'에 해당하므로 죄가 되지 않는다고 주장한다.

3. 판단

가. 병역법 제88조 제1항 규정의 '정당한 사유' 해석

병역법 제88조 제1항은 현역 입영 또는 소집통지서를 받고도 정당한 사유 없이 입영하지 아니하거나 소집에 불응한 자를 처벌하도록 하고 있는바, 입영 또는 소집을 거부하는 사람이 그 거부 사유로서 내세운 권리가 헌법에 의하여 보장되는 것이고 그 사람에 대하여 병역법 제88조 제1항을 적용하여 처벌하게 되면 그의 헌법상 권리를 부당하게 침해하는 결과가 되는 경우에는 이러한 위헌적인 상황을 배제하기 위하여 그에게 병역법 제88조 제1항의 '정당한 사유'가 존재하는 것으로 보아야 한다.

나. 피고인의 병역거부가 헌법상 양심의 자유에 포섭되는지 여부

헌법 제19조는 '모든 국민은 양심의 자유를 가진다.'고 규정하고 있는데 여기서 양심이란 세계관·인생관·주의·신념이나 신앙일 수도 있고 그밖에 개인의 인격형성에 관계되는 내심의 가치관·윤리적 판단을 포함한다. 어떠한 근원에 의하여 형성된 것이든 양심은 그에 따라 행동하지 않고서는 자신의 인격적 존재가치가 허물어지고 말 것이라는 정도의 진정성이 있어야 한다.

이 사건의 경우 피고인의 법정 및 수사기관에서의 진술, 증인 맹정희의 법정진술과 기록에 나타난 자료들에 의하면, 피고인은 2004년 8월경 아버지의 권유로 여호와의 증인 모임에서 성서공부를 하다가 위 종교를 신봉하게 되었고 그해 겨울 무렵 여호와의 증인 회관이 있는 현 거주지로 이사를 하였으며 2005년 1월 23일 침례를 받고 정식 신자가 된 사실, 피고인은 위 종교교리에 따르는 삶을 살고자 여호와의 증인 회관에서 '봉사의 종'이라는 직책을 맡아 청소나 여호와의 증인에서 정기적으로 발행하는 잡지를 그 지역 신자들에게 나눠주는 일 등의 봉사활동을 하였고 매주 다섯 번 열리는 집회에 참석하였으며 매달 70시간의 전도활동을 한 사실, 피고인은 위 종교생활을 하면서 성서를 배우던 중 성서의 일부 내용에 따라 전쟁연습을 위하여 총을 들 수 없다는 내심의 결정을 하게 된 사실, 피고인은 양심상 결정에 따라 입영을 거부하는 경우 대부분 1년 6월의 실형이 선고되고 있는 현실을 잘 알고 있으면서도 이를 감수하겠다는 태도를 보이는 사실을 인정할 수 있다.

위 인정사실에 의하면, 피고인의 병역거부는 신앙 또는 내심의 가치관·윤리적 판단에 근거하여 형성된 진지한 양심상의 결정에 따른 것으로, 양심의 자유 중 양심에 반하는 행동을 강제당하지 아니할 자유 또는 양심의 결정을 행동으로 실현할 수 있는 자유에 포섭된다.

다. 양심의 자유의 부당한 침해 여부

(1) 양심의 자유는 그것이 작위·부작위를 통하여 외부로 표명될 경우 국가에 의한 기본권 제한의 한계를 규정한 헌법 제37조 제2항에 의하여서만 제한할 수 있고, 어떠한 법률이 양심의 자유와 같은 정신적 자유에 대하여 중대한 제한을 초래하고 그로 인하여 정신적 자유와 법을 통하여 달성하려는 공익 사이에 심각한 갈등상황이 벌어지고 있다면 입법자에게 광범위한 입법재량이 있다고 보아 그 제한의 정당성에 관하여 완화된 심사를 하여서는 안 되고 헌법 제37조 제2항의 과잉금지 원칙에 따라 엄격하게 심사하여야 한다.

(2) 개인이 자기 정체성을 확립하고 그의 진지하고도 강력한 마음의 소리에 따라 살 수 있다는 것은 인간으로서의 존엄과 가치를 지니기 위하여 필수불가결한 것이므로 양심의 자유는 가장 중요한 정신적 자유권의 하나이고 이를 보장하는 것은 가치 상대주의를 토대로 하는 자유민주주의를 구현하기 위한 기본적 전제가 된다. 그리고 개인의 양심이 사회적 다수의 양심과 일치하는 경우에는 그에 대하여 특별한 보호의 필요성이 요구되지 않기에 현실적으로 양심의 자유의 주된 보호대상이 되는 양심은 사회적으로 소외받는 소수자의 양심이라고 할 수 있다.

한편 국방의 의무 또는 국가의 안전보장이라는 중대한 헌법적 법익을 위한 것이기는 하지만, 자유민주주의 국가에 있어서 국가는 그 자체로서 존재의 정당성을 가지는 것이 아니라 국민의 기본적 인권을 보장하기 위한 수단으로서만 그 정당성을 가지는 것이므로, 국가의 안전보장도 궁극적으로는 국민의 인권보장이라는 국가의 존재목적을 달성하기 위한 수단으로서의 의미를 가진다.

따라서 양심의 자유와 국방의 의무 또는 국가의 안전보장이라는 헌법가치들이 갈등관계에 있을 때 입법자는 단순히 추상적인 가치형량에 의하여 국가의 안전보장이라는 가치만을 쉽게 선택하고 양심의 자유를 희생시켜서는 안 되고 갈등상황을 피할 수 있는 대안을 모색하여야 하며 대안마련이 불가능하여 양심의 자유를 제한할 수밖에 없는 경우라도 그 목적에 비례하는 범위 내의 제한에 그쳐야 한다. 만약 갈등상황을 피할 수 있는 대안의 마련이 필요하고 가능함에도 불구하고 입법자가 이를 위한 최소한의 노력 없이 일방적으로 국가의 안전보장이라는 헌법가치만을 실현하기 위하여 양심의 자유를 제한한다면 수단의 적합성, 침해의 최소성, 법익의 균형성을 내용으로 하는 과잉금지원칙에 반한다고 할 것이다(헌법재판소 2004. 8. 26. 선고 2002헌가1 결정 중 재판관 김경일, 전효숙의 위헌 의견 참조).

(3) 양심적 병역거부는 불살생, 비폭력, 평화주의라는 인류의 보편적 가치관을 기반으로 하고 있고 앞서 살펴본 바와 같이 중요한 헌법

적 가치를 지니는 양심의 자유를 실현하기 위한 것이며 국제법규의 측면에서도 국제연합에서 채택한 '시민적·정치적 권리에 관한 국제규약' 제18조에 의하여 보장되고 있다. 국제연합인권위원회는 여러 차례에 걸쳐 위 제18조에서 양심적 병역거부권이 인정된다는 것과 양심적 병역거부자들에 대한 구금 및 반복적 형벌부과 금지를 결의하였고, 우리나라는 위 규약에 아무런 유보 없이 가입한 후 위와 같은 인권위원회의 결의에 동참하기도 하였다.

또한 군의 전체 병력 수에 비추어 양심적 병역거부자들이 현역 집총병역에 종사하지 않는 것 자체가 전투력의 감소를 초래할 정도라고 볼 수 없고,[1] 이들에 관한 한 형사처벌을 통한 일반예방 및 특별예방효과를 기대하기 어렵다.

이러한 점들에 비추어 보면 양심적 병역거부자에 대하여는 병역의무를 회피하려는 경우와는 달리 취급하여야 할 필요성이 있는데도, 병역법에 따라 가장 강력한 제재수단인 형사처벌이 가해지고 있고 대부분 최소 1년 6월 이상의 실형[2]이 선고됨으로써 막대한 불이익을 감수하도록 하고 있는 실정이어서 양심적 병역거부와 관련하여 현행법과 양심의 자유와의 갈등상황이 심각하다(기록에 나타난 자료들에 의하면 최근 5년간 양심적 병역거부자만도 연 평균 752명에 이르고 있고, 정확한 수치는 알 수 없으나 지금까지 처벌받은 숫자는 1만 5000명에 달하는 것으로 보인다).

그렇다고 양심적 병역거부자들에 대하여 병역을 면제하는 예외를 인정하게 되면 나라와 가족을 지키기 위하여 희생을 무릅쓰고 병역의무를 이행하고 있는 대다수 국민들과의 형평성이 문제된다. 우리의 안보상황하에서 병역의무를 이행하는 국민들이 치르는 희생은 막대한 데 반하여 이들에 대한 군대 안팎에서의 처우는 상대적으로 열악하고, 이에 따라 병역기피풍조가 만연하고 병역비리가 끊이지 않고 있어 평

---

1 연간 징집인원은 약 30만 명으로 그 중 양심적 병역거부자의 비율은 0.2% 정도로 추산된다.
2 근래에는 거의 대부분 재징집을 피할 수 있는 최소 형량인 1년 6월의 실형이 선고되는 추세이다.

등한 병역의무이행에 대한 국민들의 강한 요구가 있으며, 병역의무이행의 불평등은 국민개병제를 바탕으로 한 병역제도의 실효성을 훼손시킬 수 있다는 우려가 있다.

(4) 그런데 양심의 자유와 병역의무의 형평성이라는 두 가지 충돌하는 법익을 조화롭게 해결하기 위한 방안으로 양심적 병역거부자들에 대한 대체복무제가 논의되어 오고 있고, 이미 독일, 덴마크, 프랑스, 오스트리아, 이탈리아, 스페인, 브라질, 대만 등 세계의 많은 나라들은 오래전부터 이러한 대체복무제를 도입하여 병역의무이행의 형평성 문제를 효과적으로 해결하여 징병제를 유지해 오고 있으며, 국제연합인권위원회도 각국에 대체복무제의 도입을 권고하고 있다. 즉 진정한 양심적 병역거부자인지를 심사할 기관을 설립하고 양심적 병역거부자들로 하여금 상당한 기간 엄격한 관리 아래 구제활동, 환자수송, 소방업무, 장애인을 위한 봉사, 감옥 및 갱생기관 근무 등 민간에서 대체복무를 종사하도록 하며, 그 복무부담의 정도를 현역복무와 형평성을 보장할 수 있고 대체복무가 현역복무를 회피하는 수단으로 악용될 수 있는 요인을 제거할 수 있는 수준[3]으로 정한다면 앞서 본 헌법가치들 간의 갈등상황을 충분히 해소할 수 있다.

위와 같이 양심적 병역거부를 둘러싼 현행법과 양심과의 갈등이 심각한 상황에 있어 이를 조화롭게 해결한 대안의 모색이 필요하고, 이와 관련하여 그동안 국내외에서 축적된 논의나 경험에 비추어 보면 대체복무제 등 대안을 통하여 양심의 자유와 병역의무의 형평성 사이의 갈등관계를 충분히 조화롭게 해결할 수 있는데도, 입법자는 병역법이나 병역제도에 있어서 양심적 병역거부자를 위한 대체복무제를 도입하거나 그렇지 않더라도 이들이 상당한 기간 군에서 집총 또는 전투와

---

3 현역복무의 경우 제대 후에도 예비군 복무를 하여야 하고 전시 소집대상이 되는 점도 고려하여 대체복무의 부담수준을 정하여야 할 것이다. 한편 정부는 최근 종교적인 사유 등으로 입영을 기피하는 사람들에게 대체복무를 허용하도록 병역법 등 개정을 추진하고 있는데 대체복무기간을 현역병의 2배인 36개월로 하고 정신병원 등 가장 힘든 곳을 대체복무 대상지로 하는 방안을 검토하고 있는 것으로 알려지고 있다.

직접적 관련이 없는 업무를 담당할 수 있도록 제도 개선을 하는 등 대안 모색을 위한 최소한의 노력을 하고 있지 않다.

(5) 이와 같이 양심적 병역거부자에 대하여 아무런 대안이 제시되지 아니한 상황에서 이들에게 병역법 제88조 제1항을 적용하여 오로지 형사처벌만을 감수하도록 하게 되면 헌법 제37조 제2항의 과잉금지원칙에 반하여 양심의 자유를 부당하게 침해하는 결과가 되므로 이러한 위헌적인 상황을 배제하고 법률의 합헌적 해석을 위하여 피고인과 같은 양심적 병역거부자에게 병역법 제88조 제1항의 '정당한 사유'가 존재하는 것으로 보아야 한다. 이러한 결론에 반하는 대법원 2004. 7. 15. 선고 2004도2965 전원합의체 판결은 따를 수 없다.

4. 결론

그렇다면, 이 사건 공소사실은 범죄가 되지 아니하거나 범죄의 증명이 없는 경우에 해당하므로 형사소송법 제325조에 따라 피고인에 대하여 무죄를 선고한다.

판사   이형걸

제3부

유엔인권이사회의 견해 등

양심적 병역거부 관련 국제사회의 제 논의에 보다 더 관심이 있는 독자들은 이 책에 수록된 유엔 자료들 외에 2013년 2월 유엔 인권고등판무관실에서 발간한 『양심적 병역거부』(Conscientious Objection to Military Servoce)라는 단행본을 참조해 볼 수 있다. 지면 관계상 이 책에 싣지는 않았지만 동 자료는 양심적 병역거부 역사, 그에 대한 판례와 결정례를 총 망라하면서 역사적 맥락과 법리적 근거를 제시하였고, 각국의 대체복무 입법 및 시행 사례를 소개하고 있다. 동 자료의 서문에서는 국제인권표준이 된 양심적 병역거부에 대하여 국가와 사회, 그리고 양심적 병역거부자에게 가이드라인을 제공하는 것이 그 목적이라고 밝히고 있다. 이 자료는 유엔인권고등판무관실 공식 홈페이지에서 누구나 다운로드 받을 수 있다. <http://www.ohchr.org/Documents/Publications/ConscientiousObjection_en.pdf>

유엔인권이사회 권고(2012. 12. 12.)[*]

United Nations General Assembly (A/HRC/22/10)
12 December 2012

인권이사회 보편적정례검토에 관한 실무단
제22차 회의 제6호 의제

보편적정례검토에 관한 실무단 보고서

대한민국

[…]

B. 상호 토론 및 검토 당사국의 답변

41. 프랑스는 […] 양심적 병역거부자들을 위한 대체복무 제도 마련 […]에 대한 노력에 대해 언급하였다. […]

42. 독일은 첫 UPR 권고를 반영하기 위한 대한민국의 적극적인 역할을 치하하였다. 독일은 대한민국이 아직도 사형제를 폐지하지 않은 것에 유감을 표명했으며, 양심적 병역거부자들에 대한 긴

---

[*] 이 자료는 유엔인권고등판무관실 웹 사이트 <http://www.ohchr.org/Documents/ HRBodies/HRCouncil/RegularSession/Session22/AHRC2210_English.pdf>(최종검색 일: 2013. 5. 14.)에 수록된 영문본을 직접 발췌 번역한 것이다.
이 보고서에 대한 한국 정부의 답변 자료는 유엔인권고등판무관실 웹 사이트에 문서번호 A/HRC/22/10/Add.1로 게시되어 있으며 본 보고서 자료 끝에 번역하여 각주로 게재하였다(편집자 주).

선고 형량과 홀어머니들과 그들의 자녀에 대해 우려를 표명하였다. [⋯]

44. [⋯] 헝가리는 대한민국이 아이들을 폭력과 악용으로부터 보호하기 위한 노력을 해 줄 것과 다음 UPR 회기 때까지 양심적 병역거부자들을 위한 대체복무제를 도입할 것을 격려하였다. [⋯]

78. [⋯]해결되지 않고 있는 양심적 병역거부권 문제 역시 폴란드의 관심사에 포함되었다. [⋯]

95. [⋯] 미국은 또한 양심적 병역거부자들에 대한 대체복무제를 마련하지 않는 것에 대해 우려를 표명하였다. [⋯]

II. 결론 및/또는 권고

124. 대한민국은 다음의 권고들을 검토한 후 2012년 3월에 개최되는 유엔인권이사회 제22차 회기 이전 지정된 때까지 답변을 할 것이다. 이 권고들에 대한 대한민국의 답변은 2012년 3월 유엔인권이사회에서 채택하는 최종 보고서에 포함될 것이다.

[⋯]

124.53. 양심적 병역거부와 관련하여, 기존 법체계를 정비하여 군복무에 대한 대체복무가 민간 성격을 띠도록 하고 민간 당국이 감독하게 하라(프랑스); 양심적 병역거부자를 투옥하지 말고 비군사적 복무체제를 마련하라(독일); 양심적 병역거부권이 인정되도록 하라(폴란드); 양심적 병역거부권을 인정하고 국제표준과 일치한 대체복무제도를 도입하라(슬로바키아); 양심적 병역거부를 권리로서 인정하고, 전적으로 시민적 성격의 대체공공복무를 보장하며 현재 수감된 모든 양심적 병역거부자들을 석방하라(스페인); 양심적 병역거부자들이 선택할 수 있는, 비전투적이고 민간 성격을 띠며, 징벌적이지

않은 대체복무를 즉각 도입하라(미국); 양심적 병역거부자들을 위한 대체복무를 도입하라(호주).[*]

---

[*] 이 권고(53번)에 대한 한국 정부의 답변(A/HRC/22/10/Add.1)은 다음과 같다. "30. **권고** 53. 대한민국의 특수한 안보 상황, 징집제도를 통한 병역자원공급, 병역의무의 균등한 부담 그리고 여론의 공감대 부족 등을 고려할 때, 대체복무를 도입하기는 어렵다. 그렇지만 정부는 안보 상황과 여론이 앞으로 바뀐다면 이 이슈를 다시 검토할 것이다." <http://www.ohchr.org/Documents/HRBodies/HRCouncil/RegularSession/Session22/A.HRC.22.10.Add.1_en.pdf> 최종검색일: 2013. 5. 14.(편집자 주)

자유권규약위원회의 견해(2011. 3. 24.)[*]

시민적 · 정치적 권리에 관한 국제규약선택의정서 제5조 제4항에 따른 자유권규약위원회의 견해(법무부)

자유권규약위원회 제101차 회기

(2011년 3월 14일~4월 1일)

견해(Views)

진정사건번호 1642/2007-1741/2007[#]

진정인　　　　　정민규 등

　　　　　　　　(대리인 변호사 앙드레 카르보노)

피해자　　　　　진정인

당사국　　　　　대한민국

---

* 이 자료는 관보 제17558호(2011. 7. 26. 발행)에 수록된 내용으로서 대한민국 전자 관보 사이트 <http://gwanbo.korea.go.kr/jsp/drm/ezPDFView.jsp?ebookSeq=00000000 0000000001319090965396000&sPage=209&tocSeq=00000000000000001319090980716000& requestType=SEARCH>(최종검색일: 2013. 1. 15.)에 있는 원본을 옮겼으며, 독자들의 편의를 위해서 일부 내용을 편집한 것이다(편집자 주).

2007~2008년경 유엔자유권규약위원회로 징역형을 선고받아 투옥된 양심적 병역 거부자 488명이 순차로 개인청원을 제출하였다. 그 중 2007년 제출된 100명의 청원에 대한 위원회의 견해가 2011년 3월 24일 채택(CCPR/C/101/D/1642-1741/2007)되었고, 2008년 제출된 나머지 388명의 청원에 대한 견해는 2012년 10월 25일 채택(CCPR/C/106/D/1786/2008)되었으며 같은 해 12월 21일 공표되었다. 이 결정의 내용은 100명의 청원에 대한 것과 대동소이하므로 첨부는 생략한다. 원본은 유엔인권고등판무관 사이트 <http://tb.ohchr.org/default.aspx>에서 살펴볼 수 있다(편집자 주).

진정일	2007년 9월 21일 및 같은 해 11월 6일(최초제출일)
참고문서	2007년 12월 7일자로 당사국에 전달된 특별보고관의 규정 제97호 결정(서면으로 발행되지 않음)
견해채택일	2011년 3월 24일
주제	양심적 병역거부
본안쟁점	사상, 양심 및 종교의 자유에 대한 권리
절차쟁점:	국내 구제절차의 완료
규약조항:	제18조 제1항
선택의정서 조항제5조 제2항 제(b)호	

2011년 3월 24일 자유권규약위원회는 진정사건번호 1642/2007-1741/2007에 관하여 선택의정서 제5조 제4항에 따른 위원회의 견해로 별첨 문서를 채택한다.

§별첨 §

시민적 · 정치적 권리에 관한 국제규약 선택의정서 제5조 제4항에 따른 자유권규약위원회의 견해
(제101차 회기)

시민적·정치적 권리에 관한 국제규약(이하 "자유권규약"이라 한다.) 제28조에 따라 설립된 자유권규약위원회는, 2011년 3월 24일 회의를 개최하고, 자유권규약 선택의정서에 따라 정민규 등을 대리하여 자유권규약위원회에 제출된 진정사건번호 1642/2007-1741/2007에 관한 그 심리를 종결하면서, 동 진정의 진정인들 및 당사국에 의하여 제출된 이용가능한 모든 서면 정보를 고려하여, 다음과 같이 채택한다.

자유권규약선택의정서 제5조 제4항에 따른 견해

1.1 100명의 진정인들은[*] 모두 대한민국 국민이다. 이들은 대한민국에 의한 자유권규약 제18조 제1항 위반행위의 피해자라고 주장한다.[1] 앙드레 카르보노 변호사가 진정인들을 대리하고 있다.

1.2 2011년 3월 24일 자유권규약위원회(이하 "위원회"라 한다)는, 위원회의 절차규정 제94호 제2항에 따라, 그 실질상 사실적·법적 유사성에 비추어 결정할 100건의 진정을 병합하기로 결정했다.

진정인들이 제출한 사실

2.1 100명의 진정인 모두는 여호와의 증인으로, 그들의 종교적 신념에 따라 군복무를 위한 입영을 거부하였다는 이유로 1년 6월의 징역형을 선고받았다. 대한민국대법원은 2004년 7월 15일에, 대한민국헌법재판소는 2004년 8월 26일에, 각 양심적 병역거부자는 군대에 복무하여야 하고 그렇지 않으면 징역형에 처해진다고 결정하였기 때문에 진정인들은 아무도 상급법원에 항소하지 않았다. 대한민국의 최고법원이 이 문제에 관하여 종국적인 결정을 내렸기 때문에, 어떠한 항소도 전혀 효과가 없었을 것이다.

2.2 그 결정에서, 헌법재판소는 병역법 제88조가 대한민국 헌법에 보장된 양심의 자유와 상충한다는 이유로 제기된 위헌법률심판을 기각하였다. 헌법재판소의 결정 이유는 특히 다음과 같다:

> 헌법 제19조에 명시되어 있는 양심의 자유는 개인에게 병역의무의 이행을 거부할 권리를 부여하지 않는다. 양심의 자유는 단지 국가에게 가능하면 개인의 양심을 고려하고 보호할 것을 요구하는 권리일 뿐이고, 그러므로 양

---

[*] 진정인 명단 및 관련 진정사건번호의 목록은 이 견해의 끝부분에 첨부되어 있다[지면 관계상 이 책에는 싣지 않았으므로 관보 원본을 참조하기 바란다(편집자 주)].

[1] 당해 선택의정서는 대한민국에서 1990년 4월 10일에 발효되었다.

심상의 이유로 병역의무의 이행을 거부하거나 법적 의무를 대신하는 대체복무제를 요구할 수 있는 권리가 아니다. 따라서 대체복무제를 요청하는 권리는 양심의 자유로부터 도출되지 아니한다. 헌법은 병역의무와 관련하여 표현의 자유의 절대적인 우위를 인정하는 어떠한 규범적 표현도 하고 있지 않다. 양심상의 이유로 병역의무의 이행을 거부할 권리는 단지 헌법 스스로 그러한 권리를 명시적으로 규정하는 경우에 한하여 유효한 것으로 인정될 수 있다.

2.3 대법원의 판결 및 헌법재판소의 결정에 따라 700명이 이상의 양심적 병역거부자들이 집총거부를 이유로 1년 6월의 징역형을 선고받고 수감되었다. 추가적으로 매달 50~70명이 유죄를 선고받고 수감된다.
2.4~2.103[*]

진정

3.1 진정인들은 형사기소 및 구금의 고통하에서 의무복무제에 대한 대체수단이 당사국 내에 없다는 점이 자유권규약 제18조 제1항에 의한 자신들의 권리를 침해한다고 주장한다.
3.2 진정인들은 2006년 11월 3일 위원회에서 채택된 진정사건번호 1321/2004 및 1322/2004, 윤여범·최명진 대(對) 대한민국 사건에 있어서의 위원회의 견해를 인용한다. 이 견해에서 위원회는 현 진정사건들과 유사한 사실관계를 토대로 당사국이 자유권규약 제18조 제1항을 위반했다고 판단했고, 당사국은 진정인들에게 효과적인 구제조치를 제공할 의무를 부담하게 되었다.

---

[*] 진정인별 사건 개요는 관보 본문 211~227쪽 참조(편집자 주).

심리적격 및 본안에 대한 당사국의 의견

4.1 2008년 11월 14일 답변서 제출을 통해서, 당사국은 윤여범·최명진 사건에서의 위원회의 견해[2]를 언급하고 위원회가 당사국의 안보환경을 고려하여 이 결정을 재고해 줄 것을 요청하면서 진정사건들의 본안에 관하여 답변한다.

4.2 당사국은 위원회의 종전 결정 중 특정 측면에 초점을 맞춘다. "의무복무제를 유지하고 있는 자유권규약 당사국 중 의무복무제에 대한 대체수단을 도입하는 국가의 수가 증가하고 있다"는 종전 결정에서의 위원회의 논거에 대하여, 당사국은 대체복무를 도입한 국가인 독일과 대만의 법제도가 당사국과 매우 다르다는 점을 지적한다. 독일의 경우 1945년 이래로 전쟁이 없었으며, 1990년에는 재통일이 이루어졌다.

4.3 대만은 1955년 대만 정부가 수립된 이후에 중국과 한 번도 전쟁을 한 적이 없다. 한국전쟁은 한반도 전역에 걸쳐 이루어졌고, 1950년 6월 25일부터 휴전협정이 최종적으로 체결된 1953년 7월까지 3년 1개월 동안 지속되었다. 이 전쟁의 결과로, 남한에서 100만 명의 사망자가 발생했으며, 1000만 명 이상의 한국인들이 그 가족과 헤어졌다. 당사국은 가슴 아픈 전쟁의 역사야말로 당사국 정부가 그 국가정책 의제 중에 가장 중요한 우선순위로 국가안보를 강조하는 이유 중 하나라는 점을 제시한다. 법적 측면에서, 당사국은 휴전협정이 당사국에서 여전히 유효하고, 대만과 같은 다른 국가들과 구별된다는 점을 제시한다. 휴전협정은 지속적인 노력에도 불구하고 아직까지 종전(終戰) 선언이나 불가침 및 평화를 보장하는 평화협정과 같은 새로운 법체제에 의해 폐기되지 않고 있다. 당사국에 의하면, 당사국은 155마일에 걸쳐 북한과 국경을 마주하고 있기 때문에, 안보환경이 독일이나

---

2 전기 참조.

대만과 비교할 수 없다는 것이다. 남북한 함정 간에는 1999년 6월 15일과 2002년 6월 19일에 발생한 다수의 충돌이 있었다. 따라서 이러한 사정은 양국 간 비교적 화해 상황 중이라고 하더라도 여전히 전쟁 발발의 가능성이 있다는 점을 증명하고, 당사국이 방어를 위해 군사적 수단을 구축할 필요성을 재확인한다.

4.4 "대한민국은 자유권규약 제18조에 의한 진정인의 권리를 충분히 존중할 경우에, 그로 인해 어떠한 구체적인 불이익이 수반되는지를 입증하지 못했다"는 위원회의 논거에 대하여, 당사국은 양심적 병역거부나 대체복무제도의 도입이 국가적 존립과 국민의 자유를 위한 전제조건인 국가안보와 밀접하게 연관되어 있다는 점을 제시한다. 당사국은 대체복무제가 국가안보를 위태롭게 할 수 있음을 우려한다. 당사국은 한반도의 70%가 산지이고, 이로 인해 게릴라전에 대비하기 위해 충분한 지상 병력을 갖출 더 큰 필요성이 있다는 점을 강조한다. 그런데, 당사국의 군인 수는 약 117만 명에 달하는 북한군의 58%에 불과한 약 68만 명이고, 2000년부터 2005년 사이에 15세부터 25세 사이의 남성 군인의 수가 상당히 감소해 왔다. 이러한 추세는 장래에도 지속될 것으로 예상되고, 징병 예외 사례의 수용을 더욱 곤란하게 하고 있다.

4.5 당사국에 따르면, 군대 내에서 종종 요구되는 상대적으로 어려움을 겪게 되는 상황이나 자신의 학업이나 직업상 경력의 중단과 같은 결과에 대한 우려로 인하여, 고의로 병역을 "기피"하는 사람들이 지속적으로 존재해 왔다. 따라서 충분한 지상 병력을 확보하기 위해 의무복무제에 예외를 인정하지 않는 현 제도를 유지할 필요성이 더 크다. 당사국은 만약 국민적 합의 없이 병역에 대한 예외 주장을 수용한다면, 병역제도의 필요성과 정당성에 대한 일반 국민의 의문으로 이어져 병역제도의 공정성에 대한 일반 국민의 신뢰가 약화됨으로써, 국가안보를 위해 필요한 충분한 병력 확보가 방해받게 될 수 있다는 점을 제시한다. 또한 종교적 신념에 기초한 예외는 모든 종교적 신앙을 가진 사

람들에게 적용되어야 할 것이고, 종교적 신앙을 가진 사람이 군 병력의 상당한 부분을 담당한다는 점을 전제로 할 때, 예외 인 정 요구의 확산에 대한 우려가 근거 없는 것만은 아니다. 만약 당사국이 종교적 사유뿐만 아니라 개인의 양심에 기초한 예외 까지 수용한다면, 상황은 더욱 악화될 수 있다. 그러므로 당사국 을 위해서, 양심적 병역거부의 인정 및 대체복무제의 도입에는 다음과 같은 일련의 조치가 선행되어야 한다: 안정적이고 충분 한 병역 자원의 공급, 다른 종교를 가진 사람들 상호 간 종교가 없는 사람들과의 형평성, 예외 인정의 투명하고 구체적인 기준 에 관한 심도 깊은 연구와 이에 대한 국민적 합의.

4.6 "국가적 측면에서 양심적 신념과 그 표현에 대한 존중은 그 자 체로 사회 내에서 응집되고 안정된 다원주의를 확보하는 중요 한 요소다"라는 위원회의 논거에 대하여, 당사국은 독특한 안보 상황이 보편적으로 존재하기 때문에, 병역 의무의 공정하고 신 뢰할 수 있는 이행이 사회적 통합을 보장하는 결정적 요소라는 의견이다. 양심적 신념과 그 표현에 대한 존중은 제도의 이행만 으로 강제될 수 없는 것이다. 오직 사회 구성원 사이에 이에 대 한 일반적 합의가 이루어졌을 때에만 유지될 수 있다. 2005년 7 월과 2006년 9월에 실시된 여론조사에서는 양심적 병역거부를 위한 대체복무제 승인에 대하여 각각 72.3%와 60.5%의 반대의 견이 나타났다. 당사국에 의하면, 비교적 단기간 내에 국민적 합 의 없이 너무 일찍 그러한 제도를 도입하는 것은 사회적 통합에 기여하기보다 사회적 긴장을 강화할 수 있다.

4.7 당사국은 의무적 군복무를 수행하는 사람들과 대체복무를 수행 하는 사람들 사이에 형평성과 공정성을 보장하는 대체복무제를 마련하는 것이 현실적으로 매우 어려운 과제라는 점을 제시한 다. 당사국 군인 중 대다수는 어려운 환경하에서 그 의무를 수 행하고 있고, 일부는 생명을 위협받는 상황과 관련되어 있다. 그 들은 국가를 방어하는 그 의무를 수행하는 도중에 그 생명을 위

태롭게 하는 위험에 직면한다. 실제로 최근 2002년 6월 19일 서해 연평도 인근의 남북한 해군함정 간 충돌에서 6명이 사망하고 19명이 부상을 입었다. 그러므로 병역을 이행하는 사람들과 대체복무를 수행하는 사람들의 부담의 형평성을 보장한다는 것은 거의 불가능에 가깝다. 이러한 불균형이 계속 존재할 것이라고 가정한다면, 대체복무제 도입에 앞서 일반 국민의 이해와 지지를 얻는 것이 반드시 필요하다.

4.8. 당사국은 1990년 4월 10일 당사국의 자유권규약 선택의정서에 가입 시에, 위원회가 자유권규약 제18조의 범위 내에 양심적 병역거부가 포함되는지 여부에 대한 분명한 입장을 내놓지 않았던 점을 유감으로 생각한다. 위원회는 1993년 7월 30일 그 일반논평 제22호에 이르러서야 비로소 양심적 병역거부 불인정이 위 조항을 위반하는 것이라는 위원회의 입장을 공표했다. 당사국은 현 시점에서 대체복무제를 도입하지 않는다고 하여 자유권규약 위반으로 해석될 수 없고 양심적 병역거부자를 처벌하는 병역법상 요건조항이 합헌이라는 취지의 당사국 대법원의 판결과 헌법재판소의 결정을 인용한다.

4.9 당사국은 2006년 4월부터 2007년 4월까지 국방부가 "민·관 합동 대체복무제도연구위원회"를 설립했다는 사실을 위원회에 통보한다. 이 위원회는 장래 병력의 수급에 관한 전망, 병역거부자의 진술, 해당 분야 전문가의 의견, 외국의 관련 사례를 포함하여 병역법 개정 및 대체복무제 도입 가능성에 관한 연구를 수행했다.[3] 민·관 합동 대체복무제도연구위원회는 현재 2008년 8월부터 12월까지 여론의 동향을 추적하기 위한 연구를 수행 중이다.

4.10 또한 2007년 9월 당사국은, 이 문제에 대해 "국민의 합의"가 있는 때에는, 그 종교적 신념을 이유로 징병을 거부하는 사람들

---

3 당사국은 이 연구 결과의 시사점을 제공하지 않았다.

에게 사회적 복무를 부여하는 제도를 도입하고자 하는 계획을 공표했다. 당사국은 "여론에 대한 연구 결과와 관련 부처·기관의 입장에 따라" 그러한 합의가 인정되는 때에 "대체복무제 도입을 고려할 것"이라고 위원회에 통보한다. 결론적으로, 당사국은 여기서 제시된 논거에 비추어 양심적 병역거부에 관한 종전의 견해를 재고해 줄 것을 위원회에 요청한다.

진정인들의 주장

5.1 2009년 2월 23일자 의견서에서, 진정인들은 당사국의 답변에 이의를 제기하였다. 진정인들은 위 답변이 윤여범·최명진의 진정사건 1321-1322/2004[4]에서의 진정인들의 주장에 대한 당사국의 주장과 동일한 성질의 것임을 지적하였는데, 위 사건에서 위원회는 당사국이 선택의정서 제18조 제1항 규정을 위반하였다는 견해를 표명한 바 있다. 따라서 진정인들은 이번 사건에서도 제18조에 따른 자신들의 권리가 침해되었다고 생각한다. 예전의 진정사건[5]뿐만 아니라 이 사건의 당사국의 답변서에서도 언급된 바 있는, 국가인권위원회에서 고안한 양심적 병역거부를 위한 국가행동계획을 당사국이 이행하지 않은 것을 진정인들은 유감으로 생각한다.

5.2 국가안보를 유지할 필요가 있고 양심적 병역거부의 권리를 승인하면 그것이 곤란해질 수 있다는 당사국의 주장에 대해, 진정인들은 영국, 네덜란드, 노르웨이, 덴마크, 러시아 같은 국가들도 전시에 양심적 병역거부자의 권리를 인정하는 법률을 채택하였다고 답변하였다. 이러한 법들이 위 국가들의 국가안보를 약화시켰다는 증거는 없다. 또 다른 예로 이스라엘은 1948년 이래로

---

4 윤여범·최명진 대(對) 대한민국, 진정사건번호 1321/2004 및 1322/2004, 2006. 11. 3. 위원회에 의해 채택된 견해.

5 상기 견해, 6.5절.

대한민국이 지난 50년에 걸쳐 경험한 것보다 훨씬 많은 수의 사
상자를 낳은 군사적 대치상황에 처해 있다. 그럼에도 불구하고
이스라엘은 양심적 병역거부자의 병역을 면제하고 있다. 진정인
들은 양심적 병역거부를 인정하는 것이 국가안보를 위태롭게 하
지 않는다는 결론을 내렸다.

5.3 나아가 진정인들은 현재 당사국 내 양심적 병역거부자의 수는
매년 군복무를 위해 징집되는 인원의 2%(0.2%의 오기. 편집자 주)
라는 점을 다툰다. 진정인들은 이 수가 당사국의 국방력에 어떠
한 영향을 줄 만큼 높은 수치라고 생각하지 않는다. 더욱이 이
러한 양심적 병역거부자는 군대에 복무하지 않고 감옥에 수감
되는데, 그러므로 당사국이 양심적 병역거부자를 인정하지 않고
대체복무제를 허용하지 않는 것은 국가안보를 향상 또는 유지
하는데 기여하지 않는다는 것을 시사한다는 점에 주목한다. 양
심적 병역거부권을 인정하면 불교, 천주교 그리고 개신교 신자
들로부터의 요구도 늘어날 것이라는 당사국의 우려에 대하여,
진정인들은 양심적 병역거부자들을 위한 대체민간복무제를 이
행하고 있는 어떤 나라에서도 불교, 천주교 그리고 개신교 신자
계층으로부터의 요청이 실제로 증가하였다는 기록이 없다고 답
변한다.

5.4 사회통합을 유지하기 위하여 필요하다는 당사국의 주장에 대하
여, 진정인들은 기본적 자유는 투표 결과에 좌우되는 것이 아니
라는 미국 대법원의 1943년 판결을 원용하여 답변하였다.[6] 진정
인들은 여론이 동 자유권규약이나 자국의 헌법 위반을 정당화
할 수 없다고 주장하였다. 당해 사안에서 당사국은 양심의 자유
및 종교의 자유를 포함하는 기본적 권리의 보장을 자국 헌법에
포함시키는 것을 택하였다. 따라서 동 자유권 규약을 포함하는

---

6 미국 대법원, *West Virginia State Board of Education et al. v. Barnette et al*, 319U.S.
624, 639(1943).

국내법이 그러한 권리를 보장한다. 그러므로 당사국의 법도 양심적 병역거부에 관한 진정인들의 권리를 보장한다. 이러한 권리는 인기투표의 대상이 아니다. 나아가 진정인들은 여론조사의 신뢰성에 오해의 소지가 있다는 점을 다툰다. 당사국은 2005년과 2006년에 실시한 2번의 여론조사에서 각각 73.3%와 60.5%가 양심적 병역거부자를 위한 대체복무제 인정에 반대한다는 점을 언급하였다. 그러나 국방부가 양심적 병역거부자들을 위해 대체민간복무제도를 도입하기로 결정하였음을 발표한 2007년 9월 18일에, 국방부는 50.2%가 대체복무 도입을 찬성한다는 또 다른 여론조사를 언급하였다. 진정인들은 같은 경향을 보여주는 두 개의 다른 여론조사를 인용한다.

5.5 진정인들은 그러한 모순이 기본적 권리는 투표를 이유로 좌우될 수 없으며, 당사국은 이러한 자유를 헌법 및 자유권규약에서 보장하기로 선택하였음을 보여준다는 결론을 내린다. 당사국이 자유권규약에 가입하였을 당시에는 아직 위원회가 자유권규약 제18조의 적용범위를 양심적 병역거부의 권리로 확장시킨 일반논평 제22호를 공포하지 않았었다는 당사국의 주장에 대하여, 진정인들은 당사국이 자유권규약에 가입한 이후 그 당시 유엔인권위원회(UN Commission on Human Rights)의 회원국이 되었고 유엔인권위원회는 1993년, 1995년, 1998년, 2000년, 2002년 및 2004년에 양심적 병역거부의 권리에 관한 결의안을 채택했다고 답변한다. 당사국은 위 결의안 중 어느 것에 대해서도 반대하지 않았다. 그러므로 진정인들은 자신들의 사건에서 제18조 제1항 위반이 이루어졌음을 심의해 줄 것을 위원회에 요청한다.

쟁점 및 위원회의 심리절차

심리적격 심사

6.1 진정에 포함된 청구를 심리하기 전에, 위원회는 그 절차규정 제

93조에 따라 자유권규약 선택의정서에 따른 심리적격이 있는지 여부를 결정해야 한다.

6.2 위원회는 선택의정서 제5조 제2항 제(a)호에서 요구되는 것과 같이 동일한 문제가 다른 국제적 조사나 또는 해결절차에 따라 심사되고 있지 않는다는 점에 주목한다.

6.3 위원회는 진정인들이 어떠한 항소도 전혀 효과가 없을 것이라는 이유로 각 지방법원의 판결에 항소하지 않은 점에 주목한다. 진정인들은 2004년 7월 15일 대한민국의 대법원과 2004년 8월 26일 헌법재판소가 양심적 병역거부자도 군대에 복무하여야 하고 그렇지 않으면 징역형에 처해진다고 결정하였고, 대한민국의 최고법원이 이 문제에 관하여 종국적인 결정을 내렸기 때문에, 어떠한 항소도 전혀 효과가 없었을 것이라고 주장했다. 진정인들의 주장과 당사국에 의한 어떠한 반대도 없다는 점을 고려할 때, 위원회는 진정인들이 선택의정서 제5조 제2항 제(b)호에 정한 바에 따라 국내 구제절차를 완료하였다고 간주한다.

6.4 나아가 위원회는 진정인들이 그들의 주장을 충분히 뒷받침하였다고 간주하고, 자유권규약 제18조 제1항에 따른 청구가 심리적격이 있다고 선언하며 본안 심사로 나아간다.

본안 심사

7.1 위원회는 선택의정서 제5조 제1항에 규정된 바에 따라 당사자들에 의하여 제출된 이용가능한 모든 정보에 비추어 이 사건 진정을 심리했다.

7.2 위원회는 당사국에 의무적 군복무에 대한 대체수단이 없고 그 결과 병역을 불이행하면 형사기소 및 구금에 이르게 되므로 자유권규약 제18조 제1항에 따른 권리가 침해되었다는 진정인들의 주장에 주목한다. 위원회는 이 사건에서 당사국이 종전의 진정들[7]에 대한 답변으로 위원회에 제출했던 주장들, 특히 국가안보, 군대와 대체복무 사이의 형평성 및 사안에 관한 국민적 합

의 결여에 관한 주장을 반복하고 있다는 점에 주목한다. 위원회
는 종전의 견해[8]에서 이러한 주장들을 이미 심사했다고 생각하
고 있고, 따라서 위원회는 종전의 입장을 변경할 이유가 없다고
판단했다.

7.3 위원회는 자유권규약 제18조 제1항에 기술된 자유들의 기본적
특성은 규약 제4항 제2조에 규정된 바와 같이 국가 비상사태 시
에도 훼손될 수 없다는 일반논평 제22호를 상기한다. 비록 자유
권규약이 양심적 병역거부의 권리를 명시적으로 언급하지는 않
았지만, 살상력의 사용이 수반되는 의무는 양심의 자유와 심각
하게 충돌할 수 있는 만큼 위원회는 그러한 권리가 제18조로부
터 도출된다고 본다. 양심적 병역거부의 권리는 사상, 양심 및
종교의 자유에 내재되어 있다. 만약 의무적 군복무가 개인의 종
교 또는 신념과 조화될 수 없다면 어떤 개인이라도 그 의무로부
터 면제받을 수 있는 권리가 있다. 이 권리는 강제로 침해되어
서는 안 된다. 국가는 원한다면 양심적 병역거부자에게 군복무
에 대한 민간 대체수단의 이행을 강제할 수도 있으나, 그러한
대체복무는 군 관할지역 밖의 것이고 군의 지휘하에 있지 않아
야 한다. 대체복무는 징벌적인 성격이 되어서는 안 된다. 그것
은 공동체에 대한 진정한 봉사가 되어야 하고 인권 존중에 적합
하여야 한다.

7.4 이 사건에서, 진정인들이 의무적 군복무를 위한 징집을 거부한
것은 진심으로 신봉하는 점에 대해 다툼이 없는 그들의 종교적
신념에서 비롯된 것이고, 진정인들에 대한 이후의 유죄판결 및
형의 선고는 그들의 양심의 자유를 침해한 것으로 자유권규약
제18조 제1항을 위반한 것이라고 위원회는 간주한다. 무기의 사

---

7 윤여범·최명진 대(對) 대한민국, 진정사건번호 1321/2004 및 1322/2004, 2006. 11.
3. 위원회에 의해 채택된 견해; 정의민 등 대(對) 대한민국, 진정사건번호 1593-
1603/2007, 2010. 4. 30. 위원회에 의해 채택된 견해.
8 상기 참조.

용을 금하는 종교적 또는 양심적 신념을 가진 자들에 대하여 자행되는, 의무적 군복무를 위한 징집거부에 대한 제재는 자유권규약 제18조 제1항에 저촉된다.

8. 자유권규약선택의정서 제5조 제4항에 따라 직무를 수행하는 위원회는 위원회에 제시된 사실들이, 각 진정인에 대하여, 대한민국에 의한 자유권규약 제18조 제1항 위반을 보여준다고 결정한다.

9. 자유권규약 제2조 제3항 제(a)호에 따라, 당사국은 진정인들에게 그 범죄기록(criminal records)의 말소 및 적절한 보상을 포함한 효과적인 구제조치를 제공할 의무가 있다. 당사국은 향후 유사한 자유권규약 위반을 회피할 의무가 있으며, 여기에는 양심적 병역거부의 권리를 보장하는 입법적 조치의 채택이 포함된다.

10. 선택의정서의 당사국이 됨으로써, 당사국은 자유권규약 위반이 이루어졌는지 여부를 결정할 위원회의 권한을 인정했다는 점과 자유권규약 제2조에 따라 당사국은 그 영토 내에 있거나 그 관할권의 대상이 되는 모든 개인들에게 자유권규약상 인정된 권리를 보장할 의무와 자유권규약 위반이 이루어진 경우에 효과적이고 집행 가능한 구제조치를 제공할 의무를 부담한다는 점을 상기하면서, 위원회는 당사국으로부터 180일 이내에 위원회의 견해를 실행하기 위해 취해진 조치에 관한 정보를 받기를 원한다. 또한 당사국이 위원회의 견해를 공표할 것을 요청한다.

부록 1[*]

[…]

첨부

**유지 이와사와, 제럴드 L. 노이만, 마이클 오플레허티 위원의 별
개 의견(동의하는)**

우리는 당사국에 대한 유사 사건에서 이전의 결정례에 따라, 위원회
에서 밝혀진 사실들이, 각 진정인에 대하여, 대한민국에 의한 자유권
규약 제18조 제1항 위반을 보여준다는 사실을 인정한 위원회의 다수
의견에 동의한다. 그러나 이 건에서 위원회의 다수의견은 이전의 결정
례와 다른 이유를 채택하였다. 우리는 위원회가 이전과 같은 이유를
사용해야 한다고 믿는다. 따라서 위원회의 견해 중 7.2항부터 7.4항까
지는 다음 항으로 대체되어야 한다:

7.2 위원회는 당사국에 의무적 군복무에 대한 대체수단이 없고 그
    결과 그들이 병역을 불이행하면 형사기소 및 구금에 이른다는
    진정인들의 주장에 주목한다. 위원회는, 이 당사국에 대한 유사
    한 사건들에서, 진정인들에 대한 유죄판결 및 형선고는 그들이
    자신의 종교나 신념을 표현할 능력에 대한 제한에 해당하고 당
    사국은 자유권규약 제18조 제3항의 의미 내에서 문제된 제한이
    필요했음을 입증하지 못했다고 한 종전의 결정례를 상기한다.[9]

7.3 위원회는 이 사건에서 당사국이 종전의 진정들[10]에 대한 답변으

---

[*] 진정사건번호 및 진정인 명단은 관보 본문 234~235쪽 참조(편집자 주).

9 윤여범·최명진 대(對) 대한민국, 진정사건번호 1321/2004 및 1322/2004, 2006. 11.
3. 위원회에 의해 채택된 견해; 정의민 등 대(對) 대한민국, 진정사건번호 1593-
1603/2007, 2010. 4. 30. 위원회에 의해 채택된 견해.

10 상기 참조.

638 제3부: 유엔인권이사회의 견해 등

로 위원회에 제출했던 주장들, 특히 국가안보, 군대와 대체복무 사이의 형평성 및 사안에 관한 국민적 합의 결여에 관한 주장을 반복하고 있다는 점에 주목한다. 위원회는 종전의 견해[11]에서 위원회가 이러한 논거들을 이미 심사했다고 생각하고 있고, 따라서 위원회는 종전의 입장을 변경할 이유가 없다고 판단한다.

7.4 위원회는, 의무적 군복무를 위해 징집되는 것에 대한 진정인들의 거부는 논쟁의 여지가 없이 진정하게 유지된 그들의 종교적 신념의 직접적 표현이었다는 점과 진정인들에 대한 그 후의 유죄판결 및 형의 선고는 그들의 양심의 자유에 대한 침해이자 그들의 종교나 신념을 표현할 능력에 대한 제한에 해당했다는 점에 주목한다. 위원회는 당사국이 이 사건에 있어서 문제된 제한이 필요했다는 점을 자유권규약 제18조 제3항의 의미 내에서 입증하지 못했기 때문에, 자유권규약 제18조 제1항을 위반했다고 판단한다.

---

11 상기 참조.

자유권규약위원회의 견해(2010. 3. 23.)*

시민적 · 정치적 권리에 관한 국제규약선택의정서 제5조 제4항에 따른 자유권규약위원회의 견해(법무부)

자유권규약위원회 제98차 회기

(2010년 3월 8~16일)

견해

진정사건번호 1593/2007 1603/2007

진정인	정의민, 오태양, 염창근, 나동혁, 유호근, 임치윤, 최진, 임태훈, 임성환, 임재성, 고동주(대리인: 해마루 법률사무소 변호사 오재창)
피해자	진정인
당사국	대한민국
진정일	2007년 5월 15일(최초제출일)
참고문서	2007년 8월 5일자로 당사국에 전달된 특별보고관의 규정 제97호 결정(서면으로 발행되지 않음)
견해채택일	2010년 3월 23일

* 이 자료는 관보 제17353호(2010. 10. 4. 발행)에 수록된 내용으로서 대한민국 전자관보 사이트 <http://gwanbo.korea.go.kr/jsp/drm/ezPDFView.jsp?ebookSeq=0000000 00000000001319095884036000&sPage=117&tocSeq=00000000000000001319095899321 0 00&requestType=SEARCH>(최종검색일: 2013. 1. 15.)에 있는 원본을 옮겼으며, 독자들의 편의를 위해서 일부 내용을 편집한 것이다(편집자 주).

주제	양심적 병역거부
절차쟁점	없음
본안쟁점	사상, 양심 및 종교의 자유에 대한 권리
규약조항	제18조 제1항
선택의정서 조항	없음

2011년 3월 23일 자유권규약위원회는 진정사건번호 1593/2007-1603/2007에 관하여 선택의정서 제5조 제4항에 따른 위원회의 견해로 별첨 문서를 채택한다.

§별첨 §

시민적 · 정치적 권리에 관한 국제규약 선택의정서 제5조 제4항에 따른 자유권규약위원회의 견해

(제98차 회기)

시민적 · 정치적 권리에 관한 국제규약(이하 "자유권규약"이라 한다.) 제28조에 따라 설립된 자유권규약위원회는, 2010년 3월 23일 회의를 개최하고, 자유권규약 선택의정서에 따라 정의민, 오태양, 염창근, 나동혁, 유호근, 임치윤, 최진, 임태훈, 임성환, 임재성, 고동주를 대리하여 자유권규약위원회에 제출된 진정사건번호 1593/2007-1603/2007에 관한 그 심리를 종결하면서, 동 진정의 진정인들 및 당사국에 의하여 제출된 이용가능한 모든 서면 정보를 고려하여, 다음과 같이 채택한다.

자유권규약 선택의정서 제5조 4항에 따른 견해

1.1 진정인들은, 모두 대한민국 국민으로, 정의민(진정사건번호 1593/2007), 오태양(진정사건번호 1594/2007), 염창근(진정사건번호 1595/2007),

나동혁(진정사건번호 1596/2007), 유호근(진정사건번호 1597/2007), 임치윤(진정사건번호 1598/2007), 최진(진정사건번호 1599/2007), 임태훈(진정사건번호 1600/2007), 임성환(진정사건번호 1601/2007), 임재성(진정사건번호 1602/2007), 고동주(진정사건번호 1603/2007)이다. 이들은 대한민국에 의한 자유권규약 제18조 제1항 위반의 피해자라고 주장한다. 해마루 법률사무소의 오재창 변호사가 진정인들을 대리하고 있다.

1.2 2010년 3월 23일 자유권규약위원회(이하 "위원회"라 한다.)는, 위원회의 절차규정 제94호 제2항에 따라, 그 실질상 사실적·법적 유사성에 비추어 결정할 11건의 진정을 병합하기로 결정했다.

진정인들이 제출한 사실

정의민 건

2.1 일자불상경, 당사국 병무청은 군대입영통지를 했다. 자신의 종교적 신념 및 양심 때문에, 그는 정해진 기간 내에 입영을 거부했으며, 그 결과 병역법 제88조(제1항)[1]에 따라 체포되고 기소되었다. 2005년 9월 1일 그는 서울 북부지방법원에서 기소된 바에 따른 유죄판결을 받았고, 1년 6월의 징역형이 선고되었다. 항소법원에 대한 그의 항소는 그 후 기각되었다.

2.2 2005년 11월 25일 대법원은 특히 다음과 같은 이유로 진정인에 대한 유죄판결 및 형을 확정했다.

헌법 제39조 제1항은 "모든 국민은 법률이 정하는 바에 의하여 국방의 의무를 진다"고 규정하여, 주권을 보유한 국민에게 국방 및 병역의 헌법적 의무를 부과하고 있고, 이는 국민을 위해 필요하다는 점에서 정당화될 수 있다. [···] 또한 대한민국이 당사국인 자유권규약 제18조는 헌법 제19조상

---

1 병역법 제88조는 다음과 같이 규정하고 있다(이하 생략, 이 책 471~472쪽 참조, 편집자 주).

양심의 자유 및 헌법 제20조상 종교의 자유에 의한 기본권의 보호와 동일한 범위에서 적용되는 것으로 보이므로, 병역법 제88조 제1항의 적용으로부터 면제받을 피고의 예외적인 권리는 자유권규약 제18조로부터 도출될 수 없다고 판단된다.

오태양 건

2.3 진정인은 불교신자이다. 일자불상경, 당사국 병무청은 그에게 군대입영통지를 했다. 자신의 종교적 신념 및 양심 때문에, 그는 정해진 기간 내에 입영을 거부했고, 그 결과 병역법 제88조(제1항)에 따라 체포되고 기소되었다. 그는 한 지방법원에서 유죄판결을 받았고, 1년 6월의 징역형이 선고되었다. 항소법원에 대한 그의 항소는 그 후 기각되었다. 2004년 7월 15일 대법원은 다음과 같은 이유로 유죄판결 및 형을 확정했다.

양심의 자유는 단지 국가에 대하여 개인의 양심을 고려하고 보호하도록 요구할 수 있는 권리이고, 가능한 경우에, 법에 따른 의무 수행을 거부하거나 그러한 의무를 대신하는 대체수단의 제공을 요구하기 위한 근거가 될 수는 없다.

염창근 건

2.4 일자불상경, 당사국 병무청은 그에게 군대입영통지를 했다. 자신의 종교적 신념 및 양심 때문에, 그는 정해진 기간 내에 입영을 거부했고, 그 결과 병역법 제88조(제1항)에 따라 체포되고 기소되었다. 그는 한 지방법원에서 유죄판결을 받았고, 1년 6월의 징역형이 선고되었다. 항소법원에 대한 그의 항소는 그 후 기각되었다. 2005년 4월 15일 대법원은 앞서 선고한 사건들과 유사한 논리에 기초하여 유죄판결 및 형을 확정했다.

나동혁 건

2.5 일자불상경, 당사국 병무청은 그에게 군대입영통지를 했다. 자신의 종교적 신념 및 양심 때문에, 그는 정해진 기간 내에 입영을 거부했고, 그 결과 병역법 제88조(제1항)에 따라 체포되고 기소되었다. 그는 한 지방법원에서 유죄판결을 받았고, 1년 6월의 징역형이 선고되었다. 항소법원에 대한 그의 항소는 그 후 기각되었다. 2004년 11월 12일 대법원은 앞서 선고한 사건들과 유사한 논리에 기초하여 유죄판결 및 형을 확정했다.

유호근 건

2.6 일자불상경, 당사국 병무청은 그에게 군대입영통지를 했다. 자신의 종교적 신념 및 양심 때문에, 그는 정해진 기간 내에 입영을 거부했고, 그 결과 병역법 제88조(제1항)에 따라 체포되고 기소되었다. 그는 한 지방법원에서 유죄판결을 받았고, 1년 6월의 징역형이 선고되었다. 항소법원에 대한 그의 항소는 그 후 기각되었다. 2005년 6월 24일 대법원은 앞서 선고한 사건들과 유사한 논리에 기초하여 유죄판결 및 형을 확정했다.

임치윤 건

2.7 일자불상경, 당사국 병무청은 그에게 군대입영통지를 했다. 자신의 종교적 신념 및 양심 때문에, 그는 정해진 기간 내에 입영을 거부했고, 그 결과 병역법 제88조(제1항)에 따라 체포되고 기소되었다. 그는 한 지방법원에서 유죄판결을 받았고, 1년 6월의 징역형이 선고되었다. 항소법원에 대한 그의 항소는 그 후 기각되었다. 2005년 1월 13일 대법원은 앞서 선고한 사건들과 유사한 논리에 기초하여 유죄판결 및 형을 확정했다. 그러나 대법원은 또한 다음과 같이 판시하였다.

비록 군대 내 복무를 강제당하기보다는 형사처벌이라도 감수하겠다는 자신의 종교적 또는 양심적 결정이 확고하게 유지 고정된 사람들을 위해 병역 의무 대신에 대체복무제도를 채택하는 것이 바람직하다고 하더라도, 이러한 입법은 정부의 헌법적 책무가 아니며, 이러한 예외를 규정하지 않고 처벌만을 규정한 병역법이 헌법에 위배되는 것은 아니다.

최진 건

2.8 일자불상경, 당사국 병무청은 그에게 군대입영통지를 했다. 자신의 종교적 신념 및 양심 때문에, 그는 정해진 기간 내에 입영을 거부했고, 그 결과 병역법 제88조(제1항)에 따라 체포되고 기소되었다. 그는 한 지방법원에서 유죄판결을 받았고, 1년 6월의 징역형이 선고되었다. 항소법원에 대한 그의 항소는 그 후 기각되었다. 2005년 9월 15일 대법원은 앞서 선고한 사건들과 유사한 논리에 기초하여 유죄판결 및 형을 확정했다.

임태훈 건

2.9 일자불상경, 당사국 병무청은 그에게 군대입영통지를 했다. 자신의 종교적 신념 및 양심 때문에, 그는 정해진 기간 내에 입영을 거부했고, 그 결과 병역법 제88조(제1항)에 따라 체포되고 기소되었다. 그는 한 지방법원에서 유죄판결을 받았고, 1년 6월의 징역형이 선고되었다. 항소법원에 대한 그의 항소는 그 후 기각되었다. 2004년 11월 24일 대법원은 앞서 선고한 사건들과 유사한 논리에 기초하여 유죄판결 및 형을 확정했다. 그러나 대법원은 또한 다음과 같이 판시하였다.

현행 법제하에서, 피고인과 같이, 징역형 선고에도 불구하고 종교적 또는 양심적 결정을 유지하는 강한 결의를 지닌 사람들에게 병역의 이행을 강제하기보다는 의무적 병역을 대신하는 대체복무를 도입하는 것이 바람직할 수 있다.

임성환 건

2.10 일자불상경, 당사국 병무청은 그에게 군대입영통지를 했다. 자신의 종교적 신념 및 양심 때문에, 그는 정해진 기간 내에 입영을 거부했고, 그 결과 병역법 제88조(제1항)에 따라 체포되고 기소되었다. 그는 한 지방법원에서 유죄판결을 받았고, 1년 6월의 징역형이 선고되었다. 항소법원에 대한 그의 항소는 그 후 기각되었다. 2004년 11월 24일 대법원은 앞서 선고한 사건들과 유사한 논리에 기초하여 유죄판결 및 형을 확정했다.

임재성 건

2.11 일자불상경, 당사국 병무청은 그에게 군대입영통지를 했다. 자신의 종교적 신념 및 양심 때문에, 그는 정해진 기간 내에 입영을 거부했고, 그 결과 병역법 제88조(제1항)에 따라 체포되고 기소되었다. 그는 한 지방법원에서 유죄판결을 받았고, 1년 6월의 징역형이 선고되었다. 항소법원에 대한 그의 항소는 그 후 기각되었다. 2005년 7월 28일 대법원은 앞서 선고한 사건들과 유사한 논리에 기초하여 유죄판결 및 형을 확정했다.

고동주 건

2.12 일자불상경, 당사국 병무청은 그에게 군대입영통지를 했다. 자신의 종교적 신념 및 양심 때문에, 그는 정해진 기간 내에 입영을 거부했고, 그 결과 병역법 제88조(제1항)에 따라 체포되고 기소되었다. 그는 한 지방법원에서 유죄판결을 받았고, 1년 6월의 징역형이 선고되었다. 항소법원에 대한 그의 항소는 그 후 기각되었다. 2006년 12월 7일 대법원은 앞서 선고한 사건들과 유사한 논리에 기초하여 유죄판결 및 형을 확정했다.

헌법재판소 결정

2.13 2004년 8월 36일 헌법재판소는 이 사건 진정과 관계없는 사건에서, 대한민국 헌법에 따라 보호된 양심의 자유의 보호에 부합하지 않는다는 점을 이유로 한 병역법 제88조에 대한 위헌법률심판을 다수의견으로 기각했다. 헌법재판소는 특히 다음과 같이 판시했다.

헌법 제19조에 명시되어 있는 양심의 자유는 개인에게 병역의무의 이행을 거부할 권리를 부여하지 않는다. 양심의 자유는 단지 국가에게 가능하면 개인의 양심을 고려하고 보호할 것을 요구하는 권리일 뿐이고, 그러므로 양심상의 이유로 병역의무의 이행을 거부하거나 법적 의무를 대신하는 대체복무제를 요구할 수 있는 권리가 아니다. 따라서 대체복무제를 요청하는 권리는 양심의 자유로부터 도출되지 아니한다. 헌법은 병역의무와 관련하여 표현의 자유의 절대적인 우위를 인정하는 어떠한 규범적 표현도 하고 있지 않다. 양심상의 이유로 병역의무의 이행을 거부할 권리는 단지 헌법 스스로 그러한 권리를 명시적으로 규정하는 경우에 한하여 유효한 것으로 인정될 수 있다.[2]

2.14 대법원 판결과 헌법재판소 결정에 따라, 진정인들은 매년 약 700명의 양심적 병역거부자들이 유죄판결 및 1년 6월의 징역형을 선고받고 있다고 진술한다. 이러한 양심적 병역거부자들 중 99% 이상이 여호와의 증인 신자이다.

---

2 비록 이에 따라 심판대상조항의 합헌성을 강조하면서도, 다수 의견은 입법자에게 양심의 자유와 국가안보의 공익 간의 갈등을 경감할 수 있는 방안을 검토하도록 제안했다. 반대의견은, 위원회의 일반논평 제22호, 당사국의 자유권규약 제18조에 대한 유보 없는 가입, 유엔인권위원회의 결의, 국가적 경험에 기초하여, 병역법의 관련 규정들이 양심적 병역거부와 적절하게 조화시킬 수 있는 입법적 노력의 부재라는 점에서 위헌적이라고 판단했다.

진정

3.1 진정인들은 형사기소 및 구금의 고통하에서 의무복무제에 대한 대체수단이 당사국 내에 없다는 점이 자유권규약 제18조 제1항에 의한 자신들의 권리를 침해한다고 주장한다.

3.2 진정인들은 2006년 11월 3일 위원회에서 채택된 진정사건번호 1321/2004 및 1322/2004, 윤여범·최명진 대(對) 대한민국 사건에 있어서의 위원회의 견해를 인용한다. 이 견해에서 위원회는 현 진정사건들과 유사한 사실관계를 토대로 당사국이 자유권규약 제18조 제1항을 위반했다고 판단했고, 당사국은 진정인들에게 효과적인 구제조치를 제공할 의무를 부담하게 되었다.

심리적격 및 본안에 대한 당사국의 의견

4.1 2008년 11월 14일 답변서 제출을 통해서, 당사국은 윤여범·최명진 사건에서의 위원회의 견해[3]를 언급하고 위원회가 당사국의 안보환경을 고려하여 이 결정을 재고해 줄 것을 요청하면서 진정사건들의 본안에 관하여 답변한다.

4.2 당사국은 위원회의 종전 결정 중 일정한 측면에 초점을 맞춘다. "의무복무제를 유지하고 있는 자유권규약 당사국 중 의무복무제에 대한 대체수단을 도입하는 국가의 수가 증가하고 있다."는 종전 결정에서의 위원회의 논거에 대하여, 당사국은 대체복무를 도입한 국가인 독일과 대만의 법제도가 당사국과 매우 다르다는 점을 지적한다. 당사국은 제2차 세계 대전이 종결된 이후 분단된 채로 남아 있고, 독일에서 전쟁은 없었으며, 1990년에는 통일이 이루어졌다.

4.3 대만은 1955년 대만 정부가 수립된 이후에 중국과 한 번도 전쟁

---

3 상기 참조.

을 한 적이 없다. 한국전쟁은 한반도 전역에 걸쳐 이루어졌고, 1950년 6월 25일부터 휴전협정이 최종적으로 체결된 1953년 7월까지 3년 1개월 동안 지속되었다. 이 전쟁의 결과로, 남한에서 100만 명의 사망자가 발생했으며, 1000만 명 이상의 한국인들이 그 가족과 헤어졌다. 당사국은 가슴 아픈 전쟁의 역사야말로 당사국 정부가 그 국가정책 의제 중에 가장 중요한 우선순위로 국가안보를 강조하는 이유 중 하나라는 점을 제시한다. 법적 측면에서, 당사국은 휴전협정이 당사국에서 여전히 유효하고, 대만과 같은 다른 국가들과 구별된다는 점을 제시한다. 휴전협정은 지속적인 노력에도 불구하고 아직까지 종전(終戰) 선언이나 불가침 및 평화를 보장하는 평화협정과 같은 새로운 법체제에 의해 폐기되지 않고 있다. 당사국에 의하면, 당사국은 155마일에 걸쳐 북한과 국경을 마주하고 있기 때문에, 안보환경이 독일이나 대만과 비교할 수 없다는 것이다. 남북한 함정 간에는 1999년 6월 15일과 2002년 6월 19일에 발생한 다수의 충돌이 있었다. 따라서 이러한 사정은 양국 간 비교적 화해 상황 중이라고 하더라도 여전히 전쟁 발발의 가능성이 있다는 점을 증명하고, 당사국이 방어를 위해 군사적 수단을 구축할 필요성을 재확인한다.

4.4 "대한민국은 자유권규약 제18조에 의한 진정인의 권리를 충분히 존중할 경우에, 그로 인해 어떠한 구체적인 불이익이 수반되는지를 입증하지 못했다"는 위원회의 논거에 대하여, 당사국은 양심적 병역거부나 대체복무제도의 도입이 국가적 존립과 국민의 자유를 위한 전제조건인 국가안보와 밀접하게 연관되어 있다는 점을 제시한다. 당사국은 대체복무제가 국가안보를 위태롭게 할 수 있음을 우려한다. 당사국은 한반도의 70%가 산지이고, 이로 인해 게릴라전에 대비하기 위해 충분한 지상 병력을 갖출 더 큰 필요성이 있다는 점을 강조한다. 그런데, 당사국의 군인 수는 약 117만 명에 달하는 북한군의 58%에 불과한 약 68만 명이고, 2000

년부터 2005년 사이에 15세부터 25세 사이의 남성 군인의 수가 상당히 감소해 왔다. 이러한 추세는 장래에도 지속될 것으로 예상되고, 징병 예외 사례의 수용을 더욱 곤란하게 하고 있다.

4.5 당사국에 따르면, 군대 내에서 종종 요구되는 상대적으로 어려움을 겪게 되는 상황이나 자신의 학업이나 직업상 경력의 중단과 같은 결과에 대한 우려로 인하여, 고의로 병역을 "기피"하는 사람들이 지속적으로 존재해 왔다. 따라서 충분한 지상 병력을 확보하기 위해 의무복무제에 예외를 인정하지 않는 현 제도를 유지할 필요성이 더 크다. 당사국은 만약 국민적 합의 없이 병역에 대한 예외 주장을 수용한다면, 병역제도의 필요성과 정당성에 대한 일반 국민의 의문으로 이어져 병역제도의 공정성에 대한 일반 국민의 신뢰가 약화됨으로써, 국가안보를 위해 필요한 충분한 병력 확보가 방해받게 될 수 있다는 점을 제시한다. 또한 종교적 신념에 기초한 예외는 모든 종교적 신앙을 가진 사람들에게 적용되어야 할 것이고, 종교적 신앙을 가진 사람이 군 병력의 상당한 부분을 담당한다는 점을 전제로 할 때, 예외 인정 요구의 확산에 대한 우려가 근거 없는 것만은 아니다. 만약 당사국이 종교적 사유뿐만 아니라 개인의 양심에 기초한 예외까지 수용한다면, 상황은 더욱 악화될 수 있다. 그러므로 당사국을 위해서, 양심적 병역거부의 인정 및 대체복무제의 도입에는 다음과 같은 일련의 조치가 선행되어야 한다: 안정적이고 충분한 병역 자원의 공급, 다른 종교를 가진 사람들 상호 간 종교가 없는 사람들과의 형평성, 예외 인정의 투명하고 구체적인 기준에 관한 심도 깊은 연구와 이에 대한 국민적 합의.

4.6 "국가적 측면에서 양심적 신념과 그 표현에 대한 존중은 그 자체로 사회 내에서 응집되고 안정된 다원주의를 확보하는 중요한 요소다"라는 위원회의 논거에 대하여, 당사국은 독특한 안보 상황이 보편적으로 존재하기 때문에, 병역 의무의 공정하고 신뢰할 수 있는 이행이 사회적 통합을 보장하는 결정적 요소라는

의견이다. 양심적 신념과 그 표현에 대한 존중은 제도의 이행만으로 강제될 수 없는 것이다. 오직 사회 구성원 사이에 이에 대한 일반적 합의가 이루어졌을 때에만 유지될 수 있다. 2005년 7월과 2006년 9월에 실시된 여론조사에서는 양심적 병역거부를 위한 대체복무제 승인에 대하여 각각 72.3%와 60.5%의 반대의견이 나타났다. 당사국에 의하면, 비교적 단기간 내에 국민적 합의 없이 너무 일찍 그러한 제도를 도입하는 것은 사회적 통합에 기여하기보다 사회적 긴장을 강화할 수 있다.

4.7 당사국은 의무적 군복무를 수행하는 사람들과 대체복무를 수행하는 사람들 사이에 형평성과 공정성을 보장하는 대체복무제를 마련하는 것이 현실적으로 매우 어려운 과제라는 점을 제시한다. 당사국 군인 중 대다수는 어려운 환경하에서 그 의무를 수행하고 있고, 일부는 생명을 위협받는 상황과 관련되어 있다. 그들은 국가를 방어하는 그 의무를 수행하는 도중에 그 생명을 위태롭게 하는 위험에 직면한다. 실제로 최근 2002년 6월 19일 서해 연평도 인근의 남북한 해군함정 간 충돌에서 6명이 사망하고 19명이 부상을 입었다. 그러므로 병역을 이행하는 사람들과 대체복무를 수행하는 사람들의 부담의 형평성을 보장한다는 것은 거의 불가능에 가깝다. 이러한 불균형이 계속 존재할 것이라고 가정한다면, 대체복무제 도입에 앞서 일반 국민의 이해와 지지를 얻는 것이 반드시 필요하다.

4.8. 당사국은 1990년 4월 10일 당사국의 자유권규약 선택의정서에 가입 시에, 위원회가 자유권규약 제18조의 범위 내에 양심적 병역거부가 포함되는지 여부에 대한 분명한 입장을 내놓지 않았던 점을 유감으로 생각한다. 위원회는 1993년 7월 30일 그 일반논평 제22호에 이르러서야 비로소 양심적 병역거부 불인정이 위 조항을 위반하는 것이라는 위원회의 입장을 공표했다. 당사국은 현 시점에서 대체복무제를 도입하지 않는다고 하여 자유권규약 위반으로 해석될 수 없고 양심적 병역거부자를 처벌

하는 병역법상 요건조항이 합헌이라는 취지의 당사국 대법원의 판결과 헌법재판소의 결정을 인용한다.

4.9 당사국은 2006년 4월부터 2007년 4월까지 국방부가 "민·관 합동 대체복무제도연구위원회"를 설립했다는 사실을 위원회에 통보한다. 이 위원회는 장래 병력의 수급에 관한 전망, 병역거부자의 진술, 해당 분야 전문가의 의견, 외국의 관련 사례를 포함하여 병역법 개정 및 대체복무제 도입 가능성에 관한 연구를 수행했다.[4] 민·관 합동 대체복무제도연구위원회는 현재 2008년 8월부터 12월까지 여론의 동향을 추적하기 위한 연구를 수행 중이다.

4.10 또한 2007년 9월 당사국은, 이 문제에 대해 국민의 합의가 있는 때에, 그 종교적 신념을 이유로 징병을 거부하는 사람들에게 사회적 복무를 부여하는 제도를 도입하고자 하는 계획을 공표했다. 당사국은 여론에 대한 연구 결과와 관련 부처·기관의 입장에 따라 그러한 합의가 인정되는 때에 대체복무제 도입을 고려할 것이라고 위원회에 통보한다. 결론적으로, 당사국은 여기서 제시된 논거에 비추어 양심적 병역거부에 관한 종전의 견해를 재고해 줄 것을 위원회에 요청한다.

당사국의 의견에 대한 진정인들의 주장

5.1 2008년 11월 24일 서면 제출을 통해서, 진정인들은 당사국이 제출한 서면에 답변했다. 국가안보에 관한 당사국의 논거에 대하여, 진정인들은 국가가 분단되어 있거나 실제로 휴전 중에 있는지 여부와 관계없이 안보는 모든 국가에서 중요한 문제라고 주장한다. 독일은 통일 이전인 1960년대부터 대체복무를 제공해 오고 있고, 대만은 중국으로부터 위협을 받고 있음에도 불구하

---

4 당사국은 이 연구 결과의 시사점을 제공하지 않았다.

고 대체복무를 제공하고 있다.

5.2 진정인들에 따르면, 공식적인 통계들이 34만 명의 남성이 당사국에서 병적에 편입된 반면에, 8000명이 주로 신체적 장애를 이유로 면제되었음을 증명한다. 병적에 편입된 사람들 중에서 27만 명의 군인이 현역으로 복무하는 한편, 다른 7만 명은 관공서, 경찰서, 소방서, 보건소, 검찰청, 국내 방위산업체 및 다양한 연구소와 같은 "사회대체복무"에 종사한다. 병적에 편입된 사람들을 구분하는 기준은 신체적 상태나 기능 그리고 병역에 대체하여 활용할 수 있는 자격 및 학위이었다. 이와 같이 많은 수의 사람들이 이미 대체복무에 종사하고 있다는 사실은 당사국이 현역으로 복무할 군인이 부족하지 않다는 점을 증명한다. 게다가 국방부가 2006년 11월 4일 발행한 "국방백서"에 따르면, 당사국의 국가안보와 직접적으로 관련이 없음에도 불구하고, 당사국이 2577명의 군인들을 해외로 파견했다는 점에 주목한다.

5.3 진정인들에 의하면, 양심적 병역거부자의 수는 매년 700명 미만으로, 각각 현역으로 복무하는 군인의 0.26%, 현역 외에 복무하는 군인의 1%에 해당한다. 따라서 대체복무의 도입이 국가안보를 위태롭게 할 수 있다는 당사국의 논거는 비합리적이고 근거가 없다. 북한에 대한 안보 우려와 관련된 논거에 대하여, 진정인은 당사국의 인구가 북한의 거의 2배에 이르고, 당사국의 경제력이 북한의 약 30배라는 점을 주장한다. 또한 북한은 항상 위성의 감시하에 있다. 게다가 당사국의 국방예산이 2006년에 157억 달러인 반면에 북한의 국방예산은 같은 해에 29.4억 달러로 평가되며, 당사국이 수년 동안에 걸쳐 군 복무기간을 단축해 온 사실 등을 전제로 하면, 이와 관련된 당사국의 논거는 신빙성이 없다.

5.4 의무복무에 있어 예외를 인정하지 않는 정책이 징병의 회피를 최소화하기 위하여 필수적이라는 당사국의 논거에 대하여, 진정인들은 양심적 병역거부자보다 100배 정도 많은 7만 명의 사람

들이 현역이 아닌 형태로 그 병역을 수행한다는 점을 재차 주장한다. 따라서 양심적 병역거부자를 위한 대체복무제의 불공평성에 대한 당사국의 우려는 제기되지 않을 것이다. 또한 진정인들은 당사국이 다음과 같은 조건하에 "사회대체복무"의 일부로 양심적 병역거부자들에게 특별한 대체복무를 허용하는 방안을 모색할 것이라는 2007년 9월 18일 국방부의 발표를 인용했다:

1) 복무는 항상 집중적인 돌봄이 필요한 알츠하이머 환자 또는 중증장애인을 보살피는 것과 같은 "사회대체복무" 중 가장 힘든 것이어야 하고,
2) 이러한 유형의 복무를 하는 사람들은 집에서 통근하는 것이 아니라 지정된 시설에 머물러야 하며,
3) 복무는 현역으로 복무하는 사람들의 2배 정도 긴 기간이어야 한다.

진정인들에 의하면, 더욱 어렵고 힘든 성격의 조건들이 부가된다면, 오직 진정한 양심적 병역거부자들만이 이러한 복무를 신청하는 것이 가능할 것으로 생각되고, 양심적 병역거부자를 위한 대체복무의 채택이 병역제도에 역효과를 가져올 것이라거나 불공평성 문제를 일으킬 것이라고 상정하는 것은 합리적이지 않다. 이러한 사정은 독일이나 대만에서 경험되지 않았다.

5.5 양심적 병역거부 문제에 대한 국민적 합의가 없다는 당사국의 논거에 대하여, 진정인들은 당사국이 2005년 및 2006년에 실시된 조사 통계만 인용하고, 다수가 특별 대체복무에 찬성하는 것으로 나타난 2007년 조사결과(52%)는 언급하지 않았다고 주장한다. 이 수치는 지난 정부에서 인용되었고, 위 4.10항에서 언급한 바와 같이 양심적 병역거부자들을 위한 특별 대체복무를 도입하기 위한 의도를 지지하는 논거로 진보적 정당(열린우리당)에 의하여 채택되었다. 정부는 윤여범·최명진 대(對) 대한민국 사건에서 그러한 조치를 채택하도록 한 위원회의 견해에 의해 고

무되었었다. 그러나 정부는 그 후 그 입장을 변경했고, 새로운 견해를 뒷받침할 이전의 조사들을 인용하기 시작했다. 보수적 정당(한나라당)이 2008년에 정권을 잡았을 때, 국방부는 그러한 폭넓은 특별대체복무제의 도입을 연기하기로 결정했다.

5.6 진정인들은 양심적 병역거부자를 위한 대체복무를 도입함으로써 당사국이 소수자의 권리를 보호하고 사회 통합과 다원주의에 기여할 것이라는 점을 제시한다. 양심적 병역거부자의 전과기록으로 인하여, 그들은 사회적 및 경제적 불이익을 겪는다. 예를 들어, 그들은 공무원으로 채용되거나 사기업에 입사할 자격이 없다.

5.7 진정인들은 당사국이 윤여범·최명진 대(對) 대한민국 사건에서의 위원회의 견해에 나타난 바와 같이 자유권규약 제18조에 따라 양심적 병역거부자에게 대체복무를 인정한 의무가 있다고 주장한다. 다양한 유형의 대체복무가 이미 존재하고 있기 때문에, 당사국은 단순히 총기와 관련된 4주간의 훈련과정을 제거함으로써 양심적 병역거부자에게 대체복무를 인정할 수 있다. 진정인들은 또한 자유권규약 제18조가 비상사태 기간 중에도 침해될 수 없다는 사실을 언급하고, 그러므로 국가안보에 관한 당사국의 논거는 근거가 없다.

쟁점 및 위원회의 심리절차

심리적격 심사

6.1 진정에 포함된 청구를 심리하기 전에, 위원회는 그 절차규정 제93조에 따라 자유권규약 선택의정서에 따른 심리적격이 있는지 여부를 결정해야 한다.

6.2 진정의 심리적격에 대한 당사국의 반대가 없고, 위원회가 전부 또는 부분적으로 심리적격을 인정할 수 없다고 선언해야 할 이유가 없으므로, 위원회는 자유권규약 제18조에 따라 청구가 심

리적격이 있다고 선언한다.

본안 심사

7.1 위원회는 선택의정서 제5조 제1항에 규정된 바에 따라 당사자들에 의하여 제출된 이용가능한 모든 정보에 비추어 이 사건 진정을 심리했다.

7.2 위원회는 당사국에 의무적 군복무에 대한 대체수단이 없고 그 결과 병역을 불이행하면 형사기소와 구금에 이르게 된다는 진정인들의 주장에 주목한다. 위원회는, 당사국에 대한 유사한 사건들에서, 진정인들에 대한 유죄판결 및 형선고는 그들이 자신의 종교나 신념을 표현할 능력에 대한 제한에 해당하고 당사국은 자유권규약 제18조 제3항의 의미 내에서 문제된 제한이 필요했음을 입증하지 못했다고 한 종전의 결정례를 상기한다.[5]

7.3 위원회는 이 사건에서 당사국이 종전의 진정들에 대한 답변으로 위원회에 제출했던 주장들, 특히 국가안보, 군대와 대체복무 사이의 형평성 및 사안에 관한 국민적 합의 결여에 관한 주장을 반복하고 있다는 점에 주목한다. 위원회는 종전의 견해에서 위원회가 이러한 논거들을 이미 심사했다고 생각하고 있고, 따라서 위원회는 종전의 입장을 변경할 이유가 없다고 판단한다.

7.4 위원회는, 의무적 군복무를 위해 징집되는 것에 대한 진정인들의 거부는 논쟁의 여지가 없이 진정하게 유지된 그들의 종교적 신념의 직접적 표현이었다는 점과 진정인들에 대한 그 후의 유죄판결 및 형의 선고는 그들의 양심의 자유에 대한 침해이자 그들의 종교나 신념을 표현할 능력에 대한 제한에 해당했다는 점에 주목한다. 위원회는 당사국이 이 사건에 있어서 문제된 제한이 필요했다는 점을 자유권규약 제18조 제3항의 의미 내에서

---

5 윤여범·최명진 대(對) 대한민국, 진정사건번호 1321/2004 및 1322/2004, 2006. 11. 3. 위원회에 의해 채택된 견해.

입증하지 못했기 때문에, 자유권규약 제18조 제1항을 위반했다고 판단한다.

8. 자유권규약선택의정서 제5조 제4항에 따라 직무를 수행하는 위원회는 위원회에 제시된 사실들이, 각 진정인에 대하여, 대한민국에 의한 자유권규약 제18조 제1항 위반을 보여준다고 결정한다.

9. 자유권규약 제2조 제3항(a)호에 따라 당사국은 진정인들에게 보상을 포함한 효과적인 구제조치를 제공할 의무가 있다. 당사국은 향후 유사한 자유권규약 위반을 회피할 의무가 있다.

10. 선택의정서의 당사국이 됨으로써, 당사국은 자유권규약 위반이 이루어졌는지 여부를 결정할 위원회의 권한을 인정했다는 점과 자유권규약 제2조에 따라 당사국은 그 영토 내에 있거나 그 관할권의 대상이 되는 모든 개인들에게 자유권규약상 인정된 권리를 보장할 의무와 자유권규약 위반이 이루어진 경우에 효과적이고 집행가능한 구제조치를 제공할 의무를 부담한다는 점을 상기하면서, 위원회는 당사국으로부터 180일 이내에 위원회의 견해를 실행하기 위해 취해진 조치에 관한 정보를 받기를 원한다. 또한 당사국이 위원회의 견해를 공표할 것을 요청한다.

자유권규약위원회의 견해(2006. 11. 3.)[*]

유엔시민적 · 정치적권리위원회견해(법무부)

시민적·정치적 권리에 관한 국제규약 선택의정서 제5조 제4항에 따른 시민적·정치적 권리위원회[#]의 견해(Views)

제88차 회기

다음 진정 관련

진정번호 1321/2004 및 1322/2004[1]

진정인   윤여범, 최명진
                (대리인 이석태 변호사)
피해자   진정인

---

[*] 이 자료는 관보 제6420호 (2007. 1. 12. 발행)에 수록된 내용으로서 대한민국 전자
관보 사이트 <http://gwanbo.korea.go.kr/jsp/drm/ezPDFView.jsp?ebookSeq=0000000
000000000001319075737595000&sPage=1229&tocSeq=00000000000000001319075758
110000&requestType=SEARCH>(최종검색일: 2013. 1. 15.)에 있는 원본을 옮겼으
며, 독자들의 편의를 위해 일부 내용을 편집한 것이다(편집자 주).
[#] 이하에서는 이 책 다른 부분에서 널리 사용되고 있는 자유권규약위원회라고 옮겼
다(편집자 주).
[1] 본 진정 심리에 참석한 위원 명단: Mr. Abdelfatth Amor, Mr. Nisuke Ando, Mr.
Prafullachandra Natwarlal Bhagwati, Mr. Alfredo Castillero Hoyos, Ms. Christine
Chanet, Mr. Edwin Johnson, Mr. Walter Kalin, Mr. Ahmed Tawfik Khalil, Mr.
Rajsoomer Lallah, Ms. Elisabeth Palm, Mr. Rafael Rivas Posada, Sir Nigel Rodley, Mr.
Ivan Shearer, Mr Hipolito Solari-Yrigoyen, Ms. Ruth Wedgewood and Mr. Roman
Wieruszewski.

당사국	대한민국
진정일	2004년 10월 18일(최초 제출)

시민적·정치적 권리에 관한 국제규약(주: 이하 규약이라 함) 제28조에 의거해 설립된 자유권규약위원회(Human Rights Committee)는 2006년 11월 3일 회의에서 동 규약 선택의정서에 따라 윤여범과 최명진을 위하여 제기된 개인진정에 대한 심리를 종결하고 진정인과 당사국에 의해 제출된 모든 자료를 고려하여 다음과 같은 견해를 채택한다.

선택의정서 제5조 제4항에 의한 최종견해

1.1 진정(최초 제출일 2004. 10. 18.)을 제기한 윤여범과 최명진은 각각 1981년 5월 27일 및 1980년 5월 3일생인 대한민국 국민이다. 그들은 대한민국이 규약 제18조 제1항을 위반하여 자신들에게 피해를 주었다고 주장한다. 이석태 변호사가 대리인이다.

1.2 위원회 절차규정 제94조 제2항에 의거, 두 진정은 상당한 사실적 및 법률상의 유사성을 고려하여 병합 심리되었다.

진정인이 제기한 배경사실

윤여범 건

2.1 진정인 윤여범은 여호와의 증인이다. 당사국 병무청은 2001년 2월 11일 진정인에게 군대입영통지를 했다. 진정인은 종교적 신념 및 양심을 이유로, 정해진 입영기간 내에 입영을 거부하여 병역법 제88조 제1항[2]에 의거하여 체포, 기소되었고, 2002년 2월 보석이 허가되었다.

---

2 병역법 제88조는 다음과 같은 사항을 규정한다(이하 생략, 이 책 471~472쪽 참조, 편집자 주).

2.2 2004년 2월 13일 서울동부지방법원은 진정인에게 징역 1년 6월을 선고했다. 2004년 4월 28일 서울동부지방법원 형사 제1부는 아래와 같은 논리로 원심의 유죄판결 및 형 선고를 지지했다.

… 개인적 신념에서 비롯된 양심에 따른 행동을 해야 하는 내심의 의무가 국가의 정치적 독립 및 영토, 국민의 생명, 신체, 자유와 재산의 보호를 위해 필요한 국방의 의무보다 더 가치 있다고 말할 수는 없다. 또한, 의무 이행 가능성 여부는 특정한 행위자가 아닌 사회의 평균인을 기준으로 판단해야 하므로, 종교의 교리를 이유로 법에 규정된 병역의무 이행을 거부하는 소위 '양심적 결단'은 실정법을 위반하여 병역의무 이행을 거부하는 행위를 정당화할 수 없다.

2.3 2004년 7월 22일 대법원은 다음과 같은 논리로 유죄판결 및 형 선고를 다수결로 확정했다.

국가 안보, 법과 질서의 유지 또는 공공복리를 위하여 필요할 때 [윤여범의] 양심의 자유를 제한하는 것은 헌법상 허용되는 제한이다.… [규약] 제18조는 대한민국 헌법 제19조(표현의 자유) 및 제20조(종교의 자유)와 동일한 규정과 보호를 제공하는 것이 분명하다. 따라서 병역법의 해당 조항에 대한 면제를 받을 수 있는 권리는 [규약] 제18조에서 발생하지 않는다.

2.4 대체복무제 마련을 요청하는 UN인권위원회의 결의 및 다른 나라의 폭넓은 관례를 근거로 하는 반대 의견은, 진지하게 이루어진 양심적 병역거부가 병역법 제88조 제1항의 취지 내에서, 병역면제를 허용하는 "정당한 사유"를 구성한다고 판단한다.

최명진 건

2.5 진정인 최명진도 마찬가지로 여호와의 증인이다. 당사국 병무청은 2001년 11월 15일 진정인에게 군대입영통지를 했다. 진정인

은 종교적 신념 및 양심을 이유로 정해진 입영기간 내에 입영을 거부하여 병역법 제88조 제1항[3]에 의거하여 체포, 기소되었다.

2.6 2002년 2월 13일 서울동부지방법원은 최명진에게 징역 1년 6월을 선고했고, 2002년 2월 28일 최명진에게 보석을 허가했다. 서울동부지방법원 형사제1부와 대법원은 최명진에 대하여 2004년 4월 28일과 2004년 7월 15일 각각 윤여범 건과 동일한 근거로 유죄판결 및 형 선고를 확정했다.

후속 상황

2.7 2004년 8월 26일 헌법재판소는 윤여범, 최명진 건이 아닌 사안에 대하여, 대한민국 헌법에 따른 양심의 자유의 보호와 일치하지 않는다는 이유로 병역법 제88조에 대한 위헌법률심판제청을 다수결로 기각했다. 헌법재판소는 다음과 같이 논증했다:

헌법 제19조에 규정된 양심의 자유는 개인이 병역의무를 거부할 수 있는 권리를 부여하지 않는다. 가능하다면 당사국에 개인의 양심의 고려 및 보호를 요청할 수 있는 권리일 뿐, 개인의 양심적인 사유로 병역의무를 거부하거나 법적의무수행에 대한 대체복무를 요구할 수 있는 권리가 아니다. 따라서 대체복무를 요구하는 권리는 양심의 자유로부터 도출할 수 없다. 헌법은 표현의 자유가 병역의무에 대해 절대적인 우월적 위치에 있다는 규범적 표현을 하지 않는다. 헌법에서 그러한 권리를 명확하게 규정한 경우에만 군복무 수행의 양심적 병역거부는 유효한 권리로 인정될 수 있다.

2.8 논쟁 대상 조항의 합헌성을 인정함과 동시에 다수 의견은, 입법부에 양심의 자유와 국가안보라는 공공의 이익 사이의 갈등을

---

3 병역법 제88조는 다음과 같은 사항을 규정한다(이하 생략, 이 책 471~472쪽 참조, 편집자 주).

완화하는 방법을 연구할 것을 권고했다. 반대의견은 자유권규약 위원회의 일반논평(General Comment) 제22호, 당사국이 규약 제18조를 유보하지 않았다는 사실, UN인권위원회의 결의와 다른 나라의 관례 등에 따라, 양심적 병역거부를 적절히 수용할 수 있는 입법적 노력이 부재하는 상황에서 병역법의 관련 조항을 위헌이라고 판단했다.

2.9 진정인 측은, 그 결정에 이어 보류되어 있던 300여 명의 양심적 병역거부자의 재판이 신속히 처리되었다고 기술했다. 따라서 2004년 말까지 1100명 이상의 양심적 병역거부자가 수감될 것이라고 예측했다.

진정사항

3. 진정인은 당사국의 병역 대체복무제의 부재로 형사기소 및 징역의 고통을 겪는 것은 규약 제18조 제1항의 권리를 침해한 것이라고 주장한다.

당사국의 심리적격 및 본안에 대한 의견제출

4.1 당사국은 2005년 4월 2일 제출한 두 진정 건 모두 이유 없다는 내용을 제출하였다. 당사국은 규약 제18조에서 양심의 자유를 표명하는 것에 대해 필요 시 특정한 제한사유를 두는 것을 주목한다. 당사국의 헌법 제19조는 양심의 자유를 보호하나, 제37조 제2항은:

국민의 모든 자유와 권리는 국가안전보장, 질서유지 또는 공공복리를 위하여 필요한 경우에 한하여 법률로써 제한할 수 있으며 … 제한하는 경우에도 자유와 권리의 본질적인 내용을 침해할 수 없다.

라고 규정한다. 따라서 헌법재판소는 모든 기본권은 국민으로서의 의무 이행을 가능하게 하고 국가의 '법질서'를 훼손하지 않는 범위 내에서 실현되어야 한다는 제한의 원리에 근거하여 "헌법 제19조에 명시된 양심의 자유는 병역의무 수행을 거부할 수 있는 권리를 부여하지 않는다."고 결정했다. 그러므로 공공의 안전 및 국민의 의무이행과 관련하여 질서에 해를 주거나 국가의 '법질서'에 위협을 가할 경우, 양심의 자유 표명은 법률에 의해 제한될 수 있다.

4.2 당사국은 특수상황을 고려할 때, 양심적 병역거부는 국가안보에 위협을 초래할 수 있으므로 이를 제한하여야 한다고 주장한다. 내적 양심을 형성 또는 결정하는 자유와는 다르게, 종교적인 사유로 병역의무 이행을 거부하는 자유는 개인의 양심을 수동적 부작위를 통해 표명 혹은 실현하는 것이라는 점에서 규약 제18조에 규정된 바와 같이 공공의 이유로 제한될 수 있다고 주장한다.

4.3 당사국은 세계 유일의 분단국가로서 적대적인 북한을 직면해야 하는 특수한 안보상황에서 모든 국민의 병역의무를 인정하는 국민개병제를 채택하였다. 따라서 병역의무 및 책임의 형평원칙은 다른 어느 나라보다도 중요한 의미를 지니고 있다. 병역의무 이행의 형평원칙에 대한 강한 사회적 요구 및 기대를 고려할 때, 병역의무 특례를 허용하는 것은, 특히 수단과 방법을 가리지 않고 병역의무를 기피하려는 뚜렷한 사회적 현상을 감안하면, 국가 병역제도인 국민개병제의 근간을 파괴하여 국가안보를 훼손하고 사회 통합을 방해할 수 있다.

4.4 당사국은, 국가 병역제도는 국가 안보 문제와 직결되어 있으며, 지정학적 위치, 국내외 안보 상황, 당사국의 경제적 및 사회적 상황, 국가정서 등의 여러 요인을 참작하여 국방에 필요한 최대의 군사력 확보를 위한 입법부의 입법재량의 문제라고 주장한다.

4.5 당사국은 국가안보 상태, 병역에 대한 형평성 요구 및 대체복무 채택에 수반되는 다양한 제한 요소를 고려하면, 병역의무 제한

을 허용할 만큼의 안보상황이나 국민 여론의 일치에 이르렀다고 하기는 어렵다고 주장한다.

4.6 당사국은 양심적 병역거부를 금지하는 것은 특수한 안보 및 사회적 분위기에 의해 정당화되며, 따라서 판결이 규약 제18조 제3항에서 제시된 양심의 자유의 본질적인 내용을 침해한다고 보기 어렵다고 결론 내린다. 당사국의 안보 상태, 병역의무에 대한 형평성 요구, 국가적 합의의 부재 및 수반되는 다른 여러 요소를 고려해 보면, 대체복무가 도입될 가능성은 거의 없다.

당사국의 서면에 대한 진정인들의 의견

5.1 2005년 8월 8일자로 진정인들은 당사국의 서면에 대한 의견서를 제출했다. 진정인들은 논의의 중점이 '공공안전과 질서'라는 점을 인정하더라도 당사국이 규약 제18조 제3항의 허용되는 제한 사유 중 어디에 해당하는지를 특정하지 않은 점을 주목한다. 여기서 또한 당사국은 양심적 병역거부가 공공안전과 질서에 왜 해가 되는지에 대해 밝히지 않았다. 엄밀히 말하자면, 양심적 병역거부는 허용된 적이 없으므로, 당사국은 그러한 위험성이 실재하는지 여부를 판단할 수 없다.

5.2 진정인들은 양심적 병역거부 허용이 국민개병제를 위협한다는 점에 대한 당사국의 모호한 우려를 주목한다. 그러나 그 우려가 병역법에 의거하여 부과되는 수천 명의 병역거부자에 대한 엄중한 처벌과 석방 후의 차별을 정당화할 수는 없다. 진정인들은, 어떠한 경우에도 개인의 양심을 마음속에 간직하고 외적으로 표현하지 않아야 한다면 양심의 가치가 무엇인지에 대하여 의문을 제기한다. 진정인들은 로마제국에서 유래하는 양심적 병역거부의 긴 역사와 폭력에 대한 양심적 병역거부자들의 평화적 반대에 대하여 주목한다. 진정인들은 위원회의 일반논평(General Comment) 제22호를 참조하여 양심적 병역거부가 공공안전, 질서

및 타인의 권리에 조금도 위협을 가하지 않으며, 심오하고 도덕적인 숙고를 기초로 오히려 이를 강화한다고 주장한다.

5.3 북한이 취하는 위협에 대하여 진정인들은 당사국이 북측에 비해 인구는 2배, 경제 규모는 30배, 그리고 지난 10년간 지출한 연간 국방비는 10배 가까이 높다는 점을 주목했다. 북한은 지속적인 위성 감시를 받고 있으며 인도적 위기에 처해 있다. 반면에, 당사국은 70만 명의 군인을 보유하고 있으며, 해마다 35만 명의 청년이 병역의무를 수행하고 있다. 2005년 7월 11일 당시 수감 중인 1053명의 병역거부자는 군사력에 악영향을 미칠 수 없는 매우 작은 수치이다. 이와 같은 배경사실에 반하여 북한의 위협이 양심적 병역거부자의 처벌에 대한 정당성으로 충분한 사유가 된다고 주장하는 것은 불합리하다.

5.4 형평성 문제에 관하여, 진정인들은 필요하다면 복무의 기간을 연장하는 대체복무제 도입을 통하여 이를 보호할 수 있다고 주장한다. 진정인들은 당사국과 적어도 동등한 외부 위협을 직면하고 있는 대만과, 독일에서의 대체복무제도 수립으로부터 얻어진 긍정적인 경험에 주목했다. 이러한 제도는 사회통합 및 발전과 사회 내의 인권존중에 기여한다고 주장한다. 병역을 기피하는 사회적 현상은 (양심적) 병역거부 문제와 관련이 없으며, 군인들이 직면하는 열악한 군대환경에서 비롯된 것이므로, 이러한 사항이 개선된다면 병역기피 현상이 감소할 것이라고 주장한다.

5.5 진정인들은 대체복무제 도입을 입법부의 재량에 맡기는 것에 대하여, 그러한 재량이 규약 위반을 용인하지 않고, 이 재량을 발휘할 수 있는 부분은 극히 적다는 점을 주목하며 반대한다. 또한, 당사국이 UN인권위원회의 위원국으로서 의무를 준수하지 않았으며, 고의성 여부와 관계없이 양심적 병역거부자에 대한 상황을 자유권규약위원회에 대한 정기적 정부보고서에 보고하지 않은 점을 주목했다.

당사국의 보충의견

6.1 2006년 9월 6일자로, 당사국은 진정의 본안에 관하여 진정인들의 의견서에 대한 보충 의견서를 제출했다. 당사국은, 헌법 제5조에 의해 국군은 국가의 안전보장과 국토방위의 신성한 의무를 수행함을 사명으로 하고, 헌법 제39조가 병역의 의무는 국가안보 확보에 중요한 핵심 수단이며, 그 자체가 법이 부여하는 특권 및 법의 보호라고 한 점을 주목한다. 당사국은 국가의 안전보장이 국가 존립의 불가결한 전제 조건으로 영토를 보전하고, 국민의 생명과 안전을 수호하며, 모든 국민이 자유를 행사하는 데 기본적인 요건임을 주목한다.

6.2 당사국은 병역의무를 거부하는 자유는 규약 제18조 제3항에 제시된 사유에 해당되어 제한될 수 있다는 점을 주목한다. 생명과 공공의 재산을 보호하기 위하여 기본권 일부를 희생하고서 모든 국민에게 부여되는 병역의 의무에 대한 예외를 허용하는 것은, 국토방위의 주력으로 작용하는 국가병역의 근간을 훼손할 수 있으며, 사회 갈등을 급증시키고 공공의 안전 및 국가안보에 위협을 초래하여 국민의 기본권과 자유를 침해한다. 따라서 공동체에서는 공공 안전과 질서에 해가 되거나 국가의 법질서에 위협을 초래한다는 점에서 제한될 수 있다.

6.3 당사국은 신개념의 국가 방위와 현대전의 등장으로 한반도의 상황이 변화하였다는 점과 남북한의 경제력의 불균형으로 인한 군사력 격차의 존재가 사실이라고 해도, 인적 병력이 국가 방위의 주된 형태라고 주장한다. 낮은 출산율로 인하여 발생하는 인력 부족의 예상도 참작해야 한다. 비록 소수이지만 양심적 병역거부자를 처벌하는 것은 군복무를 기피하는 현상을 저지시킬 수 있다. 대체복무제도를 채택할 경우 현행제도가 쉽게 붕괴할 수도 있다. 과거의 병역기피를 위한 부정행위 및 사회적 분위기의 경험에 비추어, 대체복무가 병역기피 시도를 예방한다고 추측하

기는 어렵다. 나아가, 인적 병력이 국토방위의 주력인 가운데 양심적 병역거부를 허용하는 것은 양심적 병역거부를 병역기피의 합법적인 장치로 악용, 징병제도의 근간을 무너뜨려 국가안보에 위험이 될 수 있다.

6.4 진정인들의 평등에 대한 주장에 관하여, 당사국은 양심적 병역거부자에게 면제를 허용하거나 더 가벼운 의무를 부여하는 것은 헌법 제11조에 명시된 평등의 원칙을 위반하는 것이고, 헌법 제39조에서 부과하는 국방의 보편적 의무를 위반하는 것이며, 특정한 집단에게 허용할 수 없는 특별대우를 하는 것이라고 주장한다. 군복무의 평등에 대한 강력한 사회적 요구 및 기대를 참작하여, 병역면제를 허용하는 것은 불평등을 야기함으로써 사회통합을 저지하고 국가전체 역량에 손상을 줄 수 있다. 대체복무제도를 채택할 경우, 평등의 관점에서 모든 의무자에게 군복무와 대체복무 중 선택할 수 있는 권리를 부여해야 하므로, 공공 안전 및 질서 그리고, 기본권과 자유의 보호에 위협을 가하는 것이 불가피하다. 당사국은 인권문제가 병역기피의 주요원인임을 인정하고 군대 내 상황을 실질적으로 개선해 왔다. 그러함에도 불구하고, 다른 국가보다 현저히 긴 2년의 군복무 기간이 병역기피의 이유라는 점은 군대 내 상황개선 및 대체복무 채택과 관계없이 지속되고 있으며 감소할 가능성은 거의 없다.

6.5 진정자들의 국제적 관례에 대한 주장에 관하여, 당사국은 독일, 스위스 및 대만이 양심적 병역거부를 인정하고 대체복무를 부여하는 점을 주목한다. 당사국은 각국의 제도 관리자와 접촉하고 연구와 세미나를 통하여 각국의 이행자료를 수집하고, 진전상황에 대한 자료를 업데이트하고 당사국의 채택 가능성에 대하여 검토하고 있다. 그러나 세 국가는 대체복무를 각국의 특정 상황에 맞추어 채택한 점을 주목한다. 예를 들어, 유럽에서는 안보에 직접적이고 심각한 위협이 급격히 감소한 점을 감안, 냉전 이후 의무적인 군복무에서 자원병으로 전환하여 대체복무를

도입하였다. 대만은 과다 징병이 1997년 시행된 병력 감축 정책의 이행에 문제가 되자 2000년 양심적 병역거부를 허용했다. 당사국은 2006년 1월 국가인권위원회가 양심적 병역거부에 관한 국가인권정책기본계획(NAP) 권고안을 작성하여, 정부가 이 문제와 관련하여 조치를 취할 예정임을 주목한다.

논점과 위원회의 심리

심리적격 판단

7.1 진정에 포함된 어떤 주장을 검토하기 전에, 인권이사회는 절차규칙 제93조에 따라 진정이 규약의 선택의정서에 의거, 심리적격이 있는지 여부를 결정해야 한다.

7.2 당사국의 진정에 대한 심리적격 이의신청이 없거나 위원회가 전체 또는 부분에서 진정이 심리대상이 될 수 없다고 선언해야 하는 사유가 없다면, 위원회는 규약 제18조에 대한 주장이 심리적격이 있다고 선언한다.

본안판단

8.1 위원회는 선택의정서 제5조 제1항에 의거, 양 당사자가 제출한 모든 자료에 입각하여 본 건 진정을 검토하였다.

8.2 위원회는, 양심의 자유 및 개인의 종교 또는 신념을 표명하는 권리를 보장하는 규약 제18조는, 진지하게 이루어진 그들의 종교적 신념, 즉 강제적 병역의무를 따르는 것은 윤리적, 도덕적으로 그들 개인에게 허용될 수 없다는 신념을 인정하는 것이라는 진정인들의 주장을 주목한다. 위원회는 또한 규약 제8조 제3항은 "강제적 또는 의무적인 근로"의 의미에서 "모든 형태의 군복무, 양심적 병역거부가 인정되는 국가에서는 법적으로 양심적 병역거부자에게 요구되는 모든 국가적 의무"를 배제한다는 점을 주목한다. 규약 제8조는 양심적 병역거부의 권리를 인정하지

도 배제하지도 않는다. 그러므로 진정인들의 주장은 규약 제18조만에 의해 평가되며, 그 조항에 대한 해석은 다른 규약상 권리보장과 마찬가지로 문맥과 취지를 고려하여 시간에 따라 서서히 변화한다.

8.3 위원회는 제18조 제1항[4]에 의거, 양심적 병역거부를 보호받아야 하는 종교적 신념 표명의 한 형태라고 하는 주장에 대한 평가를 담은 이전 결정례를 상기한다. 위원회는, 개인의 종교나 신념을 표명하는 권리는 법률상 모든 의무를 거부할 수 있는 권리를 의미하는 것이 아니나, 제18조 제3항에 부합하는 한 진지하게 이루어지는 종교적 신념에 반하여 행동하도록 강요당하지 않도록 하는 보호를 제공한다고 본다. 위원회는 양심이나 종교적 신념의 요구와 심각한 충돌을 유발하는데도 살상에 이를 수 있는 힘을 사용하도록 강요하는 것은 규약 제18조의 문제에 속한다고 보는 일반논평(General Comment) 제22호[5]의 보편적 견해를 상기한다. 위원회는, 본건에서 진정인들이 징집을 거부하는 것은 진지하게 이루어지는 그들의 종교적인 신념을 직접 표명하는 것이라는 점을 주목한다. 진정인들에 대한 유죄판결 및 형 선고는 종교나 신념을 표명하는 것에 대한 제한에 해당한다. 그러한 제한은 어떤 제한도, 공공 안전, 질서, 보건, 도덕 혹은 타인의 기

---

4 <u>Muhonen 대 Finland</u> 건(사건 번호 89/1981)과 관련하여 위원회는 제18조가 양심적 병역거부의 권리를 보장하는지 여부에 대한 판결을 거부했다. <u>L.T.K. 대 Finland</u> 건 (사건번호 185/1984)과 관련하여 위원회는 본안에 관한 문제를 완전히 다루지 않으려 하였고, 심리적격의 문제에 관한 사항으로 결정하여 쟁점이 제18조의 범위에서 벗어났다. <u>Brinkhof 대 The Netherlands</u> 건(사건번호 402/1990)은 전체 병역거부자와 여호와의 증인의 구별을 다루었고, <u>Western 대 The Netherlands</u> 건(사건번호 682/1986)은 권리 자체보다 국내법에 따른 양심적 병역거부의 인정의 절차를 다루었다. 위원회는 <u>J.P. 대 Canada</u> 건(사건번호 446/1991)에서는 최종 결정을 위해 필요하지는 않았으나, 더 이상의 추가설명 없이, 제18조가 "군복무 활동 및 군비에 대한 양심적거부를 포함한 의견 및 신념을 보유, 표현 및 배포할 수 있는 권리를 반드시 보장한다."는 점을 주목했다.

5 일반논평 제22호(1993년), 제11항.

본권과 자유를 보호하기 위하여 법률에 의해 이루어져야 한다는 규약 제18조 제3항에 의해 정당화되어야 한다. 그러나 그러한 제한은 문제가 되는 본질적인 권리를 침해해서는 안 된다.

8.4 위원회는 당사국의 국내법에 의하면, 양심적 병역거부를 인정하는 절차가 없는 점을 주목한다. 당사국은 이러한 제한이 국방력과 사회 통합을 유지하기 위한, 공공안전 유지에 필요한 제한이라고 주장한다. 위원회는 당사국의 국가안보에 관한 특수한 상황 및 국가인권위원회의 국가인권정책기본 권고안 중 양심적 병역거부 부분에 대한 조치 계획에 대한 주장을 주목한다(상기 6.5항). 위원회는 관련 국가들의 시행례와 관련하여 규약 비준국들 중 의무복무제를 취하고 있는 나라의 대체복무제 도입이 증가하는 점과, 당사국이 진정인에게 제18조의 권리를 완전히 보장하는 경우 어떤 구체적인 문제점이 발생하는지 입증하지 못한 점도 주목한다. 사회통합 및 형평성 문제와 관련하여, 위원회는 당사국이 양심적 신념 및 그 표명을 존중하는 것이 사회통합 및 안정적 다원주의를 실현하는데 중요한 요소라고 본다. 위원회는 국민개병제 원칙의 근간을 무너뜨리지 않고 의무군복무를 하는 자와 대체복무를 하는 자 사이의 불공정한 불균형을 제거할 수 있는 대체복무제를 마련하는 것이 원칙적으로 가능하며 실제적으로 보편적이라고 본다. 위원회는 당사국이 본 건에서 규약 제18조 제3항 의미 내에서, 문제되는 제한이 꼭 필요한지 여부를 입증하지 않은 점을 주목한다.

9. 위원회는 시민적·정치적 권리에 관한 국제규약 선택의정서 제5조 제4항에 따라, 위원회가 파악한 본 건의 사실관계가 각 진정인에 대하여 당사국의 규약 제18조 제1항 위반이라는 견해를 밝힌다.

10. 규약 제2조 제3항에 의거하여 당사국은 진정인들에게 적절한 보상을 포함한 효과적인 구제를 할 의무가 있다. 당사국은 유사한 위반이 장래에 또 발생하지 않도록 보장할 의무가 있다.

11. 선택의정서의 당사국이 됨으로써 당사국은 위원회에 대하여 규약 위반이 있는지 여부에 대해 결정할 권한을 인정하였고, 규약 제2조에 따라 당사국은 영토 내에 있거나 재판권이 미치는 모든 개인에게 규약에 인정된 권리를 보장할 의무와 규약 위반 시 효과적이고 집행 가능한 구제수단을 제공할 의무가 있음을 상기하면서, 위원회는 90일 이내에 본 견해를 실효성 있게 하기 위해 취해진 조치에 대한 정보를 받고자 한다. 또한 당사국이 위원회의 견해를 공표할 것을 요청한다.

유엔인권이사회 권고(2008. 5. 29.)[*]

United Nations General Assembly (A/HRC/8/40)

29 May 2008

인권이사회 제8차 회의 제6호 의제

보편적정례검토에 관한 실무단 보고서

대한민국

[…]

B. 상호 토론 및 검토 당사국의 답변

19. 슬로베니아는 자유권규약위원회가 두 명의 개인 청원 사건에 대해 결정을 내리면서 한국정부에 양심적 병역거부자들의 권리를 인정할 것과 그들을 군복무에서 면제시킬 것을 권고한 사실에 주목하였다. 자유권규약위원회는 이 두 명의 개인 청원 사건에서 한국정부가 자유권규약 제18조를 위반한 사실이 있음을 지적하였다. 슬로베니아는 청원인들에게 유효한 구제조치를 제공하라는 자유권규약위원회의 한국정부에 대한 권고를 따를 것을 권고하였다. 또한 슬로베니아는 대한민국정부가 법률로 양심적

---

* 이 자료는 유엔인권이사회(UN Human Rights Council)의 사이트 <http://www2.ohchr.org/english/bodies/hrcouncil/8session/reports.htm>(최종검색일: 2013. 1. 15.)에 수록된 영문본을 직접 발췌·번역한 것이다(편집자 주).

병역거부권을 명시하고 병역거부를 처벌하는 것을 중지하며, 공
직 및 공공부문 고용에서의 차별을 완전히 제거할 것을 권고하
였다. […]

37. 영국정부는 한국정부에 양심적 병역거부자들이 군복무가 아닌
    대체복무를 수행할 수 있도록 즉시 조처를 취할 것을 권고하였
    다. […]

59. 한국정부는 작년 9월 양심적 병역거부자들이 시민대체복무를
    수행할 수 있도록 하는 새로운 계획을 발표한 바 있다. 이 새 계
    획을 시행하기 위해서 한국정부는 현 병역법을 개정해야 한다.
    이를 위하여 한국정부는 올해 국회에 개정 법안을 제출할 예정
    이다.

II. 결론 및/또는 권고

64. 본 토론이 진행되는 과정에서 한국정부에 대해 다음과 같은 권
    고가 주어졌다. […]

17. 자유권규약위원회의 권고와 일치하게 법률에 양심적 병역거부
    권을 명시하고 병역거부를 처벌하는 것을 중지하며, 공직 및 공
    공부문 고용에서의 차별을 완전히 제거할 것(슬로베니아) […]

24. 양심적 병역거부자들이 군복무가 아닌 대체복무를 수행할 수 있
    도록 즉시 조처를 취할 것(영국)

법무부 유엔 제출보고서(2008. 4.)[*]

United Nations General Assembly (A/HRC/WG.6/2/KOR/1)
9 April 2008

인권 이사회 보편적정례검토 실무단
제2차 회의(제네바, 2008년 5월 5~16일)

인권이사회 결의 5/1 부록 제15(A)항에 따른 국가보고서

대한민국

IV. 성과와 과제

A. 모범사례

[...]

79. 북한과 대치하고 있는 상황에서도 한국은 남북정상회담, 경제
    협력, 스포츠, 문화 행사 등과 같은 상호교류를 맺어왔다. 하지
    만, 평화 조약은 달성하지 못하였으며, 국가 예산의 10퍼센트는
    국방에 할당되어 있다.

---

* 이 자료는 유엔인권고등판무관(UN Office of the High Commissioner for Human
Rights)의 사이트 <http://ap.ohchr.org/documents/alldocs.aspx?doc_id=14000>(최종
검색일: 2013. 1. 15.)에 수록된 영문본을 직접 발췌·번역한 것이다(편집자 주).

80. 국방의 목적을 위해 한국에는 국민개병시스템이 있다. 모든 한국 남자는 전시근무에서 현역 군인으로 2년 동안 일하며 의무적인 군복무를 마쳐야 한다. 군대에 징집된 남자들은 여자들이나 병역면제자들과 비교하여 불이익을 받는다고 생각하는 경향이 있는데, 그들이 사회에 완전하게 정착하기 위한 준비를 하고 있을 때에 군대에서 복무해야 하기 때문이다. 따라서 남녀평등문제나 양심적 병역거부자들에 대한 국민적 합의를 이루는 것은 쉽지 않다.

제4부

국회 입법안 및 정부 기관 주요 문서

18대 국회 입법안(2011. 9. 4.)

병역법 일부개정법률안(이정희 의원 대표발의)

발의 연월일   2011. 9. 14.
발의자   이정희, 권영길, 강기갑, 홍희덕, 김선동, 곽정숙,
            김부겸, 김성곤, 박은수, 유원일 의원

제안이유

종교적 신념이나 양심적 확신을 이유로 집총을 거부하는 경우 이를 양심적 병역거부(Conscientious Objection)라 하여 최근 국민의 헌법상 의무인 국방의 의무와의 관계에 있어 재정립의 필요성이 제기됨. 병역의무제인 우리와 제도나 여건이 다르다고는 할지라도 미국, 영국, 프랑스, 독일, 스웨덴, 노르웨이, 핀란드, 네덜란드, 이스라엘, 캐나다, 호주, 뉴질랜드 등은 헌법이나 법률에 양심적 병역거부권을 명시적으로 인정하고 있음. 그러나 우리의 병역 현실은 종교적 신념이나 양심적 확신을 이유로 병역을 거부하는 사람을 병역의무 위반으로 처벌함으로써 범죄자를 양산할 뿐만 아니라 헌법상 권리인 양심의 자유를 등한시한다는 비판을 면하기 어려움.

이에 종교적 신념이나 양심적 확신을 이유로 집총을 거부하는 사람에 대해 일정 심사를 거쳐 대체복무를 인정할 수 있는 대체복무제도를 도입하고 관련 규정을 정비함으로써 양심의 자유와 국방의 의무를 조화시키고자 함.

주요 내용

가. 대체복무요원의 정의를 대체복무편입결정을 받은 사람으로서 대체복무기관 등에서 사회복지 관련 업무나 공익 관련 업무에 복무하는 사람으로 함(안 제2조 제10호의2 신설).

나. 지방병무청장은 병역의무자에 대해 징병검사를 실시하기 전에 대체복무제도에 관한 사항을 알려주어야 함(안 제33조의3 신설).

다. 현역병입영 대상자나 보충역의 처분을 받은 사람 중 종교적 신념이나 양심의 확신을 이유로 집총을 수반하는 병역의무의 이행을 거부하고자 하는 사람은 지방병무청에 대체복무를 신청하고 대체복무신청인에 대해서는 현역병입영 등이 연기되도록 함(안 제33조의4 신설).

라. 대체복무요원의 편입결정 여부 등을 심사·의결하기 위하여 국방부에 중앙대체복무위원회를, 지방병무청에 지방대체복무위원회를 두도록 함(안 제33조의5부터 제33조의9까지 신설).

마. 지방대체복무위원회의 결정은 신청을 받은 날부터 90일 이내에 서면으로 하고, 지방대체복무위원회의 결정에 이의가 있는 대체복무신청인은 결정서 정본을 송달받은 날부터 30일 이내에 중앙대체복무위원회에 재심사를 신청할 수 있도록 함(안 제33조의11 및 제33조의12 신설).

바. 대체복무편입결정을 받은 사람은 대체복무요원으로 편입되도록 함(안 제33조의13 신설).

사. 대체복무요원은 대체복무기관 등에서 사회복지 또는 공익과 관련된 업무를 수행하되, 집총을 수반하는 업무인 국군, 경비교도대, 전투경찰대 등에 복무할 수 없도록 함(안 제33조의14 신설).

아. 대체복무요원은 육군 복무기간(2년)의 1.5배를 복무하도록 하고, 현역병 또는 보충역으로 복무 중인 경우 그 복무한 기간을 차감할 수 있도록 함(안 제33조의17 신설).

법률 제   호

병역법 일부개정법률안

병역법 일부를 다음과 같이 개정한다.

제2조 제1항에 제10호의2를 다음과 같이 신설한다.

10의2. "대체복무요원"이란 종교적 신념이나 양심의 확신을 이유로 제33조의11 및 제33조의12에 따라 대체복무편입결정을 받은 사람으로서 제10호 각 목의 기관 또는 시설(이하 "대체복무기관 등"이라 한다)에서 제33조의14 제1항에 따른 업무에 복무하는 사람을 말한다.

제5조 제1항 제3호 중 "공중보건의사(公衆保健醫師)"를 "대체복무요원, 공중보건의사(公衆保健醫師)"로 한다.

제5장에 제1절의2(제33조의3부터 제33조의20)를 다음과 같이 신설한다.

제1절의2 대체복무요원의 복무

제33조의3(대체복무 고지의무)

지방병무청장은 징병검사를 실시하기 전에 제11조에 따라 징병검사를 받는 병역의무자에게 대통령령으로 정하는 바에 따라 대체복무제도의 취지, 대체복무의 신청절차 및 기간 등 대체복무에 필요한 사항을 고지하여야 한다.

제33조의4(대체복무의 신청)

① 제14조 제1항에 따른 현역병입영 대상자 또는 보충역의 병역처분을 받은 사람 중 종교적 신념이나 양심의 확신을 이유로 집총을 수반하는 병역의무의 이행을 거부하고자 하는 사람은 처분을 받은 날부터 90일 이내에 대통령령으로 정하는 바에 따라 주소지를 관할하는 지방병무청에 대체복무를 신청하여야 한다.

② 현역병(제21조·제24조 또는 제25조에 따른 현역병을 포함한다)으로 복무 중이거나 보충역(공익근무요원인 보충역을 말한다)으로 복무 중인 사

람은 제1항의 기간에도 불구하고 대체복무 신청을 할 수 있다.

③ 제1항에 따라 대체복무를 신청한 사람(이하 "대체복무신청인"이라 한다)에 대한 현역병 입영이나 보충역 소집은 제33조의11 또는 제33조의12에 따른 대체복무편입결정 또는 재심사 결정이 있을 때까지 연기된다.

제33조의5(대체복무위원회)

① 대체복무요원으로의 편입결정 여부 등을 심사·의결하기 위하여 병무청에 중앙대체복무위원회(이하 "중앙위원회"라 한다)를 두고, 지방병무청에 지방대체복무위원회(이하 "지방위원회"라 한다)를 둔다.

② 중앙위원회는 다음 각 호의 사항을 심사·의결한다.

 1. 지방위원회의 각하 또는 기각 결정에 대한 재심사

 2. 다음 연도의 대체복무 분야·형태 및 대체복무기관 등의 지정

 3. 대체복무 제도의 개선에 관한 연구·조사 및 제안

③ 지방위원회는 다음 각 호의 사항을 심사·의결한다.

 1. 대체복무 신청에 대한 각하·기각 또는 편입결정

 2.「향토예비군 설치법」제3조의3 제1항에 따른 대체복무 신청에 대한 각하·기각 또는 편입결정

 3. 그 밖에 대체복무와 관련하여 위원장이 회의에 부치는 사항

제33조의6(중앙위원회의 구성)

① 중앙위원회는 위원장을 포함한 7인의 위원으로 구성한다.

② 중앙위원회의 위원은 다음 각 호의 어느 하나에 해당하는 사람 중에서 병무청장이 임명한다.

 1. 대학이나 연구기관에서 부교수 이상 또는 이에 상당하는 직에 5년 이상 재직하거나 재직하였던 사람으로서 철학·종교학·심리학·법학·사회학 또는 정치학 등을 전공한 사람

 2. 판사·검사 또는 변호사의 직에 5년 이상 재직한 사람

 3. 종교단체 또는 「비영리민간단체지원법」에 따른 비영리민간단체로부터 추천을 받은 사람

 4. 4급 이상의 관계 공무원이거나 공무원이었던 사람

③ 중앙위원회의 위원장은 위원 중에서 병무청장이 임명한다.

④ 그 밖에 중앙위원회의 구성에 관하여 필요한 사항은 대통령령으로 정한다.

제33조의7(지방위원회의 구성)

① 지방위원회는 위원장을 포함한 5인의 위원으로 구성한다.

② 지방위원회의 위원은 제33조의6 제2항 각 호 어느 하나의 자격을 갖춘 사람 중에서 지방병무청장이 임명한다.

③ 지방위원회의 위원장은 위원 중에서 지방병무청장이 임명한다.

④ 그 밖에 지방위원회의 구성에 관하여 필요한 사항은 대통령령으로 정한다.

제33조의8(위원의 임기)

① 중앙위원회 및 지방위원회 위원의 임기는 4년으로 하되, 연임할 수 있다.

② 위원의 임기가 만료되거나 임기 중 위원이 결원된 경우에 임명권자는 임기만료 또는 결원된 날부터 30일 이내에 후임자를 임명하여야 한다.

③ 결원된 위원의 후임으로 임명된 위원의 임기는 새로이 개시된다.

제33조의9(위원의 결격사유)

다음 각 호의 어느 하나에 해당하는 사람은 중앙위원회 및 지방위원회의 위원이 될 수 없다.

1. 금치산자·한정치산자 또는 파산자로서 복권되지 아니한 사람

2. 금고 이상의 실형을 선고 받고 그 집행이 종료되거나 집행을 받지 아니하기로 확정된 후 2년이 경과되지 아니한 사람

3. 법원의 판결이나 법률의 규정에 따라 자격이 상실 또는 정지된 사람

제33조의10(사실조사 등)

① 지방위원회는 대체복무의 결정에 관한 사항을 심사·의결하기 위하여 대체복무신청인 또는 증인·참고인 등으로부터 증언 또는 진술을 청취하거나 필요하다고 인정하는 경우에는 검증 또는 조사를

할 수 있다.

② 지방위원회는 심사와 관련하여 행정기관이나 관계 기관의 장에게 필요한 협조를 요청할 수 있다. 이 경우 협조를 요청 받은 행정기관이나 관계 기관의 장은 특별한 사유가 없는 한 이에 따라야 한다.

제33조의11(대체복무의 결정)

① 지방위원회의 각하·기각 또는 편입 결정은 신청을 받은 날부터 90일 이내에 서면으로 하고, 지방위원회의 결정이 있는 경우에 지방병무청장은 지체 없이 결정서 정본은 대체복무신청인에게 송달하여야 한다.

② 지방위원회는 대체복무의 신청이 다음 각 호의 어느 하나에 해당하는 경우에 그 신청을 각하한다.

  1. 제33조의4 제1항에 따른 신청 기한을 경과하여 신청한 경우

  2. 제33조의4 제1항에 따른 관할을 위반하여 신청한 경우

③ 지방위원회는 대체복무 신청이 이유 없다고 인정하는 경우에 그 신청을 기각한다.

④ 지방위원회는 신청이 이유 있다고 인정하는 경우에 대체복무신청인을 대체복무요원으로의 편입을 결정(이하 "대체복무편입결정"이라 한다)한다. 다만, 현역병 또는 보충역으로 복무 중인 기간이 1년 이상 경과한 대체복무신청인의 경우에 현역병으로 복무 중인 사람은 집총이 수반되지 않는 업무에 복무할 수 있도록 결정(이하 "비집총복무결정"이라 한다)할 수 있고, 보충역으로 복무 중인 사람은 제55조 제1항·제2항에 따른 교육소집의 면제를 결정(이하 "교육소집면제결정"이라 한다)할 수 있다.

⑤ 제4항 단서에 따른 비집총복무결정 또는 교육소집면제결정을 받은 사람도 이 법에 따른 대체복무요원으로 본다.

⑥ 지방위원회의 각하, 기각 또는 대체복무편입결정에 대한 의결정족수 등에 필요한 사항은 대통령령으로 정한다.

제33조의12(재심사)

① 대체복무신청인이 지방위원회의 각하 또는 기각 결정에 이의가 있을 때에는 결정서 정본을 송달받은 날부터 30일 이내에 대통령령으로 정하는 절차와 방식에 따라 중앙위원회에 재심사를 신청할 수 있다.

② 중앙위원회는 제1항에 따라 재심사 신청을 받은 경우에 신청을 받은 날부터 60일 이내에 재심사 결정을 하여야 한다.

③ 중앙위원회의 재심사를 위한 사실 검증·조사나 그 밖의 재심사 결정에 관하여 제1항 및 제2항에서 정한 사항을 제외하고는 제33조의10 및 제33조의11의 규정을 각각 준용한다.

제33조의13(대체복무요원의 편입)

제33조의11 및 제33조의12에 따라 대체복무편입결정을 받은 사람은 대체복무요원으로 편입된다.

제33조의14(대체복무요원의 복무분야 및 업무)

① 대체복무요원은 대체복무기관 등에서 다음 각 호의 복무분야 및 업무에 복무하게 하여야 한다.

  1. 아동·노인·장애인·여성 등의 보호·치료·요양·훈련·자활·상담 등의 사회복지 관련 업무

  2. 소방·의료·재난·구호 등의 공익 관련 업무

② 대체복무요원은 다음 각 호 어느 하나의 업무에 복무하게 하여서는 아니 된다.

  1. 「국군조직법」 제2조에 따른 국군의 업무

  2. 「교정시설경비교도대설치법」 제1조에 따른 경비교도대의 업무

  3. 「전투경찰대설치법」 제1조에 따른 전투경찰대의 업무

  4. 제1호부터 제3호까지의 규정에 준하는 업무로서 대인용 무기를 소지한 상태에서 수행하여야 하는 업무

③ 대체복무편입결정을 받은 사람은 결정서의 정본을 송달받은 날부터 30일 이내에 복무를 희망하는 분야를 선택하여 주소지를 관할하는 지방병무청에 서면으로 신고한다.

④ 지방병무청장은 제3항에 따른 기간 이내에 신고를 하지 아니하는 경우에 직권으로 복무분야를 지정할 수 있다.

제33조의15(대체복무요원의 복무분야 등의 지정)

① 병무청장은 중앙위원회의 심사·의결을 거쳐 다음 연도의 복무분야·형태 및 대체복무기관등을 지정하여 지방병무청장에게 통보하여야 한다.

② 지방병무청장은 제1항에 따른 통보를 받은 경우에 대통령령으로 정하는 바에 따라 대체복무요원의 희망·자질·학력 및 적성 등을 고려하여 복무분야·형태 및 대체복무기관 등을 지정한다.

제33조의16(대체복무요원의 소집)

① 지방병무청장은 대체복무요원 소집대상자에 대하여 제33조의15에서 지정된 대체복무분야에 따라 소집한다.

② 제1항에 따라 소집된 대체복무요원에 대하여는 제55조에 따른 교육소집을 실시하지 아니한다.

③ 그 밖에 대체복무요원의 소집에 필요한 사항은 대통령령으로 정한다.

제33조의17(대체복무요원의 복무기간 등)

① 대체복무요원은 제18조 제2항 제1호에 따른 복무기간의 1.5배를 복무하되, 제33조의18 제2항에 따라 실시하는 교육훈련은 복무기간에 산입한다.

② 대체복무요원이 복무를 마친 때에는 그 소집을 해제하고, 제2국민역에 편입한다.

③ 현역병 또는 보충역으로 복무 중인 사람이 대체복무편입결정을 받아 대체복무요원으로 복무하는 경우에는 제1항의 복무기간에서 현역병 또는 보충역으로 복무한 기간을 차감하여 복무한다.

④ 대체복무요원이 징역·금고 또는 구류의 형을 받거나 복무를 이탈한 경우에는 그 형의 집행일수나 복무이탈일수는 복무기간에 산입하지 아니한다.

⑤ 대체복무요원의 소집해제 보류에 관하여는 제18조 제4항을 준용

한다.

⑥ 그 밖에 대체복무요원의 복무기간의 계산 및 소집해제 등에 관하여 필요한 사항은 대통령령으로 정한다.

제33조의18(대체복무요원의 복무 및 보수)

① 대체복무요원을 배정받은 대체복무기관 등의 장은 제33조의15에 따라 지정된 대체복무분야에 대체복무요원을 복무하게 하고 대체복무요원의 복무에 필요한 교육훈련에 관하여 대체복무요원을 지휘·감독한다.

② 대체복무기관 등의 장은 복무와 관련하여 필요한 경우에 대통령령으로 정하는 바에 따라 대체복무요원에 대하여 교육훈련을 실시할 수 있다.

③ 대체복무요원은 복무시간 외에 지방병무청장의 지휘·감독을 받아 군부대 외의 시설에서 단체 합숙근무를 할 수 있다. 다만, 지방병무청장은 다음 각 호의 어느 하나에 해당하는 경우에 자택 또는 복무하고 있는 대체복무기관 등에서 개별 또는 소규모의 합숙근무를 하게 할 수 있다.

 1. 특정 근무지역의 대체복무요원의 수가 단체 합숙근무를 할 만큼 충분하지 아니한 경우

 2. 업무수행의 특수성으로 인하여 단체 합숙근무를 하는 것이 적당하지 아니한 경우

 3. 그 밖에 대체복무요원의 복무여건과 사정 등을 고려하여 대통령령으로 정하는 경우

④ 대체복무기관 등의 장은 대체복무요원에 대하여 대통령령으로 정하는 바에 따라 보수와 직무수행 및 생활 등에 필요한 비용을 지급하여야 한다.

⑤ 그 밖에 대체복무요원의 복무 및 합숙근무에 필요한 사항은 대통령령으로 정한다.

제33조의19(대체복무요원의 신상이동통보)

① 대체복무요원을 배정받은 대체복무기관 등의 장은 대체복무요원

이 다음 각 호의 어느 하나에 해당할 때에는 관할 지방병무청장에게 이를 통보하여야 한다.

1. 정당한 사유 없이 복무를 이탈하거나 해당 분야에 복무하지 아니한 때

2. 정당한 복무명령을 따르지 아니하여 제33조의20 제1항에 따라 경고처분된 때

3. 제33조의18 제3항 단서에 따라 자택근무를 하는 대체복무요원으로서 동거 가족의 전부나 일부가 거주지를 이동하여 출·퇴근 근무가 불가능하다고 인정한 때

4. 복무하고 있는 대체복무시설이 폐쇄 또는 이동된 때

5. 복무기간 중 징역 또는 금고의 실형을 선고받은 경우로서 정상적인 근무가 불가능하다고 인정되는 때

6. 복무기간 중 질병이나 심신장애로 복무하고 있는 기관에서 계속 근무하는 것이 불가능하다고 인정되는 때

② 지방병무청장은 제1항 제3호부터 제5호까지의 규정에 해당되는 통보를 받은 경우에 대체복무기관 등을 새로이 지정하여 복무하게 할 수 있다.

③ 제2항에 따라 대체복무요원을 새로이 배정받은 대체복무기관 등의 장은 제33조의15에서 지정된 대체복무분야 및 형태에 부합하도록 대체복무요원을 복무하게 하고, 그 결과를 14일 이내에 관할 지방병무청장에게 통보하여야 한다.

제33조의20(대체복무요원의 연장복무 및 소집취소)

① 대체복무요원이 정당한 사유 없이 복무를 이탈한 경우에 그 연장근무 및 경고처분에 관하여는 제33조 제1항을 준용한다.

② 대체복무요원으로서 제89조의2 제1호 또는 제89조의3 각 호 어느 하나의 사항을 위반하여 처벌을 받은 사람에 대하여는 그 소집을 취소하고 편입되기 전의 신분으로 복귀하여 현역병으로 입영하게 하거나, 공익근무요원으로 소집하여 대통령령으로 정하는 바에 따라 제33조의17 제1항에 따른 복무기간에서 대체복무

요원으로 복무한 기간을 제외한 잔여 복무기간을 복무하게 하여
야 한다. 다만, 제65조 제1항 제2호에 해당하는 사람의 경우에는
그러하지 아니하다.

제42조 제1항 각 호 외의 부분 및 제2항 중 "공익근무요원"을 각각
"공익근무요원·대체복무요원"으로 한다.

제43조 중 "공익근무요원"을 "공익근무요원·대체복무요원"으로 한다.

제44조 각 호 외의 부분에 단서를 다음과 같이 신설한다.

다만, 대체복무요원은 소집대상에서 제외한다.

제49조에 제2항을 다음과 같이 신설한다.

② 제44조 각 호 외의 부분 단서에 따라 병력동원 소집대상자에서
제외된 대체복무요원에 대하여는 병력동원훈련 소집기간과 같은
기간 동안 대통령령으로 정하는 바에 따라 대체복무기관 등에서
복무하게 하여야 한다.

제53조 제1항에 제4호를 다음과 같이 신설한다.

4. 제44조 각 호 외의 부분 단서에 따라 병력동원 소집대상자에서
제외된 사람

제55조 제1항 본문 중 "보충역"을 "보충역(대체복무요원은 제외한다)"으
로 하고, 같은 항 단서 중 "제2국민역"을 "제2국민역(제33조의17제2항에
따라 제2국민역에 편입된 사람은 제외한다)"으로 하며, 같은 조 제2항 전단 중
"보충역"을 "보충역(대체복무요원은 제외한다)"으로, "제2국민역"을 "제2국
민역(제33조의17제2항에 따라 제2국민역에 편입된 사람은 제외한다)"으로 하고,
같은 조에 제4항을 다음과 같이 신설한다.

④ 교육소집 대상자에서 제외된 대체복무요원에 대하여는 교육소집
기간과 같은 기간 동안 대통령령으로 정하는 바에 따라 대체복
무기관 등에서 복무하게 하여야 한다.

제63조 제2항 중 "현역병 또는 공익근무요원"을 "현역병·공익근무
요원 또는 대체복무요원"으로 하고, 같은 항에 단서를 다음과 같이 신
설한다.

다만, 대체복무요원은 제33조의17 제2항을 준용한다.

제71조 제1항 각 호 외의 부분 본문 중 "현역병입영 또는 공익근무요원소집"을 "현역병입영, 공익근무요원소집 또는 대체복무소집"으로 하고, 같은 항 제1호 중 "현역병입영 또는 공익근무요원소집"을 "현역병입영, 공익근무요원소집 또는 대체복무요원소집"으로 한다.

제73조 제1항 전단 중 "공익근무요원"을 "공익근무요원·대체복무요원"으로 한다.

제75조 제2항 및 제4항 중 "공익근무요원"을 각각 "공익근무요원 및 제33조의13에 따른 대체복무요원"으로 한다.

제75조의2 제1항 본문 중 "공익근무요원"을 "공익근무요원 및 제33조의13에 따른 대체복무요원"으로 한다.

제76조 제1항 제3호 중 "군복무 및 공익근무요원복무"를 "군복무·공익근무요원복무 또는 대체복무요원복무"로 한다.

제83조 제2항 제3호에 단서를 다음과 같이 신설하고, 같은 항 제5호에 단서를 다음과 같이 신설한다.

다만, 제33조의13에 따라 대체복무요원으로 편입되거나 소집된 사람에 대하여는 그러하지 아니하다.

다만, 대체복무신청인으로서 지방위원회의 대체복무편입결정이나 중앙위원회의 재심사 결정이 종료되지 아니한 사람에 대하여는 그러하지 아니하다.

제84조 제1항 제1호 중 "고용주가"를 "고용주 또는 대체복무기관 등(국가기관·지방자치단체가 직접 운영하는 시설은 제외한다)의 장이"로, "제40조"를 "제33조의19, 제40조"로 한다.

제88조 제1항 제2호 중 "공익근무요원"을 "공익근무요원 및 대체복무요원"으로 한다.

제89조의 제목 중 "공익근무요원"을 "공익근무요원 등"으로 하고, 같은 조 중 "공익근무요원"을 "공익근무요원 또는 대체복무요원"으로 한다.

제89조의2 제1호 중 "공익근무요원"을 "공익근무요원 또는 대체복

무요원"으로 하고, 같은 조 제2호 중 "이탈"을 "이탈(대체복무요원은 단체 합숙근무에서 이탈한 것을 포함한다)"로 하며, 같은 조에 제6호를 다음과 같이 신설한다.

　　6. 거짓의 진술이나 자료제출 등 부정한 방법으로 대체복무요원 으로 편입된 사람

　제91조 전단 중 "공무원·의사"를 "공무원·종교인·의사"로 한다.

부 칙

제1조(시행일)
이 법은 공포 후 6개월이 경과한 날부터 시행한다.

제2조(대체복무신청에 관한 경과조치)
이 법 시행 당시 다음 각 호의 어느 하나에 해당하는 사람은 이 법 시행일부터 60일 이내에 주소지를 관할하는 지방병무청에 대체복무 신청을 할 수 있다.

　1. 종교적 신념 또는 양심의 확신으로 병역을 거부하여 종전의 「병역법」 제88조 또는 「군형법」 제44조를 위반한 사람

　2. 공익근무요원이 아닌 보충역으로 복무하고 있는 사람

제3조(형의 집행 등에 관한 특례)
① 종교적 신념 또는 양심의 확신을 이유로 종전의 「병역법」 제88 조 또는 「군형법」 제44조를 위반하여 형의 선고를 받고 그 집행 이 종료되지 아니한 사람이 부칙 제2조에 따른 대체복무신청을 하여 심사 결과 대체복무편입결정을 받은 때에는 그 형의 집행 을 면제하고 이 법에 따른 대체복무요원으로 복무한다. 이미 집 행된 형기는 대체복무요원의 복무기간에 산입한다.

② 종교적 신념 또는 양심의 확신을 이유로 「병역법」 제88조 또는 「군형법」 제44조를 위반한 혐의로 공소제기되어 재판을 받고 있 는 사람이 부칙 제2조에 따라 대체복무신청을 한 때에 당해 재

판은 지방위원회의 대체복무편입결정이나 중앙위원회의 재심사 결정이 있을 때까지 정지되고, 대체복무편입결정을 받은 경우에 법원은 면소판결을 하고, 미결구금일수는 복무기간에 산입한다.

신 · 구조문 대비표

현 행	개 정 안
제2조(정의 등) ① 이 법에서 사용되는 용어의 뜻은 다음과 같다.	제2조(정의 등) ①--.
1.~10. (생략)	1.~10. (현행과 같음)
<신 설>	10의2. "대체복무요원"이란 종교적 신념이나 양심의 확신을 이유로 제33조의11 및 제33조의12에 따라 대체복무편입결정을 받은 사람으로서 제10호 각 목의 기관 또는 시설(이하 "대체복무기관 등"이라 한다)에서 제33조의14 제1항에 따른 업무에 복무하는 사람을 말한다.
11.~19.(생략)	11.~19.(생략)
② (생략)	② (현행과 같음)
제5조(병역의 종류) ① 병역은 다음 각 호와 같이 구분한다.	제5조(병역의 종류) ①--.
1.~2.(생략)	1.~2.(현행과 같음)
3. 보충역: 징병검사를 받아 현역복무를 할 수 있다고 판정된 사람 중에서 병력수급(兵力需給) 사정에 의하여 현역병입영 대상자로 결정되지 아니한 사람과 공익근무요원(公益勤務要員), <u>공중보건의사(公衆保健醫師)</u>, 징병검사전담의사, 국제협력의사, 공익법무관(公益法務官), 공중방역수의사, 전문연구요원, 산업기능요원으로 복무 또는 의무종사하고 있거나 그 복무 또는 의무종사를 마친 사람, 그 밖에 이 법에 따라 보충역에 편입된 사람	3.--대체복무요원, 공중보건의사(公衆保健醫師)--.
4.~5. (생략)	4.~5. (현행과 같음)
②~③ (생략)	②~③ (현행과 같음)
<신 설>	제1절의2 대체복무요원의 복무
<신 설>	제33조의3(대체복무 고지의무) 지방병무청장은 징병검사를 실시하기 전에 제11조에 따라 징병검사를 받는 병역의무자에게 대통령령으로 정하는 바에 따라 대체복무제도의 취지, 대체복무의 신청절

	차 및 기간 등 대체복무에 필요한 사항을 고지하여야 한다.
<신 설>	제33조의4(대체복무의 신청) ① 제14조 제1항에 따른 현역병입영 대상자 또는 보충역의 병역처분을 받은 사람 중 종교적 신념이나 양심의 확신을 이유로 집총을 수반하는 병역의무의 이행을 거부하고자 하는 사람은 처분을 받은 날부터 90일 이내에 대통령령으로 정하는 바에 따라 주소지를 관할하는 지방병무청에 대체복무를 신청하여야 한다. ② 현역병(제21조·제24조 또는 제25조에 따른 현역병을 포함한다)으로 복무 중이거나 보충역(공익근무요원인 보충역을 말한다)으로 복무 중인 사람은 제1항의 기간에도 불구하고 대체복무 신청을 할 수 있다. ③ 제1항에 따라 대체복무를 신청한 사람(이하 "대체복무신청인"이라 한다)에 대한 현역병 입영이나 보충역 소집은 제33조의11 또는 제33조의12에 따른 대체복무편입결정 또는 재심사 결정이 있을 때까지 연기된다.
<신 설>	제33조의5(대체복무위원회) ① 대체복무요원으로의 편입결정 여부 등을 심사·의결하기 위하여 병무청에 중앙대체복무위원회(이하 "중앙위원회"라 한다)를 두고, 지방병무청에 지방대체복무위원회(이하 "지방위원회"라 한다)를 둔다. ② 중앙위원회는 다음 각 호의 사항을 심사·의결한다. 1. 지방위원회의 각하 또는 기각 결정에 대한 재심사 2. 다음 연도의 대체복무 분야·형태 및 대체복무기관 등의 지정 3. 대체복무 제도의 개선에 관한 연구·조사 및 제안 ③ 지방위원회는 다음 각 호의 사항을 심사·의결한다. 1. 대체복무 신청에 대한 각하·기각 또는 편입결정 2. 「향토예비군 설치법」 제3조의3제1항에 따른 대체복무 신청에 대한 각하·기각 또는 편입결정 3. 그 밖에 대체복무와 관련하여 위원장이 회의에 부치는 사항
<신 설>	제33조의6(중앙위원회의 구성) ① 중앙위원회는 위원장을 포함한 7인의 위원으로 구성한다.

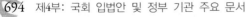

	② 중앙위원회의 위원은 다음 각 호의 어느 하나에 해당하는 사람 중에서 병무청장이 임명한다. 1. 대학이나 연구기관에서 부교수 이상 또는 이에 상당하는 직에 5년 이상 재직하거나 재직하였던 사람으로서 철학·종교학·심리학·법학·사회학 또는 정치학 등을 전공한 사람 2. 판사·검사 또는 변호사의 직에 5년 이상 재직한 사람 3. 종교단체 또는 「비영리민간단체지원법」에 따른 비영리민간단체로부터 추천을 받은 사람 4. 4급 이상의 관계 공무원이거나 공무원이었던 사람 ③ 중앙위원회의 위원장은 위원 중에서 병무청장이 임명한다. ④ 그 밖에 중앙위원회의 구성에 관하여 필요한 사항은 대통령령으로 정한다.
<신 설>	제33조의7(지방위원회의 구성) ① 지방위원회는 위원장을 포함한 5인의 위원으로 구성한다. ② 지방위원회의 위원은 제33조의6 제2항 각 호 어느 하나의 자격을 갖춘 사람 중에서 지방병무청장이 임명한다. ③ 지방위원회의 위원장은 위원 중에서 지방병무청장이 임명한다. ④ 그 밖에 지방위원회의 구성에 관하여 필요한 사항은 대통령령으로 정한다.
<신 설>	제33조의8(위원의 임기) ① 중앙위원회 및 지방위원회 위원의 임기는 4년으로 하되, 연임할 수 있다. ② 위원의 임기가 만료되거나 임기 중 위원이 결원된 경우에 임명권자는 임기만료 또는 결원된 날부터 30일 이내에 후임자를 임명하여야 한다. ③ 결원된 위원의 후임으로 임명된 위원의 임기는 새로이 개시된다. 제33조의9(위원의 결격사유) 다음 각 호의 어느 하나에 해당하는 사람은 중앙위원회 및 지방위원회의 위원이 될 수 없다.
<신 설>	1. 금치산자·한정치산자 또는 파산자로서 복권되지 아니한 사람 2. 금고 이상의 실형을 선고 받고 그 집행이 종료되거나 집행을 받지 아니하기로 확정된 후 2년이

	경과되지 아니한 사람 3. 법원의 판결이나 법률의 규정에 따라 자격이 상실 또는 정지된 사람
\<신 설\>	제33조의10(사실조사 등) ① 지방위원회는 대체복무의 결정에 관한 사항을 심사·의결하기 위하여 대체복무신청인 또는 증인·참고인 등으로부터 증언 또는 진술을 청취하거나 필요하다고 인정하는 경우에는 검증 또는 조사를 할 수 있다. ② 지방위원회는 심사와 관련하여 행정기관이나 관계 기관의 장에게 필요한 협조를 요청할 수 있다. 이 경우 협조를 요청 받은 행정기관이나 관계 기관의 장은 특별한 사유가 없는 한 이에 따라야 한다.
\<신 설\>	제33조의11(대체복무의 결정) ① 지방위원회의 각하·기각 또는 편입 결정은 신청을 받은 날부터 90일 이내에 서면으로 하고, 지방위원회의 결정이 있는 경우에 지방병무청장은 지체 없이 결정서 정본은 대체복무신청인에게 송달하여야 한다. ② 지방위원회는 대체복무의 신청이 다음 각 호의 어느 하나에 해당하는 경우에 그 신청을 각하한다. 1. 제33조의4 제1항에 따른 신청 기한을 경과하여 신청한 경우 2. 제33조의4 제1항에 따른 관할을 위반하여 신청한 경우 ③ 지방위원회는 대체복무 신청이 이유 없다고 인정하는 경우에 그 신청을 기각한다. ④ 지방위원회는 신청이 이유 있다고 인정하는 경우에 대체복무신청인을 대체복무요원으로의 편입을 결정(이하 "대체복무편입결정"이라 한다)한다. 다만, 현역병 또는 보충역으로 복무 중인 기간이 1년 이상 경과한 대체복무신청인의 경우에 현역병으로 복무 중인 사람은 집총이 수반되지 않는 업무에 복무할 수 있도록 결정(이하 "비집총복무결정"이라 한다)할 수 있고, 보충역으로 복무 중인 사람은 제55조 제1항·제2항에 따른 교육소집의 면제를 결정(이하 "교육소집면제결정"이라 한다)할 수 있다. ⑤ 제4항 단서에 따른 비집총복무결정 또는 교육소집면제결정을 받은 사람도 이 법에 따른 대체복무요원으로 본다.

<신 설>	⑥ 지방위원회의 각하, 기각 또는 대체복무편입결정에 대한 의결정족수 등에 필요한 사항은 대통령령으로 정한다.
	제33조의12(재심사) ① 대체복무신청인이 지방위원회의 각하 또는 기각 결정에 이의가 있을 때에는 결정서 정본을 송달받은 날부터 30일 이내에 대통령령으로 정하는 절차와 방식에 따라 중앙위원회에 재심사를 신청할 수 있다.
	② 중앙위원회는 제1항에 따라 재심사 신청을 받은 경우에 신청을 받은 날부터 60일 이내에 재심사 결정을 하여야 한다.
	③ 중앙위원회의 재심사를 위한 사실 검증·조사나 그 밖의 재심사 결정에 관하여 제1항 및 제2항에서 정한 사항을 제외하고는 제33조의10 및 제33조의11의 규정을 각각 준용한다.
<신 설>	제33조의13(대체복무요원의 편입) 제33조의11 및 제33조의12에 따라 대체복무편입결정을 받은 사람은 대체복무요원으로 편입된다.
<신 설>	제33조의14(대체복무요원의 복무분야 및 업무) ① 대체복무요원은 대체복무기관 등에서 다음 각 호의 복무분야 및 업무에 복무하게 하여야 한다.
	1. 아동·노인·장애인·여성 등의 보호·치료·요양·훈련·자활·상담 등의 사회복지 관련 업무
	2. 소방·의료·재난·구호 등의 공익 관련 업무
	② 대체복무요원은 다음 각 호 어느 하나의 업무에 복무하게 하여서는 아니 된다.
	1. 「국군조직법」 제2조에 따른 국군의 업무
	2. 「교정시설경비교도대설치법」 제1조에 따른 경비교도대의 업무
	3. 「전투경찰대설치법」 제1조에 따른 전투경찰대의 업무
	4. 제1호부터 제3호까지의 규정에 준하는 업무로서 대인용 무기를 소지한 상태에서 수행하여야 하는 업무
	③ 대체복무편입결정을 받은 사람은 결정서의 정본을 송달받은 날부터 30일 이내에 복무를 희망하는 분야를 선택하여 주소지를 관할하는 지방병무청에 서면으로 신고한다.
	④ 지방병무청장은 제3항에 따른 기간 이내에 신고를 하지 아니하는 경우에 직권으로 복무분야를

지정할 수 있다.

<신 설> 제33조의15(대체복무요원의 복무분야 등의 지정)
① 병무청장은 중앙위원회의 심사·의결을 거쳐 다음 연도의 복무분야·형태 및 대체복무기관 등을 지정하여 지방병무청장에게 통보하여야 한다.
② 지방병무청장은 제1항에 따른 통보를 받은 경우에 대통령령으로 정하는 바에 따라 대체복무요원의 희망·자질·학력 및 적성 등을 고려하여 복무분야·형태 및 대체복무기관 등을 지정한다.

<신 설> 제33조의16(대체복무요원의 소집) ① 지방병무청장은 대체복무요원 소집대상자에 대하여 제33조의15에서 지정된 대체복무분야에 따라 소집한다.
② 제1항에 따라 소집된 대체복무요원에 대하여는 제55조에 따른 교육소집을 실시하지 아니한다.
③ 그 밖에 대체복무요원의 소집에 필요한 사항은 대통령령으로 정한다.

<신 설> 제33조의17(대체복무요원의 복무기간 등) ① 대체복무요원은 제18조 제2항 제1호에 따른 복무기간의 1.5배를 복무하되, 제33조의18 제2항에 따라 실시하는 교육훈련은 복무기간에 산입한다.
② 대체복무요원이 복무를 마친 때에는 그 소집을 해제하고, 제2국민역에 편입한다.
③ 현역병 또는 보충역으로 복무 중인 사람이 대체복무편입결정을 받아 대체복무요원으로 복무하는 경우에는 제1항의 복무기간에서 현역병 또는 보충역으로 복무한 기간을 차감하여 복무한다.
④ 대체복무요원이 징역·금고 또는 구류의 형을 받거나 복무를 이탈한 경우에는 그 형의 집행일수나 복무이탈일수는 복무기간에 산입하지 아니한다.
⑤ 대체복무요원의 소집해제 보류에 관하여는 제18조 제4항을 준용한다.
⑥ 그 밖에 대체복무요원의 복무기간의 계산 및 소집해제 등에 관하여 필요한 사항은 대통령령으로 정한다.

<신 설> 제33조의18(대체복무요원의 복무 및 보수) ① 대체복무요원을 배정받은 대체복무기관 등의 장은 제33조의15에 따라 지정된 대체복무분야에 대체복무요원을 복무하게 하고 대체복무요원의 복무에 필요한 교육훈련에 관하여 대체복무요원을 지휘·감독한다.

| | ② 대체복무기관 등의 장은 복무와 관련하여 필요한 경우에 대통령령으로 정하는 바에 따라 대체복무요원에 대하여 교육훈련을 실시할 수 있다.
③ 대체복무요원은 복무시간 외에 지방병무청장의 지휘·감독을 받아 군부대 외의 시설에서 단체 합숙근무를 할 수 있다. 다만, 지방병무청장은 다음 각 호의 어느 하나에 해당하는 경우에 자택 또는 복무하고 있는 대체복무기관 등에서 개별 또는 소규모의 합숙근무를 하게 할 수 있다.
1. 특정 근무지역의 대체복무요원의 수가 단체 합숙근무를 할 만큼 충분하지 아니한 경우
2. 업무수행의 특수성으로 인하여 단체 합숙근무를 하는 것이 적당하지 아니한 경우
3. 그 밖에 대체복무요원의 복무여건과 사정 등을 고려하여 대통령령으로 정하는 경우
④ 대체복무기관 등의 장은 대체복무요원에 대하여 대통령령으로 정하는 바에 따라 보수와 직무수행 및 생활 등에 필요한 비용을 지급하여야 한다.
⑤ 그 밖에 대체복무요원의 복무 및 합숙근무에 필요한 사항은 대통령령으로 정한다.
제33조의19(대체복무요원의 신상이동통보) ① 대체복무요원을 배정받은 대체복무기관 등의 장은 대체복무요원이 다음 각 호의 어느 하나에 해당할 때에는 관할 지방병무청장에게 이를 통보하여야 한다.
1. 정당한 사유 없이 복무를 이탈하거나 해당 분야에 복무하지 아니한 때
2. 정당한 복무명령을 따르지 아니하여 제33조의20 제1항에 따라 경고처분된 때
3. 제33조의18 제3항 단서에 따라 자택근무를 하는 대체복무요원으로서 동거 가족의 전부나 일부가 거주지를 이동하여 출·퇴근 근무가 불가능하다고 인정한 때
4. 복무하고 있는 대체복무시설이 폐쇄 또는 이동된 때
5. 복무기간 중 징역 또는 금고의 실형을 선고받은 경우로서 정상적인 근무가 불가능하다고 인정되는 때
6. 복무기간 중 질병이나 심신장애로 복무하고 있는 기관에서 계속 근무하는 것이 불가능하다고 인 |
| <신 설> | |

	정되는 때
	② 지방병무청장은 제1항 제3호부터 제5호까지의 규정에 해당되는 통보를 받은 경우에 대체복무기관 등을 새로이 지정하여 복무하게 할 수 있다.
	③ 제2항에 따라 대체복무요원을 새로이 배정받은 대체복무기관 등의 장은 제33조의15에서 지정된 대체복무분야 및 형태에 부합하도록 대체복무요원을 복무하게 하고, 그 결과를 14일 이내에 관할 지방병무청장에게 통보하여야 한다.
<신 설>	제33조의20(대체복무요원의 연장복무 및 소집취소) ① 대체복무요원이 정당한 사유 없이 복무를 이탈한 경우에 그 연장근무 및 경고처분에 관하여는 제33조 제1항을 준용한다.
	② 대체복무요원으로서 제89조의2 제1호 또는 제89조의3 각 호 어느 하나의 사항을 위반하여 처벌을 받은 사람에 대하여는 그 소집을 취소하고 편입되기 전의 신분으로 복귀하여 현역병으로 입영하게 하거나, 공익근무요원으로 소집하여 대통령령으로 정하는 바에 따라 제33조의17 제1항에 따른 복무기간에서 대체복무요원으로 복무한 기간을 제외한 잔여 복무기간을 복무하게 하여야 한다. 다만, 제65조 제1항 제2호에 해당하는 사람의 경우에는 그러하지 아니하다.
제42조(공익근무요원 등의 복무기간 조정) ① 국방부장관은 병무청장의 요청에 따라 다음 각 호의 어느 하나에 해당하는 경우에는 공익근무요원·전문연구요원 또는 산업기능요원의 복무기간이나 의무종사기간을 1년의 범위에서 조정할 수 있다. 이 경우 공익근무요원 소집 대상 보충역으로 공익근무요원·전문연구요원·산업기능요원으로 소집되거나 편입된 사람에 대하여는 그 복무기간이나 의무종사기간의 조정 범위를 현역병입영 대상자로서 소집되거나 편입된 사람과 달리 정할 수 있다.	제42조(공익근무요원 등의 복무기간 조정) ①ㅡㅡ ㅡㅡ 공익근무요원·대체복무요원ㅡㅡㅡㅡㅡ ㅡㅡㅡㅡㅡㅡㅡㅡㅡㅡㅡㅡㅡㅡㅡㅡㅡㅡㅡㅡㅡ ㅡㅡㅡㅡㅡㅡㅡㅡㅡㅡㅡㅡㅡㅡㅡㅡㅡㅡㅡㅡㅡ ㅡㅡㅡㅡㅡㅡㅡㅡㅡㅡㅡㅡㅡㅡㅡㅡㅡㅡㅡㅡㅡ ㅡㅡㅡ 공익근무요원·대체복무요원ㅡㅡㅡㅡㅡㅡ ㅡㅡㅡㅡㅡㅡㅡㅡㅡㅡㅡㅡㅡㅡㅡㅡㅡㅡㅡㅡㅡ ㅡㅡㅡㅡㅡㅡㅡㅡㅡㅡㅡㅡㅡㅡㅡㅡㅡㅡㅡㅡㅡ ㅡㅡㅡㅡㅡㅡㅡㅡㅡㅡㅡㅡㅡㅡㅡㅡㅡㅡㅡㅡㅡ ㅡㅡㅡㅡㅡㅡㅡㅡㅡㅡㅡㅡㅡㅡㅡㅡㅡㅡㅡㅡㅡ ㅡㅡㅡㅡㅡㅡㅡㅡㅡㅡㅡㅡㅡㅡㅡㅡㅡㅡ.
1.~3. (생략)	1.~3. (현행과 같음)
② 국방부장관은 제1항에 따라 공	② ㅡㅡㅡㅡㅡㅡㅡㅡㅡㅡㅡㅡㅡㅡㅡㅡㅡㅡㅡ

익근무요원·전문연구요원 또는 산업기능요원의 복무기간이나 의무종사기간을 조정하려면 미리 국무회의의 심의를 거쳐 대통령의 승인을 받아야 한다.	―――― 공익근무요원·대체복무요원――――――― ―――――――――――――――――― ―――――――――――――――――― ―――――――――――――――――― ――――――――――――――.
③ (생략)	③ (현행과 같음)
제43조(공익근무요원 등의 실태조사) 지방병무청장이나 관할 지방병무청장은 공익근무요원·전문연구요원 및 산업기능요원이 복무하고 있는 국가기관·지방자치단체·공공단체·사회복지시설 및 지정업체 등에 대하여 대통령령으로 정하는 바에 따라 복무 및 관리에 관한 실태조사를 할 수 있다.	제43조(공익근무요원 등의 실태조사) ―――――― ―――――――――――――――――― ――공익근무요원·대체복무요원――――――― ―――――――――――――――――― ―――――――――――――――――― ―――――――――――――――――― ―――――――――――――――――― ――――――――.
제44조(병력동원소집 대상) 병력동원소집은 전시·사변 또는 이에 준하는 국가비상사태에 부대편성이나 작전수요(作戰需要)를 위하여 다음 각 호의 사람(이하 "병력동원소집 대상자"라 한다)을 대상으로 한다. <단서 신설>	제44조(병력동원소집 대상) ――――――― ―――――――――――――――――― ―――――――――――――――――― ―――――――――――――――――― ―――――――――――――――――― ――다만, 대체복무요원은 소집대상에서 제외한다.
1.~3. (생략)	1.~3. (현행과 같음)
제49조(병력동원훈련소집 대상 등) (생략)	제49조(병력동원훈련소집 대상 등) ① (현행과 같음)
<신 설>	② 제44조 각 호 외의 부분 단서에 따라 병력동원소집대상자에서 제외된 대체복무요원에 대하여는 병력동원훈련 소집기간과 같은 기간 동안 대통령령으로 정하는 바에 따라 대체복무기관 등에서 복무하게 하여야 한다.
제53조(전시근로소집 대상 등) ① 전시근로소집은 전시·사변 또는 이에 준하는 국가비상사태에 군사업무를 지원하기 위하여 다음 각 호의 어느 하나에 해당하는 사람을 대상으로 한다.	제53조(전시근로소집 대상 등) ① ―――――― ―――――――――――――――――― ―――――――――――――――――― ―――――――――――――――――― ―――――――――――――――――― ――――――――.
1.~3. (생략)	1.~3. (현행과 같음)
<신 설>	4. 제44조 각 호 외의 부분 단서에 따라 병력동원소집대상자에서 제외된 사람
② (생략)	② (현행과 같음)

제55조(교육소집 대상 등) ① 교육소집은 군사교육을 위하여 <u>보충역</u>과 승선근무예비역에 대하여 60일 이내로 실시할 수 있으며, 그 시기·소집기간·소집해제 등에 필요한 사항은 대통령령으로 정한다. 다만, <u>제2국민역</u>에 대하여는 군사교육이 필요한 경우 소집할 수 있다.	제55조(교육소집 대상 등) ① ---------- ----<u>보충역(대체복무요원은 제외한다)</u>----- --------------------------- --------------------------- --------------------------- --<u>제2국민역(제33조의17 제2항에 따라 제2국민 역에 편입된 사람은 제외한다)</u>----------- --------------------------- --------.
② 국방상 필요한 경우에는 대통령령으로 정하는 바에 따라 예비역·<u>보충역</u> 또는 <u>제2국민역</u>에 대하여 진급시키거나 장교임용에 필요한 자격을 부여하기 위하여 제1항의 소집을 할 수 있다. 이 경우 소집기간은 120일 이내로 한다.	② --------------------------- --------------------------- ----<u>보충역(대체복무요원은 제외한다)</u>------ -<u>제2국민역(제33조의17 제2항에 따라 제2국민역 에 편입된 사람은 제외한다)</u>----------- --------------------------- --------------------.
③ (생략)	③ (현행과 같음)
<신 설>	④ 교육소집 대상자에서 제외된 대체복무요원에 대하여는 교육소집 기간과 같은 기간 동안 대통령령으로 정하는 바에 따라 대체복무기관등에서 복무하게 하여야 한다.
제63조(가사사정으로 인한 전역 등) ① (생략)	제63조(가사사정으로 인한 전역 등) ① (현행과 같음)
② <u>현역병 또는 공익근무요원</u>으로 복무 중인 사람으로서 제62조 제1항 제2호에 해당하는 사람은 원할 경우 복무기간을 6개월로 단축할 수 있으며, 복무기간을 마친 사람은 보충역에 편입하거나 소집을 해제한다. <단서 신설>	② <u>현역병·공익근무요원 또는 대체복무요원</u>--- --------------------------- --------------------------- --------------------------- --------------------------- -------------<u>다만, 대체복무요원은 제33조 의17 제2항을 준용한다.</u>
③ (생략)	③ (현행과 같음)
제71조(입영의무 등의 감면) ① 징병검사, <u>현역병입영 또는 공익근무요원소집</u>의무는 36세부터 면제되며, 면제된 사람은 제2국민역에 편입한다. 다만, 다음 각 호의 어느 하나에 해당하는 사람은 38세부터 면제된다.	제71조(입영의무 등의 감면) ① ---------- <u>현역병입영, 공익근무요원소집 또는 대체복무소집</u> --------------------------- --------------------------- ----------------. --------------------------- ----------.
1. 정당한 사유 없이 징병검사, <u>현역병입영 또는 공익근무요원소집</u>을 기피한 사실이 있거나 기피하	1. ------------------<u>현역병입영, 공익근 무요원소집 또는 대체복무요원소집</u>--------- ---------------------------.

고 있는 사람과 행방을 알 수 없었거나 알 수 없는 사람	-----------------------------------
1의2.~12. (생략)	1의2.~12. (현행과 같음)
② (생략)	② (현행과 같음)
제73조(복학보장 및 군복무 중 학점취득 인정) ① 고등학교 이상의 학교의 장은 징집·소집 또는 지원에 의하여 입영하거나 소집 등에 의한 승선근무예비역 또는 보충역 복무(공익근무요원·공중보건의사·국제협력의사·공익법무관·공중방역수의사·전문연구요원·산업기능요원으로 복무하거나 의무종사하는 것을 말한다. 이하 제74조에서 같다)를 하는 학생에 대하여는 입영 또는 복무와 동시에 휴학하게 하고, 그 복무를 마쳤을 때에는 원할 경우 복학시켜야 한다. 등록기간이 지났어도 학사일정에 지장이 없는 사람은 원할 경우 복학시켜야 한다.	제73조(복학보장 및 군복무 중 학점취득 인정) ① -- 공익근무요원·대체복무요원·--. --.
② (생략)	② (현행과 같음)
제75조(보상 및 치료) ① (생략)	제75조(보상 및 치료) ① (현행과 같음)
② 제26조 제1항 제1호 및 제2호에 따른 공익근무요원으로 복무 중 순직한 사람(공상 또는 공무상 질병으로 사망한 사람을 포함한다. 이하 같다)의 유족과 공상(공무상 질병을 포함한다)을 입고 소집해제된 사람(제2국민역에 편입되거나 병역이 면제된 사람을 포함한다) 및 그 가족은 「국가유공자 등 예우 및 지원에 관한 법률」에서 정하는 바에 따라 보상을 받을 수 있다.	② ---------------------------------------공익근무요원 및 제33조의13에 따른 대체복무요원--.
③ (생략)	③ (현행과 같음)
④ 제26조 제1항 제1호 및 제2호에 따른 공익근무요원으로 복무 중에 공상 또는 공무상 질병을 얻은 사람에 대하여는 대통령령으로	④ ---------------------------------------공익근무요원 및 제33조의13에 따른 대체복무요원---

정하는 바에 따라 국가·지방자치단체 또는 공공단체 등의 부담으로 군의료시설이나 국가·지방자치단체 또는 민간 의료시설에서 치료한다.	─── .
⑤~⑥ (생략)	⑤~⑥ (현행과 같음)
제75조의2(재해 등에 대한 보상) ① 제26조 제1항 제1호 및 제2호에 따른 <u>공익근무요원</u>으로 복무 중에 순직(공상 또는 공무상 질병으로 사망한 경우를 포함한다)하거나 공상 또는 공무상 질병을 얻은 경우에는 재해보상금을 지급한다. 다만, 다른 법령에 따라 국가·지방자치단체 또는 공공단체가 부담하는 같은 종류의 보상금을 받은 사람에 대하여는 그 보상금에 상당하는 금액은 지급하지 아니한다.	제75조의2(재해 등에 대한 보상) ① ────────────── 공익근무요원 및 제33조의13에 따른 대체복무요원── -.── .
②~③ (생략)	②~③ (현행과 같음)
제76조(병역의무 불이행자에 대한 제재) ① 국가기관, 지방자치단체의 장 또는 고용주는 다음 각 호의 어느 하나에 해당하는 사람을 공무원이나 임직원으로 임용하거나 채용할 수 없으며, 재직 중인 경우에는 해직하여야 한다.	제76조(병역의무 불이행자에 대한 제재) ① ─── .
1.~2. (생략)	1.~2. (현행과 같음)
<u>3. 군복무 및 공익근무요원복무를</u> 이탈하고 있는 사람	3. 군복무·공익근무요원복무 또는 대체복무요원복무─────────────
②~③ (생략)	②~③ (현행과 같음)
제83조(전시특례) ① (생략)	제83조(전시특례) ① (현행과 같음)
② 병무청장은 전시·사변 또는 동원령이 선포된 경우에는 다음 각 호의 조치를 할 수 있다.	② ── .
1.~2. (생략)	1.~2. (현행과 같음)
3. 제14조 제1항 제1호에 따른 보충역 및 제36조에 따른 전문연구요원 또는 산업기능요원인 보충역 중 제55조에 따른 교육소집을 받지 아니한 사람을 현역병입영 대	3. ──

상으로의 전환, 교육소집을 마친 사람을 병력동원소집 대상으로의 전환(제55조 제3항에 따라 교육소집을 받지 아니한 사람을 전시근로소집 대상으로의 전환을 말한다) <단서 신설>	------------------------------------- ------------------------------------- ------------------------------------- -----. 다만, 제33조의13에 따라 대체복무요원으로 편입되거나 소집된 사람에 대하여는 그러하지 아니하다.
4. (생략)	4. (현행과 같음)
5. 제60조 제1항 및 제2항에 따른 징병검사 연기 및 징집·소집 연기의 정지 <단서 신설>	5. ---------------------------- ------------------------------------- ----------------------------. 다만, 대체복무신청인으로서 지방위원회의 대체복무편입 결정이나 중앙위원회의 재심사 결정이 종료되지 아니한 사람에 대하여는 그러하지 아니하다.
6.~11. (생략)	6.~11. (현행과 같음)
③ (생략)	③ (현행과 같음)
제84조(신상이동 통보 불이행 등) ① 다음 각 호의 어느 하나에 해당하는 경우에는 6개월 이하의 징역 또는 2000만 원 이하의 벌금에 처한다.	제84조(신상이동 통보 불이행 등) ①------ ------------------------------------- ------------------------------------- ------------------------------------- -------.
1. 고용주가 정당한 사유 없이 제23조의3, 제40조 또는 제67조 제2항에 따른 신상이동 통보를 하지 아니하거나 거짓으로 통보한 경우	1. 고용주 또는 대체복무기관 등(국가기관·지방자치단체가 직접 운영하는 시설은 제외한다)---- ------------------- 제33조의19, 제40조 --------------------
2. (생략)	2. (현행과 같음)
② (생략)	② (현행과 같음)
제88조(입영의 기피 등) ① 현역 입영 또는 소집 통지서(모집에 의한 입영 통지서를 포함한다)를 받은 사람이 정당한 사유 없이 입영일이나 소집기일부터 다음 각 호의 기간이 지나도 입영하지 아니하거나 소집에 응하지 아니한 경우에는 3년 이하의 징역에 처한다. 다만, 제53조 제2항에 따라 전시근로소집에 대비한 점검통지서를 받은 사람이 정당한 사유 없이 지정된 일시의 점검에 참석하지 아니한 경우에는 6개월 이하의 징역이나 200만 원 이하의 벌금 또는 구	제88조(입영의 기피 등) ① ------------ ------------------------------------- ------------------------------------- ------------------------------------- ------------------------------------- ------------------------------------- ------------------------------------- ------------------------------------- ------------------------------------- -------------------------------. ------------------------------------- ------------------------------------- -------------------------------------

류에 처한다.	---------.
1. (생략)	1. (현행과 같음)
2. 공익근무요원소집은 3일	2. 공익근무요원 및 대체복무요원----------
3.~4. (생략)	3.~4. (현행과 같음)
②~③ (생략)	②~③ (현행과 같음)
제89조(공익근무요원의 대리복무) 공익근무요원으로 복무할 사람을 대리하여 복무한 사람은 1년 이상 3년 이하의 징역에 처한다.	제89조(공익근무요원 등의 대리복무) 공익근무요원 또는 대체복무요원--.
제89조의2(공익근무요원 등의 복무이탈) 다음 각 호의 어느 하나에 해당하는 사람은 3년 이하의 징역에 처한다.	제89조의2(공익근무요원 등의 복무이탈) --.
1. 공익근무요원으로서 정당한 사유 없이 통틀어 8일 이상 복무를 이탈하거나 해당 분야에 복무하지 아니한 사람	1. 공익근무요원 또는 대체복무요원 ---
2. 공중보건의사·징병검사전담의사 또는 국제협력의사로서 정당한 사유 없이 통틀어 8일 이상 근무지역을 이탈하거나 해당 분야의 업무에 종사하지 아니한 사람	2. -- 이탈(대체복무요원은 단체 합숙근무에서 이탈한 것을 포함한다)----------------------------
3.~5. (생략)	3.~5. (현행과 같음)
<신 설>	6. 거짓의 진술이나 자료제출 등 부정한 방법으로 대체복무요원으로 편입된 사람
제91조(허위증명서 등의 발급) 공무원·의사 또는 치과의사로서 병역의무를 연기 또는 면제시키거나 이 법에 따른 복무기간을 단축시킬 목적으로 거짓 서류·증명서 또는 진단서를 발급한 사람은 1년 이상 10년 이하의 징역에 처한다. 이 경우 10년 이하의 자격정지를 함께 과(科)할 수 있다.	제91조(허위증명서 등의 발급) 공무원·종교인·의사--.

18대 국회 입법안(2011. 7. 1.)

병역법 일부개정법률안(김부겸 의원 대표발의)

발의 연월일   2011. 9. 14.

발의자   김부겸, 정장선, 조영택, 김성곤, 조승수, 박은수,
             강기갑, 유원일, 유선호, 원혜영, 정동영 의원(11인)

제안이유

현행법상 우리나라는 종교적 신념 또는 양심의 확신을 이유로 병역의무를 거부하는 자에 대한 대체복무수단이 마련되어 있지 않아 자신의 양심과 신념에 충실하려는 젊은이들이 병역기피 등의 죄로 처벌되고 있음.

1950년 이래로 양심적 병역거부자 1만 6000여 명이 수감생활을 했고, 2011년 4월 현재 900여 명이 수감 중에 있는데, 이들은 출소 이후에도 취업에 제한을 받는 등 사회생활에 극히 어려움을 겪고 있음.

양심적 병역거부권 인정이 병역기피 수단으로 악용될 소지가 있음을 분명 간과할 수는 없으나 이를 이유로 양심적 병역거부자에 대한 대체복무제도를 인정하지 않은 채 병역기피의 죄로 무조건 처벌하는 것은 헌법이 보장한 양심의 자유의 본질적 내용을 침해할 소지가 있음.

2004년 7월 대법원은 양심적 병역거부자들에게 유죄 선고를 했으나 대체복무의 필요성을 인정하였으며, 같은 해 8월 헌법재판소는 병역법 제88조를 합헌 결정했으나 재판관 2명은 위헌 의견을 냈고, 5명은 입

법 권고를 하였음. 또한, 2005년 12월 국가인권위원회도 대체복무제 도입 권고 결정을 내렸음.

국제사회도 한국의 병역거부 상황을 인지하고, 정부에 대한 압박이 이루어지고 있는데, 유엔자유권규약위원회는 2006년, 2010년, 2011년 병역거부자의 권리를 인정하여 입법 조치를 취할 것을 권고하였음.

현재 헌법재판소는 병역법과 향군법을 놓고 전국의 법원과 개인이 청구한 위헌법률심판 사건과 헌법소원 사건을 병합해 각각 1건씩 심리하고 있어 위헌여부결정을 앞두고 있음. 또한, 시민사회단체는 헌법재판소와 대법원이 대체복무의 입법 필요성을 인정했음에도 국회가 그 의무를 다하지 않았다며, 국회를 상대로 대체복무제 입법부작위 위헌확인 소송을 제기한 상태임.

양심적 병역거부자의 대체복무 마련과 관련하여, 지난 17대 국회에서 2건의 법안이 제출되었으나 임기만료 폐기되었으며, 18대 국회에서는 단 1건의 법안도 제출되지 않은 실정임.

이에 이러한 무책임의 고리를 끊고, 국방의 의무와 개인의 양심이 조화롭게 공존할 수 있도록 현행법에 양심적 병역거부자에 대한 대체복무제도를 마련하려는 것임.

주요 내용

가. 양심적 병역거부자로 인정되어 국가기관·지방자치단체 또는 대통령령으로 정하는 단체 또는 시설에서 대통령령으로 정하는 사회복지업무에 복무하는 사람을 사회복지요원이라 정의함(안 제2조 제17의2 신설).

나. 현역병입영대상자 또는 보충역 처분을 받은 사람 중 종교적 신념 또는 양심의 확신을 이유로 병역의무의 이행을 거부하고자 하는 사람(이하 "양심적 병역거부자"라 함)은 지방병무청장에게 양심적 병역거부자 인정 여부 심사를 신청하도록 함(안 제43조의2 신설).

다. 양심적 병역거부자 인정 여부를 심사·의결하기 위하여 병무청에 중앙양심적 병역거부판정위원회(이하 "중앙위원회"라 함)를 두고, 지방병무청에 지방양심적 병역거부판정위원회(이하 "지방위원회"라 함)를 두도록 함(안 제43조의3 신설).

라. 지방병무청장은 양심적 병역거부자 인정 여부를 지방위원회의 심사·의결을 거쳐 신청이 있는 날부터 90일 이내에 결정하고 그 결정서 정본을 신청인에게 지체 없이 송달하도록 하며, 신청인은 그 결정에 대한 이의가 있는 경우 결정서를 송달받은 날부터 30일 이내에 병무청장에게 재심사를 신청하도록 함(안 제43조의4 신설).

마. 양심적 병역거부자로 인정받은 사람은 사회복지요원으로 편입함(안 제43조의6 신설).

바. 지방병무청장은 복무기관의 장으로부터 다음 해에 필요한 인원의 배정을 요청 받아 사회복지요원의 복무기관·복무분야·복무형태·배정인원 등을 결정하고, 사회복무분야 소집대상자에 대하여는 복무분야를 정하여 소집하도록 함(안 제43의8·제43조의9 신설).

사. 사회복지요원의 복무기간은 육군 현역병 복무기간의 1.5배 이내의 범위에서 하고, 복무를 마친 때에는 제2국민역으로 편입하도록 함(안 제43조의10 신설).

아. 사회복지요원은 원칙적으로 기숙 근무를 하며, 소속 복무기관의 장의 지휘·감독을 받도록 함(안 제43의11 신설).

자. 복무기관의 장은 사회복지요원이 정당한 사유 없이 복무를 이탈하거나 해당 분야에 복무를 하지 아니한 경우, 정당한 복무명령을 따르지 아니하여 경고처분된 경우, 복무기관이 폐쇄되거나 이동한 경우, 복무기간 중 징역·금고형을 선고받은 경우로서 정상적인 근무가 불가능하다고 인정되는 경우 등에는 14일 이내에 관할 지방병무청장에게 이를 통보하도록 함(안 제43조의13 신설).

차. 사회복지요원이 정당한 사유 없이 복무를 이탈한 경우에는 그 이탈일수의 5배의 기간을 연장하여 복무하게 하고, 다른 사람의 근무 방해 또는 정치적 목적을 지닌 행위를 하거나 다른 사회복무요원에게 가혹행위를 하는 경우 등에는 경고처분을 하되, 경고처분 매 1회마다 5일을 연장하여 복무하도록 함(안 제43조의15 신설).

카. 사회복지요원이 부정한 방법으로 사회복지요원으로 편입된 경우, 정당한 사유 없이 통틀어 8일 이상 해당 분야에 복무하지 아니한 경우, 정당한 복무명령을 따르지 아니하여 통틀어 4회 이상 경고처분을 받은 경우에는 그 소집을 취소하도록 함(안 제43조의16 신설).

타. 사회복지요원에 편입될 목적으로 거짓 진술 또는 서류제출 등 부정한 방법으로 사회복지요원에 편입되거나 신청인을 대리하여 양심적 병역거부자 인정 여부에 관한 심사를 받은 사람에 대하여는 1년 이상 3년 이하의 징역에 처하도록 함(안 제92조의3 신설).

법률 제   호

병역법 일부개정법률안

병역법 일부를 다음과 같이 개정한다.

제2조 제1항 제2호 중 "공익"을 "공익·사회복지"로 하고, 같은 항에 제17호의2를 다음과 같이 신설한다.

제17호의2. "사회복지요원"이란 제43조의6에 따라 편입되어 국가기관·지방자치단체 또는 대통령령으로 정하는 공익적 단체 또는 시설에서 대통령령으로 정하는 사회복지업무에 복무하는 사람을 말한다.

제5조 제1항 제3호 중 "산업기능요원"을 "산업기능요원, 사회복지요원"으로, "마친 사람"을 "마친 사람(사회복지요원의 복무를 마친 사람은 제외한다)"으로 한다.

제42조 제1항 각 호 외의 부분 전단 및 후단 중 "산업기능요원"을 각각 "산업기능요원 또는 사회복지요원"으로 하고, 같은 조 제2항 중 "전문연구요원 또는 산업기능요원"을 "전문연구요원·산업기능요원 또는 사회복지요원"으로 한다.

제43조 중 "전문연구요원 및 산업기능요원"을 "전문연구요원·산업기능요원 및 사회복지요원"으로 한다.

제5장에 제4절(제43조의2부터 제43조의16)을 다음과 같이 신설한다.

제4절 양심적 병역거부자의 인정 및 사회복지요원의 복무
제43조의2(양심적 병역거부자의 인정 신청)

제14조에 따라 현역병입영 대상자 또는 보충역의 처분을 받은 사람 중 종교적 신념 또는 양심의 확신을 이유로 병역의무의 이행을 거부하고자 하는 사람(이하 "양심적 병역거부자"라 한다)은 그 처분을 받은 날부터 60일 이내에 대통령령으로 정하는 바에 따라 지방병무청장에게 양심적 병역거부자의 인정 여부를 판정받기 위한 심사를 신청하여야 한다.

제43조의3(양심적 병역거부판정위원회)

① 양심적 병역거부자의 인정 여부를 심사·의결하기 위하여 병무청에 중앙양심적 병역거부판정위원회(이하 이 절에서 "중앙위원회"라 한다)를 두고, 지방병무청에 지방양심적 병역거부판정위원회(이하이 절에서 "지방위원회"라 한다)를 둔다.

② 중앙위원회와 지방위원회(이하 이 절에서 "위원회"라 한다)는 각각 위원장 1인을 포함한 9인 이내의 위원으로 구성한다.

③ 위원은 다음 각 호의 어느 하나에 해당하는 사람 중에서 중앙위원회는 병무청장이 위촉 또는 임명하고, 지방위원회는 지방병무청장이 위촉 또는 임명한다.

1. 철학·종교학·심리학·사회학 또는 정치학 등을 전공한 사람으로서 대학 또는 연구기관에서 부교수 이상 또는 이에 상당하는 직에 5년 이상 재직한 사람

2. 판사·검사 또는 변호사의 직에 10년 이상 재직한 사람

3. 시민사회단체로부터 추천을 받은 사람

4. 사회적 신망이 높고 학식과 경험이 풍부한 사람

5. 4급 이상 관계 공무원

④ 중앙위원회 위원장은 중앙위원회 위원 중에서 병무청장이 임명하고, 지방위원회 위원장은 지방위원회 위원 중에서 지방병무청장이 임명한다.

⑤ 그 밖에 위원회의 구성·운영 등에 필요한 사항은 대통령령으로 정한다.

제43조의4(양심적 병역거부자 결정 등)

① 지방병무청장은 대통령령으로 정하는 바에 따라 지방위원회의 심사·의결을 거쳐 제43조의2에 따른 신청이 있는 날부터 90일 이내에 양심적 병역거부자 인정 여부를 결정하여야 하고, 그 결정서 정본을 지체 없이 신청인에게 송달하여야 한다.

② 지방병무청장의 결정에 대하여 이의가 있는 신청인은 제1항에 따른 결정서를 송달받은 날부터 30일 이내에 병무청장에게 재심

사를 신청할 수 있다.

③ 병무청장은 대통령령으로 정하는 바에 따라 중앙위원회의 심사·의결을 거쳐 제2항에 따른 신청이 있는 날부터 60일 이내에 양심적 병역거부자 인정 여부를 결정하여야 하고, 그 결정서 정본을 지체 없이 신청인에게 송달하여야 한다.

④ 양심적 병역거부자로 인정받지 못한 사람은 결정서 정본을 받은 날부터 60일 이내에 법원에 소송을 제기할 수 있다.

제43조의5(사실조사 등)

① 위원회는 심사를 위하여 신청인·증인·참고인 등으로부터 증언 또는 진술을 청취하거나 필요하다고 인정하는 경우에는 검증 또는 조사를 할 수 있다.

② 위원회는 심사와 관련하여 관계기관의 장에게 필요한 협조를 요청할 수 있다. 이 경우 관계기관의 장은 특별한 사유가 없는 한 이에 응하여야 한다.

제43조의6(사회복지요원의 편입)

제43조의4에 따라 양심적 병역거부자로 인정받은 사람은 사회복지요원으로 편입할 수 있다. 이 경우 현역병입영 대상자는 보충역에 편입한다.

제43조의7(사회복지요원의 업무)

사회복지요원은 국가기관·지방자치단체 또는 대통령령으로 정하는 공익적 단체 또는 시설(이하 이 절에서 "복무기관"이라 한다)에서 아동·노인·장애인·여성 등의 보호·치료·요양·훈련·자활 등과 관련하여 대통령령으로 정하는 업무를 수행한다.

제43조의8(사회복지요원의 배정 결정)

지방병무청장은 제43조의7에 따른 업무에 복무할 사회복지요원을 필요로 하는 복무기관의 장으로부터 다음 해에 필요한 인원의 배정을 요청받으면 복무기관·복무분야·복무형태 및 배정인원 등을 결정한다.

제43조의9(사회복지요원의 소집)

① 지방병무청장은 사회복지요원 소집대상자에 대하여 복무분야를

정하여 소집한다

② 제1항에 따른 복무분야를 정할 때에는 사회복지요원 소집대상자의 신체등위·학력·전공·적성 등을 고려하여야 한다.

③ 제1항에 따라 소집된 사람에 대하여는 제55조에 따른 교육소집을 실시하지 아니한다.

④ 그 밖에 사회복지요원의 소집에 필요한 사항은 대통령령으로 정한다.

제43조의10(사회복지요원의 복무기간 등)

① 사회복지요원은 육군 현역병의 1.5배 이내의 범위에서 사회복지분야에 복무하여야 하며, 복무를 마친 때에는 그 소집을 해제하고, 제2국민역에 편입한다.

② 사회복지요원이 징역·금고 또는 구류의 형을 받거나 복무를 이탈한 경우에는 그 형의 집행일수 또는 복무이탈일수는 복무기간에 산입하지 아니한다.

③ 제43조의14에 따른 교육의 기간은 복무기간에 산입한다.

④ 그 밖에 사회복지요원의 복무기간 등에 필요한 사항은 대통령령으로 정한다.

제43조의11(사회복지요원의 복무 및 보수 등)

① 사회복지요원을 배정받은 복무기관의 장은 제43조의9에 따라 지정된 복무분야에 복무하게 하여야 하며, 그 복무에 필요한 사항은 이 법에서 정하는 사항을 제외하고는 대통령령으로 정한다. 이 경우 사회복지요원의 직무상 행위는 공무수행으로 본다.

② 제1항에 따라 사회복지요원을 배정받은 복무기관의 장은 사회복지요원의 복무분야를 변경할 필요가 있을 때에는 관할 지방병무청장에게 그 변경을 요청하여야 한다.

③ 사회복지요원은 기숙 근무하며, 소속 복무기관의 장의 지휘·감독을 받는다. 다만, 기숙 근무가 곤란하거나 업무수행의 특수성 등으로 인하여 필요한 경우에는 대통령령으로 정하는 바에 따라 출·퇴근 근무를 하게 할 수 있다.

④ 사회복지요원에게는 대통령령으로 정하는 바에 따라 보수와 직무수행에 필요한 여비 등을 지급한다.

제43조의12(사회복지요원의 복무관리)

① 사회복지요원이 복무하는 국가기관·지방자치단체 또는 공공단체의 장은 사회복지요원 복무관리 담당직원을 지정하여야 한다. 다만, 국가기관·지방자치단체 또는 공공단체 외에서 복무하는 사회복지요원에 대하여는 지방병무청장이 소속 직원 중에서 복무관리 담당직원을 지정할 수 있다.

② 사회복지요원의 복무와 관련하여 병무청장은 대통령령으로 정하는 바에 따라 사회복지요원을 관리·감독할 수 있다. 이 경우 복무기관의 장은 이에 협조하여야 한다.

제43조의13(사회복지요원의 신상이동통보)

① 사회복지요원을 배정받은 복무기관(국가기관·지방자치단체 또는 공공단체인 경우에 한한다)의 장은 사회복지요원이 다음 각 호의 어느 하나에 해당하게 된 때에는 14일 이내에 관할 지방병무청장에게 이를 통보하여야 한다. 다만, 국가기관·지방자치단체 또는 공공단체 외의 사회복지요원을 배정받은 복무기관의 장은 시장(제주특별자치도지사를 포함한다)·군수·구청장(자치구의 구청장을 말한다)을 거쳐 관할 지방병무청장에게 통보하여야 한다.

1. 정당한 사유 없이 복무를 이탈하거나 해당 분야에 복무하지 아니한 경우
2. 정당한 복무명령을 따르지 아니하여 제43조의15에 따라 경고 처분된 경우
3. 전 가족이 거주지를 이동하여 출·퇴근 근무가 불가능하다고 인정한 경우
4. 복무하고 있는 기관이 폐쇄되거나 이동한 경우
5. 복무기간 중 징역 또는 금고의 형을 선고받은 경우로서 정상적인 근무가 불가능하다고 인정되는 경우
6. 복무기간 중 질병이나 심신장애의 발생 또는 악화로 인하여 복

무하고 있는 기관에서 계속 근무하는 것이 불가능하다고 인정한 경우

② 지방병무청장은 제1항 제3호 또는 제4호에 해당하는 사회복지요원의 통보를 받은 때에는 대통령령으로 정하는 바에 따라 그 사회복지요원에 대하여 복무기관·복무분야를 새로 지정할 수 있다.

제43조의14(소양 및 직무교육 등)

① 병무청장 또는 지방병무청장은 사회복지요원으로서 복무수행에 필요한 소양교육을 대통령령으로 정하는 바에 따라 실시할 수 있다.

② 복무기관의 장은 사회복지요원에 대하여 담당직무를 효과적으로 수행할 수 있는 능력을 배양하는 데 필요한 직무교육을 대통령령으로 정하는 바에 따라 실시할 수 있다.

③ 사회복지요원이 정당한 사유 없이 복무를 이탈한 경우에는 대통령령으로 정하는 바에 따라 병무청장 또는 지방병무청장이 보수교육을 실시할 수 있다.

제43조의15(사회복지요원의 연장복무)

사회복지요원이 정당한 사유 없이 복무를 이탈한 경우에는 그 이탈일수의 5배의 기간을 연장하여 복무하게 하고, 다음 각 호의 어느 하나에 해당하는 경우에는 경고처분하되, 경고처분 매 1회마다 5일을 연장하여 복무하게 한다. 다만, 제1호부터 제4호까지의 어느 하나에 해당하는 사유로 통틀어 4회 이상 경고처분을 받은 사람과 정당한 사유 없이 통틀어 8일 이상 복무를 이탈하거나 해당 분야에 복무하지 아니한 사람의 경우에는 그러하지 아니하다.

1. 다른 사람의 근무를 방해하거나 근무태만을 선동한 경우
2. 정당이나 그 밖의 정치단체에 가입하는 등 정치적 목적을 지닌 행위를 한 경우
3. 다른 사회복지요원에게 가혹행위를 한 경우
4. 복무와 관련하여 영리를 추구하거나 복무기관의 장 허가 없이 다른 직무를 겸하는 행위를 한 경우

제43조의16(사회복지요원의 소집취소 등)

① 사회복지요원이 다음 각 호의 어느 하나에 해당하는 경우에는 그 소집을 취소한다.

  1. 거짓의 진술 또는 자료제출 등 부정한 방법으로 사회복지요원으로 편입한 때

  2. 정당한 사유 없이 통틀어 8일 이상 복무를 이탈하거나 해당 분야에 복무하지 아니한 때

  3. 제43조의15 제1호부터 제4호까지의 어느 하나에 해당하는 사유로 통틀어 4회 이상 경고처분을 받은 때

② 제1항 제1호에 따라 소집이 취소된 사람은 편입되기 전의 신분으로 복귀하여 현역병으로 입영하게 하거나 공익근무요원으로 소집하여야 한다.

③ 제2항에 따라 현역병으로 입영하거나 공익근무요원으로 소집된 경우에는 사회복지요원으로 편입되어 1년 이상 복무한 사람에 한정하여 복무기간 4개월마다 1개월씩 복무기간을 단축한다.

④ 사회복지요원으로서 제1항 제2호 또는 제3호에 해당하는 사유로 제89조의2 제1호 또는 제89조의3에 따라 형의 선고를 받은 사람에 대하여는 대통령령으로 정하는 바에 따라 남은 복무기간을 사회복지요원으로 복무하게 한다. 다만, 제65조 제1항 제2호에 해당하는 사람의 경우에는 그러하지 아니하다.

제53조 제1항 제3호 중 "제55조 제3항"을 "제55조"로 한다.

제55조 제1항 본문 중 "보충역"을 "보충역(사회복지요원은 제외한다. 이하 이 조에서 같다)"으로 하고, 같은 항 단서 중 "제2국민역"을 "제2국민역(제43조의10 제1항에 따라 제2국민역에 편입된 자를 제외한다. 이하 이 조에서 같다)"으로 한다.

제57조 제1항 중 "공익근무요원"을 "공익근무요원·사회복지요원"으로 한다.

제63조 제2항 중 "현역병 또는 공익근무요원"을 "현역병·공익근무

요원 또는 사회복지요원"으로 하고, 같은 항에 단서를 다음과 같이 신설한다.

다만, 사회복지요원이 복무를 마친 때에는 그 소집을 해제하고 제2국민역에 편입한다.

제65조 제2항 및 제6항 중 "공익근무요원소집"을 각각 "공익근무요원소집 또는 사회복지요원소집"으로 하고, 같은 조 제7항 중 "공익근무요원소집"을 "공익근무요원소집 또는 사회복지요원소집"으로, "공익근무요원소집이 연기된 사람에 대하여는 제55조에 따른 교육소집을 하며, 그 교육소집을 마치면 공익근무요원의 복무를 마친 것으로 본다"를 "공익근무요원소집 또는 사회복지요원소집이 연기된 사람에 대하여는 공익근무요원 또는 사회복지요원의 복무를 마친 것으로 본다"로 하며, 같은 항에 단서를 다음과 같이 신설하고, 같은 조 제8항 중 "현역 또는 공익근무요원"을 "현역·공익근무요원 또는 사회복지요원"으로 한다.

다만, 공익근무요원으로서 복무 종료 전에 제55조에 따른 교육소집을 받지 아니한 경우에는 그 교육소집을 마친 때 공익근무요원의 복무를 마친 것으로 본다.

제68조 제1호 중 "제26조 제1항 제3호·제4호 및 제36조"를 "제26조 제1항 제3호·제4호, 제36조 및 제43조의6"으로, "전문연구요원 및 산업기능요원"을 "전문연구요원, 산업기능요원 및 사회복지요원"으로 하고, 같은 조 제4호 중 "현역병 또는 공익근무요원"을 "현역병·공익근무요원 또는 사회복지요원"으로 한다.

제71조 제1항 각 호 외의 부분 본문 및 제1호 중 "현역병입영 또는 공익근무요원소집"을 각각 "현역병입영, 공익근무요원소집 또는 사회복지요원소집"으로 하고, 같은 항에 제4호의2를 다음과 같이 신설하며, 같은 항 제7호 중 "보충역에 편입되거나 공익근무요원소집"을 "보충역 편입, 공익근무요원소집 또는 사회복지요원소집"으로 하고, 같은 조 제8호 중 "공익근무요원소집"을 "공익근무요원소집 또는 사회복지요원소집"으로 한다.

4의2. 제43조의16에 따라 사회복지요원의 소집이 취소된 사람

제73조 제1항 전단 중 "산업기능요원"을 "산업기능요원 및 사회복지요원"으로 한다.

제74조의2 제1항 중 "산업기능요원"을 "산업기능요원, 사회복지요원"으로 한다.

제75조 제2항 및 제4항 중 "공익근무요원"을 각각 "공익근무요원 또는 사회복지요원"으로 한다.

제75조의2 제1항 본문 중 "공익근무요원"을 "공익근무요원 또는 사회복지요원"으로 한다.

제76조 제1항 제3호 중 "군복무 및 공익근무요원복무"를 "군복무, 공익근무요원복무 및 사회복지요원복무"로 한다.

제83조 제2항 제3호에 단서를 다음과 같이 신설하고, 같은 항 제5호에 단서를 다음과 같이 신설한다.

다만, 제43조의6 또는 제43조9에 따라 사회복지요원으로 편입되거나 소집된 사람에 대하여는 그러하니 아니하다.

다만, 제43조의2 또는 제43조의4 제2항에 따라 양심적 병역거부자의 인정 여부를 신청한 자로서 그 심사가 종료되지 아니한 사람에 대하여는 그러하지 아니하다.

제84조 제1항에 제3호를 다음과 같이 신설한다.

  3. 사회복지요원을 배정받은 기관의 장이 정당한 사유 없이 제43조13에 따른 신상이동 통보를 아니 하거나 거짓으로 통보한 경우

제88조 제1항 제2호 중 "공익근무요원소집"을 "공익근무요원소집 및 사회복지요원소집"으로 한다.

제89조 중 "공익근무요원"을 "공익근무요원 또는 사회복지요원"으로 한다.

제89조의2 제1호 중 "공익근무요"를 "공익근무요원 또는 사회복지요"로 한다.

제89조의3의 제목 중 "공익근무요원"을 "공익근무요원 등"으로 하

고, 같은 조 각 호 외의 부분 중 "공익근무요원"을 "공익근무요원 또는 사회복지요원"으로 하며, 같은 조 제1호 중 "제33조 제1항 제1호부터"를 "공익근무요원이 제33조 제1항 제1호부터"로 하고, 같은 조 제2호 중 "제33조 제1항 제5호에"를 "공익근무요원이 제33조 제1항 제5호에"로 하며, 같은 조에 제3호를 다음과 같이 신설한다.

3. 사회복지요원이 제43조의15 제1호부터 제4호까지의 어느 하나에 해당하는 사유로 통틀어 4회 이상 경고처분을 받은 경우

제91조 전단 중 "공무원·의사 또는 치과의사로서"를 "공무원·의사·치과의사 또는 종교인 등으로서"로, "면제"를 "면제·변경"으로 한다.

제92조의2 본문을 제1항으로 하고, 같은 조에 제2항을 다음과 같이 신설한다.

② 국가기관·지방자치단체 외에 사회복지요원이 복무하는 공공단체 또는 시설의 장이 정당한 사유 없이 사회복지요원을 사회복지업무 외의 분야에 복무하게 한 경우에는 6개월 이하의 징역 또는 2000만 원 이하의 벌금에 처한다.

제92조의3 및 제98조를 각각 다음과 같이 신설한다.

제92조의3(양심적 병역거부자 허위 신청 등) 사회복지요원의 편입을 목적으로 다음 각 호의 어느 하나에 해당하는 행위를 한 사람은 1년 이상 3년 이하의 징역에 처한다.

1. 거짓으로 진술하거나 자료를 제출하는 등 부정한 방법으로 사회복지요원에 편입한 경우

2. 신청인을 대리하여 양심적 병역거부자의 인정 여부에 관한 심사를 받은 경우

제98조(벌칙에 있어서의 공무원 의제) 제43조의3에 따른 중앙양심적 병역거부판정위원회 또는 지방양심적 병역거부판정위원회의 위원 중 공무원이 아닌 위원은 「형법」 제127조, 제129조부터 제132조까지의 적용에 있어서 이를 공무원으로 본다.

부칙

제1조(시행일)

이 법은 공포 후 3개월이 경과한 날부터 시행한다.

제2조(양심적 병역거부자의 인정 신청에 관한 경과조치)

이 법 시행 당시 다음 각 호의 어느 하나에 해당하는 사람은 이 법 시행일부터 60일 이내에 제43조의2의 개정규정에 따른 양심적 병역거부자의 인정 여부의 심사를 신청할 수 있다. 다만, 제2호에 해당하는 사람은 이 법 공포 후 징집 또는 소집 전에 신청할 수 있다.

1. 제14조에 따라 현역병입영 대상자 또는 보충역의 처분을 받은 사람으로서 징집 또는 소집되지 아니한 사람
2. 제14조에 따라 현역병입영 대상자 또는 보충역의 처분을 받은 사람으로서 징집통지서 또는 소집통지서를 받고 이 법 시행일 이전에 징집 또는 소집되는 사람
3. 제14조에 따라 현역병입영 대상자 또는 보충역의 처분을 받고 이 법 시행 당시 징집 또는 소집되어 복무 중인 사람
4. 종교적 신념 또는 양심의 확신을 이유로 종전의 「병역법」 제88조 또는 「군형법」 제44조를 위반한 사람

제3조(징집 등의 연기에 관한 특례)

부칙 제2조 제1호 또는 제2호에 따라 양심적 병역거부자의 인정 여부의 심사를 신청을 한 사람에 대하여는 그 심사가 종료되는 날까지 징집 또는 소집을 연기한다.

제4조(복무기간에 대한 특례)

부칙 제2조 제3호에 따라 양심적 병역거부자의 인정 여부의 심사를 신청한 사람이 양심적 병역거부자로 인정되어 사회복지요원으로 편입된 경우에는 현역병(제21조·제21조의2·제24조 또는 제25조에 따라 복무 중인 자를 포함한다. 이하 같다) 또는 보충역으로서의 복무기간은 대통령령으로 정하는 기준에 따라 사회복지요원의 복무기간에 산입한다.

제5조(형의 집행에 관한 특례)

① 종교적 신념 또는 양심의 확신을 이유로「병역법」제88조 또는 「군형법」제44조를 위반하여 형의 선고를 받고 그 집행이 종료되지 아니한 사람이 부칙 제2조에 따라 양심적 병역거부자의 인정 여부의 심사를 신청한 결과 양심적 병역거부자로 인정받은 때에는 그 형의 집행을 면제하고 이 법에 따른 사회복지요원으로 복무할 수 있다. 이 경우 이미 집행된 형기는 사회복지요원의 복무기간에 산입한다.

② 종교적 신념 또는 양심의 확신을 이유로「병역법」제88조 또는 「군형법」제44조를 위반한 혐의로 공소제기되어 재판을 받고 있는 자가 부칙 제2조에 따라 양심적 병역거부자의 인정 여부의 심사를 신청한 경우에는 그 심사에 대한 결정이 있을 때까지 당해 재판은 정지된다.

③ 제2항에 따라 양심적 병역거부자의 인정 여부를 심사한 결과 양심적 병역거부자로 인정받은 때에는 면소판결을 하여야 하고, 면소판결을 받은 자는 사회복지요원으로 복무하여야 하며 미결구금일수는 사회복지요원의 복무기간에 산입한다.

신 · 구조문 대비표

현 행	개 정 안
제2조(정의 등) ① 이 법에서 사용되는 용어의 뜻은 다음과 같다.	제2조(정의 등) ① ―――――――――――――――――――――――――――――――.
1. (생략)	1. (현행과 같음)
2. "소집"이란 국가가 병역의무자 또는 지원에 의한 병역복무자(제3조 제1항 후단에 따라 지원에 의하여 현역에 복무한 여성을 말한다) 중 예비역(豫備役)·보충역(補充役) 또는 제2국민역(第2國民役)에 대하여 현역 복무 외의 군복무(軍服務)의무 또는 공익분야에서의 복무의무를 부과하는 것을 말한다.	2. ―――公익·사회복지―――――――――――――――――――――――.
3.~17. (생략)	3.~17. (현행과 같음)
<신 설>	17의2. "사회복지요원"이란 제43조의6에 따라 편입되어 국가기관·지방자치단체 또는 대통령령으로 정하는 공익적 단체 또는 시설에서 대통령령으로 정하는 사회복지업무에 복무하는 사람을 말한다.
18.~19. (생략)	18.~19. (현행과 같음)
② (생략)	② (현행과 같음)
제5조(병역의 종류) ① 병역은 다음 각 호와 같이 구분한다.	제5조(병역의 종류) ① ―――――――――――――――――――――.
1.~2. (생략)	1.~2. (현행과 같음)
3. 보충역: 징병검사를 받아 현역 복무를 할 수 있다고 판정된 사람 중에서 병력수급(兵力需給) 사정에 의하여 현역병입영 대상자로 결정되지 아니한 사람과 공익근무요원(公益勤務要員), 공중보건의사(公衆保健醫師), 징병검사전담의사, 국제협력의사, 공익법무관(公益法務官), 공중방역수의사, 전문연구요원, 산업기능요원으로 복무 또는 의무종사하고 있거나 그 복무 또는 의무	3. ―――산업기능요원, 사회복지요원――――――――――――――――――――――――――――――――――마친 사람(사회복지요원의 복무를 마친 사람은 제외한다)―――――――――――――――――

종사를 <u>마친 사람</u>, 그 밖에 이 법에 따라 보충역에 편입된 사람	
4.~5. (생략)	4.~5. (현행과 같음)
②~③ (생략)	②~③ (현행과 같음)
제42조(공익근무요원 등의 복무기간 조정) ① 국방부장관은 병무청장의 요청에 따라 다음 각 호의 어느 하나에 해당하는 경우에는 공익근무요원·전문연구요원 또는 <u>산업기능요원</u>의 복무기간이나 의무종사기간을 1년의 범위에서 조정할 수 있다. 이 경우 공익근무요원 소집 대상 보충역으로 공익근무요원·전문연구요원·산업기능요원으로 소집되거나 편입된 사람에 대하여는 그 복무기간이나 의무종사기간의 조정 범위를 현역병입영 대상자로서 소집되거나 편입된 사람과 달리 정할 수 있다.	제42조(공익근무요원 등의 복무기간 조정) ① ---<u>산업기능요원 또는 사회복지요원</u>---<u>산업기능요원 또는 사회복지요원</u>--.
1.~3. (생략)	1.~3. (현행과 같음)
② 국방부장관은 제1항에 따라 공익근무요원·전문연구요원 또는 산업기능요원의 복무기간이나 의무종사기간을 조정하려면 미리 국무회의의 심의를 거쳐 대통령의 승인을 받아야 한다.	② --------------------------------<u>전문연구요원·산업기능요원 또는 사회</u>복지요원--.
③ (생략)	③ (현행과 같음)
제43조(공익근무요원 등의 실태조사) 지방병무청장이나 관할 지방병무청장은 공익근무요원·<u>전문연구요원 및 산업기능요원</u>이 복무하고 있는 국가기관·지방자치단체·공공단체·사회복지시설 및 지정업체 등에 대하여 대통령령으로 정하는 바에 따라 복무 및 관리에 관한 실태조사를 할 수 있다.	제43조(공익근무요원 등의 실태조사) ---------------------------------------<u>전문연구요원·산업기능요원 및 사회복지요원</u>--.
<신 설>	제4절 양심적 병역거부자의 인정 및 사회복지요원의 복무
<신 설>	제43조의2(양심적 병역거부자의 인정 신청) 제14

	조에 따라 현역병입영 대상자 또는 보충역의 처분을 받은 사람 중 종교적 신념 또는 양심의 확신을 이유로 병역의무의 이행을 거부하고자 하는 사람(이하 "양심적 병역거부자"라 한다)은 그 처분을 받은 날부터 60일 이내에 대통령령으로 정하는 바에 따라 지방병무청장에게 양심적 병역거부자의 인정 여부를 판정받기 위한 심사를 신청하여야 한다.
<신 설>	제43조의3(양심적 병역거부판정위원회) ① 양심적 병역거부자의 인정 여부를 심사·의결하기 위하여 병무청에 중앙양심적 병역거부판정위원회(이하 이 절에서 "중앙위원회"라 한다)를 두고, 지방병무청에 지방양심적 병역거부판정위원회(이하 이 절에서 "지방위원회"라 한다)를 둔다. ② 중앙위원회와 지방위원회(이하 이 절에서 "위원회"라 한다)는 각각 위원장 1인을 포함한 9인 이내의 위원으로 구성한다. ③ 위원은 다음 각 호의 어느 하나에 해당하는 사람 중에서 중앙위원회는 병무청장이 위촉 또는 임명하고, 지방위원회는 지방병무청장이 위촉 또는 임명한다. 1. 철학·종교학·심리학·사회학 또는 정치학 등을 전공한 사람으로서 대학 또는 연구기관에서 부교수 이상 또는 이에 상당하는 직에 5년 이상 재직한 사람 2. 판사·검사 또는 변호사의 직에 10년 이상 재직한 사람 3. 시민사회단체로부터 추천을 받은 사람 4. 사회적 신망이 높고 학식과 경험이 풍부한 사람 5. 4급 이상 관계 공무원 ④ 중앙위원회 위원장은 중앙위원회 위원 중에서 병무청장이 임명하고, 지방위원회 위원장은 지방위원회 위원 중에서 지방병무청장이 임명한다. ⑤ 그 밖에 위원회의 구성·운영 등에 필요한 사항은 대통령령으로 정한다.
<신 설>	제43조의4(양심적 병역거부자 결정 등) ① 지방병무청장은 대통령령으로 정하는 바에 따라 지방위원회의 심사·의결을 거쳐 제43조의2에 따른 신청이 있는 날부터 90일 이내에 양심적 병역거부자 인정 여부를 결정하여야 하고, 그 결정서 정본을

	지체 없이 신청인에게 송달하여야 한다.
	② 지방병무청장의 결정에 대하여 이의가 있는 신청인은 제1항에 따른 결정서를 송달받은 날부터 30일 이내에 병무청장에게 재심사를 신청할 수 있다.
	③ 병무청장은 대통령령으로 정하는 바에 따라 중앙위원회의 심사·의결을 거쳐 제2항에 따른 신청이 있는 날부터 60일 이내에 양심적 병역거부자 인정 여부를 결정하여야 하고, 그 결정서 정본을 지체 없이 신청인에게 송달하여야 한다.
	④ 양심적 병역거부자로 인정받지 못한 사람은 결정서 정본을 받은 날부터 60일 이내에 법원에 소송을 제기할 수 있다.
<신 설>	제43조의5(사실조사 등) ① 위원회는 심사를 위하여 신청인·증인·참고인 등으로부터 증언 또는 진술을 청취하거나 필요하다고 인정하는 경우에는 검증 또는 조사를 할 수 있다.
	② 위원회는 심사와 관련하여 관계기관의 장에게 필요한 협조를 요청할 수 있다. 이 경우 관계기관의 장은 특별한 사유가 없는 한 이에 응하여야 한다.
<신 설>	제43조의6(사회복지요원의 편입) 제43조의4에 따라 양심적 병역거부자로 인정받은 사람은 사회복지요원으로 편입할 수 있다. 이 경우 현역병입영 대상자는 보충역에 편입한다.
<신 설>	제43조의7(사회복지요원의 업무) 사회복지요원은 국가기관·지방자치단체 또는 대통령령으로 정하는 공익적 단체 또는 시설(이하 이 절에서 "복무기관"이라 한다)에서 아동·노인·장애인·여성 등의 보호·치료·요양·훈련·자활 등과 관련하여 대통령령으로 정하는 업무를 수행한다.
<신 설>	제43조의8(사회복지요원의 배정 결정) 지방병무청장은 제43조의7에 따른 업무에 복무할 사회복지요원을 필요로 하는 복무기관의 장으로부터 다음 해에 필요한 인원의 배정을 요청받으면 복무기관·복무분야·복무형태 및 배정인원 등을 결정한다.
<신 설>	제43조의9(사회복지요원의 소집) ① 지방병무청장은 사회복지요원 소집대상자에 대하여 복무분야를 정하여 소집한다
	② 제1항에 따른 복무분야를 정할 때에는 사회복지요원 소집대상자의 신체등위·학력·전공·적성 등을 고려하여야 한다.

	③ 제1항에 따라 소집된 사람에 대하여는 제55조에 따른 교육소집을 실시하지 아니한다.
	④ 그 밖에 사회복지요원의 소집에 필요한 사항은 대통령령으로 정한다.
<신 설>	제43조의10(사회복지요원의 복무기간 등) ① 사회복지요원은 육군 현역병의 1.5배 이내의 범위에서 사회복지분야에 복무하여야 하며, 복무를 마친 때에는 그 소집을 해제하고, 제2국민역에 편입한다.
	② 사회복지요원이 징역·금고 또는 구류의 형을 받거나 복무를 이탈한 경우에는 그 형의 집행일수 또는 복무이탈일수는 복무기간에 산입하지 아니한다.
	③ 제43조의14에 따른 교육의 기간은 복무기간에 산입한다.
	④ 그 밖에 사회복지요원의 복무기간 등에 필요한 사항은 대통령령으로 정한다.
<신 설>	제43조의11(사회복지요원의 복무 및 보수 등) ① 사회복지요원을 배정받은 복무기관의 장은 제43조의9에 따라 지정된 복무분야에 복무하게 하여야 하며, 그 복무에 필요한 사항은 이 법에서 정하는 사항을 제외하고는 대통령령으로 정한다. 이 경우 사회복지요원의 직무상 행위는 공무수행으로 본다.
	② 제1항에 따라 사회복지요원을 배정받은 복무기관의 장은 사회복지요원의 복무분야를 변경할 필요가 있을 때에는 관할 지방병무청장에게 그 변경을 요청하여야 한다.
	③ 사회복지요원은 기숙 근무하며, 소속 복무기관의 장의 지휘·감독을 받는다. 다만, 기숙 근무가 곤란하거나 업무수행의 특수성 등으로 인하여 필요한 경우에는 대통령령으로 정하는 바에 따라 출·퇴근 근무를 하게 할 수 있다.
	④ 사회복지요원에게는 대통령령으로 정하는 바에 따라 보수와 직무수행에 필요한 여비 등을 지급한다.
<신 설>	제43조의12(사회복지요원의 복무관리) ① 사회복지요원이 복무하는 국가기관·지방자치단체 또는 공공단체의 장은 사회복지요원 복무관리 담당직원을 지정하여야 한다. 다만, 국가기관·지방자치단체 또는 공공단체 외에서 복무하는 사회복지요원에 대하여는 지방병무청장이 소속 직원 중에서 복무관리 담당직원을 지정할 수 있다.

\<신 설\>	② 사회복지요원의 복무와 관련하여 병무청장은 대통령령으로 정하는 바에 따라 사회복지요원을 관리·감독할 수 있다. 이 경우 복무기관의 장은 이에 협조하여야 한다. 제43조의13(사회복지요원의 신상이동통보) ① 사회복지요원을 배정받은 복무기관(국가기관·지방자치단체 또는 공공단체인 경우에 한한다)의 장은 사회복지요원이 다음 각 호의 어느 하나에 해당하게 된 때에는 14일 이내에 관할 지방병무청장에게 이를 통보하여야 한다. 다만, 국가기관·지방자치단체 또는 공공단체 외의 사회복지요원을 배정받은 복무기관의 장은 시장(제주특별자치도지사를 포함한다)·군수·구청장(자치구의 구청장을 말한다)을 거쳐 관할 지방병무청장에게 통보하여야 한다. 1. 정당한 사유 없이 복무를 이탈하거나 해당 분야에 복무하지 아니한 경우 2. 정당한 복무명령을 따르지 아니하여 제43조의15에 따라 경고처분된 경우 3. 전 가족이 거주지를 이동하여 출·퇴근 근무가 불가능하다고 인정한 경우 4. 복무하고 있는 기관이 폐쇄되거나 이동한 경우 5. 복무기간 중 징역 또는 금고의 형을 선고받은 경우로서 정상적인 근무가 불가능하다고 인정되는 경우 6. 복무기간 중 질병이나 심신장애의 발생 또는 악화로 인하여 복무하고 있는 기관에서 계속 근무하는 것이 불가능하다고 인정한 경우 ② 지방병무청장은 제1항 제3호 또는 제4호에 해당하는 사회복지요원의 통보를 받은 때에는 대통령령으로 정하는 바에 따라 그 사회복지요원에 대하여 복무기관·복무분야를 새로 지정할 수 있다.
\<신 설\>	제43조의14(소양 및 직무교육 등) ① 병무청장 또는 지방병무청장은 사회복지요원으로서 복무수행에 필요한 소양교육을 대통령령으로 정하는 바에 따라 실시할 수 있다. ② 복무기관의 장은 사회복지요원에 대하여 담당직무를 효과적으로 수행할 수 있는 능력을 배양하는 데 필요한 직무교육을 대통령령으로 정하는 바에 따라 실시할 수 있다. ③ 사회복지요원이 정당한 사유 없이 복무를 이탈

<신 설>	한 경우에는 대통령령으로 정하는 바에 따라 병무청장 또는 지방병무청장이 보수교육을 실시할 수 있다. 제43조의15(사회복지요원의 연장복무) 사회복지요원이 정당한 사유 없이 복무를 이탈한 경우에는 그 이탈일수의 5배의 기간을 연장하여 복무하게 하고, 다음 각 호의 어느 하나에 해당하는 경우에는 경고처분하되, 경고처분 매 1회마다 5일을 연장하여 복무하게 한다. 다만, 제1호부터 제4호까지의 어느 하나에 해당하는 사유로 통틀어 4회 이상 경고처분을 받은 사람과 정당한 사유 없이 통틀어 8일 이상 복무를 이탈하거나 해당 분야에 복무하지 아니한 사람의 경우에는 그러하지 아니하다. 1. 다른 사람의 근무를 방해하거나 근무태만을 선동한 경우 2. 정당이나 그 밖의 정치단체에 가입하는 등 정치적 목적을 지닌 행위를 한 경우 3. 다른 사회복지요원에게 가혹행위를 한 경우 4. 복무와 관련하여 영리를 추구하거나 복무기관의 장 허가 없이 다른 직무를 겸하는 행위를 한 경우
<신 설>	제43조의16(사회복지요원의 소집취소 등) ① 사회복지요원이 다음 각 호의 어느 하나에 해당하는 경우에는 그 소집을 취소한다. 1. 거짓의 진술 또는 자료제출 등 부정한 방법으로 사회복지요원으로 편입한 때 2. 정당한 사유 없이 통틀어 8일 이상 복무를 이탈하거나 해당 분야에 복무하지 아니한 때 3. 제43조의15 제1호부터 제4호까지의 어느 하나에 해당하는 사유로 통틀어 4회 이상 경고처분을 받은 때 ② 제1항 제1호에 따라 소집이 취소된 사람은 편입되기 전의 신분으로 복귀하여 현역병으로 입영하게 하거나 공익근무요원으로 소집하여야 한다. ③ 제2항에 따라 현역병으로 입영하거나 공익근무요원으로 소집된 경우에는 사회복지요원으로 편입되어 1년 이상 복무한 사람에 한정하여 복무기간 4개월마다 1개월씩 복무기간을 단축한다. ④ 사회복지요원으로서 제1항 제2호 또는 제3호에 해당하는 사유로 제89조의2 제1호 또는 제89

	조의3에 따라 형의 선고를 받은 사람에 대하여는 대통령령으로 정하는 바에 따라 남은 복무기간을 사회복지요원으로 복무하게 한다. 다만, 제65조 제1항 제2호에 해당하는 사람의 경우에는 그러하지 아니하다.
제53조(전시근로소집 대상 등) ① 전시근로소집은 전시·사변 또는 이에 준하는 국가비상사태에 군사업무를 지원하기 위하여 다음 각 호의 어느 하나에 해당하는 사람을 대상으로 한다.	제53조(전시근로소집 대상 등) ① --.
1.~2. (생략)	1.~2. (현행과 같음)
3. 제55조 제3항에 따라 교육소집에서 제외된 사람	3. 제55조--.
② (생략)	② (현행과 같음)
제55조(교육소집 대상 등) ① 교육소집은 군사교육을 위하여 보충역과 승선근무예비역에 대하여 60일 이내로 실시할 수 있으며, 그 시기·소집기간·소집해제 등에 필요한 사항은 대통령령으로 정한다. 다만, 제2국민역에 대하여는 군사교육이 필요한 경우 소집할 수 있다.	제55조(교육소집 대상 등) ① ---------------------보충역(사회복지요원은 제외한다. 이하 이 조에서 같다)----------------.------제2국민역(제43조의10 제1항에 따라 제2국민역에 편입된 자를 제외한다. 이하 이 조에서 같다)------------------------------.
②~③ (생략)	②~③ (현행과 같음)
제57조(학생군사교육 등) ① 고등학교 이상의 학교에 다니는 학생에 대하여는 대통령령으로 정하는 바에 따라 일반군사교육을 할 수 있으며, 그 군사교육을 받은 사람에 대하여는 현역병(제21조·제24조 및 제25조에 따라 복무 중인 사람을 포함한다) 또는 공익근무요원의 복무기간을 단축할 수 있다.	제57조(학생군사교육 등) ① --공익근무요원·사회복지요원------------------
②~③ (생략)	②~③ (현행과 같음)
제63조(가사사정으로 인한 전역 등) ① (생략)	제63조(가사사정으로 인한 전역 등) ① (현행과 같음)
② 현역병 또는 공익근무요원으로 복무 중인 사람으로서 제62조 제1항제2호에 해당하는 사람은 원할 경우 복무기간을 6개월로 단축할	② 현역병·공익근무요원 또는 사회복지요원--

수 있으며, 복무기간을 마친 사람은 보충역에 편입하거나 소집을 해제한다. <단서 신설>	-----------------------------다만, 사회복지요원이 복무를 마친 때에는 그 소집을 해제하고 제2국민역에 편입한다.
③ (생략)	③ (현행과 같음)
제65조(병역처분변경 등) ① (생략)	제65조(병역처분변경 등) ① (현행과 같음)
② 현역병(제21조·제24조 및 제25조에 따라 복무 중인 사람을 포함한다), 승선근무예비역 또는 보충역으로 복무 중인 사람이 가족과 같이 국외로 이주하는 경우에는 대통령령으로 정하는 바에 따라 보충역에 편입하거나 공익근무요원소집을 해제할 수 있다.	② ---공익근무요원소집 또는 사회복지요원소집--------------------.
③~⑤ (생략)	③~⑤ (현행과 같음)
⑥ 제2항에 따라 가족과 같이 국외 이주하는 사유로 보충역에 편입되거나 공익근무요원소집이 해제된 사람이 국내에서 영주할 목적으로 귀국하는 등 대통령령으로 정하는 사유에 해당하는 경우에는 그 처분을 취소하고 병역의무를 부과할 수 있다.	⑥ --공익근무요원소집 또는 사회복지요원소집--.
⑦ 지방병무청장은 공익근무요원소집대상 보충역이면서 제60조 제1항 제1호에 따른 사유로 국외를 왕래하는 선박의 선원으로서 대통령령으로 정하는 날부터 3년 이상 공익근무요원소집이 연기된 사람에 대하여는 제55조에 따른 교육소집을 하며, 그 교육소집을 마치면 공익근무요원의 복무를 마친 것으로 본다. <단서 신설>	⑦ -------공익근무요원소집 또는 사회복지요원소집----------------------공익근무요원소집 또는 사회복지요원소집이 연기된 사람에 대하여는 공익근무요원 또는 사회복지요원의 복무를 마친 것으로 본다. 다만, 공익근무요원으로서 복무 종료 전에 제55조에 따른 교육소집을 받지 아니한 경우에는 그 교육소집을 마친 때 공익근무요원의 복무를 마친 것으로 본다.
⑧ 지방병무청장은 보충역이나 제2국민역으로서 질병 또는 심신장애가 치유되었거나 학력이 변동되어 현역 또는 공익근무요원의 복무를 원하는 사람에 대하여는 대통령령으로 정하는 바에 따라 처분을 취소하고 병역처분을 변경할 수 있다.	⑧ ---현역·공익근무요원 또는 사회복지요원---.

⑨~⑫ (생략)	⑨~⑫ (현행과 같음)
제68조(병역의무의 연기 및 감면의 제한) 제86조부터 제88조까지 또는 제94조에 규정된 죄를 지은 사람, 징집 또는 소집 후 복무를 이탈한 사람과 고의로 병역의무의 연기 또는 감면사유를 발생하게 한 사람에 대하여는 다음 각 호의 처분을 하지 아니한다. 다만, 본인이 아니면 가족의 생계를 유지할 수 없는 사람의 경우에는 고의로 그 사유를 발생하게 한 사람을 제외하고는 그러하지 아니하다.	제68조(병역의무의 연기 및 감면의 제한) --.
1. 제21조의2, 제26조 제1항 제3호·제4호 및 제36조에 따른 승선근무예비역, 공익근무요원, 전문연구요원 및 산업기능요원편입	1. --------제26조 제1항 제3호·제4호, 제36조 및 제43조의6--------------------------전문연구요원, 산업기능요원 및 사회복지요원-----
2.~3. (생략)	2.~3. (현행과 같음)
4. 제63조에 따른 가사사정으로 인한 현역병 또는 공익근무요원의 복무기간 단축	4. -------------------현역병·공익근무요원 또는 사회복지요원------------------
제71조(입영의무 등의 감면) ① 징병검사, 현역병입영 또는 공익근무요원소집의무는 36세부터 면제되며, 면제된 사람은 제2국민역에 편입한다. 다만, 다음 각 호의 어느 하나에 해당하는 사람은 38세부터 면제된다.	제71조(입영의무 등의 감면) ① ----------현역병입영, 공익근무요원소집 또는 사회복지요원소집---. ---------------------------.
1. 정당한 사유 없이 징병검사, 현역병입영 또는 공익근무요원소집을 기피한 사실이 있거나 기피하고 있는 사람과 행방을 알 수 없었거나 알 수 없는 사람	1. --------------------현역병입영, 공익근무요원소집 또는 사회복지요원소집---
1의2.~4. (생략)	1의2.~4. (현행과 같음)
<신 설>	4의2. 제43조의16에 따라 사회복지요원의 소집이 취소된 사람
5.~6. (생략)	5.~6. (현행과 같음)
7. 제65조 제2항의 사유로 보충역에 편입되거나 공익근무요원소집이 해제된 사람	7. ---------------------보충역 편입, 공익근무요원소집 또는 사회복지요원소집---------------

8. 제65조 제6항에 따라 보충역 편입처분이나 <u>공익근무요원소집</u>의 해제처분이 취소된 사람	8. ---------------------------------- ------------- <u>공익근무요원소집 또는 사회복지요원소집</u>---
9.~12. (생략)	9.~12. (현행과 같음)
② (생략)	② (현행과 같음)
제73조(복학보장 및 군복무 중 학점취득 인정) ① 고등학교 이상의 학교의 장은 징집·소집 또는 지원에 의하여 입영하거나 소집 등에 의한 승선근무예비역 또는 보충역 복무(공익근무요원·공중보건의사·국제협력의사·공익법무관·공중방역수의사·전문연구요원·<u>산업기능요원</u>으로 복무하거나 의무종사하는 것을 말한다. 이하 제74조에서 같다)를 하는 학생에 대하여는 입영 또는 복무와 동시에 휴학하게 하고, 그 복무를 마쳤을 때에는 원할 경우 복학시켜야 한다. 등록기간이 지났어도 학사일정에 지장이 없는 사람은 원할 경우 복학시켜야 한다.	제73조(복학보장 및 군복무 중 학점취득 인정) ① --- -------------<u>산업기능요원 및 사회복지요원</u> --.
② (생략)	② (현행과 같음)
제74조의2(채용 시의 우대 등) ① 「국가유공자 등 예우 및 지원에 관한 법률」 제30조에 따른 취업지원 실시기관의 장은 소집 등에 의한 승선근무예비역 또는 보충역 복무(제26조 제1항 제3호 및 제4호의 업무에 복무하는 공익근무요원, 공중보건의사, 징병검사전담의사, 국제협력의사, 공익법무관, 공중방역수의사, 전문연구요원, <u>산업기능요원</u>으로 복무하거나 의무종사하는 것을 말한다. 이하 이 조에서 같다)를 마친 사람이 채용시험에 응시하는 경우에는 대통령령으로 정하는 바에 따라 3세의 범위에서 응시상한연령을 연장하여야 한다.	제74조의2(채용 시의 우대 등) ① ---<u>산업기능요원, 사회복지요원</u>--.

② (생략)	② (현행과 같음)
제75조(보상 및 치료) ① (생략)	제75조(보상 및 치료) ① (현행과 같음)
② 제26조 제1항 제1호 및 제2호에 따른 <u>공익근무요원</u>으로 복무 중 순직한 사람(공상 또는 공무상 질병으로 사망한 사람을 포함한다. 이하 같다)의 유족과 공상(공무상 질병을 포함한다)을 입고 소집해제된 사람(제2국민역에 편입되거나 병역이 면제된 사람을 포함한다) 및 그 가족은 「국가유공자 등 예우 및 지원에 관한 법률」에서 정하는 바에 따라 보상을 받을 수 있다.	② ────────────────── ──────<u>공익근무요원 또는 사회복지요원</u> ────────────────── ────────────────── ────────────────── ────────────────── ────────────────── ────────────────── ────────────────── ────────────────── ────────────────── ───────.
③ (생략)	③ (현행과 같음)
④ 제26조 제1항 제1호 및 제2호에 따른 <u>공익근무요원</u>으로 복무 중에 공상 또는 공무상 질병을 얻은 사람에 대하여는 대통령령으로 정하는 바에 따라 국가·지방자치단체 또는 공공단체 등의 부담으로 군의료시설이나 국가·지방자치단체 또는 민간 의료시설에서 치료한다.	④ ────────────────── ──────<u>공익근무요원 또는 사회복지요원</u> ────────────────── ────────────────── ────────────────── ────────────────── ────────────────── ───────────────────.
⑤~⑥ (생략)	⑤~⑥ (현행과 같음)
제75조의2(재해 등에 대한 보상) ① 제26조 제1항 제1호 및 제2호에 따른 <u>공익근무요원</u>으로 복무 중에 순직(공상 또는 공무상 질병으로 사망한 경우를 포함한다)하거나 공상 또는 공무상 질병을 얻은 경우에는 재해보상금을 지급한다. 다만, 다른 법령에 따라 국가·지방자치단체 또는 공공단체가 부담하는 같은 종류의 보상금을 받은 사람에 대하여는 그 보상금에 상당하는 금액은 지급하지 아니한다.	제75조의2(재해 등에 대한 보상) ① ────── ────────────────── ──────<u>공익근무요원 또는 사회복지요원</u> ────────────────── ────────────────── ────────────────── ───────────────. ────────────────── ────────────────── ────────────────── ───────────────────.
②~③ (생략)	②~③ (현행과 같음)
제76조(병역의무 불이행자에 대한 제재) ① 국가기관, 지방자치단체	제76조(병역의무 불이행자에 대한 제재) ① ── ──────────────────

의 장 또는 고용주는 다음 각 호의 어느 하나에 해당하는 사람을 공무원이나 임직원으로 임용하거나 채용할 수 없으며, 재직 중인 경우에는 해직하여야 한다.	--.
1.~2. (생략)	1.~2. (현행과 같음)
3. 군복무 및 공익근무요원복무를 이탈하고 있는 사람	3. 군복무, 공익근무요원복무 및 사회복지요원복무----------
②~③ (생략)	②~③ (현행과 같음)
제83조(전시특례) ① (생략)	제83조(전시특례) ① (생략)
② 병무청장은 전시·사변 또는 동원령이 선포된 경우에는 다음 각 호의 조치를 할 수 있다.	제83조(전시특례) ① --.
1.~2. (생략)	1.~2. (현행과 같음)
3. 제14조 제1항 제1호에 따른 보충역 및 제36조에 따른 전문연구요원 또는 산업기능요원인 보충역 중 제55조에 따른 교육소집을 받지 아니한 사람을 현역병입영 대상으로의 전환, 교육소집을 마친 사람을 병력동원소집 대상으로의 전환(제55조 제3항에 따라 교육소집을 받지 아니한 사람을 전시근로소집 대상으로의 전환을 말한다). <단서 신설>	3. ---. 다만, 제43조의6 또는 제43조의9에 따라 사회복지요원으로 편입되거나 소집된 사람에 대하여는 그러하니 아니하다.
4. (생략)	4. (현행과 같음)
5. 제60조 제1항 및 제2항에 따른 징병검사 연기 및 징집·소집 연기의 정지 <단서 신설>	5. -----------. 다만, 제43조의2 또는 제43조의4제2항에 따라 양심적 병역거부자의 인정 여부를 신청한 자로서 그 심사가 종료되지 아니한 사람에 대하여는 그러하지 아니하다.
6.~11. (생략)	6.~11. (현행과 같음)
③ (생략)	③ (현행과 같음)
제84조(신상이동 통보 불이행 등) ① 다음 각 호의 어느 하나에 해당하는 경우에는 6개월 이하의 징역 또는 2000만 원 이하의 벌금에 처한다.	제84조(신상이동 통보 불이행 등) ① --.
1.~2. (생략)	1.~2. (현행과 같음)
<신설>	3. 사회복지요원을 배정받은 기관의 장이 정당한 사유 없이 제43조13에 따른 신상이동 통보를 아

	니 하거나 거짓으로 통보한 경우
② (생략)	② (생략)
제88조(입영의 기피 등) ① 현역입영 또는 소집 통지서(모집에 의한 입영 통지서를 포함한다)를 받은 사람이 정당한 사유 없이 입영일이나 소집기일부터 다음 각 호의 기간이 지나도 입영하지 아니하거나 소집에 응하지 아니한 경우에는 3년 이하의 징역에 처한다. 다만, 제53조 제2항에 따라 전시근로소집에 대비한 점검통지서를 받은 사람이 정당한 사유 없이 지정된 일시의 점검에 참석하지 아니한 경우에는 6개월 이하의 징역이나 200만 원 이하의 벌금 또는 구류에 처한다.	제88조(입영의 기피 등) ① --.
1. (생략)	1. (현행과 같음)
2. 공익근무요원소집은 3일	2. 공익근무요원소집 및 사회복지요원소집----
3.~2. (생략)	3.~2. (현행과 같음)
②~③ (생략)	②~③ (현행과 같음)
제89조(공익근무요원의 대리복무) 공익근무요원으로 복무할 사람을 대리하여 복무한 사람은 1년 이상 3년 이하의 징역에 처한다.	제89조(공익근무요원의 대리복무) 공익근무요원 또는 사회복지요원--.
제89조의2(공익근무요원 등의 복무이탈) 다음 각 호의 어느 하나에 해당하는 사람은 3년 이하의 징역에 처한다.	제89조의2(공익근무요원 등의 복무이탈)--.
1. 공익근무요원으로서 정당한 사유 없이 통틀어 8일 이상 복무를 이탈하거나 해당 분야에 복무하지 아니한 사람	1. 공익근무요원 또는 사회복지요--
2.~5. (생략)	2.~5. (현행과 같음)
제89조의3(공익근무요원의 복무의무 위반) 공익근무요원이 다음 각 호의 어느 하나에 해당하는 경우에는 1년 이하의 징역에 처한다.	제89조의3(공익근무요원 등의 복무의무 위반) 공익근무요원 또는 사회복지요원--.
1. 제33조 제1항 제1호부터 제4호까지의 어느 하나에 해당하는 사	1. 공익근무요원이 제33조 제1항 제1호부터---

유로 통틀어 4회 이상 경고처분을 받은 경우	--
2. 제33조 제1항 제5호에 해당하는 사유 중 정당한 사유 없이 일과 개시시간 후에 출근하거나, 허가 없이 무단으로 조퇴하거나 근무장소를 이탈한 사유로 통틀어 8회 이상 경고처분을 받은 경우	2. 공익근무요원이 제33조 제1항 제5호에---
<신 설>	3. 사회복지요원이 제43조의15 제1호부터 제4호까지의 어느 하나에 해당하는 사유로 통틀어 4회 이상 경고처분을 받은 경우
제91조(허위증명서 등의 발급) 공무원·의사 또는 치과의사로서 병역의무를 연기 또는 면제시키거나 이 법에 따른 복무기간을 단축시킬 목적으로 거짓 서류·증명서 또는 진단서를 발급한 사람은 1년 이상 10년 이하의 징역에 처한다. 이 경우 10년 이하의 자격정지를 함께 과(科)할 수 있다.	제91조(허위증명서 등의 발급) 공무원·의사·치과의사 또는 종교인 등으로서--면제·변경--.--.
제92조의2(복무기관의 복무관리 위반) (생 략)	제92조의2(복무기관의 복무관리 위반) ① (현행과 같음)
<신 설>	② 국가기관·지방자치단체 외에 사회복지요원이 복무하는 공공단체 또는 시설의 장이 정당한 사유 없이 사회복지요원을 사회복지업무 외의 분야에 복무하게 한 경우에는 6개월 이하의 징역 또는 2000만 원 이하의 벌금에 처한다.
<신 설>	제92조의3(양심적 병역거부자 허위 신청 등) 사회복지요원의 편입을 목적으로 다음 각 호의 어느 하나에 해당하는 행위를 한 사람은 1년 이상 3년 이하의 징역에 처한다. 1. 거짓으로 진술하거나 자료를 제출하는 등 부정한 방법으로 사회복지요원에 편입한 경우 2. 신청인을 대리하여 양심적 병역거부자의 인정 여부에 관한 심사를 받은 경우
<신 설>	제98조(벌칙에 있어서의 공무원 의제) 제43조의3에 따른 중앙양심적 병역거부판정위원회 또는 지방양심적 병역거부판정위원회의 위원 중 공무원이 아닌 위원은 「형법」 제127조, 제129조부터 제132조까지의 적용에 있어서 이를 공무원으로 본다.

국가인권위원회 결정문(2012. 11. 2.)

국가인권위원회위원장 국가인권위원회 차별시정위원회 결정

사건   12진정0166200
     공단직원 채용 시 양심적 병역거부 전력을 이유로
     한 합격 취소
진정인   김명철
피진정인 교통안전공단이사장

【주문】

피진정인에게 교통안전공단 인사규청 제14조 제8호를 개정할 것을 권고한다.

【이유】

1. 진정 요지

진정인은 여호와의 증인 신도로서 종교적 양심에 따라 2001년 11월 입영을 거부하여 「병역법」 위반으로 1년 6월의 징역을 복역하고 2003년 8월 출소하였다. 그 후 진정인은 2012년 3월에 있었던 교통안전공단의 직원 채용에 최종합격하였으나, 동 공단의 인사규정에 '병역의무자로서 병역기피의 사실이 있는 자'는 직원에 임용할 수 없다는 규정에 따라 합격이 취소되었다. 국가공무원도 금고 이상의 실형을 선고받고 그 집행이 종료되거나 집행을 받지 아니하기로 확정된 후 5년이 경과하면 공무원에 임용될 수 있는데, 피진정 공단이 '병역기피의 사실이 있는 자'라고 규정을 두어 진정인의 합격을 취소한 것은 양심적 병역거부자에 대한 차별이다.

2. 피진정인의 주장

가. 교통안전공단은 「교통안전공단법」에 의거 설립·운영되는 공공기관으로, 같은 법 제6조(사업)의 제2호 및 제3호에 따라 교통안전 기술의 개발·보급·지원 및 외국 기술의 도입, 교통안전에 관한 자료의 수집, 조사·연구 및 국제협력 업무를 수행하고 있으며, 위 고유 사업을 수행하기 위해 해외 출장에 결격사유가 있는 자의 임용을 불허하고 있다. 이에 따라 2002년 10월 19일에 개정된 인사규정에서 '병역기피자'를 결격사유로 정하였고, 2002년 12월 5일 「병역법」제70조(국외여행의 허가) 제2항이 신설되어 병역기피사실이 있는 자의 국외여행에 제한이 있으므로, 공단에서도 2003년 7월 31일 인사규정을 개정하여 임용 결격사유에 '병역기피의 사실이 있는 자'를 포함하였다. 공단 인사규정의 임용 결격사유가 「국가공무원법」과는 다소 상이하나 기관 설립의 근간이 되는 「교통안전공단법」에서 명시한 고유 사업 수행을 위해서는 「병역법」에 따라 해외 출장에 결격 사유가 있는 자를 채용할 수 없으므로 현재로서는 공단 인사규정의 개정을 고려하지 않고 있다.

나. 2012년 신입사원 공채에는 14개 분야 65명 채용에 모두 2788명이 지원하여 약 43:1의 경쟁률을 보였는데, 진정인의 경우 기술직 CNG(액화천연가스, Compressed Natural Gas) 재검사 6급 분야에 최종 면접 합격이 취소된 경우로 공단에 임용된 사실이 없다. 우리 공단에서는 공단 입사 결격사유를 명시하고 지원서를 허위로 작성하였을 경우 당해 시험의 무효는 물론 임용 후에도 합격을 취소할 수 있음을 공지하였다. 그럼에도 불구하고 진정인은 1년 6월 이상의 징역을 살고 병역

을 면제받은 사실을 숨기기 위하여 입사지원서에 '군필'이라고 허위 기재한 후 우리 공단에 입사지원을 한 사실이 있다.

3. 인정사실

진정인의 진정서 및 전화조사보고, 피진정인 답변서, 교통안전공단 인사 규정(이하 '공단 인사규정'이라 한다), 진정인에 대한 합격안내 통지문, 피진정 공단의 '신규 임용 불가 알림' 공문(인재양성처-925, 2012. 3. 16.) 진정인의 입사지원서, 2012년도 교통안전공단 직원 공개채용 공고문, 참고인 병무청 직원 전화조사보고 등을 종합하면, 아래와 같은 사실이 인정된다.

가. 교통안전공단은 1979년 제정된 「교통안전진흥공단법」(현재는 「교통안전공단법」)에 따라 1981년 교통안전진흥공단으로 시작하여 현재에 이르고 있으며, 자동차종합검사, 철도·항공안전, 교통사고 피해가족 지원, 자동차 성능 시험연구, 교통안전 연구·교육, 안전운전 체험 연구·교육, 대중 교통정보 등을 주요 업무로 하고 있다.

나. 진정인은 2012년 3월 교통안전공단 신입사원 공개채용 기술6급 CNG재검사 분야에 응시하면서 신규채용 지원서의 군복무 관련란에 '면제'가 아닌 '군필'로 표기하였으며, 2012년 3월 14일 피진정인으로부터 최종 합격통보를 받았다. 이에 진정인은 다음 날인 3월 15일 유선으로 피진정인에게 병역거부 사실을 통보하고 임용이 가능한지를 문의하자 피진정인은 같은 해 3월 16일 진정인에게 '신규임용 불가 알림'이라는 공문을 통해 공단 인사규정 제14조 제8호에 따라 직원으로 신규 임용될 수 없음을 진정인에게 통지하였다. 피진정인이 통보한 공문에는 '김명철 님께서는 우리 공단 규정 제14조(결격사유) 제8호에 따라 직원으로 신규 임용될 수 없음을 알려 드립니다.'라고 적시되어 있다.

다. 진정인은 여호와의 증인 신도로서 종교적 양심에 따라 2001년 11월 입영을 거부하여 「병역법」 위반으로 1년 6월의 징역형을 복역하고 2003년 8월 출소하였다.

라. 공단 인사규정 제14조 제8호(결격사유)에 따르면 '병역의무자로서 병역기피의 사실이 있는 자'는 공단의 직원이 될 수 없다.

4. 관련 규정

별지 기재와 같다.

5. 판단

「국가인권위원회법」제2조 제3호에서는 합리적 이유 없이 고용 등과 관련하여 특정한 사람을 우대·배제·구별하거나 불리하게 대우하는 행위를 '평등권 침해의 차별행위'로 정의하고 있다. 따라서 이하에서는 진정인이 11년 전에 병역을 거부하고 그로 인해 1년 6월의 징역형을 선고받아 복역했다는 이유로 피진정인이 신입사원 공개채용에 최종 합격한 진정인의 합격을 취소(임용 불허)한 것에 합리적 이유가 있는지 여부를 살펴보기로 한다.

가. 일반적으로 국가의 투자나 출자·재정지원으로 운영되며 공적 이익을 위한 업무를 수행하는 공공기관에서 병역의 의무를 기피한 전력이 있는 자를 채용하지 않는 것은 일견 그 취지와 목적을 수긍할 수 있다. 그러나 공단의 인사규정 제14조 제8호와 같이 결격사유를 '병역 의무자로서 병역 기피한 사실이 있는 자'로만 규정할 경우, 현재 병역 기피중인 자, 병역기피 후 병역을 필한 자, 과거 병역기피로 인해 형을 복역한 자도 포함되므로 이는 법률 명확성의 원칙에 반한다 할 것이다. 또한 '병역 기피의 사실이 있는 자'에 진정인의 경우처럼 헌법에 보장된 양심의 자유를 행사하다가 병역기피자가 된 경우와 고의적으로 병역을 기피한 경우를 구분하지 않고 있다는 문제점도 있다.

양심적 병역거부는 이미 여러 차례 유엔인권위원회 결의를 통해 종교적, 윤리적, 도덕적 또는 이와 유사한 동기에서 발생하는 심오한 신념에 기초한 양심적 병역거부를 인정할 것을 각국에 촉구하거나 결의하였다[유엔인권위원회 결의 제46호(E/CN/1987/60) 등]. 또한 헌법재판소도 양심적 병역거부자들에 대한 처벌이 헌법에 위반되지 않는다고 판시하면서도 '동 법률조항(「병역법」제88조 제1항 제1호)이 양심적 병역거부자에게 양심에 반하는 행동을 강요하고 있으므로 '양심에 반하여 강요당하지 아니할 자유, 즉 부작위에 의한 양심실현의 자유'를 제한하는 규정'이라고 설시하였으며, '특별한 경우에는 국가의 형벌권을 한발 양보시키고 개인의 양심의 자유가 조금 더 보장될 수 있는 해석방법을 모색하여야 할 것'이라며 대체복무제도의 도입을 권고한 바 있다(2001헌가1 결정, 2004. 8. 26.). 이렇듯 양심적 병역거부는 헌법에 보장된 양심의 자유를 보장하는 내용의 하나로 국내외에서 인정하고 있으며, 우리 위원회도 2005년 12월 26일 전원위원회 결정을 통해 국회의장과 국방부장관에게 '양심적 병역거부권과 대체복무제도 도입'을 권고한 바 있다. 이러한 맥락에서 보았을 때, 종교적 양심에 따른 병역거부자와 국방의 의무를 고의로 기피하는 자는 그 내용에 있어서 본질적으로 다른 것으로서 마땅히 서로 다르게 취급받아야 함에도 피진정인은 이에 대한 면밀한 고려 없이 인사규정의 동일한 조항을 일률적으로 적용하여 본질적으로 다른 것을 같이 취급하는 결과를 발생시켰다 할 것이다.

나. 또한 「국가공무원법」에서 과거 병역기피의 사실을 임용 결격사유로 두고 있지 않으며, 금고 이상의 실형을 선고받고 집행이 종료되거나 집행을 받지 아니하기로 확정된 후 5년이 지나면 국가공무원으로 임용되는 데 결격사유가 되지 않는 점과 비교해 볼 때, 「병역법」 위반으로 1년 6월의 징역형을 복역하고 2003년 8월 만기 출소한 진정인에게 공단 인사규정 제14조 제8호를 적용하여 채용 합격을 취소한 것은 과도한 조치로서 합리적 이유가 있다고 보기 어렵다.

다. 피진정인은 「병역법」 제70조 제2항에 따라 진정인이 국외 여행의 결격 사유가 있어 공단의 업무수행을 위한 해외 출장에 제한이 있는 자이므로 해외여행에 결격사유가 있어 합격을 취소하였다고 주장하고 있다. 그러나 동법 제70조 제2항의 해외여행의 허가 규정은 제1국민역 또는 보충역 편입대상자에게 해당되는 사항으로 병역을 거부하고 그로 인해 징역 1년 6월의 형을 마치고 출소한 진정인은 「병역법」 제65조와 동 법 시행령 제136조에 따라 제2국민역에 편입된 자이므로 법 제70조 제2항의 적용 대상이 아니어서 해외여행에 결격 사유가 없다. 따라서 피진정인의 주장은 법리 적용의 오해에서 비롯되었다고 판단된다. 또한 피진정인은 진정인이 병역면제임에도 불구하고 지원서의 군복무 관련 확인란에 군필'로 표시하였으므로 지원서 허위 작성으로 보아 합격을 취소하였다고 하나 피진정인이 2012년 3월 16일 진정인에 통보한 공문을 보면 피진정인의 주장과는 달리 진정인의 주요한 합격 취소 사유는 신의성실의 원칙 위반이 아니라 병역기피였음을 알 수 있다.

라. 따라서 피진정인이 내부 인사규정 제14조 제8호에 따라 진정인의 최종 합격을 취소하고 임용을 불허한 것은 합리적 이유가 없는 행위로, 이는 「국가인권위원회법」 제2조 제3호에서 정한 차별행위에 해당하므로 향후 유사한 사건의 재발을 방지하기 위해 공단의 인사규정 제14조 제8호를 개정하도록 하는 것이 필요하다고 판단된다.

6. 결론

이상과 같은 이유로 「국가인권위원회법」 제44조 제1항 제2호의 규정에 따라 주문과 같이 결정한다.

2012년 10월 17일
위원장   김영혜
위원   김성영, 강명득

§별지 §- 관련규정

1. 「병역법」

제65조(병역처분변경 등)

① 현역병(제21조·제24조 및 제25조에 따라 복무 중인 사람과 현역병입영 대상자를 포함한다), 승선근무예비역 또는 보충역으로서 제1호에 해당하는 사람에 대하여는 신체검사를 거쳐 보충역 편입·제2국민역 편입 또는 병역면제 처분을 할 수 있고, 제2호에 해당하는 사람에 대하여는 보충역 편입 또는 제2국민역 편입을 할 수 있다. <개정 2010. 1. 25>

  1. 전상·공상·질병 또는 심신장애로 인하여 병역을 감당할 수 없는 사람
  2. 수형(受刑) 등 대통령령으로 정하는 사유로 병역에 적합하지 아니하다고 안정되는 사람

제70조(국외여행 허가)

① 병역의무자로서 다음 각 호의 어느 하나에 해당하는 사람이 국외여행을 하려면 병무청장의 허가를 받아야 한다.

  1. 25세 이상인 제1국민역 또는 보충역으로서 소집되지 아니한 사람
  2. 승선근무예비역 또는 보충역으로 복무 중이거나 의무종사 중얀 사람

② 병무청장은 정당한 사유 없이 정병검사나 입영을 기피한 사실이 있거나 기피하고 있는 사람 등 대통령령으로 정하는 사람에 대하여는 다음 각 호의 기준에 따라 처리하여야 한다. 다만, 가족의 사망 등 불가피한 사유로서 대통령령으로 정하는 경우에는 그러하지 아니하다.

  1. 제1항에 따른 국외여행허가 대상자인 경우에는 국외여행허가

를 하여서는 아니 된다.

2. 25세 미만으로 제1국민역 또는 보충역으로서 소집되지 아니한 사람인 경우에는 국외여행이 제한되도록 필요한 조치를 취하여야 한다.

제86조(도망 · 신체손상 등)

병역의무를 기피하거나 감면받을 목적으로 도망가거나 행방을 감춘 경우 또는 신체를 손상하거나 속임수를 쓴 사람은 1년 이상 5년 이하의 정역에 처한다.

2. 「병역법」 시행령

제136조(수형자 등의 병역처분)

① 현역병입영 대상자, 승선근무예비역 또는 보충역(보충역의 장교·준사관·부사관 및 보충역의 복무 또는 의무종사를 마친 사람은 제외한다)으로서 법 제65조 제1항 제2호에 따라 보충역 또는 제2국민역으로 편입할 수 있는 사람은 다음 각 호에 따른다. 이 경우 형이 부정기형으로서 장기와 단기를 정하여 선고된 경우에는 장기를 적용한다. <개정 2010. 7. 21, 2011. 11. 23, 2012. 8. 3.>

1. 생략

2. 제2국민역 편입 대상은 다음 각 목의 어느 하나에 해당하는 사람
   가. 1년 6개월 이상의 징역 또는 금고의 실형을 선고받은 사람. 다만, 법 제86조에 따라 병역의무를 기피하거나 감면받을 목적으로 신체를 손상하거 나 속임수를 써서 징역형을 선고받은 사람은 제외한다.
   나. 이하 생략

3. 「국가공무원법」

제33조(결격사유)

다음 각 호의 어느 하나에 해당하는 자는 공무원으로 임용될 수 없다. <개정 2010. 3. 22.>

1. 금치산자 또는 한정치산자
2. 파산선고를 받고 복권되지 아니한 자
3. 금고 이상의 실형을 선고받고 그 집행이 종료되거나 집행을 받지 아니 하기로 확정된 후 5년이 지나지 아니한 자
4. 금고 이상의 형을 선고받고 그 집행유예 기간이 끝난 날부터 2년이 지나지 아니한 자
5. 금고 이상의 형의 선고유예를 받은 경우에 그 선고유예 기간 중에 있는 자
6. 법원의 판결 또는 다른 법률에 따라 자격이 상실되거나 정지된 자
6의2. 공무원으로 재직기간 중 직무와 관련하여 「형법」 제355조 및 제356조에 규정된 죄를 범한 자로서 300만 원 이상의 벌금형을 선고받고 그 형이 확정된 후 2년이 지나지 아니한 자
7. 징계로 파면처분을 받은 때부터 5년이 지나지 아니한 자
8. 징계로 해임처분을 받은 때부터 3년이 지나지 아니한 자

4. 교통안전공단 인사규정(2003. 7. 31.)

제14조(결격사유)

다음 각 호의 1에 해당하는 자는 직원으로 될 수 없다.

1. 금치산자 또는 한정치산자
2. 파산선고를 받고 복권되지 아니한 자
3. 금고 이상의 형을 받고 그 집행이 종료되거나 집행을 받지 아니하기로 확정된 날로부터 3년이 경과되지 아니한 자
4. 금고 이상의 형을 받고 그 집행유예의 기간이 완료된 날로부터

2년이 경과하지 아니한 자

5. 금고 이상의 형의 선고유예를 받은 경우에 그 선고유예 기간 중에 있는 자
6. 법률 또는 법원의 판결에 의하여 자격이 상실된 자 또는 파면 처분을 받은 날로부터 5년이 경과되지 아니한 자
7. 전직 근무기관에서 징계에 의하여 해임처분을 받은 날로부터 3년 또는 파면 처분을 받은 날로부터 5년이 경과되지 아니한 자
8. 병역의무자로서 병역기피의 사실이 있는 자
9. 채용신체검사 결과 부적합한 자

국가인권위원회 결정문(2005. 12. 26.)

국가인권위원회 결정

제목

양심적 병역거부권 및 대체복무제도에 대한 권고

주문

국회의장과 국방부장관에게 양심적 병역거부권과 대체복무제도에 대하여 다음과 같이 권고한다.

다음

1. 양심적 병역거부권은 헌법 제19조와 시민적·정치적 권리에 관한 국제규약 제18조의 양심의 자유의 보호 범위 내에 있음을 확인한다.

2. 병역의 의무가 국가의 안전보장을 위한 국민의 필요적 의무임을 확인한다.

3. 양심적 병역거부권과 병역의무가 조화롭게 공존할 수 있는 대체복무제도가 도입되어야 할 것이다.

4. 대체복무제도를 도입하게 될 경우, 대체복무의 인정여부를 공정하게 판정할 기구와 절차가 만들어져야 하고, 대체복무의 영역은 사회의 평화와 안녕, 질서유지 및 인간보호에 필요한 봉사와 희생정신을 필요로 하는 영역 중에서 우리 실정에 맞게 채택하여야 할 것이며, 대

체복무의 기간은 현역복무자와의 형평성을 고려하여 현역복무기간을 초과하는 기간으로 시작하는 것이 바람직할 것이다.

이유

Ⅰ. 검토 배경

1. 진정사건의 접수 및 처리

양심적 병역거부 및 대체복무제도와 관련하여 2005년 10월 현재 국가인권위원회에 접수된 진정사건은 총 9건[1]으로 양심적 병역거부와 관련한 3건은 각각 인용,[2] 기각, 각하 결정을 하였고, 대체복무제도 도입과 관련된 6건은 계속 중에 있다.

이 진정사건의 주요 내용은 (1) 대체복무제도를 도입하여 수감 중인 양심적 병역거부자의 인권침해를 구제해 줄 것을, (2) 헌법재판소에 제기된 병역법에 대한 위헌제청 사건에 대하여 의견표명을 해 줄 것을, (3) 반전 및 평화실현의 양심적 병역거부권의 인정과 대체복무제도의 도입을 권고해 줄 것을 요구하는 것이다.

2. 대법원 판례와 헌법재판소 결정

대법원은 2004. 7. 15. 2004도2965 사건에서 양심의 자유는 법률에 의하여 제한될 수 있는 상대적 자유로서, 국방의 의무(헌법적 법익)보다 우월한 가치로 볼 수 없고, 양심적 병역거부자를 위한 대체복무제도를 두지 않고, 형벌을 부과하는 것은 과잉금지원칙을 위반한 것이 아니라고 판시하였다.[3]

---

1 국가인권위원회 2001. 11. 26. 01진차2; 2002. 1. 10. 02진차6; 2002. 3. 12. 02진인471; 2001. 12. 17. 01진인549; 2002. 4. 11. 02진기1; 2002. 7. 9. 02진인1150; 2002. 9. 10. 02진인1571; 2002. 9. 16. 02진인1645; 2003. 4. 30. 03진인966.

2 국가인권위원회 2001. 11. 26. 01진차2사건에서 양심적 병역거부 관련 수용자에 대하여 종교집회를 허용해 달라는 진정에 대하여, 2002년 10월 19일 국가인권위원회는 양심적 병역거부 관련 수용자에 대하여 종교적 집회를 허용하도록 법무부에 권고하였고, 법무부는 이를 수용하였다.

헌법재판소는 2004. 8. 26. 2002헌가1 사건에서 양심의 자유로부터 대체복무의 요구권은 도출되지 않는다고 하면서도, 비례의 원칙을 통하여 양심의 자유를 공익과 교량하고 공익을 실현하기 위하여 양심을 상대화하는 것은 양심의 자유의 본질과 부합될 수 없다고 결정하면서, 양심보호조치 등에 관하여 입법자에 권고하였다.[4]

3. 국회 병역법중개정법률안 심의

국회는 "병역거부권 인정과 사회봉사업무로 병역대체복무"를 내용으로 하는 임종인 의원과 노회찬 의원이 각각 대표 발의한(2004. 9. 22. 2004. 11. 19.) 병역법중개정법률안을 제250회 정기회(2004. 11. 23.)와 제251회 임시회(2004. 12. 28.)에 각각 상정하였고, 제252회(임시회) 제3차 법률안등심사소위원회(2005. 3. 17.)에서 병역법중개정법률에 관한 공청회를 개최하였다. 제253회(임시회) 제1차 법률안등심사소위원회(2005. 4. 19.)에 회부하여 심사하였고, 현재 계속 중에 있다.

4. 유엔 인권이사회 개인통보 제출

2004년 10월 18일 여호와의 증인 신도 윤여범(24) 씨와 최명진(23) 씨[*]는 매년 700여 명의 병역거부자들이 수감되고, 위와 같은 헌법재판소의 결정으로 국내에서는 더 이상 구제방법이 없다고 하면서 대한민국이 가입한 자유권규약에 따라 설치된 유엔인권이사회에 적절한 구제를 요청하는 개인통보를 제출하였다.

5. 연구용역과 청문회 등 실시

국가인권위원회는 양심적 병역거부 문제와 관련하여 2002년 외부전문가에게 연구용역을 실시하여, 양심적 병역거부 문제에 대한 국제적

---

3 대법원 2004. 7. 15. 선고 2004도2965 판결.
4 헌법재판소 2004. 8. 26. 선고 2002헌가1 결정.
* 앞의 자료들에서 본 건 관련 당사자의 이름을 밝히고 있어, 독자들의 이해를 돕기 위해 이곳은 실명으로 표시하였다(편집자 주).

논의 및 국제법적 기준, 헌법상 양심적 병역거부권의 인정여부, 향후 대체복무제도의 인정여부 등에 대하여 분석·정리한 바 있다.[5]

또한 2005년 8월 양심적 병역거부와 관련한 구체적인 쟁점에 대하여 관련 전문가에게 자문을 구하고, 관계기관의 의견을 조회하였고, 2005년 10월 양심적 병역거부권 및 대체복무제도에 관한 청문회를 개최하여 양심적 병역거부자의 현황, 양심적 병역거부 문제에 대한 관련 단체 및 기관의 입장, 특히 국방부의 국방정책 및 병력감축계획 등에 대하여 청취하였다.

II. 판단기준 및 참고기준

1. 판단기준

가. 헌법 제5조, 헌법 제6조, 헌법 제19조, 헌법 제37조 제1항·제2항, 헌법 제39조

나. 세계인권선언 제18조

다. 시민적·정치적 권리에 관한 국제규약(이하 자유권규약) 제4조, 제18조

2. 참고기준

가. 유엔인권이사회(Human Rights Committee) 일반논평(General Comments) 제22호

나. 유엔인권위원회 결의 1987/제46호, 결의 1988/제77호, 결의 2000/제34호, 결의 2002/제45호, 결의 2004/제54호

---

5 김선택, 「한국 내 양심적 병역거부자에 대한 대체복무 인정여부에 관한 이론적·실증적 연구」, 국가인권위원회, 2002. 12.

III. 병역거부자의 현황과 각국의 대체복무제도 실태

1. 병역거부자 발생

양심적 병역거부자는 2001년 이전까지는 군에 입영한 후에 군사훈련이나 집총을 거부하였으나, 2001년 중반 이후부터는 현역병이나 공익근무요원 입영과정에서 입영 자체를 거부하는 것으로 병역거부의 양상이 집총거부에서 입영거부의 형태로 변하였다.

연도별 발생 추세를 보면 1994년에 233명 발생하였고, 2000년도 657명, 2002년도 825명, 2004년도 756명 등으로 점차 증가추세를 보이는 듯하다. 2002년 이후 대략 600여 명의 양심적 병역거부자가 발생하고 있다고 보인다.

〈표 1〉 군입대 후 집총거부 및 입영거부자 현황

구 분	'94	'95	'96	'97	'98	'99	'00	'01	'02	'03	'04	'05.8 (현재)
집총 거부	233	471	342	436	498	544	656	267	–	3	1	–
입영 거부	–	–	–	–	–	–	1	379	825	561	755	390
합 계	233	471	342	436	498	544	657	646	825	564	756	390

양심적 병역거부자는 약 5년(2000년~2005년 8월) 동안에 총 2911명으로 연평균 600여 명이 병역을 거부한 것으로 나타났는데, 병역거부의 발생원인은 대부분 종교적 사유이고, 종교적 사유 이외의 전쟁반대나 평화주의 등 개인적 신념에 의한 비종교적 병역거부자는 16명에 불과하다.

〈표 2〉 최근 5년간 병역거부자 발생인원

구 분	'00	'01	'02	'03	'04	'05. 8.	계
여호와의 증인	1	378	822	557	748	387	2,893
불 교		1		1			2
기 타*	.		3	3	7	3	16
계	1	379	825	561	755	390	2,911

* 기타 : 전쟁반대, 평화주의 등 개인적 신념에 의한 거부자

2. 양심적 병역거부자에 대한 사법처리 현황

법원은 2001년 이전 집총거부자에 대하여 군형법 제44조 항명죄를 적용하여 징역 2~3년형을 선고하였으며, 2001년 중반이후 양심적 병역거부자에게 사실상 양심적 병역거부의 현실을 인정하고 병역 대신 징역 1년 6월을 선고하는 경향을 보이고 있다. 이는 병역법시행령 제136조 제1항 제2호에서 "1년 6월 이상의 징역 또는 금고의 실형을 선고받은 사람"에게 제2국민역으로 편입할 수 있도록 하고 있기 때문에 법원이 양심적 병역거부자들에게 징역을 부과하는 대신 현역복무를 사실상 면제하는 방법을 선택하고 있다고 볼 수 있다.

〈표 3〉 최근 5년간 양심적 병역거부자 처리현황(2000년 ~ 2005년 8월)

재판 계속중	기소 유예	무혐의	기소 중지	집행 유예	징 역				계
					1년 이상	1년 6월 이상	3년 미만 ~2년 이상	소계	
444	4	53	3	14	11	2,363	19	2,393	2,911

3. 각국의 대체복무제도 현황

가. 개 요

대체복무제도란 종교적 혹은 정치·문화적, 세속적 이유로 입대를 거부하거나 혹은 집총을 거부하는 자에게 다른 사회적 활동을 통해 그 의무를 대체하도록 하는 제도를 의미한다.

이러한 대체복무제도를 인정하는 국가의 경우 양심적 병역거부자는 구제활동, 환자수송, 소방업무, 장애인 봉사, 환경미화, 청소년보호센터 근무, 문화유산 유지보호 활동 등을 하고 있다.

대체복무제도와 달리 양심적 병역거부를 인정하지 않고, 종교상 이유로 군대 내에서 군병역 의무를 이행하면서, 군 지휘관의 명령이나, 군대의 권한으로 비전투적 임무에 배정하는 제도를 비전투복무제도라고 한다.

나. 도입 실태

징병제도가 없는 국가는 영국, 미국, 일본 등을 비롯하여 91개국으로 최근 에콰도르, 프랑스, 멕시코, 필리핀 등이 징병제를 폐지하였고, 징병제도가 있는 나라는 독일, 덴마크, 오스트리아, 태국 등 85개국이다.

징병제도를 채택하고 있는 국가 중에서 대체복무제도를 도입한 국가는 독일, 덴마크, 대만 등 31개국이고, 비전투복무제도를 도입한 국가는 크로아티아, 스위스 등 5개국이다.

다. 구체적 도입 예

20세기 역사에서 최초로 대체복무법을 성문화한 나라는 영국으로서 그것도 제1차 세계 대전이 한창이던 1916년에 제정되었고, 1920년에서 1930년대 사이에 네덜란드, 노르웨이, 덴마크에서 대체복무제도를 도입하였다.

대체복무제도의 도입과 관련하여 주목할 만한 나라는 러시아인데, 역시 제1차 세계 대전 말, 1918년에 당시 레닌의 볼셰비키 정부는 양심적 집총거부를 인정하였고, 1919년 그와 관련된 권리를 인정한다는 사실을 공식적으로 선포하였으나 그 이후 스탈린의 등장으로 중단되었다.

독일은 제2차 세계 대전에서 패한 후, 동서독으로 분단된 상태인 1949년, 독일기본법 제4조 제3항에서 종교와 양심의 불가침성을 규정함과 동시에 양심적 병역거부권을 인정하였고, 1956년 기본법 제7차 개정법(제12조)을 통하여 양심적 병역거부권을 명문화하였다.

러시아에서는 2005년 6월 28일 대체복무제도를 허용하는 병역법개정안을 승인하였으며, 구 소비에트 연방국가였던 우크라이나와 구소련의 위성 국가였던 나라들 대부분도 대체복무 제도를 받아들였고, 종교적 편견이 강한 나라로 유명했던 그리스도 대체복무제도를 받아들였으며, 이러한 흐름은 유럽대륙만으로 국한되지 않고, 남미와 아프리카 대륙 국가들도 대체복무제도를 받아들였고, 아시아의 대만에서도 2001년에 대체복무제도를 실시하게 되었다.

Ⅳ. 판 단

1. 양심의 자유

가. 양심의 자유의 의미

(1) 헌법상 보호되는 양심은 어떤 일의 옳고 그름을 판단함에 있어서 그렇게 행동하지 아니하고는 자신의 인격적인 존재가치가 허물어지고 말 것이라는 강력하고 진지한 마음의 소리로서 절박하고 구체적인 양심을 의미한다.[6]

(2) 양심의 자유에서 보장하고자 하는 '양심'은 민주적 다수의 사고나 가치관과 일치하는 것이 아니라, 개인적 현상으로서 지극히 주관적

---

6 헌법재판소 1997. 3. 27. 선고 96헌가11 결정; 2001. 8. 30. 선고 99헌바92등 결정; 2002. 4. 25. 선고 98헌마425등 결정; 2004. 8. 26. 선고 2002헌가1 결정.

인 것이고, 양심은 그 대상이나 내용 또는 동기에 의하여 판단될 수 없으며, 특히 양심상의 결정이 이성적·합리적인가, 타당한가 또는 법질서나 사회규범, 도덕률과 일치하는가 하는 관점은 양심의 존재를 판단하는 기준이 될 수 없다.[7]

(3) 헌법 제19조와 자유권규약 제18조 양심의 자유는 종교의 자유, 학문·예술의 자유와 함께 내심의 자유에 속하며, 정신적 자유의 모체를 이루는 인간존엄성의 기초로서 정신적 자유의 근원을 이루는 최상급의 기본권이며, 자유권규약 제18조에서 양심의 자유는 동 규약 제4조에 따라 국가비상상태에서도 유보될 수 없는 절대적 기본권으로 규정하고 있다.

나. 양심의 자유의 보호범위

양심의 자유의 보호범위는 내심에서 양심을 형성하는 자유와 대외적으로 양심을 실현하는 자유로 나누어 볼 수 있고, 양심실현의 자유는 다시 ① 양심을 표명하도록 강제당하지 않을 자유, ② 양심에 반하는 행동을 강제당하지 않을 자유, ③ 양심을 표명할 자유, ④ 양심에 따라 행동할 자유로 나누어 볼 수 있다.

2. 국방의 의무

가. 헌법규정과 보호법익

헌법은 제5조 제2항에서 '국가의 안전보장'과 국토방위를 국군의 신성한 의무라고 규정하면서 제39조 제1항에서 국가안전보장을 실현하기 위한 중요한 수단으로서 국방의 의무를 명문으로 규정하고 있다.

'국가의 안전보장'은 국가의 존립과 영토의 보존, 국민의 생명·안전의 수호를 위한 불가결한 전제조건이자 모든 국민이 자유를 행사하기 위한 기본적 전제조건으로서 헌법이 이를 명문으로 규정하는가와 관

7 헌법재판소 2004. 8. 26. 선고 2002헌가1 결정.

계없이 헌법상 인정되는 중대한 법익이며, 국방의 의무는 국가의 안전보장을 실현하기 위하여 헌법이 채택한 하나의 중요한 수단이다. 따라서 병역법상 병역회피를 처벌하는 규정은 국민의 의무인 국방의 의무의 이행을 관철하고 강제함으로써 징병제를 근간으로 하는 병역제도 하에서 병역자원의 확보와 병역부담의 형평을 기하고 궁극적으로 국가의 안전보장이라는 헌법적 법익을 실현하고자 하는 것이다.[8]

나. 국방의 의무의 중대성

국방의 의무라 함은 외적으로부터 국가를 보위해서 국가의 정치적 독립성과 영토의 완전성을 지키는 국토방위의 의무를 말한다. 결국 헌법 제39조 제1항이 규정한 국방의 의무는 외적으로부터 국가를 방위하여 국가의 정치적 독립성과 영토의 완전성을 수호할 의무로서 납세의 의무와 더불어 국가의 존립을 가능하게 하는 가장 기본적인 의무로서 국가의 안전을 보장하고 국토를 방위하는 의무이다.

3. 양심적 병역거부권

가. 양심적 병역거부권의 의미

일반적으로 병역의무가 인정되고 있는 국가에서 자기의 신앙이나 도덕률 및 철학적·정치적 이유에 따른 양심상의 결정으로 전쟁에 참가하여 인명을 살상하는 병역의무의 일부 또는 전부를 거부하는 행위를 양심적 병역거부라 하고, 이와 같은 양심상의 결정을 실현하는 행위를 국민의 기본권의 범주에 포함하는 것으로 보고 헌법이나 법률에 의하여 법적 권리로서 보호해 주는 것을 양심적 반전권 또는 양심적 병역거부권이라 한다.

---

8 헌법재판소 2004. 8. 26. 선고 2002헌가1 결정.

나. 양심적 병역거부권의 실현 근거

(1) 국내법적 근거

(가) 양심의 자유(헌법 제19조)

우리 헌법 제19조에서 "모든 국민은 양심의 자유를 가진다"라고 규정하고 있는데, 앞에서 살펴본 바와 같이, 양심형성의 자유는 외부로부터의 부당한 간섭이나 강제를 받지 않고 개인의 내심영역에서 양심을 형성하고 양심상의 결정을 내리는 자유를 말하고 양심실현의 자유란 형성된 양심을 외부로 표명하고 양심에 따라 삶을 형성할 자유, 구체적으로는 양심을 표명하거나 또는 양심을 표명하도록 강요받지 아니할 자유(양심표명의 자유), 양심에 반하는 행동을 강요받지 아니할 자유(부작위에 의한 양심실현의 자유), 양심에 따른 행동을 할 자유(작위에 의한 양심실현의 자유)를 모두 포함한다.

자신의 종교관, 세계관, 가치관에 따라 전쟁과 그에 따른 인간의 살상에 반대하는 진지한 양심으로 인하여 병역의무를 이행할 수 없다는 결정은 양심에 반하여 행동할 수 없는 강력하고 진지한 윤리적 결정인 것이며, 개인이 그 결정에 따를 수 있는 가능성을 부여하는 것이 바로 양심의 자유를 보장하는 것이 된다. 따라서 양심의 자유의 보호범위 내에 양심에 반하는 행동을 강제당하지 않을 자유, 즉 양심적 병역거부권이 포함됨을 확인할 수 있다.

(나) 헌법에 열거되지 않는 자유와 권리(헌법 제37조 제1항)

우리 헌법 제37조 제1항 "국민의 자유와 권리는 헌법에 열거되지 아니한 이유로 경시되지 아니 한다"의 헌법적 의미는 ① 특정한 행위방식을 한정하는 것이 아니라 오히려 기본권을 적용할 경우에 유추해석을 가능하게 하는 근거조항으로서 기능하게 되고, ② 국제법상의 권리요청이나 사회적 변화에 따라 새로이 등장하는 다양한 규범적 욕구 등 헌법외적 요청을 헌법적 요청으로 전환시키는 규범화조항으로서의 기능을 수행하고, ③ 기본권 목록 이외의 기본권을 다른 헌법규정이나 헌법적 체계로부터 포섭하는 획득조항으로서의 성격을 가지고 있다.

따라서 양심적 병역거부권을 명문으로 규정하지 않았다 할지라도 국제법상 권리의 요청과 사회의 발전과정에 따라 양심의 자유의 취지에 맞게 해석을 통하여 헌법 제19조 양심의 자유의 내용으로 그 권리성을 인정하는 것이 헌법 제37조 제1항의 기능과 성격에 부합한 것이라고 판단된다.

(다) 기본권제한의 일반원칙에 비추어 본 문제

양심의 자유 중 양심형성의 자유는 내심에 머무르는 한 절대적으로 보호되는 기본권이라 할 수 있는 반면, 양심적 결정을 외부로 표현하고 실현할 수 있는 권리인 양심실현의 자유는 법질서에 위배되거나 타인의 권리를 침해할 수 있기 때문에 법률에 의하여 제한될 수 있는 상대적 자유라 할 것이기 때문에 양심 실현의 자유는 그 제한을 정당화할 헌법적 법익이 존재하는 경우에는 헌법 제37조 제2항에 따라 법률에 의하여 제한될 수 있다.

그러나 양심적 병역거부권을 제한할 수 있다 하더라도 집총을 거부하는 양심적 병역거부자의 자신의 양심에 반하는 행위를 강요받지 않을 자유를 박탈하여 집총하는 병역의무를 일률적으로 강제하는 것도 다른 기본권제한의 판단과 마찬가지로 양심적 병역거부권의 제한 내용이나 형태가 헌법 제37조 제2항 기본권제한 일반원칙인 과잉금지의 원칙과 본질적인 내용침해 금지의 원칙이 지켜져야 할 것이다.

이와 같이 볼 때 현행 병역법이 양심적 병역거부자에게 일반적인 병역기피자와 마찬가지로 병역의무 불이행에 따른 병역기피죄를 일률적으로 적용하는 것은 양심적 병역거부자의 양심의 자유에 대한 과잉제한이라고 할 수 있다.

(2) 국제인권규범상 근거
(가) 세계인권선언과 자유권규약

세계인권선언 제18조와 자유권규약 제18조의 "사상, 양심 및 종교의

자유를 향유할 권리 및 종교와 신념을 표현할 자유"도 명문으로 양심
적 병역거부권을 표현하고 있지는 않지만, 양심의 자유의 내용 중에는
양심에 반하는 행동을 강제당하지 않을 자유가 포함되고 있기 때문에
양심적 병역거부권은 세계인권선언 제18조와 자유권규약 제18조에서
보호되는 권리라고 볼 수 있다.

(나) 유엔인권위원회 결의 및 권고

① 1987년 유엔인권위원회 결의 제46호(E/CN/1987/60)에서 최초로
양심적 병역거부를 국가가 존중해야 할 인권으로 선언하였는바, 이 결
의에서 유엔인권위원회는 "종교적, 윤리적, 도덕적 또는 이와 유사한
동기에서 발생하는 심오한 신념에 기초한 양심적 병역거부"를 각국이
인정해야 한다고 촉구하였다.

② 1989년 유엔인권위원회 결의 제59호(E/CN.4/1989/59, Preamble, para.1)
에서 세계인권선언 제3조와 제18조 및 자유권규약 제18조에 따라 양심
적 병역거부를 유엔헌장 및 자유권규약이 규정하는 인권의 하나로 수
용하도록 다시 한 번 각국에 강조하였다.

③ 1993년 유엔인권위원회 결의 제84호(E/CN.4/1993/122)에서 이전
의 결의 내용을 재확인하면서, 양심적 병역거부권을 인정하지 않는 국
가에 대하여 구체적 사안에서 병역거부가 양심에 따라 이루어진 것인
지 여부를 심사하기 위하여 국내법 체계 속에 "독립적이고 공평한 의
사결정기관"을 만들 것을 요청하였다.

④ 유엔인권위원회는 1995년 결의 제83호에서, 유엔인권이사회가 자
유권규약 제18조의 해석에 관하여 1993년에 결의한 "일반논평(General
Comment)"의 내용을 반영하여, "양심적 병역거부자들이 그들이 가진 신
념의 특성을 이유로 차별받아서는 아니 되고, 또한 양심적 병역거부자
가 병역을 거부하였다는 이유로 처벌받아서는 아니 된다"라고 결의하
였다.

⑤ 유엔인권위원회는 1998년 4월 22일 양심적 병역거부권의 '마그
나 카르타'라고도 지칭되는 제77호 결의(E/CN.4/RES/1998/77, Peramble)

를 채택하였다. 그 주요 내용은 다음과 같다.

i) 양심적 병역거부권은 종교적, 도덕적, 윤리적, 인도주의적 또는 이와 유사한 동기에서 발생하는 심오한 신념 또는 양심에서 유래하는 것으로서, 이미 군복무를 하고 있는 사람도 양심적 병역거부권이 있다.

ii) 양심적 병역거부권을 보장하는 제도가 없는 국가는 양심적 병역거부자의 신념을 차별하여서는 아니 되며, 양심적 병역거부가 특정한 사안에서 타당한지 여부를 결정할 임무를 맡을 독립적이고 공정한 의사결정기관을 마련하여야 한다.

iii) 징병제를 채택하고 있는 국가의 경우 양심적 병역거부의 이유에 부합하는 다양한 형태의 대체복무를 도입하되, 그 대체복무는 공익적이고, 징벌적 성격이 아닌 비전투적 또는 민간적 임무의 성격을 띤 것이어야 한다.

iv) 국가는 양심적 병역거부자를 구금하거나 반복적으로 형벌을 부과하지 않도록 하여야 한다.

v) 국가는 양심적 병역거부자를 경제적·사회적·문화적·시민적 또는 정치적 권리 등의 측면에서 차별해서는 안 된다.

vi) 양심적 병역거부로 인하여 박해를 피해 자국을 떠난 사람들은 난민으로서 보호하여야 한다.

vii) 양심적 병역거부권과 양심적 병역거부자로 신청하는 데에 대한 정보가 병역문제로 영향을 받는 모든 사람들에게 쉽게 제공될 수 있도록 하여야 한다.

⑥ 유엔인권위원회는 2000년 4월 20일 양심적 병역거부권과 관련한 의제에 관하여 심의를 계속한 결과 결의 제34호를 채택하였다. 이 결의에서 유엔인권위원회는 유엔 회원국에 대하여 1998년에 채택한 제77호 결의의 관점에서 자국의 현행법과 관행을 점검하도록 촉구하고, 유엔인권고등판무관실에 정부, 유엔기구 및 시민단체로부터 정보를 모아 양심적 병역거부권에 관한 모범적 실천사례를 분석한 보고서를

작성하여 2002년에 열리는 제58차 유엔인권위원회에 제출하도록 요청하였다.

특히 한국정부는 위의 제34호 결의를 채택함에 있어 찬성한 바 있다.

⑦ 제58차 유엔인권위원회는 2002년 4월 23일 양심적 병역거부와 관련하여 유엔인권선언과 자유권규약에 따라 모든 사람은 생존과 자유, 신변안전에 관한 권리와 더불어 사상·양심·종교 그리고 차별받지 않을 권리가 있다고 전제하면서 1998년에 채택한 제77호 결의가 양심적 병역거부권을 인정하고 있음을 상기하는 제45호 결의를 채택하였다. 특히 각국이 시행하고 있는 법과 관행을 재검토할 것을 촉구하는 내용을 골자로 한 결의안을 표결 없이 만장일치로 채택하였다.

⑧ 유엔인권위원회는 2004년 4월 19일 모든 사람은 사상과 양심, 종교의 자유, 차별 받지 않을 권리, 생명과 자유, 개인의 안전에 대한 권리를 가지고 있음이 세계인권선언과 자유권규약에 인정되어 있음을 명심하며, 양심적 병역거부에 관한 유엔인권위원회의 종래 결의 내용, 즉 모든 사람은 양심적 병역거부를 할 권리를 가지고 있으며 이는 세계인권선언 제18조, 자유권규약 제18조, 유엔인권이사회 일반논평(General Comment) 제22호에 규정된 사상·양심·종교의 자유에 대한 정당한 권리 행사라는 점을 인정하고 있는 1998/제77호 결의(1998. 4. 22.)를 상기하는 결의 제54호를 채택하였다.

(다) 유엔인권이사회(Human Rights Committee)의 권고

자유권규약에 따라 설치된 유엔인권이사회도 상술한 유엔인권위원회의 결의와 마찬가지로 각국은 양심적 병역거부자를 처벌하여서는 안 되며 양심적 병역거부권(right of conscientious objection)은 동 규약이 규정하는 기본적 인권의 하나로서 보장되어야 한다는 입장을 견지해 왔다. 특히 유엔인권이사회는 1993년에 채택한 일반논평 제22호에서 양심적 병역거부권이 사상과 양심 및 종교의 자유를 규정한 동 규약 제18조에서 도출되며, 양심적 병역거부자가 병역을 거부한다는 이유로 처벌을 받아서는 안 된다고 공표하였다.

(라) 한국 정부의 이행 책임

① 국제법 질서의 존중과 유엔 가입 등

우리 헌법 제6조 제1항을 헌법에 의하여 체결·공포된 조약과 일반적으로 승인된 국제법규는 국내법과 같은 효력이라고 인정함으로써 국제법 질서존중의 원칙을 명백히 하고 있다.

한국은 1990년 4월 자유권규약에 가입하였고, 1991년 9월 유엔회원국이 되었으므로, 한국정부는 유엔헌장 및 자유권규약 등에서 규정하고 있는 인권보호에 관한 각종 책임을 이행할 의무를 부담하고 있고, 대부분 국제관습법의 확인적 성격을 갖는 세계인권선언과 일반적인 유엔의 인권관련 결의를 존중하여야 한다.

② 유엔회원국 및 자유권규약 체약국으로서의 의무

한국은 유엔회원국이자 자유권규약 체약국으로서, 유엔의 설립목표인 인권보호의 국가적 의무를 다하여야 하며, 자유권규약은 한국이 비준한 국제조약으로서 국내법과 동일한 효력을 가진다. 나아가 자유권규약에 따라 조약이행기구로 만들어진 유엔인권이사회(Human Rights Committee)의 해석과 권고를 존중할 의무가 있다.

따라서 한국정부는 양심적 병역거부권을 포함하는 자유권규약 제18조를 준수할 의무가 있고, 이에 따라 양심적 병역거부자의 양심을 보호하는 조치를 취할 수 있는 대체복무제도에 관하여 숙고하여야 한다.

4. 대체복무제도의 도입 필요성과 조건

가. 대체복무제도 도입의 필요성

현재 양심적 병역거부에 대해서 국방부와 헌법재판소 등은 불가의 입장이다. 즉, 국방부는 헌법상 명문으로 양심적 병역거부를 인정하고 있는 독일과 같이 현행 헌법을 개정하지 않는 한 양심적 병역거부와 헌법상의 병역의무와는 조화될 수 없다고 반대의견을 제시하고 있고, 헌법재판소와 대법원은 입법자의 법익형량의 결과가 국가안보라는 공익을 위태롭게 하지 않고서는 양심의 자유를 실현할 수 없다는 판단에 이르렀기 때문에 병역의무를 대체하는 대체복무의 가능성을 제공하지 아니한 입법자의 결정(양심적 병역거부자를 형사처벌할 수 있는 병역법 관련 조항)이 양심적 병역거부자의 양심의 자유 등을 침해하는 것이 아니라는 취지의 의견을 제시하고 있다.

그러나 위에서 본 대로 양심적 병역거부권은 헌법 및 국제인권법상 양심의 자유의 한 부분을 차지하는 것이 분명하고 이미 오래전부터 국제연합의 차원에서 양심적 병역거부를 인정하여야 한다는 결의를 반복하기에 이르렀으며, 징병제를 실시하는 국가 중 양심적 병역거부를 전혀 인정하지 않고 있는 국가는 약 절반에 불과할 정도로 이미 많은 국가에서 입법을 통하여 이 문제를 해결하고 있다는 사실을 간과할 수 없다.

한편, 일반적으로 우열을 가리기 어려운 헌법가치들이 갈등관계에 있을 때 각각의 헌법가치들이 공존하면서 최적의 상태로 실현되어 조화를 이룰 수 있는 방안을 찾아야 한다. 즉, 두 개의 헌법상 가치인 '양심적 병역거부'와 '병역의무의 이행'이 충돌할 때 어느 한쪽이 우월하다고 할 수 없고 둘 다 보장하는 것이 불가능한 경우이므로 양자택일 방식보다는 대안해결 방식을 취해야 할 것이다. 이와 같이 볼 때, 다른 수단으로 병역의 의무를 대체할 수 있다면, 헌법 제19조 및 자유권규약 제18조의 양심의 자유에 포함되는 양심적 병역거부와 제39조의 국방의 의무는 조화롭게 공존할 수 있을 것이다.

따라서, 입법자는 양심적 병역거부자의 고뇌와 갈등상황을 외면하고 그대로 방치할 것이 아니라, 소수자의 양심적 병역거부와 국가안보를 유지하기 위한 국방의 의무가 조화롭게 공존할 수 있는 대체복무제도를 도입하여야 할 것이다.

나. 대체복무제도의 조건

(1) 대체복무제도의 도입

대체복무제도를 도입할 경우 가장 중요한 것은 대체복무와 병역의무이행에 있어서 등가치성을 확보하는 것이고, 대체복무의 인정 여부를 공정하게 판정할 기관의 구성, 심사절차 및 심사기준 등을 마련해야 한다는 것이다. 참고로, 현 병역거부자의 99%가 군대와 직접 관련된 일체의 행위를 하지 않는 거부자들인 상황에서, 양심적 병역거부를 인정하지 않고, 군대 내에서 군병역 의무를 이행하면서, 군 지휘관의 명령이나, 군대의 권한으로 비전투적 임무에 배정하는 비전투복무제도는 실효성이 없을 것으로 판단된다.

(2) 병역거부자 판정기구와 절차

양심적 병역거부가 현역복무를 피하는 방법으로 남용되어서는 안된다. 따라서 양심적 병역거부 인정의 전제는 양심적 병역거부자에 대한 공정한 판단이다. 이와 관련하여 유엔인권위원회는 공정하고 독립적인 기구의 설치를 권고하는바, 우리도 양심적 병역거부를 도입하는 전제로서 공정한 판정기구와 절차가 요망된다.

(3) 대체복무의 영역

국제사회에서 보편적으로 인정하고 있는 대체복무의 영역은 구제활동, 환자수송, 소방업무, 장애인을 위한 봉사, 환경미화, 농업, 난민보호, 청소년보호센터 근무, 문화유산의 유지 및 보호, 감옥 및 갱생기관 근무 등의 사회의 평화와 안녕, 질서유지 및 인간보호에 필요한 봉사와 희생정신을 필요로 하는 영역이다. 다만 대체복무제도를 도입한 국가들을 살펴보면 대체복무의 영역은 각국의 실정에 맞게 마련하고 있다.

(4) 대체복무의 기간

대체복무의 기간은 초기단계에서는 현역복무자와의 형평성과 양심적 병역거부자의 양산을 우려하는 측면을 고려하여 현역 복무기간의 1.5배에 해당하는 기간 동안 복무하도록 하고, 부작용이 없다고 확인되면 국제인권기구가 권고하는 대로 점차 단축해 나가는 것이 바람직할 것이다.

(5) 대체복무요원의 생활 형태

잠정적으로 대체복무요원의 생활형태는 합숙 생활을 원칙으로 하는 것이 바람직하다. 이는 군과 같은 단체생활과 유사성을 유지하여 군대 생활과 형평성을 유지하고, 일반인과 현역 군장병의 감정적 거부감을 줄일 수 있기 때문이다. 다만 장기적으로는 대체복무상 꼭 필요한 경우가 아니라면 형벌적으로 보일 수 있는 합숙 형태는 지양하여야 할 것이다.

V. 결론

위와 같은 이유로 국가인권위원회는 국가인권위원회법 제19조 제1호의 규정에 의하여 주문과 같이 권고하기로 결정한다.

2005년 12월 26일

위원장　　　조영황

위원　　　　최영애, 김호준, 정강자, 김만흠, 나천수, 정인섭,
　　　　　　이해학, 최금숙, 신혜수, 원형은

법무부 국가인권정책행동계획(NAP)(2012. 3. 30.)

"2012-2016 제2차 국가인권정책기본계획"*

V. 사상·양심 및 종교의 자유

1 국내적 기준

헌법 제19조, 제20조 제1항, 헌법 제22조

2 국제적 기준

세계인권선언 제18조
- 사상, 양심 및 종교의 자유
- 종교 및 신념 변경의 자유
- 종교적 행사 및 선교의 자유

자유권규약 제18조
- 사상, 양심 및 종교의 자유
- 종교적 행사 및 선교의 자유
- 종교 및 신념에 대한 강제 금지

---

* 이 자료는 법무부의 웹 사이트 <https://www.moj.go.kr/HP/COM/bbs_03ShowData.do?strNbodCd=noti9006&strWrtNo=34&strAnsNo=A&strFilePath=hum/&strRtnURL=HUM_5040&strOrgGbnCd=110000>(최종검색일 2013. 1. 17.)에 수록된 자료 가운데 해당 부분만 발췌한 것이다(편집자 주).

아동권리협약 제14조

- 사상, 양심 및 종교의 자유

인종차별철폐협약 제5조 (d)호 (vii)목

- 인종·피부색·민족·종족의 구별 없이 사상, 양심 및 종교의 자유를 평등하게 보장

3 현황

가. 국내 현황

과거 인권침해 수단으로 남용된 사례가 있다는 비판을 받는 「국가보안법」의 폐지 또는 개정과 관련하여 찬반 의견이 대립, 특히 찬양·고무 사범과 관련하여 표현·사상의 자유를 침해한다는 비판 상존

- 18대 국회 중에는 「국가보안법」 폐지에 관한 입법 발의는 부재
- 헌법재판소는 문제가 되는 「국가보안법」의 각 규정에 대하여 대체로 국가의 존립·안전을 위태롭게 하거나 자유민주적 기본질서에 해악을 끼칠 명백한 위험이 있는 경우에 적용된다는 해석하에서 합헌이라는 입장임

입영거부자의 경우, 「병역법」 제88조에 따라 정당한 사유 없이 소집기일로부터 3일 내 입영하지 않을 경우 3년 이하의 징역에 처하도록 규정

- 2004년 헌법재판소는 「병역법」 제88조 제1항 제1호에 대하여 합헌 결정(헌재 2004. 8. 26. 선고 2002헌가1 결정)
- ※ 공익, 법질서를 저해하지 않는 범위 내 대체복무제 도입 권고(재판관 9명 중 5명)
- 2007년 9월 '사회봉사분야 대체복무 편입추진 방침' 발표
- ※ 국민적 합의를 전제로 사회복무 내 하나의 복무형태로 편입 추진 (종교적 사유 등에 의한 거부자 및 입대 전 거부자를 치매노인 수발 등 난이도가 가장 높은 분야에서 현역병 2배 수준의 기간 동안 합숙 근무)
- 2008년 12월 연구용역 결과(국민여론) 발표: 사회복무 편입반대 의

견 68.1%

※ 2009년 2월 양심적·종교적 병역거부자 등 용어를 '입영 및 집총 거부자'로 통일

- 김부겸 의원(2011년 7월), 이정희 의원(2011년 9월) 각 「병역법」 일 부개정법률안 대표발의

※ 입영 및 집총거부자 사회복무 허용(복무기간은 육군 현역병의 1.5배 내, 기숙 근무 원칙)

- 2011년 헌법재판소는 「병역법」 제88조 제1항 제1호에 대하여 합 헌 결정(헌재 2011. 8. 30. 선고 2008헌가22, 2009헌가7·24, 2010헌가16·37, 2008헌바103, 2009헌바3, 2011헌바16(병합) 결정)

※ 징병제하에서 병역자원 확보, 병역의무의 공평한 부담, 국가 안보 라는 중대한 공익실현을 위해 제정된 것으로 입법의 정당성이 인 정됨(재판관 9명 중 합헌 7명)

- 2011년 국민여론조사 실시(2011년 11월 18~30일/리서치앤리서치)

※ 여론조사 결과 : 반대 54.1%, 찬성 43.5%(과반수 이상이 대체복무 허용 을 위해 필요한 국민의 지지 수준에 대하여 60% 이상 지지해야 한다고 응답)

나. 국제인권기구의 권고

자유권규약위원회 1992년 최종견해
- 「국가보안법」의 단계적 폐지를 위한 진지한 시도 권고(9항)

자유권규약위원회 1999년 최종견해
- 「국가보안법」의 단계적 폐지 권고(8항)
- 자유권 규약에 부합하도록 「국가보안법」 제7조의 개정 권고(9항)
- 일부 수용자에게 석방을 위한 조건으로 부과되는 준법서약제의 폐지 권고(15항): 2003년 준법서약제 폐지로 국내 이행됨

자유권규약위원회 2006년 최종견해
- 양심적 병역거부자의 병역 면제권을 인정하는 모든 필요한 조치 의 채택 및 자유권규약 제18조와 일치하는 법 제정 권고(17항)
- 「국가보안법」 제7조 및 그에 따라 부과된 형벌이 자유권 규약의

요건에 부합하도록 보장 권고(18항)

유엔인권이사회 2008년 국가별 정례인권검토(UPR) 결과보고서

– 「국가보안법」 폐지를 위한 구체적 조치 채택할 것(64-4항)

– 자유권규약위원회 권고의 연장선상에서 양심적 병역거부권을 인
  정, 정부 및 공공부문에서의 고용금지 관행을 해소할 것(64-17항)

– 형법의 명확성과 관련하여 「국가보안법」을 국제기준에 부합하도
  록 할 것(64-24항)

– 양심적 병역거부자를 위한 대체복무제도 도입을 위해 적극적인
  조치를 취할 것(64-24항)

– 자의적 해석 방지를 위해 「국가보안법」을 개정할 것(64-33항)

아동권리위원회의 2011년 최종견해

– 아동의 사상·양심 및 종교의 자유에 대한 권리가 실제로 그리고
  모든 환경에서 아동 권리협약 제14조 제3항에 따라 충분히 존중
  되도록 보장하기 위한 추가 조치에 착수할 것(39항)

– 나아가 식이 요구사항(dietary requirements)을 포함한 특정 종교의
  독특한 요구나 제약에 대한 충분한 존중(due regard)과 감수성을
  허용하는 종교적 다양성에 대한 올바른 이해에 도움이 되는 분위
  기를 촉진하기에 상당한 조치(아동의 사상·양심 및 종교의 자유에 대한
  권리가 충분히 존중되도록 보장하기 위한 조치)가 취해질 것(39항)

4. 쟁점

「국가보안법」의 폐지, 개정 또는 신중하고 엄격한 해석·적용

　종교적 사유 등에 의한 병역거부권 인정 및 입영 및 집총거부자 대
체복무 편입

5. 추진방안 및 이행방안

가. 「국가보안법」의 남용 방지

「국가보안법」의 해석 기준에 대한 헌법재판소·대법원의 판례를 철저히 적용

사안의 중대성, 죄질, 국가안보에 미치는 영향 등을 종합적으로 고려하여 불입건·기소유예 등도 적극적으로 검토

나. 입영 및 집총거부자 대체복무제도 편입

안보 상황, 사회구성원의 공감대 형성을 고려하여 검토
- 국민여론 수렴을 위한 외부 용역 추진
- 연구 결과를 기초로 국회, 관련 기관 등의 의견을 수렴하여 국민적 합의가 이루어질 경우 추진

[…]

III. 국제인권규범의 이행

1. 현 황

가. 국내 현황

국제인권규약(소관부처)	가입일	유보조항
자유권규약(법무부)	1990. 4. 10.	제22조(결사의 자유)
자유권규약제1선택의정서(법무부)	1990. 4. 10.	유보조항 없이 가입
자유권규약제2선택의정서(법무부)	미가입	사형을 규정한 국내법과의 상충

병무청 대체복무 연구용역 결과 발표(2008. 12. 24.)
(종교적 사유 등 입영거부 관련 여론조사 결과 등)

병무청(청장 박종달)은 종교적 사유 등에 의한 입영거부와 관련한 연구용역을 12월 19일 완료하였다고 밝혔다. 이번 연구는 지난 8월 22일부터 진석용정책연구소(대전대학교)에 의뢰하여, '국민여론조사', '공청회', '사회복지시설 실태조사', '제도일반' 분야로 나뉘어 연구하였다.

□ **국민여론조사 결과 대체복무 허용반대 68.1%**
여론조사는 대전대학교 곽현근 교수가 여론조사 전문기관인 '리서치앤리서치'에 의뢰, 지난 11월 17일에서 21일 사이에 전국의 성인남녀 2000명을 대상으로 전화 조사하였다.

○ 조사의 신뢰도는 95% 수준에서 ±2.19%이다.

○ 조사결과 대다수인 81.1%(1624명)가 '종교적 사유 등 입영거부자' 문제가 사회적 이슈가 되고 있음을 알고 있었다.

○ 대체복무 허용에 대하여는 68.1%(1365명)가 반대하였으며, 지역별로는 부산, 경남, 충청도(70.1%)에서, 성별로는 여자(68.8%)가 남자(67.48%)보다 더 반대하는 것으로 나타났다.

연령별은 60대(87.8%)에서 반대가 가장 높고, 30대(57.0%)에서 가장 낮았으며, 학력은 낮을수록 반대(고졸 이하 75.2%)하였고, 직업별은 농어업, 가정주부, 블루칼라에서, 종교별은 불교(75.5%), 개신교(69.3%), 천주교(64.1%)순으로 반대비율이 높았다.

○ 대체복무 허용을 반대하는 이유는 '병역의무에 예외가 있어서는 안 된다'가 43.1%, '군의 사기저하 우려' 22.4%, '병역기피를 조장할 우려' 13.1% 순이었다.

○ 응답자 중 대체복무 허용 찬성은 28.9%(580명)였으며, 찬성하는

이유는 '형사처벌외 대체복무 부여가 바람직하다' 60.7%, '소수자 인권을 보호해야' 22.0%, '국가안보에 큰 영향이 없기 때문' 9.3% 순이었다.

□ **국민공감대 형성은 70%이상이 찬성해야 한다가 61.9%**

대체복무를 허용하기 위해 국민이 지지해야 하는 수준으로 80% 이상 45.5%, 70% 이상 16.4%, 60% 이상 16.3%였고, 40% 이하는 8.1%였다.

□ **서울대 사회과학연구원 주관으로 공청회 개최**

공청회는 서울대 사회과학연구원(김세균 교수)주관으로 지난 10월 28일 국회도서관에서 국회의원, 학계, 종교계 인사 등 300명을 초청, "양심적 병역거부자 어떻게 할 것인가?"라는 주제로 개최하였다. 공청회는 1부 주제발표와 2부 대체복무 허용여부에 대한 찬반 토론으로 진행되었으며, 공청회 주제발표 내용(논의현황, 제도 도입 시 절차 등)과 토론 내용은 제도연구에 반영하였다.

□ **대체복무 허용 시 복무기관 적합성 조사**

경기대학교 김형모 교수 주관으로 지난 10월부터 전국의 사회복지시설 등 약 2000여 개에 대하여 입영거부자 대체복무 허용 시의 복무기관으로서 적합성 여부 등을 조사하였다. 조사 결과 제도 도입 시 복무대상 총인원은 약 2400명인데 반하여 사회복지시설의 환자지원 분야 등에서 합숙복무 가능인원은 약 800명 수준인 것으로 조사되었다.

□ **대체복무제도 도입할 경우에 필요한 제도연구**

각 분야별 연구결과 종합과 대체복무 허용 시 필요한 심사제도, 적용대상, 복무분야, 복무방법, 복무기간 등 제도일반 연구는 대전대학교 진석용 교수가 수행하였다.[*]

---

[*] 본 연구결과를 살펴보려면 이 책에 수록된 진석용, 「양심적 병역거부」의 현황과 법

□ **연구결과에 대한 향후조치**

본 연구결과는 정책자료로 활용할 예정이다.

리」, 154쪽 이하를 참고하기 바란다(편집자 주).

군의문사진상규명위원회 결정문(2008. 10. 29.)[*]

군의문사진상규명위원회

결 정

사건	진정 제491호 정상복 사건
진정인	서영태(여호와의 증인 교우)
피진정인 소속기관	국방부
사망자	정상복
	생년월일 1953. 3. 5.
	군번 　528012XX(계급: 방위훈련병)
	최후소속 제1해병사단 의무대대
	사망 　1976. 3. 28.

【주문】

망 정상복은 여호와의 증인 신자로서 1976년 2월 21일 입소한 직후 종교적 신념을 지키기 위해 집총거부 의사를 밝혔고, 이로 인해 영창과 방위교육대에서 6주에 걸쳐 총기개머리판으로 가슴을 찍히는 등의 극심한 구타와 가혹행위를 당하여 건강이 악화되었으나 적절한 치료

---

[*] 군의문사진상규명위원회는 2008년 10월 29일에 정상복 외에도 김선태, 김영근, 김종식, 이춘길 등 총 5명의 여호와의 증인들이 병역거부 과정에서 사망한 사건들에 대해 국가에 책임이 있다는 결정을 내렸다(편집자 주).

를 받지 못하고 영내에 방치되다가 회복이 불가능한 상태로 퇴소하였으며, 결국 구타와 가혹행위로 인해 발생한 목 혹은 폐 부위 좌상에 따른 출혈로 사망하였다고 인정한다.

【이유】

1. 과거 군 사망사건처리결과의 요지

망 정상복(이하 '망인'이라 함)은 1976년 제2차 선소집방위 출퇴근자로서 1976년 3월 27일 10:00경 교육수료와 동시 퇴근 후, 귀가하여 병환으로 같은 달 28일 06:00경 포항시 동해의료원 입원 가료 중 같은 날 12:40 폐부종(추정사인)으로 사망하였다.

2. 이 사건 진정의 요지

진정인은 망인이 단순히 병사(病死)한 것이 아니라 여호와의 증인으로서 종교적 신념을 지키기 위해 집총 및 훈련을 거부한 후 구타와 가혹행위로 사망한 것이라 주장하며 사망의 명확한 진상을 규명해 줄 것을 요구하면서, 아울러 여호와의 증인 신자들이 인권을 침해당했던 과거사를 밝히고자 이 사건 진정을 제기하였다.

3. 기초 사실

사망보고서, 사망확인조서, 사망경위서, 변사사건발생보고서, 사망진단서, 망인의 병복무기록카드, 병적기록표, 생활기록부, 대통령 기록물, 국가인권위원회의 '2002년도 인권상황 실태조사'의 각 기재와 한홍구 교수의 자문의뢰 결과 및 진정인, 여호와의 증인 신자 서영기, 같은 문종화, 같은 이정자, 같은 양원석, 유족 정월O, 같은 김O자, 같은 김O출, 이웃 주민 이O식, 해병방위 14기 박O일, 해병방위 15기 전O식, 같은 하O환, 방위교육대 인사장교 이O태, 헌병수사관 권O영, 같은 ***의 각 진술을 종합하면 다음과 같은 사실이 인정된다.

가. 여호와의 증인 입교 경위

망인은 1953년 3월 5일 포항시 남구 청림동에서 7남매 중 둘째로 태어나 1964년 3월 1일 포항동해초등학교에 입학하였고, 1970년 2월 14일 졸업하였다. 망인은 초등학교 졸업 이후 가정형편이 어려워 중학교에 진학하지 못하고 초등학교 5학년 때 담임교사였던 여호와의 증인 신자 서영기의 집에서 과수원일을 하며 지냈다. 서영기가 병역 문제로 사직을 하고 포항을 떠나게 되자 서영기의 형인 진정인 서영태가 과수원을 관리하게 되었는데 이 무렵 망인은 서영태의 전도로 여호와의 증인교에 입교하게 되었다.

나. 입대 경위

망인은 1975년 8월 징병검사 시 흉위 미달로 을종 판정을 받고 1976년 2월 21일 해군 제1해병사단 방위교육대에 입소하였다.

다. 입대 전 망인의 건강상태

병적기록표에는 1975년 8월 실시한 징병검사 결과, 신장 165센티미터, 체중 53킬로그램, 건강상태 모두 정상인 것으로 기재되어 있다.

망인의 초등하교 생활기록부를 보면 '운동력이 왕성하고 퍽 건강하다(1학년)', '신체는 튼튼하다(2학년)', '체격이 크고 아주 건강체이다(3학년)', '체격이 크고 건강상태 매우 양호하다(4학년)', '활동력이 강하며 매우 건강하고 좀처럼 아픈 일이 없다(6학년)'고 기재되어 있어, 망인이 체질적으로 매우 건강하였음을 알 수 있다.

서영기의 처 이정자는 망인이 몸집이 크고 어른 못지않게 힘이 좋았고, 일을 잘해서 남편이 1970년경 6월 형을 받아 감옥에 들어갔을 때 자신을 많이 도와주었다면서 입대 전 망인이 매우 건강했다고 진술한다.

라. 입대 후 집총 및 훈련거부

병복무기록표에 따르면, 망인은 1976년 2월 21일 해군 제1사단 방위교육대에 방위 제14기로 입소한 후, 그 다음날인 22일 오전 집총 및 훈련을 거부하여 바로 영창에 입창되었고, 같은 달 25일 명령위반죄로 구속되었으며, 같은 해 3월 9일 기소유예 처분을 받고 방위교육대로 복귀하여 다음 기수인 제15기와 함께 훈련을 받았다.

마. 퇴소 후 사망 경위

사망보고기록에는 망인이 1976년 제2차 선소집방위 출퇴근자로서 1976년 3월 27일 10:00경 교육수료와 동시 퇴근 후, 귀가하여 병환으로 같은 달 28일 06:00경 포항시 동해의료원 입원 가료 중 같은 날 12:40 폐부종(추정사인)으로 사망'한 것으로 기재되어 있다. 사망 직후 망인의 시신은 포항시 흥해 소재 수도사에 안치되었다가 1976년 8월 26일 국립묘지에 안장되었다.

4. 사망원인에 대한 판단

가. 여호와의 증인 관련 국가정책

1) 여호와의 증인 강제입영조치와 배경
가) 병무청 창설 및 특별조치법 제정 배경

1970년 8월 '부정과 불신으로 얼룩진 병무행정을 바로잡기 위해' 병무청이 창설되었는데 이는 고질적인 병무비리를 근절하기 위해 1969년 12월부터 '국방부 병무국과 11개 지방병무청에 <메스>를 가해 징병검사 등을 둘러싼 부정 병종 판결사건에 관련된 장성급 장교 2명 등 현역군인 50명을 입건하고, 부산 등 6개 지방병무청장을 해임하고, 병무국을 해체'한 뒤 병무청을 신설한 것이었다. 이런 강력한 방침에도 불구하고 병무비리가 계속 발생하자 전부일 병무청장을 해임하고, 후임 병무청장으로 박정희 대통령의 육군사관학교 동기인 김재명 중장이 예편과 동시에 임용되어 병역기피자 엄중 처단 정책을 강화하였다.

1973년 1월 20일 국방부를 순시한 자리에서 박정희 대통령은 '앞으로 법을 만들어서라도 병역을 기피한 본인과 그 부모가 이 사회에서 머리를 들고 살지 못하는 사회 기풍을 만들도록 하라'고 지시하였고, 이 방침에 따라 1973년 1월 23일 비상국무회의는 '병역기피자나 이와 관련된 부정행위를 한 자를 병역법에 정한 처벌규정이나 형법에 정한 형벌보다 무겁게 처벌함으로써 그 동안 만연되었던 병무부정과 병역기피 풍조 일소'하는 것을 목적으로 하는 「병역법 위반 등의 범죄처벌에 관한 특별조치법」을 제정하기로 결의하였다. 이 법에 의하면 '입영 및 소집 기피자는 병역법상 3년 이하의 징역에 처하게 되어 있으나 본 법에서는 3년 이상 10년 이하의 징역'에 처하도록 하였으며, 징·소집 의무를 면탈할 목적으로 잠익, 도망 또는 사위 행위를 한 자와 대리 입영한 자, 입영기피 선동·교사·방조한 자는 병역법상 1년 이상 3년 이하의 징역이나 본 법에서는 3년 이상의 징역'에 처하도록 하는 등 병무비리에 대한 처벌을 크게 강화하였고 여호와의 증인 신자들이 가장 큰 피해를 입게 되었다.

나) 병역기피자 관리방침에 대한 대통령 기록물 조사내용

1973년 4월 12일 「병역기피자 일소를 위한 활동 보고(병무청)」 문서의 내용을 보면, 1973년 3월 2일 각종 병역관계법령 발효 이후 집중 단속을 통해 1972년 동 기간 기피자 발생 비율에 비해 1973년 기피자가 현저히 감소하였고, 1973년 3월 입영기피자는 단 한 명도 없었음을 강조하며 당해 연도 현역병 입영기피자 현황, 기피자 검거실적보고와 함께 기피자 근절 활동의 일환으로 33개 병역사범 단속반 운영, 각 지역별 기피자 단속에 관한 담화문 보도, 읍·면·동 단위로 기피자 명단을 공개한다는 방침을 정하였다.

병역기피자 단속에 대한 병무청의 성과보고 및 예방조치에 대해 1973년 4월 14일 대통령이 '계획이 양호하다'는 치하와 더불어 병무청장에게 아래의 〈그림 3〉과 같이 '한 사람도 빠짐없이 병역의무를 이행

〈그림 1〉「병역기피자 일소를 위한 활동보고(1973. 4. 12.)」서문

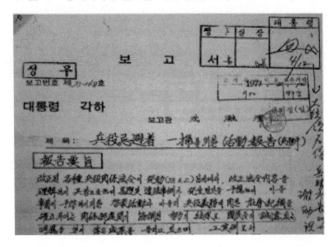

〈그림 2〉「병역기피자 일소를 위한 활동보고(1973. 4. 12.)」
기피자 현황

하라'는 내용의 격려친서를 보낸 것을 시작으로 병역기피자에 대한 단
속이 한층 가속화되었다. 이 과정에서 여호와의 증인 신자가 병역기피
의 핵심요소로 부각되었으며, 이에 대한 탄압과 단속이 강화되어 이후
부터는 여호와의 증인을 중심으로 한 병역기피자 엄중처단 정책이 전
개되었다.

　1974년 7월 22일 「병무청 집중 단속 결과보고」 문서의 내용을 보면
<74년을 병역기피 일소의 해>로 정하고, 같은 해 6월 1일부터 7월 15일
기간 동안 각 경찰서별 검거책임제를 도입하여 병무청 직원이 기피자
의 소재를 추적하여 확인하면 경찰이 검거처리 하는 방식으로 입영기

〈그림 3〉「김재명 병무청장에게 보내는 대통령 격려친서(1973. 4. 14.)」

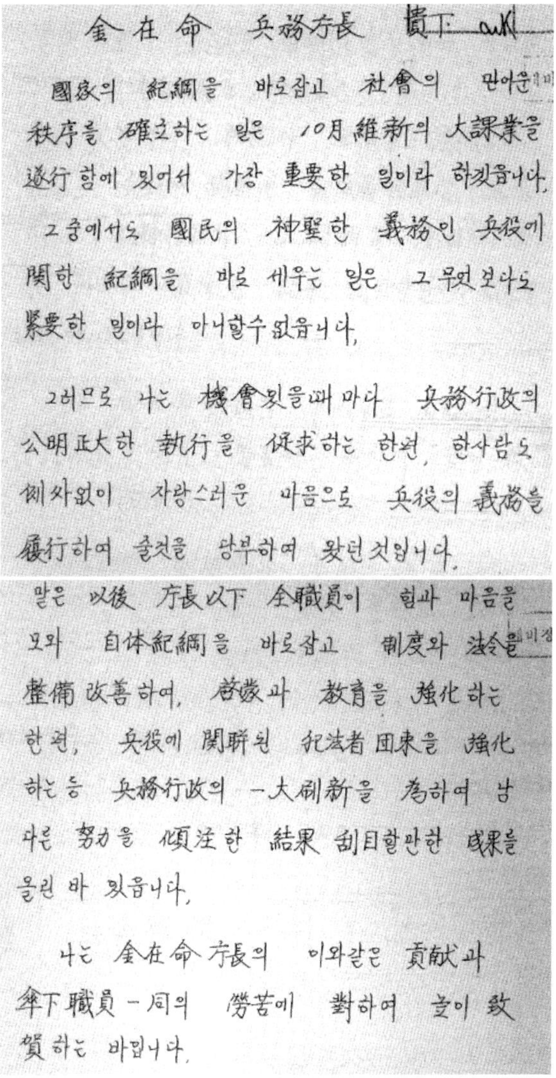

金在命 兵務廳長 貴下

國家의 紀綱을 바로잡고 社會의 만아운 秩序를 確立하는 일은 10月維新의 大課業을 遂行함에 있어서 가장 重要한 일이라 하겠읍니다.

그중에서도 國民의 神聖한 義務인 兵役에 關한 紀綱을 바로 세우는 일은 그 무엇보다도 緊要한 일이라 아니할수 없읍니다.

그러므로 나는 機會있을때 마다 兵務行政의 公明正大한 執行을 促求하는 한편, 한사람도 例外없이 자랑스러운 마음으로 兵役의 義務를 履行하여 줄것을 당부하여 왔던것입니다.

말은 以後 廳長以下 全職員이 힘과 마음을 모와 自体紀綱을 바로잡고 制度와 法令을 整備改善하여, 啓蒙과 敎育을 強化하는 한편, 兵役에 關聯된 犯法者 團束을 強化하는 등 兵務行政의 一大刷新을 爲하여 남다른 努力을 傾注한 結果 刮目할만한 成果를 올린 바 있읍니다.

나는 金在命 廳長의 이와같은 貢獻과 傘下 職員 一同의 勞苦에 對하여 높이 致賀하는 바입니다.

피자, 병역 및 방위소집 기피자를 단속한 결과, 총 1196명의 기피자를 검거한 현황을 보고하였다. 덧붙여 1974년 1월 1일부터 같은 해 6월 1일 기간 동안 병역기피자의 원인별 발생분포를 분석한 결과, 〈그림 4〉

〈그림 4〉「병역기피자 집중단속 결과(1974. 7. 22.)」

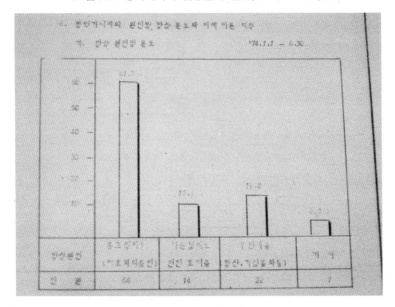

와 같이 전체 입영 기피자의 63%가 여호와의 증인이라는 사실이 보고
되면서, '여호와의 증인 신도 등 기피 우려자에 대해서는 1인 1직원제
로 집중 독려한다'는 방침을 강력히 추진한다는 대책을 수립하였다.

1975년 2월 18일 병무청장이 대통령에게 보고한 「여호와의 증인 신
도 대표자와의 간담회 등 기피자 예방을 위한 조치 결과 보고」에 따르
면, 1974년 12월 12일부터 1975년 1월 11일 기간 동안 전국 각 시·도
여호와의 증인 대표 210명이 참석한 가운데 간담회를 개최하여 ① 병
역의무는 국민의 기본의무이고, ② 헌법상 종교를 이유로 한 병역특혜
인정은 불가하며 ③ 일부 신도의 병역거부는 종교의 본질을 망각한 소
행이므로 ④ 병역의무 자진이행선도에 적극 협조하기를 촉구한다는
네 가지 사안에 대해 협조를 요구하였다. 이와 관련하여 신도대표들이
① 일부 신도의 병역기피행위는 그릇된 소행으로 인정하고, ② 병역의
무자의 의무 이행을 권유하도록 하겠다고 답변한 것으로 기재하였다.

이외에도 각 지방청장이 관할 구역 내 왕국회관을 대상으로 병역의

782 제4부: 국회 입법안 및 정부 기관 주요 문서

〈그림 5〉「여호와의 증인 신도대표자와의 간담회 등 기피자 예방을 위한 조치결과 보고」 중 각 지도 왕국회관 병역의무자 실태조사

2. 여호와의증인신도의 기피 예방을 위한 사전실태조사 및 입영독려

가. 지방청장으로 하여금 관할 구역내의 왕국회관을 대상으로 한 실태조사

왕국회관 수	신도수			병역의무자수
	계	남자	여자	
291	22.743	5.020	17.723	895

나. 실태조사 결과 병역의무자로 확인된 895명에 대하여는 별도 명부 작성. 징.소집 의무부과에 대비

무자 명단을 별도로 작성하고 입영명령 시 교부일자를 조정하여 도망이나 잠익 등의 사례를 방지하고 지속적으로 추적하는 방침을 세웠으며 수시로 왕국회관을 방문하여 병역의무자의 실태를 파악하는 예방책을 수립하였다. 그리고 이미 발생한 기피자에 대해서는 ① 검찰 및 경찰과의 긴밀한 협조로 끝까지 추적하여 검거하고, ② 검거된 기피자는 엄중 처단하여 일벌백계의 효과를 거양하며 ③ 기피죄를 뉘우치고 자수한 자는 사직당국과 협조하여 관대히 처리하도록 지시하였다.

〈그림 6〉과 같이 1975년 2월 20일 비서실에서 추가 작성한 같은 제목의 보고서를 살펴보면 위 병무청장 문서에 〈여호와의 증인 병역기피〉, 〈신도 대표 간담회〉, 〈입영률 100% 달성〉 관련 신문기사를 첨부하여 '여호와의 증인 병역기피자에 대해 적극적 조치를 시행 중에 있음'을 대통령에게 보고한 바 있다.

여호와의 증인들의 병역거부가 계속되자 병무당국은 점차 고압적인 태도를 취하기 시작하며 왕국회관 대표들에게 병무청으로 나오라고 요구, '간담회'를 개최한 후 위와 같이 '여호와의 증인들이 국방의무 이행을 다짐하는 결의문을 채택'했다고 보도했으나 이는 사실과 전혀

〈그림 6〉「여호와의 증인 신도 입영기피 예방조치 보고(1975. 2. 20.)」

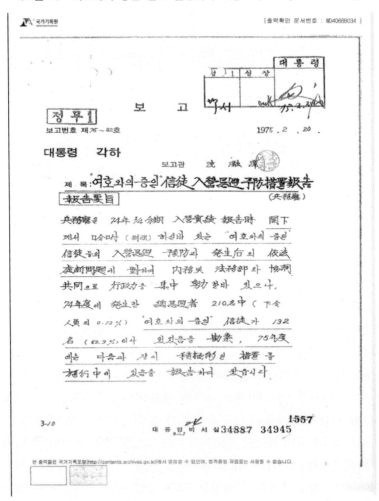

다른 것이었다. 여호와의 증인 지도층들은 양심에 따른 병역거부 결정은 어디까지나 성서에 입각하여 개인 개인이 자신의 양심에 따라 행하는 것이기 때문에 교단 차원에서 개인의 선택에 대하여 이래라 저래라 할 수 있는 것이 아니라는 점을 밝히고, 결의문 작성 및 왜곡 보도 등이 없을 것을 전제로 병무청 간담회에 참여하였다. 그럼에도 불구하고

<그림 7>「1974. 12. 20. 경기일보」

병무청이 의도적으로 사실과 다른 보도를 계속한 것은 1974년 1/4분기 실적보고 시 병역기피 일소를 위해 여호와의 증인 문제에 대한 대통령의 특별지시가 있었기 때문이었다. 병무청은 이 특별지시에 대한 이행실적을 보고하면서 여호와의 증인 대표 210여 명과 입영간담회를 개최하였고 증인들이 병무청의 설득대로 병역의무를 적극적으로 이행하기로 한 것으로 허위보고를 하였다. 그러한 상황에서 여호와의 증인 신도들 중에서 다수의 병역기피자가 발생한다는 것은 병무청으로서는 용납할 수 없는 일이었고 이렇게 해서 여호와의 증인 신도들에 대한 병무당국의 불법 연행과 강제입영이 시작되었다.

이후 병무청은 1975년 3월 9일 가야 왕국회관 등 부산시내 19개 집회소를 급습, 63명의 여호와의 증인 신자를 검거하기에 이르렀는데 여호와의 증인 교단에서는 이를 '3.9사태'라고 부르고 있다.[*] 여호와의

---

[*] 부산 지역 일부 여호와의 증인 신자들이 그때를 회고하면서 칭하는 말이다. 이 책 787쪽 참조(편집자 주).

<그림 8>「1974. 12. 21. 영남일보」

증인 측 자료에 따르면 부산지방병무청은 평화로이 집회를 보고 있는 부산 지역의 여호와의 증인들의 모임장소에 일시에 들이닥쳐 병역과 관계가 없는 부녀자들까지 모두 자인서를 작성하게 하였으며 병역 연령의 젊은 남자들을 현장에서 연행하여 구금한 후, 다음날 이들을 경찰서에 고발하였다.

나) 강제 입영 사례 정리

진정 제490호 김종식 사건은 여호와의 증인으로 군에 입대하여 1975년 11월 14일 제2훈련소에서 사망한 건으로 여호와의 증인이 군 훈련소에 입대한 시기나 받았던 처우 등이 유사하므로 당시 군의 여호와의 증인 관리 실태를 확인하는데 중요한 정보를 제공하고 있어 아래와 같이 참고인의 진술을 인용 참고하였다.

○ 1975년 9월 12일 강제입영 조치된 여호와의 증인 신자 윤병웅은 1975년 6월 영장을 받고 일단 병무청에서 오라는 연락이 와서 면담

을 하고 낯을 익힌 후, 한 번 더 오라고 해서 안심하고 갔더니 병무청 직원이 차에 태워 훈련소에 인계했다는 취지로 진술하였고, 훈련소로 가던 날 병무청에서 "오늘 너희들이 훈련소에 가서 신체검사해서 빠질 수 있는 구멍이 있으면 어떻게 해서 빼주겠다"고 말한 후 김병석과 자신을 지프차에 태워갔다고 하였음. 당시 함께 징집된 여호와의 증인 신자 김병석은 부모한테 인사도 못한 채 울면서 "엄마가 아픈데 엄마한테 인사하고 가야 된다"고 말을 했으나 소용이 없었다고 진술함(제490호 김종석 사건 기록 223쪽).

○ 1975년 8월 강제입영 조치된 여호와의 증인 신자 박종욱은 "저같은 경우는 1971년 병역을 거부했고, 영등포 구치소와 교도소에서 수감 생활을 했어요. 그리고 1974년 중반쯤에 재영장이 나왔어요. (중략) 어쨌든 피해 다니다가 1975년 8월에 붙잡힌 거예요. 병무청에 개인적으로 끌려가고 무릎 꿇고 앉아있는 상태에서 한 병무청 직원 입회 하에 고속버스를 타고 수용연대로 강제로 끌려가게 되었습니다"라고 진술함(제490호 김종식 사건 기록 259쪽).

○ 1975년 9월 강제입영 조치된 여호와의 증인 구지홍은 "부산 3.9사태라고 있습니다. 병무청 직원, 검찰, 경찰이 3월 9일 증인들의 집회 장소를 봉쇄하고 현장에서 바로 연행해서 입대시킨 사건이 있었습니다. 다행히 그때 저는 잡히지 않고 무사히 피했는데 나중에 집으로까지 병무청 직원들이 찾아왔습니다. 어느 날, 봉사활동을 마치고 집에 가보니 병무청 직원들이 저를 잡으러 왔더라구요. 그래서 집으로 안 가고 바로 서울로 올라 왔습니다. 서울로 와서 단국대학교 대학원 전자공학과에 진학해서 등록하고 입영 연기신청서를 냈는데 연기가 안 됐습니다. 여호와의 증인이라는 이유로 괘씸죄가 적용되어 연기가 안 되었던 것 같습니다"라고 당시 상황을 진술함(제490호 김종식 사건 기록 104쪽).

○ 1975년 10월 강제입영 조치된 여호와의 증인 이길수도 역시 "입영 예정일이 1975년 10월 23일이었는데 5월에 병무청 직원들이 집으로 저를 잡으러 왔더라구요. 일찍 갈 필요는 없잖아요. 그래서 집에 있

으면 안 되겠다 싶어 다른 곳에 피해 있다가 입영 날짜가 되어서 입대했습니다. 당시 아버지께서 공무원이셨습니다. 제가 입영하지 않으면 권고사직을 당할 형편이었기 때문에 어쩔 수 없이 입영하였습니다."라고 하였음(제490호 김종식 사건 기록 198쪽).

2007년 3월 20일 『한계레 21』 제651호 「독거특창, 그 몸서리치는 기억」기사가 당시 여호와의 증인 강제 징집 실태를 확인하는데 중요한 정보를 제공하고 있어 아래와 같이 기사 내용을 인용·참고하였다.

유신헌법을 선포한 박정희 정권은 1973년 '병역법 위반 등의 범죄처벌에 관한 특별조치법(특별조치법)'을 만들어 입영기피에 대한 형량을 3년 이상 10년 이하로 대폭 강화했다. 병역거부자는 73년 이전에 1년 이하의 형을 받았다. 게다가 병역거부 미수범도 처벌하고, 재징집도 가능해졌다. 역대 최장기 병역거부 수감자인 정춘국 씨가 7년 10개월을 복역한 것도 특별조치법의 효과였다. 그는 69년에 10개월을 민간교도소에 수감됐고, 73년 특별법으로 재징집돼 군사법원에서 3년형을 받고 복역했다. 또 다시 출소하는 날, 병무청 직원에게 교도소 앞에서 연행돼 항명죄로 4년을 복역했다. 73년 이전까지 병역거부자들은 병역기피로 민간법원에서 재판을 받았지만 특별조치법 이후에 강제로 징집되기 시작했다. 특히 75년 대통령의 '한 말씀'으로 군대에 끌려가는 사람이 급격히 늘었다. 박정희 전 대통령이 "입영률 100% 달성"을 지시하자 병무청은 증인들을 강제 입대시켰다. (중략) 심지어 조영헌 씨는 결혼식장에서 곧바로 잡혀 들어갔다.

2) 군차원의 여호와의 증인 관리 지침
가) 영창 내 여호와의 증인 관리 지침

진정 제490호 김종식 사건은 여호와의 증인으로 군에 입대하여 1975년 11월 14일 제2훈련소에서 사망한 건으로 여호와의 증인이 군 훈련소에 입대한 시기나 받았던 처우 등이 본 사건과 유사하므로 당시 군의 여호와의 증인 관리 실태를 확인하는데 중요한 정보를 제공하고 있어 아래와 같이 참고인 ***의 진술을 인용·참고하였다.

○ 군 차원의 여호와의 증인과 관련된 지시사항이나 관리지침 등의 단면을 엿볼 수 있는 참고인 ***의 진술을 요약하면, "여호와의 증인을 한순간도 놀리지 말라는 지침이 내려왔습니다. 김영선 훈련소장이 헌병대장한테 '날로 여호와의 증인이 늘어나는데 이거 줄이는 방법 없나? 한순간도 놀리지 말아라, 반드시 재복무하도록 하라'는 지침을 내렸습니다. 당시 훈련소장이 상당히 보수적인 사람이었는데 여호와의 증인이 날로 늘어나자 '잠도 재우지 마라, 밤에도 놀리지 마라, 뼈 빠지게 일도 시키고 반드시 교화시켜 재복무시켜라'고 지시했습니다. 그러면 헌병대장이 '소장이 이렇게 지시를 하는데 어떻게 하느냐, 인력활용계획을 만들라고 해서 제가 밤낮으로 일할 수 있는 계획을 짜 올렸고 그로 인해 훈련소장한테 불려가서 칭찬을 받고 시계까지 상품으로 받았습니다. 당시 훈련소장이 여호와의 증인에 대한 악감정이 컸으니까 교화요구가 엄청 강했고, 지휘계통에 압박이 가해졌습니다" 라고 진술한 바 있고(제490호 김종식 사건 기록 520쪽).

○ 훈련소장이 여호와의 증인을 교화시키기 위해 독거특창을 제작하라는 지시를 내린 사실을 진술하며 "독거특창은 여호와의 증인을 잠을 재우지 않고 핍박하여 교화시키기 위해 만든 수단이고 훈련소장이 그 아이디어를 내서 만든 겁니다", "훈련소장이 지시하기를 '무슨 수를 써서라도 여호와의 증인을 교화시켜라'고 하니 수사관들 스트레스가 엄청났습니다. 결국 독거특창을 만들었는데 참 인간으로서 할 짓이 아니었습니다. 독거특창은 앉지도 서지도 못하는 그런 독방이었어요. 헌병대장과 조사과장이 저를 불러서 저놈들이 '헌병대 영창에 있는 것이 너무 힘들다 차라리 나가서 훈련 받아야겠다'는 생각이 들만큼 몰아부쳐야 한다고 지시했습니다"라고 하였음(제490호 김종식 사건 기록 507쪽).

○ "독거특창은 옆으로는 어깨넓이(60cm정도)밖에 안 돼서 몸을 움직일 수 없을 정도였고, 앞뒤로 폭도 60cm 정도밖에 안되었습니다. 높이

는 사람 키보다 약간 작은 정도였습니다. 높이가 1m 70cm 정도였으니까 키 큰 사람은 머리가 닿을 정도였습니다. 손은 뒤로 결박되어 있었으니까 식구통에 밥을 넣어주면 개처럼 엎드려 입으로 먹어야 했습니다. 또 방마다 작은 전구가 달려 있었습니다. 그래서 내초 헌병이 각 방에 해당하는 벨을 누르면 그 방에 불이 들어옵니다. 내초 근무헌병이 '5번방 자는가!'하고 벨을 누르면 그 방에 수감된 여호와의 증인이 벨을 눌러서 답해야 했습니다. 손은 뒤로 결박되어 있으니까 벨도 입으로 눌러야 했을 겁니다"라고 진술하였음(제490호 김종식 사건 기록 507쪽, 508쪽).

○ 징계입창 가중처벌제도와 관련하여 "제가 여호와의 증인 담당 수사관이었고 이후 17년간 여호와의 증인 관련 업무를 했었기 때문에 잘 알고 있습니다. 처음에 여호와의 증인 훈련병이 입소한 후, 수용연대에서 군복을 나눠주는 순간 여호와의 증인이 일차적으로 거부합니다. 이때는 지휘관이 내린 명령이 아니기 때문에 항명죄가 성립되지 않습니다. 참 이게 불법인데요, 이때 수용연대장이 훈련소장의 재가에 의해 징계차원에서 입창시켜 버립니다. 그러면 이게 가중처벌이 되는 겁니다. 일단 1회 입창기록이 남게 되고 나중에 가중처벌이 되는 겁니다. 이런 가중처벌이 80년대까지 지속되었습니다. 제 생각도 처음에 입창된 것은 행정처리일 뿐인데 나중에 전과로 인정해서 가중 처벌하는 것은 합당치 않다고 생각되었습니다만 훈련소장이 법무참모한테 '형을 많이 때려라'고 지시해서 이렇게 부당한 가중처벌이 생겼습니다"라고 진술하였고(제490호 김종식 사건 기록 504쪽).

○ 교육연대에서의 여호와의 증인 구타 사실을 진술하며 "일단 여호와의 증인이 영창에 들어오면 제가 일단 다 벗겨놓고 나체 검사를 했습니다. 멍든 자리, 맞은 자리를 다 표시해서 헌병대장에게 보고를 했습니다만 아무 조치도 이루어지지 않았습니다. 제 기억으로는 10명 중 8~9명이 몸에 상처를 안고 왔습니다. 빠따 맞은 자리에 멍 자국이 가득했습니다. 이렇게 제가 교육대에서 맞은 사실에 대한 보고를 올렸으나 어떤 조치도 이루어지지 않았습니다. 그래서 이거 하나마나구나

생각될 정도였습니다"라고 당시 제2훈련소에서 여호와의 증인에 대한 구타와 가혹행위를 묵인했던 사실을 증언하였음(제490호 김종식 사건 기록 505쪽).

○ 이 외에도 <대통령 지시 입영 100% 달성>과 관련하여 "우리가 일일 결산보고 들어갈 때 입영률 100% 달성을 위해 병무청 직원이 여호와의 증인을 대동해서 훈련소까지 왔다는 얘기를 들은 적이 있습니다. 그리고 여호와의 증인 집 앞에 '병역기피자의 집'이라는 팻말을 붙여 놨다고 했습니다"라고 진술하였음(제490호 김종식 사건 기록 504쪽).

2007년 3월 20일 『한겨레 21』 제651호 「독거특창, 그 몸서리치는 기억」 기사 중 망인의 사망사건 관련 사실과 독거특창 수감자들의 증언을 발췌하여 아래와 같이 인용·참고하였다.

○ 1974년 11월 14일 여호와의 증인 김종식 씨가 논산훈련소에서 숨졌다. 증언에 따르면 김 씨는 훈련을 거부하다 연병장에서 중대장에게 구타를 당해 쓰러졌고 며칠 뒤에 죽었다. 이런 배경에서 독거특창이 '개발됐다'. 논산훈련소 헌병대에서 나름대로 때리는 것을 피하면서 가혹행위를 하는 방법을 고안한 것이다. 천장에는 언제나 30W 백열등이 켜져 있었다. 그 옆에는 스위치가 달려 있었다. 그들을 감시하는 헌병들 앞에도 스위치가 있었는데 헌병들이 스위치를 누르면 "따르릉" 소리가 울리고 수감자들은 천장에 달린 스위치를 재빨리 눌러야 했다. 그러면 독거특창 앞에 달린 빨간 전구에 불이 들어왔다. 헌병들은 수시로 스위치를 눌렀다. 독

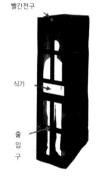

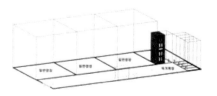

거특창은 6개가 벽면을 따라 ㄱ 자 모양으로 나란히 놓여 있었는데 수감된 6명 중에서 1명이 스위치를 늦게 누르면 단체로 매질을 당했다.

진정 제487호 이춘길 사건은 여호와의 증인으로 군에 입대하여 1976년 3월 19일 제39사단 신병훈련소에서 사망한 건으로 여호와의 증인이 군 훈련소에 입대한 시기나 받았던 처우 등이 유사하므로 당시 군의 여호와의 증인 관리 실태를 확인하는데 중요한 정보를 제공하고 있어 아래와 같이 참고인의 진술을 인용·참고하였다.

○ 1976년 당시 제39사단 헌병대에서 근무하였던 이병***(제487호 이춘길 사건 조사기록 269쪽)은 "별도의 지시는 없었으나 헌병들 사이에서 자연스럽게 여호와의 증인들은 다른 수감자들과 다르게 관리해야 한다는 생각이 있었습니다. 저부터도 '너희들 때문에 전쟁이 일어나면 우리나라가 망한다'는 생각이 있었습니다. 이런 생각은 모든 병사들이 다 했습니다. 이미 훈련소에서부터 조교들도 '여호와의 증인은 나라의 역적'이라고 했으니까요"라고 하였고, 같은 상병 ***(제487호 이춘길 사건 조사기록 262쪽)은 "여호와의 증인은 어떤 군대에서도 무조건 열외병이었습니다. 이들은 말해 봐야 말 안 듣는 사람들이기 때문에 애초에 교육시킬 생각은 안 하고 그냥 들입다 패기만 했어요. 이미 사회에서부터 여호와의 증인은 사이비 종교라는 인식이 있었는데 군기피하는 것을 보고 반감이 있는 상태에서 지휘관이 여호와의 증인에게 진행된 구타 등 가혹행위를 목격하기도 하고 듣기도 하면서 자연스럽게 진행된 겁니다"라고 하였으며, 같은 상병***(제487호 이춘길 사건 조사기록 199쪽)은 "훈련소에서 올 때 총을 들지 않고 국기에 대한 경례를 하지 않는다는 이유로 수감되었습니다. 당시 박정희가 정권을 잡던 시절만 하더라도 여호와의 증인은 역적으로 보았습니다."라고 하였음. 또한 같은 헌병 ***(제487호 이춘길 사건 조사기록 149쪽)은 "여호와의 증인은 회유를 시켜서 총을 잡게 하면 부대에서 포상휴가를 보내 줬습니다"라고 하였고,

○ 같은 헌병 ***(제487호 이춘길 사건 조사기록 247쪽)는 "당시 국가 차원에서 여호와의 증인에 대한 관리가 시작되었고 전력 약화를 막기 위해 집총거부자들에 대한 집총강요교육이 대대적으로 시작된 것으로 알고 있습니다"고 하였으며, "당시 상급부대였던 부산 제2관구 헌병대로부터 여호와의 증인에 대한 별도관리지침이 하달되었습니다. 문서 제목은 '군 전력강화 지침'으로 여러 번 내려 왔던 것으로 기억합니다"면서 "집총을 할 수 있도록 지속적으로 교육시켜 '집총거부제로부대'로 만들라는 내용이었습니다. 그리고 구체적인 지시사항과 문서 내용은 주로 조사계나 영창 근무자가 담당하니까 내용을 잘 알고 있을 겁니다"라고 하였음.

○ 이에 대해 헌병참모 소령 이O기(제487호 이춘길 사건 조사기록 431쪽)는 "특정종교(여호와의 증인) 신자인 병역거부자에 대해서 특별 관리 하라는 육군참모총장의 회보가 몇 차례 있었는데… 당시만 하더라도 전 군 주요 지휘관 회의에서 여호와의 증인을 어떻게 할 것인지 논의를 종종 했었고 그리고 나면 얼마 안 되어 육군참모총장 회보로 지시가 내려 왔습니다. 75~76년도 중반에 여호와의 증인이 군 내부에서 가장 이슈였습니다. 70년대 유신 발표 이후 박정희의 장기집권이 시작되면서 여호와의 증인에 대해 관리가 집중적으로 시작됐습니다"라고 하였음.

○ 위와 같이 육군참모총장의 회보가 회람된 바 있다는 진술에 따라 육군본부 기록정보관리단 보존활용과와 군사관리과에 각각 관련 내용을 요청하였으나 '확인 불가' 또는 '기록이 없음'을 알려왔고, 국군기무사 과거사 지원 TF팀 역시 관련 '자료가 일체 없음'을 알려 왔음

나) 해군 제1해병사단 헌병대 수사관 ***의 진술

당시 해군 제1사단의 여호와의 증인 관리 방침에 대해 ***은 "수사과장이나 헌병대장이 말하기를 '가능하면 설득해서 훈련하도록 하라'는 지시를 했습니다. 그래서 조사과에서 최대한 설득을 합니다. 그래도 안 되면 영창에 가는 거고 영창 안에서 구타를 많이 당했을 겁니

다."라고 진술하며 당시 여호와의 증인에게 구타와 가혹행위를 동반한 집총강요 사실을 인정한다.

나. 집총거부 후 구타 및 가혹행위로 인한 사망 여부

1) 방위 제14기와 제15기의 교육일정 및 출퇴근 상황

박O일, 홍O철, 전O식, 하O환 등 해병방위 제14기와 제15기의 각 진술과 병적기록표 기재내용을 보면, 망인의 입소동기 해병방위 제14기는 1976년 2월 21일(토) 사단교육대에 입소하여 3월 13일(토)까지 3주간 영내에서 숙식하며 교육을 받았고 다음 기수인 해병방위 제15기는 1976년 3월 8일(토) 입소하여 같은 달 27일(토)까지 출퇴근하며 3주간 교육을 받았다. 각 기수 훈련병은 150~200여 명으로 제14기 교육과 제15기 교육기간이 일부 겹치면서 영내 숙식공간이 부족하여 제14기는 영내대기하며 훈련을 받았고, 제15기는 출퇴근하며 훈련을 받았다.

2) 방위교육대 입소 상황(1976년 2월 21일)

망인은 초등학교 졸업 이후, 줄곧 진정인의 집에서 살다가 입대 두 달 전 영장을 받고 청림동 본가로 돌아왔다. 입대 당일, 망인이 아무 말 없이 집을 나가 보이지 않자 아버지 정원O이 면사무소 직원에게 망인을 찾아달라고 부탁하였고, 면사무소 직원들이 망인을 찾아서 호적계로 데려가서 부대에 인계하였다.

입소동기인 해병방위 제14기 박O일에 의하면, 입소동기들이 입소 당일인 오후 한두 시경 해병대 북문에서 집결하여 군 트럭을 타고 영내로 이동하였고, 입소 당일 피복을 지급받은 후 연병장에서 옷을 갈아입었으며, 이날 망인도 옷을 갈아입었다고 진술한다.

3) 집총거부 후 입창 경위(1976년 2월 22일)

박O일은 "(입소 다음 날) 망인이 총기수여를 거부했습니다. 병기 창고에서 총기를 나눠주고 연병장에 다 모였는데 망인만 총을 안 받아 왔습니다. 그래서 망인이 개머리판으로 가슴을 맞는 모습을 보았습니다.

그러니까 제14기 전체가 연병장에 도열한 상태에서 망인만 앞으로 나가서 그렇게 맞았습니다. 교관이 개머리판으로 가슴을 수차례 찍고 워커발로 차고 사정없이 무차별 구타를 하였습니다. (중략) 수차례 총기를 줘도 안 받으니까 우리가 보는 바로 그 자리에서 망인을 헌병대 지프차에 실어 보냈습니다. 그러니까 망인은 훈련도 전혀 받지 않고 바로 영창으로 간 것입니다. 그 이후로는 저희가 3월 15일 퇴소할 때까지 망인을 본 적이 없습니다."라고 진술한다.

4) 영창 내 구타 및 가혹행위(1976년 2월 22일부터 3월 9일까지)

진정인은 망인이 영창에 있을 때 면회를 갔다고 하며 "군에서 전화가 와 '정상복을 아느냐'고 해서 안다고 했더니 오라고 하더군요. 정상복을 훈련 좀 받게 해 달라고 하더라고요. '난 못 한다'고 했습니다", "그때 (망인의) 얼굴이 부어 있더라고요. 손도 굉장히 부었고 얼굴도 부어서 마주 앉아 보는데 형편없었습니다. 눈도 못 뜰 정도였고 옷을 들춰서 보고 싶을 정도였습니다.", "망인이 '못 견딜 지경이다'라고 했습니다."라고 진술한다.

망인의 부친 정원O은 이에 대해 "해병대 일등상사로 제대한 뒤 (청림동) 통장일을 하고 있던 이O식하고 같이 들어가서 면회했습니다.", "얼굴이 퉁퉁 부어 있었습니다. 얼마나 맞았는지 말도 못할 정도였습니다. 가까이서 얘기를 나눌 수도 없었고, 수사하던 군인이 '아들이 항복을 해서 이제 교육을 받기로 했으니까 교육을 받은 뒤에 부대에 배치시켜 주겠다'고 했습니다.", "수사한 군인들이 (상복이가) '대한민국만세도 불렀다'고 했습니다."라고 진술한다.

망인의 사망사건을 담당한 헌병 수사관 ***은 영창 내 구타 및 가혹행위에 대해 "사실 협박도 하고 그러죠. (중략) 구타나 가혹행위가 전혀 없다고 볼 수 없습니다. (중략) 멀쩡한 사람이 이렇게 5주 만에 죽을 정도라면 영창에서, 교육대에서 맞았다고 볼 수밖에 없습니다."라고 진술하며 구타와 가혹행위 사실을 인정한다. 덧붙여 "위에서 수사과장이나 헌병대장이 말하기를 '가능하면 설득해서 훈련할 수 있도록 하라'는 지시를 했습니다. 영창 안에서 구타를 많이 당했을 겁니다."라고 진술한다.

당시 항명사건을 담당했던 보안과 수사관과 근무헌병, 입창자를 확인하기 위해서 해군역사기록물관리단, 해군 제1사단 헌병대 및 인사과, 국방부 총무과 문서보존소에 인사명령 자료를 요청하였으나 자료가 폐기되었다는 회신을 받았다. 과거 기록 중 근무헌병과 보안과 수사관의 신원을 확인할 수 있는 자료가 전혀 없고, 인사명령철 또한 폐기되어 수사관과 근무헌병에 대한 조사는 하지 못했다.

5) 방위교육대 복귀 후 구타 및 가혹행위
(1976년 3월 9일부터 3월 27일까지)

병복무기록표 내용을 보면, 망인은 1976년 2월 25일 명령위반으로 구속되었고 같은 해 3월 9일 기소유예로 석방된 후 교육대로 복귀하였다. 이와 관련하여 방위 제15기 훈련병 양원석(여호와의 증인)*은 "군사훈련 받는 동안 항상 열외로 구타당하는 모습을 보았습니다. 처음에는 누군지 몰랐었습니다. '왜 저렇게 열외되어서 맞는가?' 물어보니까 '여호와의 증인이기 때문에 군사훈련을 받지 않아서 저런 고통을 당하고 있다'고 주변에서 얘기하였습니다. 당시 저도 여호와의 증인 교리를 받은 관심자(예비신자)였기 때문에 동질감을 느꼈습니다. 명찰을 봐서 정상복이라는 이름을 알았습니다. 비슷한 또래였고 같은 지역이었기 때문에 '저 친구 누고?' 하고 주변에 물으면 '상복이 아이가'라고 대답해 줘서 알 수 있었습니다", "조교가 망인을 옆에 세워놓고 있다가 같은 기수 훈련생들이 기합을 받으면 덩달아서 기합을 주었습니다. 다른 사람들은 하이바나 총기를 지급받았고 망인은 총기를 받지 않은 상태였는데 조교들이 총 개머리판으로 망인의 가슴팍을 찍어댔습니다. 한 번 찍으면 대여섯 번씩 찍곤 하였습니다. 망인은 맞고 몇 발짝 물러섰다가 제자리로 돌아와 다시 맞았습니다"라고 구타 장면에 대해 진술한다.

---

* 제대 후 여호와의 증인이 되었다는 의미(편집자 주).

6) 방위교육대 복귀 후 출퇴근 여부
(1976년 3월 9일부터 3월 27일까지)

양원석은 "망인은 출퇴근을 안 시켰습니다. 얼굴이 많이 부어있는 상태였어요. (중략) 망인을 영내에 대기시키고 취사장에서 생활하게 했습니다. 손이 퉁퉁 붓고 얼굴에 맞은 흔적이 나기 때문에 밖으로 내보내지 않죠", "우리는 출퇴근을 했기 때문에 추우면 몰래 내복도 입고 했지만 망인은 누가 돌봐주는 입장도 아니었고 계속 물이 질퍽한 장화를 신고 있었고 항상 젖어 있었습니다. 손과 얼굴이 굉장히 두툼하게 많이 부어 있었습니다."라고 진술한다.

이에 대해 헌병 수사관 ***은 "망인이 많이 맞아서 구타 흔적이 몸에 많으니까 출퇴근시키지 않고 영내에 방치한 것입니다. 몸에 구타 흔적을 부모들이 보면 안 되잖아요."라고 하며 당시 망인이 구타를 당해 건강에 문제가 생기자 영내에 방치하였다는 취지로 진술한다.

7) 사단의무대 배치 경위(1976년 3월 27일)

병적기록표에는 1976년 3월 27일(토) 사단 의무대대에 수료 배치된 것으로 기재되어 있고, 변사사건 발생보고서에도 망인의 최후 소속은 '사단의무대대'로 기록되어있다. 이에 대해 방위교육대 인사장교 이O태(당시 대위)는 "방위병 중 사단본부에 배치되려면 업무처리 능력이 있고 학력도 어느 정도 되는 사람이었습니다.", "일반적인 인사장교의 판단으로는 (여호와의 증인 항명사범을) 사단 내에 배치시키지 않습니다. 망인의 최후 소속이 의무대대로 되어 있다면 아마 아파서 치료를 받은 것이 아닌가 추정해 볼 수 있습니다."라고 진술한다.

해병 방위 제15기의 병적기록표에 기재된 수료배치 일자를 확인한 결과, 망인을 제외한 제15기는 모두 1976년 3월 27일(토)까지 교육을 받은 후, 1976년 3월 29일(월) 각 해당부대에 수료 배치되었다. 따라서 망인은 3월 27일 의무대대에 수료배치된 것이 아니라 건강이 악화되어 의무대에서 치료를 받았던 것으로 판단된다.

사단의무대 수료배치 기록의 진위 여부에 대해 ***은 "이것은 망인이 치료를 받았다는 것입니다. (중략) 보통 3월 27일 토요일에 훈련을 수료하는 경우, (수료배치) 인사명령은 3월 29일 월요일자로 나가게 됩니다. 망인이 3월 27일로 최후소속이 의무대대로 기록되어 있다면 훈련 중에 발병한 것입니다."라고 진술한다. 같은 헌병수사관 권O영 역시 ***과 동일한 취지로 진술한다.

망인이 사단의무대에서 치료를 받은 사실을 확인하기 위해 해군역사기록물관리단에 '의무부대운영철, 의무일지'를 요청한 결과, 기록이 없다는 회신을 받았다.

8) 퇴소 후 사망 경위(1976년 3월 27일부터 28일 사망하기까지)

1976년 3월 27일(토) 망인이 퇴소하던 날 마중을 나간 교우 문종화는 "부대에서 나온다는 소식을 듣고, 해병대 북문 앞에서 기다렸다가 만났습니다. 영창에서 많이 맞았단 소리도 듣고 해서 갔습니다. (중략) 아주 형편없었습니다. 매를 너무 많이 맞아서 온몸이 퉁퉁 부어 있고 얼굴도 상처가 많았습니다. 몸을 들춰 보니 등과 대퇴부에 멍이 들고 타박상이 있었습니다. 걸음도 제대로 못 걸을 정도였습니다. 망인이 '온 전신이 다 아프다'고 했습니다. 망인이 '부대 안에서 내가 죽으면 부대 책임이 있으니까 일단 밖으로 내보내서 책임을 면하려고 한다'는 얘기를 직접 했습니다. (중략) 망인이 '헌병대에서 구타당했다'고 하였습니다."라며 망인에게서 구타를 당했다는 얘기를 직접 들었다는 취지로 진술한다.

퇴소하던 날, 망인은 할머니 집으로 갔고 그날 망인의 이모가 친정에 잠깐 다니러 왔다. 망인의 이모 김O자는 "맞아서 온 얼굴이 퉁퉁 부어 있었습니다. 애가 할머니 방에서 같이 자면서 밤새 끙끙 앓더라구요. (중략) 얼굴에 멍 자국도 있고 핏자국도 있는 것 같았습니다."라며, 자신의 남편 이O석(망인의 이모부, 현재 사망)이 망인을 병원으로 데려갔다고 진술한다.

망인의 아버지 정원O은 "동서(이O석)가 동해의료원에 입원시켜 놨다고 새벽에 와서 얘기를 해 의료원에 갔습니다. 응급실에 상복이가 누워 있길래 내가 '상복아, 누구한테 맞았나?'하고 물었더니 '아부이요, 막무가내로 때리고 고개도 못 들고 맞았으니 그건 모르니더'라고 했습니다."라고 진술한다. 아버지가 새벽녘 병원에서 망인을 보고 잠깐 볼일을 보러 나와 있는 동안 망인을 응급실에서 6층 입원실로 옮겼는데, 입원실에 들어서자마자 피를 토하고 죽었다고 처제(김O자), 동서(이O석)가 전해 주었다.

9) 사망원인

변사사건발생보고서에는 '1976년 3월 28일 04:00경 포항시 동해의료원 응급실로 후송되어 가료 중 같은 날 12:40경 사망'한 것으로 기재되어 있고, 담당의사 장태호가 '외부 상처는 전혀 없으며 전신이 많이 부어있었고, 정확한 사인 불상'이라고 진술한 것으로 기록되어 있다.

부검을 위해 사체를 인수한 근거자료인 압수수색영장 뒷면에는 '변사자는 1976년 3월 27일 해병방위 제15기로 교육 수료 후 같은 달 28일 04:00경 병명미상으로 포항시내 동해의료원에 입원, 12:50경 사망'한 것으로 사인이 기재되어 있다.

동해의료원 담당의 변승열이 작성한 사망진단서에 사망 유형으로는 '병사, 외인사 가능', 사망 원인으로 '폐부종(추정사인), 선행사인 미상'으로 기록되어 있다.

10) 사망 후 처리과정(1976년 3월 28일 사망 이후)

당시 군관계자는 부대 밖에 나가서 죽었으니 약 먹고 자살한 거 아니냐는 식의 이야기를 했다. 이에 망인의 이모부 이O석이 화장을 거부하고 '애가 군대 가서 그렇게 당했으면 국립묘지 가는 게 당연하다'고 항의하여 부검을 하게 되었다.

부검 당시, 군 측은 망인의 이모부 이O석과 교우 김O출, 통장 이O식을 부검에 참관하지 못하도록 했다. 김O출은 "부검을 한다고 해서 이장 이O식과 손위형님 이O석이 함께 들어갔는데 가족이 부검에 참관하지 못하게 했습니다. 부검장면을 보여주면 말썽이 생기니까 그렇게 한 것입니다."라고 진술하고, 이O식 역시 부검에는 들어가 보지도 못했다고 진술한다.

망인의 유골은 1976년 3월 31일 화장되어 포항시 흥해 인근 수도사에 가안치되었다가 1976년 8월 26일 국립묘지에 안장되었다.

사망사건 관련 기록 중 '조위금 수령증'에 대해 망인의 아버지 정원O은 당시 군으로부터 조위금 십이만 원을 받은 사실이 없다고 주장하였다. 이에 경찰청에 수령증 원본에 찍힌 무인감정을 의뢰한 결과, 아버지 정원O의 지문과 동일하다는 회신을 받은바, 유가족이 군으로부터 위로금 십이만 원을 수령한 것은 사실로 확인된다.

헌병수사관 ***은 조위금 수령증과 관련하여 "이건 제 글씨가 맞는 것 같습니다. 당시 방위교육대대장이 간부들이랑 돈을 걷어 준 것으로 기억합니다.", "죄책감 때문이겠죠. 훈련시키면서 구타한 책임, 발병한 망인을 영내에 방치한 그 책임 때문입니다."라고 진술한다. 방위 제14기 박O일은 "당시 중대장 김O기가 망인의 집을 방문해서 위로금을 지급했다는 말을 들었습니다."라며 군 측이 유족에게 돈을 지급한 사실이 있다고 진술한다.

망인의 명확한 사인을 확인하기 위해 해군역사기록물관리단에 부검 기록을 요청한 결과, 자료가 없다는 회신을 받았다.

11) 구타 및 가혹행위로 인한 사망 확인

이상의 내용을 종합해 보면, 망인은 1976년 2월 21일 해군 제1해병사단 방위교육대에 방위 제14기로 입소하여 집총을 거부한 후, 영창에 수감되어 헌병대 관계자로부터 구타와 가혹행위를 동반한 집총강요를 당하였다. 같은 해 3월 9일 방위교육대로 복귀하여 방위 제15기와 함께 훈련을 받는 동안 교관의 구타 및 가혹행위가 이어졌고, 건강이 악화되자 군은 외부인에게 이 사실을 감추기 위해 출퇴근을 시키지 않고 망인을 영내 취사반에 방치하다가 사단의무대에서 치료를 받게 하였다. 그리고 같은 달 27일 교육을 마치고 퇴소한 망인은 '부대 안에서 내가 죽으면 부대 책임이 있으니까 일단 밖으로 내보내서 책임을 면하려고 한다'는 말과 함께 구타, 가혹행위를 당했다는 사실을 지인에게 전하였고, 다음 날인 28일 06:00경 포항시 동해의료원 응급실에 입원한 후 같은 날 12:50경 피를 토하고 사망한 것으로 확인된다. 당시 군에서는 망인이 폐부종으로 인해 사망한 것으로 처리하였으나, 변사사건발생보고서와 압수수색영장, 사망진단서의 기록으로 볼 때, 망인의 사인을 폐부종으로 확정할 수 없다. 이에 관하여는 '라.항'에서 자세히 살펴본다.

다. 헌병대 수사의 문제점 및 사망경위 은폐·축소

위원회의 조사 결과, 현재까지 군에서 보존하고 있는 헌병대 수사기록은 '변사사건발생보고', '압수수색영장', '시(사)체처리지휘서', '사망진단서' 등이 있다. 이들 기록 중 '변사사건발생보고'라는 문서는 당시 헌병대수사과 헌병 중사 ***이 사건발생 다음날이 1976년 3월 29일 헌병대장에게 보고한 문서이다. 이 문서에는 '망인이 1976년 3월 28일 12:40경 포항시 동해의료원 응급실에서 사인 불상으로 병사하였다'는 사실만이 기재되어 있었고, '담당의사 장태호의 진술을 빌어 외부 상처는 전혀 없으며 전신이 많이 부어 있었다'라고 기재되어 있다.

위원회 조사에서 망인의 사건을 담당한 헌병수사관 ***은 "조사자의 성향에 따라 영창 내에서 구타와 가혹행위가 있었을 수 있고, 멀쩡한 사람이 5주 만에 죽었다면 영창에서, 교육대에서 맞았다고 밖에 볼 수 없다."라면서 망인이 구타로 인해 사망했을 가능성에 대해 이미 인지하고 있었다는 취지로 진술한다.

***은 망인의 사망원인에 대해 "망인이 많이 맞아서 구타 흔적이 몸에 많으니까, 출퇴근시키지 않고 영내에 방치한 것입니다. (중략) 그러다가 병세가 많이 안 좋아지니까 의무대에 보낸 거고, 결국은 폐부종으로 죽게 된 것입니다. 그 당시에는 그런 경우가 종종 있었습니다. 예를 들어, 총기 분실 사건 같은 경우에는 총을 찾아야 되니까 구타도 많이 하고 고문도 합니다. 그러다 몸에 상처가 생기거나 병이 생기면 소속대로 그냥 내보낼 수가 없으니까 헌병대에 계속 두고 몸이 나으면 내보내는 경우가 있었어요. 망인의 경우도 마찬가지였습니다. 맞아서 병이 나니까 안 내보내고 나을 때까지 영내에 계속 방치한 것입니다."

라고 진술한다.

***은 자신이 영창과 교육대 내 구타 및 가혹행위에 대한 조사를 소홀히 하고, 망인이 출퇴근하였다는 허위 사건보고서를 작성한 이유에 대해서 "구타나 가혹행위가 의심되지 않은 것은 아니지만 어떻게 헌병이 같은 헌병을 조사하겠습니까?", "의사가 폐부종이라고 진단하니까 제가 그렇게 간단히 처리해 버린 것 같습니다. 부대에 흠이 되거나 피해를 줄 수 있다고 생각되어서 그랬습니다."라고 진술한다.

당시 헌병수사관인 ***도 시인하듯이 위 진술내용을 종합하면, 본 건의 사망경위 사실 중 망인이 당했던 구타·가혹행위 등의 사실이 은폐·축소되었고, 군의 관리 소홀에 대한 수사가 소홀하였다고 인정된다.

라. 사망원인에 대한 법의학적 견해

위의 조사결과에서 확인되었듯이 망인이 1976년 2월 21일 훈련소 입소부터 영창생활, 교육대 복귀, 의무대대를 거쳐 같은 해 3월 27일 퇴소할 때까지 성명불상의 교관으로부터 총 개머리판으로 가슴을 폭행당하였고, 군사훈련을 받는 동안 항상 열외로 구타당하는 모습을 목격하였다는 박○일, 양원석 등 참고인의 진술을 종합하면 망인이 부대생활 중에 구타와 가혹행위를 당한 사실을 인정할 수 있다.

'변사사건발생보고'에는 담당의사 장태호가 '외부 상처는 전혀 없으며 전신이 많이 부어있었고, 정확한 사인 불상'이라고 진술한 것으로 기록되어 있고, 동해의료원 담당의 변승열이 작성한 '사망진단서'에는 사망의 유형으로는 '병사, 외인사 가능', 사망원인으로는 '폐부종(추정사인), 선행사인 미상'으로 기록되어 있다.

망인의 사망원인에 대하여 서울대학교 법의학교실 이윤성 교수에게 군수사와 관련된 기록 등을 첨부하여 법의학 자문을 의뢰한바, 위 이윤성은 '폐부종은 주로 심장판막증, 고혈압증, 심근경색증에 의해 심장기능이 나빠졌을 때 폐포 안에 액체가 고인 상태를 나타내는데, 본디 건강하던 망인이 몇 주 만에 심장질환이 발생하였다고 보기 어려움. 사망을 진단한 의사는 특별한 검사를 하지 못한 상태에서 망인이 피를 토하는 증후를 바탕으로 폐부종을 사망원인이라고 추정한 것으로 보임. 즉, 망인이 피를 토한 증세의 원인은 규명되지 않은 것임. 망인이 지속적인 구타와 가혹행위를 당한 사실을 비추어 볼 때, 망인은 가슴부위의 충격으로 목 부위나 폐 좌상 등의 손상으로 출혈하였을 가능성이 있다고 볼 수 있음'이라는 소견을 밝힌다.

망인의 사망 원인에 대하여 위원회의 법의학자문소위원회에 법의학 자문을 의뢰한바, 위 소위원회는 폐부종은 사망에 이르는 기저 과정일 뿐, 의학적 사인으로 볼 수 없으므로 망인의 사망에는 공식적 사인이 없고, 구타상황 이외에는 다른 사망 원인이 없으므로 지속적인 구타행위가 직·간접적으로 사망과 연관이 있다고 의결하였다.

망인은 구타와 가혹행위가 원인이 되어 병명불상의 질환을 얻게 되었고, 의무대대에 입원하였으나 소생 가능성이 희박한 상태에서 퇴소를 한 후, 피를 토하는 등 위독한 증상을 보여 포항동해의료원에 입원 치료를 받던 중 1976년 3월 28일 사망하였다. 위의 법의학적 소견과 위원회의 조사결과를 종합하면 망인은 이윤성 교수의 법의학적 판단대로 '구타 및 가혹행위로 인한 목 부위 혹은 폐좌상으로 인해 출혈하여 사망한 것'으로 추정된다.

마. 소결

본 건은 과거기록에 의하면 망인이 1976년 2월 21일 해군 제1사단 방위교육대에 입소, 같은 해 3월 27일 교육수료와 동시에 퇴소하여 다음 날인 28일 폐부종으로 병사하였다고 종결한 사건으로, 진정인은 망인의 사망 원인을 명백히 밝히고, 여호와의 증인 신자들의 인권이 유린 당했던 실상을 밝혀 망인의 명예를 회복해 달라는 취지로 진정하였다.

위원회의 조사결과, 망인은 1976년 2월 21일부터 같은 해 3월 27일까지 여호와의 증인 신자로서 종교적 신념을 지키기 위해 입소 직후 집총을 거부하였고, 이로 인해 군영창과 방위교육대에서 6주에 걸쳐 구타와 가혹행위를 당한 후, 건강이 악화되었으나 적절한 치료를 받지 못하고 영내에 방치되었으며, 회복이 불가능한 상태로 퇴소하였고, 결국 구타와 가혹행위가 직접적이고 중요한 원인이 되어 사망에 이르게 된 사실이 밝혀졌다. 당시 군은 영창과 교육대에서 있었던 구타와 가혹행위에 대한 책임, 건강 악화 후 영내 방치한 관리 소홀 책임을 면하기 위해 망인이 정상적으로 출퇴근하며 교육을 수료한 후 폐부종(추정사인)으로 사망한 것으로 사건을 처리하였다.

이 사건에서 과거기록에 기재된 사인(폐부종)은 사망의 현상일 뿐 의학적으로 공식 사인으로 인정하기 어렵다는 것이 여러 법의학 전문가의 소견이고, 망인은 구타와 가혹행위로 인한 외상(목, 폐 부위의 좌상)이 원인이 되어 피를 토하고 사망한 것으로 추정하는 것이 합리적이므로 망인의 사망원인은 영창과 방위교육대에서 6주 동안 벌어진 구타, 가혹행위로 보는 것이 타당하다.

한편, 훈련소 관계자들이 망인에게 가한 구타나 가혹행위는 인간의 양심(종교)을 강제하고 강요하려는 행위의 일환이므로 "시민적·정치적 권리에 관한 국제 규약"과 "고문방지협약"이 정하는 '고문' 또는 '그 밖의 잔혹한·비인도적인 또는 굴욕적인 대우나 처벌'에 해당될 뿐 아니라 헌법에서 보장하는 양심(종교)의 자유를 심각하게 침해하는 반헌법적이고 반인권적 행위라 할 것이다. 이와 같은 강요행위는 문명사회에서는 일어나서는 안 되는 야만적인 행위라 하지 않을 수 없다.

따라서 망인의 사망은 여호와의 증인 신자로서 종교적 양심을 지키고자 하는 과정에서 군 및 국가의 반인권적 폭력으로 인해 사망에 이르게 된 것으로 국가는 망인의 사망에 대하여 책임이 있다.

5. 결론

그렇다면 이 사건 진정의 내용이 사실로 인정되어 진상이 규명된 경우에 해당하므로 군의문사진상규명 등에 관한 특별법 제26조에 따라 진상규명결정을 하기로 주문과 같이 결정한다.

2008년 10월 29일

국방부 대국민발표문(2007. 9. 18.)

국방부홍보관리관실

「병역이행관련소수자」의 사회복무제편입추진

○ 국방부는 9월 18일, 종교적 사유 등에 의한 병역거부자에 대해 대체복무를 허용하는 방안을 추진하기로 하였다.

○ 종교적 사유 등에 의한 병역거부자가 매년 750여 명이 발생하여, 이들 대부분이 징역 등 형사처벌을 받고 있는 실정이다.

○ 이와 관련하여 사회 각계에서는 '이들의 인권보호를 위해 합리적인 대체복무 방안이 마련되어야 한다'는 의견이 꾸준히 제기되어 왔다.

○ 이에, 국방부는 '전과자를 量産하는 현제도는 어떠한 방법으로든 개선되어야 한다'는 현실적 필요성을 감안하고,

○ 병역제도 개선에 따른 「사회복무제도 도입」과 연계하여 대체복무 허용방안을 轉向的으로 검토하게 되었다.

○ 이는, 병역의무를 거부할 수 있는 권리를 認定하는 것이 아니라, 국민적 合意를 전제로 '사회복무제도 內 하나의 복무분야'로서 대체복무를 허용하는 것이다.

○ 국방부가 추진하고자 하는 기본 방안은

　- 종교적 사유 등에 의한 병역거부자의 대체복무를 「사회복무제도」 범주에 포함하여 추진하되,

　- 복무분야는 24시간 근접보호가 필요한 치매노인이나 중증장애인 수발과 같이 사회복무자 배치분야 중에서 難易度가 가장 높은 분야로 하고,

- 복무 방법 및 기간은 출·퇴근 없이 해당 복무시설에서 합숙하면서, 현역병의 2배 수준을 복무토록 할 계획이다.
- 또한 객관적이고 엄격한 심사제도를 운영하고 철저한 복무관리를 통해 제도의 악용소지를 근원적으로 제거할 계획이다.

○ 국방부는 상기 추진방안을 기초로,
- 공론화 과정을 거쳐 온 국민이 공감하고 支持할 수 있는 대체복무제도를 마련하여 시행함으로써,
- 소수자의 인권보호는 물론, 신성한 병역의무 이행 풍토를 조성하는 데 최선의 노력을 경주할 것이다.

보도 참고자료

「병역이행 관련 소수자」의 사회복무제 편입 추진 방안

"본 자료는 확정된 정책안(案)이 아니라, 향후 다양한 공론화 과정을 거쳐 국민적 합의를 도출하기 위한 기초 자료임"

개요

목 적

종교적 사유 등에 의한 병역거부자에 대해 형사처벌 以外의 합리적인 대체복무 방안을 마련하기 위함

추진 배경

○ 종교적 사유 등에 의한 병역거부자는 매년 750여 명이 발생하고 있으며, 이들 대부분이 징역 등 형사처벌을 받고 있음
○ 이와 관련하여 사회각계에서는 이들의 인권보호를 위해 합리적인 대체복무 방안을 마련해야 한다는 의견이 제기되어 왔음

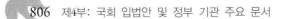

○ 이에 국방부는,

　① '전과자를 양산하는 현 제도는 어떤 방법으로든 개선되어야 한다.'는 현실적 필요성을 감안하고,

　※ 여론조사 결과 찬성여론 : 사회복무제도 도입 발표 이후 과반수 차지
2005년 7월 23.3%(KIDA) 2006년 8월 39.3%(국방부) 2007년 7월 50.2%(KBS)

　② 병역제도 개선에 따른 「사회복무제도 도입」과 연계하여,

　※ 현역을 제외한 대부분의 병역자원은 사회봉사분야에서 복무하게 됨

　③ 종교적 사유 등에 의한 병역거부자들에 대해 합리적인 대체복무 허용방안을 전향적으로 검토할 필요가 있는 시점이라고 판단함.

병역거부권을 인정하는 것이 아니라, 국민적 합의를 전제로 '사회복무제도 內 하나의 복무분야'로서 대체복무를 허용

추진방안

기본 원칙

○ 도입하기로 확정한 「사회복무제도」 범주에 포함

○ 타 사회복무자보다 '난이도가 높은 분야'에서 현역의 2배 수준의 기간' 동안, '합숙 근무'

○ 객관적이고 엄정한 심사제도 운영

○ 제도 악용방지를 위한 철저한 복무관리

추진방안 검토

○ 적용대상 검토

　① 포함대상: 종교적 사유 등에 의한 입대 前 병역거부자

　- 현역대상자: 종교 등의 사유로 입대 전 현역복무를 거부하고, 대체복무를 희망하는 자

　- 보충역대상자: 종교 등의 사유로 복무 전 집총 신병훈련을 거부하고

대체복무를 희망하는 자(신체여건을 고려 복무분야 기간 방법 결정)

② 제외대상: 현역/예비군 복무 중 병역거부자

- 군 기강 와해 소지

* 입대 전에는 병역법(병역기피죄)에 의해 처벌되나 현역/예비역 복무
중에는 군형법(항명죄) 적용

- 이미 군복무 경험자로서 그 眞情性을 신뢰하기 곤란

- 대체복무 허용 국가(35개) 중 8개국만이 허용: 독일/스위스/덴마크
/스웨덴/핀란드/오스트리아/아르헨티나/브라질

○ 복무분야 선정

① 선정 대상: 24시간 근접보호가 필요한 치매노인이나 중증장애인 수
발과 같이 사회복무자 배치분야 중에서 難易度가 가장 높은 분야

※ 사회복무자 배치분야: 사회복지, 보건의료, 환경안전분야 등

② 선정 기준: 아래사항 고려 종합판단

- 육체노동이 요구되는 분야: 장애자 목욕수발 등

- 정신적·심리적 불편을 수반하는 분야: 치매노인 수발 등

- 위험도가 높은 분야: 전염병 감염, 안전사고 등

③ 복무대상 기관(예시)

- 특수병원 9개소(4500병상: 한센·결핵·재활·정신병원 등)

- 국·공립 노인전문요양시설: 200여 개소(1만 5000명 수용)

○ 복무방법/기간

① 복무방법: 출·퇴근 없이 해당 복무시설에서 합숙 근무

② 복무기간: 현역병의 2배 수준(병 복무기간 18개월로 단축 시 36개월)

- 현역병 복무기간이 24→18개월/ 사회복무자 26→22개월로 조정되고

- 최장기 대체복무(공중보건의 등) 기간이 36개월임을 고려하고,

- 본인이 선택한 대체복무라는 점, 국민정서, 현역의 사기 등을 감안
시 현역의 2배 수준의 기간이 적절

※ 외국의 例) 독일(현역과 동일), 그리스(현역의 2배)

○ 사전 심사제도 신설·운영

① 심사위원회 설치

- 설치기관: 준사법적 권한을 갖는 상설기구 신설
- 위원편성: 법조계, 학계, 사회단체, 관계기관 등 적정인원 편성
② 판정방법: '서면심사'와 '출석심리' 조사로 구분
- 서면심사: 종교단체 증빙서류/증언, 신원조회결과, 학력/경력, 무기
  소지 기록, 신검 결과 등
- 출석심리 조사: 당사자·증인의 진정성 심리 조사 등
○ 복무관리
① 복무 중: 사회복무체제 내에서 특별관리
- 복무기관장(국·공립병원장 등): 복무감독 책임 및 형사고발 권한
- 병무청: 복무실태조사 책임 및 권한, 행정처분 및 형사고발 권한
② 복무만료 후
- 예비군에 편성된 자와의 형평성을 고려
- 예비군 훈련시간에 상응하는 사회봉사의무 부여

결 론

○ 국방부는 상기 제시한 추진 방안을 기초로,
○ 공론화 과정을 통해 온 국민이 공감하고 支持할 수 있는 대체복
  무제도를 마련하여 시행함으로써,
○ 소수자의 인권보호는 물론, 신성한 병역의무이행 풍토를 조성하
  는데 최선의 노력을 경주할 것임

붙임

〈참고 1〉 사회복무자와 소수자 대체복무자 비교

구 분	현역병	일반 사회복무자	종교적 사유 등 병역거부자
복무 기간	현(24개월) → '14년(18개월)	현(26개월) → '14년(22개월)	병 복무기간 18개월로 단축 시 36개월
복무 분야	현역병	사회서비스 분야 (사회복지, 보건의료, 환경안전)	난이도 높은 사회서비스 분야
근무 방법	영내 근무	출·퇴근 근무	상주(합숙) 근무
근무지 배정	본인선택 또는 전산분류	본인선택 또는 전산분류	강제 배정

〈참고 2〉 병역거부자 발생 현황

○ 최근 5년간 병역거부자 발생현황

구 분	계	연평균	2002	2003	2004	2005	2006
인 원	3,761	752	826	565	756	831	783

시기별	입대 전 3,750명, 현역복무 중 10명, 예비군 1명
역종별	현역 3,452명, 보충역 309명
사유별	종교적 사유 3,737명, 비종교적 사유 24명
종교별	여호와의 증인 3,729명, 제7일안식일 5명, 불교 2명, 가톨릭 1명

○ 처벌 현황

구 분	계	징역	집행유예	재판 중	기타
인 원	3,761	3,565(94.8%)	17(0.5%)	122(3.2%)	57(1.5%)
비 고		2년 이상 13 1.5년 이상 3,551 1.5년 미만 1	3년 이상 1 2년 이상 13 1년 이상 3		기소중지 2 무혐의 50 기소유예 등 5

한인섭

서울대학교 법학전문대학원 교수.
저서로 『식민지 법정에서 독립을 변론하다』, 『인권변론 한 시대』, 『한
국의 공익인권소송』(공편), 『배심제와 시민의 사법참여』(공저), 『형벌
과 사회통제』 등이 있다. 역서로 『범죄와 형벌』(체사레 벡카리아 저)
이 있다.

이재승

건국대학교 법학전문대학원 교수.
저서로 『법사상사』(공저), 『사법개혁의 길』(공저), 『한국민주주의의
현실과 도전』(공저), 『국가범죄』 등이 있다. 역서로 『주체의 각성』(로
베르토 웅거 저)이 있다.

공익과인권 23
대한변호사협회 인권위원회, 건국대학교 공익인권법센터, 서울대학교 공익인권법센터

양심적 병역거부와 대체복무제　　　　　　　　값 35,000원

초판 발행	2013년 6월 24일
초판 2쇄	2013년 9월 6일
기 획	대한변호사협회 인권위원회, 건국대학교 공익인권법센터 서울대학교 공익인권법센터
엮은이	한인섭·이재승
펴낸이	한정희
펴낸곳	경인문화사
편 집	신학태 송인선 김지선 문영주 조연경 강하은
주 소	서울특별시 마포구 마포동 324-3
전 화	02)718-4831~2
팩 스	02)703-9711
홈페이지	http://kyungin.mkstudy.com
E-mail	kyunginp@chol.com
등록번호	제10-18호(1973. 11. 8.)

ISBN : 978-89-499-0946-2 (93360)
ⓒ 2013, Kyung-in Publishing Co, Printed in Korea
※ 파본 및 훼손된 책은 교환해 드립니다.